晚年傅尚文先生在家中，自题对联“户小炉正暖；烛红喜对诗”

20世纪60年代初傅尚文先生（二排右二）与河北大学历史系教师合影

1983年傅尚文先生（左一）参加《抗日战争时期晋察冀边区财政经济史资料选编》座谈会

晚年傅尚文先生与夫人刘翊孜先生

2016年12月傅尚文先生与中国近现代史研究学术研讨会与会代表合影

⊙ 河北大学历史学强势特色学科学术出版基金资助

⊙ 河北大学中国史学科“双一流”建设经费资助

⊙ 河北大学燕赵文化学科群建设经费资助

薪火传尽

傅尚文先生
与中国近现代史研究论文集

李金铮 肖红松 主编

河北大学出版社
·保定·

XINJINHUOCHUAN
FU SHANGWEN XIANSHENG
YU ZHONGGUO JINXIANDAISHI YANJIU LUNWENJI

出 版 人：耿金龙
责任编辑：王红梅
装帧设计：赵 谦
责任校对：刘景坤
责任印制：靳云飞

图书在版编目（CIP）数据

薪尽火传：傅尚文先生与中国近现代史研究论文集 / 李金铮，肖红松主编．-- 保定：河北大学出版社，2019.7
ISBN 978-7-5666-1507-7

Ⅰ．①薪… Ⅱ．①李… ②肖… Ⅲ．①中国历史—近现代—文集 Ⅳ．① K25-53

中国版本图书馆 CIP 数据核字（2019）第 136319 号

出版发行：河北大学出版社
地址：河北省保定市七一东路2666号 邮编：071000
电话：0312-5073003 0312-5073029
网址：www.hbdxcbs.com
邮箱：hbdxcbs818@163.com
印 刷：保定市北方胶印有限公司
幅面尺寸：175 mm × 245 mm
字 数：650千字
印 张：38
版 次：2019年7月第1版
印 次：2019年7月第1次印刷
书 号：ISBN 978-7-5666-1507-7
定 价：129.00 元

前　言

肖红松

傅尚文先生是河北大学历史学院的老前辈，从1952年调入天津师范学院历史系，到退休前一直在河北大学历史系工作，曾任河北大学历史系副主任、主任，兼任河北省历史学会副会长、河北省党史学会副会长、中共现代史学会常务理事、中共党史学会常务理事。傅尚文先生是中国近现代史学科的开拓者之一，著名史学刊物《历史教学》的创办人和编委之一，在中国近代经济史、军事史、中共党史、抗战史、华北抗日根据地等领域均取得了重要成就。1985年牵头申报成功中国近现代史专业硕士点，先后招收8位硕士，多数成为中国近现代史领域的知名专家和国内高校校级、院级领导。

为了缅怀学界前辈，发掘学术资源，传承历史文脉，2016年12月17至19日，由中国经济史学会、河北省历史学会主办，河北大学历史学院承办的“傅尚文先生与中国近现代史研究”学术研讨会在河北大学顺利召开。来自北京大学、南开大学、中共中央党校、陕西师范大学、首都师范大学、北京第二外国语大学、重庆工商大学、河北师范大学、河北经贸大学、河北省社科院等高校和科研机构的40余位专家学者出席了此次学术会议。为进一步推动中国近现代史的学科建设和学术研究，会后我们将参会论文整理成册，纳入河北大学历史学院的出版计划，正式编辑出版。

《薪尽火传：傅尚文先生与中国近现代史研究论文集》主要收录三个方面的内容。第一部分是傅尚文先生的经历与学术，遴选了傅先生的代表性论文，文章基本保持了原貌，注释统一为页下注。第二部分为傅尚文先生的同事及弟子的回忆性文章，反映了各自与傅先生交往、学习的片段。第三部分是与会代表的论文，这些论文均已发表，大致按照古代史、近现代史进行分类。

任何一个学科的发展都离不开学界前辈的不懈努力和积极探索，因此我们需要梳理学界前辈们的学术论著、学术思想，继承与发扬其治学传统，凝集全院师生力量，扎实推进学科建设，以进一步提升历史学科的综合实力和社会影响。河北大学历史学科创建于1945年，经过七十多年的建设，取得了长足的发展，逐步形成了自己鲜明的特色。2005年，历史学科被评定为河北省强势特色学科。同年，中国近现代史博士点和历史学一级学科硕士点申报成功。2010年，历史学一级学科博士点申报成功。2011年，中国史一级学科博士点和世界史、考古学一级学科硕士点申报成功。2016年中国史入选国家一流学科建设序列。凭借着以傅尚文先生为代表的前辈筚路蓝缕薪火相传奠定的厚实基础，同时借着双一流建设之东风，河北大学的中国史学科已经站在新的历史起点之上。

目 录

傅尚文先生论文选

同事弟子回忆文选

弟子回忆文章

同事回忆文章

中国近现代史研究论文选

傅尚文先生的经历与学术

李金铮整理

傅尚文先生（1921—1994），字彬甫，笔名顾林、傅彬甫、刘孟侃等。民国十年，也即1921年1月，傅先生生于山东聊城市西大口街蔡家胡同。聊城地处鲁西平原，明清时期借助京杭大运河漕运之利，商贸发达，文风颇盛。傅氏为聊城名门望族，先祖傅以渐为清朝开国第一个状元，曾官拜武英殿大学士兼户部尚书，任《明史》《清太宗实录》纂修官。此后，傅氏家族不仅官宦辈出，也孕育出了傅斯年、傅乐成、傅乐焕、傅乐淑等著名史学家，傅氏家族有史学研究之传统。傅先生说过，他之所以走上学术道路，受傅斯年的影响很大。傅斯年是本家标榜的著名人物，大家对他当大学教授大加推崇，也很羡慕他的社会地位，把他作为学习的标杆。

在清朝，傅先生家为传统的官僚地主。辛亥革命后，祖父到济南开办制油厂，变为工商业者兼地主，拥有不少房产土地。幼年时，傅先生生活相当优裕。四岁后，由于祖父、父亲、叔父相继去世，家中只剩下一群孤儿寡妇，财产被管理人、亲戚等侵吞诈骗，生活日趋没落。尽管如此，家里仍可以通过变卖房地财产，尽力维持以前比较富裕的生活方式，并为傅先生就读著名的中小学创造条件。1926年，傅先生在私塾念初小，读到《诗经》。1927年，与家人离开济南，到北京投奔伯父。同年，就读北京外交部小学，这是一所当时被誉为“贵族学校”的高小。外交部小学注重英文，为傅先生的英文打下了一定的基础。1932年小学毕业，以优异的成绩考取北京汇文中学，这所中学由教会创办，也被称为“贵族学校”。在汇文中学期间，1935年发生“一二·九”运动，傅先生参加爱国游行，受到母亲的责备。翌年，转入比较“规矩”的育英中学，这也是一所有名的教会学校。

1937年7月七七事变后，傅先生与家人逃往聊城乡间外祖父家避难。1938年秋，聊城失陷，又逃至阳谷县坡里庄。1939年春，重返济南，考入齐鲁中学高中三年级，这也是一所教会学校。1940年夏，高中毕业。同年9月，考入北京大学国文系。傅先生受业于汉语言学家张弓等教授，对中国学术思想史发生浓厚兴趣，打算以此作为专门的研究方向。一年后，傅先生转入中国大学法学院。之所以转学，是因为盛传抗战胜利后沦陷区北大学历不算资格，以及傅先生和日语教师发生过冲突，担心报复。中国大学始于1913年，是孙中山仿照日本早稻田大学创办的。抗战时期，中国大学接受国民政府令，继续在北京办学。中国大学坚持“我们是中国人的中国大学”，自筹经费，延聘留居平津各大高校一批坚持民族气节的著名学者，如张东荪、齐思和、裴文中、俞平伯、陆宗达、温公颐、翁独健、王之相等，人才济济，极一时之盛。北方青年以争读中国大学为荣，学生增至三千余人，涌现出大批人才。在中国大学期间，傅先生受业于著名法学家王之相、哲学家张东荪、史学家李飞生、书法篆刻家贺孔才等教授，转以中国法制史为研究方向。在与张东荪、王之相接触过程中，他们曾向他谈到共产党的活动。在王之相先生的指导下，傅先生撰写并发表了《周秦时代礼法刑三观念之变迁》（中国大学主办的《政治经济学报》1944年第2期）。文章发表时，他年仅23岁，文笔稳健，观点犀利，显现了深厚的国学根底和学术潜质。此文后来收入北京政法学院法制史教研室主编的《中国古代法制史论文选》第一分册（1982年）。周会蕾、王立民《中国近代法制史学史研究》一书（上海人民出版社2013年版）仍认为此文是西周法制史研究的代表作。历经七十载，依然具有价值，殊属匪易！历史不能改变，但仍可以做反思之假想，按此势头，如果傅先生能长期从事中国古代史研究，也许能够取得更大的成就。

大学毕业前半年，1945年1—6月，傅先生兼任北京四中历史教员。7月，大学毕业，获法学学士学位。他的理想是走学术道路，因学习成绩和毕业论文都得到系主任称许，留中国大学法学院做助教，研究中国法制史。但由于不满校方让其兼任其他差事，在中国大学仅一个月，傅先生就离开，到天津任第三中学历史教员兼训育主任。到三中只十天，就迎来抗战胜利的消息。在三中期间，通过蒋子绳（中华人民共和国成立后曾任河北大学副校长）的介绍，加入党的地下组织——“民先”，参加反美进驻天津的小组学习，秘密散发过《论联合政府》小册子。11月，国民党接收三中，傅先生被解职，于是又回到北京，找张东荪、贺孔才、王之相等老师介绍工作。在此期间，与傅斯年也见过数面。傅斯年时任北大代理校长，他对傅先生讲，你现在还年轻，是否可以考虑继续攻读研究生？傅先生说，家里需要他找事做，于是错过了攻读研究生的机会。同年12月，经张东荪、贺孔才老师推荐，转赴保定，任河北师范专科学校法学科讲师，与李光璧先生同事，且过从甚密。傅先生讲授中国近代史、社会学和三民主义等课程，近代史教材取自李剑农的《中国近百年政治史》和陈恭禄的《中国近代史》，社会学教材取自李达的《现代社会学》和孙本文的《社会学原理》，三民主义用的是萨孟武的《三民主义政治学》。1946年底，曾参与张东荪主持的“中国民主社会党”革新派活动，与梁秋水、汪世铭等骨干相识。1947年春，为河北省文官考试出经济学试题并阅卷。在师专教书期间，兼任《华北日报》保定版主笔，撰写社论、专论。专论多为学术性的内容，如新疆介绍、韩非子的法治思想等，皆以傅彬甫的名字发表。社论则涉猎广泛，有的盼望和平，有的主张恢复交通，有的替公教人员呼吁加薪，有的讽刺国民党军队纪律败坏，还有针对官员贪污加以评论的。之所以对国民党地方当局有所揭露，主要是受了傅斯年的影响。傅先生觉得他是“社会贤达”“学者”，“敢骂人”，所以也要学他。1948年2月，河北师专合并于国立师大，傅先生离职，到河北省政府秘书处编译室做编辑，研究省行政。不仅总编《省政一周》，撰写新闻稿以及《冀平划界问题》等文章，还为省主席楚溪春起草过演讲稿。不过，由于与国民党当局并不一条心，曾被认为是思想嫌疑犯。12月底，中共军队包围北京，编辑工作停止。由于国共决战愈演愈烈，傅先生与许多青年知识分子一样，谋生艰难，没有出路，因此反对内战，盼望和平，对国民党政府表示不满，期望社会发生变革。

1949年1月，中国共产党解放天津。同年2月，傅先生离开北京，到天津任天津知识书店编辑。华北人民政府接管国民党河北省政府时，他回北京办理过交接手续，接管人员也同意他到天津工作。天津书店由天津市军管会文教部主管，为天津通俗读物出版社、天津人民出版社的前身。1950年，傅先生晋升编辑出版部副主任，编写《怎样学习政治经济学》《这就是美国》等小册子，由知识书店出版。他还经常联系张东荪、王之相、贺孔才等老师，通过他们为书店约稿。1951年1月，与李光璧、杨生茂、张政烺、丁则良等著名史学家创办《历史教学》杂志，“五老”之一徐特立题写了刊头。这是新中国第一家历史学专业刊物，以“研究如何教授历史课程”和“讨论如何研习历史科学”为指针，迅即成为历史学者发表成果的重要阵地。发行量由开始的2000份，数年后就增至4万余份，可谓盛况空前。在当代中国学术史尤其是史学史上，《历史教学》一定有其应有的地位，这也是傅先生一生对中国史学最大的贡献之一。傅先生一直担任《历史教学》编委，并长期审阅中国近现代史稿件。如果编委们审阅论文的意见都能留下来，无疑是一笔非常宝贵的学术史财富。

在知识书店期间，傅先生曾因编辑出版所谓“革命性”不强的小说而受到批评，仍觉得更适合于以前从事时间最久的教书事业和学术研究。经过5次申请，获得书店的同意，1952年1月调入天津教师学院，讲授中国通史。1952年9月，加入中国民主同盟，转调天津师范学院史地系，任中国近现代史教研室主任。天津师范学院的前身为天津工商大学、津沽大学，后改为天津师范大学、河北大学。在校期间，傅先生先后讲授中国近代史、历史教学法、中国现代史、中国近代经济史等课程。1958年，加入中国共产党。1958、1959年，连续两次获得天津市劳动模范称号。1960年，被评为天津市文教系统先进工作者。但由于政治运动不断，也耽搁了不少教学和科研时间。“文革”期间，傅先生与许多高级知识分子一样，遭到造反派批斗、抄家。1973年，恢复教学工作。1973—1976年，借调中国社会科学院近代史研究所，从事中华民国史研究。在天津师范大学、河北大学工作期间，傅先生1959—1965年担任历史系副主任、1978—1984年担任历史系主任。担任系主任期间，正是改革开放之初，“文革”遗留的矛盾既多且杂，傅先生以虚怀若谷的精神，强调向前看，关心教职工的生活和业务训练，保证和推动了教学与科研的稳步发展。傅先生还曾兼任河北省历史学会副会长、河北省党史学会副会长、河北省现代史学会会长、河北省档案学会名誉理事长、中国现代史学会常务理事、中共党史学会常务理事，扩大和提高了河北大学在中国现代史和党史学界的声望。1987年9月，经学校批准离休。

傅先生是新中国中国近现代史学科的开拓者之一。在中华人民共和国成立之初，有一种说法“古代史是浓茶，近现代史是淡水”，尤其是现代史不被看作学问。但由于工作的需要，一些学者必须承担起中国现代史的教学和研究任务，甚至为此改变了自己原来的专业。傅先生就是由中国古代史转入中国近现代史的。经过孜孜不倦，筚路蓝缕，傅先生在中国近代经济史、中国近代军事史、中共党史、抗日战争史、华北抗日根据地等领域都取得了重要成就。他的著作（包括合著）主要有《中国现代史讲义》（天津师范学院1954年）、《中国近代史》第一分册（上海人民出版社1962年版）、《清末新军编练沿革》（中华书局1978年版）、《南昌起义资料》（人民出版社1979年版）、《中国现代史大事记》（黑龙江人民出版社1984年版）、《抗日战争时期晋察冀边区财政经济史资料选编》4册（南开大学出版社1984年版）、《中国革命史》（黑龙江朝鲜民族出版社1987年版）、《晋察冀抗日根据地财政经济史稿》（档案出版社1990年版）、《中国现代经济史》（吉林大学出版社1991年版）、《中国近代经营大观》（河北教育出版社1991年版），以及《中国近代经济史专题讲稿》（1986年）、《中国抗日战争史》（1988年）等。发表论文40余篇，涉及史论关系、太平天国运动问题、李秀成评价、中国近代社会经济形态、辛亥革命、中国现代史的开端、中共革命的无产阶级领导权、井冈山会师、西安事变、开滦煤矿工人的反日罢工、中国抗日战争与世界反法西斯战争的关系、史迪威与中国抗战、晋察冀边区的财政经济等。代表作有《对资料与观点关系问题的几点看法》《中国历史史前时期文化述要》《关于清朝田赋问题的一些参考材料》《对太平天国革命历史中的几个问题的商榷》《试谈李秀成的评价问题》《试谈甲午战后中国半殖民地半封建经济形态的完全形成》《清末山西编练新军及辛亥革命时期阎锡山充任晋省都督纪实》《试论辛亥广州起义与武昌起义之关系》《关于新民主主义革命史的分期分段问题》《五四运动是新民主主义革命的开始》《中共“四大”提出无产阶级领导权问题的探讨》《毛泽东同志对中共正确解决无产阶级领导权问题的贡献》《傅作义收复百灵庙——纪念绥远抗战五十周年》《中国现代史上的一个重大历史转折点——西安事变述略》《试论中国抗日战争在反法西斯的第二次世界大战中的地位和作用》《史迪威与中国抗战》《抗战时期晋察冀边区财政经济工作发展的几个阶段》《晋察冀边区北岳区的粮食战》等。以上论著和资料均在中国近现代史学界产生了较大反响，对中国近现代史研究起到了推动作用，迄今仍多不失其价值。当然，由于傅先生常以笔名发表文章，一定程度上影响了他在学界的知名度。受时代的局限，傅先生也未能充分发挥自己能诗善文的才华，不能不说是历史的遗憾。但一个时代有一个时代的学术，后人是没有理由苛责的。

傅先生从事历史教学和研究四十余年，泽被莘莘学子，桃李满天下。对于本科生的教学，他特别重视中国通史、世界通史的基础性地位，强调学生学好古汉语，提倡实地考察，增加感性认识。许多本科生成为著名学者和领导干部，至今仍在教学、科研和行政岗位发挥着作用。1985年主持创建河北大学中国近现代史专业硕士点，为当时学校为数较少的硕士点之一，对河北大学中国近现代史学科人才的培养做出了重要贡献，为后来中国近现代史博士点的创办奠定了基础。在研究生指导中，傅先生谦和、包容，形成了一套具有个人特色、比较有效的理念和方法。概而言之，有五点：一是注重交叉学科的相互渗透。除了历史学教师以外，还聘请经济学教授讲授“《资本论》研究”“经济学基本问题”“社会经济学统计学”等，使学生增加了分析历史现象的技能，扩大了学术视野。这一方法在当时的历史学界是颇为少见的。二是以课题带动学生的研究。傅先生先后主持“中国近代经济史专题”“中国抗日战争史”“中国民族工商业资本家”等课题，指导学生查阅资料和撰写相关内容。在此实践中，学生受到严格的学术训练，提高了研究能力。三是强调毕业论文选题的前沿性。建议有的研究近代中国农村，有的研究民族企业家，有的研究官僚资本，有的研究港口经济，这些都是中国近代社会经济史的重要课题，从而保证了论文的学术价值。四是加强学术交流。傅先生经常带领学生拜访京津等地著名学者，甚至聘请他们进行具体指导，由此提高了论文质量。五是提倡实地考察。傅先生为学生创造各种机会到农村、到厂矿访问，调查文献资料，增强感性认识。以上方法，即便拿到现在也是值得赞赏的。1985—1990年，傅先生共指导研究生三届，8名，虽人数不多，但大多成为中国近现代史专业的著名学者、教授、博士生导师，以及高校校级、院级领导干部，发扬和光大了傅先生的学术事业。其再传弟子更是薪火相传，枝繁叶茂，同样取得了令人瞩目的成绩，由此学脉得以绵延，精神得以永存。傅先生在天之灵足堪告慰，并可含笑九泉矣！

傅先生的一生，以其丰富的经历折射了中国现当代史的巨大变迁。在傅先生晚年，家里中堂上悬挂着一副他的书法作品：“宠辱不惊，看庭前花开花落；去留无意，望天空云卷云舒。”此副对联取自明代思想家洪应明的《菜根谭》，散淡背后别有深意，诚可谓一代知识分子史之心史！

傅尚文先生论文选

周秦时代礼法刑三观念之变迁

引 言

西儒罗伦士（La wrence）谓："法律乃因社会渐次发达而发生"，然社会之发达又赖诸政治之演变与经济之革新，故欲研究我国古代法律发展之概况必先论次社会进步之概况，而欲知社会进步之概况，又必以先明政治之变迁与经济之进步为前提也。

考有周以前，政治方面，尚未脱神权支配阶段。经济方面，虽已有农业而仍属幼稚。故社会亦不过氏族组织而已，至法律观念大抵尚无可言也。自周室之兴，政治方面，阶级制与宗法制并行。经济方面，农业生产之技术亦渐有进步，因而社会逐形成封建。唯周代封建社会之特征，即贵族农庶之对立。因之法律观念之中亦有"礼""刑"观念之对立焉。而春秋之际天子势力日微，阶级观念日复，且铁器之发明，民智之渐开，封建社会已臻全盛。于是贵族间交通频繁，使其彼此间行为大有增加，致使"礼"不得不扩大其范围。且生产技术进步，待东迁以后，农庶之经济日裕，是产所谓之"赎刑"。春秋之末，战国之初，贵族政治瓦解，王权政府渐萌。且士人工商阶级已因握有经济势力，而逐渐抬头。于是封建社会遂由盛而衰，因有调剂"礼""刑"之"法"生焉，而"礼""刑"由此亦从对立渐变为相辅矣。战国末年至于秦代，王权政治都告成功，经济势力亦全操诸士商之手。且农庶间之生产技术大进，督（应为"都"，编者注）市之人口暴增，于是封建社会渐趋向于商业社会。致使昔者之"礼""刑"归于不用，而新兴之"法"遂由王君之手行于臣民全体。从此不特“臣”“民”在法律之前一律平等，即王子犯法亦当与庶民同罪。盖此乃士阶级身份斗争之结果也。唯当时所谓之法者，兼括“礼”“刑”，且虽形式上为“主权者之命令”，而实际上亦颇合于当时之社会。是故此时可谓“礼”“法”在法律上丧失地位之时代，或“礼”“刑”并于“法”之时代，同时亦可谓“礼”“法”“刑”大混合之时代也。唯从此以后中国法律已进入成熟阶段，且世界五大法系之中国法系之特点，亦多因此而生。由是观之，研治我国古代法律者，不宜忽略此三者之变迁也。

一、礼之变迁

上古民族，迷信鬼神，服从威势，必用敬天、敬神、敬鬼之说，始足以服众。必用尊尊、亲亲之说，始足以合群。而对于天神人鬼之祭礼，尊、亲长之服侍，欲以示区别、便遵守，又非为之规定种种仪式不可。于是最初之仪式，实即礼之所自始，其后始更就仪式而推出义理焉。故说文曰：“礼，履也。所以祀神致福也。从示，从豊。”① 示所以表动作，（动作即仪式），豊所以象祀器，是礼者实源于祭，与祭之仪式也。而祭祀观念，已大盛于殷代，可知礼诚属氏族社会神权时代之产物，渊源甚古矣。

夫周代社会已形成封建。② 而斯时之封建制度，更有其特殊之点，即宗法制度是也。③ 至所谓宗，一方面乃系父系，父权，父治，且行族外婚制之氏族团体；而他一方面亦属别男女，论尊卑，行长子继承之政治组织。④ 唯其如此，礼行至周初，已非单据宗教思想，即封建色彩，宗法观念，皆蕴藏于其中。以其混有封建色彩也，因贵族与农庶对立，农庶仅为贵族之奴隶，仅为贵族之所有物，故礼之支配范围仅限于贵族。以其虽有宗法之观念也，因宗法本身乃贵族之组织，农

① 见许慎《说文》一上。

② 周代是否为封建社会，说者仍未有定论。有以为周代为奴隶制度者，如会響、郭沫若、秋泽修二，有以周代为封建社会者，如陶希圣、齐思和先生。今从后说。

③ 齐思和先生著《中国政治思想史讲义》有谓：“……然西周封建制度亦有其重要特殊之点焉，即宗法制度是也。……”

④ 陶希圣著《中国政治思想史》第二编第二章第一节。

庶仅有庄园中耕种关系，无地位可言，故礼之内容亦仅系贵族间之联系。虽然，当时之礼已因厉行宗法，逐渐成为贵族间之行为法则。而因斯时尚距氏族社会神权时代相近，其中心仍为祭祀，① 此西周之概况也。

唯封建制度发达之结果——中央势力衰退，诸侯威权膨胀，致战争由是频繁，而阶级差别从此亦形复杂。然夫贵族人口之增加，社会交通之进展，莫不使贵族行为规则——“礼”日益扩其范围。故自周室东迁，礼之变动已起。而至春秋之际，礼已发达至相当程度。即概而言之，有礼记所谓之“五礼”。② 泛而论之，则贵族保家守身安位莫不以礼。③ 盖春秋封建已达鼎盛时代，礼亦因时代之要求，而发展至最繁重最复杂之现象矣。于是贵族之能礼者日微，故有先事而豫求之者，如《左传》文六年，“季文子将聘于晋，使求遭丧之礼以行，其人曰：‘将焉用之?’文子曰‘备豫不虞，古之善教也’”。即其例。亦有临事不能以为病而讲学之者，如《国语》：“晋随会聘于周，而王享之，肴蒸，原公相礼，范子不知是礼而私问于原公。归而讲求三代之典礼。”再如《左传》昭八年：“公至楚，孟僖子病不能相礼，乃讲学之，苟能礼者从之。”即其例。由此可见，礼已过繁而渐有失其拘束力之趋势矣。虽然“礼”仍为时重也。

当春秋之末，因天子失官及耕地私有制之渐兴，使介于贵族庶人间之士人阶级日渐抬头，起而参政。彼等更能贵族之所不能——“习礼”，于是其等益为时所重。然当时礼早因繁杂而大坏，且贵族又多以行之为苦，故有孔子所谓“克己复礼”之论。且以农庶智识之提高，礼亦渐由贵族独占品之地位而普及于农庶。由之“礼”为“使各阶级守分”之观念生，而又有所谓“正名”主义。然唯其有普及于社会全体之势，故已不能有确定之标准，而“礼”义变为抽象之物——繁简可伸缩之物矣。④

战国之世，贵族农庶之阶级已将消失，“礼”遂以士人之媒介益普及于社会全体。故孟子虽宗统孔子之思想，其对贵族农庶阶级已大不如孔子时代之深刻，而论“礼”尤不比孔子之严重矣。及至荀子生，“礼”之观念更大起改革。兹将孔荀对“礼”观念之不同点述之于下：

---

① 《礼记·祭统》曰：“礼有五经，莫重于祭。”

② 五礼：吉礼，凶礼，军礼，宾礼，嘉礼。

③ 见《左传》僖十一年内史过告王语。文十五年季文子语。成十三年孟献子语。襄二十一年叔向语。

④ 《论语·八佾》第三：“礼，与其奢者也宁俭。”

1. 孔子论礼重于阶级相安；荀子讲礼重于欲念节制。

2. 孔子主张礼之施行在于正名——贵族应以身作则而化农庶，荀子则谓礼之施行要以权利（势）为后盾。

3. 孔子论“礼”与“德”并言，与“刑”对称。故曰：“道之以政齐之以刑，民免而无耻，道之以德齐之以礼有耻且格。”此一方面可以看出礼刑尚在对立，他一方面，可知其时之礼亦不过一种无制裁方法之道德律而已。荀子则主以势行礼当以制裁为后盾，故曰：“古者圣人以人之性恶，以为偏险而不正，悖乱而不治，故为之立君上之势以临之，明礼义以化之，起法正以治之，重刑罚以禁之，使天下皆出于治，合于善也。”由此可知，其制裁即是“刑”且“礼”之于“刑”乃相辅者，礼刑对立之观念已消失矣。

然荀子虽已打破礼刑之对立，而仍以君子与小人对立，故又曰：“由士以上，则必以礼乐节之；农庶百姓则必以法数制之。”是礼刑虽相辅，而礼法仍对立也。

其后战国末年，政治支配者，已由血统所联系之贵族正式变为权力所联系之士人阶级。故政治支配之手段亦从专用于贵族之乱与专施于庶人之刑，转化为独裁君主御臣治民之法与术。当然此时法之发展非常迅速（容后文再言），兹单就礼之一途论之，斯时其本身已由于与刑之相辅，一部分，早入于法之范围，成为中国法律之特质；他一部分，则入于道德而成为社会生活之习惯。至秦兴，法治大昌，封建遂告寿终。礼法刑对立之观念，当已失其根据，因之遂流于相辅相成之时代。

综上所述，可知秦前“礼”常在变迁之中，且其变迁俱系因社会进化所致——一方面因阶级之渐复，人事日繁，礼之内容亦欲后欲多；另一方面，因阶级渐失，战争频仍，而礼之支配范围亦愈演愈广。足至于法刑之观念接近，成为相辅相成之物，而影响及我国后世法律甚巨也。

二、法之变迁

法古作“灋”。说文曰：“灋，刑也。平之如水，从水。廌之所以触不直者去之，从廌去。”① 按说文系汉文所作，故法训为刑，而“灋”之字，初见于金文，

① 见许氏《说文》十一。

颇含神判法之思想。且初民利用迷信之理以廌断人曲直，故法亦有裁判方法之观念（西文之 Ordeal 亦即此义）。可见古之所谓法者，非即是刑也。盖昔时法之与刑诚有其异点在；周代为封建社会，农庶与贵族对立。故裁判是非之法为贵族阶级所独持，殛逆罚罪之刑，为农庶阶级所专任。此其一也。周初为封建社会，法恒秘密，尚不出梅因（Henry Sumner Maine）之定则①；而刑则自古即可悬诸国门以敬黎庶。故法为治人之术，刑为敬人之具——此其二也。法之字从水，有平义，可以察知其乃系当时贵族治理农庶之工具。故尚有甘棠颂德之时；刑则从"刎"与战争之杀戮相混，故仅有以上治下之观念，饱含威吓之意味。此其三也。由此可见古时法刑二观念诚有分别研究之价值也。

"灋"字从水，曰："平之如水。"是造字之初，即含有正义之思想；而以异兽断'是''非'，又系法定证据主义之观念也。② 然斯时之所谓法，既为如此抽象立论神奇定罪，则法自是一种抽象神秘之物，而尚无成文法之可言，果尔则所谓禹刑汤刑，固为后人假象之作，即周之周法或周律或九刑……亦未必实有其书也。唯考周之盛世，贵族亦有以讼之方法解纷争者，③ 豈法之支配范围已及于社会全体乎？然纵令贵族争讼之解决方法亦用"法"，而斯法仍不得用刑耳。遑论斯之决讼亦非必用"法"？故法仍不失秘密之要求，由之周代之法，于兹已无可考。而就当是之观念言之，贵族为服农庶，安黎民计，是将"法"标为"公平"之旨；而实际上一由在上者高下其手。庶农对之仅能视为神秘之物，唯有"由之"之义务，未有"知之"之权利也。

春秋之后，士人阶级已逐渐觉醒，遂起而向贵族斗争。而其斗争之最切要问题，则为不满贵族之主观的公平，而要求贵族定同罪同罚之法。于是法之观念为之一变，而有管子所谓"当故不改曰法"，文子所谓"法生于义"之解焉。

就史实而言。此种士人与贵族身份竞争之结果，促成贵族经济势力旁落，陪臣权威之日增。至公元前五三五年以后，郑之刑书晋之刑鼎等遂相继出现。④（按此虽曰刑，实际即为法也，盖此乃因"法"之名词于当时常不普遍故耳）唯当时

---

① 古代法律（Ancient Law）第四章有谓古代法律为秘密法之定论。

② 诉讼法之原则有法定证据主义与自由心证主义。古昔多探前者，今咸取后者。

③ 《易讼》九二有谓："不克讼归而逋其邑人三百户。"可见贵族亦有时争讼。

④ 春秋战国时代之法典见于载籍者，除郑刑书晋刑鼎外，尚楚仆区之法（左传昭七年）、第门之法（韩非子外储说）、次之典（楚策）、郑之竹刑（左传定九年）、魏之太府之宪（魏策四）、晋之被庐之法（昭二十九年）等，而今乃言其最主要者也。

邓析对此类之法典竟能任意解释而得两可。① 从社会情况观之，其固为缓冲斗争之贵族所忌，招致杀身之祸。而对该“书”“鼎”之实质测想之，其规定之简陋可想而知矣。且夫法之成文，乃因士人不能用礼不愿受刑之思想而生，乃因士人之斗争而得，故从此不特法之实体已由贵族之主观公平而趋向于客观之正义；且违法之制裁亦即是刑。是诚系法刑二观念之再一接近。更可见其时之所谓“法”亦已从抽象之中化为具体矣。然当是时，贵族所以制定成文法者，不外绥冲士人阶级之身份斗争，故其立法亦不过“治安策”者而已。②

就理论言。法之成文，乃法公开之先声。当春秋末叶，郑子产铸“刑书”遂开公布法之端。故其时法律公开问题遂渐成当时学者政论家讨论之焦点。叔向，孔子……一半代表保守贵族派者，莫不痛斥其非。而究其理由，则以仲尼之言最为明快。仲尼曰：“晋其亡乎！失其度矣。夫晋国将守唐叔之所受法度，以经纬其民，卿大夫以序守之，民是以能尊其贵，贵是以能守其业，贵贱不愆，所为度也。今弃是度也，而为刑鼎；民在鼎矣，何以尊贵？贵何以守业？”③ 是乃维持封建制度之高论也。而法之公开，乃社会进化之要求，士人争斗之结果，故非难虽众，其“公开”之趋势仍日益浓厚也。

战国以还，贵族政治瓦解，经济之权利亦操诸士人商人之手，故彼等不特求法之公布于斗争之时，尤希取司法之例规于为官之日，且若国权在握，则更以法令革除封建庄园，于是战国时代遂演焉“法令滋彰”之时代。

昔在春秋末叶，成文法已属罕见，遑论公布。况其立法之目的亦仅系“救世”。故当时法之内容亦不过“固有之刑”。然时至战国，则因法之增多及士人反古态度炽烈，而生“整理策”之立法。与“受新第”之立法，由此法之观念，亦遂之大变。唯其以整理策之立法也，李悝集诸国刑典，造法经六篇。④ 而首重盗贼以应私有制度之发达。唯其以更新策立法也，商鞅持变古之论与农民取一致之态度。一方面直接打破贵族农产庶级在法律上待遇之差异，而倡法之平等，因而相秦十年，宗室贵戚多怨望者。而他一方面既公布其法，又禁议其法（盖公布之所以应士人阶级之要求，禁议之所以尊君主以便施行）。行之十年，秦民大悦。于

---

① 见陶希圣著《中国政治思想史》第 89—91 页。

② 见陶希圣著《中国政治思想史》第 236 页。

③ 《左传》昭二十九年。

④ 《唐律疏议》《唐大典》《通典》等书皆有类似记载。

是法遂由此二种立法主义之成功，逐渐起而代“礼”“刑”之地位，法之神秘性，以此大亡矣，而斯时违法之制裁，则系刑，是刑与法之观念从此益加相混。

至战国末年，法家大起，上承李悝商鞅之论，尤且彻底行之。法之平等性，遂日益真实，故“刑过不避大臣，赏善不避匹夫”之论生。[①] 换言之，即斯时一般人之观念均主赏罚之前官民一律平等——法律之前，不问贵族平民之阶级矣。且“赏莫如厚而信，使民利之。罚莫如重而必，使民畏之。法莫如一而故使民知之”[②]。故于斯“法”之一定性，亦日益确立：是当时所谓法者，乃“编之图籍，没之官府，而布之百姓者也”[③]。由此可知“法”至于战国末年已成为具体公开之物，与古昔之抽象秘密观念大有变革。其后秦吞并六国，凡事莫不希求统一，故凡度量衡……书有其法。而法之观念由之亦增其范围矣。

综上所述，法于周初乃抽象神秘之性质，而因时代之要求，社会之进化，士人阶级之斗争，贵族政治之破坏，初渐打碎法之抽象性，次后消失其神秘性——由不成文法而渐成成文法，而渐公开之成文法——此即其实际之变迁也。与此之中，法律公开与否之争，会并于礼治法治之议。其影响后世者，亦良多耳。虽然，我国法律自秦以后而已步入成熟期矣。

三、刑之变迁

夫刑之源殆不可考矣，前人皆臆度而论之，虽亦有谓始自皇帝者，亦有谓来自苗族者，更有谓起自唐虞者。[④] 然皇帝，唐虞均非系信史上之人物，诚未可迳信之。兹欲述者乃在阐明刑之观念之变迁，至其实际果起于何时，始不论焉。

今考“兵”“刑”古者不分，故大刑用甲兵，中刑用刀锯、薄刑用鞭朴。[⑤] 至受刑者，即战争之对方也。唯双方战争必有一败，战胜族对战败族之群体与个人如何处置，则不外两途，即（一）共祭祀之牺牲；（二）成为本邦之奴隶。后世战

---

① 《韩非子·有度》。

② 《韩非子·五蠹》。

③ 《韩非子·难三》。

④ 《汉书》《国语》皆以刑始自黄帝，程树德主应断自唐虞，而书吕刑则主来自苗族。

⑤ 《鲁语》上。

争日多，并吞愈烈，奴隶由之大增，逐渐成为一种阶级，而累世为战胜国之“刑”所支配。可见刑之观念当于氏族社会奴隶社会已有之，且乃用以威四夷者，非对待本邦人者也。

自周室渐兴，封建社会已逐步确立。而由于封建制度，贵族与农庶遂成对立之局。农庶者，乃即昔日以战争取得之奴隶也。故彼类在封建未确定之前即专被罚受刑。而确立以后，仍当受刑之拘束，自依不能例外。故是时“农庶”与拘束贵族行为之“礼”无涉也。而若就“刑”与“礼”之本身观之，二者亦如同“农庶”与“贵族”成为对立只地位焉。是故“刑不上大夫”也。①

夫刑之于西周，简言之，即维持封建社会秩序之手段也。盖封建社会之秩序，不外以身份等级为根柢。而欲维持之，则要在使各阶级不相侵越。故以“礼”约束贵族，以“刑”强制农庶。唯农庶是贵族之所有物，可知所谓之刑，决非和平者，决非人道者。是于“大辟”“贼刑”剥夺农庶之生命。“墨”“劓”“剕”“朴”“鞭”残害农庶之肢体。唯其如此残暴，故为防其变乱计，执“刑”而有“知”之贵族，莫不力主“慎刑”，如“其难王勿以小民淫用非彝，亦敢殄用人民若有功”②。是召公勉成王者也。“继自分，文王子孙，其勿误于庶狱庶慎，唯是父之。”③ 是周公之训词也。皆立规为改者，慎用刑罚。盖亦知农庶苟有不服而生暴动，则祸将不可料矣。

春秋之世，阶级制度，形式上虽日趋复杂，而实际上已有动摇。然斯时礼之观念已由之大有扩张，而刑之观念却变动甚少。纵有之，亦不过减少与礼对立之程度而已。盖春秋之纪，贵族仍有庞大之势力。农庶在经济上虽会少占优势，而已获得“赎刑”之待遇，较前为佳。至受刑者之范围，并未有所变动也。及至春秋末叶，礼治理论大兴，咸以为“刑”之用，对于农庶亦不适宜，故曰“道之以政，齐之以刑，民免而无耻”（注六）④，遑论贵族？唯理论究系理论，实际上“刑”并未因此有减缩效力之影响也。

战国之际，阶级虽尚残存，而觉醒之士人已上于贵族争取身份之平等，下仍欲借“刑”以威农庶。且其自身方面，既不能屈于礼，又不愿服于刑。由是介于礼刑间之法生，而将“礼”“刑”之对立加以调剂。于是“礼”“刑”相辅之观念

① 《曲礼》。

② 《召诰》。

③ 《立政篇》。

④ 《论语·为政》。

遂起，而有荀子所谓，“听政之大分，以善至者待之以礼；以不善者待之以刑”①，故失礼者亦可用刑之制裁。唯此虽系“礼”“刑”二观念之接近。而究其所以然，则乃为礼普及于社会全体所致。贵族与平民在法律之前仍非平等。换言之，斯时士人农庶恶意违“礼”者，可以以刑制裁，而贵族仍有“刑不上大夫”之习惯存焉。其后战国末叶，法治论大兴，立法者已见到维持阶级制度或因袭古昔，均已不足应用，因而产生所谓之“变法”。② 变法成功，而法之平等固定诸观念亦遂之造成。因之贵族农庶同罪同罚，且刑亦正式从农庶阶级而及于贵族矣。唯斯时刑罚仍取威吓主义，是无论荀卿韩非皆主重刑也。③

综上所述，周初之刑，乃为镇压农庶、维持封建社会之手段。春秋之世尚未有若何变迁。后至战国，因其“礼”“刑”相辅之观念，此影响后世我中华法律者亦甚巨大。战国末叶，更正式扩张其支配范围而上及于贵族。此即“刑”观念，于秦前变迁之略况也。

结　论

（礼法刑在变迁中之关系及对于后世法律之影响）

夫治史者恒重事物之纵的变化，而略于横的关系。殊不知一时代之事物在纵的方面固与后世形成连锁，即其本身相互间，凡性质相容者，亦每有其扣环。然吾人治其纵的连锁者，乃观其发展也，故于史迹之下应言其影响。唯欲言其影响而不先究其事物彼此间之关系，则所言又每易失于片段。是更应于论影响之前，述史实之外，必陈其等之关系也。故今述礼法刑三观念之变迁，亦于分述以外，而究其关系，然后再论其影响焉。

按周代为封建社会，因之形成“庄园”而贵族与农庶对立。唯其如此，支配贵族之“礼”与拘束农庶之“刑”亦相对立。盖礼偏于形式，而无强力之制裁，“刑”则重在受刑者感到痛苦而要以威吓为策也。而斯时之“法”虽系用刑之具（易：“利用刑人以正法也。”），而尚系抽象神秘之物。观念尚属薄弱，故其关系

---

① 即商鞅之变法。

② 《荀子·王制》。

③ 陶希圣著《中国政治思想史》第277页及300页。

亦不明确耳。至礼之与法，其时乃为两不相涉之物也。春秋以后，阶级渐失。“礼”之支配范围日加增大，于是“礼”“刑”对立之观念遂起动摇。且“法”已由抽象神秘变为“成文”“公布”，而与刑之本体日相结合。盖此皆因士人阶级觉醒故也。战国中叶，礼之范围日增，大有成为社会全体之行为规则之势，故其在农庶间之部分，与刑形成相对之局。而在贵族之部分，则又造成“礼”“法”对立之观念。战国末年，阶级全失，王权确立，于是“礼”“法”之对立亦归于消失。且斯时之礼已经解体，一部流于法律一部入于道德。况“法”“刑”亦已结合成为一体。故是时可谓“礼”“法”“刑”相辅之时代——三位一体之时代也。汉之司马迁曰：“礼禁于未然之前，法施于已然之后。”（《史记》序）盖汉世其相助辅之观念益深矣。

至究此三者变迁对于后世法律之影响，则甚繁多，而要以造成中国法律之特质为其最大者。兹仅就此点略述于下：

1. 由于对立而变为相辅，致“礼”亦有刑为后盾，且影响后世法律中含有礼之成分（此即古代中国法律特质之一）。如汉卫尉充国，坐齐不谨，弃市。（《汉书》百官公卿表），唐律大祀散齐不宿正寝者，一宿笞五十，皆其例。

2. 由于对立而可以混用，影响后世法律仅与道德礼教居平等地位——相辅地位。故法律之外有时可以以经义决狱，且法官可以不泯于法，而以轻处重或以重处轻［参程树德《中国法制史》第四章（一）之丙］。

3. 由于变法论之主“公布”“禁议”，致我国后世皆以平民议律为犯罪行为。

4. 由于法之意义之战国时代已为王者之治术，故不问是民刑事件皆当有罪，致自秦至清我国法律皆民刑不分也。

以上即“礼”“法”“刑”变迁对于我国后世法律影响之大略也。

［原刊于《政治经济学报》（中国大学）1944 年第 2 期］

对太平天国革命历史中的几个问题的商榷①

1851年开始的太平天国革命运动是中国近代社会中地主阶级和农民阶级矛盾发展的一次巨大的爆发，在中国近代历史上掀起了第一个革命高潮，写下了极其光辉灿烂的一章。由于当时的中国已开始了半殖民地半封建社会，在这样的特殊情形下发生的太平天国革命与历次的农民战争有所不同。但它又是没有先进阶级领导的单纯的农民战争，又是发展到中国农民战争史的更高的阶段，研究它的性质和意义是复杂的，颇费力气的。因此，对太平天国革命历史这方面的研究是一项很重要的工作。

近年来，由于太平天国史料发现得愈来愈多，我们对太平天国历史中若干问题的理解也愈益明确起来。这篇文章即把过去编写讲义时对太平天国革命历史中几个问题的看法，简要地写出来，供作讨论，更希望能得到批评和指正。

一、关于“天朝田亩制度”的历史作用问题

太平天国建都南京以后，革命形势进一步的发展，为了满足广大农民群众彻底摆脱封建压迫和剥削的要求，为巩固革命的政权和秩序，1853年，太平天国领导集团在南京刊布“天朝田亩制度”。② 这个制度集中反映了广大农民反对封建、渴望土地的热烈要求，是以改革土地制度为核心，规划出建立农民理想中的新社

---

① 论文合作者为王仁忱、孙志芳先生。

② 以下所引天朝田亩制度原文，均引自中国近代史资料丛刊《太平天国》Ⅰ，第321—326页。

会的方案。“天朝田亩制度”的内容既包括建立新的经济基础，也规定了新的政权组织和教育、监察、选举等各项制度。可见“天朝田亩制度”正是太平天国的革命纲领，其中包括土地纲领、政治纲领以及各项基本政策。

“天朝田亩制度”中分配土地问题的主张是一种农业社会主义思想，目前史学界对此看法是一致的，但这种以表现中国农民农业社会主义思想为核心的“天朝田亩制度”，在太平天国革命的具体历史条件下，究竟起什么作用呢？现在，仅将我们的意见简述于次：

判断“天朝田亩制度”的历史作用，必须具体地分析“天朝田亩制度”的具体内容。

“天朝田亩制度”中关于改革土地制度及一切财产制度的原则是“盖天下皆是天父上主皇上帝一大家，天下人人不受私，物物归上主，则主有所运用，天下大家，处处平均，人人饱暖矣”。按照这个原则，一切土地和财富都属于上帝所有，实际上也就是归代表上帝意志所建立的太平天国所有。这个废除私有财产思想的提出，便根本否定了封建地主阶级占有土地制度。因为当时中国社会私有制的主要内容是地主阶级的土地私有，天朝田亩制度规定既然一切财富为上帝所有，上帝对每个人都是平等对待的，那么地主阶级便不能私有土地来压榨人民。每个人都可以从上帝那里得到一份同样的生产和生活资料，并由此实现一个“有田同耕，有饭同食，有衣同穿，有钱同使，无处不均匀，无人不饱暖”的消灭剥削和贫穷的社会。所以废除私有制，将农民从封建的剥削关系下解放出来，是这一制度的根本精神。根据此精神，首先规定分田的原则是：“凡天下田，天下人同耕，此处不足，则迁彼处，彼处不足，则迁此处。凡天下田，丰荒相通，此处荒则移彼丰处以赈此荒处，彼处荒则移此丰处以赈彼荒处。”其次，土地分配的具体办法是：将天下田分为九等，以早晚二季可出一千二百斤者为上上田，以次递减一百斤，出四百斤为下下田。上上田一亩当下下田三亩，分田照人口，不分男女，按家口多寡分田，田有好坏各占其半，十六岁以上者分整田，以下者减半。在生产方面：除农耕外，每家均须栽桑养蚕，如天朝田亩制度规定“凡天下树墙下以桑，凡妇皆蚕绩缝衣裳，凡天下每家五母鸡，二母彘无失其时”。而根据财产归公的原则，一切生产品除了自己日用必需外，均需交给国库不得私有，每二十五家设一国库，一切婚娶生养都由“国库”按一定的标准供给，丧失劳动能力和无法生活的人由国家抚养。所以规定“凡当收成时，两司马督伍长，除足其二十五家每人所食可接新谷外，余则归国库；凡麦、豆、苎麻、布、帛、鸡、犬各物及金钱亦然……

凡二十五家所有婚娶弥月喜事，具用国库，但有限式，不得多用一钱。如一家有婚娶弥月事，给钱一千，谷一百斤，通天下皆一式，总要用之有节，以备兵荒”。“其作鳏寡孤独废疾免役，颁国库以养”。这种在小农经济基础上平分生产资料及生活资料的办法，就正是农业社会主义思想的表现。

其次，根据土地及生产物公有制原则，“天朝田亩制度”提出了整个社会组织的礼俗、教育、选举、司法等制度，以及地方军队的组织办法。社会组织的制度叫作“守土乡官制”。它以廿五家为一“两”，为一基层组织，五家为伍，选一伍长；五伍为两，选一两司马；四两为卒，选一卒长；五卒为旅，选一旅帅；五旅为师，选一师帅；五师为军，选一军帅，一军共13 156家。军为守土乡官制的最高单位，军帅以下为乡官。上设监军和总制为守土官，总制以上为朝内官。从两司马至军帅是由下级乡官保举，上级逐层审核产生的，规定：“凡天下每岁一举，以补诸官之缺，举得其人，保举者受赏，举非其人，保举者受罚”，“凡天下诸官三岁一升贬，以示天朝之公”。这种保举制度，体现了太平天国政治上朴素的民主主义精神。太平天国的地方军事组织和守土乡官制的行政组织是一致的，有军事行政合一，寓兵于农之意。“每军每家，设一人为伍卒。有警则首领统之为兵，杀敌捕贼；无事，则首领督之为农，耕田奉尚（上）。”可见这种社会组织是军事、行政和经济结合的统一体。

按照“天朝田亩制度”规定廿五家是一生产单位，进行农业和手工业的生产，“凡廿五家中，陶冶木石等匠，具有伍长及伍卒为之，农隙治事”。生产品缴归廿五家所设的国库，再由两司马按需要平均分配。这样，廿五家就成为一个农业和手工业相结合的自给自足的经济单位，两司马不仅是廿五家生产的组织者，财物的管理者，军事的领导者，又是教育、司法、宗教的领导者。制度规定：“童子具日至礼拜堂，两司马教读旧遗诏圣书，新遗诏圣书及真命诏旨书焉。凡礼拜日，伍长各率男妇至礼拜堂，分别男行女行，讲听道理，颂赞祭奠天父上主皇上帝焉。”人民发生争讼，也先由两司马“听其曲直”，若两司马不能解决，再层层向上解决之。两司马还掌握刑赏权力：“民能遵条命及力农者则为贤为良，或举或赏；民或违条命及惰农者则为恶为顽，或诛或罚。”这样一个一个的廿五家组成没有剥削和压迫的社会。这是一幅美妙的但又是幻想的农业社会主义图案。它是当时农民智慧的结晶，显示了一百年前我国农民追求美好、自由的新社会的理想，也是太平天国革命成为旧式农民革命最高峰的一种表现。

因此，对于“天朝田亩制度”，我们认为首先是应该肯定它在当时历史条件下起着很伟大的革命作用。它把农民千百年来对土地梦寐以求的反封建的愿望集中起来变为一个系统而明确的纲领，这在历史上是空前的。此前的农民起义虽也曾提出过“均贫富”“平贵贱”“均田免赋”等口号，但都没有像“天朝田亩制度”对封建制度否定得如此彻底，对理想的新社会规划得这样具体细致和动人。所以，这个纲领的提出，在动员和鼓舞群众进行反封建的斗争上，便起着很大的作用。“天朝田亩制度”不仅具有政治上的动员作用，在经济上也有其革命作用。因为当时中国已处在封建社会末期，资本主义萌芽已在孕育发展。当时，阻碍资本主义生产关系发展的，主要是封建的土地制度及其上层建筑。天朝田亩制度从废除一切私有制出发，首先就要消灭封建的生产关系，这就在客观上为资本主义的发展扫除了障碍。列宁说：“人们说：‘平均分配不会有任何结果。’对马克思主义者就应该这样来理解这句话，‘不会有任何结果’，是对社会主义任务而言，只是说这种办法不能消除资本主义。然而这种分配做法，甚至这种分配的想法，对资产阶级民主革命却是十分有利的。”① 列宁这段话，对我们评价“天朝田亩制度”有很重要的启示。

在肯定“天朝田亩制度”在当时有革命作用的同时，我们认为也应指出它有其空想的一面，它不仅要消灭当时的封建制度，而且要消灭一切私有制度，这是超越历史发展进程的要求，实际这只能是以原始公社会的组织来代替封建的生产关系，这是逆社会发展趋势的一种空想。从这个意义上来看，这种思想在实质上又是带有反动性的。同时太平天国企图用绝对平均的办法来建立人间的乐园也是一种农业社会主义的空想。因为这种图案是建立在分散的小农经济的低下的生产力基础上的，根本不可能消灭贫困和剥削。而它的空想性则又是为当时的历史条件和农民的阶级地位所决定的。广大农民有反封建的迫切愿望，但当时还没有先进阶级产生，农民只能从他们经济地位所决定的认识水平出发来解决革命的要求。正如恩格斯对空想的社会主义思想产生所分析的：“解决社会问题的方法，既然还在不发展的经济关系中隐藏着，所以不得不从头脑中发明出来，创造出来。”“这些新的社会体系，予先就被判定不得不陷于空想，它们愈是被规定得详尽细密，则愈是堕于纯粹的幻想。”② 由于“天朝田亩制度”既包含革命的又包含违反历史

---

① 列宁：《社会民主党在1905—1907年第一次俄国革命中的土地纲领》，《列宁全集》13卷，第261页。

② 恩格斯：《社会主义由空想发展为科学》，《马克思恩格斯论文选》第二卷，第121—122页。

发展要求的空想的因素，因此它在实际执行时，其空想的部分便不能不一步步地退到现实社会中来。

“天朝田亩制度”所规定的土地分配的办法，据现有史料来看是没有实行的。一方面因为它是一种农业社会主义空想；另一方面因为太平天国当时正处于战争环境，农村秩序动荡不定，再加上土地与人口的配合情形非常复杂，实际上也无法按规定实行。但是，太平天国革命是农民反封建革命运动，在革命风暴扫荡下，地主或逃或亡，一些地区的农民便把逃亡地主的土地占为己有，或拒不交租。太平天国对这些得到土地或拒不交租的农民一向都加以保护，以满足他们要求土地和减轻租赋的愿望。当时在离南京三十里的陈墟桥蔡村农民说：“吾交长毛钱粮，不复交地主粮矣！”① 清朝江南河道总督潘锡恩在1858年自述他在芜湖的二千多亩田产，自1853年后，“籽粒无收”②。太平军占领常熟后更规定：“以实种作准，业户不同挂名收租。”③ 这都说明，在太平天国统治的区域中，不少地方的农民即以租田为己产，谁种谁收。太平天国为保护农民取得土地的所有权，在不少地方发给农民“田凭”，“领凭后租田概作自产，农民窃喜”④。即使有些地方，在太平天国后期，曾允许地主收租（萧珊县右营军师曾发收租票，“吴江庚辛纪事”亦有收租记载），但太平军对地主收租均加以监视，并有限制；而且还要地主们“供捐军饷”，并替贫户缴纳赋税，“每圩计贫户不能完者，有力者多完补数”。太平天国实行的这种政策，剥夺或限制了地主阶级对农民的残酷剥削，沉重地打击了地主阶级，使农民生活得到很大的改善，这都符合广大农民的利益，并推动了社会生产力的发展。

二、关于对太平天国领导集团分裂的认识问题

1856年夏，太平军打垮了江南北大营，天京围解。太平天国军事政治的实际

---

① 汪士铎：《乙丙日记》，咸丰三年十一月条。

② 徽郡御寇案牍。

③ 顾汝钰：《海虞贼乱志》，咸丰七年十月廿日记事。

④ 倦圃野老：《庚癸纪略》。

指导者杨秀清，更加居功自傲，“逼天王亲到东王府封其为万岁”①。洪秀全感到自己地位不保，立刻秘密命令在江西督师的韦昌辉、在湖北督师的石达开回京铲除杨秀清。早已蓄意杀杨的韦昌辉，认为时机已到，即刻兼程赶回天京。1856 年 9 月 2 日，韦昌辉深夜入京，立刻带兵包围东王府，杀死杨秀清。更借口屠杀所谓“杨党”（其实都是广西革命的老兄弟）数千人，企图达到他的消灭异己取而代之的阴谋。原来韦昌辉、石达开计议“杀东（王）一人，杀其兄弟三人，除此以外具不得多杀”②。石达开回京后看到韦昌辉屠戮如此之众，非常不满，责备了韦昌辉的乱杀，韦阴谋杀害石达开，达开连夜缒城逃到安庆，韦昌辉杀达开全家十三口。石达开在安庆组织靖难兵准备回京诛平韦乱。这时韦昌辉的狰狞面目完全暴露，洪秀全又依靠了天京太平军将士和革命群众将韦昌辉杀死。傅首宁国，召石达开回京辅政。革命在极端危险的情况下，才又有了新的转机。但是石达开回天京后，由于洪秀全在杨韦事变后更增加了对将领们的猜忌，也由于石达开从疑惧不安发展为负气独立的思想，终于导致太平天国领导集团再一次的分裂——石达开带了相当多的精锐力量离开太平天国革命的整体单独行动，又成为太平天国革命失败的一个重大因素。这就是太平天国领导集团分裂——杨韦事变和石达开出走事件的概况。

杨韦事变是太平天国革命由发展到衰败的一个转折点，是太平天国革命运动的不幸。对杨韦事变应如何认识如何分析呢？我们的意见是：杨韦事变正是旧式农民革命难于克服和难于避免的内部矛盾发展的结果。太平天国农民革命是中国历史上旧式农民革命发展的最高峰，但仍然属于旧式农民革命的范畴，在没有马克思列宁主义武装的无产阶级政党的时代，农民是没法自觉地克服自己内部的矛盾和不团结的危机的。

关于杨韦事变的材料现在还不多，依照现有的材料看来，洪秀全与杨秀清是有矛盾的。这个矛盾表现为洪杨权位之争和广东派与广西派的冲突。据《李秀成自述》说，杨秀清是“威风张扬，不知自忌，一朝之大，是首一人”。杨秀清确实是对太平天国革命有大功的人物，他在太平军中有很高的威信，当 1849 年洪、冯回广东拜上帝会众发生动摇时，他假借上帝附体，团结了会众，参加并领导了金田起义，所以在永安太平天国封王时，他被封为东王，位居南王冯云山之上。在

① 《李秀成自述》，《太平天国》Ⅱ，第 791—792 页。

② 《李秀成自述》，《太平天国》Ⅱ，第 791—792 页。

胜利进军中，也表明了他是一个优秀的军事政治的人才。李秀成自述说他“军令严正，赏罚分明”“民心佩服”。但作为一个农民阶级说来，用上帝会教义的迷信精神，是克服不了个人的权位思想和居功自傲、骄横跋扈的思想作风的。这只有马克思列宁主义，无产阶级政党无产阶级革命历史时代，才能够克服这些从剥削阶级社会长期培养出来的坏思想坏作风。一般材料上说洪秀全是“僻居深宫，从不出户，人罕识其面”①，又说他高高在上，以教主自居，脱离群众。他在晚期写了许多诗教谕后妃礼俗家规，说明其宗教思想和封建思想很深很浓厚。这种情况也是可以理解的，洪秀全这样一个农民知识分子，领导了轰轰烈烈的农民革命动运，取得了如此辉煌的胜利，可说是一个了不起的人物，毛主席在《论人民民主专政》一文中说洪秀全是中国共产党出世前向西方寻找真理的先进的中国人之一。他是一个坚决与封建统治做斗争的人物。但这个人身上存在着农民阶级的、历史时代的而自己无法克服的弱点和缺点，在革命取得伟大胜利，革命力量有了很大的发展以后，他高高在上，脱离群众，思想保守，宗教观念，嫉贤讳能，狭隘的个人权位思想，不是自我察觉、自我克服，而是发展了，上帝会的组织和教义是管不了他这些缺点的。洪秀全、杨秀清的这些缺点发展起来就形成以洪秀全为首的广东派和以杨秀清为首的广西派的冲突。广西派以杨秀清的功高气盛，压迫广东派。如罗大纲常谓人曰：“吾与秦日纲、胡以晃同起兵，功亦不相下，二人以广西老兄弟故，皆封王，我以粤籍乃不得一侯，天下事未有不平于此者。”（《太平天国野史》）广东派则以天王之尊，联合被杨秀清所压抑的广西别派韦昌辉等势力，力图压倒杨秀清为首的广西派。这种宗派冲突和洪杨个人权位之争纠缠在一起，在严重的阶级斗争面前，在解决重大的革命战争问题上，领导集团的内部矛盾遂日益发展起来，一直弄到不可收拾，而爆发了流血的惨剧，毁坏自己创造的革命大业，不能不使我们后代人引以为教训。这是一。

韦昌辉与杨秀清也是有矛盾的。韦昌辉对杨秀清有长期不满思想。韦参与金田起义，本有一部分实力，形成广西派别韦党。但韦在太平军中地位和实力则远不及杨秀清，为杨秀清所压抑。正如《李秀成自述》中所说他对杨秀清“口顺而心怒”。他在表面上对杨秀清是“事东贼甚谄”②，实际上对杨秀清恨之入骨。杨韦的矛盾是蕴藏已久了。韦昌辉出身于大地主兼典当商人，在广大农民反清斗争

---

① 张德坚：《贼情汇纂》卷一，《太平天国》Ⅲ，第45页。

② 谢介鹤：《金陵癸甲纪事略》，《太平天国》Ⅳ，第669页。

中被卷进革命队伍中来。农民阶级没有能力领导一个反清的统一战线，也不能改造其他阶级出身的人。而韦昌辉这样出身的人，阶级本能的东西就更多了，他哪会甘心居于东王杨秀清之下，他与农民性格的杨秀清会有很多的格格不入。不同阶级的心情在韦昌辉身上是会常常显露的，只是“阴而不发”而已。一到时机成熟，有机可乘，他的野心就全部暴露出来。虽原计议只“杀东王一人，杀其兄弟三人，除此之外具不得多杀”，但结果是杀戮极众，严重地毁坏太平天国的元气。在这里，我们又得到另一个教训，在无产阶级革命事业中，对其他阶级分子改造的必要性。这是二。

杨韦事变后，洪秀全的猜忌心理更为加强。石达开本是太平天国中头等军事、政治人才，在太平军中威信很高。如李秀成自述所说：“后翼王回京，全朝同举翼王提理政务，众人欢悦，主有不乐之心。”① 他在当时是能胜任辅佐天王挽救危局的人物。但他在太平军中的威信反而增加了洪秀全保护个人权位而产生的猜疑，重用他的兄弟庸懦的安、福二王，以挟制石达开。这种处境对石达开来说是困难的，这个剥削阶级出身自负有才学的知识分子在受洪氏排挤，疑惧不安又觉得大势已去的情况下，产生了负气独立的思想，导致了错误的分裂行动。1857 年 6 月，他邀集将士十余万前往安庆，带走了在江西、安徽西征战场上精锐的力量，单独行动，进一步削弱了革命的力量。忠王李秀成把石达开的出走列为天朝十大错误之一，“君臣相忌，翼起猜心，将合朝好文武将兵带去”②。这种指责是当年李秀成在石达开出走后，带领太平军在艰守桐城的血泊战斗中得出来的。石达开率大军到安庆，然后转入江西，攻取许多郡县，他不顾皖赣有民众拥护的有利条件，决心远征四川，自立一国，他虽然拥有精兵猛将，几十万大军，但由于错误的分裂路线，脱离了革命整体，离开有巩固基础的皖、赣根据地，陷入孤立的、无后方的、长期行军的状态中。转战六年，历经江西、浙江、福建、湖南、广西、湖北、贵州、云南、四川九省，虽然表现了革命军队的坚韧性，但仍不免于失败。1863 年 5 月，石达开军队在四川大渡河被清军包围，将士死伤殆尽，达开被俘牺牲。在这里，我们又得到一个教训，那就是革命力量在于团结，分散革命力量就是罪行。

杨韦事变及石达开的分裂行动，使得太平天国前期的领导集团完全解体，革

---

① 《李秀成自述》，《太平天国》Ⅱ，第 792 页。

② 《李秀成自述》，《太平天国》Ⅱ，第 838 页。

命的领导力量大为削弱。杨秀清及革命老兄弟数千人被屠杀，使革命的基本力量遭受严重的摧残。石达开又带走了太平军精锐十几万人，更加分散了革命的力量，影响了太平军的军心和士气，使得西征战事从此一蹶不振，太平天国革命战争由此转入防御，前期革命胜利至此开始转入衰败。太平天国领导集团的分裂留下了惨痛的而又是宝贵的历史教训，它说明维护和加强革命队伍的团结，是每个革命者重大的责任。

三、关于洪仁玕提出《资政新篇》的评价问题

洪仁玕是天王的族弟，是拜上帝教最早的信徒。金田起义前，洪秀全曾和他研究上帝教义，密图革命。金田起义，他没有来得及参加，为了躲避清政府的逮捕，1853年逃到香港，在西洋牧师处做中文教师，接受了西方资本主义思想。1859年春天，他自广州经赣鄂到天京，正值杨韦事变之后，朝政乏人之际，立即得到天王的重用，封为开国精忠军师顶天扶朝纲干王，总理朝政。洪仁玕遂成为太平天国革命后期的领导人物之一。他是农民革命队伍中受过西方资本主义影响的知识分子，在1859年洪仁玕提出了《资政新篇》。①《资政新篇》是洪仁玕根据他对西方资本主义国家的了解和对太平天国所面临的一些问题提出的一个新的施政改革方案。正如他在奏折中所说："兹谨将所见闻者条陈于后，以广圣闻，以备圣裁，以资国政，应有小补云尔。"对于洪仁玕提出《资政新篇》，我们要从《资政新篇》的具体内容和提出《资政新篇》的具体历史条件来做全面的分析，才有可能得出对它的恰当的评价，片面的肯定和片面的否定，都是不合适的。《资政新篇》主要分四部分：第一部分是"用人察失类"，主要论述"禁朋党之弊"。他说："朝廷封官设将，乃以护国卫民，除奸保良者也。倘有结盟联党之事，是下有自固之术，私有倚恃之端，外为假公济私之举，内藏弱本强末之弊。为兵者行此，而为将之军法难行，为臣者行此，而为君之权谋下夺，良民虽欲深倚于君，无奈为所隔绝，是不可以不察也。"从他这一段话看来，是接受了杨韦事变的教训和针对太平天国内部情况而说的。这实质上是反对革命队伍里的宗派思想。他痛感这种

① 以下所引《资政新篇》原文均引自《中国近代思想史参考资料简编》，第98—114页。

宗派思想的危害性说："若发泄而不能制，反遭其害，败祸不浅矣。"最后他号召"倘得真心实力，众志成城，何难亲见太平景象而成为千古英雄，复见新天新地新世界也夫"。这是他主张革命内部要加强团结才可能制敌取胜。第二部分是"风风类"，主要是说，移风易俗应"自上化之也"。凡应革之事，他说"惟在上者以为可耻之行，见则鄙之忽之，遇则怒之挞之，民自厌而去之，是不行而自化，不禁而自弭矣"。举应兴之事，他说"上则亲临以隆其事，以奖其成，若无此举，则诏谕宣行，是厚风俗之法也"。以上这些话都是对太平天国的领导者说的，告诉领导者反对什么，赞成什么，都要以身作则。用什么来移风易俗呢？他提出第一要用基督教的精神，他说："以天父上帝，天兄基督，圣神爷之风，三位一体为宝。"其次要用西方资本主义国家的物质文明，他说："中宝者以有用之物为宝，如火船、大车、钟表、电火表、寒暑表、日晷表、千里镜、量天尺……皆有夺造化之巧，足以广闻见之精，此正正堂堂之技，非妇儿掩饰之文，永古可行者也。"表现了他想以西方资本主义物质文明改造中国的思想。第三部分"法法类"，这是他的《资政新篇》的中心部分。充分地表达了他企图用西方资本主义政治经济制度改造中国的思想。他说所谓"以法法之"者，其事大关世道人心，如纲常伦纪，教养大典，则宜立法以为准焉。他在这一部分里，介绍了十九个国家，特别介绍了英、美、德、法等国的特点，随后他就列举了二十九项应兴应革的大事，都是关于政治经济制度法令和民俗方面的。其中主要点在政治方面，他说："要自大至小，由上而下，权归于一，内外适均而敷于众也。又由众下达于上位，则上下情通，中无壅塞弄弊者，莫善于准卖新闻篇和暗柜也。"从这些话看来，他是主张实行中央集权制，又拟有通下情办法。他主张各省应设新闻官、官职不受众官约制，亦不约制众官，专收十八省及万方新闻篇有招牌图记者，以资圣听。在地方主张兴"乡官"和"乡兵"以治理地方。又主张禁止卖官鬻爵和贪赃受贿。从这些方面可以看出他希望出现一个很有法治的廉洁的政府和公正而清洁的社会秩序。在经济建设方面，他主张发展工、商、农、矿各种生产事业，主张允许私人开设银行、开矿山、兴办工厂、修铁路、造轮船、办保险、设邮局、立报馆、奖励发明创造。配合这些建设事业，他又主张设立近代卫生医疗机构，禁止买卖人口和使用奴婢，而代之以雇佣劳动，并强迫没有正当职业的游民和不事生产的富人从事劳动生产。"若每日无三个时辰工夫者，即富者亦是惰民，准父兄乡老擒送，迸诸绝域"。在社会政策和民俗改革方面，他主张禁溺子女、禁卖子为奴、禁酒和禁吸食鸦片、禁庙宇寺观、禁演戏修斋建醮、革阴阳八煞、除九流、兴社会保险、设跛盲聋哑学院、救济鳏寡孤独。从这里可以看出他抱有改革社会民俗的一套理想。第四部分是“刑刑类”，主要谈刑法原则。主张善待轻犯，促其改过自新。主张对罪犯尽量少杀而多加教导，反对不教而诛。他说“必先教以天条而后齐以国法，固非不教而杀矣，亦必有耻且格尔”。主张与外国交往，和他们通商竞争。他说：“与番人并雄之法如开店二间，我无租值，彼有租值，我工人少，彼工人多，我价平卖，彼价贵卖，是我受益彼受亏，我可永盛，彼当即衰，彼将何以永居乎，况我已有自固之策，若不失信义二宗足矣，何必拘拘不与外人交接乎?”

以上是洪仁玕《资政新篇》的主要内容，从这些内容中充分可以看出洪仁玕所具有的西方资本主义的思想。他企图以这种思想引导太平天国走上资本主义道路，解决太平天国所面临的一些问题。这就是他要达到的目的。他提出《资政新篇》，得到了洪秀全的赞许，并作为官书颁布了。洪仁玕的这种思想在当时说来是具有进步性的。他企图把农民革命引导到建立资本主义制度的道路上来，而且处在已经开始了的半殖民地半封建的社会条件下的农民革命战争，其客观上也具有为资本主义发生发展开辟道路的作用。从这点看来，洪仁玕的这种资本主义思想是符合当时历史时代要求的，与太平天国革命是可以联系起来的。但当时的条件却还是很不具备的，那就是太平天国正处于艰危的革命战争时期，不但未取得全国政权，而且自杨韦事变以后，内部存在很大的危机，当时亟待解决的问题是怎样地团结和巩固内部以迎击互相勾结的内外反革命势力，推动革命的发展。这是一个前提。从这一点说来，他的一些主张则又属脱离实际的空想。其次就是当时中国社会内部资本主义经济因素还在开始形成中，资产阶级还没产生，还缺乏社会基础。从这一点说来，他的主张，也有脱离中国社会实际的一面。但这不影响洪仁玕作为一个向西方寻找真理的人，企图引导太平天国走上资本主义道路的先进人物。

四、关于太平天国革命失败原因的分析问题

研究太平天国革命失败的原因，总结经验教训，是我们学习历史的任务。太平天国这样一个轰轰烈烈的伟大的革命运动，已经取得了极其辉煌的胜利，为什么最后失败了呢？读史至此，是不能不深思追问的。斗争的双方，胜负取决于力

量的对比，而力量的对比既是客观存在的，又是主观努力可以改变的，但是主观努力是不能超越时代历史条件的。我们认为，必须根据这个道理来分析太平天国革命失败的原因。我们对太平天国失败原因的分析是：

第一，革命的对方是一个反动的、腐朽的、封建的清王朝，它的统治是中国各族人民的监狱。太平天国革命时期，各族人民都起来反抗它是正义的，它的政治军事和财政力量都很弱，太平天国金田起义以后，势如破竹，很快就席卷了大半个中国，清王朝统治被打得七零八落，处于十分危殆之中。它在这个时候采取了动员汉人地主武装力量，组织团练的方法，因而出现了湘军这一恶毒的反革命力量，可以说在太平军占领南京以后，南方的革命与反革命斗争基本上是太平军和湘军的斗争。清王朝就可以腾出力量保持北方的统治，也就有力量打败力量单薄的太平天国的北征军，保住清王朝中央统治的心脏。其次是反动透顶的清王朝统治者，用妥协投降卖国的政策，调整了它与外国资本主义侵略者的关系，并且又与外国侵略者勾起来，借洋兵洋器来打太平军，这不仅把它处于风雨飘摇中的统治稳定下来，而且增加了反革命的力量。就在反革命方面出现了满汉封建地主阶级势力的联合，又出现了内外反革命势力的联合，在一个短暂时期里，反革命力量由软弱变为加强了。这是一种客观情况的变化。

第二，太平天国革命方面，在金田起义攘臂一呼之后，太平军与天地会联合起来，太平军以农民为主体，联合了一切的革命的阶级和团体，甚至一切不满清朝统治的地主、豪绅分子和商人。中国社会中革命的力量是很大的。所以在太平军胜利进军中，太平军的队伍是不断扩大的，所以取得迅速的胜利，不能不归功于革命群众的响应和支持，不能说不是革命力量大联合的结果。到达南京以后就有捻军和上海小刀会的起义，接着是各少数民族的起义，这些都直接和间接地支持了太平天国，所以太平天国在南京得以站住了脚。看起来一切革命势力大联合是胜利成功的重大因素。但是在这个问题上，太平天国领导者没有提到作为革命根本政策来考虑，它与各种革命力量还没有提到很自觉的联合。如它未能与上海小刀会起义取得很好的联系，它没有及时发动对上海的进攻。说明太平军还没有领导一个反清统一运动的认识和能力。同时太平军在定都南京以后，出现了不能保持内部团结的各种因素，那就是什么洪秀全代表广东派、杨秀清代表广西派，什么权大权小的问题；又出现了老兄弟和新兄弟之分，比资格，比功劳，闹到敌人都知道了。如《贼情汇纂》说："杨贼与昌辉互相猜忌，似不久有并吞之事。"这就是杨韦事变的客观基础。由于杨秀清的专横跋扈，韦昌辉的别有野心，洪秀全的高高在上，发生了领导集团的内部分裂和惨杀。革命领导核心内部闹不团结，闹分裂，就自毁了革命的长城。这就是宗派思想毁了革命。杨韦事变是造成太平天国革命失败惨痛教训之一，也就是失败顶重要的原因。其次就是它的军事战略思想有错误，当它在定都南京以后，究竟把主攻放在哪里，看来是不明确的。分散了力量，没有集中一点作为主攻的方向。本来革命胜利发展应该是马不停蹄的，应该用强大力量直捣清王朝的北京巢穴，叫它失去统治的中枢，把中央政权夺过来。这应该作为战略的指导思想。但它当时对北征军投的力量太少了，也没有派遣主帅。应该看到北征困难很多，应该有决心多投力量。对西征最初也没有主帅出征，也没有把消灭湘军、建立巩固的后方作为明确的目标。对湘军这个恶毒的后方敌人有些忽视，未能及早歼灭。这也是失策。东征又未能直扑上海，及早把这个内外反革命最初勾结的据点拿下来。在战略指导上犯了保守思想的错误。这就使清王朝有时间和机会调动反革命的力量。最后，这个伟大的人民革命运动，在取得了伟大的成就之后，领导者却开始腐化起来，脱离群众，脱离实际，失去了革命的发皇气象。洪秀全到南京以后即深居宫禁，不与群众见面了，而且自己还制造一套剥削阶级威严仪式把自己禁闭起来，不了解情况，越来越滋生了权位的疑忌心，越来越迷信宗教的思想，仅有陈玉成和李秀成两员大将还多加猜疑，仅这洪仁发、洪仁达、蒙德恩等数人，如何能激励革命战士和群众呢？范文澜同志说："太平军一坏于杨秀清的专擅跋扈，再坏于韦昌辉的疯狂屠杀，最后坏于洪秀全的任用私人。"① 这个结论是深刻的。太平天国存在这些缺点和错误，使它不能很好地发展革命力量。壮大革命力量，反而使革命力量衰弱下去，因此也失去很多进一步击败反革命，取得全国政权的机会，反而自己被反革命打败了。

但是，太平天国这些主观的缺点和错误又是怎样产生的呢？它能不能认识和克服呢？这又得找客观原因。这还得谈到太平天国革命仍然是一个单纯的旧式农民革命。农民阶级是有坚决革命性的，是反封建的主力军，所以它们掀起轰轰烈烈的大革命。但农民阶级本身是存在许多弱点的，自私性、狭隘性、保守性和分散性。在这些弱点下，产生了以上的各种缺点和错误，这是客观原因。因为在那个时候，中国社会"没有新的阶级力量，没有先进的政党，因而这种农民起义和农民战争得不到如同现在所有的无产阶级和共产党的正确领导"②。太平天国这些

① 范文澜：《中国近代史》，第 132 页。

② 《中国革命和中国共产党》，《毛泽东选集》卷二，第 619 页。

缺点和错误是无法避免，也是自己无法克服的。但我们指出太平天国失败的原因和它的缺点与错误，丝毫不能减弱伟大的太平天国革命运动所创造的丰功伟绩，我们不能忘记现代的中国人先一辈，他们在中国大地上抛头颅，洒热血，以坚强革命精神和毅力，打击了内外反动派，削弱了他们，为我们后代人开辟革命前进道路的功劳。因此我们要永远纪念太平天国时期革命的英雄们。

（原刊于《河北大学学报》1961 年第 1 期）

试谈甲午战后中国半殖民地半封建经济形态的完全形成

一、问题的提出

世界资本主义经过三十年的过渡期间，到十九世纪末二十世纪初，已经进入帝国主义阶段。就在这个过程中，帝国主义国家进行了瓜分世界的斗争；而一八九四—一八九五年的中日甲午战争，正是帝国主义在远东进行这种斗争的一个重要开端。甲午战争以清朝战败订立了屈辱的《马关条约》而告结束。《马关条约》第六款第四项规定：“日本臣民得在中国通商口岸城邑任便从事各项工艺制造，又得将各项机器任便装运进口，只交所定进口税”①，承认外国在中国设厂投资为合法。这就正“表示外国资本主义的侵略转化为帝国主义的侵略”②。此后，紧接着在中国便出现了割地狂潮、划定“势力范围”、投资竞争——严重的被瓜分的危机。虽然由于中国人民的反抗和帝国主义之间的矛盾，使帝国主义瓜分中国的企图未能实现；而中国半殖民地半封建的经济形态却在甲午战后到二十世纪初这段时期内完全形成。

但是，为什么说中国半殖民地半封建经济形态在这个时期就完全形成了呢？那就是因为帝国主义列强已经操纵了中国的财政经济命脉，并与中国封建势力结

---

① 《中外条约汇编》，商务版第 152 页。

② 范文澜：《中国近代史分期问题》，《中国科学院历史研究所第三所集刊》第二集。

合起来保持住了封建剥削制度的优势地位，一方面使中国民族资本主义形成了软弱和依赖的特性，另一方面也形成中国经济发展不平衡的长期落后的状态。因而，在这时就整个中国来看，已是几个帝国主义国家共同统治的局面；就列强在中国所划分的“势力范围”来看，各帝国主义国家对中国又进行着分别的统治。在政治上封建政权已经成为帝国主义侵略中国的工具；在经济上中国已成为帝国主义的销售市场、原料产地、投资场所和廉价劳动力的来源地，已开始成为列强的农业和原料的附庸。以下再就这一问题分别加以分析。

二、帝国主义操纵了中国的财政经济命脉

毛主席在《中国革命和中国共产党》一文中指出，“帝国主义不但操纵了中国的财政和经济的命脉，并且操纵了中国的政治和军事的力量”①，是中国半殖民地半封建社会的特点之一。现在专以中国半殖民地半封建经济形态来说，我们认为帝国主义操纵了中国财政经济命脉，也正是这个方面的一个主要特点。这个特点，自第一次鸦片战争以后，中国对侵略者开埠通商、协定关税、扩大了外国商品的输入数量，使侵略势力伸入物产最富饶的长江下流地区，而开其端绪；经过第二次鸦片战争以后，侵略者在中国内地扩大商埠、控制中国海关、掌握中国航运，而使之逐渐形成。到甲午战争以后，中国财政经济命脉即完全为帝国主义所操纵了。

帝国主义操纵中国财政经济命脉的一个主要项目，是通过投资完全支配了中国的财政收入。甲午战后，帝国主义国家乘清政府为了交付对日赔款向其他外国举债的时机，展开了激烈的投资竞争。最后形成了三笔贷款，即俄法洋款（一八九五年）四万万法郎，英德洋款（一八九六年）一千六百万英镑，续借英德洋款（一八九八年）一千六百万英镑，共合约二亿四千万美元。② 这些借款不但数额庞大，还欠年限长，而且偿还办法不能由债务国有所变更（如英德洋款即规定不能一次清偿，也不能移债清偿），偿还担保又于海关收入担保外，加上了盐税和内地税——厘金作抵押；续借英德洋款合同中并规定今后厘金税率的增减必须先取得

① 毛泽东：《中国革命和中国共产党》，《毛泽东选集》第二版第二卷，第625页。

② 根据吴承明编《帝国主义在旧中国的投资》第181页“货币折合率”表计算所得数字。

英德借款银行的同意，中国政府已不能自主。这样，帝国主义者就严重地破坏了清政府的财政行政权。再加上根据一九〇一年《辛丑条约》需要加算利息偿还的庚子赔款本息九亿八千二百二十三万八千一百五十关平两，合七亿五千六百多万美元，其担保也明定为海关税、内地税和盐税。从此，国内所有重要税收除田赋外已全部为帝国主义所支配，中国遂遭受帝国主义债权国无限制的压迫与榨取，而中国人民也在这巨大负担的重压下生活愈穷困，社会经济愈益凋敝。

帝国主义控制中国财政经济命脉的另一个主要项目，就是通过投资垄断了中国重要交通事业和夺取了矿山的开采权。中国航运事业在甲午战前随着开埠通商和内河航行权的丧失而为资本主义侵略者所支配，如一八八七年各通商口岸进出中外轮船吨位的对比，其中外国轮船吨位已占百分之七十四。而甲午战后，这种情况更继续发展，如一九〇二年中外轮船吨位对比，其中外国轮船吨位又上升到占百分之八十三[①]，说明帝国主义已完全垄断了中国航运事业。甲午战后在交通事业方面除航运外，帝国主义对华投资的另一个新目标就是对铁路投资。甲午战前侵略者早已企图掠夺中国铁路权利，如一八六四年英国斯蒂芬生即拟有中国铁路网计划草案，一八七八年并曾以借款掠去京奉铁路的管理、用人、续借款项权。但这一时期这种掠夺究竟还没有大规模进行。而甲午战后帝国主义各国则迅即开始公开掠夺中国铁路权益，展开了对中国铁路的投资竞争。自一八九五——九〇五年，中国铁路的借款管理经营权，被英国掠得者有广九、北宁、京沪、沪杭甬各路，被法国掠得者有汴洛路，被俄国掠得者有京汉、正太各路。中国铁路的借款权与借款优先权，被英国掠得者浦信、道清、津浦各路，被法国掠得者有京汉路，被俄国掠得者有北京以北的铁路，被德国掠得者有津浦、开兖、正德各路，被美国掠得者有粤汉路（后又落于英国之手）。中国铁路的建筑权，被法国掠得者有龙州、滇越、赤安、南宁各路，被俄国掠得者有吉长路，被德国掠得者有胶济、胶沂济各路。此外英国更掠得西藏境内的所谓“筑路优先权”。中国铁路的合办权，被俄国掠得者有中东、中东路南满支线各路，日本掠得者有南满、安奉各路。[②] 这就是帝国主义掠夺中国铁路的第一个高潮。在这一高潮的初期开始建筑的铁路，如中东、南满、胶济、滇越等路，帝国主义投资着重于直接经营方式，

① 参看严中平等编《中国近代经济史统计资料选辑》，第221页。

② 参陈晖著《中国铁路问题》第30页“各国在华获得铁路权利表”，其中京汉路名义上系借比资，实则是法俄在比利时掩饰下的掠夺。

因而资本雄厚的铁路公司就成为帝国主义在这一地区经济统治的中心。以后帝国主义又采用了通过借款来控制中国铁路的方式，以期能更多地支配中国的铁路。以这一高潮为开端，以后旧中国所有主要铁路交通均为外资所控制。众所周知，在正常情况下，交通运输事业的发展是国家工业发展的结果，它又能促进商品和物资的流通，进而再推动工业发展。但是中国的航运、铁路的情况，与此则大不相同。在当时固然中国在商品和物资流通上也需要航运铁路等近代交通事业，而这种交通事业既控制在帝国主义手中，便自始就为帝国主义侵略政策服务，使中国商品物资的流通符合于帝国主义侵略上的需要，成为帝国主义统治中国经济，变中国为它们的商品销售市场和原料供给地的主要工具。特别是帝国主义既控制了中国的铁路交通，就进一步使中国内地广大区域的经济正式走进帝国主义经济统治的范围之内，中国的农村经济也就开始成了帝国主义的附庸。在掠夺中国铁路权利同时，帝国主义在甲午战后也开始争夺中国的矿山开采权。帝国主义夺取这种权利的主要方式，首先是与铁路权利结合着掠夺。如一八九六年中俄“密约”，帝俄取得中东铁路的权利，并规定沿铁路三十里内的矿山“不准中国人或其他外国人开采”；德国掠夺胶济路权利一并掠去三十里内的矿山权也是如此。其次是从中国人手中骗占兼并重要矿山，如开平煤矿即在一九〇一年被英人骗占，井陉煤矿即在一九〇二年被德国资本侵入，抚顺煤矿和本溪湖煤铁矿即在一九〇五年被日人强占，临城煤矿也在一九〇五年被比利时资本侵入。① 再次是通过投资借款控制矿山或直接购矿。甲午战后与夺取铁路权利第一个高潮出现的同时，也出现了帝国主义夺取中国矿山权利的第一个高潮，帝国主义到处投资和购买矿山，甚至它们在很多地区都开始了勘探工作。由此可见，甲午战后中国的航运、铁路、矿山已均为帝国主义所垄断和控制；它们掌握中国经济的动脉和资源，使之为帝国主义服务，中国民族工业的发展也即因此受到严重的阻碍。

帝国主义操纵中国经济命脉的再一个主要项目，就是扩大进行了工业投资，以操纵中国的国民经济。甲午战前资本主义国家为了便利其进行不等价交换的贸易，已经非法设立了不少工厂，但当时这些投资对进出口贸易来说还是从属品。甲午战争以后情况就不同了。帝国主义迅速地改组和扩大了一些已经开设的重要工厂，使之逐渐变成垄断性的大企业。如英国耶松船厂于一九〇〇年与祥生船厂

① 参吴承明《帝国主义在旧中国的投资》，第38页。

合并，并增加了资本；再如英国的上海电灯厂也扩大了资本和经营。[①] 帝国主义也迅速开设了很多新的工厂，加强了对中国人民的掠夺。如甲午战后至一九一三年外商工厂即由十几家增加到一六六家。特别是在这时帝国主义所设的工厂着重制造商品，已脱离了进出口公司附属品的性质；并且有的重要工厂已经属于大托拉斯系统了，如英美烟草公司托拉斯在一九〇三年就吞并了上海英美卷烟厂，并在中国很多地方都设立了卷烟厂。[②] 帝国主义工业投资，甲午战后表现得更突出的还是要属棉纺织业的投资。自两次鸦片战争以后，资本主义国家棉制品在中国市场上倾销，已经破坏了中国封建经济自给性的基础，而中国农村中工业原料的生产又主要是棉花，因而，甲午战后帝国主义投资首先着重于纺纱厂。一八九五年上海立即出现了四个外国纱厂即英商怡和、老公茂，美商鸿源，德商瑞记等四厂，共约有纱锭十五万八千个。以后，外商投资纱厂者也屡有增加。自甲午战后到一九一〇年，外商纱锭总数平均都占中外纱厂纱锭总数百分之三〇—四十。[③] 虽然在比重上外商还是稍逊于华商的，但外国纱厂资本雄厚，给予华商压力却非常大。帝国主义在华扩大对工业投资的结果，一方面使用了廉价的原料和劳动力，另一方面更促进了中国农村经济的商品化，压抑了民族工业，进而操纵了中国国民经济。

帝国主义在甲午战后变中国为投资市场，操纵了中国的财政经济命脉。但是帝国主义的投资机构是什么呢？那就是帝国主义在中国所办的银行。甲午战前英美诸国早已在中国设立了银行，如一八五七年英麦加利银行设分行于上海，一八六七年汇丰银行继设分行于上海，一八七五年英又设有利银行，法设东方汇理银行。主要业务还是贸易和汇兑，尚不居于重要地位。而甲午战后帝国主义在华银行马上就成了它们在华投资的总代理人。帝国主义在甲午战后扩大经营的大垄断资本银行主要有英国的汇丰、法国的东方汇理等银行；新在中国设立的大垄断资本银行有英国的有利、法国的东方汇理、美国的花旗、日本的横滨正金、俄国的俄华道胜、比利时的华比及荷兰等银行。[④] 这些银行不但控制了中国政府的借款、关税的收入、地方税的增减和对铁路矿山工业等投资，而且还吸收存款，发行纸

---

① 参吴承明《帝国主义在旧中国的投资》，第 43 页。

② 参吴承明《帝国主义在旧中国的投资》，第 44 页。

③ 据严中平等编《中国近代经济史统计资料选辑》，第 136 页“中外纱厂纱锭、线锭、布机比较百分比表”。

④ 参看施复亮《中国现代经济史》，第 233 页。

币，操纵金银，控制外汇、贸易和金融。因此这些帝国主义垄断资本银行就成为帝国主义侵略中国的中心——不断地削弱中国资本，压迫民族工业，扼住了中国经济的咽喉，使中国经济成为垄断资本的附庸。

在甲午战后，与帝国主义已经控制了中国的财政经济命脉、变中国为它们的投资场所的同时，帝国主义也扩大了它们在中国的商业贸易，并且中国也开始变成了帝国主义的原料供给地。就进出口贸易额而言，甲午战争到一九一三年就增加了二倍半。就外商家数而言，一八九二年在华外商仅五七九家，而到一九〇一年就增加到一一〇二家。① 而且在这时期有些托拉斯组织也已开始侵入中国，如利华兄弟托拉斯的中国肥皂公司、美孚石油公司等。就出口的货物分类来看，一八七三年中国出口货物的制成品尚占全部出口额百分之六十，而到一九〇三年原料和半成品则已占百分之五十九点一。② 这就说明了这一时期中国不但已经是帝国主义商品的销售市场，而且也开始成为原料供给地。

三、与买办、高利贷资本相结合的封建剥削制度占居优势

十九世纪外国资本主义侵入后，“封建时代的自给自足的自然经济基础是被破坏了；但是，封建剥削制度的根基——地主阶级对农民的剥削，不但依旧保持着，而且同买办资本和高利贷资本的剥削结合在一起，在中国的社会经济生活中，占着显然的优势”③。这是中国半殖民地半封建经济形态的又一个特点。这个特点是跟随着资本主义侵略者不断扩大对中国的掠夺而逐步完成的。但到甲午战争以后至二十世纪初期，这个特点则表现得更为显著。原来列强侵入中国之后，为了达到它们的侵略目的，即注意到一方面培植其买办势力，另一方面还要利用封建势力，并且不断加强这两者的联盟。第二次鸦片战争以后，侵略者这种企图基本上已经完成。在沿海一带通商口岸，买办阶级已经形成，而且买办阶级政治上的代表曾国藩、左宗棠、李鸿章等已经掌握了清政府相当的权势；国内的封建势力也

---

① 参看吴承明《帝国主义在旧中国的投资》，第41页“在中国外商家数表”。

② 据严中平等编《中国近代经济史统计资料选辑》，第72页“各年出口货物分类统计表”。

③ 毛泽东：《中国革命和中国共产党》，《毛泽东选集》第二版第二卷，第624页。

已经基本上低头屈服，而且中国封建势力最集中的代表者清朝廷已经同意在中国广大地区中为资本主义经济侵略而开放。至此，侵略者在中国不但已经制造成一个吸取中国人民血汗的有力工具——买办阶级，而且还掌握了一个它们统治中国的支柱——封建统治者。

甲午战后，这种情况就更加深化了。首先，按照帝国主义经济侵略的要求——特别是帝国主义要把中国广大农村经济变成它们的附庸的要求，买办阶级便通过商业高利贷资本向广大农村进攻。他们凭借着帝国主义所掠夺的政治特权，促进了帝国主义经济侵略势力与地主阶级经济上的相互联系，也加速了农产品的商品化。因而，在这一时期，“从中国的通商都市直至穷乡僻壤，造成了一个买办的和商业高利贷的剥削网”①，以剥削广大的中国农民和其他劳动人民。于是，中国广大农村中农产品当作原料而被帝国主义掠夺走了。有一个数字可以较明确地说明这个问题，即一八七三年中国出口货物的分类中农产品尚仅占百分之二点六，而到一九〇三年就上升到百分之二十六点八。② 这正说明在这一时期中国农产品商品化的加速。

再一方面，就是在甲午战后帝国主义的经济利益与中国封建统治阶级的经济利益已经完全融合起来。首先是帝国主义列强经济利益与清政府的经济利益相互结合。如《辛丑条约》以后，为了保证清政府能按期清偿庚子赔款，便规定中国关税、盐税等项进款，要交由帝国主义银行存放，按期扣除债款之外，再给清政府。而清政府为能清偿债款并填补已失财源，即又加增摊派另立税捐，执行所谓“尽中华之财力，结与国之欢心”的卖国政策。自此，清政府收入就要看帝国主义的赏赐，而帝国主义即可靠着清政府的存在及其对人民的压榨而获取利益。这就是帝国主义与封建势力在经济利益上互相结合的一个事例。因此，帝国主义在受到义和团的打击、认识“瓜分一事，实为下策”的时候，便决定保持西太后政权，保持中国封建统治，共同拿美国帝国主义的“门户开放”政策作为侵略中国的最好张本。其次是各国帝国主义在其“势力范围”之内，发展其买办势力，特别是以经济力量加强各地方的买办地主的封建统治政权，使各地方的封建势力的经济利益也与它们结合起来。如义和团运动期间，在英帝国主义指使下长江方面曾出现了“东南互保”的分裂运动。大买办盛宣怀代表刘坤一、张之洞等人（买办地

① 毛泽东：《中国革命和中国共产党》，《毛泽东选集》第二版第二卷，第623页。

② 据严中平等编《中国近代经济史统计资料选辑》，第72页“各年出口货物分类统计表”。

主势力的代表者）与各国领事商定了“东南保护约款”。就是因为他们与帝国主义的利益是完全结合的，所以才定约互保，准备独立形成以英国为主子的买办地主阶级的政权。这就是帝国主义与各地封建势力互相结合的表现。因此，在这个时期，作为侵略先锋的外国传教士就凭靠着这种力量愈来愈多地伸入中国各地。据统计，一八八五年全国教会才五十五处，而至一九〇五年已增到四百七十五处之多。在政治上外国教士是当时中国人民的最凶的压迫者，地方官多是秉承他们的意旨办事的。在经济上外国教士在当时更大量霸占和强购农民的田产，他们也用封建剥削的形式榨取农民。于是，这些享有特权的外国传教士遂成为当时中国人民最痛恨的敌人。再次，就是地主经济与买办经济的互相结合。这种结合更是很明显。甲午战前很多买办阶级代表人物一方面是大买办，另一方面也兼是大封建地主，如曾、左、李和盛宣怀都是如此。在甲午战争以后，这个特征更出现在中国的更广大的地区之中。往往一个地主也是一个买办——“一方面表现为地主身分，表现为土地的垄断者，但在另一方面又时常表现为买办（经商）的身分，表现为市场的垄断者”[①]。这样，市场垄断与土地垄断联系起来，农民必须受这双重压迫，农民在市场上受到了严重剥削之后，地租还要不断地增加。如江苏南通上等地一九〇五年地租为一点七九元，到一九一四年就增加到二点六三元。[②] 因而，农民的贫困程度也势必日益严重。

由此可见，封建剥削制度占优势的地位，虽是在甲午战前的一种事实情况，但却是在甲午战后按照帝国主义利益而保持并确定下来的。而且在这时帝国主义、买办与地主已联合起来向中国农民压迫，买办、高利贷资本与封建剥削已结合在一起向中国农民榨取，致使中国农民“日益贫困化以至大批地破产，他们过着饥寒交迫的和毫无政治权利的生活。中国人民的贫困和不自由的程度，是世界所少见的”[③]。

① 陈伯达：《近代中国地租概说》，第53页。

② 陈伯达：《近代中国地租概说》，第50页。

③ 毛泽东：《中国革命和中国共产党》，《毛泽东选集》第二版第二卷，第625页。

四、民族资本的软弱性与依赖性

半殖民地半封建社会经济形态的再一个特点，就是“民族资本主义有了某些发展，并在中国政治的、文化的生活中起了颇大的作用；但是，它没有成为中国社会经济的主要形式，它的力量是很软弱的，它的大部分是对于外国帝国主义和国内封建主义都有或多或少的联系的”[①]。这个特点也是在甲午战后到二十世纪初完全形成的。

十九世纪外国资本主义侵入后，“由于外国资本主义的刺激和封建经济结构的某些破坏”，一八六一年开始民间工业有的就以机器生产，这是中国民族资本主义的出现。但是由于外国资本主义的阻碍和国内封建势力的压迫，民族工业出现以后，它的发展还是很缓慢的。一八七二年到一八九四年中国工业厂矿总数才有七十四家，其中除了官办、官商合办、中外合办的二十家外，商办的工业只有五十四家。但甲午战争以后，由于“洋务运动”已经完全破产，以及外国资本在中国活跃的刺激，自一八九五年至一九〇五年，中国的民族资本主义发展得比较迅速了一些。在此十年期间，新办的中国工业厂矿数就有一百八十八家，其中除了官办、官商合办、中外合办的三十三家外，商办工业还有一百五十五家，连以前商办厂矿合计已有了二〇九家。[②] 在中国这样一个大国里民族工业的这一点数量自然是很小的，当然不能是中国社会经济的主要形式，但是这时这种新生的东西终究还是比较有了些力量。这种情况在政治上的表现就是一八九八年以康有为为首的政治改良运动及一九〇五年所发生的广泛抵制美货的爱国政治运动。所以，“从此中国社会里出现了一个新的阶级，政治上也出现了一个新的主张”[③]。这种新的主张，在这一时期已从政治改良运动发展到资产阶级民主革命运动的酝酿。

就当中国民族资本主义有了这样的发展，中国资产阶级在中国政治舞台上出现了的时候，就具备了半殖民地半封建社会中民族资本主义和资产阶级的特点——软

① 毛泽东：《中国革命和中国共产党》，《毛泽东选集》第二版第二卷，第624—625页。

② 据汪敬虞等著《中国工业发展初期的厂矿统计表》，《近代史资料》1954年第2号。

③ 范文澜：《中国近代史分期问题》，《中国科学院历史研究所第三所集刊》第二集。

弱性和依赖性。

先从中国资本主义的软弱性来说。由于中国民族资本主义在甲午战后才有初步的发展，由于这时帝国主义已完全控制了中国的财政经济命脉。这就使民族资本主义在发展中，碰到帝国主义的更大阻碍。因此，中国资本主义必然要表现出发展不足的情况。如前所述，直到一九〇五年中国工业厂矿总数连官办、官商合办、中外合办者在内只有二百六十三家，这和全国农业比重比起来是微不足道的。而且，这一点点比重的工业又很落后。这种落后的情况，除了规模狭小、技术落后之外，特别应注意的是生产资料生产的比重很小。甲午战后，全国铁路、矿山主要都被帝国主义所控制，所以中国资本主义自始便片面地在轻工业部门中发展起来。直到一九〇五年中国几乎根本就没有生产机器的工厂；而在冶炼方面，主要也都为帝国主义所控制，如中国生铁生产自一九〇〇年到一九二五年全部生产都被帝国主义贷款或参加投资所控制。① 而且中国轻工业，也根本没有力量竞争得过猖狂于市场的外货和具有种种特权的外厂；再加上封建统治的苛捐杂税明敲暗诈，使它们自始不是危机重重就是被外商兼并，如新兴的纺织业一八九四年开办的上海裕晋纱厂至一九〇二年即被日本三井物产会社兼并，一八九五年开办的上海大纯纱厂至一九〇六年亦为三井兼并。而在一九〇〇年至一九〇四年这段时期更由于竞争不过外商即有部分的工厂和纱锭不能开工。② 中国民族工业只能是在帝国主义与封建主义压迫的夹缝中来发展的。这种种情况都说明中国资本主义自始就很软弱。

再从中国资本主义的依赖性来说。由于中国的民族资本主义的软弱，也由于民族资本主义是在帝国主义与封建势力压迫下发展起来的，因之，民族资本主义中一大部分就与帝国主义和封建势力存在着一定程度的依赖关系。民族资本主义与旧封建势力的关系，首先表现为有些中国的资本家同时具有封建地主官僚的身份，一方面他们从事于企业活动，一方面也从事于封建剥削。这是因为当时民族资本家多是由地主、官僚转化而来的关系。其次，还表现为民族工业部门中存在着企业管理上的很显著的封建因素，在那时资本家不乞灵于旧的封建势力，往往就不能维持其生产。民族资本主义与帝国主义的关系，首先表现为有些中国的资

① 据严中平等编《中国近代经济史统计资料选辑》，第 127 页“中国生铁生产中帝国主义的垄断势力”。

② 据严中平等编《中国近代经济史统计资料选辑》，第 98 页“民族资本主义初步发展时期的中国纺纱工业”。

本家，同时具有买办的身份。这是因为买办阶级出现在民族资本主义发展之前的关系。其次，还表现为往往要依靠外国银行借款或买办势力，以维持生产。在那时资本家不与帝国主义和买办保持联系，其发展是非常困难的。民族资本主义这种依赖性，在甲午战后中国资产阶级出现时，就已经具备了。

兹以甲午战后十个纺纱工厂的具体情况为实例，以作为上述分析的说明。

甲午战后纱厂例举

开工年份	厂名	创办人	资本关系
1895	上海裕晋纱厂	道胜银行买办	内有道胜银行借款，1702 年被日商兼并
1895	上海大纯纱厂	盛某（上海，富绅）	1905 年由日商租办，1906 年被日商兼并
1896	宁波通久源纱厂	严信厚（李鸿章的幕僚）	经营亏累，1917 年毁于火
1897	无锡业勤纱厂	杨宗濂（长芦盐运使） 杨宗瀚（曾总办台北商务）	
1897	杭州通益公纱厂	庞元济（四品京堂）	后由与李鸿章有关系的高凤德接办
1897	苏州苏纶纱厂	陆润庠（国子监祭酒）	苏州商务局筹款，办理失败始完全归商办
1898	武昌纺织官局	张之洞	最初为官商合办，后归官办
1898	上海裕通纱厂	朱幼鸿（浙江候补道，朱鸿度的儿子）	
1899	南通大生纱厂	张謇（翰林院编修）	领用官机，并征集商人资本
1899	萧山通惠公纱厂	楼景晖（候选同知）	

据《中国近代经济史统计资料选辑》《民族资本主义初步发展时期的中国纺纱工业表》及《中国棉纺织史稿》附录一“中国纱厂沿革表”编制。

从这个表里可知这十个纺纱厂的创办人不是官僚就是地主，有的是与买办有关系的人，有的就是买办。一般商人不依靠封建势力，不依靠帝国主义和买办势力想办工厂是不可能的。在这些工厂中大多数创办人或主持者的家族亲友盘踞要津，因人设事，机构臃肿，极度缺乏工作效能，投资是高利贷性质，不问企业盈亏都要照付股息，因而有不少工厂亏累不堪，问题很多。如苏纶纱厂开工五年就亏折三四十万两之多。① 其中能够逐步扩大经营者寥寥无几。这就是民族工业与封建势力存在一定关系所产生的恶劣结果之一。

正是民族资本主义与帝国主义买办势力也有一定的联系及其发展的片面性，便使中国资本主义不能创造出一个独立的工业系统。这几年都向这个方面工业部门投资，那几年又都向另个方面的工业部门投资，而且又都是以帝国主义经济势力发展马首是瞻的。

从此可知，中国资本主义的发展及其软弱性和依赖性这个特点，在甲午战后至二十世纪初就具备了。而且这个特点，一直贯串着整个旧中国历史时期。在这种情况下，不论在帝国主义在华企业中还是在民族工业中，工人所受的压迫是很重的，所以毛主席曾指出："中国无产阶级身受三重压迫（帝国主义的压迫、资产阶级的压迫、封建势力的压迫），而这些压迫的严重性和残酷性，是世界各民族中少见的。"②

五、中国经济发展的不平衡

毛主席这样指出："由于中国是在许多帝国主义国家的统治或半统治之下，由于中国实际上处于长期的不统一状态，又由于中国的土地广大，中国的经济、政治和文化的发展，表现出极端的不平衡。"③ 可见中国经济发展的不平衡也是半殖民地半封建经济形态的特点之一。但是中国经济发展极不平衡的状态是何时才确定的呢？那也是在甲午战后到二十世纪初这个时期。

在这个时期里，中国出现了严重的被瓜分的危机，但在义和团沉重地打击了帝国主义这种野心之后，帝国主义就改变了瓜分中国的策略，采用了美国的所谓"门户开放"政策，从而中国就确定成为"好几个帝国主义共同支配的半殖民地的国家"。这一事实是很重要的，它决定了旧中国半殖民地半封建的特性。当然，这

① 据严中平著《中国棉纺织史稿》，第 345 页"中国纱厂沿革表"第 10。

② 毛泽东：《中国革命和中国共产党》，《毛泽东选集》第二版第二卷，第 639 页。

③ 毛泽东：《中国革命和中国共产党》，《毛泽东选集》第二版第二卷，第 625 页。

种经济上不平衡的状态并不是一瞬间就能形成的，鸦片战争以后，它随着开埠通商就酝酿着。但到甲午战后，帝国主义争夺着在中国投资，争夺着在其“势力范围”之内筑路开矿，这就使中国经济发展不平衡的几个主要特征明显起来了。

第一是帝国主义在华资本发展不平衡的情况明显了。如二十世纪初英、德、俄、法四国在华资本总额占各帝国主义总额百分之八十六，英、德和俄、法各占其半，而美、日两国远远赶不上这四个国家。这种情况并未持久，在第一次世界大战前夕，英、日两国又驾乎诸国之上而掌握了中国五分之二的投资市场。美国也不甘落后，二十世纪初期，它便猛烈地夺取中国的投资权。① 帝国主义一面要共同支配中国，一面其资本发展又极不平衡，这就使中国开始成为帝国主义在远东矛盾的焦点。这也就是旧中国军阀割据互相混战的根源。

第二是中国经济发展在地区上不平衡的情况也明显了。帝国主义资本主要在几个通商口岸发展起来，而民族资本也就先在这些地区发展起来。以纺纱业为例，在一八九五年至二十世纪初，纺纱业只是在中国几个主要城市中发展起来，即上海、武汉、无锡、南通等城市，而以上海为首，以纱锭数字而言，上海纱锭在一八九五年占全国百分之七十六，在一八九八年仍占百分之五十二。② 这些完全受帝国主义经济支配的大城市或沿海、沿铁路的地区新式工业已有不少发展，而广大的内地仍旧保持着极旧式的生产，几乎没有新式工业。这也就使中国工业和农业在国民经济中的比重非常不平衡。这种畸形情况正是帝国主义制度和封建制度压迫中国民族资本发展所造成的恶果。

第三是在中国买办性的金融和商业的发展远远超过民族工业，而且外国在华资本的发展远远超过民族资本，这种情况也明显了。甲午战后，帝国主义开始向中国投资，而所投资本主要是商业掠夺性的资本，当时帝国主义在中国的企业投资主要是金融、贸易、运输三项。因之，这大大促进了中国买办性金融和商业的发展，而与民族工业相较它就占有绝对的优势。这样，外国在华资本也就压倒了中国民族资本。上述这些情况在甲午战后已是如此，在旧中国整个时期里也莫不如此。这就使旧中国经济表现为长期的落后。

---

① 吴承明：《帝图主义在旧中国的投资》，第 48 页。

② 严中平等编：《中国近代经济史统计资料选辑》，第 107 页“上海等六大城市华商纱厂纱锭在全国的比重表”。

结 语

在甲午战后到二十世纪初，由于中国经济形态中已经具备了上述半殖民地半封建经济形态的特点，所以我们才说在这一时期中国的半殖民地半封建经济形态已经完全形成，自此中国才完全变成各帝国主义统治下的真正半殖民地。就是由于当时中国社会经济形态已有了这种特点，中国社会经济结构就包括了帝国主义在华企业、买办企业、封建地主占有制下的小农业、民族工商业、小商品经济，而以帝国主义经济成分居于支配地位，封建制的经济成分在比重上占居优势。基于中国社会经济结构的变化，中国社会阶级也有了变化，除了地主阶级和农民阶级之外，中国又出现了外国资产阶级、买办阶极、民族资产阶级、城市小资产阶级及工人阶级。进而，随着这些阶级先后走上中国的历史舞台，中国阶级斗争的形势也就迅速地变化和发展了，一九〇五年以后同盟会就领导了中国资产阶级民主革命，而在一九一九年中国工人阶级在五四爱国运动中就表现出了巨大的力量。

毛主席说，中国近代历史是“帝国主义和中国封建主义相结合，把中国变为半殖民地和殖民地的过程，也就是中国人民反抗帝国主义及其走狗的过程”①，所以我们认为研究中国半殖民地半封建社会经济形态如何开始形成的，如何完全形成的，如何逐步加深的，这些是很重要的问题。而且在近代史教学中我们也只有讲清楚这种情况，才能使学生对近代中国社会获得比较具体的了解，否则空空记得几个名词术语是不解决问题的。本文就是在这方面的一个探索，但是非常粗陋，仅能提供参考。

（原刊于《历史教学》1956 年 4 月号）

① 毛泽东：《中国革命和中国共产党》，《毛泽东选集》第二版第二卷，第 626 页。

清末山西编练新军及辛亥革命时期阎锡山充任晋省都督纪实

在中国现代史上，封建军阀阎锡山在山西省的反动统治绵延了近三十八年之久。其开始是因为阎锡山掌握了山西省部分新军，与山西省立宪党人杨善济相勾结，在山西省新军响应武昌起义时，夺取了山西省都督的职位。那么，山西省新军是怎么编练的？怎么分化而倾向革命的？辛亥革命时阎锡山又是怎样当上的山西都督的？这应是研究剖析军阀阎锡山祸晋历史上的头几个课题。前几年在帮助中国社会科学院近代史研究所编辑《清末新军编练沿革》资料时，记下一些有关山西省新军的资料，兹缀述成文，试图将上述问题做一比较确切的答案。记述范围，始自1902年山西省开始编练新军，迄于1911年10月底山西新军响应武昌起义阎锡山充任晋省都督。以后阎锡山怎样排除异己、独占山西等问题，则俟另文再写，本文均未涉及。至其中错漏之处，切希指正。

一

山西省裁改旧军编练新军，始于1902年（光绪二十八年）。是年三月，山西巡抚岑春煊奏："晋省改练常备、续备等军，酌拟兵制饷章，暨裁汰兵勇，改设官缺"，并拟定将绿营官兵"先就现存兵数裁汰五成，旧设官弁，统俟考核办理"。不久，政务处及有关各部会同议奏："该抚所拟各项章程，系仿照武卫右军营制饷章，实与晋省兵政有裨”，得到朝廷批准。① 自此，山西省裁汰绿营旧军编练常备，续备新军，即作为“奉旨饬办要政”，照拟分别举行。

岑春煊裁汰旧军比较坚决，很快地把绿营裁去一半，并准备年底裁竣。对编练新军岑则“派员分赴本省民风较强之州县会同地方官，按照所拟募兵章程，精选慎募。不限成军日期”②。1902 年月六月，调岑为广东巡抚，丁振铎为山西巡抚。岑尚未离晋，再降旨“以岑春煊署四川总督”，命其星驰赴川，镇压四川人民起义。八月间，岑即离晋。此际，山西省编练新军，计成军者有：“抚标常备军各标成军者，现为左翼步队一、二、三、四旗，右翼步队第三、四旗，马队一旗，续备军成军者为太原镇步队一、二、三、四旗，马队一、二、三旗，大同镇步队二、三旗，马队一、二、三、四、五旗。……本拟设亲军卫队一队，因招募未齐，暂挑留已撤之成信卫队，马队各哨，作为亲军卫队。”③ 共计常备军、续备军二十一旗，亲军卫队一队，六千余人；而常备军则仅二千余人，占三分之一。

岑春煊离晋后，山西巡抚屡经更换，到 1906 年（光绪三十二年），三年多时间即经历了丁振铎（巡抚）、赵尔巽（护抚）、俞廉三（巡抚）、吴廷斌（护抚）、张曾扬（巡抚）、张人骏（巡抚）四任六人。他们对山西新军的裁旧练新一般都没什么作为，而已练的常备新军本身几年间又承袭熏染了旧军的积习，业亦腐朽不堪。这在张曾扬任巡抚期间，已有所反映。张曾扬有两件参劾山西新军军官的奏片现仍存档：一件是参劾全军督操兼右翼分统杨德滋徒呈口辩，而于奉饬操练事宜漫不经心以致诸多废弛；并参劾右翼炮队管带于福，左翼炮队管带车震，“尅减喂养，马多疲瘦”。这三人受到革职处分。另一件是参劾续备马队五旗左哨哨长周建廷，查出他“诈索商民烟土银两”，周受到革职永不叙用发往远边充当苦役的处分。见诸存档以上四例，其未存档或未查出者何知有几。而从此即可以看到当时山西新军腐化敲诈骚扰人民状况的一斑。此外，在张曾扬任内还曾奏请在晋北“添募防军”，1904 年三月（光绪三十年二月），清廷还曾命令张“严饬各军，合力剿办”口外“马贼”。④ 这期间，山西省城只添设了马队一旗，炮队二旗，在口外的续备军也只增设了八旗。所以，总的说来，从 1902 年秋到 1905 年张人骏任内山西新军发展是很迟滞的。

① 均见《德宗实录》卷 496。

② 《岑春煊奏折》，清练兵处档。

③ 《岑春煊奏折》，清练兵处档。

④ 见《德宗实录》卷 520、531。

袁世凯在1903年8月（光绪二十九年）曾奏称："山东、山西、河南三省将目，应归并北洋训练。现于保定分建学堂学营，遴选教习，置备器械，分别练习。"① 这时山西地方官司则愿意依靠北洋。护抚吴廷斌"派委试用直隶州知州李益知……率领各将弁兵目赴北洋，听候考验，入堂学习"，一次就选送将弁二十名、兵目一百名。② 这一措施使山西新军与袁世凯北洋势力在初期就有了一定的关系。

二

一九〇五年，清政府在全国划一兵制，限期编成陆军三十六镇，加紧扩练新军。山西省规划三年练足陆军一镇。1906年2月（光绪三十二年）恩寿担任了山西巡抚，即又加紧编练山西新军。但当时在山西可资编为陆军的常备军，据恩寿奏折统计马步炮"官弁兵夫，仅二千二百余员名，核计积标成协为数尚少"③。虽然如此，恩寿为了增设新的练兵机构，扩大营私舞弊，还是在当年六月即遵章设立了督练公所，以两司冀宁道为参议，分委道员王毓江为兵备处总办，道员王季寅为参谋处总办，其教练处亦委王毓江兼管，更特别表明"一切公费开支悉按定章办理"④。并且，恩寿在奏准先练一协之时，即在宁武、大同、朔平、代州等属"风气稍开，民情劲朴"的地方，"分饬各该州县遵照募兵制略，速日按格选募"。以期迅速地把原有常备军改为步队第一标，募足兵额编为步队第二标，加上马、炮、工、辎凑成混成一协。⑤ 9月，恩寿将山西成立督练公所、招兵扩军成协及改编全部续备军二十二旗为巡防队诸情况，专折具奏。⑥

恩寿这一奏折，十月间奉朱批交总理练兵处奕劻、袁世凯处理。当时练兵处主管部门军政司秉承袁世凯锐意集中军权，削弱督抚对新军控制的意图，核议恩寿奏章提了不少异议，其中主要是不同意以两司冀宁道为参议，督练公所应暂缓

---

① 《德宗实录》卷519。

② 《吴廷斌奏片》，朱批奏折档。

③ 《清朝续文献通考》卷220。

④ 《恩寿奏折》，清练兵处档。

⑤ 参《清朝续文献通考》卷220。

⑥ 《恩寿编练新军奏折》，光绪朝三十二年录副档。

设立，王毓江颇多物议不得干预军事，实际上表现了北洋袁世凯势力急于要插手晋省新军。① 于是，山西督练公所不得不加以改组，取消了布政使张绍华、按察使吴匡、冀宁道丁宝铨的参议官，表面上撤换了王毓江，后以王为幹任兵备处总办，暗地里王毓江仍然主持一切。王毓江是恩寿的亲信，一贯为恩寿以练兵为名贪敛款项，贿卖营官，营私肥己。

在军政司的核议中，对山西新军编组，则并未提出多少别的意见。故山西新军编组，仍须照常进行。1906 年 11 月（光绪三十二年）山西省即“将旧有之常备军步队六旗汰弱留强，改编为第一标步队第一、二、三营。马炮二旗于三十三年二月（即 1907 年 4 月）改编为马队一营、炮队一营。一面札由各州县征兵送省，于三十二年十二月至三十三年三月编为第二标第一、二、三营及军乐队半部”②。山西混成协到这时虽粗具规模，但直到 1909 年（宣统元年）也没有得到番号，一直使用常备军混成协名义。

另外，1906 年（光绪三十二年）山西省把原武备学堂改为陆军小学堂。1907 年又由兵备、参谋两处，会同司道，设立陆军测绘学堂。清档中尚存有 1907 年（光绪三十三年）这两个学校统计一览表一份，表中各列有两期学生名单，发现后来晋军一些高级反动军官如孙楚、杨爱源等当时都是陆军小学堂学生，至晋军中中下级官佐卒业于这两个学堂者更多。可见，这两个学校对山西新军训练干部，对后来晋军形成和发展也有较大的关系。③

1908 年（光绪三十四年）的山西省新旧军、营、局、厂、库、所、学堂、驿站、牧场首领职衔姓名名单中，山西常备军混成协首领名单仍是：常备军协统（暂虚），一标统带齐允，二标统带马增福，一标步营一营管带李逢春，一标步二营管带宋维翰，一标步三营管带张正己，二标步一营管带蒋文彬，二标步二营管带熊国斌，二标步三营管带田锦章，马队营管带王毓秀，炮队营管带张治尧，军装局总办马毓刚，机器局总办刘敬修，陆军小学堂总办刘冠军，监督邓述陶，陆军测绘学堂总办刘冠军兼。④ 从这个名单可以看出当时山西常备军混成协管带以上军官旧员居多，恩寿安插进去的废员如张正己等尤不少，而知兵新员则为数甚鲜，甚至协统尚虚，两标各自为政。

---

① 《军政司关于山西编练新军等签稿》，清练兵处档。

② 《山西巡抚宝棻关于混成协报部立案咨》，清陆军部档。

③ 清陆军部档。

④ 摘自《山西省光绪三十四年分军政统计总纲报告各表册》，清陆军部档。

三

1908 年冬，光绪、西太后相继死去，袁世凯下野，荫昌当了陆军部尚书。这时，山西省巡抚已是宝棻，1909（宣统元年）宝棻才把山西省新军——陆军编练、添补完成，但仍缺统领。因此，宝棻即咨陆军部指派统领到晋："所编混成一协，未设统领，两标难免自成风气"，应按章制"遴选知兵大员，派为混成协统领，以资督率"。[①] 不久，"奉派委任山西补用道姚鸿法充为混成协统领"。1909 年 2 月（宣统元年正月廿日）成立了协司令部。5 月又成立了工程辎重两队，士兵均在步队两标中择优训练，两标缺额再从各州县征补。[②] 1909 年 12 月（宣统元年十一月）正式经过陆军部议奏，始编定了山西新军协标名次。据陆军部奏："查各省新编陆军镇协标名次，应俟成镇后，奏清简派大员考验，再行奏请钦定名次。晋省新军现成一协，应名暂编陆军第四十三协，第八十五、八十六标，俟成镇奏请考验后，再去暂编字样，以符章制。"[③]

山西暂编陆军第四十三混成协统领官姚鸿法，江苏丹徒人，日本陆军士官学校第三期工兵科卒业，曾随周馥练兵于广东，周馥抚苏，姚又任江苏督练公所教练处总办。混成协其他干部，陆军部提出协统以下须以学生出身或带过新军者充当。姚鸿法据此起用了一批山西籍留日陆军士官学校毕业生。温寿泉担任督练公所的帮办。1909 年刚回国的黄国樑、阎锡山先派任步队两标的教练官，不久即被提为两标的标统。至姚以价、张瑜也先后被派充为营的管带官。这就改变了山西陆军中级以上干部的阵容。

这个名单说明，不仅协统、标统都是留日士官生，而且管带、队官也有了留日士官生，其他学校出身及带过新军的也有增加。这在这种变化中，孙中山领导的同盟会会员及同情革命的分子，开始打入了山西新军。

---

① 《宝棻致陆军部咨》，清陆军部档。

② 均见《宝棻致陆军部咨》，清陆军部档。

③ 《陆军部议复晋抚奏报晋省陆军混成协成立大概情形折》，清陆军部档。

宣统元年（1909）山西新军首领名单①

部门	职衔	姓名
督练公所兵备处	总办	元儁
督练公所参谋处	总办	刘冠军
督练公所教练处	总办	刘冠军（兼）
暂编陆军第四十三协	统领	姚鸿法*
暂编陆军第八十五标	统带	黄国樑*
暂编陆军第八十六标	统带	阎锡山*
八十五标第一营	管带	李逢春
八十五标第二营	管带	宋维翰
八十五标第三营	管带	任耀武
八十六标第一营	管带	蒋文彬
八十六标第二营	管带	熊国彬
八十六标第三营	管带	姚以价*
马队一营	管带	王毓秀
炮队一营	管带	张治尧
工程队	队官	殷　铭
辎重队	队官	焦纯礼
军乐队	队官	丁业淮
陆军测量队	队官	张维清
陆军警察队	队官	瑞　镛

名字后有*者均是士官生。

山西暂编陆军第四十三混成协，和其他新军一样，都是清政府镇压人民的工具。原来，文水、交城部分百姓，迫于苛杂，有的种烟谋生。1910年4月，在事先毫无通知的情况下，晋抚丁宝铨即派两营新军，由督练公所帮办夏学津率领，开往两县，强行铲除烟苗。种烟百姓聚众阻止，夏学津竟下令开枪，毙伤百姓一百余人，造成惨案。嗣后，丁宝铨反诬民为匪，竟将“剿办”有功人员列名请奖。一时全省大哗。《晋阳公报》主笔、留日学生、同盟会员王用宾，不仅在公报上揭

① 摘自《山西督练公所生统元年分各处总纲统计报告表》，清陆军部档。

发了这一事件，而且撰写文稿分寄各省报纸刊露。风波愈演愈大，清政府根据胡思敬奏劾，命陈夔龙确查文交一案，结果将文水县知县革职永不叙用，署交城知县革职，陆军教练处帮办夏学津、步队一营管带李逢春一律撤差递革；晋抚丁宝铨交部察议。① 但不久，山西当局就查封了《晋阳公报》，王用宾出走日本，山西一些同盟会会员被捕入狱。这些事过后，姚鸿法向陆军部的定期申报中，却对太原事件一字不提同盟会革命党人活动问题，声称“暴动之原因实由于晋省人民向分省南省北界限，办事常存意见，其积习已非一日”，又经王用宾文字煽惑，才起了风波。“现在王用宾已经该报股东逐退”，省城地方已复安谧”。② 大事化小，一场屠杀人民群众的惨案，即不了了之。

四

1911 年（宣统三年），陆军部荫昌为了控制山西新军，调派他的门生谭振德到山西，充任督练公所参谋处总办。谭振德是北洋军官学校毕业生，曾担任过第四镇的标统和云南新军的协统。谭振德是陆军部直接派去的官员，一到山西，即想抓权，因而既受到山西抚司疑忌，又为晋籍新军官佐歧视，所以他曾函禀荫昌：“窃学生自抵晋以来凡有关军事之重要及诸弊端之发生，均不敢用正式公文申报，特用禀随时报告，以期有备采择于万一。”③ 好递小禀贴，使谭振得到了荫昌的重视。

1911 年夏（宣统三年），山西督练公所设参议官。陆军部奏：“山西督练公所设参议官，拟请以该省统领官陆军协都统衔姚鸿法充任。”④ 旧历五月廿七日奉旨照准。暂编陆军第四十三混成协统领出缺，当时陆军部奏保堪胜任人员两名：第一名谭振德，第二名阎锡山。⑤ 谭振德有上述种种原因及他和荫昌的密切关系，1911 年 7 月（宣统三年六月十九日）奉上谕：“山西参谋处总办谭振德着派充山西

---

① 《宣统政纪》卷二十二。
② 清陆军部档。
③ 函存清陆军部档。
④ 《责任内阁档》。
⑤ 《责任内阁档》。

暂编第四十三混成协统领官，并赏给协都统衔。”①

阎锡山列为堪保胜任统领官人员的第二名，另有缘由。阎锡山，字伯川，山西五台人，生于1883年，家庭是豪绅地主和富商。他先曾就学山西武备学堂，1904年赴日留学习文科，嗣因一名晋省派去的士官生身体不合格，与之调换，始得就学日本陆军士官学校第二期步兵科，与黄国樑、姚以价同期毕业。阎锡山在日本与孙中山有过来往，参加过同盟会，还以“激进”面目出现，加入过“铁血丈夫团”。而阎锡山回国充任第八十六标统带后，“即和山西巨绅省谘议局议长梁善济相结纳，一味逢迎当道，以为幸进之阶”②。梁善济，山西崞县人，进士出身，日本留学习法政，是十足的立宪派。当时他在山西有一定的势力，才担任了谘议局议长。阎锡山与梁善济勾结，到1911年他实际上已和山西省立宪派甚至保皇派同流合污，完全丧失了同盟会员的立场。所以，第四十三混成协中，革命人员的打入和革命势力的发展，八十六标始终不如八十五标。

1911年夏（宣统三年），江苏布政使陆钟琦升任山西巡抚，山西布政使王庆年，提法使李盛铎和四十三混成协协统谭振德，他们都是死保清室、死保帝制的顽固派。他们对革命都一致抱坚决镇压的态度，即使对山西新军，也都一致防范甚严。平时他们只发给新军枪支，不发给子弹，唯恐有变。

1911年（宣统三年）四十三协各营管带也有很大变动。八十五标三个营的管带已调换为姚以价、白和安、熊国斌，只熊国斌是顽固派。而且在这一标中营以下官佐兵目，不少人已参加了同盟会。“山东革命党人杨鹏令因在辽东与宋教仁运动革命失败，奉组织命令来晋加入姚营做士兵。在基层组织中鼓吹革命，收效甚巨”③，同盟会员南桂馨已到八十五标任军需官，他居中策划，上下联络，也起了一定作用。而黄国樑虽非同盟会员却是很倾向革命的。八十六标三个营的管带已调换为瑞云（满人）、张瑜（同盟会员）、乔煦（同盟会员）。虽然标统阎锡山首鼠两端，而张、乔在官佐中也起了一定影响。由此可见，1911年山西新军内正在发生着有利于革命的变化。但是由于有阎锡山这类人的存在，在山西新军革命势力中也暗藏着与立宪派合作，破坏革命的隐患。

1911年10月10日，武昌起义，10月23日西安响应，陕西独立。山西当局

① 《宣统政纪》卷三十六。

② 山西省文史研究馆编：《山西辛亥革命史略稿》。

③ 山西省文史研究馆编：《山西辛亥革命史略稿》。

极为震动。时山西四十三混成协八十五标黄国樑部驻省城新南门外，第八十六标阎锡山部驻省城城内，清廷山西当局对新军特别是对八十六标更为疑惧。闻陕西义军起事，即令八十六标开赴晋南防范，实为调虎离山保住山西的阴谋。黄国樑带队出发先行，让第三营管带姚以价留于驻地待发子弹。10月28日夜，发给了姚营子弹，姚营革命官兵，立即进城起义，击毙巡抚陆钟琦和四十三协协统谭振德，占领抚院及省城某些要地。而阎锡山部此时才派兵以保护院库为名，开到抚院、仓库及子弹库。同时阎锡山伙同陆军小学堂监督温寿泉勾结立宪派梁善济等，在谘议局开会。阎锡山遂被立宪派的人们及其亲信推为山西省都督，温寿泉被推为副都督，夺取了革命胜利果实。山西独立名为同盟会员阎锡山掌握了权力，实则代表豪绅地主利益的立宪党人取得了胜利。对太原首义的姚以价则以前敌总司令的名义调出太原，带兵去守固关、娘子关。自此，阎锡山即打着革命党的旗号，即对山西省实行其独霸一方的封建统治。

（原刊于《河北大学学报》1979年第1期）

试论辛亥广州起义与武昌起义之关系

辛亥武昌起义，是当时全国革命形势发展的必然结果，而四川的铁路风潮则是促成这次起义的一个重要因素。同时，武昌起义又是湖北革命党人长期艰苦工作的结果，而革命党人在新军中的有效活动更是这次起义能取得胜利的主要原因。那么，辛亥广州起义与武昌起义是否是两件无甚关联的事件呢？黄兴早在1912年黄花岗周年纪念会的讲词中曾这样说过："鄂省8月之起义，由广东之原动力。"①他是把这两次起义联系在一起，且是把辛亥广州起义当作武昌起义之"原动力"的。黄兴的这种论断，固然不很准确，但这两次起义有密切的关系也是事实。这应是研究辛亥革命的同志不应忽视的一个问题。

一

辛亥3月29日的广州起义，是倾同盟会人力财力而准备的一次起义。这次起义是孙中山指派黄兴领导的，统筹部设于香港跑马地35号。按照统筹部计划，起义虽定在广州，响应则及于长江各省，特别是要求两湖响应。因此，辛亥广州起义在准备期间即涉及武汉。

据曹亚伯《广州三月二十九日之役》中记载："举义总计划，既在会师长江，并专设交通课以主任其事，则第一着江、浙、皖、湘、鄂等处不可不筹设机关，联系军人，以备响应。辛亥年一月六日，谭人凤至统筹部，亦以此意与赵［声］

① 《广州三月二十九革命之前因后果》，《辛亥革命》（四），第167页。

黄［兴］诸人言，曰：‘南京之事，向谋之矣。若两湖居中原中枢，得之可以震动全国，控制虏廷；不得则广东虽为我有，仍不能有以为，愿加以注意，俾收响应之效。’黄、赵即询其办法，谭曰：‘今居正、孙武二人，日夕为武昌谋，唯缺于资，不能设立机关，以张大其势力。湖南同志甚多，以缺于资，不能为进行之部署。诚能予金以分配于两湖同志，则机关一立，势力集中，广东一动，彼即响应，中原计日而定也。’黄、赵诺之。七日，即以二千金予谭，谭乘轮北行，自上海而武昌而长沙，以六百金予居正，二百金予孙武，俾设机关于汉口租界地，竟为九月武昌起义之导线。”①

共进会孙武既晤谭人凤得资，遂在汉口租界内，除长清里 98 号之机关部外，又陆续增设汉兴里机关部及俄租界宝善里机关部。3 月 1 日，邓玉麟到后，在武昌，“决定先设一机关于黄土坡，开一酒馆，名曰同兴楼，由居正送来一百元，作开办费。其后一切军队往来，及同志入会手续，均在此处接洽”②。从此，武汉革命活动即更活跃了起来。

文学社，于 1911 年 1 月 30 日（旧历元旦），成立于武昌，蒋翊武为社长，詹大悲为文书部长，张廷辅为总务部长，刘尧徵为评议部长。2 月 15 日，开代表会议，并推王宪章为副社长。文学社亦自成立即准备响应广州起义。“三月，黄兴等起义于广州，蒋（翊武）拟炸鄂督响应，粤事败乃止。”③

由此可见，辛亥广州起义以前，武汉孙武、蒋翊武所领导的共进会、文学社，事实上即按照香港统筹部的希望，做了不少准备响应广州起义的革命活动。而这些活动应该作为辛亥广州起义总计划的一个组成部分。

当 1911 年春谭人凤携款来鄂时，由居正、杨时杰介绍与孙武、杨玉如、李作栋等见面。据李作栋（春萱）回忆，在武昌府狱中和胡瑛会谈时，谭人凤与孙武为举义地点曾有过争论。谭谈到举义定于广州、湖北新军作响应时，孙武则认为应首先由武昌新军举义。最后胡瑛表示广州、武昌分别准备，以后看情况再定。争论没有结果，“因此种下了湖北与广州‘各干各’的分歧思想”④。但是事实在 3 月 29 日广州即起了义，武汉准备并未成熟，还是按原计划实行的。而且文学社蒋翊武还做了炸鄂都响应广州起义的准备。这更说明，湖北某些革命党人虽有“各

① 《辛亥革命》（四），第 187 页。

② 邓玉麟：《辛亥武昌起义经过》，《辛亥革命》（五），第 99 页。

③ 《蒋翊武事略》，《辛亥革命》（五），第 21 页。

④ 李春萱：《辛亥首义纪事始末》，《辛亥首义回忆录》（二），第 117 页。

干各”的思想，而当时湖北革命活动活跃起来，则是与准备广州起义有密切关系的。

二

辛亥广州起义失败后，武汉继续进行其起义的准备活动，且有很快地转为主动之趋势。

据《开国元勋蒋上将翊武事略》记载：“广州起义失败，海内外同志，莫不悲愤万分，虽黄克强亦不免灰心。因此次大举，准备甚久，经费由海外华侨募集而来者，为数甚巨。较之前各次起义，力量实为雄厚，而结果精锐干部大半牺牲。唯公（蒋翊武）毫不丧气。良以武汉为全国中心，广州起义失败，而武汉潜伏武力，却已长成。”[①] 刘揆一《黄兴传记》中亦称“公（黄兴）只得忍死待时，以图再举。而在两湖谋为粤援之党团，见粤事失败，已由被动而急转为主动之势”[②]。

共进会孙武等人在新军下层的活动颇见成效。文学社蒋翊武等人在新军下层的活动也很有成效。两团体在1911年5、6月间，联络新军下层入会者，竟达数千之众，这就是辛亥武昌起义的群众基础。“谭石屏（人凤）于五月下旬到汉，与各同志会商，决定以武汉为发难地”[③]，不久，武汉又派詹大悲、杨玉如赴沪，与宋钝初（教仁）、谭石屏、居觉生（正）、陈英士、于右任谋大举。宋等赞同。谭、居、詹遂返汉，与文学社、共进会负责干部又在俄界密议，做出了相机发动的决定。

为此，同盟会在华中的首领人物必须加强对鄂湘等华中各省的工作。而陈英士、宋教仁等已酝酿数月的中部同盟会遂于1911年7月30日（辛亥闰六月六日）在上海正式成立。中部同盟会亦称“中国同盟会中部总会”，陈英士任庶务，潘祖彝任财务，宋教仁任文书，谭人凤任交通，杨谱笙任会计。中部同盟会曾称“奉东京本会为主体，认南部分会为友帮”[④]，但实则是辛亥广州起义后对中国同盟会

① 咏簪：《武昌两日记》附示《开国元勋蒋上将翊武事略》，《辛亥革命》（五），第74页。

② 《黄兴传记》，《辛亥革命》（四），第298页。

③ 吴醒汉：《武昌起义三日记》，《辛亥革命》（五），第78页。

④ 见《中国同盟会中部总会成立宣言》。

过去的革命活动抱不同意见而组成的同盟会里面的一个派别组织。他们所恃的实力就是两湖、南京等地所运动的一部分新军。

中部同盟会与领导广州起义的黄兴保持着联系。黄兴在香港听到要以武汉作发难地后，他一直是赞成的。黄曾有诗赠谭人凤：

怀锥不遇粤途穷，露布飞传蜀道通。
吴楚英雄指戈日，江湖侠气剑如虹。
争取汉上为先着，此复神州第一功。
愧我年年频败北，马前趋拜称英雄。①

从诗中不难看出黄兴很赞成武汉作发难地。而且黄兴在辛亥8月14日致冯自由信中也曾这样写道："以武昌为中枢，湘、粤为后劲，宁、皖、陕、蜀亦同时响应以牵制之，大事不难一举而定也。"② 从此更可看出黄兴对武汉起义可以取得胜利是有信心的。而当时他的打算则是武汉起义时应有湘、粤、宁、皖、陕、蜀各省同时发动响应。这又和中部同盟会的意见有一致处。

但革命形势的急剧发展，不容许武汉革命党人考虑得那么多。1911年夏，四川铁路风潮迅猛高涨，人心激昂。这时，武汉革命党人即打算乘机起义，正如当时蒋翊武所说，"时机至矣"③，遂密开军事会议，定期准备暴动。

为了顺利进行起义，必须加强文学社和共进会的联合。这两个革命团体在1911年春即谈判联合。后经刘尧徵、陈孝芬、梅宝玑数月奔走斡旋，直到1911年8月始告成功。在文学社、共进会于雄楚楼10号刘公宅中召开的联合会议上，决定蒋翊武为湖北革命军总指挥、王宪章为副指挥、孙武为参谋长，总指挥部设于武昌小朝街85号文学社总机关部内。会议又推刘公为总理，孙武、潘善伯、李作栋为常驻政治筹备员，会后即赁汉口俄租界宝善里一所房子为总机关，筹备政治。这次会议还"推居正、杨玉如赴沪迎黄兴、宋教仁、谭人凤来鄂主持大计"④。

"居、杨二人到沪后，即向宋教仁、谭人凤叙述湖北革命发展情形，并将详情

---

① 李书城：《辛亥前后黄克强先生的革命活动》，《辛亥革命回忆录》（一），第185页。
② 冯自由：《革命逸史》初集，《辛亥八月十四日黄兴致冯自由函》。
③ 王建中：《蒋翊武事略》，《辛亥革命》（五），第20页。
④ 张国淦编著：《辛亥革命史料》。

函告香港黄兴，请即速来鄂主持。”[①] 中部同盟会主张武昌、南京、上海同时发动，对武汉的准备不大放心，于是让杨玉如先行回鄂，留居正在沪等待购买手枪。黄兴对鄂省情势也认为很好，主张“事在必行”。唯他感款项不足，即电告孙中山及南洋各埠请先筹款，亦未即行去鄂。但黄曾函嘱居正对鄂事要“取急进办法”[②]。此时黄兴亦计划中部各省同时起义，不了解湖北之起义已成了箭在弦上之形势。未几，1911 年 10 月 10 日（旧历八月十九日）武昌起义，并取得了胜利。

事实说明，武昌起义是辛亥广州起义后加紧准备起来的。武昌起义的准备是与谭人凤、宋教仁、黄兴等有密切关系的。从这些方面来看，武昌起义正是辛亥广州起义的继续，只是黄兴和中部同盟会负责干部对武昌革命党人活动的积极效果，估计得很不够罢了。

三

1911 年 10 月 10 日武昌起义取得胜利。10 月 13 日，居正、谭人凤同到武昌。武昌革命党人立即请他们速回上海，请黄兴、宋教仁来武汉主持一切。这说明武汉革命党人在武昌起义后仍主张接受中国同盟会的领导，并希望辛亥广州起义领导人黄兴来指挥武汉革命军事。

黄兴“于十月二十五日在上海红十字队队长张竹君女士掩护下……于二十八日到达汉口”[③]。他到武昌后，“听说汉口战事紧急，立即赴汉口担任总司令，设司令部于歆生满春茶园。各军士见黄先生就来指挥作战，士气大振”[④]。宋教仁也在 29 日到达武汉。

但是，在黄兴到达武汉时，武昌起义后的局面已经与居正等到汉口时有了很大的不同。汤化龙既篡据了权力，黎元洪也已在谭人凤授旗剑下“祭告天地”，就任了湖北军政府的都督。因此，黄兴到武汉后，虽然很多革命党人要推戴黄兴为

---

① 李春萱：《辛亥首义纪事始末》，《辛亥首义回忆录》。

② 黄兴致中部总会函，函载《辛亥首义纪事始末》注二十四，《辛亥首义回忆录》，第 220 页。

③ 李书城：《辛亥前后黄克强先生的革命活动》，《辛亥革命回忆录》（一），第 187 页。

④ 李书城：《辛亥前后黄克强先生的革命活动》，《辛亥革命回忆录》（一），第 187 页。

两湖都督，位在黎元洪之上，但立宪党人和某些意志不坚的革命党人出面力阻，作为罢论。11 月 3 日黄兴就任了战时总司令的职务，位反在黎元洪之下。

当时，对黄兴出任战时总司令，“有两种不同意见。由大家公举与黎居同地位，不受黎的委任；保守派旧人为了抬高黎元洪的地位，极力主张由黎委任，以便统率”①。汤化龙、胡瑞霖就说道：“黄兴由黎元洪委任，就是团结一致的最好机会，不可更张，以生内乱。”居正的态度是：“军政府须有体系，非委任不可；但当慎重其事，请都督‘登台拜将’。”② 最后黄兴也为“团结对敌”的漂亮言辞所蔽，11 月 3 日在武昌阅马场遂演出了一幕“登台拜将”的喜剧。这是“仿汉刘邦拜韩信的故事，举行的拜将仪式，所有印信、聘任状、令箭等由黎元洪捧付黄兴，授以武汉战守全权”③。这种“登台拜将”的仪式，正是由汤化龙、胡瑞霖一手策划，并由居正提议而表演出来的。这一喜剧表面上起了一点兴奋剂的作用，实际上既违背了武汉坚定的革命党人接受中国同盟会革命领导的素志，更使黄兴等革命党人受制于立宪党人的代表人物黎元洪之辈。这正是中国民族资产阶级领导民主革命的软弱、妥协的一种表现。

这些事实说明以共进会、文学社为主体的武昌士兵起义取得胜利之后，革命党人仍是拥护中国同盟会及黄兴等人的领导的，还是属于辛亥广州起义一个脉络的。只是由于立宪党人的阴谋策划和谭人凤、居正等人的软弱、妥协，才使中国同盟会对武昌起义的领导权有所丧失。

四

综上所述，可知辛亥广州起义与武昌起义有着密切的关系。辛亥广州起义之前，武昌革命党人的活动曾是中国同盟会广州起义总计划的一个组成部分。辛亥广州起义失败之后，武汉共进会、文学社主要革命活动和决策，与中部同盟会和在香港准备再起的黄兴都有着密切的关系，准备中的武昌起义在一定意义上说，

① 李春萱：《辛亥首义纪事始末》，《辛亥首义回忆录》（二），第 194 页。

② 居正：《梅川日记》。

③ 李春萱：《辛亥首义纪事始末》，《辛亥首义回忆录》（二），第 194—195 页。

正是辛亥广州起义的继续。武昌起义胜利后，在武汉的真正革命党人还是希望能得到中国同盟会和黄兴、宋教仁等人的领导，这可以使人们看到武昌起义和广州起义是一个脉络，而且黄兴、宋教仁、谭人凤、居正都曾在武汉，都参与了革命的领导。这是客观事实。

但是，中国同盟会中部总会和黄兴、宋教仁、谭人凤、居正等人，在武昌起义前充分估计到武昌革命形势到来的重要性；在起义胜利之后，一步一步又把革命领导权轻易地交付予立宪党人的代表人物黎元洪等人之手，未能真正领导这一革命。这也是事实。

由前一事实，我认为应该承认辛亥广州起义与武昌起义有密切的关系。而后一事实则正好说明中国资产阶级政党及其代表人物的软弱和妥协的阶级局限性。

当然，辛亥广州起义与武昌起义虽有密切关系，但不能说广州起义是武昌起义的决定因素。武昌起义是全国革命形势，特别是四川铁路风潮促成的，是湖北革命党人长期艰苦地在新军中进行革命活动的结果。研究辛亥革命看不到辛亥广州起义与武昌起义的密切关系，也是不符合历史实际的。因为只有如此，才能更清楚地看出武昌起义是以中国同盟会领导的，以共进会、文学社为主体的，武昌新军士兵的一次武装起义。

（原刊于《历史教学》1980年第2期）

关于新民主主义革命史的分期分段问题

一

最近有很多读者来信询问新民主主义革命史的分期、分段究竟怎样才算正确的问题。有的读者来信谈：关于第一次国内革命战争时期，在毛泽东选集第三卷《关于若干历史问题的决议》中写的是“……特别是在一九二四年至一九二七年，中国人民的反帝反封建的大革命……”这是说一九二四年至一九二七年为第一次国内革命战争时期。但胡华同志所著的《中国新民主主义革命史（初稿）》一书五十八页标题为《一九二五年至一九二七年的革命》，意思似说第一次国内革命战争时期是一九二五年至一九二七年。《近百年史话》（黄祖英等编）则把第一次国内革命战争时期划自一九二五“五卅运动”开始至一九二七年广州起义失败为止。我们在教学上应该怎样谈为准呢？有的读者来信谈：第二次国内革命战争时期有的书上是一九二七年至一九三六年，有的书上是一九二七年至一九三七年，究竟怎样划分呢？这段时间是否还可以划分若干段呢？有的读者来信谈：关于抗日战争时期的分段问题以《论持久战》一书的分段方法好呢，还是以《学习和时局》一书的分段方法好呢？荣孟源同志所著《中国近百年革命史略》中说抗日战争的战略相持阶段是从一九三八年十月至一九四五年春，但有的教科书说是至一九四五年八月八日苏联对日出兵为止。究竟怎样才算正确呢？……这些问题的提出，可以使我们一方面知道，在这几年的教学实践中，对新民主主义革命史教材内容的体会，教师们已经逐渐深入下来。但另一方面也反映着部分教师对新民主主义革命史的分期、分段问题，有的地方还不够清楚，特别是由于很多书籍的说法不一致，更增加了这个问题的复杂性。

为了帮助读者解决上述所提出的种种问题，笔者谨将最近高等学校一些讲授中国革命史及中国现代史的同志们一般所采用的分期、分段方法，简单地介绍出来，作为参考。

二

最近中国革命史和中国现代史的教师们一般是把现代中国革命的历史分成六个时期来讲授的。即，第一个时期为“五四运动和中国共产党建立时期”，或直接称为“中国共产党的建立时期”。这个时期自一九一九年五月五四运动开始，至中国共产党第三次全国代表大会民主革命统一战线政策确定之后的一九二三年十二月为止。第二个时期为第一次国内革命战争时期。这个时期自一九二四年一月召开的由共产党人出席并参加领导的国民党第一次全国代表大会（民主革命统一战线的形成，革命高涨的起点）开始，至一九二七年七月“七·一五”反革命政变之后，中国革命遭受到严重的失败为止。第三个时期为第二次国内革命战争时期。这个时期自一九二七年八月南昌起义开始，至一九三七年七月抗日民族统一战线初步形成以后的七七事变前夕为止。第四个时期为全面抗战时期。这个时期自七七事变开始，至一九四五年九月三日日本帝国主义正式无条件投降为止。第五个时期为第三次国内革命战争时期。这个时期自一九四五年九月中国共产党为争取和平民主而斗争的史实开始（讲述时溯及八月份情况）至一九四九年十月一日中华人民共和国成立，新民主主义革命胜利完成为止。第六个时期是中华人民共和国成立以来到现在的一个时期，这个时期是我国自新民主主义社会过渡到社会主义社会的一个历史时期的开始，有的同志把这几年直接标题为“中华人民共和国成立以来”。

至于这六个时期，每个时期中的分段问题，现在在中国革命史和中国现代史的一般的讲授中，大体上也已取得了一致的看法。在五四运动和中国共产党建立时期（或称中国共产党建立时期）中分为两段，即，（一）自一九一九年五月五四运动、中国共产主义运动的兴起至一九二一年六月中国共产党成立前夕为第一段；（二）自一九二一年七月中国共产党成立，中国工人运动的发展，至一九二三年六月党关于民主革命统一战线政策确定以后，一九二三年十二月革命统一战线形成的前夕为第二段。在“第一次国内革命战争时期”中分为三段，即，（一）自一九二四年一月革命统一战线的形成，革命运动的高涨至一九二六年七月北伐战争开始前夕为第一段；（二）自一九二六年七月第一次国内革命战争的胜利发展（北伐战争的胜利进军）至一九二七年四月“四·一二”反革命政变为第二段；（三）自一九二七年四月“四·一二”反革命政变以后至一九二七年七月第一次国内革命战争失败为第三段。在第二次国内革命战争时期中分为三段，即（一）自一九二七年七月第一次国内革命战争失败之后中国革命低潮的到来，中国共产党领导人民为创造红色政权而斗争至一九三一年“九·一八”事变之前为止为第一段；（二）自一九三一年“九·一八”事变之后中国共产党领导人民为反对日本帝国主义侵略和粉碎蒋介石匪帮围攻而斗争至一九三五年十二月二万五千里长征结束以后，陕北革命根据地巩固为第二段。（三）自一九三五年十二月在全国抗日民主运动高涨的情况下，中国共产党为建立抗日民族统一战线而斗争至一九三七年七月七七事变以前为第三段。在抗日战争时期中，现在仍按《论持久战》一书伟大预见的观点，分为三段，即，（一）抗日战争的战略防御阶段（自一九三七年七月至一九三八年十月）；（二）抗日战争的战略相持阶段（自一九三八年十月至一九四五年八月苏联对日出兵）；（三）抗日战争的战略反攻阶段（自一九四五年八月至九月）。在第三次国内革命战争时期中也分为三段，即，（一）中国共产党领导人民为争取国内和平民主而斗争的阶段（自一九四五年九月至一九四六年六月）；（二）第三次国内革命战争的战略防御阶段（自一九四六年七月至一九四七年六月）；（三）第三次国内革命战争的战略进攻阶段，中华人民共和国的成立，新民主主义革命的胜利完成（自一九四七年七月至一九四九年十月）。在中华人民共和国成立以来的时期中，大体也把一九五二年十二月以前作为一段，讲述中国共产党领导人民巩固人民民主专政和恢复国民经济的斗争，而把一九五三年大规模经济建设开始以后作为另一段讲授。

以上所介绍的就是现在讲授中国革命史或中国现代史同志们一般所采用的分期、分段的办法。我们知道了这种办法，对解决前面所提出的问题是有帮助的。如第一次国内革命战争时期即可明确为一九二四年一月至一九二七年七月。如第二次国内革命战争时期即可知道分为三段的方法。如抗日战争时期分段问题，即可明确仍要依据《论持久战》一书的指示。抗日战争的相持阶段亦可明确至苏联出兵为止。

但是我们还应该知道，上述的分期、分段的办法，仅是现在一般采用的办法，并非完全固定下来的东西。并且，这种分期、分段的办法，虽然大体上是比较妥当的，但还存在着若干问题。例如上述分期、分段的方法——特别是分段的方法，虽对高等学校课堂教学比较便于应用，但对中等学校或其他方式的学习都不一定恰当。因此，有些学校中国革命史的讲述，有些关于中国革命史的报告，其分期虽与上述情况相同，其分段则不相同，很多是在每个历史时期下面，按照年代次序提出若干主要问题来讲述的。再如上述分期方法虽然基本上已经没有问题，但是有时划分写述或讲述段落时也不必完全依照它丝毫不变。胡乔木同志所著《中国共产党的三十年》一书，因为主要是简要讲述党的历史，所以把党的成立和第一次国内革命战争作为一个段落，但这并不是把这两个时期只作为一个时期。胡华同志所编著的《中国新民主主义革命史（初稿）》一书，把五四运动单作为一个时期，而把中国共产党的成立和第一次国内革命战争列为一编（自一九二一年至一九二七年），也可以这样解释（参《中国新民主主义革命史（初稿）》第二编第四章第七节结束语）。再如现在中国革命史或中国现代史讲述中也不是对上述分段方法百分之百的一致。关于一九二七年“四·一二”反革命政变，虽一般都放在第一次国内革命战争胜利发展一段的最后来讲，但也有把它放在第一次国内革命战争失败一段的最前面来讲的。还有，抗日战争时期的分段问题，虽然已有上述的分法，但为了讲述便利起见，往往分章分节时并不机械地按所分的段来划分。因为战略相持阶段时间很长，所以更把它分为初、中、后三小段。即，一九三八年十月至一九四〇年十二月为初期；一九四一年至一九四二年为中期；一九四三年至一九四五年八月为后期。胡华同志编著的《中国新民主主义革命史（初稿）》一书，就把初期和中期列为一章，把后期和反攻阶段列为另一章。也有讲授中国现代史的同志，把防御阶段和相持阶段初期列为一章再分节讲授；把相持阶段中期（解放区战场的极端困难局面，解放区军民为粉碎日、伪、蒋的残酷进攻的英勇斗争，中国共产党的整风运动和解放区的大生产运动）列为单一的一章讲授；把相持阶段的后期和进攻阶段另列一章讲授。这说明分章分节有时不一定是按照所分的段机械安排的。但相持阶段再分初、中、后三小段，则又很便于按照毛主席《学习和时局》一书的指示来编组教材。

以上所谈的情况，可以使我们知道前面所介绍的分期分段的办法，虽是日趋一致的办法，但现在还不是完全固定下来的办法。所以这种办法，目前仍只能作为参考。

三

分期分段的问题即为上述，那么我们在教学工作中应该怎么对待这个问题呢?笔者认为：

第一，教师们基本上应该按照教科书的分期分段办法进行讲述。应该承认中学学生的历史知识是有限的，他们主要需要知道和体会的是课本上的一些东西。如果我们不按课本的分期分段方法，把教材打乱重新编组，势必增加学生的困难。何况现行教科书的分期分段又没有什么问题，把教科书内容大大改组是完全不必要的。

第二，教师们在教学过程中对需要明确的一些分期分段的问题，应该做适当的补充说明。例如第一次国内革命战争时期是一九二四年一月至一九二七年七月，有的书在标题上即未明确，在我们讲述这一标题时便应该适当地明确起来。但对中学学生不必泛论分期、分段问题。

第三，从一些读者来信所谈到的分期分段问题中，可以看出有不少问题是在一些参考书与教科书之间不一致的地方而产生的。我们觉得我们讲述现代中国的历史，对于参考书的运用，应该严谨和慎重。毛主席著作中的指示是我们最主要的根据，胡乔木同志所著《中国共产党的三十年》一书也应该作为准备课堂教学的主要读物。我们现在所谈的分期分段问题便应该从这些著作、文献中去明确。至于一般出版的一些读物，我们最好主要吸取里面的一些历史知识，对分期分段问题不必以之为主要根据。再有一些旧资料，运用起来就更需慎重了。

第四，教师们对现代中国历史的分期分段问题，在讲授之外进行研究，是应该的而且是必要的。研究的结果，如果与教科书有不同之处，则随时可以提出意见供中央教育部专门编写教科书的机构参考。一本好的教科书，是需要教师们共同努力，才会把它编写完善的。

（原文署名顾林，刊于《历史教学》1954 年 9 月号）

五四运动是新民主主义革命的开始

一

1962年《历史研究》第四期发表了朱务善同志所写《五四运动是否就是新民主义革命》一文，认为这个问题有提出来讨论的必要。朱务善同志对这个问题所作的答案是：五四运动既不同于包括辛亥革命在内的旧民主主义革命，又不是新民主主义革命的形式；五四运动是新民主主义的开始，但还不就是新民主主义革命。

我觉得朱务善同志对这个问题所作的答案是值得进一步探讨的。我认为五四运动是新民主主义的开始，也就是新民主主义革命的开始。以下简述个人一些看法，与朱务善同志商榷。

二

五四运动是在辛亥革命以后新的社会历史条件下发生的一次彻底的反帝反封建的革命运动。而辛亥革命以后新的社会历史条件，主要是世界形势的变化引起了中国社会的重大变化。

1914年爆发了第一次帝国主义世界大战，英、法、德、俄等帝国主义国家忙于大战无暇东顾，暂时地相对地放松了对中国的经济侵略。这个空隙就使“中国民族工业，主要是纺织业和面粉业，又得到了进一步的发展”①，出现了中国民族工业的所谓“黄金时代”。中国民族工业的进一步发展，也就是中国资产阶级和工人阶级的进一步发展。特别是中国工人阶级不仅发展于中国工厂之中，而且还发展于帝国主义在华企业之中。第一次世界大战期间，日本乘机扩大对中国的资本输出，在中国大量地开设厂矿，这就使中国工人阶级在这期间较资产阶级发展得更为迅速，在第一次世界大战以后，中国工人阶级已经发展为一个近三百万人的阶级。而且这时，中国工人阶级不仅人数增多，罢工斗争也日益加强。这一方面表现在罢工次数逐年增加；另一方面也表现在日益显明的反帝反封建性质，工人的觉悟已进一步提高。中国资产阶级有所发展和中国工人阶级的发展壮大，说明了当时中国的阶级力量有了重大的变化。这正是当时中国政治生活和文化生活中起决定作用的因素。

辛亥革命失败，袁世凯窃夺了革命的果实，媚外卖国独裁专制，最后还要抛弃“民国”恢复帝制。这就使中国资产阶级特别是小资产阶级的革命代表人物，深深感到中国仍然是“徒有民国之名，而无民国之实”，革命还有从头做起的必要。第一次世界大战期间，日本帝国主义以对德宣战为名，进占青岛夺取德国在山东的特权，疯狂地侵略中国，企图乘机取得独霸中国的优势。而美帝国主义，也利用第一次世界大战，加紧侵略中国，要与日本抗衡。正如列宁在1916年所指出的：“瓜分中国还刚刚开始，日美等国瓜分中国的斗争一天比一天激烈。”② 在这种民族危机日益严重的关头，袁世凯却继续勾结日美，幻想通过它们的支持来登上皇帝的宝座。特别是1915年日本帝国主义提出灭亡中国的二十一条，袁世凯竟基本上予以允诺。中国内忧外患发展到这样空前严重的地步，遂迫使中国人民，首先是感觉敏锐的革命的小资产阶级知识分子和资产阶级知识分子更急迫地来寻求救亡图存的道路。于是，一个寻求中国新的解放道路的思想革命——新文化运动便出现了。《新青年》（初名《青年》）杂志在第一期的“社告”中第一条写道：“国势陵夷，道衰学弊，后来责任，端在青年，本志之作，善欲与青年诸君商榷将来所以修身治国之道。”③ 这说明新文化运动的兴起就是要寻求“改弦更张”拯救

① 《毛泽东选集》第二卷，第621页。

② 《列宁全集》第22卷，第265页。

③ 《青年杂志》第一卷，第一号，“社告”。

中国的道路的。这正是当时政治斗争在思想领域的反映。由于在第一次世界大战期间，中国民族资本有了进一步发展，因而革命的小资产阶级知识分子和资产阶级知识分子这次所进行的新文化运动，曾经猛烈地反对封建主义的旧道德、旧伦理、旧教条、旧文学，提倡民主与科学，提倡白话文，从各方面冀求巩固资产阶级的共和制度。这对扫荡人们思想上封建主义的旧观念，唤起人们民主主义的觉醒，都起了重大的作用。同时，在客观上也为一切新思想的传播打开了广阔的道路。可是，新文化运动却没有达到巩固共和制度的目的。袁世凯死后，日本帝国主义的走狗皖系军阀段祺瑞掌握了北京政权，民族危难有增无减，共和躯壳破坏无遗。这种事实就不能不引起中国人民特别是新文化运动中的急进的民主主义者的怀疑。鲁迅曾回忆说："见过辛亥革命，见过二次革命，见过袁世凯称帝，张勋复辟，看来看去，就看得怀疑起来。"① 毛泽东同志也曾概括当时的情况说："帝国主义的侵略打破了中国人学西方的迷梦。很奇怪，为什么先生老是侵略学生呢？中国人向西方学的很不少，但是行不通，理想总是不能实现。多次奋斗，包括辛亥革命那样全国规模的运动，都失败了。国家情况一天比一天坏，环境迫使人们活不下去。怀疑产生了，增长了，发展了。"② 就是由于这种怀疑的增长和发展，当时的急进的民主主义者在思想上便产生了接受社会主义的条件。在新文化运动中，一方面由于猛烈的反封建，在客观上打开了新思想传播的广阔道路；另一方面由于急进的民主主义者在民族危机日益深重中所产生的对中国过去革命道路的怀疑，在主观上创造了他们接受社会主义思想的条件，这就构成了辛亥革命以后又一个新的历史条件。而五四运动正是当时新文化运动发展的结果。

1917 年俄国十月社会主义革命的伟大胜利，改变了整个世界历史的方向，划分了整个世界历史的时代。十月革命不仅极大地鼓舞和促进了世界各国无产阶级的革命斗争，出现了世界无产阶级革命高涨的新时代，而且也极大地鼓舞和促进了殖民地半殖民地的民族解放运动，动摇了帝国主义在殖民地半殖民地国家里的统治。十月革命对中国发生了划时代的影响，它不仅鼓舞了中国人民的革命斗争，使中国革命自此成为世界无产阶级革命的一部分，而且给中国人民送来了马克思列宁主义。中国有了马克思列宁主义，这是一件大事。毛泽东同志曾说过："这时，也只是在这时，中国人从思想到生活，才出现了一个崭新的时期。中国人找

① 《鲁迅全集》第四卷，第 347 页。

② 《毛泽东选集》第四卷，第 1475 页。

到了马克思列宁主义这个放之四海而皆准的普遍真理，中国的面目就起了变化了。”① 这个变化的最初表现，就是新文化运动开始传播马克思列宁主义，就是一些对中国革命旧道路抱怀疑的急进民主主义的知识分子转变为共产主义的知识分子。当时这些共产主义知识分子的代表人物就是李大钊同志。而马克思列宁主义在中国开始传播和共产主义知识分子在中国的出现，又正是当时中国工人阶级已经壮大的反映。李大钊同志在1918年7月发表《法俄革命之比较观》指出法兰西之革命是十八世纪末期之革命，俄罗斯革命是二十世纪初期之革命，“吾人对俄罗斯今日之事变，惟有翘首以迎其世界新文明之曙光……”② 同年11月，继发表《庶民的胜利》和《布尔什维主义的胜利》两文，指出十月革命后世界历史已进入社会主义的新时代，中国人民应该沿着十月革命的道路前进，说：“1917年的俄国革命，是廿世纪中世界革命的先声”③，“试看将来的环球必是赤旗的世界”④。1919年又发表了《新纪元》一文，更明确地指出十月革命照亮了中国人民前进道路的意义，说“这个新纪元是世界革命的新纪元，是人类觉醒的新纪元”，“我们应该趁着这一线的光明，努力前去为人类活动，做出一点有益人类的工作”。⑤ 这些文章表明以李大钊同志为代表的共产主义知识分子最初传播马克思列宁主义主要是宣传十月革命的道路，他们就是用马克思列宁主义作武器在十月革命和世界无产阶级革命高涨的形势中，看到中国革命的新希望，找到新的解放中国的道路的。正如毛泽东同志所指出的：“十月革命一声炮响，给我们送来马克思列宁主义。十月革命帮助了全世界的也帮助了中国的先进分子，用无产阶级的宇宙观作为观察国家命运的工具，重新考虑自己的问题。走俄国人的路——这就是结论。”⑥ 在新文化运动中开始传播马克思列宁主义，在中国出现了共产主义知识分子，而且找到了走俄国人的路的结论，这更是五四运动前夕中国社会中所出现的十分重要的一个新的历史条件。从这个新的历史条件可知，五四运动虽是当时新文化运动发展的结果，但却不是旧的资产阶级民主思想的产物，而是马克思列宁主义在中国开始传播后中国人民走俄国人的路的第一步。因此，毛泽东同志曾着

---

① 《毛泽东选集》第四卷，第1475页。

② 《李大钊选集》，第104页。

③ 《李大钊选集》，第111页。

④ 《李大钊选集》，第117页。

⑤ 《李大钊选集》，第124页。

⑥ 《毛泽东选集》第四卷，第1476页。

重指出："五四运动是在当时世界革命号召之下，是在俄国革命号召之下，是在列宁号召之下发生的。"①

由于在辛亥革命以后五四运动以前，中国社会已经具备了上述三个对中国革命运动起决定作用的新的社会历史条件，因此在中国民主革命发展阶段上，五四运动就脱离了辛亥革命和在此以前的一切旧民主主义革命，表现出彻底不妥协的反帝反封建的杰出的历史意义，而成为新民主主义革命的开始。

毛泽东同志曾指出："五四运动时期虽然还没有中国共产党，但是已经有了大批的赞成俄国革命的具有初步共产主义思想的知识分子。"② 而这批共产主义知识分子正是五四运动的领导力量。

十月革命对中国发生了划时代的影响，1918 年中国新文化运动已经具有了社会主义倾向，出现了共产主义知识分子。从这时开始，中国文化革命统一战线已经是共产主义知识分子、革命的小资产阶级知识分子和资产阶级知识分子三部分人的统一战线了。在这个统一战线中间，资产阶级知识分子始终是运动的右翼，当然不是领导力量。革命的小资产阶级知识分子，虽然他们很多人都充当过反封建思想斗争的勇将，但当时他们却只是"呐喊"，并没有找到中国解放的新道路。中国解放的真理——马克思列宁主义是当时共产主义知识分子所追求的，中国解放的新道路——俄国人的路是当时共产主义知识分子所找到的，因此共产主义知识分子无疑地应该是当时中国革命的领路人，革命的小资产阶级知识分子对中国革命问题在思想上和行动上都和共产主义知识分子相接近，是共产主义知识分子主要的同盟军；但革命的小资产阶级知识分子却是在共产主义知识分子领导下进行革命活动的。鲁迅先生曾说他当时的文学创作，"也可以说是'遵命文学'，不过我所遵奉的，是那时革命的前驱者的命令，也是我自己愿意遵奉的命令，决不是皇上的圣旨，也不是金元和真的指挥刀"③。这就是一个很确切的证明。

以李大钊同志为代表的共产主义知识分子究竟怎样领导当时的革命运动的继续向前发展的呢？综合一些材料来看，主要表现在以下三个方面：（1）积极传播马克思主义。1918 年秋，李大钊同志组织了"马尔格斯学说研究会"，"对内活动。是研究马克思学说，对外是举办一些讲演会"。④ 这虽仅是少数人的活动，但

① 《毛泽东选集》第二卷，第 693 页。

② 《毛泽东选集》第二卷，第 693 页。

③ 《鲁迅全集》第四卷，第 348 页。

④ 《五四运动回忆录》，中华书局 1959 年版，第 213 页。

也不能轻视它在当时对马克思主义传播所起的作用。接着，李大钊同志就在《新青年》和《每周评论》等刊物上发表了《庶民的胜利》《布尔什维主义的胜利》《新纪元》等许多篇赞美十月革命、欢呼社会主义革命胜利的文章，这也就是宣传马克思主义。1919年春，在李大钊同志的推动和指导之下，《每周评论》16期发表了摘译的《共产党宣言》；《晨报》副刊在五月一日出版了“劳动节”纪念专号；《新青年》杂志也出版了“马克思主义专号”，李大钊同志发表了《我的马克思主义观》。马克思主义的宣传，不仅使新文化运动具有了新的内容，而且更重要的是这种新的内容很快就成为中国思想革命的领导思想。资产阶级知识分子代表人物蔡元培，这时演讲“劳工神圣”。以资产阶级知识分子为主干的《新潮》杂志，这时也宣传“以前的革命是法国式的革命，以后的革命是俄国式的革命”。这都正好说明马克思主义这一新的领导思想，在当时影响之深、威力之大。（2）把当时的思想革命和反军阀反帝国主义的政治斗争联系起来。李大钊同志当时所发表的文章很多都是把走十月革命的道路和反军阀统治相联系的。李大钊同志1918年11月所做的“庶民的胜利”的讲演中指山北洋军阀的“大北方主义必然失败，庶民必然胜利，而1917年的俄国革命是二十世纪中世界革命的先声”。1919年初，李大钊同志在“大亚细亚主义与新亚细亚主义”等文中揭露了帝国主义侵略面目，特别揭露了日本帝国主义所提倡大亚细亚主义是侵略主义，是帝国主义，是日本的军国主义；同时并号召亚洲被压迫民族的人民在“民族自决”和民族解放的基础上联合起来，共同反抗帝国主义侵略。这就进一步使当时思想革命与反对帝国主义的政治斗争也联系起来。共产主义知识分子把新文化运动与反军阀反帝的政治斗争联系起来，这就表明了在马克思主义思想领导下中国反帝反封建的斗争进一步汇合和从思想斗争向政治斗争的发展。而这种发展的结果，第一步就是出现了五四运动这样一个彻底地反帝反封建革命运动的高潮。（3）在实际斗争中推动和领导了五四运动的展开。1918年5月21日从日本罢学归国的留学生联络了北京高等学校学生两千多人举行过一次为反对段祺瑞与日本帝国主义所签订的《中日共同防敌军事协定》的游行请愿，这就是五四运动的先声。请愿虽然没有结果，但是自此组织起来北京的学生救国会。当时以李大钊同志为代表的共产主义知识分子即经常注意推动和领导这个组织的活动。据五四运动参加者孙伏园回忆说：“当时有一批留日归国的同学们，他们常常比在国内的同学们多通晓一些国内国际大势。这些同学有的在北京教书，有的却在北京继续求学，他们都爱到李大钊同志那里去，因此就和北京的同学相熟。从他们那里知道一些马克思主义的学说，十月革命的理论和消息，巴黎和会的钩心斗角的见不得人的勾当等。”[①] 学生救国会出版的《国民月刊》也是在李大钊同志推动和指导之下创办起来的。他不仅是“国民月刊社”的导师，并且经常直接指导该刊编辑邓中夏、黄日葵等等同志进行工作，而学生救国会的成员就正是五四运动发动时的主要参加者。也在 1918 年，李大钊同志与王光祈等人还发起组织了“少年中国学会”，这也是一个知识青年统一战线的组织。据五四运动参加者许德珩回忆：“这学会网罗了各方面的有志青年，其中包括少数日本归国学生，国内各大学学生以及社会上有志之士——而这个“少年中国学会”的组成，对五四运动起了很好的联系作用的。”[②] 结合革命形势的发展，1918 年 12 月李大钊同志和陈独秀更创办了《每周评论》。由于当时共产主义知识分子接受马克思列宁主义才是初步，他们在发表的文章中模糊观点及错误观点原是不少的，但《每周评论》在 1919 年 8 月以前，在共产主义知识分子的领导下，却能一直坚持了反对军阀反对日本帝国主义的鼓动，初步宣传了社会主义思想和世界无产阶级革命，殖民地民族革命斗争的形势，并逐步揭露了巴黎和会的骗局和国人所痛恨的曹、章、陆三奸的罪行，给爱国人民以必须用“直接解决”才能解决国家命运的启示。什么是“直接解决”？那就是革命群众“动起手来”，以“直接行动”，除掉军阀、官僚、政客等三害，反抗帝国主义的侵略，进行社会的根本改造。而这种“直接解决”又正是共产主义知识分子从十月革命中，从世界无产阶级革命、殖民地民族革命的形势中，所得到的最有力的启示。这些事实，充分说明五四运动正是在共产主义知识分子领导下发展起来的。

以中国外交在巴黎和会上的失败为导火线的中国人民反帝反封建的爱国革命运动在 1919 年的五月四日爆发了。当时英勇地出现于运动先头的是青年学生，他们喊出了“誓死争回青岛”“取消二十一条”“国人应判决国贼命运”等口号，说明在五四运动开始的时期，青年学生确实是起了带头作用或先锋作用的。但青年学生在运动中起了带头作用或先锋作用，并不能就说青年学生是运动的领导者。毛泽东同志曾经这样说过：“数十年来，中国已出现了一个很大的知识分子群和青年学生群。在这一群人中间，除去一部分接近帝国主义和大资产阶级并为其服务而反对民众的知识分子外，一般地是受帝国主义、封建主义和大资产阶级的压迫，遭受着失业和失学的威胁。因此，他们有很大的革命性。他们或多或少地有了资

① 《五四运动回忆录》，第 43 页。

② 《五四运动回忆录》，第 28 页。

本主义的科学知识，富于政治感觉，他们在现阶段的中国革命中常常起着先锋和桥梁的作用。辛亥革命前的留学生运动，1919 年的五四运动，1925 的五卅运动，1935 年的一二九运动，就是显明的例证。”① 显然，这里所说的先锋和桥梁作用，根本就不是领导的意思。那么，五四运动中的领导者是什么人呢？我认为仍然是共产主义知识分子，在五四运动展开以后，李大钊同志发表《秘密外交与强盗世界》一文，坚决地揭露了巴黎和会的帝国主义强盗分赃的本质，愤怒地斥责了威尔逊“十四条”的骗局，提出了“改造强盗世界，不认秘密外交，实行民族自决”三大信誓。同时，他还发表了一些杂文，猛烈地攻击北洋军阀反动统治，号召中国人民起来，“要靠自己的力量，自己解放自己”。② 可见，当时反对帝国主义反对军阀的大旗是掌握在共产主义知识分子手中，爱国学生是按照共产主义知识分子指引的方向前进的。而且，据高一涵回忆：“五四游行，守常和学生一道参加。”③“1919 年 6 月，我们散发‘北京市民宣言’的传单，主张推翻段祺瑞，并宣布京师卫戍司令段芝贵死刑。守常和陈独秀都去散发。当场，陈独秀被捕……”按这个传单内容有六项要求：（1）取消欧战期内之一切中日密约；（2）免除徐树铮、曹汝霖、章宗祥、陆宗舆、段芝贵、王怀夫职，并驱逐出京；（3）取消步军统领衙门及警备司令；（4）北京保安队由市民组织；（5）促进南北议和；（6）人民有绝对的言论、出版、集会的自由权。传单还指出这六项要求是“人民对政府的最低要求”。倘政府不顺民意，则北京市民“唯有直接行动以图根本之改造”。④“守常从五四运动以后，经常领导青年学生和工人们进行革命活动，遭受北洋军阀政府的注意，在他的住宅处设下一个警察岗位。”⑤“李大钊、陈独秀等人在五四运动以前，就已经取得了新文化运动的领导地位，五四运动爆发时，李大钊同志是一位亲身参加者，并且是一位运动的组织者和领导者。”⑥ 可见，当时共产主义知识分子一直是以自己的实际行动带动别人积极地去实现运动的目标的，共产主义知识分子已经是被当时人们公认和拥护的革命领导力量。

共产主义知识分子不仅在北京领导了五四运动，而且在全国很多地区也都领

---

① 《毛泽东选集》第二卷，第 636 页。

② 《李大钊选集》，第 226 页。

③ 《五四运动回忆录》，第 213 页。

④ 《近代史资料》总 24 号，第 848 页。

⑤ 《五四运动回忆录》，第 214 页。

⑥ 《五四运动回忆录》，第 217 页。

导了五四运动的展开。特别是在湖南，湖南五四运动更是在毛泽东同志及其所组织的“新民学会”直接领导下进行的。为了推动运动的深入，当时毛泽东同志还创办了《湘江评论》，从事彻底反帝反封建的宣传。毛泽东同志那时即指出五四运动正是十月革命红旗军东驰西突，在中国的“异军突起”；解决中国革命的“根本的一个办法，就是民众的大联合”①，“陆荣臣的子弹，永远打不倒曹汝霖一班奸人，我们起而一呼，奸人就要站起身来发抖，就要舍命的飞跑”②。

就是由于五四运动在中国共产主义知识分子领导下不断发展和深入，马克思列宁主义在中国已经开始形成了波澜壮阔的洪流，文化统一战线中的右翼——资产阶级知识分子才分裂出去，站在中国革命洪流的旁边和对面，妄图扭转这个洪流的方向。而他们这样活动的首先一着，就是反对马克思列宁主义的传播和攻击共产主义知识分子的领导，“问题与主义之争”正是这场斗争的第一个回合。而这场斗争的本质，便是资产阶级知识分子和共产主义知识分子争夺领导权的斗争。这就又从另一个方面证明了五四运动的领导力量是共产主义知识分子。

毛泽东同志还说过：五四运动开始时“它的弱点，就在只限于知识分子，没有工人农民参加。但发展到六三运动时，就不但是知识分子，而且有广大的无产阶级、小资产阶级和资产阶级参加，成了全国范围的革命运动了”③。6 月 3 日学生大批被捕的事件，曾激起了全国人民更大的愤怒。6 月 5 日开始，在中国近代产业工人集中的地区——上海，工人阶级举行了大规模政治罢工。上海工人阶级投入战斗，立即展开轰轰烈烈的爱国活动，发文告，散传单，举行了声势浩大的示威游行，运动的主力即由学生群众变为工人阶级，运动的中心即从北京转到上海。在上海工人罢工的同一天，由于学生的鼓动和店员的积极督促，资产阶级也实行了罢市。但这只是参加上海商业公团联合会的民族资产阶级，上海总商会代表的买办阶级一直是破坏爱国运动的。就是民族资产阶级对爱国运动的态度也是动摇的。他们积极于“反对日货，提倡国货”，但既怕引起帝国主义的干涉，又反对工人罢工。在他们影响下，部分青年学生曾出面劝说过电灯、电车、自来水、小菜场工人不要罢工，有的还曾持“文明抵制”“幸勿暴动”的标语游行街市，可见，资产阶级和小资产阶级在运动中是称不上主力的。可是在运动之中，工人阶级的

① 《湘江评论》第二期。

② 《湘江评论》第二期。

③ 《毛泽东选集》第二卷，第 693 页。

罢工斗争却愈来愈坚决、扩大和深化，这对五四运动的成就即起了决定作用。6月10日，上海罢工工人和京沪、沪杭铁路罢工工人已达六七万人以上，使上海完全陷入瘫痪状态。同时京奉铁路唐山工人、京汉铁路长辛店工人、九江工人、济南工人、天津人力车工人都已相继罢工。此外，一些大都市工人和津浦等铁路工人也莫不在酝酿着大规模罢工。这种情况实是对帝国主义和封建军阀空前未有的打击，使他们感到惶恐万状手足无措。同时，罢工斗争的行动，更日益表现了独立的倾向。工人阶级曾宣称罢工不仅是为声援学生，而且要“格政府之心，杀灭亡之祸”；继又宣称：“乃近闻北京派来奸细，运动开市，假这令成为事实，置我工界绝大牺牲于不顾，工界同人现已公同决议，即令商界答应开市，工界同胞决不因此终止，誓当再接再厉，继续罢工。”① 充分表现了工人阶级革命的坚决和英勇无私的精神。就在这种强力威逼之下，北京反动政府才在释放被捕学生之后，6月10日下令罢免了曹、章、陆。不久，也主要由于这种压力，中国外交代表才不得不拒绝在“巴黎和约”上签字。这就是五四运动所获得的初步战果。

五四运动的这两个战果虽然是很有局限的，但它的意义则是极为深刻的。因为这两个战果是以青年学生为先头部队、以工人阶级为主力军的革命群众，在共产主义知识分子领导下，开始沿着十月革命的道路，用直接行动，严重地袭击了当权的反动派，坚决地拒绝了帝国主义而取得的。这是中国历史上空前的大事变。从此，中国人民开始认识到要打倒帝国主义和反动派只有用自己的力量以革命的行动直接解决；从此，中国人民开始打破了“辛亥革命以来反动派与革命派，争相保障外人生命财产，尊重条约权利，而求帝国主义者援助的局面”②；从此，中国革命开始朝向根本改造社会和世界的方向前进把民主革命任务与社会主义前途联系起来。这就是五四运动的反帝反封建的彻底不妥协的性质。而这种彻底性的出现，正是由于从五四运动起，在中国革命中有了和帝国主义及一切反动派绝不妥协的新的伟大的政治力量——壮大的中国工人阶级，并担当了领导者和主力军。

而且，五四运动的成就，也不仅限于上述两个战果，还有其更重要的方面。那就是：在五四运动中表明了中国工人阶级觉悟已大大提高，迫切需要马克思列宁主义的指导，迫切需要本阶级政党的诞生；五四运动锻炼和教育了许多革命青年，在中国涌现出为数更多的共产主义知识分子，他们已认识到要与工农劳动人

---

① 《近代史资料》总24号，第846页。

② 《向导》第113期，第1044页。

民结合，要把马克思列宁主义传播到工人当中去；五四运动更使革命的人们认识到中国人民必须以马克思列宁主义的领导，走俄国人的路，才能获得真正的解放。于是，在中国立即就出现了第一次马克思主义思想运动，以共产主义知识分子为桥梁，马克思列宁主义很快就与中国工人运动结合起来，1921 年 7 月伟大的中国共产党便诞生了。由此可见，五四运动在思想上和干部上准备了中国共产党的成立；而中国共产党的成立也正是五四运动和五四运动整个历史时期思想运动的伟大成果。

根据上述事实可知：五四运动是在中国工人阶级已经壮大，十月革命已经送来了马克思列宁主义，中国共产主义知识分子已经找到了走俄国人的路的结论的新的社会历史条件下发生的；共产主义知识分子不仅在新文化运动中而且在五四政治斗争中都是领导力量；工人阶级在六三以后作为一个独立的政治力量登上了中国历史舞台，在五四运动中起了决定作用；五四运动促成了马克思列宁主义与中国工人运动的结合，诞生了中国共产党。就是在这些问题上来看，即可以完全肯定五四运动是新民主主义革命性质的，也就是说五四运动是中国新民主主义的开始，也就是新民主主义革命的开始。毛泽东同志在 1939 年曾告诉我们：“二十年前的五四运动，表现中国反帝反封建的资产阶级民主革命已经发展到了一个新阶段”①，我体会这个新阶段不是别的，就是新民主主义革命阶段。毛泽东同志在《中国革命和中国共产党》一文中还告诉我们：“中国现时的革命阶段，是为了终结殖民地、半殖民地、半封建社会和建立社会主义社会之间的一个过渡的阶段，是一个新民主主义的革命过程。这个过程是从第一次世界大战和俄国十月革命之后才发生的，在中国则是从 1919 年五四运动开始的。”② 很明确，毛泽东同志原是把五四运动视为中国新民主主义革命的开始，视为中国新民主主义革命的一个历史阶段的。当然，在中国共产党还没有成立以前的五四运动，只能说是新民主主义革命的开始阶段、幼稚阶段，而不是完全成熟的阶段。中国共产党的成立才是中国新民主主义革命完全成熟的标志。这一点也是需要明确的。

① 《毛泽东选集》第二卷，第 545 页。

② 《毛泽东选集》第二卷，第 642 页。

三

基于个人对五四运动的上述认识，本着百家争鸣互相讨论的精神，再对朱务善同志所写《五四运动是否就是新民主主义革命》一文提出几点意见。

（一）五四运动是否就是新民主主义革命？诚如朱务善同志所说：“这个问题本来是属于历史范畴中的主要论题。”但就是在历史范畴中论述五四运动，我觉得朱务善同志不少看法都存在着问题，而且这些问题有的是根本性的。

首先，朱务善同志对五四运动爆发原因的看法，是笼统的，对当时阶级对比关系缺乏具体分析。朱务善同志认为五四运动爆发的客观原因是：“当时中国是一个半殖民地国家，长期以来受着国际帝国主义与国内封建地主军阀残酷的剥削与压迫，当时北洋军阀统治集团在不同的帝国主义卵翼下，不惜卖国求荣，彼此不断地发生内战，使工人农民城市小手工业者青年知识分子受到破产与灾难，过着极其困苦的生活。国内民族资产阶级同样也受到压迫，也有革命要求。”对这种分析，笼统说来基本上是没有问题的，但问题在于朱务善同志没有进一步分析五四前夕中国社会经济的具体变化和中国阶级力量的具体变化。因而，既忽略了中国工人阶级发展壮大和民族资产阶级有所发展的客观事实，也忽略了初期新文化运动的历史作用，更忽略了马克思列宁主义传入对中国革命的重大影响；而在文章中却三番两次地强调五四运动爆发的自发性。这样也就根本看不出五四运动这一历史事件新的具体的历史特点了，又如何能进一步认识五四运动的性质呢？列宁曾经说过：“马克思主义要求我们对每个历史关头的阶级对比关系和具体特点，做出经得起客观检验的最确切的分析。我们布尔什维克总是努力执行这个要求，因为要对政策作科学的论证，这个要求是绝对必要的。”① 列宁的指示，对我们研究过去历史上的重大事件，也是绝对必要的。因为只有这样才能使人们看出事变的本质，才能正确地揭示历史发展的规律。朱务善同志分析五四运动爆发的原因，缺乏对这个历史关头阶级对比关系具体特点的分析，必然就看不清五四运动爆发的新的社会历史条件。缺乏这种根据，必然也就不能理解十月革命一声炮响，给

① 《列宁全集》第24卷，第23页。

中国送来了马克思列宁主义，中国革命从此即发生重大变化的重大意义。

其次，朱务善同志分析五四运动过程是比较孤立的，没有揭示出五四运动的最本质的东西。朱务善同志说："所谓五四运动，就其狭义而言，是指1919年从5月4日北京学生火烧赵家楼，中经6月3日上海罢工罢市，直到6月11日曹、陆、章免职为止的一次全国性广大群众革命运动而言。"从最狭义而言，这个意见也没有错误，但问题在于朱务善同志只在这个范畴中讲述五四运动，不把五四运动放在整个历史链条上分析历史事变发展的因果关系，这样也就不能正确揭示五四运动的主要成就和它的重大历史作用了。朱务善同志对五四以前，只论述了1918年李大钊同志所组织的马克思主义研究会没有领导五四运动，而对新文化运动特别是1918年以后新文化运动的社会主义倾向与五四运动的关系则未做任何阐明；对五四以后只在结论上提到了"在思想和干部上准备了1921年中国共产党的成立"，而对五四后所出现的波澜壮阔的马克思主义思想运动，对马克思主义与中国工人运动的结合也没有做任何分析。试问，这样又怎样能够认得清楚五四运动的性质呢？列宁在分析"国家"这一问题时指出："为了用科学眼光观察这个问题，最可靠、最必需、最重要的就是不要忘记基本的历史联系，要看某种现象在历史上怎样产生，在发展中经过了哪些主要阶段，并根据它的这种发展去考察它现在是怎样的"，"要有把握地切实解决它，就必须从历史上把它的全部过程加以考察"。①我看这对我们研究任何历史问题都有很重大的指导意义。我们分析五四运动，不能只分析从1919年5月到6月的狭义的五四运动的阶段，必须把它看成前后包括着一个很长的过程。从这个发展过程中才可以看出中国工人阶级的壮大、新文化运动及其社会主义倾向、五四运动、马克思主义思想运动、马克思列宁主义和中国工人运动的结合、1921年中国共产党的成立是一个整个的历史链条；才能看出中国共产党的成立正是五四运动和五四时期思想运动的伟大成果；从而，也才能理解五四运动与中国共产党的成立是完全应该列在一个历史阶段之内的。

第三，朱务善同志对五四运动领导权问题的看法，是前后矛盾的，是离开了阶级分析的，也是不符合历史客观实际的。五四运动是资产阶级领导的还是无产阶级领导的？这是判断五四运动性质的关键问题。朱务善同志对这个问题，除了套用了一下公式，简单地否定了无产阶级的领导作用外，还作了三种答案。初则说："领导五四运动的是当时共产主义知识分子和革命青年学生"，继则说："中国

① 《列宁全集》第29卷，第430页、第431页。

知识分子和青年学生领导了五四运动”，再又说：“五四运动领导权在其发展过程中……始终掌握在经受俄国十月革命和西欧无产阶级革命高潮影响的知识分子和青年学生手里”。共产主义知识分子、知识分子和经受俄国十月革命和西欧无产阶级革命高潮影响的知识分子显然各有各的阶级含意，是不能画等号的。而朱务善同志把这三个含意有区别的概念混为一谈，根本是前后矛盾的。但这还仅是现象，若仔细阅读朱务善同志的文章，可知朱务善同志的真意只是一个，即“中国知识分子和青年学生领导了中国五四运动”。中国知识分子和青年学生是属于哪个阶级的呢？毛泽东同志曾指出：“知识分子和青年学生并不是一个阶级和阶层。但是从他们的家庭出身看，从他们的生活条件看，从他们的政治立场看，现代中国知识分子和青年学生的多数是可以归入小资产阶级范畴的。”① 而朱务善同志却又不是这种看法，因为朱务善同志文章中已经明白地告诉我们五四运动领导权既没有落在资产阶级知识分子手中，也没有落在工人阶级手中，又没有落在革命的小资产阶级手中，而仅仅是落在中国知识分子和青年学生手中，那么，这些中国知识分子和青年学生既不属于革命的小资产阶级又不属于资产阶级或工人阶级，究竟又属于什么阶级呢？这就只剩下一个答案，即超阶级的了。很明显，这正是一种脱离阶级分析的提法，是违反马克思列宁主义基本理论的。五四运动究竟是哪个阶级领导的呢？历史实际的答案是共产主义知识分子，共产主义知识分子既开始以马克思列宁主义为指导思想，当然是代表无产阶级利益的。这在前而已经举出一些历史实证，不再赘述。在这里，还要谈的则是怎样才能实现领导的问题。毛泽东同志在《中国共产党在抗日时期的任务》一文中曾说过：“无产阶级怎样经过它的政党实现对于全国各革命阶级的政治领导呢？首先，是根据历史发展行程提出基本的政治口号，和为了实现这样口号提出关于每一发展阶段和每一重大事变中的动员口号。例如我们提出了‘抗日民族统一战线’和‘统一的民主共和国’这样的基本口号，又提出了‘停止内战’‘争取民主’‘实现抗战’的口号，作为全国人民一致行动的具体目标，没有这种具体目标，是无所谓政治领导的。第二，是按照这种具体目标在全国行动起来时，无产阶级特别是它的先锋队——共产党，应该提起自己的无限的积极性和忠诚，成为实现这些具体目标的模范。在为抗日民族统一战线和民主共和国的一切任务而奋斗时，共产党员应该作到最有远见，最富于牺牲的精神，最坚定，而又最能虚心体会情况，依靠群众的多数，得到群

① 《毛泽东选集》第二卷，第636页。

众的拥护。第三，在不失掉确定的政治目标的原则上，建立与同盟者的适当的关系，发展和巩固这个联盟。第四，共产党队伍的发展、思想的统一性，纪律的严格性。”① 我认为毛泽东同志的这一指示，对我们分析五四运动领导权问题是一个重要的启示。以李大钊同志为代表的共产主义知识分子在当时既明确了中国革命要走俄国人的道路，又指出了必须“直接解决”的途径；既提出了“三大信誓”口号，又散发了六项要求传单。同时，他们又是积极地为实现五四目标而奋斗的，五四时期青年学生的骨干力量——学生救国会和少年中国学会又都是他们指导之下的。而且在运动发展过程中，他们开始从事于马克思主义与工人运动相结合的活动。所以，我们更可以肯定共产主义知识分子在当时初步地实现了对五四运动的政治领导的。虽然这种政治领导对照毛泽东同志的指示还是很不完整的，而在那时的历史条件下，我觉得还是难能可贵的，不能忽视的。

第四，朱务善同志对五四运动发展过程的分析，是看错了时代标志，没有抓到历史主流。朱务善同志对五四运动发展过程中工人阶级举行罢工的分析是：“到六三才有上海工人起来罢工的支援”，“后来又有一部分工人参加”，“中国共产党那时没有成立，工人阶级也没有在运动中起领导作用”。对资产阶级的分析是：“所以六三时，上海天津各地的商会为支持运动，几次打电报给北京政府以罢工罢市相要挟，迫使徐世昌免罢曹、陆、章；当时大资本家穆藕初也对五四运动感到很大兴趣，在五四运动结束不久，他以自己的资金派送了所谓五四运动‘著名’人物其实是五四运动时资产阶级右翼代表罗家伦、傅斯年、康白情等数人赴美留学，以资深造，这就是很明显的例子。”两相对照，可以看出朱务善同志是认为资产阶级在五四运动中所起的作用比工人阶级还大，这更是不符合历史实际的。但就是由于这种违反历史实际的判断，即根本抓不到历史的主流，看不清时代的标志了。什么是时代的标志呢？列宁曾指出时代的标志是：“那一个阶级是这个或那个时代的中心，决定着时代的会要内容、时代发展的主要方向，时代的历史背景主要特点等等。”② 《红旗》杂志编辑部所写《列宁主义万岁》一文对列宁的这一指示做了简要的说明，即：“所谓时代，是哪一个阶级成为时代的中心问题，是哪一个阶级决定着时代的主要内容，决定着时代发展主要方向的问题。”③ 这虽是对

① 《毛泽东选集》第一卷，第253—254页。

② 《列宁全集》第21卷，第123页。

③ 《列宁主义万岁》，人民出版社版，第13页。

整个世界历史的大时代而言的，但我觉得它也对某一国家的历史时代的认识有同样重要的意义。所以，五四的时代标志是什么？我们必须从五四时代哪个阶级是中心，决定五四的主要内容、五四发展的主要方向的历史实际中去观察。史实充分揭示出：中国工人阶级的壮大作为内因根据，十月革命的影响作为外因条件，决定新文化运动的社会主义倾向；而五四运动正是这种新文化动运发展的结果；六三以后工人大罢工显示工人阶级已成为中国革命的主力军，它的威力决定着五四运动的成果；五四运动的主要方向是马克思列宁主义与中国工人动运相结合，在中国产生了中国共产党，兴起了共产主义运动。这就说明了五四运动的中心就是工人阶级。这也正是当时中国历史的主流。朱务善同志低估了中国工人阶级在五四运动的作用，那就必然看错了时代的标志，抓不住历史的主流，只能把五四运动视为非旧非新之间一个事变，而实质上却又把五四运动置于旧民主主义革命范畴中去了。

（二）朱务善同志在文章开头便提到不同意吴江同志所写《论发展过程中的部分质变》（1961 年《红旗》14 期）一文对中国新民主主义革命发展阶段的看法。朱务善同志说："吴江同志谈到中国新民主主义发展阶段的阶段时，把五四运动和北伐战争、土地革命战争、抗日战争和人民解放战争这几个发展阶段等同视之；认为五四运动和北伐战争、土地革命战争……同为中国新民主主义革命，这是值得商榷的。"并且提出了疑问："我们所不了解的，就是吴江同志既然承认新民主主义革命运动，必须有无产阶级的领导，而中国革命运动的领导权，又是在五四运动以后才落入无产阶级和共产党之手，那么又是怎样的把五四运动归入新民主主义革命呢?"朱务善同志还说："从北伐战争到人民解放战争同为中国新民主主义阶段中发展的不同阶段，因为敌我阶级力量对比不断地发生变化和中国无产阶级和共产党内部力量不断加强，在新民主主义这些阶段中各有其部分质变，这是当然的，但是不能把五四运动与他们并列在一起，因为五四运动尚未发展成新民主主义阶段。"并以鸡和人的孵育阶段作比喻，认为五四运动仅可比为正在孵化的鸡蛋或未出生的胎儿，还没有发展成为鸡或人的阶段，但就是因为已经是胎儿或已经孵化所以又肯定"五四运动在中国民主革命运动中已经进入一个新的阶段"。最后朱务善同志在总的看法中提出"五四运动在中国民主主义运动中发展成为一个新的阶段，它揭开了新民主主义的序幕，为旧民主主义转变为新民主主义开辟的道路，在这个意义上说，五四运动是新民主主义的开始，但还不是新民主主义革命，用哲学术语表达，那就是：五四运动是在从中国旧民主主义革命转变到新民主主义的一个部分质变，而不是全部质变”。朱务善同志这些看法虽然前后矛盾逻辑混乱，但其实质上则是否定五四运动是新民主主义革命的开始，只承认五四运动是部分质变的。

五四运动不是从中国旧民主主义革命转到新民主主义革命的全部质变，这一点是没有问题的。但事物由旧质向新质变化，并不是以它是否起了全部质变为标准，而是以它是否起了根本质变为标准。朱务善同志以全部质变为标准来衡量五四运动是否是新民主主义革命，根本是不对的。那么，五四运动是否仅是新旧民主主义革命的一个部分质变呢？我对这个问题的答案也是否定的，明白地说，那就是我认为五四运动已不是一个部分质变，而是根本质变了。也用哲学术语来说，即从五四运动到中国共产党成立是不可分的一个历史阶段。这个历史阶段是一个历史的飞跃，是中国旧民主主义革命转变为新民主主义革命根本质变的阶段，就是从狭义的五四运动（从 1919 年 5 月到 6 月）来说，它也是这个根本质变的组成部分，它也是这个历史飞跃的组成部分。

为什么对五四运动应该这样看待呢？以下便谈一谈个人的一些看法。

毛泽东同志说过：“决定革命性质的力量，是主要的敌人和主要的革命者两方面。”① 在中国民主革命整个时期中，主要的敌人和主要的革命者没有改变，所以这个革命完成以前，其反帝反封建的根本性质不变，其中旧民主主义革命转变为新民主主义革命，只能是中国民主革命的部分质变。这一点是不能含混的，否则就会犯严重的错误。但是，仅就中国民主革命的主要革命者这一方面的范畴来讲，也就是新旧民主主义革命这一个范畴来讲，民族资产阶级领导的旧民主主义革命转变为无产阶级领导的新民主主义革命又可以说是一个根本质变。在中国民主革命历史中，这一方面之根本质变之所以重要，就在于从此革命从失败阶段转变为胜利阶段。

那么，民族资产阶级领导的旧民主主义革命转变为无产阶级领导的新民主主义革命这一根本质变，关键又在什么地方呢？那就要看无产阶级的领导作用在什么时候跃居于中国革命的主导地位的了。

中国近代革命的历史实际，充分说明了中国无产阶级的领导作用是在五四运动时跃居于中国革命的主导地位的。而无产阶级领导作用在这时跃居于主导地位，更不是偶然的，因为在第一次大战期间中国工人阶级已经发展壮大，1515 年开始

① 《毛泽东选集》第四卷，第 1286 页。

的新文化运动为新思想传播开辟道路，十月革命一声炮声给中国送来了马克思列宁主义，也就在这时中国出现了共产主义知识分子，他们对中国革命做出了走俄国人的路的结论，使中国历史转变了方向。而五四运动就是在这些部分质变的总和下爆发的。所以，五四运动的领导思想已经是马克思列宁主义；五四运动的领导力量已经是共产主义知识分子；五四运动发展过程中工人阶级已经是最活跃的力量，成为运动的主力军，对运动成果起了决定作用。特别是，五四运动爆发以后，六三运动时，中国工人阶级作为一个独立的政治力量登上了中国历史舞台，从此便立即开始了共产主义知识分子与工农劳动群众相结合的过程，开始了马克思列宁主义与中国工人运动结合的过程。从这些事实来看，即可以完全肯定五四运动正是中国旧民主主义革命转变为新民主主义革命的根本转变的开始。朱务善同志，无视上述事实，只承认五四运动是部分质变，难道朱务善同志还认为在五四运动时中国资产阶级的领导作用仍居于主导地位吗？这在朱务善同志文章中的文字上也是否定的。

五四运动只是中国革命从旧民主主义革命转变为新民主主义革命的根本质变的开始；而这一根本质变的完成，还有待于中国无产阶级由自在的阶级发展为自为的阶级，其标志则是中国共产党的成立。就是因为五四运动只是这一根本质变的开始，所以，那时的无产阶级的领导作用还主要表现在质的上面，而尚未表现在量的上面。所以，那时资产阶级的影响还相当大，无产阶级的领导还没有一定的组织形式，但这正是事物的新的质跃居主要地位后必经的一个过程了。毛泽东同志曾指出："向下的东西是旧的量和质，主要的表现在量上。向上的东西是新的量和质，主要的表现在质上。"① 只有根据这一指示去认识五四运动中的无产阶级领导作用，去认识五四运动是新旧民主主义革命根本质变的开始，才会得出正确的结论。

因此，我还是同意吴江同志的提法："新民主主义革命也经过了五四运动、北伐战争、土地革命战争、抗日战争和人民解放战争等几个发展阶段。"五四运动是应该作为新民主主义革命的一个开始阶段的。而且，作为一个历史阶段来讲，这个阶段是应该把中国共产党的成立包括在内的。如果这样的谈，就不能说中国革命的领导权在这个阶段中"没有落到无产阶级之手"了。也许有人这样想：这个历史阶段既包括中国共产党的成立，就不应以五四运动命名。这是"正名"的问

---

① 《毛泽东选集》第二卷，第457页。

题。我看叫它“五四运动和中国共产党成立时期（1919 年 5 月—1921 年 7 月）”或“中国共产党的建立时期（1919 年 5 月—1923 年 12 月）”都是可以的。而在这个时期中，就狭义的五四运动而言，也应该把它看作是从旧民主主义革命转变为新民主主义革命的根本质变的开始，也就是新民主主义革命的开始。再拿朱务善同志的比喻——鸡和人的孵育过程来说吧。我认为五四运动已经是新民主主义革命的初生婴儿和脱壳的雏鸡了。而朱务善同志的提法起码是落后于客观实际的。

（三）朱务善同志说：“在最近几年中，我们发现有些人既然肯定了新民主主义革命运动必须有无产阶级领导，但谈到五四革命运动时由于他们硬要想把五四运动说成是新民主主义的革命运动，不惜歪曲史事，臆造史事以便硬性地把五四运动套在新民主主义的框框内，我认为这是汉儒歆之流的作风，而不是我们马克思主义者实事求是的治学态度，我们的治学态度必须做到踏踏实实严肃认真。”我认为这种歪曲史事、臆造史事、硬性搬套的治学态度，确实是应该反对的。我们马克思主义者也确实应该具有踏踏实实严肃认真的实事求是的治学态度。朱务善同志的这些话给我们启发是很大的。

但是，读了朱务善同志的文章以后，我还觉得朱务善同志的治学态度和治学方法上也有一些可以商量的地方。

首先，有的人根据日本过去刊物上登载过李大钊等同志组织马克思学说研究会的消息，就虚浮不实地臆造出来一套这个研究会领导五四运动的情况，这种治学态度当然是很错误的。但当时的“马尔格斯学说研究会”究竟起了什么作用呢?要解答这个问题，就必须先搜集较丰富的材料，加以具体的分析。而朱务善同志仅根据个人的一点记忆，就断定这个研究会“在当时社会活动上也没有发生显著的作用”，这也是不够慎重的。我们完全肯定朱务善同志对五四运动的亲身感受十分可贵；我们晚生后学更应该珍视这种感性材料。可是，毛泽东同志曾告诉我们，感觉材料固然是客观外界某些真实性的反映，“但他们仅是片面的和表面的东西，这种反映是不完全的，是没有反映事物本质的”①。所以，我们研究历史问题重视回忆录，但从不把回忆录就当作历史。那么，朱务善同志仅凭一己之回忆，就判定这个研究会的历史作用，我们觉得是有些武断的。事实也是如此，有些回忆录中在谈到这个研究会时，与朱务善同志的看法确是有些出入的。因此，朱务善同志仅凭个人感受，就过低地估计这个研究会对马克思列宁主义在中国的早期的传

① 《毛泽东选集》第一卷，第 280 页。

播作用，是很不妥当的。

其次，朱务善同志认为“中国知识分子和青年学生领导五四运动”。作为学术讨论，朱务善同志原可以提出自己这样的看法，也可以引用经典著作论证自己的看法。但是，朱务善同志又怎样引用经典著作来论证自己的看法的呢？我们且看一看朱务善同志引用的毛泽东同志的这段话吧！朱务善同志引道：“……中国已出现了一个很大的知识分子群和青年学生群，在这一群人中间除去一部分接近帝国主义和大资产阶级并为其服务而反对民众的知识分子外，一般地是受帝国主义、封建主义和大资产阶级的压迫，遭受着失业和失学的威胁。因此，他们有很大的革命性。……他们在现阶段的中国革命中常常起着先锋的和桥梁的作用。辛亥革命前的留学生运动，一九一九年的五四运动……就是鲜明的例证。”（按，省略号下的重点是本文作者加的）紧跟着这段引文，朱务善同志就说：“根据毛泽东思想，所以我们说，中国知识分子和青年学生领导了五四运动，是合乎规律的，并没有什么奇怪。”可是，我们查对了一下《中国革命和中国共产党》一书，才知道朱务善同志用省略号所节略的正是一些重要的文字。第一个省略号所节略的是毛泽东同志对中国知识分子和青年学生所做的阶级分析，即“知识分子和青年学生并不是一个阶级和阶层……现代中国知识分子和青年学生的多数是可以归入小资产阶级范畴的”。第二个省略号所节略的是毛泽东同志对中国知识分子和青年学生的特点的说明，即“他们或多或少的有了资本主义的科学知识，富于政治感觉”。第三个省略号节略的是两个例证，即一九二五年的“五卅”运动，一九三五年的“一二·九”运动。补上这些重要的文字，再看毛泽东同志的这段话全文，就可以明确地知道朱务善同志关于“中国知识分子和青年学生领导了五四运动”这一看法，根本不是“根据毛泽东思想”，而是错误地理解毛泽东思想的了。为什么呢？因为毛泽东同志对中国知识分子和青年学生是以阶级观点来分析的，而朱务善同志则是把中国知识分子和青年学生看作是脱离阶级的即超阶级的。毛泽东同志是分析了中国知识分子和青年学生的特点才说他们常常起先锋作用和桥梁作用，并不是把先锋作用和桥梁作用就当领导作用的；而朱务善同志则是撇开知识分子的特点，肯定中国知识分子和青年学生常起的先锋作用和桥梁作用就是领导作用的。特别是毛泽东同志提出“五卅”运动和“一二·九”运动为例证，很明确使人们理解不是说这些作为例证的事件都是中国知识分子和青年学生领导的（“五卅”运动、“一二·九”运动明明是中国共产党领导的）；而朱务善同志节略这两个例证是为了便于说明或使人误解这些作例证的事件是中国知识分子和青年学生领导的。

问题不是很清楚吗？朱务善同志的节略，原来是便于断章取义，为自己错误的论点服务。这种治学态度和方法又是多么危险的事情呢？

最后，朱务善同志文章中讨论五四运动是否就是新民主主义革命，是从“甚么叫新民主主义革命”这一命题开始的。朱务善同志引用毛泽东同志的话说：“新民主主义革命，不是任何革命，它只能是和必须是无产阶级领导的，人民大众的，反对帝国主义、封建主义和官僚资本主义的革命。这就是说，这个革命不能由任何别的政党充当领导者，只能和必须由无产阶级和中国共产党充当领导者……”朱务善同志全篇文章就是从这一原则出发，认定五四运动时还没有中国共产党，就谈不到无产阶级领导；没有无产阶级领导的五四运动就不能称之新民主主义革命。我们对毛泽东同志所制定的领导中国民主革命达到胜利的新民主主义革命的这条总路线是没有丝毫怀疑的；我们对毛泽东同志所阐明的新民主主义革命的这一条基本原理在认识上也是完全坚定的。但是，我们却觉得朱务善同志这种从原则出发研究问题的方法是值得考虑的。恩格斯曾经说过：“原则不是研究的出发点，而是它终了的结果。”① 列宁也说过：“马克思主义的真髓和活的灵魂，就是对具体情况的具体分析。”② 毛泽东同志用同样的精神也曾不止一次地教导我们：一切都要从实际情况出发，实事求是，“有的放矢”，在马克思主义一般原理指导下，对任何问题都要进行具体的分析。我们觉得朱务善同志对五四运动的论述，就是缺乏具体问题的具体分析，也可以说是套用原则的。这也是很不妥当的。当然，我个人也坚决主张要用毛泽东同志的新民主主义革命原理为指导来研究五四运动，这一点和朱务善同志的意图完全一致；但问题是如何运用新民主主义的原理来研究五四运动，这一点，就与朱务善同志有分歧了。是在新民主主义革命原理指导下对五四运动做具体的分析呢，还是把新民主主义革命原理对五四运动进行引套用呢？我觉得这是个重要的治学方法问题。我认为运用一个完全正确的原理来分析问题的时候，也有科学唯物主义的方法和主观主义方法的区别，这就是在原理指导下从具体情况分析开始还是把原理拿来直接套用的区别。毫无疑问，马克思主义是反对拿原理直接套用的。就是由于朱务善同志用这种套用的办法，结果就看不清五四运动的性质，而只能把五四运动置于非新非旧之间，得出了错误结论。朱务善同志也曾说过：“新民主主义革命的理论是毛泽东思想在马克思列

① 《反杜林论》，第 34 页。

② 参《列宁全集》第 31 卷，第 144 页。

宁主义新发展中的一个重要环节，我们对于这一理论应该认真的严肃的研究，对某一革命动运不能轻易地套用，也不可轻易否定。”个人对这种提法完全赞同，那么，又应该怎样地运用这个革命原理去分析某一革命运动呢？我看办法只有上面说的那一条，即在这一革命原理的指导下，具体问题具体分析。而朱务善同志虽然反对“轻易地套用”，但自己恰恰就犯了“轻易地套用”的毛病，结果把五四运动的新民主主义革命的性质，也就“轻易地否定”了。

四

总括上述意见，个人对五四运动的看法是：

1. 五四运动是在中国工人阶级已经壮大，十月革命给中国送来了马克思列宁主义，中国新文化动运开始有了社会主义倾向，出现了共产主义知识分子，并找到了民族解放的新希望的历史条件下发生的；是在当时的世界革命、俄国革命和列宁的号召下发生的。因此，五四运动是一个空前的彻底的不妥协的反帝反封建的伟大的革命运动。它已是无产阶级世界革命的一部分。在开始时，五四运动是共产主义知识分子领导的联合革命的小资产阶级知识分子和资产阶级知识分子统一战线的革命运动，其弱点就是没有工农参加。但到六三以后，五四运动就成为以中国工人阶级为主力军，并有小资产阶级和资产阶级参加的全国范围的革命运动了。五四运动的成就不仅在于它打击了北洋军阀的反动统治，打击了帝国主义的分赃会议，而且更重要的是它在思想上和干部上准备了中国共产党的成立，促成了马克思列宁主义和中国工人动运的结合，从此在中国兴起了共产主义运动。

2. 从五四运动整个历史时期来看，共产主义知识分子是领导力量，工人阶级是主力军，马克思列宁主义的传播是思想运动的核心。而五四运动和这个时期思想运动的最伟大的成果是中国共产党的成立。因此，应该肯定从五四运动起，中国就开始了新民主主义革命的新阶段。当然，这仅是新民主主义革命开始的阶段——幼稚阶段。1921 年中国共产党的成立才标志着新民主主义革命的成熟。

3. 五四运动是新民主主义的开始，也就是新民主主义革命的开始。用哲学术语表达，那就是：五四运动是从中国旧民主主义革命转变到新民主主义革命根本质变的开始，而中国共产党的成立则是这个根本质变的完成。新民主主义革命的理论是指导一切殖民地和半殖民地国家革命解放运动的普遍真理，是马克思列宁主义的一项重大的新发展。殖民地半殖民地劳动人民的革命斗争只有以这个革命原理与本国的革命实际相结合，才能得到彻底的胜利。

以上就是个人对“五四运动是否就是新民主主义革命”这一问题的几点粗浅的看法，提出来参加讨论，并希望得到批评指正。

（原刊于《河北大学学报》1963 年第 4 期）

中共"四大"提出无产阶级领导权问题的探讨

在资产阶级性质的民主革命中，无产阶级能够而且应该成为领导者的思想，是列宁把马克思主义的原理结合俄国革命的具体实践而提出来的。

在中国新民主主义革命过程中，列宁的关于无产阶级领导权的策略方针，怎样与中国革命具体实践相结合，按照中国社会和革命的特点，把无产阶级领导权的思想提出来，是仍值得探讨的问题。

大家都知道，无产阶级领导权的问题是中国新民主主义革命的一个首要问题。正如1937年毛泽东同志在《中国共产党在抗日时期的任务》这篇报告中所指出的："使无产阶级跟随资产阶级呢，还是使资产阶级跟随无产阶级呢？这个中国革命领导责任的问题，乃是革命成败的关键。"所以，在中国新民主主义革命过程中，在中国共产党历史上，无产阶级领导权这个重大问题的提出，确实是我们党史工作者应该研究清楚的。对此，谈一些个人看法。

一

根据中国共产党第四次全国代表大会决议案，可以肯定中共"四大"已经提出无产阶级领导权的问题。"四大"的《关于民族革命运动之决议案》中曾指出："中国的民族革命运动，必须最革命的无产阶级有力的参加，并且取得领导的地位，才能够得到胜利。"这说明中国民主革命又前进了一步，中国共产党又前进了一步。这是毫无疑问的。

"四大"怎样能够提出无产阶级领导权问题？一是根据中国革命的实践经验，二是由于共产国际的作用。两者以何为主？这就要具体问题具体分析。

中共"三大"以后至"四大"期间，确实有不少革命实践经验。"三大"以后，我们党即积极推动国民党改组。1923年10月鲍罗廷来华与中共中央力促孙中山召集改组会议，当月25日孙中山在召开的特别会议上，指定廖仲恺、谭平山（当时是中共党员）等组成国民党临时中央执行委员会，办理改组事宜。国民党老右派对此是反对的。11月，中国共产党在上海举行了三届一中全会，决定：在全国扩大国民党的组织，在国民党中的中共党员与团员成立"秘密组"，受中国共产党指挥，努力争取中国共产党在国民党中的中心地位。就在同月末，国民党右派邓泽如等十一人联名上书孙中山反对国共合作，孙中山批驳了他们。1924年1月，中国国民党举行了有中国共产党人参加的第一次全国代表大会，通过了中国共产党人起草的以反帝反封建为主要内容的大会宣言，重新解释了三民主义，选举出有李大钊、谭平山、毛泽东、林伯渠、瞿秋白等十名中共党员在内的中国国民党中央执行委员会，有的担任中委，有的担任候补中委。国民党改组以后，共产党人担任了组织部、农民部的部长，并实际领导了工人部。接着又与国民党的左派改组和建立了很多各级中国国民党地方党部。1924年2月，成立了全国铁路总工会。5月，设立了黄埔军校，周恩来、恽代英、萧楚女、熊雄、聂荣臻等共产党人担任了该校政治工作的领导和其他工作。但是到5月中旬，国民党人汪精卫、张继与陈独秀谈判要求中共停止在国民党中的党团活动。6月，邓泽如、张继、谢持向国民党中央"弹劾"中国共产党，并质问鲍罗廷。同时，广州国民党市党部也向国民党中央提出了对共产党活动的"检举案"，妄图阻止革命前进。但共产党一直以革命为重，一直把革命推向前进。7月，以共产党人彭湃为主任开办了农民运动讲习所，后又组织了农民自卫军和广东农民协会。同月，广州沙面工人举行大罢工，又乘胜组织了工团军。8月，京沪人民团体成立反帝大同盟，开展反帝废约运动。10月，在中国共产党和工农群众推动下，孙中山依靠黄埔军校学生军联合工农武装，镇压了反革命的商团叛乱。同月，受革命影响的冯玉祥在第二次直奉战争中，发动了"北京政变"。11月，冯玉祥电约孙中山北上，谋求国家的和平统一。这时在中国共产党倡议、支持下，发动了全国性的国民会议和废除不平等条约的人民运动。这些事实，都充分说明了中国革命在发展中，已经开始显示出中国资产阶级右翼代表人物不断排斥无产阶级，不断地争夺领导权，也开始显示出革命进程已经向中国共产党提出了必须加强无产阶级领导权的客观要求。可见在1925年1月，中共“四大”提出无产阶级领导权的问题，并不是“无源之水”。

然而，历史向无产阶级提出了要求，并不等于无产阶级的政党即能根据革命实践做出正确的答案。中共“四大”提出无产阶级领导权的问题，我们认为，是切不可低估当时共产国际指示的作用的。

1923年5月，共产国际执行委员会给中国共产党第三次代表大会的指示中，即明确指出了：只有把“农民吸引到运动中来，中国革命才能取得胜利”，“毫无疑问，领导权应归于工人阶级的政党”。① 这一指示对中国共产党提出无产阶级领导权问题是十分重要的。从此，中国共产党一些领导人就对无产阶级领导权问题进行了多方面的探讨。

1923年6月，瞿秋白所写《新青年之新宣言》中说：“即使资产阶级的革命，亦非无产阶级之指导，不能成就”，“无产阶级自然处于领导地位”。1923年12月，邓中夏所写《论工人运动》中也指出：“工人群众不论在民主革命和社会主义革命中都属于主力军的地位。”1924年2月，李大钊发表的《纪念“二七”并追悼列宁》中更指出：“在国民革命中当先锋的亦只有无产阶级。”7月李大钊根据中国工运情况，针对国民党在广州工人中的影响，还指出“我们策略是掌握工人运动的领导权，以使其成为革命的先锋”。11月，邓中夏针对陈独秀的右倾观点发表了《我们的力量》一文。文中提出：“资产阶级不能革命，即革命亦是少数中的极少数，而且革命亦不得贯彻到底。”小资产阶级有革命的要求和倾向，“唯势力不能集中”，只能为革命的助手。农民“可以革命”，“可惜他们居处散漫，安土重迁，不易集中其势力，也是其病”。从而进一步阐明了“中国将来的社会革命的领袖是无产阶级，就是目前的国民革命的领袖亦是无产阶级”。这些主张，都是很宝贵的，同时也正反映1923年5月共产国际指示的基本精神。

不过，在此以前，1923年1月12日共产国际执行委员会还做出了一个关于中国共产党与国民党的关系问题的决议。决议曾指出：中国“工人阶级又尚未完全形成为独立的社会力量”，在民族革命战线的一切运动中要支持国民党，“但不能与它合并”。② 这与陈独秀的看法基本一致，陈独秀1923年4月曾在《资产阶级革命与革命的资产阶级》一文中发挥了这一观点。而1923年5月共产国际又指示

① 《共产国际有关中国革命的文献资料》，第78—79页。

② 《共产国际有关中国革命的文献资料》，第76—77页。

“毫无疑问，领导权应归于工人阶级的政党”。同共产国际这一较前已发展了的观点，就使陈独秀思想上转不过弯来，仍保持了他的对工人阶级的错误看法。

但是，中共“四大”提出的无产阶级领导权问题，主要还不是根据上述的探讨和争论。

1924年下半年，彭述之从苏联回国。在此之前，他曾参加过1924年上半年共产国际东方部和旅莫支部对中国革命问题的讨论。同时也带来了不一定确切的共产国际指示的具体精神。彭述之回国以后，在《向导》《新青年》季刊等刊物上发表了多篇文章。在这年12月出版的《新青年》季刊第四期，头篇文章就是彭述之所写的《谁是中国国民革命的领导者》，堪称是彭述之论述无产阶级领导权问题的代表作。在这篇文章中，彭述之分析了中国资产阶级和工人阶级。他说：“财政资产阶级和买办商业阶级，是绝对反革命的，工业资产阶级因恐无产阶级袭其后的原故，亦很有反革命的倾向。”中国真正的工业资产阶级“事实上力量太薄弱”，“数量上太可怜”，根本没有气魄“管政治革命的大问题”，要它“公然出头来领导国民革命，来与最凶猛可怕的帝国主义和其走狗军阀宣战，这自然是没有的事”。要资产阶级领导革命，“宁非梦想”。而“中国工人阶级之反帝国主义与反军阀的革命性与觉悟力都是天然的”，“所以中国工人阶级天然是国民革命的领导者”。这就是彭述之的所谓“天然领导权”。

且看“四大”《关于民族革命运动之决议案》如何提出无产阶级领导权思想的吧。决议案中说：“中国资产阶级的民族运动，虽然有了多年的历史，总不能逃出妥协而流产的命运，这是因为前此中国无产阶级的力量还未发展到参加此运动的缘故。”新兴的工业资产阶级“现在还在由买办官僚的资产阶级到民族的工业资产阶级之过渡中，所以还不能参加民族革命运动”。“中国地主重租和军阀战争官厅苛税及外货侵入的影响，已使占中国全人口大多数的农民参加农民运动”，农民“因利害关系，天然是工人阶级之同盟者”。“中国的民族革命运动，必须最革命的无产阶级有力的参加，并且取得领导地位，才能够得到胜利”。很显然，“四大”提出的这种无产阶级领导权的思想，主要就是彭述之所带来的共产国际指示的具体精神。彭述之本人参加了“四大”，在会上主张领导权是天然地落到了无产阶级身上，并参与了大会决议的起草工作，“四大”决议案即反映了他的这种思想。可见，“四大”提出无产阶级领导权的思想，国内革命实践经验的因素，不是主要的，共产国际的指示和彭述之所带来的共产国际指示的具体精神才起了主要作用。

还是周恩来同志在《关于党的“六大”的研究》中对这个问题分析的最为准

确：“在党的第四次全国代表大会上，彭述之认为领导权天然地落到了无产阶级身上，是‘天然领导权’不用无产阶级去争，这就是没有看到资产阶级在争领导权。所以在国民党第二次全国大会后，一九二六年三月二十日蒋介石来了个反共，我们毫无准备。”（《周恩来选集》第159页）这是对彭述之的批评，也明确指出“四大”提出的无产阶级领导权问题的严重缺陷。这与中国革命的客观实际是不一致的。中国的历史实际，民族资产阶级不仅早已存在，而且在“三大”以后所建立的革命统一战线中，正在和无产阶级争夺领导权。如果无产阶级及其政党无视这种客观实际，认为民族资产阶级尚未形成，领导权天然地落在了无产阶级身上，不用去争领导权，那么领导权问题不就是一句空话了吗？

二

农民同盟军问题，是实现无产阶级领导权的一个中心问题。

中共“四大”《对于农民运动的决议案》中指出：约占全国人口百分之八十的农民在中国革命中“特别重要”。“中国共产党与工人阶级要领导中国革命至于成功，必须尽可能地系统地鼓动并组织各地农民逐渐从事经济的和政治的斗争。没有这种努力，我们希望中国革命成功以及在民族运动中取得领导地位，都是不可能的”。这是正确的。

这个决议案还指出了在国民党政府统治地区，对农民运动的政策还有问题。国民党的农民政策，“不实际保障农民的政治上、经济上的利益，要使农民拥护国民党，这种政策决不能得到农民的赞助；国民党要农民组织农民协会为民族解放运动牺牲，可是不强迫大地主对农民让步，不帮助农民反对军人和土豪鱼肉农民危害农民。这种只想利用农民的做法是错误的”。对此，我们认为决议也是符合当时实际，也是正确的。

但是，决议案中又说：中共一年来领导农运中也有“自己的错误”，并说有时“提出的口号太高，范围太大”，“犯了一种幼稚病”；还规定我们党领导农运在实际行动上，“应充分地宣传与预备，不宜轻率由农会实行减租运动”，应宣传取消苛杂捐税，只要农民要求政府分官地给农民。众所周知，1925年以前，广东、湖南农运才刚刚开始，而中国共产党“四大”的决议就要对农民运动加以限制，这说明“四大”对农民同盟军问题虽然提出来了，但也有严重缺陷。《决议案》虽都是从总结广东一年来农运的经验教训中提出来的，但是它则要指导全国农运。《决议案》虽说“有时”如何，或“未到时机就提出口号”如何，而其用意正是要普遍防止中国共产党领导农运过“左”的。在农运刚刚起来的当时，这种提法会起什么作用呢？只能是要对农运加以限制。这就显然是有问题的。

三

从上述可知，中共“四大”虽然提出了无产阶级领导权问题，并提出了实现无产阶级领导权的中心问题——农民同盟军的问题，但都是有严重缺陷的。这正说明中国共产党在马列主义和中国革命具体实践相结合的道路上又前进了一步，对中国新民主主义革命理论的形成有一定的贡献。但不能说中共“四大”已经提出了中国新民主主义的基本思想，解决了无产阶级领导权和农民同盟军的问题。否则即不能正确理解中国革命在理论上、在实践中的实际进程。

（原刊于《历史教学》1983 年第 12 期）

毛泽东同志对中共正确解决无产阶级领导权问题的贡献

无产阶级领导权的问题是中国新民主主义革命的一个首要问题。只有正确地解决了这个首要问题，才能明确地提出中国新民主主义革命的基本思想。

中国共产党第四次全国代表大会虽然提出了无产阶级领导权的思想，但是没有提到和民族资产阶级去争领导权，受彭述之"天然领导权"谬论影响很大，存在着缺陷。所以，不能说"四大"已经提出了新民主主义革命的基本思想。

中国共产党正确地解决无产阶级领导权问题，提出新民主主义革命的基本思想，是在1925年"五卅"运动以后，中国共产党的一些领导人共同努力把马克思列宁主义普遍真理和中国革命具体实践相结合的成果。其中，毛泽东同志做出了重要的贡献。

对此，谈一些个人的学习体会，供作参考。

一、"五卅"运动提高了共产党人的认识

1925年5月，中国共产党中央直接领导了上海"五卅"运动的开展。从6月初开始，中国历史上前所未有的罢工、罢课、罢市的反帝革命的大风暴席卷了全国。北京、广州、青岛、武汉、天津、唐山、南京、九江、长沙、重庆、郑州等许多城市，约有一千二百万群众，都先后起来参加了这场反帝革命斗争。6月7日，在上海总工会的号召下，成立了上海工商学联合会。6月11日上海工商学联合会主持举行了有二十万人参加的上海市民大会。大会提出了向帝国主义交涉的

惩凶、赔偿，华人在租界有言论、集会、出版之绝对自由，取消领事裁判权，永远撤退驻华之英日陆海军等十七项条件，表现了在中国工人阶级领导下中国人民坚决反帝的革命精神。各地反帝革命运动此时都已迅猛发展起来。广东、湖南、河南的部分农民也积极参加了这一运动。

在“五卅”反帝革命运动大风暴面前，帝国主义采取了一面加强镇压、恫吓，一面采取分化、瓦解反帝革命统一战线的手段。上海买办阶级头子虞洽卿借“调解”之名，乘机修改了工商学联合会的十七项交涉条件。他还和帝国主义相勾结，对民族资产阶级使用了一打一拉的政策，民族资产阶级因此由动摇而妥协，同意了买办阶级提出的在 6 月 23 日单独停止罢市，破坏了“三罢”运动。6 月中旬，东征陈炯明的广东革命军回师广州，平定了杨希闵、刘震寰的叛乱。6 月 19 日，为响应上海反帝革命运动，广州和香港工人二十万人举行了举世闻名的省港大罢工，沉重地打击了英国帝国主义，并成为广东革命根据地的有力支柱。7 月 1 日，广州大元帅府改组，成立了国民政府。后来广东的各系军队相继统一，改编成以中共党员和国民党左派为政治骨干的国民革命军。8 月，国民党右派在广州暗杀了左派领袖廖仲恺。中国共产党和国民党左派对右派坚决反击，将其首领逐出广东。同时，陈独秀、瞿秋白、恽代英等接连发表文章，批判了攻击马克思阶级斗争论的戴季陶所著《国民革命和中国国民党》，即戴季陶主义。10 月，广东国民革命军第二次东征，11 月收复东江，陈炯明的部队全部被歼灭。12 月南征邓本殷的国民革命军也取得胜利，广东革命根据地得到巩固和统一。在第二次东征时，总指挥蒋介石已表露出在军队中排斥共产党人的企图。作为东征军总政治部主任的周恩来，为此曾回广州，同广东区委书记陈延年、苏联顾问鲍罗廷商量，准备回击蒋介石，主张不再同蒋介石合作，另组国共合作的军队。但是这一计划，遭到陈独秀为首的党中央的反对。由于周恩来等人的努力，以叶挺为团长的国民革命军第四军独立团，才得以在广东肇庆成立。

由此可见，1925 年“五卅”运动以后，在反帝革命大浪潮中，中国社会各阶级、各阶层都充分表明了自己的态度。中国社会各阶级、各阶层在革命中的地位和作用，比之前都更明显地表现了出来。国民党中新老右派也多露出他们争夺领导权的真实面目。这就使中国共产党的许多领导人对中国革命基本问题的认识都大大提高了一步。无产阶级领导权问题的重要性、中国无产阶级必须同中国资产阶级争夺领导权的必要性以及中国广大农民才是中国工人阶级可靠的同盟军等问题，此际都认识得更加清楚了。这就具备了克服和纠正“四大”关于无产阶级领导权思想所存在缺陷的条件。1926年1月22日瞿秋白同志写了《国民会议与五卅运动》一文，其中提出“五卅运动的意义，正在于中国工人开始执行他的历史使命——领袖国民革命以解放中国民族和自己——中国国民革命从五卅开始了”。并指出：“五卅”运动“无产阶级领导之下的国民革命战线，足以使帝国主义不敢一致进攻，军阀统治根本动摇”；“国民革命中资产阶级妥协性和小资产阶级的犹豫，畏怯，足以破坏联合战线而使革命运动失败，同时，也就证明无产阶级在国民革命中取得指导权之必要”；“被压迫民族的解放是在工人阶级领导之下的革命斗争去夺来的”。1926年2月邓中夏同志发表了《“五卅”后职工运动的新现象》，其中提出第一种新现象便是“工人阶级事实上取得了国民革命的领导地位”。并说：“在一年以前，我们曾说‘工人阶级在社会革命中不消说是领袖，就在国民革命中他也是领袖’。当时也不过是一种理论。……可是经过此次五卅反帝国主义的空前大运动，我们的理论，却在事实上证明了。”① 1926年5月，刘少奇同志在第三次全国劳动大会报告中也指出：“‘五卅’反帝国主义运动中工人阶级差不多处处都站在领导地位”；“在各种奋斗事实中，足以证明工人阶级之领导地位，是确凿不移的”；而大资产阶级“是妥协与反动的”，小资产阶级“是能革命的，但同时又充分表现其游移的根性”。② 周恩来同志还于1925年7月在省港罢工工人代表会上的报告中阐述了“工人是国民革命的领袖”。恽代英同志在《与李官君论新国家主义》中也强调了无产阶级领导权问题，指出：如果资产阶级领导革命，他很快地便和敌人妥协。1925年12月至1926年2月、3月《革命》《中国农民》《中国青年》上三次刊出了毛泽东同志的《中国社会各阶级的分析》一文的原稿和修改稿，这篇著名文献的三次发表，在当时社会上影响很大，是当时论述无产阶级在民主革命中的领导权的杰出代表作。

就连陈独秀在“五卅”运动中，也曾一度改变了他对资产阶级的看法。1925年11月他发表了《中国民族运动中的资产阶级》③，其中即说，“五卅”运动时“我们幻想在此次全国民族运动奋起大潮中，中国资产阶级或不能不相当的与一切革命的民众合作了。可是事实上，中国资产阶级对于此次民族运动的态度，使我们幻想终于是一个幻想，而‘殖民地半殖民地的资产阶级不革命’这一公例，居

① 《人民周刊》1926年第1、3期。

② 《一年来中国职工运动的发展》，《政治周报》第13、14期。

③ 《向导》第136期。

然在中国民族运动中证实了”。在这里，陈独秀既看不到民族资产阶级和大资产阶级的区别，也就不可能认识到民族资产阶级既“需要革命”又“怀疑革命”的两重性。等到民族资产阶级再表现在一定程度上还参加革命时，陈独秀就会把他的看法又转了回去，对中国民族资产阶级再寄予幻想。这是不奇怪的。但陈独秀对资产阶级看法曾一度有改变，正说明“五卅”运动对陈独秀这样人的思想，也有很大触动。

二、毛泽东同志对正确地解决无产阶级领导权问题的贡献

毛泽东同志在“五卅”运动以后，1925 年冬至 1926 年，关于中国民主革命中无产阶级领导权问题的探讨中主要发表了《中国社会各阶级的分析》《中国农民中各阶级的分析及其对革命的态度》《国民党右派分离的原因及对革命前途的影响》《国民革命与农民运动》等文章。这些文章都很重要，而其中以《中国社会各阶级的分析》最为著名。我们研读了这些论著，并和中共其他领导人这一时期的有关论著对照研读，深刻地感到毛泽东同志的论著是用马克思列宁主义的阶级分析方法，分析了中国各阶级社会地位及其对革命的态度，在当时是最全面、最清楚、叙述得最深刻和生动的论著。不但集中了党内的正确意见，而且有很多重大的独到之处。这些论著，既阐明了无产阶级领导权的问题，并提出了新民主主义革命的基本思想。毛泽东同志对中国共产党正确地提出和基本形成无产阶级领导权的思想，是有重大贡献的。原来版本中，毛泽东同志把中国社会各阶级分为大资产阶级、中产阶级、小资产阶级、半无产阶级、无产阶级。所谓大资产阶级指的就是“国际资产阶级的附庸，其生存发展必须附属于帝国主义”的阶级，即买办阶级，大地主阶级，是“极端反革命”，是革命的敌人。中产阶级，即指民族资产阶级这部分人“对于民族革命乃具着矛盾态度”，“其右翼邻于反革命，左翼则有时可参加革命，然易于妥协”。小资产阶级，又分为富余、自足、不足三个阶层。富余的附和革命。自足的平时中立，战时参加革命。不足的欢迎革命。半无产阶级，在城乡共分五个阶层：半自耕农参加革命；有些农具和资金的佃农、手工业工人、店员，积极参加革命；贫农、贫苦的佃农、小贩，勇敢参加革命。无产阶级也分为四个阶层：只有工业无产阶级是革命的主力军；都市苦力是次于工业无产阶级

的主力军；农业无产阶级（即雇农）对革命勇敢奋斗；游民无产阶级“可引为革命力量”。我们把这些分析，除去一些不确切的用语之外，与《毛泽东选集》刊出的《中国社会各阶级的分析》对比，其精神实质是基本一致的。只有“工业无产阶级虽不多，却做了民族革命运动的主力”一语，在《毛泽东选集》的该文中，改为“工业无产阶级人数虽不多，却是中国新的生产力的代表者，是近代中国最进步的阶级，做了革命运动的领导力量”。后面结论部分也做了相应的增加。这主要是把“主力”改为“领导力量”。对此我们应如何理解呢？简表中仅把工业无产阶级提的最高，称为“主力军”，都市苦力则称为“次于工业无产阶级的主力军”，其他对贫农、雇农、小贩则称为“勇敢参加”“勇敢奋斗”。而且原版中对工业无产阶级还分析了他们“集中”，受着帝国主义、军阀、资产阶级“极残酷的待遇”“特别能战斗”等特点。从此，我们对中国社会各阶级阶层中唯一正式的“主力军”——受压迫最深最能战斗的工业无产阶级，在民族革命中所处的重要地位就不难理解了。很明显，这里所说的“主力军”就是“领导力量”的意思。这篇文章毛泽东同志是以共产党人的地位去写的，是要革命党能团结真正的朋友攻击真正的敌人，要求革命党必须领对了革命道路。1926 年 9 月毛泽东同志在他所写的《国民革命与农民运动》一文中，在强调农民运动的极端重要性的时候，也明确地指出“进步的工人阶级尤其是一切革命阶级的领导”。所以我们认为，《毛泽东选集》中对该文中的改动，正是为了更明确地写明原意。

《中国社会各阶级的分析》对农村中各阶级、阶层农民，都做了马克思列宁主义的阶级分析，从而得出来结论：自耕农大部分可以参加或欢迎革命，半自耕农、佃农、贫农、农业无产阶级即雇农都可以参加或勇敢参加革命，“所谓农民问题，一大半就是半自耕农、佃农、贫农的问题”。这就给无产阶级的同盟军问题的解决打下了基础。到 1926 年 9 月毛泽东同志所写的《国民革命与农民运动》一文中，更强调阐述了农民运动在民族革命中的极端重要性，指出：“农民问题乃是国民革命的中心问题，农民不起来参加并拥护国民革命，国民革命不会成功。”所谓国民革命运动，大部分即是农民运动。这样，就给领导中国民主革命的无产阶级，找到了最广大最忠诚的农民同盟军。

《中国社会各阶级的分析》把大资产阶级和中等资产阶级区分开来，即把买办资产阶级和民族资产阶级区分开来，这是运用了马克思列宁主义阶级分析方法，解剖中国资产阶级的重大成果，民族资产阶级在民主革命阶段既“需要革命”又“怀疑革命”的矛盾态度，这就是民族资产阶级的两重性。所以在无产阶级领导的反帝反封建的民族民主革命中，对民族资产阶级应采取又联合又斗争的策略，不能让民族资产阶级掌握革命领导权。无产阶级必须和民族资产阶级争得领导权。即使民族资产阶级一个时期一定程度上能参加革命，是无产阶级的朋友，“但我们要时常提防他们，不要让他们扰乱了我们的阵线”。这和“四大”所提民族资产阶级尚不存在、不能参加革命的提法是完全不同的。这一点正是中国新民主主义革命过程中，我们和民族资产阶级实行统一战线的一个新的而又是基本的指导思想。《中国社会各阶级的分析》中指出中国民族资产阶级企图“实现民族资产阶级的国家，是完全行不通的”。为什么行不通呢？毛泽东同志分析说：“因为现在世界上的局面，乃革命反革命的两大势力作最后斗争的局面。这两大势力竖起两面大旗，一面是赤色的革命的大旗第三国际高举着，号召全世界被压迫的阶级集合于其旗帜之下；一面是白色的反革命的大旗，国际联盟高举着，号召全世界反革命分子都集于其旗帜之下。”这些中间阶级，必须很快分化，或者向左跑入革命派，或者向右跑入反革命派，没有他们“独立”的余地。“所以中国的中产阶级以本阶级利益为主体的‘独立’革命思想，仅仅是一个幻想。”这就是说，中国民族民主革命所处的新时代，已经是十月革命所开辟的世界无产阶级革命的新时代。既不同于十八、十九世纪英、法、德、美、日的资产阶级革命，建立资产阶级国家的时代，也不同于辛亥革命的时代，现在“革命的目标已转换到国际帝国主义”，已经有了工农群众参加，已经有了共产党，已经有了第三国际的后援，已经有了无产阶级、小资产阶级和民族资产阶级三个阶级的革命联合阵线，所以其结果是要建设一个各革命民众统治的国家。[①] 对此，毛泽东同志在1925年11月21日《“少年中国学会”改组委员会调查表》的填词中，说得更为明确：现在中国革命是“无产阶级、小资产阶级及中产阶级左翼合作的国民革命，实行中国国民党之三民主义。以打倒帝国主义，打倒军阀，打倒买办地主阶级，实现无产阶级、小资产阶级及中产阶级左翼的联合统治，即革命民众的统治”。这段填词的中心含义，也就是毛泽东同志后来所说的实现工人阶级领导的以工农联盟为基础的人民民主专政。

---

① 《国民党右派分离及其对于革命前途的影响》。

三、本文的结语

综上所述，可知以《中国社会各阶级的分析》为代表作，在1925年冬和1926年，毛泽东同志已比较完整地提出并基本形成了中国民主革命中无产阶级领导权的思想，也可以说，已提出了中国新民主主义革命的基本思想。从而基本上解决了中国新民主主义革命领导权这个关键性的革命理论问题。当然，当时中国共产党的其他一些领导人李大钊、邓中夏、恽代英、刘少奇、周恩来等同志对这一问题都阐述过不少正确看法，都对解决这一关键问题，形成新民主主义革命的基本思想，有所贡献。而毛泽东同志则集中了这些正确主张，进一步把马克思列宁主义与中国革命具体实际结合起来，更加深刻、更加全面、更加系统地阐明了这一问题，他的贡献应该说是最大、最突出的。

中国新民主主义革命中无产阶级领导权的思想已经形成，中国新民主主义革命的基本思想已经比较完整地形成，这就使马克思列宁主义的理论宝库增添了新的内容。这就是毛泽东同志集中我们党的集体智慧，丰富和发展了马克思列宁主义，也是毛泽东思想的萌芽阶段，是对马克思列宁主义的新发展。

（原刊于《历史教学》1984年第1期）

傅作义收复百灵庙

——纪念绥远抗战五十周年

1936年11月，傅作义绥远抗战，在当时是一个很重要的事件。绥远抗战虽是局部抗战，但傅作义的部队收复了百灵庙，取得了胜利，振奋了人心，受到全国人民的支援与称赞。中国共产党和毛泽东积极支援绥远抗战，主张“调集大军增援晋绥前线”，并宣言“全中国主力红军一、二、四方面军已集中完毕，只要给我们的抗日去路，我们准备立刻开赴晋绥前线”。[①] 毛泽东、朱德等红军领导人还发表给蒋介石的信，要蒋介石“及时改过”，“停止内战”，将内战大军开赴抗日阵线，增强绥远的国防力量。[②] 足见，绥远抗战在中国现代历史上的重要性。而过去一般中国现代史著作中，对绥远抗战，大多语焉不详。现笔者略述绥远抗战的情况，作历史事实之补充，并以此纪念绥远抗战五十周年。

一

傅作义（1895—1974）原是阎锡山的部属，阎冯反蒋战争失败后，经张学良保荐，1931年任三十五军军长、绥远省主席。1933年南京政府派傅作义部参加长城抗战守独石口。《塘沽协定》签订后，傅作义回绥远省仍任省主席。由于傅部原属晋绥军，虽听命于南京政府，但遇到紧要事情，傅作义还向阎锡山商量和问计。

---

① 《六大以来》（上），第789页。

② 《六大以来》（上），第787页。

原绥远省地处内蒙古，日本关东军要吞占满蒙，必然要涉及绥远，自日军占领东四省后，东蒙的各盟旗遂划入伪满。进而，日本关东军又逐步侵入西蒙各盟旗。在这一时期内蒙古人民主要是反抗日本侵略的，南京政府蒋介石对内蒙古采取的是利用与控制的两面政策。对内蒙古人民的抗日则抱压抑态度；对内蒙古王公自治的要求，名义上虽不反对，实际上仍是限制与控制。只有中国共产党执行民族政策，蒙汉共产党人是组织、帮助和支持内蒙古人民和上层爱国人士抗日活动的。1932 年西起包头东到多伦都出现了蒙汉抗日同盟会的组织。1933 年 2 月，内蒙古在中国共产党领导下又组织了蒙汉抗日同盟军军事委员会。5 月，还有不少内蒙古军民参加了察哈尔抗日同盟军。1935 年 12 月中共中央在陕北发出了《对内蒙古人民宣言》，主张内蒙古六盟二十四部等地应是内蒙古之地区，取消热察绥三省行省之名称，收回军阀所占的盐池和土地，与红军订立攻守同盟，发展贸易，并号召奋起抗战，争取民族的解放。1936 年 1 月在共产党人乌兰夫长期工作的影响下，曾爆发了百灵庙起义，抵制日本顾问到内蒙古来，要求抗日。8 月又发生了守备队官兵二千余人在云继先领导下的武装起义。这次起义被国民党军队镇压，云继先被害，乌兰夫进入部队，继续领导斗争。1936 年 6 月，中国共产党成立了蒙古工作委员会组织，宣传武装抗日，组织了一支蒙古游击队。

但是，内蒙古某些上层反动王公如德穆楚克栋鲁普（德王）等人，一面和蒋介石南京政府拉关系，想扩大自己的军队和政权；一面又与日本关东军打交道，更打算依附在日本侵略势力之下，南京政府于 1934 年 4 月在百灵庙设立了蒙古地方自治政务委员会。正副委员长云王、索王、沙王都是名誉职，秘书长德王掌握实权。

1935 年夏，蒋介石到绥远视察。蒋抵车站下车后，便先与云王、德王握手致意。后来在接见晤谈中蒋介石郑重地向德穆楚克栋鲁普说："今后你们有什么事情，只管和我讲，我必给你解决，你要好好努力！"对德王很重视。蒋介石在百灵庙培植德王势力，主要是看到当时蒙绥存在着矛盾，想利用德王和傅作义的矛盾，使双方互相牵制。

德王掌握内蒙古实权后，与日本侵略者建立了联系，而蒋介石竟默许德王对敌投靠，要德王与日本联系时"不卑不亢，相机应付"。

这时，日本关东军派土肥原等到百灵庙，用枪、用钱收买德王，搞内蒙古独立。德王遂委身于敌，但却又与蒋介石密通消息。1936 年初德王与日本人勾结成立了"蒙古军总司令部"，并准备成立伪"蒙古军政府"，而这时百灵庙起义爆发，伪“蒙古军政府”到1936年5月23日始在德王家乡化德正式成立，云王为主席，索王、沙王为副主席，德王任总裁兼蒙古军总司令，实际操纵一切。

这时，南京政府将百灵庙蒙政会分割为二，成立了绥远省境蒙古地方自治政务委员会（简称绥境蒙政会）和察哈尔省蒙古地方自治政务委员会（简称察境蒙政会）。察境蒙政会以索王为委员长，德王为副委员长，察境蒙政会遂由百灵庙迁到化德。而百灵庙仍是德王的一个重要基地。德王明目张胆地以伪“蒙古军政府”的名义与日本勾结，在伪蒙军政府及军队中，都设有日本顾问和军事的指导人员，德王还以伪“察境蒙政会”的名义继续与南京政府保持联系、领取经费及雪灾救济款等。

1936年8月，伪蒙边防军李守信部侵犯绥远傅作义辖区。8月10日日军开始抵张北，15日李守信进攻集宁，被傅作义部击退。是为日伪进攻绥远的开始。

二

驻绥远的国民党军，主要是傅作义的三十五军，此外还有阎锡山的一些部队，如王靖国部就驻在包头，这些部队实际上只听阎锡山的指挥，驻绥远傅部数量并不多。

1935年以后，日本法西斯对绥远的侵略步步加紧。1935年秋，日本在绥远强行设立了特务机关，由羽田喜郎“代表关东军及天津驻屯军两方面驻在归绥”①。羽田对傅作义在外交上施以种种压迫。如要与傅作义订立地方性的“防共协定”，要傅与德王合作，脱离阎、蒋而独立，要在包头建立飞机库等。傅作义对此均设法拒绝，或改换方式尽可能不使国家主权受到损失。

1936年8月间，日本关东军参谋长板垣征四郎、天津驻屯军司令官多田骏先后来到归绥（今呼和浩特）巡视访问，准备大举侵绥。当板垣与傅作义交涉时，提出在局部地区和日本缔结防共协定，傅坚定地告诉板垣说：“友好必须以国家领土主权完整为前提。我是国家边防负责人，守土有责，不允许寸土受损失。”板垣返回后，即策划伪蒙军四万人进攻绥远。以上事实说明傅作义是一个爱国抗日的

① 曾又馨：《日寇在绥远强设特务机关的经过》，《文史资料选辑》第63辑，第59页。

军人。

1936年10月，伪蒙德王在化德特务机关长田中隆吉指使下，令王英所部由商都进犯陶林县以东的门户红格尔图，然后企图再从兴和与百灵庙两翼包围归绥(呼和浩特)。11月13日，王英部及伪满军近万人进犯红格尔图，他们以优势兵力在日本空军的配合下轮番进攻，傅作义命驻军拼死坚守三昼夜，然后于16日即命师长彭毓斌率骑兵四个团，旅长董其武率步兵两个团，出其不意，袭击红格尔图东北之日伪军指挥部，经三小时激战，于19日将敌全线击溃，日伪军被歼数千人，俘三百余人。田中隆吉、王英仓皇逃走。16日伪军以张家口和商都为据点，再向绥远大举进犯。这时，傅作义在归绥（呼和浩特）新城召开军事会议，命骑兵二师师长孙长胜为总指挥，步兵旅长孙兰峰为副总指挥，冒着严寒出兵收复具有战略地位的百灵庙。21日在二分子集合队伍、动员出战。22日孙兰峰两个团，刘效曾一个团，孙长胜骑兵一个团，炮兵一个营，进攻百灵庙。激战至23日，便收复了百灵庙及飞机场。日伪军弃尸数百具，被俘百余人，又获全胜。继又移军乌兰花（四子王旗），以防日伪再侵百灵庙。果然日伪不甘心失掉百灵庙，又令王英集结兵力，再行反扑。孙长胜部与王英部在乌兰花东发生遭遇战。日军飞机到乌兰花侦察，并投掷炸弹。12月1日敌伪又倾巢进犯百灵庙，傅部已严阵以待，激战一日，敌伪全面崩溃。王英所部安华庭、吕纯一两个旅长率骑兵二旅投城，王之残部即退回张北。“与此同时，有李守信部伪军一师（师长姓阎），由北面进犯百灵庙，被守军孙兰峰部击退。该师撤至百灵庙东北百余华里大庙地方，亦经傅作义派人联系，阎师全部反正。”① 大庙亦告收复。

绥远抗战，虽主要和伪军作战，但各部伪军都带有很多日本顾问和日本军事指挥人员，百灵庙也有少数日军。百灵庙战役中这些侵略者死伤颇多，伪军反正投诚，则几乎都把随军的日本顾问等枪决了。

三

绥远抗战，百灵庙收复，曾很大地振奋了全国的人心，全国各地乃至海外华

---

① 孙长胜：《百灵庙战役亲历记》，《文史资料选辑》第100辑，第94页。

侨都纷纷派慰问团来慰问，给抗日将士送来了大批衣物款项。北京、天津华北各大、中城市人民几乎家家赶做棉衣、棉裤，送去劳军。据刘效曾回忆，慰问团、“有学界的，有文艺界的，有妇女团体还有国外华侨代表，几乎每天都有，有时一天就是好几批”。傅作义也曾率慰问团到百灵庙慰问，慰问团还鼓励前方将士说：“你们的胜利就是全国人民的胜利。你们这里缺少什么，需要什么，我们后方全力支援你们。”在百灵庙街头，著名电影明星陈波儿曾演出《放下你的鞭子》。

特别是华侨代表对祖国抗战前线更为关切，他们见许多士兵没有皮大衣，就捐献了两千件，还准备捐献二百辆载重汽车，支援前线。

这种祝捷慰问的盛况，反映了全中国人民及海外华侨要求抗日救国的迫切心情。

中国共产党中央和毛泽东也向绥远前线发出贺电说：傅作义将军发起的绥远抗战，是中国人民抗日的先声。12月1日中共中央还发表了《毛泽东朱德等致蒋介石的信》信中指出：“天下汹汹，为公一人，当前大计，只须先生（按，指蒋介石）一言而决”，“今日停止内战，明日红军与先生之西北剿共大军，皆可立即从自相残杀之内战战场，开赴抗日前线，绥远之国防力量即骤增数十倍”。① 同日，中共中央还发表了《关于绥远抗战通电》，呼吁“援助现在绥远坚决斗争的英勇战士”，要用中国人民的伟大力量，“逼使南京政府决心抗日抗战，给日寇以致命打击”。② 并表示红军准备立即开赴前线援绥抗日。在中国共产党的号召下，在陕西的张学良、杨虎城，在广西的李宗仁、白崇禧都向南京政府屡次请缨派兵援绥抗日。张学良在陕西已编整队伍，等待开赴绥远。绥远抗战所掀起的全国抗日的怒涛，滚滚向前，到了不可遏止的程度！

而对绥远抗战，南京政府则另是一种态度。在伪满德王受日本法西斯指使，准备进攻绥远的时候，蒋介石却想利用德王与南京政府仅有的一点关系，致电德王说：“台端职为察境蒙政委员长，应管察境蒙政会之事，何必过问绥蒙间之问题”，要德王“停止军事冲突，听候中央处理”。而德王这时已一心听从日本特务机关的支配，根本谈不上“听候中央处理”了。绥远抗战收复百灵庙以后，全国人民极为振奋，要求援绥抗战，蒋介石不得已也仅派了对他最服从的汤恩伯率领八个团去绥增援，而派胡宗南等二百六十个团准备在陕北“围剿”红军。11月28

① 《六大以来》（上），第789页。

② 《六大以来》（上），第790页。

日蒋介石又派陈诚到绥远安抚傅作义，一不慰问，二不祝捷，却是要稳定傅作义“服从不抵抗命令的情绪”，指示傅作义和汤恩伯、门炳岳准备到陕北“剿匪”。①

更卑鄙的是阎锡山。全国各界给我前线部队的慰问金共二百万余元。阎锡山用这笔钱买了二百多辆载重汽车据为己有，而久久不交给绥远前线。这二百多辆汽车“成了他后来在太原失陷逃跑时的交通工具”②。

绥远抗战，傅作义收复百灵庙这一重要历史事件，毕竟在中国历史上起了积极的作用，有力地推动了全国抗日运动的发展。

（原刊于《历史教学》1986年第11期）

① 应德田：《张学良与西安事变》，第86页。

② 孙长胜：《百灵庙战役亲历记》，《文史资料选辑》第100辑，第95页。

中国现代史上的一个重大历史转折点

——西安事变述略

西安事变是中国现代史上一次重大的历史转折点。西安事变结束了十年内战，向抗日民族解放战争历史时期过渡，半年多一点时间后，我国全民族的抗日战争即告开始。西安事变结束了国共两党武装对抗的局面，向国共两党第二次合作的历史时期过渡，以国共两党合作为基础而形成了全民族的抗日民族统一战线，抗日民族统一战线正是开展全国抗战和夺取抗战胜利的保证。中国的抗日战争是反法西斯第二次世界大战的重要战场之一，这个战场的存在和不断发展，对反法西斯第二次世界大战中战胜日本法西斯的胜利起着重大作用。西安事变不仅是我国现代历史上一个重大历史事件，而且在一定意义上说也影响着世界历史的进程。

西安事变的发生、发展及其和平解决和中国共产党的统一战线政策密切相关，1935年中国共产党提出抗日民族统一战线的政策，既是按照共产国际的反法西斯统一战线的精神而提出的，更是根据中国革命的具体实际而创立的。精神与实际相结合，而倡导了具有中国特色的抗日民族统一战线的政策。毛泽东指出："日本帝国主义决定要变全中国为它的殖民地，和中国革命的现时力量还有严重的弱点，这两个基本事实就是党的新策略即广泛的统一战线的出发点。组织千千万万的民众，调动浩浩荡荡的革命军，是今天的革命向反革命进攻的需要。只有这样的力量，才能把日本帝国主义和汉奸卖国贼打垮，这是有目共见的真理。"① 西安事变前夕，当时的行动口号就是反对内战，一致对外，打倒日本帝国主义。这是当时中国全民族和全国人民的一致的愿望和要求。中国共产党抗日民族统一战线的政策正是代表了全民族、全国人民这种最大利益和一致要求的。因此，这一政策的

---

① 毛泽东：《论反对日本帝国主义的策略》。

倡导和实施，必然能表现出不可抗拒的巨大威力。西安事变及其和平解决正是这种政策实施的一个重要成果。这个重要成果，开辟了国共第二次合作的道路，揭开了抗日民族统一战线新的重要的一页。

因此，回顾一下西安事变及其和平解决的过程，从中吸取经验教训，对我们还是有益的。

一、1936 年中国共产党统一战线政策的实施

中国共产党和红军，在 1935 年瓦窑堡会议之后，大力推行抗日民族统一战线政策，采取下层统一战线与上层统一战线相结合的方针。1936 年在西北地区这方面的工作是卓有成效的。1936 年 1 月 25 日，毛泽东、彭德怀等二十位红军领导人发出了致东北军全体将士书，表示首先愿意与东北军联合起来，愿意与任何抗日的队伍联合起来，组织国防政府和抗日联军，共同抗日。2 月 21 日又发出通电，主张召开全国抗日救国大会，并通过代表大会正式组织国防政府与抗日联军。3 月 16 日，中国红军组成抗日先锋军，其发出布告中指出：一切爱国志士、革命仁人，不分新旧，不分派别，不分身份，凡属同情于反抗日本帝国主义者，本军都愿与之联合，主张停止一切内战，红军、白军联合起来，共同抗日。具体的政策是保护爱国运动，保护革命人民，保护工农利益，保护知识分子，保护工商业。① 此后开始渡河东征，在山西打了很多胜仗，准备东出河北，与日本侵略军直接作战。但蒋介石派十万大军开赴山西，与阎锡山军共同堵截红军去路。中共中央军委考虑到：国难当前，两方决战，不论胜负属谁，都是中国国防力量的损失，而有利于日本侵略者。于是毅然回师河西，5 月 5 日发出通电：希望南京政府幡然改悔，“以兄弟阋于墙外御其侮”的精神，在全国范围内停止内战，互派代表磋商救亡办法。② 8 月 25 日，中国共产党又发出致国民党书，指出国民党“还是和日本帝国主义，和汉奸们一道，建立防共统一战线即亡国统一战线呢？还是和中国共产党一道，和全国人民一道，建立抗日统一战线即救国统一战线呢？现在已经到

① 《中国人民红军抗日先锋军布告》（1936 年 3 月 16 日），《六大以来》上。

② 《停战议和，一致抗日通电》1936 年 5 月 5 日，《六大以来》上。

了最后关头了”。国共合作的关键在国民党手中，现在是“国民党下决心的时候了”。① 这个文件显示出我们已开始了逼迫国民党蒋介石要联共抗日，开始采取了逼蒋抗日的政策。9 月 1 日，中共中央对全党发出了关于逼蒋抗日问题的指示，指出“目前中国人民的主要敌人，是日本帝国主义”，不能把蒋介石与日本帝国主义同等看待，不应再用“抗日反蒋”的口号。现在我们的总方针是逼蒋抗日。我们的中心口号依然是“停止内战，一致抗日”。② 在逼蒋抗日的方针下，我们不放弃同各派反蒋军阀进行抗日的联合。以上这些文件中所发布的主张、方针、政策、口号，中共已在不断推动和扩大抗日民族统一战线的建立。但是，统战工作的发展，还需要我们进行大量对上下层的具体的努力。

对下层的统战工作，主要是在城市各行各业中组织救国会，联合各种救亡组织，大力开展群众性的抗日救亡运动，扩大抗日民族统一战线的群众基础。这是很重要的一方面。1936 年 5 月，全国各界救国会在党的领导下在上海宣告成立。救国会在人民群众中威望很高，在它的领导下各地各界救国会纷纷建立起来，组织了千千万万的人进入到抗日民族统一战线中来。对抗日前线的实力派的下层官兵，更给予切合实际的抗日宣传教育，激发他们的抗日热情。在华北对二十九军下层官兵曾产生很大效果。在两军对峙的地方，则通过前线喊话、联欢、释放俘虏、办训练班等形式，有效地争取白军官兵走上联合抗日的道路。在西北，我们对东北军的工作就是典型。在 1936 年春，有一支东北军进到瓦窑堡。红军撤走，在城门上写上“山海关”三个大字，使这支部队思想上受到极大震动。“接着红军把俘虏的东北军官兵全部释回，交还马枪”，更激起了东北军下级官兵停止内战、抗日救亡的意愿。不久，在前线的东北军中“普遍唱起了红军编的《打回老家去》《中国人不打中国人》等救亡歌曲”③，这就把东北军广大下层官兵吸引到抗日民族统一战线中来。

对上层的统战工作，首先是团结各界爱国领袖，毛泽东曾代表党中央先后给宋庆龄、蔡元培、沈钧儒、邹韬奋、陶行知、章乃器等写信，积极支持他们的爱国主张和活动。在全国救国会领导人沈钧儒等“七君子”被捕后，中共更不断抗议国民党的行动，进行慰问，努力参加营救。这些爱国领袖莫不表示拥护中共的

---

① 《中国共产党致国民党书》1936 年 8 月 25 日，《六大以来》上。

② 《中央关于逼蒋抗日的指示》1936 年 9 月 1 日，《六大以来》上。

③ 赵希鼎：《西安事变的片断回忆》。

团结抗日的主张，方振武、陈铭枢、蔡廷锴也先后撰写文章，发表谈话拥护抗日民族统一战线。九十多岁的爱国人士马相伯和国民党知名左派人物何香凝等在一起，昂首走向街头，带领群众举行抗日救国的游行。

上层统战工作的第二个重要方面是争取地方实力派。对张学良、杨虎城、邓宝珊、高桂滋、阎锡山、陈济棠、李宗仁、白崇禧、李济深、刘湘、刘文辉、龙云、冯玉祥、傅作义、宋哲元等人，中共都派出重要干部或用信件，广泛地进行统战工作，同他们建立联系，使他们走上合作抗日的道路。

第三个方面是对国民党和蒋介石也进行了工作。国民党蒋介石军事剿共未获成功，自 1935 年下半年又开始用谈判的方式和中共建立联系。这既反映了国民党内英美派与日本矛盾的增长，也反映了英美两国与日本矛盾的增长。1935 年 11 月，国民党 CC 要员曾养甫，开始要“打通共产党的关系”，从此开始，国共双方即有所接触。参加此项工作的人，最初中共方面有潘汉年、翦伯赞、吕振羽、周小舟、陈雷等，国民党方面有曾养甫、张冲、谌小岑以及未露面的重要人物陈立夫等。中共方面在谈判中坚持原则，认真维护党和红军的利益和尊严。而国民党方面谈判曾是希望达到其军事“围剿”所未能达到的目的，没有诚意，直到西安事变前未得结果。而在中共的第二方面对地方实力派的工作，特别是对张学良的东北军和杨虎城的十七路军的工作，则成效显著，张、杨终于发动了西安事变。

二、张学良和杨虎城

张学良是张作霖东北军的“少帅”。自皇姑屯张作霖被炸后，张学良与蒋介石的关系，不论是公还是私，都很密切。1928 年 12 月，张学良通电易帜。1930 年 7 月，蒋介石任命张学良为海陆军空军副司令。9 月，东北军入关支持蒋介石占领平津。阎、冯、汪反蒋因而失败。张学良对蒋一贯是支持的。1931 年“九・一八”事变，张学良按蒋介石的命令，东北军对日军未作抵抗，而使东北军的老家东三省很快完全沦陷。1933 年日军侵占热河，东北军将领汤玉麟不战而逃，激起全国舆论的谴责。蒋介石却把丧权失地的责任完全委罪于张学良，让张辞去官职，离开东北军。1933 年 4 月，张学良在上海治好吸毒的嗜好，后遂出国，到英、法和意大利考察。1933 年冬，由于东北军黄显声、张蔚九等不甚服从蒋介石的调动，蒋才不得不叫张学良回国。1934年2月，任命张学良为“豫鄂皖剿匪总司令部”副总司令，代行总司令职务，驻武昌。张学良对日本侵略者有家仇父恨，而在国外却受法西斯主义思想影响较深，认为要振兴国家必须拥护一个强有力的领袖，完全服从蒋介石要抗日必先“安内”的政策，调集东北军南下进行“剿共”。在国外，张学良虽然也了解到国际共产主义运动的一些情况，知道各国都有共产党，共产党用武力是征服不了的，应用政治方法来解决。但他的这种认识还是很初步的。① 张学良虽然有“打回老家去”和爱国家报父仇的愿望，但是他对蒋介石的信赖还是他思想的主流。1935年10月3日，蒋介石在西安组织了“西北剿匪总司令部”，蒋为总司令，张为副总司令，代行总司令职务。东北军又陆续调到西北，对陕北革命根据地进行第三次“围剿”。而在10月19日，中央红军到达了吴起镇与陕北红军会师，长征取得了伟大胜利。11月21日至24日，在毛泽东亲自指挥下，与东北军交锋，进行了直罗镇战役。在这次战役中，红军歼东北军一〇九师大部。二十三日在张家湾战斗中歼东北军一〇六师一个团。24日，更歼灭一〇九师残部。师长牛元锋战败自杀。再加上直罗镇战役以前，9月间劳山战役中，陕北红军把东北军一一〇师打得几乎全军覆没，师长何立国阵亡。10月间榆林桥战役中，东北军一〇七师及一个团又被歼，张学良的爱将高福源团长被俘。从9月到11月仅三个月，东北军就损失了三个师。这不能不使张学良考虑到东北军“围剿”红军没有任何出路。直罗镇战役前后，张学良正在南京开国民党四届六中全会、五次全国代表大会和五届一中全会。南京要员们对在陕北战败的张学良十分冷淡，也使张受到刺激。这期间当张学良谈到抗日时，何应钦竟说，过去东北军六十来万，你不抵抗，现在东北军不足三十万，你却又谈抗日。张学良更受刺激。回答说，过去为什么不抵抗，将来自有弄清楚的时候。1936年1月，国民党的会议刚结束，张学良便秘密到上海去找与他有旧的东北知名爱国人士杜重远，倾诉了他要另寻出路的愿望。杜重远告诉他“只有停止内战一致抗日才有出路”，并建议：“（一）和红军联系，依靠红军；（二）杨虎城有革命思想，又在身边，可与他合作；（三）盛世才在新疆，和苏联有联系，又是张的东北老乡，可以合作。”② 于是张便接受了杜重远的建议。张又找在上海的李杜，要李杜去联系共产国际和中国共产党。李杜一口答应。李杜在上海早与地下党有关系。张学良回到

---

① 参应德田《张学良与西安事变》。

② 王炳南：《关于〈西安事变〉》。

西安正值“一二·九”运动，东北大学学生，在运动中表现很活跃。张估计东北大学搞运动的学生中一定有共产党员，便以东北大学校长身份打电报说他资助一千元，要学生派代表来西安一谈。虽然张学良不知道学生代表团为首的宋黎和傲明远都是共产党员，但张留下宋黎做了他的秘书，代表中还留下了马绍周等帮助他做东北救亡总会工作。这时，张学良的思想上已开始走上联共抗日的道路。

杨虎城与张学良不同，他是出身于贫苦农民家庭的一位西北军将领。杨从大革命时期就是走进步道路的。杨的部队中间各级官佐早已有不少共产党员。大革命失败后，杨任陕西省主席，中共党员南汉宸就是杨的秘书长。杨在安徽曾搞过一次暴动，失败后出国。回国后率十七路军任陕西绥署主任。国民党五次全国代表大会以后，1936 年初南汉宸在北方局工作，曾派人找杨，让杨与陕北中共中央建立关系，并影响张学良。二月，毛泽东派汪锋持亲笔信去西安见杨。后北方局又派王世英秘密去西安与杨商谈。王、杨会谈达成了合作的协议：(1) 互不侵犯，(2) 建立电台秘密联系，(3) 设交通站，助红军运送物资，掩护红军人员往来，(4) 双方同时作抗日准备。四月间，共产国际中共代表团又派王炳南到杨虎城部，商量联共抗日。杨虎城认为王炳南是共产国际派来的，十分重视。不久国际上又派张浩（林育英）回国传达建立统一战线精神，路过西安。中共中央也派张文彬（国民党军队中的工作部部长）到陕西来找王炳南。杨和党中央的关系逐渐建立起来。

但是，杨虎城的十七路军和张学良的东北军过去没有来往，张、杨之间也未打过交道。杨虎城十七路军共三万余人，张学良东北军有二十余万人。十七路军很怕被东北军吃掉。再加上蒋介石的挑拨，蒋介石对张则面允将来只要“剿共”有功，就把西北地盘交给张；对杨则说张到西北有他自己的打算，要“失之东北，收之西北”。张、杨之间因之在初期互有戒心。但是由于中国共产党人一直对张、杨都做统一战线、停止内战共同抗日的工作，不断揭穿了蒋介石挑拨张、杨关系的谜底，张、杨才团结无间。①

1936 年初，张学良思想有了转变之后，中共中央即加强了对张的工作。在西安劝说张学良联共抗日的，在东北军中有苗剑秋、应德田、孙铭九、高崇民、刘澜波、栗又文、苗渤然、车向忱，其中栗又文、刘澜波等都是共产党员，对张学良的进一步转变都起了积极作用。在陕北前线，在多方面也做了工作。1936 年

---

① 参王菊人《双十二事变回忆片断》。

春，东北军王以哲的一个团“在甘泉被红军包围数日，在弹尽绝援之际，红军没有歼灭他们，自动撤回，并劝告他们抗日收复失地”①。对被红军所俘的东北军官兵，更是进行宣传教育后，随即放回。并在瓦窑堡组织了“东北军军官政治学习班”，进行联共抗日的教育，宣传党的抗日救国纲领。在榆林桥被俘的619团团长高福源就在这个学习班学习。高福源是王以哲的部下，也是张学良培养的爱将。在学习班中，高福源进步很快，1936年春红军就释放了他，并要他带了一封周恩来给张学良的信。高回到洛川王以哲部，王即电告张学良。张随即到洛川，见到高福源，读了他带来的信件。并立刻回信，希望与中共正式代表会晤商谈联合抗日的办法。信由高送到瓦窑堡。中共中央决定派李克农为代表去洛川。1936年3月3日，张到洛川与李克农会谈。会谈中最重要的是双方达成了秘密的停战协议。张学良赞同李克农对抗日问题的分析，但表示统一战线应包括蒋介石在内，并要求和周恩来副主席亲自谈判。这样，才有了4月9日在延安的历史性的会见。

在张与李杜在上海见面后，经李杜介绍，共产党人刘鼎也来到西安，与张会晤相谈甚好，张必欲留刘。中共中央遂派刘鼎作为中央代表常驻西安。张学良得到刘鼎的帮助和影响很多。4月，张学良率大批人员到洛川视察，遂秘密约定4月9日在延安与周恩来会谈。这次会谈是在延安桥儿沟天主教堂里进行的。参加会谈的有中共中央的周恩来和李克农，东北军方面是张学良、王以哲。刘鼎随张到延安，也参加会谈。这是一次历史性的中共与东北军联合抗日救国的会谈。拟定了一个双方互不侵犯、互相帮助、互派代表、互通情报、加强部队思想教育的抗日救国协定草案（未签署）。会谈在晚八时开始，到次日黎明才结束。对这次会谈中共中央曾做了周密的计划。张学良基本上接受了中共的政治主张。但张对“‘反蒋’口号持不同意见，认为反蒋抗日行不通，劝蒋、联蒋有希望、有可能。周恩来同意张学良的分析，他很高兴，主动承担了劝蒋抗日的工作”②。并说：“今后采取内外夹攻，红军在外，我在内，一定要蒋介石抗日。”延安会谈后，中共中央“经过研究，同意张学良意见，决定改‘反蒋抗日’为‘逼蒋抗日’。当时有些有‘左’的倾向的同志反对”③。延安会谈后，张学良的联共抗日的立场遂确立起来。以后半年里，几乎蒋介石到哪里，张学良必也去哪里，在蒋面前劝说他联共抗日，

---

① 赵希鼎：《西安事变片断回忆》。
② 刘鼎：《谈西安事变》。
③ 王炳南：《关于西安事变》。

张学良实践了延安会谈的承诺。但没有什么结果。这期间，张学良与杨虎城经常交谈，张对蒋苦苦相劝而蒋不听，很苦恼。杨对张说，“对蒋软的不行，就硬干”。张学良很受启发，认为“这个办法好，刚柔相济，刚柔并用”。[①] 这是西安事变最初的酝酿，但还没有捉蒋的设想。

1936 年 6 月，张学良经蒋介石批准创办了王曲军官训练团，借用整军“剿共”的名义，实际做整军抗日的工作。参加训练的东北军军官都是思想比较进步的。这个训练团一个月一期，共办四期。稍后，张学良接受刘鼎的建议成立了“学兵队”。学兵队是九月底正式成立的，共四百人，大部分是从北平招收来的，都是抗日积极分子，其中一部分是共产党员。

1936 年 5 月开始，张学良也加强了对外联系。5 月张去太原，与阎锡山谈联共抗日问题，阎表示过同意。6 月，派栗又文去新疆，与盛世才联系。7 月初，张学良在南京会见了救国会领袖沈钧儒等，谈了建立联合阵线抗日救国问题。10 日，张派应德田持亲笔信赴沪谒宋庆龄。这时，中共中央已派叶剑英到西安为驻东北军的正式代表，又派朱理治到西安负责西安地下党的工作。此外，张与广西李宗仁、白崇禧也联系得很好。

蒋介石在西安这时已设立了很多各种特务组织，计约有一百二十多处，监视张、杨，镇压人民抗日救国运动。陕西省党部和宪兵二团是主要机关。这些机关对张、杨，甚至对省主席邵子力的动向，都是要向蒋介石汇报的。而西安在张学良支持下，成立了“西北抗日救国联合会”，以杨明轩、谢华、李木庵、徐彬为负责人。还成立了“东北抗日救亡总会”，会长即张学良，其中有中共党员，也有 CC 特务分子，成分比较复杂。两个组织的基本方针主要都是联共抗日，这更为特务组织所注意。1936 年 4 月间，发生了“活路”事件。《活路》是一本小册子，其中刊载了栗又文等的一些谈话，说明只有联共抗日才有出路，被国民党特务发现，蒋介石下令追查。张学良说这是高崇民搞的，又密把高送出西安，把事了结。此后，东北军与特务小的矛盾事件不断发生。1936 年夏，蒋介石对张、杨已有怀疑，但正当两广事变，他无暇西顾。而 1936 年 8 月 28 日，又发生了“艳晚”事件。这天晚上，东北大学的代表马绍周等被省党部特务逮捕。特务们还要抓东北大学另一代表宋黎。宋被捕后在解送途中大喊“土匪绑票，救人!”遂被十七路军宪兵巡逻队截了下来。为了救出马绍周等人，张学良盛怒之下搜查了省党部，救

---

① 王菊人：《双十二事变回忆片断》。

出了马等。这是一件重大的蒋张矛盾事件。人被救出，张学良又搜查了省党部。次日张即给蒋打电话自请处分。蒋虽心存疑惑，但也不能处分带着二十多万东北军的张学良，只批评了张学良办事莽撞，即告了结。蒋介石在当时是要“安抚”一下张学良，怕东北军闹出大乱子。蒋张矛盾已经日趋激化，9月初，张学良亲自组织的“抗日同志会”正式成立，刘澜波、刘鼎、苗渤然、孙铭九、应德田等都参加了这一组织，共七十多人。这是张学良在东北军中所成立的中心组织。情况愈来愈紧，表明蒋介石和西安的东北军、十七路军的问题，已到了非解决不可的时候。

三、震惊中外的西安事变

两广事变结束后，十月下旬，蒋介石亲率三十万大军杀奔陕西。蒋介石把中央军停驻在平汉线、陇海线上，自己先到西安宣布不准抗日与继续彻底“剿共”的计划。并向张、杨提出两个办法：“（一）服从‘剿共’命令，将东北军及十七路军全部开赴陕北前线，向陕北红军‘进剿’，中央军在后面接应督战；（二）如张、杨不愿打内战，则将东北军调到福建，十七路军调到安徽，将陕甘两省让给中央军自己‘剿共’。”① 对这两个办法，张、杨都绝对不能接受。因为张、杨与红军早有停战协议，调出西北又必遭蒋军吞并。而蒋介石却坚决要张、杨做出最后决定。在这种严重的逼迫下，张、杨才发动了西安事变。

在决定发动事变前，张学良还曾对蒋多次劝谏，并进行过“哭谏”。1936年12月7日，张到临潼华清池去见蒋介石，破釜沉舟地又陈述了停止内战、一致抗日的道理。蒋对张责骂，说他年轻无知，受了共产党的迷惑。张痛哭流涕，恳切陈词。两人激烈辩论了达三小时之久，最后蒋介石把桌子一拍，大声地说：“你现在就是拿手枪将我打死，我的‘剿共’政策也不能变。”② 蒋、张已到了破裂地步。但张这一天仍要杨再去劝说一番，杨仍是碰了蒋的钉子。这样张、杨才下了决心，捉蒋“兵谏”，逼蒋抗日。12月9日，纪念“一二·九”运动一周年，西安

---

① 申伯纯：《回忆双十二》。

② 申伯纯：《回忆双十二》。

学生游行请愿，在市内请愿后，又要去临潼。蒋介石遂令张对请愿学生“格杀勿论”。张学良怕造成流血惨案，自己乘车追到霸桥，对学生说：“请你们相信我张学良，我和你们是一样的心，你们的要求就是我的要求，也许我的要求比你们更迫切，你们的意见，我一定给你们转达到。你们请回去，我保证一星期之内达到你们的要求。”这样才把学生劝回。① 当晚张学良向蒋介石报告了学生请愿的内容，蒋反责张为什么不向学生开枪！并说张向他汇报不是代表政府而是代表学生，有失国家大员的身份。十一日，张学良带刘桂五、白凤翔再去见蒋，说要派刘、白去热河发动游击战争，谒蒋请训。但实际上目的则是让刘、白认清华清池的路，已决定捉蒋了。

12 月 12 日清晨五时，东北军卫队二营营长孙铭九率部队冲进了清华池，经过战斗，解除了蒋的卫队武装。但进入蒋介石的住室五间厅，发现蒋已逃遁，被子尚暖，假牙、皮包、军帽均在，估计他是逃到山中隐匿。次日清晨搜山时，才在一个山洞里把蒋捉到。因蒋跳墙时腰骨、足骨受了些伤，东北军卫队遂背他下山，用张学良的卧车送他到城内新城大楼。在临潼还捉到了蒋的侍从室主任钱大钧，蒋的秘书萧乃华中流弹身亡。宪兵三团团长民愤极大的蒋孝先，被就地处决。

双十二凌晨，在西安城里，十七路军也开始行动，解除了宪兵二团和其他一些反动军警的武装，枪决了宪兵二团团长杨镇亚，控制了火车站和邮电局。在西安招待所扣押了陈诚、朱绍良、卫立煌、蒋鼎文、陈继承、万耀煌、陈调元、蒋作宾、蒋百里等人，邵元冲越窗逃跑，不听警戒制止，被击毙。此外还扣押了陕西省主席邵力子及“剿总”参谋长晏道刚。在西安市郊，扣押了蒋的军用飞机五十架，及飞行员、技术员和地面工作人员五百余人。

西安事变在中国现代历史上是一件震惊中外的大事变！

张学良在捉到蒋介石后，即向全国发出通电，提出了八大主张：

（一）改组南京政府，容纳各党派，共同负责救国；（二）停止一切内战；（三）立即释放上海被捕之爱国领袖；（四）释放全国一切政治犯；（五）开放人民爱国运动；（六）保障人民一切政治自由；（七）确实遵守总理（孙中山）遗嘱；（八）立即召开救国会议。同时，打电报邀请中国共产党中央派代表去西安，共商救国大计。

---

① 应德田：《张学良与西安事变》。

四、西安事变的和平解决

西安事变引起国内外巨大的震动，形成了一种极其复杂紧张的政治局面。

西安事变发生后，南京政府内部极度混乱。12月12日夜，国民党中央举行中常会决议行政院由孔祥熙负责（蒋原为行政院长），军委常委推何应钦、程潜、李烈钧、朱培德、唐生智、陈绍宽为常委，由军政部长何应钦指挥军队。军委会由冯玉祥及常委负责。张学良应先褫夺本兼各职交军委会严办，所部军队由军委会直接指挥。① 这是官方对事变的表面文章，实际上兵权已由何应钦所夺取。何应钦是亲日派。当时日本对事变反应强烈。14日日本陆军省即发表《西安事变对策纲要》，接着15日关东军也明确表明要求南京政府继续“反共防共”，日本可给予援助。17日，日本外相向中国驻东京大使许世英表示，如果南京与张“妥协”，日本将不能继续采取“静观态度”，并诬称西安事变是苏联支持下发生的。21日，日本还指使德王发出通电，“愿中止进攻绥远，与南京合作反共”。日本总的意图是乘机扩大中国内战，以便侵吞中国。南京政府何应钦则适应日本法西斯的需要，16日通过中央政治会议，决定明令讨伐张学良，成立讨逆军，由何任总司令。调大军进攻华阴、华县，准备入陕，并调空军准备轰炸西安，以扩大内战，由何应钦控制南京政权。17日，何应钦又电请亲日头子汪精卫（汪在国民党四届六中全会时被刺出国养伤）立即回国，取代蒋介石。而南京政府中以宋子文、宋美龄为首的英美派则主张以和平方式解决事变。《字林西报》表示了英美的态度，“只要南京能够充分保持其最高权力，便不妨在政策上面同共产党采取某种形式的联合”。英美使馆人员在南京、西安之间努力进行调停。蒋的外国顾问端纳14日飞至西安，就是想居间调停的。南京政府中，亲日派和英美派的斗争一时激烈到表面化的程度。何应钦掌握军权调兵遣将，而宋氏兄妹则公开反对，特别是宋美龄用蒋夫人的身份与何应钦哭闹着不准进兵和轰炸。12月17日，蒋介石也从西安亲笔致函何应钦：“着中央飞机停止轰炸。”南京政府中也有主张持重者，孔祥熙、张群就是代表。

---

① 参《国闻周报》第十三卷五十期。

苏联因不知西安事变之背景和实况，14 日《真理报》即发出“社论”，竟说张学良“兵变”与亲日派有关，将使中国分裂，更加骚乱。17 日，《真理报》又发国际评论，说事变“纯为日本在华之新阴谋”，以阻碍中国统一，阻碍抗日运动的发展。日本人则说事变乃出于“莫斯科魔手”，其目的是煽动战争。西安事变连蒋介石自己也承认“张学良并未与共党就此事有任何商量”[①]。中国共产党于事变发生之后，陕北红军莫不振奋，但中共中央屡电莫斯科共产国际，却迟迟未得正式答复。而时局紧迫，张学良又切望中共派代表去西安共商大计。中共中央对事变既然事先毫无所知，而需要立刻根据马克思主义对事变进行分析，做出判断并制定政策。中共中央政治局毛泽东、张闻天、周恩来等自 12 日 13 日连日召开会议，以毛泽东为首的政治局对形势做了正确的分析，认为事变是蒋介石对外退让、对内用兵、对民压迫的结果。而张学良的行动却带有军事阴谋的性质。倘国民党借此发动空前规模的内战，则必为日本所乘所庆。认为蒋介石虽有屠杀人民和红军的不可赦免的罪行，但仍主张借此事变和南京政府达到国共合作，化敌为友，共赴国难的目的。赞同张学良的八大主张，主张事变的和平解决。并提出“罢免蒋氏，交国人裁制”，这只是给蒋介石强烈的舆论压力的意见。中共中央决定由周恩来、叶剑英、秦邦宪三人组成代表团，去西安与张、杨共商大计，李克农、罗瑞卿、童小鹏都是工作人员。15 日，红军将领致国民党政府电，表述了上述看法。[②] 以周恩来为首的代表团，16 日到延安，17 日乘张学良座机抵西安。当日，周恩来即与张学良会谈，指出：西安事变，要求停止内战，一致抗日，确是符合中共和全国人民要求，是为要求抗日救国而产生的，并将以西北的统一战线去推动全国抗日统一战线的建立。但发动事变在手段上，还有些军事阴谋的性质。周恩来分析事变的前途有两种可能，一种是争取到蒋介石停止内战一致抗日，使中国走上更好的前途，即争取南京西安和平解决、团结抗日的前途。另一种可能，就是杀掉蒋介石，引起新的更大的内战，使中国走上更坏的前途。中国共产党对事变极表同情，决定对张、杨给以积极的实际援助，使西安抗日的主张能够实现。但南京军队发动进攻，则必须给予严重打击，促其反省，这是防御战而不是扩大内战，目的是为了阻止内战，促成全国抗日统一战线。而这时，在西安的军队和人民纷纷要求把蒋介石杀掉，连杨虎城也觉得不除蒋怕蒋将来要报复。张学良在

① 蒋介石：《苏俄在中国》。

② 《致国民党政府电》1936 年 12 月 15 日，《六大以来》上。

捉蒋时，就打算在蒋答应八大主张后即行放蒋，但还没有最后决定。周恩来表明了中共和平解决的方针，张遂决意对西安事变和平解决。[①] 12月19日，中共中央发出《关于西安事变及我们任务的指示》[②]，指出：事变是东北军及十七路军在全国与西北人民及中国共产党与红军影响下，要求停止内战一致抗日，受到蒋介石的严拒而发动的。西安事变的发动，“是中国民族资产阶级的代表，也是国民党中实力派的一部，不满南京政府的对日政策，要求停止‘剿共’，停止一切内战，一致抗日，并接受共产党抗日主张的结果”。仅由于发动者采取了多少军事阴谋的方式，有造成新的大内战的可能。因此，事变的一个前途是发生全国大内战，使亲日派抬头，推迟全国抗战的发动；事变的另一前途是结束“剿共”内战，使停止内战一致抗日得到早日实现。中共和全国人民要竭诚争取这种前途的实现，中共要在坚持停止内战一致抗日的立场上，争取西安事变的和平解决，推动南京走向进一步抗日的立场。为此，中共中央还对孔祥熙、孙科、冯玉祥、陈立夫等发出了对西安事变的通电，主张“立即督促当局召开和平会议，讨论一定国策，共赴国难”[③]。

西安事变后，在西安张、杨自有一些新的军政措施：撤销西北“剿匪”总司令部，成立了“抗日联军西北军事委员会”，张为主任，杨为副主任。并成立了参谋团，在抗日联军西北军事委员会领导下以孙蔚如、王以哲、马占山、鲍文樾、何柱国、董英斌、李兴中为成员，鲍文樾为主任，研讨军事问题。还成立了设计委员会，由高崇民、杜斌丞、刘澜波、申伯纯、卢广绩、黎天才、洪钫、王炳南、王菊人、应德田、南汉宸、苗剑秋为委员，高崇民为召集人，是抗日联军西北军委会下的政治设计机构。又组织了抗日援绥第一军团，孙蔚如、王以哲为正、副军团长。与此同时，改组了省政府，免邵力子省主席职，以王一山代。警察局免马志超局长职，任赵寿山为局长。免省府秘书长耿寿伯职，任杜斌丞为秘书长，等等。又改《西京日报》为《解放日报》，由郭维城主编。成立西北抗日救国会，由杨明轩负责，西北民众运动指导委员会任王炳南为主委，派潘自力、宋黎等为委员。此外，张、杨还手谕释放了陕西省所有政治犯，共一百五十一人。这些措施都是进步的、革命的。

---

① 参应德田《张学良与西安事变》。

② 《指示》和《通电》见《六大以来》上。

③ 中共中央十二月十九日对西安事变通电，（《六大以来》上）。

周恩来到西安后，张学良根据周的分析，将东北军的主力调至渭南一带，防御由潼关开进的南京部队，并集中一部分主力于固源、平凉一带，监视胡宗南等的军队。东北军自延安、甘泉撤防，交红军接防延安、甘泉、淳化、三原一带，以便南下，侧击蒋军。十七路军留守西安，设防蓝田、三原一带。这些部署也是正确的、必要的。

西安事变，符合全国人民的愿望，得到广大工人阶级、小资产阶级知识分子和青年学生的拥护和支持。在12月12日这一天，西安大街小巷都是欢腾的市民，结队游行，高呼口号，热烈场面感人肺腑。青岛十万纺纱工人派代表来西安面见张、杨，表示拥护支持，勉励西安“抗日战友，努力前进”。各省实力派，除国民党右派外，也都表示同情和支持。

西南李宗仁、白崇禧事变前已有联系，事变后16日又联合李济深等十六人通电全国，支持西安，主张政治解决并要求进攻西安的中央军从速移开，去绥抗战。广西军还要派一部北上援绥。冯玉祥于13日即发出电报，劝张不要以国民党明令处分为虑，只要和平解决，放回蒋介石，没有不可以挽回的事情，自己愿约知交多人以为保证。河北宋哲元、山东韩复榘、四川刘湘也表示支持张、杨，但希和平解决。傅作义于事变后与张学良密电往返，表示拥护抗日，认为蒋必会答应八大要求，张亦会放蒋回京。连胡宗南、关麟征等也致电张、杨，希望“化戾为和，转危为安”，“共御外侮”，希望蒋介石得到释放。唯有阎锡山，事变前已同意联共抗日，但事变后阎来的电报却态度阴险，问张何以善其后；问张这是移内战为外战，还是移外战为内战；问张能否保证不演成国内极端残杀，却对事变表示“抱无限之悲痛”①。12月21日，中共中央对西安事变的谈判致电周恩来，要求他以共产党代表的资格公开与蒋介石、陈诚、宋子文、宋美龄、阎锡山、于右任谈判，调停双方。

以周恩来为首的中共代表团到西安时，既确定了和平解决西安事变的方针，此后就一面准备防御蒋军的进攻，一面设法与蒋方谈判。20日，红军副总参谋长左权又到西安，安排对西安工作的保卫问题。南京宋子文、宋美龄等先让外国顾问端纳飞至西安了解实况，继于21日，宋子文亦至西安了解西安方面的意图，并与周恩来等都见了面。了解到只要蒋答应八大主张，三方面都同意，可和平解决，即放蒋回京。21日宋子文回京，22日，宋子文又与宋美龄、端纳及戴笠等一同来

---

① 阎电见《西安事变资料选辑》，第150页。

西安。此时谈判内容已从八条归纳为六条，即（一）双方停战，中央军撤到潼关以东；（二）改组南京政府，肃清亲日派，加入抗日分子；（三）释放政治犯，保障民主权利；（四）停止“剿共”，联合红军抗日，共产党公开政治活动；（五）召开各党各派各界各军的救国会议；（六）与同情抗日的国家合作。这一期间，中共代表团和张、杨联系很密切，当时东北军说这种合作叫“三位一体”。重大问题三方面总是讨论研究取得一致意见，再进行解决，而东北军内部的事情则由张学良自行处理。所以 23、24 日两天三方面与蒋方谈判时，进行得很有力，很顺利。

据当时记录人应德田回忆，第一项，中央军撤出西北，宋子文答应由宋美龄负责办理。第二项，关于改组南京政府，商定蒋辞去行政院长，由孔祥熙担任，任邹韬奋、章乃器、杜重远为中央有关部的副部长。第三项，关于释放政治犯，保障人民民主权利一项，原则通过。宋子文答应回南京后即陆续释放七君子和其他政治犯。第四项，关于停止“剿共”、联合抗日一项，宋子文提出不能马上爆发抗日战争，只能先做抗战的准备，而“剿共”政策可立即改变。抗战爆发时共产党公开，国共合作公开。周恩来提出，准备抗日工作必须是积极的，而不应是消极的。两方都同意。第五项，关于救国会议，宋子文答应回去召开国民党中央全会，解决开放政权问题，然后召开救国会议。第六项，与同情抗日的国家建立合作关系问题，一致同意，具体指的是英国、美国和苏联。此外，谈判还涉及红军接济问题，宋子文答应由周、张商定，他保证拨发。还有西北善后问题，商定今后西北军事、政治由张、杨负责主持。至于放蒋的事，会议上张学良提出，蒋只要答应按六项主张去做，就放蒋回京，没有什么阻力，即定了下来。①

23 日，宋子文等把谈判协议事项完全报告了蒋介石，蒋均同意，但要求不采取签字形式，而以他的“人格”担保履行这些条件。这样，周恩来在 24 日晚，即由宋氏兄妹陪同，会见了蒋介石。蒋感到十分意外和恐慌。蒋介石自 1927 年以来，屠杀了几十万共产党人和革命群众，中国共产党人与蒋介石是有血海深仇的。周恩来的出现，使蒋自忖必死。但周恩来除对他进行了严肃的说理斗争外，指出了目前形势，非抗日无以图存，非团结无以救国。共产党以德报怨，只要蒋立即联合抗日，实行民主政治，共产党既往不咎。蒋介石流露出不胜感慨的神情，又一次表示他愿意接受“停止内战，一致抗日”的主张。西安事变就这样才和平解决了。

---

① 应德田：《张学良与西安事变》（应德田是当时会议的记录员）。

在放蒋问题上，东北军、十七路军的高级将领和设计委员会认为，商定的条件必须由蒋介石亲自签字，不然决不能放蒋。25日，东北军高级将领并有信致宋子文，使蒋大为恐慌。张学良知道说服将领非易事，让蒋签字，蒋为维持其在南京政府的“威信”也很困难。而如拖延不决，又要别生枝节。于是张、杨商定当天就送蒋走，不再和任何人商量。下午四时，张学良竟亲自送蒋等离开西安。这个消息使东北军高级将领和高崇民等都非常吃惊。孙铭九得知后，立刻报告了周恩来。周恩来事先毫不了解，马上去飞机场，想劝说张学良不要离开西安。但到了机场，飞机已经起飞了。

张学良亲自送蒋离开西安，虽是一件错事，但西安事变终于和平解决。在和平解决西安事变问题上，既表现了毛泽东为首的中国共产党党中央统一战线政策及分析、解决问题的正确和伟大，也表现了周恩来坚决的原则立场、英勇的革命胆略、灵活的斗争艺术和卓越的组织才能。西安事变的和平解决，“对推动国共两党再次合作，团结抗日，起了重大的历史作用，成为由国内革命战争走向抗日民族战争的转折点”。这是中国现代历史一次重大的转折点。没有西安事变的和平解决，就不可能有建立以国共两党为基础的全国统一战线的前提，有了西安事变的和平解决，才促使七七事变后出现全国抗战的局面。当然，从西安事变的和平解决，到实现全国抗战，还要进行艰巨的斗争。

（原刊于《河北大学学报》1987年第2期）

抗战时期晋察冀边区
财政经济工作发展的几个阶段

晋察冀边区是抗日战争时期八路军建立的最早的一个敌后抗日根据地，一直被誉为模范的抗日根据地。

1937年以后，中国共产党中央和毛泽东同志要求开赴华北前线的八路军在敌后发动独立自主的游击战争，把游击战争提到战略地位来考察。在晋察冀三省毗连的晋东北和冀西活动的八路军，以聂荣臻同志为首，于一九三七年十一月七日，奉朱德总司令、彭德怀副总司令之命，在五台地区成立了晋察冀军区司令部，开展游击战争，恢复社会秩序，组织抗日团体，摧毁汉奸维持会，创立敌后抗日根据地。一九三八年一月十日至十五日，根据晋察冀边区人民的要求，在河北阜平召开了边区军政民代表大会，选出了晋察冀边区行政委员会，宋劭文为主任，胡仁奎为副主任，聂荣臻、吕正操、刘奠基、娄凝先、张苏、李杰庸、孙志远为委员，组成了晋察冀边区统一的政府机构。这个政府机构，当时曾经国民党政府军委会和行政院批准，而实际是在共产党领导下的，有人民群众代表参加的新民主主义的抗日民主政权。有了这样的边区抗日民主政权，很快地即把国民党军溃退后边区抗日的社会秩序稳定下来，扫除了各种混乱现象，对在敌后开展游击战争起了极为重要的作用。

晋察冀抗日民主根据地初建时期主要是在平汉路以西、同蒲路以东、正太路以北、平绥路以南的山区和半山区地带。很快，冀中平原地区，也划归边区，东达津浦路。一九三八年，萧克同志组织挺进军，邓宋支队首先开辟的平西根据地，继又东近，向冀东发展。一九三八年秋，李运昌同志发动领导冀东人民大暴动，组织抗日武装，与邓宋支队相联系，威胁北宁路，更扩大了晋察冀边区。到一九三八年十月，边区已包括七十二个县，拥有一千多万人口，可见，敌后晋察冀抗日民主根据地的建立和发展，从开始就有很重要的战略意义。所以，当时日本侵略军把进攻五台与进攻武汉、广州相提并论。国民党军丢失了武汉、广州，而边区军民在聂荣臻同志亲自领导下，却粉碎了日本侵略军对五台的“扫荡”。这时的晋察冀边区确已成为敌后抗战的重要堡垒。那时英国政府就很注意这种情况，曾电询国民党政府。国民党政府外交部长王宠惠答复说：华北抗战仍在坚持，五台山根据地依然屹立。由此可见，晋察冀敌后抗日民主根据地的存在，在国际上也有重要影响。

抗战时期，人们常说：“财政是战争的活力素。”在敌后开展游击战争，坚持抗日根据地，在长期极为残酷的环境中，坚持持久战，一方面固然是靠中国共产党领导下的广大军民浴血苦战，另一方面经济和财政则是这种浴血苦战的物质基础。晋察冀边区的经济和财政，国民党政府没有拨给什么款项、物资和经费。边区全是靠自身制定的各项政策，靠党领导下边区广大人民的抗日积极性，才得到坚持长期抗战的经济力量的。因此，研究晋察冀边区财政经济政策及其实施的效果，应是研究晋察冀边区人民抗战史的一个重要课题。

晋察冀边区是一个敌后抗日民主根据地，处在与日本侵略军长期战争——“扫荡”与反“扫荡”激烈的战争环境之中，所以，对边区财政经济的研究不能离开这种战争的形势来进行，也不能离开全国抗战形势的变化来进行。

在抗日战争时期，“在我党领导下的人民民主力量曾经历了上升、下降、再上升三种情况”。（毛泽东：《学习和时局》）晋察冀边区的实际情况也是如此。唯晋察冀边区人民民主力量严重困难时间稍长一些。

晋察冀军区司令部成立及晋察冀边区政府建立以后，军区司令部辖四个军分区和一个二级军区——冀中军区，边区政府拥有三十六个县政权，分为晋东北、冀西和冀中三个行署。到一九三九年夏，边区政府拥有六十七个县政权，分为十一个专员公署，晋东北、冀西行署撤销，边区政府直辖六个专署，冀中行署辖五个专署，人口共约一千二百万。军区划为九个军分区。一九四〇年初，冀东抗日武装开始建政，边区政府在冀东成立了办事处，辖六个联合县政权。平北地区由冀察热挺进军开辟，也成立了六个联合县政权。1940 年秋，冀中根据地又有发展，包括了三十六个县政权。全区百分之九十的村政权，都控制在抗日政权手中。这时全边区有十三个专区，十三个军分区。由此可知，晋察冀边区从抗战开始到一九四〇年是有很大发展的。这是晋察冀边区第一个阶段。

一九四一年至一九四三年，由于日本侵略者准备实行南进战略，发动太平洋战争，妄图把华北作为其兵站基地，不断调集重兵对晋察冀边区进行残酷的“扫荡”。北岳、冀中、冀东均首当其冲。这就使这些地区的军民几乎每日每时都在与敌伪军进行浴血的搏战。日本侵略军的“扫荡”实行“三光”（抢光、烧光、杀光）政策和“毁灭扫荡”及制造无人区。特别是一九四二年对冀中区的“五一大扫荡”，敌人把冀中区分割为二千六百七十多个小块，妄想消灭我抗日根据地，致使冀中党委、军区、行署一级机关及主力部队不得不暂时撤出冀中区，转移到北岳区，第六至第十军区实行党政军委员会制，以加强党的一元化领导，更有效地进行反“扫荡”斗争。这就使晋察冀边区出现严重困难和辖区缩小的局面。我边区军民在党的领导下最终虽然粉碎了敌人的“扫荡”，但付出的牺牲是极其巨大的。一九四三年敌人“扫荡”仍极残酷。北岳区敌人进行了十二次“扫荡”，其中以9月至12月的“毁灭扫荡”最为残酷，但均被我军民打退。冀中区我们在这一年中粉碎了敌人四十次的“清剿”，冀东区在这一年中也打退了敌人十四次“扫荡”，再加上边区天灾仍重，所以整个边区仍处于极其困难的环境之中。但是，一九四三年，边区军民对敌斗争已经有了经验，逐步站稳了脚跟，边区行政区域也开始有所恢复。这一年下半年边区政府管辖有十三个专署九十八个县政权，北岳区村政权又逐步为我控制，冀东区克服重重困难，建立了二十二个联合县的政权。这是边区的第二个时期。

自一九四四年春，边区军民开始局部反攻。一月攻入芦龙，二月攻入宁河，三月攻入赵县、晋县，四月攻入博野，五月攻入任丘、安新，六月攻入定襄、涞源、河间、获鹿、灵丘、徐水，七月攻入大城、易县、蔚县，八月攻入沧县、雄县，等等。这一年，“晋察冀边区共拔据点一千五百个，恢复了五千余村庄”（《抗日战争时期的中国人民解放军》）。整个边区很快地恢复了一九四一年以前的局面。一九四四年九月，边区行政区划分成了冀晋、冀察、冀中、冀热辽四个行署，冀热辽行署扩编为五个专署，全边区共十七个专署，一百一十个县政权或联合县政权，拥有二千万人口。在中国共产党第七次代表大会以前，晋察冀边区已经控制了平绥、同蒲、平汉、石德、津浦、北宁各段铁路，包围着北平、天津、大同、张家口、太原、保定、石家庄、沧县、德县、唐山、秦皇岛等大中城市。边区已经成为华北最前方的强大的对日大反攻的前进阵地。这是边区发展的第三个阶段。

抗战时期晋察冀边区发展实况就是如此。我认为晋察冀边区财政经济的发展变化情况必然是受这种发展变化的过程所制约的，所以其财政经济史的分段应与此一致。经考察其实际情况也正如此。兹简述如下：

第一阶段是从全面抗战开始到一九四〇年边区的建立和发展阶段，也是边区财政经济不断改进，日臻完善和发展的阶段。由于边区远离大中城市，农业人口占百分之九十八，工商业人口占百分之一。因此，边区经济主要靠农业。一九三八年开始，根据党中央的土地政策，在边区实行了二五减租、一分利息，使广大农民减轻了封建剥削和压迫，调动了群众的生产积极性。同时，还公布了关于垦荒、兴修农田水利的单行法规，鼓励增加生产。一九三九年在冀中战胜了空前严重的大水灾以后，又颁发了奖励垦修荒滩、奖励生产事业的条例，使边区在一九四〇年获得了丰收。在这时，还为了增产副产品，更规定了副产物归承租人所有的办法。在二五减租行之有效的同时，一九四一年又规定了减租减息必须保证交租交息的办法，调节抗日时期各阶级阶层人民的利益。这些规定，莫不促进边区的农业生产。一九三八年一月边区代表会议做出发展农村手工业、促进农家副业、提倡较大规模的手工经营、发展国防工业的决议。这个决议的重心是发展手工业和副业。这种政策使边区手工纺织业和造纸业都有所恢复和发展。公营的军需工业，则由军区经营，基本上支应了军事的供应。还有些工矿试验，则由工矿管理局管理。

商业贸易上，边区的政策是：内部贸易自由，发展小商贩，严格管理对边区外敌占区的贸易，严禁敌区以奢侈品套取我之必需品，对非必需品、收税入口，严禁粮棉资敌。一九三八年，边区商业恢复且比较繁荣，但政策实行不力，粮食大量出口，奢侈品进口也不少。一九三九年发布禁粮出口的禁令，又实行了外贸入境税。而这时，合作社经济又出现了垄断商业排斥小贩的情况。按县收税也出现了一些自卫队乱征乱扣的问题。很多事还未处理得当。到一九四〇年，边区纠正了合作社的毛病；取消了县收税，改为边境设卡统一由出入口税局领导，后归入贸易管理局。这些问题，特别是征税缉私问题才得到解决。

粮价由于春荒而高涨，一九三九年冀中大水后更甚。一九四〇年边委会在秋天集中组织了政民合办的平粜局。当年筹资九百多万元，购粮六万多石，使一九四一年全年粮价平稳，军需民用均得到了保证。

总的来说，从全面抗战开始到一九四〇年，边区确实已基本上做到了发展生产，保障供给。同时，这一时期为了发展生产，部队和人民一起走上生产战场，不论春耕、夏种、秋收、冬藏，都是军民共同动手进行的。部队一面生产一面战斗，所以这一历史时期边区经济方面的成就，不仅是用汗水换来的，而且是用鲜血换来的。

在财政方面，边区财政方针是：取之合理，用之得当。全面抗战之初，八路军曾停止征收田赋和旧捐税，实行合理负担，捐集粮款，维持军政所需。后又实行现金供给，购买军粮。北岳区自一九三八年十一月以后，冀中区自一九三九年六月以后，改为主要征收救国公粮，以更好地保证军粮。但初期免征点高，负担面共有百分之四十到五十。一九四〇年前后扩大负担面，降低免征点，负担面扩大到百分之六十，广大农民反映良好。而当时村款太多，名目繁众，又出现了新的不合理的情况。因此，一九四〇年后，边区即开始整理村财政，征收田房契税和出入口税。十一月，边区公布了统一累进税法规，经一九四一年二至四月实际调查，规定了细则，并加以实施。征收面扩大到百分之八十，解决了村用过多的问题。这是边区财政具有重大意义的改革。

在用之得当方面，抗战开始后的财政开支有一种游击主义、自由主义的倾向。边区政权成立后，遂强调统筹统支，确定县政府编制，不许可县向边区要款，清理各县库存，以纠正上述偏向。一九三八年以后，边区建立了初步预决算，十一月以后，自北岳区开始，部队吃公粮。到一九四〇年，边区彻底整理村财政，收效很大。此后遂将财政预决算制度、会计制度、金库制度、粮食预决算制度、粮票制度、粮库制度等都正规化起来。用之得当，遂也臻于完善。

货币金融方面，一九三八年三月二十日边区政府成立了银行，发行边币。这对稳定边区金融、经济起了很大作用。边区的银行货币，从开始就与敌伪进行着尖锐的斗争。抗战之初，日伪以伪币杂钞套取边区物资。我们有了自己的银行货币，在这方面不断对之进行打击。一九三八年五月，规定在边区用边币，禁用杂钞伪币，对日伪套取物资给予严重打击。此后，日伪又用贬了值的法币套取边区物资，一九四〇年春，边区停用法币，统一使用边币，又严重地打击了日伪套取物资的诡计。自一九四〇年夏，全边区金融经济稳定，广大人民称便。

由于晋察冀边区军事力量的发展，政治建设的成功和财政经济积蓄了一定的力量，所以，在一九四〇年八月至十二月彭德怀同志领导的百团大战中，边区军民能胜利地完成了八路军总部所给予的战斗任务。聂荣臻同志亲临火线指挥战斗，边区部队收复了娘子关，攻下了井陉煤矿，彻底破坏了正太路。在冀中、冀东也开展了大规模的破击战。晋察冀边区扩大成为西近太原、北到北平近郊，冀东出长城、临渤海，冀中近天津、沧县、德州的广阔的敌后抗日根据地，其中北岳区、冀中区虽多次与敌人展开反“扫荡”战争，而都已成为边区的巩固地区。

第二阶段是从一九四一年到一九四三年边区的缩小和严重困难的时期。边区经济遭到破坏，财政来源减缩。即使在巩固区人民负担也大大加重。至于被敌伪军侵占的地区，由于敌伪军抢掠勒索极为严重，老百姓连秕糠也难以获得。一九四二年冀中区在“五一大扫荡”后，三个月间，人民平均要被敌勒索二百四十元。广大群众莫不处于无法生存的地步。同年，敌人提出在华北要抢索两千万石粮食的计划，更是要把华北农村搜刮净尽。再加上这两三年华北地区连年旱灾，更增加了边区军民困难的严重性。

但是，就是在这种严重困难时期，在敌伪未到或其“扫荡”被粉碎后的地方，只要情况许可，广大爱国人民还是主动送交公粮，以供军用。边区部队更是节衣缩食，与人民共甘苦。往往半小碗黑豆，就算改善了伙食。部队不仅和人民在一起共同展开残酷的反“扫荡”战争，还要共同进行粮食争夺战。从一九四一年的秋收至一九四三年的春耕，在很多地方都是部队用战斗保护着军民共同完成任务的。

为了贯彻精兵简政的方针，一九四二年夏军区司令部号召减少开支，精兵简政，共减缩三万多人，以减轻人民负担，加强生产第一线。

还有，在这三年，边区能克服严重困难，也是和以前有了较完善的财政经济制度分不开的。在严重困难时期，凡是能坚持工作的地方，都坚持着边区的各项财政经济政策，都在坚持着部队、机关、学校的大生产运动。并开始了财政上的审计工作，审查军政方面的预决算。基本上保证军费占总收入的五分之四，政费占五分之一，以保证军事上的供给。可见，这正是在严重困难时期，边区能战胜敌人克服困难的重要因素之一。

第三个阶段是一九四四年至一九四五年边区人民抗日民主力量再发展的时期，在晋察冀边区这一阶段到来的前一年，一九四三年一月十五日晋察冀边区召开了第一届参议会。本来一九四〇年就选出了边区的参议员，但一九四一、一九四二两年，由于战争频繁，交通梗阻，推迟了召开参议会的时间。一九四三年在边区斗争形势稍有扭转的条件下，一月间便正式召开了边区首届参议会。这应该是边区开辟抗战新阶段的准备。对这次会议，聂荣臻同志称之为边区“最高的民主建设”，指出今后的任务是经过更大的努力准备反攻，夺取抗战的最后胜利。边区首届参议会据此确定以中共中央北方局晋察冀边区目前施政纲领作为边区行政委员会的施政纲领的重点。意义都是很深刻的。

边区首届参议会规定的经济建设的方针是：顽抗暴政，克服天灾，保证军需，充裕民生，增进农产，发展手工业、小商业、合作社，活跃边区经济，力求自给自足，为新中国的经济发展扫清道路。

晋察冀边区政府在一九四三年以后，就是按照这一方针，坚持了农业、工商业、财政金融等方面的各项政策、法规、制度和行之有效的经验，来进一步展开财政经济工作的。经过一九四三年一年的实施，取得了一定成效。自一九四四年，随着边区转入局部反攻，抗战形势的变化，此后，在财政经济这些方面不仅又取得了大量的宝贵经验，而且更取得了很大的成就。一方面使边区有了较充足的进行大反攻的经济力量，另一方面边区还培养和造就了大量的财政经济工作的人才和干部。这都为夺取抗战最后胜利，为新中国的经济建设做了准备。

以上就是我对晋察冀边区财政经济工作发展划分阶段的意见。

（原刊于《河北大学学报》1983 年第 4 期）

晋察冀边区北岳区的粮食战

抗日战争时期，晋察冀边区北岳区，在1940年辖五个专署三十二个县。第一专署辖五台、盂县、定襄、代县、寿阳、崞县、忻县、阳曲、山阴九个县，属第二军分区。第二专署辖灵邱、繁峙、广灵、恽源、应山五个县，属第一军分区。第三专署辖涞源、满城、徐水、定兴、龙华五个县，属第一军分区。第四专署辖唐县、阜平、曲阳、望都、定北五个县，属第三军分区。第五专署辖平山、灵寿、行唐、井陉、建屏、平定六个县，属第四军分区（据《边区财政科长联席会议文件》内所载之1941年的调查表）。另，平西区设第六专署，在行政上也由北岳区管辖。

北岳区地处晋东北、冀西、察南的山区、半山区及接近山区的一些平原地区。这些地区，全面抗战前，日本侵略者为解决他的棉花需求，引诱一些农户种植棉花，致使粮食生产不能自给自足。抗战后，边区政府扭转了这种状况，使粮食生产基本能自给自足并能交纳救国公粮。但与冀中相比，农业生产仍属比较落后的地区。

北岳区，根据1942年十九个县的统计，农户占全户数的98.58%，工商户仅占1.42%。粮食生产约占总生产量的90%左右，工商业及家庭副业生产量，仅占10%左右。可见，北岳区的粮食问题正是坚持和发展该区抗战的重要的物质基础。杨尚昆当时曾说；“抗战时期，如果能很好地将粮食问题解决了，就等于解决了全部问题的三分之二。”① 这一论断，对北岳区而言，更是十分确切的。

日本侵略军也深知这种情况，他们企图消灭北岳区这块抗日根据地，不论在对峙、“蚕食”，还是在“扫荡”时期，经常把破坏北岳区的粮食生产、粮食运输及掠夺、烧毁庄稼和粮食，作为对付我北岳区的重要措施。

事实上，自1939年，特别是在1941至1943年，我北岳区军民和日本侵略军

---

① 杨尚昆：《论华北抗日根据地的建设与巩固》。

进行了极其复杂、激烈的粮食战。这种粮食战主要是通过武装斗争进行的，但有时也通过各种形式的经济斗争，为控制粮食价格，不让敌人来套购，战胜敌人的种种破坏和扰乱。归纳北岳区军民和日本侵略者进行粮食战主要有五种形式。

一、运粮战

自 1938 年 9 月开始，晋察冀边区逐步实行救国公粮制度以后，在游击区和半巩固区，所征公粮必须运输到北岳区的巩固区，以便坚壁保存，供军政食用。特别是 1939 年大水灾后，1940 年夏冀中丰收，而北岳区滩田坡地被暴洪冲刷，修复困难，粮食仍很紧张，有赖冀中粮食调剂。因此，自 1940 年 7 月到 1941 年春边区进行了从平原到山地的艰苦的运粮战。这一大规模的运粮战，一要有战斗力量，二要有运输力量。边区政府经常组织数百辆大车，在部队的掩护下，往返驰骋于敌人交通线上。据统计从 1940 年 7 月到 10 月，完成了一千一百多万斤的运输任务。11 月以后，敌人在铁路、公路交通沿线挖沟修墙，加设岗哨，武装阻击我方运粮。大车运粮已行不通。边区政府又动员组织了大批民众，用人力背送，在武装掩护下，秘密地把粮食运往指定地点，又经过六个月时间，继续完成了八百多万斤的公粮运输任务。前后共运到北岳区一千九百多万斤（十二万石）粮食，解决了北岳区当时的粮食困难。

1941 年夏季以后，由于敌人更加强了封锁和阻击，民众运输就退居于副的地位。每一次运粮战即成为一个军事战役。运粮战的任务更为艰难。

上述运粮战的进行自开始就要付出汗和血的巨大代价。在冀中前后有六十二万民兵参加，平均每人每月要用四天时间，在敌人枪林弹雨之下运送粮食，才能完成这项任务。据统计，在上述十个月的运粮战中，即有一百六十多名民兵光荣负伤和献出了宝贵的生命。其间共出动大车四千九百四十余辆，损失达三百余辆，牲口二百余头。后来边区政府虽给予了补偿，但若不是边区人民怀着对根据地的热爱之情，要完成这项任务是不可想象的。其后在秘密运粮期间，铁路附近“爱护村”的民众，更为运粮工作提供了很多方便条件，充分发挥了他们的爱国热忱。至 1941 年夏天以后，其付出的代价就更大了。

二、平粜

北岳区冀西一带，一向每年春夏之交发生粮荒，垄断囤积者借机抬高粮价，大获暴利，广大贫苦民众深受其害。尤其是 1941 年，日本侵略者企图抬价套购冀西粮食，扰乱北岳区的粮价，以造成我军民更大的粮食困难。

1940 年秋，边委会有预见地号召政府民众合办平粜局，稳定北岳区粮价，保障贫苦人民的生活，有效地制止粮食流向敌区，打击敌人套购边区粮食的阴谋。

平粜局在 1941 年 1 至 3 月份，以边区银行发行期票三百四十三万多元，并募集民股二百四十七万多元，合计五百九十一万多元作为资金，购买了粮食六万零一百零一石开展平粜工作。北岳区平粜局及时掌握到这样一大批粮食，不仅使 1941 年军需民食得到了很好的保证，而且“全年粮价非常平稳，每斗小米通年市价在五元左右”①。

平粜工作的胜利，对北岳区起了很好的作用。首先，平粜调剂了公粮，政府购粮补充军需无须再向市场采办，减少了粮食竞买现象；其次，有了平粜，平稳了市场粮价。如唐县七区，小米每市斗涨到七元时，平粜局开粜，即由七元降回到五元。尤其是平粜局掌握了大批粮食，对敌人套购粮食的阴谋，更起到了有效地制止和打击作用。

1941 年秋，平粜局已有五百一十七万元资金及掌握粮食三万零一百八十万石。在 1942 年四、五、六月份粮价飞涨之际，进行平粜，同样起到了上述作用。

不过，北岳区在 1941 年经敌人大“扫荡”后，巩固区缩小，游击区扩大，产粮区受到损失，平粜工作已不能发挥作用。1942 年 5 月，平粜局即开始归还民股的本利，结束这一工作。未了事项归由工商管理局办理。

---

① 宋劭文：《边区行政委员会工作报告》（1938—1942 年）。

三、反抢掠破坏

北岳区这块抗日根据地，像一把尖刀插在日本侵略军在华北占领区北平天津等重要地区，1938年秋冬以后，侵略者对北岳区连续发动残酷进攻，多次企图拔除这把尖刀。1940年春天开始，敌人向北岳区“扫荡”时，专门组织了“放火队”，“扫荡”到一个村庄就纵火，一面烧毁民房，一面焚烧民众的粮食，包括已经打下的粮食及村外即将成熟的田禾，并极野蛮地屠杀村民和牲畜。据记载：1940年的一次“扫荡”“只平山一县，即被敌人烧掉粮食十万石，在弥天的大火中成千上万亩的粮食都变成了焦土”。在定襄县炭窑沟，敌人夜袭该村，进村就乱砍乱杀，不论男女老幼。据统计，全村遭难者达五十人之多（全村总人口约一百人），受伤的还有十几个人，人、牛、羊、猪、驴、马等各种烧焦了的尸体，绘成一幅人间惨景。

鉴于侵略者对抗日根据地进攻的野蛮和残酷性，北岳区军民一面随时准备进行反“扫荡”的战争，一面随时严密地坚壁清野，以反对敌人抢掠、破坏粮食。1941年8月，日军七万多人，由空军配合，对北岳区进行空前的“百万大战”。用“铁壁合围”“梳篦式清剿”等战术，企图消灭我主力部队于长城两侧；施行“三光政策”抢掠烧毁我区粮食，破坏和摧毁生产力，妄图毁灭北岳区。很多村庄被抢掠烧杀一空，并实行并村制造无人区政策。这次反“扫荡”一开始，我军主力即转至敌后和外侧，骚扰敌人，使敌军事上未能得逞。9月下旬，我军适时地集中了相当的兵力，予敌以沉重打击。10月中旬，敌人“百万大战”被我粉碎，敌军主力撤出了北岳区。这次反“扫荡”战役中，我军毙俘敌伪八千多人，但敌人烧毁我房屋十五万多间，抢走粮食五千八百五十多万斤，破坏秋禾五万余亩，牲畜损失一万多头。日军残杀我民众四千五百余人，抓去近二万人，北岳区一、五专署大部分地区成为游击区。经济和粮食方面的损失相当严重，出现了极其困难的局面。

1942年以后，敌人对北岳区实行分割“蚕食”、跃进“蚕食”和“辗转扫荡”“抉剔扫荡”，主要是企图扩大对“面”的占领，并在我区村内外，到处反复挖掘物资及粮食，破坏我坚壁起来的粮和物。我区民众对之进行了坚决的斗争。敌人进村以后，强逼让民众说出坚壁的地方，但民众坚守秘密，为此惨遭毒打或杀害者不少，造成许许多多的惨案。敌人还带着民夫，强迫他们到处挖掘，发现粮物即抢走或毁掉。这一时期正值天灾严重，而敌祸更大于天灾，民众家家无粮，多以草根树皮充饥，我区军政人员，为了解救民众的极度困苦，除实行精兵简政，开展生产运动之外，北岳区降低口粮供给标准，厉行节约，与广大民众同甘共苦。由于北岳区军民的共同努力，终于战胜了严重的敌祸天灾坚持下来。

1942年9月，晋察冀边区召开了高干会议，按照上级的指示，要求在北岳区组织全部力量，彻底粉碎敌人的“蚕食政策”，并要采取变敌占区为游击区，变游击区为根据地，坚决保卫秋收、秋征及敌进我进、向敌后之敌后进军的作战方针。此后北岳区和敌人的斗争更加激烈和残酷。

1943年9月开始，侵略军纠集了四万多人，对我北岳区腹地进行“毁灭扫荡”，乘秋收时节抢掠粮食。10月中旬到11月中旬，敌企图对走马驿、倒马关、川里、神南等一带近万亩的产稻区抢粮，我区军民同心协力快割、快收、快藏，变稻田为战场，激战多次，使敌人企图未能得逞。我们抢回八千零三十四亩稻子，占全部稻田的84%，11月中旬敌人加紧在北岳区各地抢粮，我们用地雷和飞行射击网等方法，又使敌人未能为所欲为。我们还组织了民兵力量打击其运输队，夺回了不少被抢走的粮食和物资。到12月中，敌伪损失一万多人，其“毁灭扫荡”终于宣告失败。在这次反“扫荡”战役中，我们的损失也不小。据不完全统计，敌共杀害我民众六千余人，烧毁房屋十三万间，我方损失牲畜七万多头，被抢粮食二十九万多石，被抢衣物四十多万件。虽然如此，我们这次作战得力，战胜敌人，使损失减少到较小程度。北岳区非但未被“毁灭”，而且此后敌再未敢对北岳区进行这样大规模的“扫荡”战争。但反抢粮的战争在北岳区到1944年还很激烈。是年6月行唐贾木一带我们曾设埋伏，击溃抢麦之敌五百余，毙伤日伪三十余人，俘十余人，夺回粮食万余斤。在白沙等地还曾夺回粮食五万余斤。据当时《边政导报》统计，仅在6月一个月中，抢粮反抢粮的战争达八十四次之多。

北岳区在反抢掠粮食反破坏生产力的战争中最终战胜了敌人，北岳区巍然不动。

四、武装保卫粮食生产

北岳区军民，在残酷的战争环境中，坚持粮食生产，就必须在战斗中组织农民进行生产。根据中国共产党提出的“劳力与武力结合”“战斗与生产结合”的方针，组织农民一手拿锄，一手拿枪，敌来则打，敌退则耕；快收、快打、快藏，随收、随打、随藏。这更是一种持久而普遍的粮食战。不论在北岳区的巩固区、游击、山区、平原，自 1942 年以后到处都是最紧张的劳武结合的战斗中生产的场面。

在巩固区，当日伪军进入时，民兵游击队就布置了联络哨，摆下地雷阵，配合主力军打敌人。妇孺老弱带着衣被粮食到山沟里隐蔽，青壮年坚壁粮食，散在田野一面战斗一面坚持生产。白天在山里生产，晚间到大路边生产。敌人白天“清剿”，人们就夜间生产；敌人晚上偷袭，就改为白天生产。隐蔽在山沟的老弱，也就近参加生产。倘敌人搜山，就在游击组掩护下和敌人兜圈子，使敌人到处扑空。再以 1943 年秋灵寿南沟村为例，南沟村是巩固区的边缘，是敌我斗争的第一线。东西两面山上敌人共安了七个碉堡。我军民为了坚持粮食生产把全村男劳力分为五个组，游击组负责警戒敌人，种地、播种、擦地、砘地四个组负责生产，不管是谁的地，从沟口逐步耕作，牲畜、劳力互助互换，仅四天时间即全部耕种完了。

在游击区，多是被敌人用封锁沟墙分割起来，沟里沟外不许交通。但沟外的劳力常是夜间过沟，在我村干部掩护下进行耕种。也有的沟外沟里土地互相拨种，互助互补。游击区敌人差派太重，群众就派老弱小孩前去应付，壮劳力轻易不回家，散在田地耕作。敌人强迫游击区种鸦片、棉花，群众即把他们给的籽种一部分煮死再种，使出苗不全，迫敌准予改种粮食。游击区用这样多种合法和非法的斗争形式，打击敌人，坚持生产。

在敌人血洗的“无人区”，粮食生产的斗争更为激烈。以五台县狐峪沟为例，这条沟原来有五个村，数千人口，1941 年敌人进沟杀死群众很多，其他牲畜、房屋、田园、森林俱被烧杀破坏殆尽，剩下的群众被敌人赶到敌人据点，半个月就饿死九十多人。狐峪沟从此就成了无人区。针对这种情况，边区政府就秘密派人叫群众回来，给贷款贷粮，把他们组织起来，成年人均参加游击组，一面坚持战斗，一面在极艰苦的条件下恢复生产。其中战斗英雄祁六（1944 年牺牲）曾领导群众夺回了敌人抢去的二十多头牛，又武装掩护大批群众脱离虎口。到 1944 年底，狐峪沟无人区又成为北岳区的一个生产根据地。

北岳区劳武结合对敌斗争，武装保卫粮食生产，到 1943 年以后，主要出现了四种组织形式：(1) 抢收抢种包工队；(2) 抢收抢种大拨工；(3) 劳武结合小拨工（游击组负责警戒，拨工组给游击组种地等，这种拨工比较简便，最为流行）；(4) 封锁沟墙内外的拨换工。在各种组织形式下，武装保卫粮食生产收到了很好效果。在 1943 年秋冬反对敌人进行的三个月“毁灭扫荡”中曾最大限度地减少了敌之抢掠破坏所造成的损失，扭转了军需民用的严重困难局面。

五、专卖与缉私

晋察冀边区，自全面抗战开始后，对敌区贸易采取了禁粮外运的政策。1943 年 1 月，边委会还颁布了《严禁粮食出境六项紧急措施》，再次宣布私运粮食出境，以资敌论处。同时加紧了对平汉沿线的群众缉私工作，粮食出境基本被制止。北岳区也是如此。晋察冀边区与敌区犬牙交错，很难完全根除粮食走私。而且我之物资有的是敌区最需要的物资（如小米等），敌区之物资有的更是我最需要之物资（如钞票纸、军需品、药品）。因此，后来把粮食的绝对禁运出境改为粮食专卖出口和加强缉私的政策。规定粮食的内部调剂按公平市价，专卖出口则高于市价。以二专署为例，3 月至 7 月执行这种政策，专卖出口粮食，抓住敌之空隙，获得厚利，打击了伪钞，扰乱了敌之金融。并换回不少棉布。我所需要的军需品、药品等不仅多能运输进来，而且达到了等价交换，在敌我贸易斗争上局部扭转了被动局面。这种粮食专卖与严格缉私相结合的贸易方针，从某种经济意义上讲，即成为抗战后期更深刻的粮食战的一种形式。它对伪钞的打击和获得我之紧要必需的物资都起了很大的作用。

如前所述，粮食是军需民食的命脉，北岳区在抗战时期与敌人从各方面进行的粮食战中虽然曾遭到严重的损失，但最终未被敌人搞垮，保证了北岳区的抗战，并不断在军事上粉碎敌人的各种野蛮“扫荡”“蚕食”与“清剿”。而北岳区在敌后的坚持，拖住和威胁着敌军不少兵力，对迎接抗战胜利是有较大的作用的。

（原刊于《历史教学》1985 年第 2 期）

史迪威与中国抗战

一、史迪威其人

史迪威（1883—1946）是一个比较爽直的美国军人。他为了解中国和中国抗战，曾先后几次来中国，并在中国工作十几年。史迪威第一次到中国是在1911年。第二次是1920年，他任驻北京美军的语言教官，其间曾学习了华语及中国历史、宗教、经济。继被华洋义赈会借用到山西任筑路计划总工程师，在陕西结识了冯玉祥。1923年任满回国。第三次是在1926年秋，任驻天津美军的营长。1927年美国公使馆曾派他去徐州了解南军实力，他对南方部队给予了好评。1929年4月返美。第四次来中国是在1935年。是年1月美国国务院任命他为美驻华使馆武官，6月来中国。这时他已识汉文会华语。在中国他研究了“中国的未来，日本的扩张，对美国的意义”①。为此，他从各个角度进行了考察，从华南观察到东北，从铁路沿线深入到内地。访问过李宗仁、蒋介石政府的重要官员，伪满的外交部副部长日本人大桥。观察了国民党军队的部署，搜集了张学良东北军和中国共产党第四方面军的情报，了解到南京政府对日本侵略的武装抵抗根本“没做任何准备”。他对“蒋介石的军事才能评价很低”②。七七事变后，史迪威曾六七次往返于国民党控制区与日本占领区之间，搜集军事调动真实情报。1938年以后，

---

① 《史迪威与美国在华经验》（1911—1945年），第143页。

② 《史迪威与美国在华经验》（1911—1945年），第152—153页。

他通过商震到过开封、徐州等中国许多战争区域，了解中国抗战情况。在汉口他通过史沫特莱结识了周恩来、叶剑英，认为共产党人是直率的、友好的。他去过兰州了解到苏联在军事上对中国援助的实况。武汉会战前后，他在湖南跟随中国部队转移，并到过广西桂林。12 月在重庆会晤过蒋介石。他在给美国参谋二部的报告中说："蒋介石要对其指挥中经常出现的混乱应负直接责任。"蒋介石对部下不信任，"想尽量操纵一切，而首先是保存其最好部队的实力和控制军用物资，以维持他的统治"。① 1939 年 5 月，史迪威自北平返回美国。

史迪威长期在中国工作，对中国情况的估计比较正确，对中国共产党和国共第二次合作也有比较深刻的了解②，这为他抗日时期在中国工作提供了一些条件。

二、任中国战区的参谋长

1941 年 12 月，日军偷袭珍珠港，太平洋战争爆发。12 月 9 日美国政府对日宣战。经英美参谋长联席会议提议，12 月 31 日，美总统罗斯福电蒋介石提议组织中国战区，以蒋为战区统帅。战区范围是中国和泰国、越南及缅甸的一部分。中国战区统帅与其他战区统帅不同，可不受英美参谋长联席会议的节制，权责完全自主。1942 年 1 月 5 日，蒋介石电罗斯福希指定一亲信高级将领作中国战区联军统帅的参谋长。史迪威遂于 1942 年 2 月 2 日被美陆长史汀生及参谋长马歇尔推派，充当中国战区统帅蒋介石的参谋长。因军阶稍低，即晋升为中将。他是当时对中国抗战有第一手知识，"美国高级将领中唯一能读能讲中文的人"③。3 月 5 日，史迪威到达重庆。不久，他在重庆设立了中、印、缅区美军指挥部。

在任史迪威到中国任职的命令中记载着：要史迪威任参谋团的成员，指挥参谋部指定的部队，"并任命你为中国战区最高司令的参谋长"，"你还被任命为在中国战区、缅甸和印度的美国陆军的指挥官"。在重庆"你将担任职责，这些职责将在发给你的指示信中列举"④。其究竟有哪些职责呢？现列举如下：

---

① 《史迪威与美国在华经验》(1911—1945 年)，第 180 页、194 页。

② 这里与台湾梁敬錞《史迪威事件》一书的看法不同。

③ 舍伍德：《罗斯福与霍普金斯》，第 739 页。

④ 《史迪威在华使命》，第 73—75 页。

1. 中国战区统帅蒋介石的参谋长，并指挥蒋交他指挥的援缅部队；

2. 管理维持并改进滇缅公路；

3. 指挥在中国、缅甸、印度之美军；

4. 代表美国政府出席重庆的军事会议，监督、分配美国援华之军火、武器和其他器材，指挥在印度的美国空军及由印缅出发的空军活动。

其职责是繁重而复杂的。第一项史迪威直接对蒋介石负责。第二、三项除对蒋负责外，同时对美国政府负责，并与英方作协调工作。最重要的是第四项，即他是美国总统和政府的代表，不受蒋介石管辖，直接对华盛顿负责。

蒋介石这时正竭力争取按美国租借法案的援华物资，以装备并保存其精锐，包括在缅甸的远征军，巩固他当时和将来的统治。他常指使其代表宋子文，以中国已苦战四年，如无特别补助，久撑恐已不易为由，要挟华盛顿。史迪威在华的行动对此如有违背，必遭蒋所不满。而美国这时则正打算打通滇缅路，靠中国战场消耗日本的军力和资源。待欧洲战场打败德国后，再利用中国的人力和基地对日进攻。这与蒋介石的算盘有所不同，而史迪威在华的地位，正如其自己所说的是“为保持美国利益”，执行美国的政策。他决不肯成为蒋“向美国索取他们所要一切东西的工具”①。因此，蒋、史的矛盾实际是美国政策和蒋立场之间矛盾的直接反映。

英国首相丘吉尔在这次大战中，特别强调先欧后亚，在亚洲则重视保卫印度，轻视保卫缅甸。虽然他也希望中国抗战消耗日本，但并不重视对中国的援助，不重视保持滇缅路的畅通。英国在缅甸的军队和司令官莫不以此为行动准则。这与美国也不一致，使史迪威调协美、英、蒋三者间关系的任务也很难完成。

在中国还有一个美国人陈纳德。原来他是蒋的空军顾问，中国全面抗战后他组织了“美国自愿航空队”，支援中国政府。1942 年这个航空队改隶于美国第十航空队。1943 年又成立了美国第十四航空队，他任少将指挥官。十四航空队主要攻击日本在华的空军和沿中国海的日本船舰。陈纳德与蒋介石关系很深。十四航空队对美援物资的分配，一般有优先权。而史迪威到中国，掌握援华物资的分配权，与陈纳德产生了矛盾。蒋介石依靠陈纳德，经多方活动，陈终于获得了“不通过军事渠道，直接写信”② 给总统的权利及美援分配的优先权。这就使陈纳德

① 《史迪威文件》，第 120 页。

② 《史迪威在华使命》，第 322 页。

实际上获得了与史迪威平等的地位。

这些问题及其矛盾，都是史迪威所不能解决的。作为蒋介石的参谋长，又作为美国总统在中国的代表，首先史迪威就无法使蒋介石的行动完全符合美国的要求和按美国的希望纠正其军事上的缺点。

三、参与指挥第一次缅甸战役（1942 年 2 月至 5 月）

1942 年 2 月，中国派到缅甸的远征军是第五军（军长杜聿明）及第六军（军长甘丽初）。不久又加派了第六十六军（军长张轸）。司令长官为卫立煌。另有一个参谋团（林蔚为团长，还有萧毅肃等人）负责与英军会商和指导作战。2 月初远征军开入缅甸，中旬以后仰光告急。3 月 1 日蒋介石到缅甸腊戍指挥部署。3 月 5 日蒋返重庆，史迪威也已到了重庆。8 日蒋介石任命史迪威为中国战区参谋长，并指挥入缅的中国远征军。而 7 日英缅军已失守仰光，远征军去缅的主要目标已失。11 日史迪威匆匆飞缅指挥作战，希望能收复仰光。①

史迪威到缅时，中国远征军第五军第二〇〇师（师长戴安澜）正准备扼守同古。史迪威要新二十二师（师长廖耀湘）和九十六师（师长余诏）去支援同古，但这两个师口头同意，实则按兵不动。史迪威于 17 日回重庆和蒋介石直接洽商。两天后，蒋介石始同意部队可稍南移，但要求史迪威指挥第五军、第六军只能胜不能败②，要保存中国的精锐部队。史迪威再到缅甸，同古已在激战。支援同古的新二十二师则行动迟缓，同古被围的局面日趋紧张。最后在 29 日夜二〇〇师突围，"有计划的主动撤退"③。这是史迪威所坚持反对的。史迪威无权制止英缅军在同古以西的向北退败，又指挥不动中国军队对同古的增援。所以同古会战失败。同古会战，中国军队确实保存了实力，但丧失了收复仰光的可能，并给了日军以长驱腊戍的机会。

4 月初，史迪威再到重庆交涉。蒋介石免林蔚职，任罗卓英为司令长官，史

---

① 参杜聿明《中国远征军入缅对日作战述略》，《文史资料选辑》第八辑，第 213 页。

② 参《史迪威文件》，第 64 页。

③ 杜聿明：《中国远征军入缅对日作战述略》，《文史资料选辑》第八辑，第 23 页。

迪威指挥在缅作战。而 4 月 1 日英军已放弃普罗美，不停地后撤，却要求中国军队给打掩护，等于要中国军队接防。17 日，日军一个大队竟截断了在仁安羌的英军第一师及装甲第七旅七千余人的后路。中国军队第六十六军新三十八师（师长孙立人）用孙继光团一个团兵力，就击退了日军，为英军解了围。这是当时轰动英伦三岛的事件。后来英方对孙立人、孙继光及营长多人都授给了勋章。此后英军仍继续北撤。在东路，中国军队暂五十五师（师长陈勉吾）亦战败于罗衣考北撤。这样远征军中路在平满纳会战的计划即不能不放弃。曼德勒会战也无法再作准备。日军于 4 月 28 日从东路占领远征军基地腊戍。第六军即向萨尔温江以东撤退。这时史迪威、罗卓英对远征军完全失去了控制，出现了大溃退的局面。史迪威领着一百一十余人西撤，5 月中艰难地退入印度境内。孙立人所部掩护英军撤退，5 月下旬也到了印度。第五军、第六军余部向云南撤退，却遭逢缅甸雨季，军队要通过山峦重叠的野人山、高黎贡山，一路无供应，遭疫瘴，交通艰难，山洪纵横，官兵“尸骨遍野，惨绝人寰”①。最后一部退入云南，一部（新二十二师）在七八月间也到达印度，第六十六军沿滇缅路撤退，简直溃不成军，而高级军官和军需人员却借扣发外汇大发横财。不久，六十六军的番号即被撤销。

第一次缅甸战役失败的原因，现在看来，主要是在缅甸各方面的指挥不能统一，各层将帅指导思想上更存在根本分歧，没有坚决完整的作战计划。这当然不能均归咎于史迪威一人。而史迪威则耻于战败，后来力欲出兵收缅。

四、装备训练中国政府的军队

第一次缅甸战役之后，美国和中国政府的关系曾一时出现过很紧张的局面。原因则是：（一）史迪威对蒋介石遥控干涉缅甸战局非常愤慨，蒋介石则因史迪威不服从他的意旨也十分愤怒。1942 年 6 月底史迪威以备忘录形式，表明他对租借物资的管理是代表美总统的，蒋介石不能干预。蒋介石遂不再接见史迪威；（二）1942 年 6 月美国把第十航空队撤往中东，影响租借物资运华；（三）中国战区要求五百架飞机作战，史迪威未给申请，致得不到美国答复。这样蒋介石也就想更换

① 杜聿明：《中国远征军入缅对日作战述略》，《文史资料选辑》第八辑，第 37 页。

史迪威。因而蒋介石一面质问罗斯福对中国战场是否还“感兴趣”；另一面又扬言中国已再无力抗战，准备对日言和。为了缓和这种局面，罗斯福派居里到重庆对蒋介石进行解释。经调解，8 月 3 日居里偕史迪威同见蒋介石。史迪威请准其去印视察训练事宜，并察看英军反攻缅甸的准备。此后中美又趋缓和，遂也不再更换史迪威。史迪威即以主要力量装备教练中国军队，并准备反攻缅甸。

在印度加尔各答西北的兰契，装备训练中国军队三十个师的计划，是蒋介石 4 月间原则上同意了的。此时蒋介石已决定对退入印度的中国远征军所部在兰契装备、补充、训练。史迪威是教练营的长官，罗卓英副之，波特诺为教育长。装备教练由美国军官负责；纪律、后勤由中国军官负责。成立了中国驻印军总指挥部。8 月下旬开训。史迪威早有一种“中国士兵是极好材料”①，而中国军官特别是高级军官都腐朽笨拙的偏见，因而在教练营采用“建立殖民地式的军队”② 的方式，打算把全部营长以上中国军官全易为美国军官。这遭到中国军人的坚决反对。后改为把美国军官统名为各级联络官。罗卓英调回后，1943 年春，派郑洞国去印，又将在印中国部队统编成立新一军。郑洞国为副总指挥。各级部队补充兵员均由国内空运到印。1944 年初又将新三十师空运到印，归新一军建制。复再运五十四军两个师，计在印度受装备、训练的中国军队前后共六万多人。③

由史迪威主持，受美国装备训练的军队，在国内还有蒋介石指定的其他部队。地点在昆明，又设立了训练中心，由美人多恩上校负责，代史迪威处理一切。训练对象是营级以下军官和一部分士兵。他们受训六周，毕业后回部队学校，任教官再全面训练。蒋介石称之为“军事委员会驻滇干部训练团”。至于受美械装备的各军的军、师、团级干部都要到兰契接受一次训练。在昆明训练和接受美式装备的中国政府军队前后共十二个军。④ 在这些军中美国都曾派有联络官。1944 年史迪威在桂林还设立了步兵训练中心，大体与昆明相同。由林赛在桂林负责，目标又是另一个三十个师，计划在打通中印交通后装备。原打算还有第三个三十个师的训练，在 1945 年初训练好。虽然这些计划有的完成了，有的刚开始或正在筹备，但计划规模庞大，要得到的美国的装备数量也很多。后因史迪威调回，这个计划即处于半停顿状态。

---

① 《史迪威与美国在华经验》，第 194 页。

② 郑洞国：《中国驻印军始末》，《文史资料选辑》（八），第 79 页。

③ ［英］琼斯等：《1942—1946 的远东》（上），第 246 页（此数字系估计的）。

④ 宋希濂：《远征军在滇西的整训和反攻》，《文史资料选辑》（八），第 61 页。

史迪威在装备训练中国政府的部队时，他与蒋介石的矛盾，与东南亚司令部的矛盾、与陈纳德的矛盾，都更加复杂或更尖锐起来。

1943 年 9 月 16 日史迪威第一次建议蒋介石使用国民党和共产党的军队共同进攻日军。提到要对共产党和其他参加进攻的部队，拨给一些积存的武器。具体就是指第十八集团军、傅作义的三十五军、邓宝珊的二十二军，使之从中国西北进攻日军。这是蒋介石所不能容忍的。因此，蒋介石在十月间便以中国军人在训练中对史迪威十分不满为理由，再次要求撤换史迪威，给史迪威很大压力。但蒋介石这时正准备去开罗，与罗斯福、丘吉尔举行会议，还有求于史迪威为他准备提案，替他说话，便由宋蔼龄、宋美龄作好作歹，蒋介石转了个弯，与史迪威表面又合作起来。而在开罗会议以后，史迪威的政治顾问戴维斯通过罗斯福又向蒋介石提出要在延安设立军事观察组。这件事，更使蒋介石愤恨史迪威。虽然 1944 年夏终于办成了这事件，而蒋与史迪威的矛盾已犹如水火不能相容。在东南亚战区中，史迪威与蒙巴顿在进攻缅甸问题上有分歧，又与英国第十四集团军司令官斯利姆不睦，要求脱离这个司令官指挥。1944 年 6 月蒙巴顿遂向美英参谋长联席会上提出免除史迪威在东南亚司令部副司令官的职务，专职中国战区。史迪威训练中国军队主要是要打缅甸。陈纳德却要求给他增拨物资的吨位，史迪威对此不重视，更不理睬陈纳德重视空军的意见。他们之间的关系也日益紧张。而在这样的时候，第二次缅甸战役已经展开了。

五、热心第二次缅甸战役（1943 年 11 月—1944 年 8 月）

反攻缅甸，打通支援中国的陆路交通线，这是一个重要问题。在这个问题上，中、英、美各有不同的意见。1943 年 11 月开罗会议上，在罗斯福坚持下，丘吉尔勉强同意了进攻缅甸的两栖作战计划（进攻安达曼群岛的作战计划），遂后告诉了蒋介石。12 月初，由于英国人认为这样会影响在欧洲开辟二战场，又把这一计划放弃了。蒋介石对此不满，认为只在北缅发动反攻，试图打通从印度经北缅到中国的陆路交通，会使他在云南刚接受美国装备的部队再做一次大的冒险。美国则愿意给予一些陆军帮助和英军的配合，应先用美式装备的中国部队进行北缅的作战。史迪威执行的是美国最后决定的方案。蒋介石则以必须有两栖作战缅甸战役才能成功为口实，不愿发动北缅战役。到 12 月 18 日蒋介石才同意由驻印的中国部队在北缅发动反攻。这就是第二次缅甸战役。

从印度向缅甸反攻，须一面修路一面进攻，比较困难。开始，史迪威实际上就使用了新三十八师孙立人的部队，配合了美国两个工兵团和中国一个工兵团。11 月间在胡康河谷即进行艰苦的修路和反攻。继而又投入二十二师廖耀湘的部队。到 1944 年 3 月初始占领孟关。这期间美国军队投入了一个团，战斗是不利的。3 月底，将胡康河谷肃清，给日军十八师团以严重打击。接着驻印中国部队就反攻孟拱河两岸谷地。这里的日军顽抗以待雨季到来。中国军队奋力前进，屡战屡胜，还援救了配合进攻孟拱的英军。7 月间，中国军队即开始扫荡孟拱到密支那的公路，与攻击密支那的新三十师会合。新三十师一部归由美国军官率领的先遣支队指挥，在 5 月间即进攻密支那，美国军队有一个旅，但久战不胜，才连换美国指挥官，中国部队遂改由中国的军官指挥。至 8 月 3 日终于占领了密支那。这时驻印中国军队扩编成两个军，新一军继续在北缅作战，新六军（军长廖耀湘）空运回到湖南芷江。雨季过后，11 月新一军攻克了八莫。①

史迪威对北缅战役是很热心的。为了使北缅战斗得到配合与支援，他多次要求蒋介石派云南的美械中国部队出兵，渡萨尔温江上游攻入缅甸。而蒋介石为了保全实力，屡次不准。后在 5 月才调了五个师组成第二十集团军，向腾冲进攻。其他部队则组成十一集团军负责防守。实际也有一部分参加了进攻。直到 9 月 14 日才攻克了腾冲，10 月间攻克了松山。继又攻克了尤陵、芒市。1945 年 1 月 27 日，新一军与远征军在畹町附近会师。至此，中印公路（后名为史迪威公路）完全打通。

北缅战役是个胜利的战役。全歼了日军第十八、第五十六两个师团，第二、第三十三两个师团大部被歼，肃清缅北，打通中印交通。这条路的被打通，虽然运输量并不大，但究竟是对日军的一个严重打击。

六、史迪威被召回国

史迪威从 1942 年 3 月第五次到中国参与指挥第一次缅甸战役失利后，接着为

① 参郑洞国《中国驻印军始末》，《文史资料选辑》（八），第 81—89 页。

国民党装备训练了驻印的军队，在昆明一带装备训练的，计有三十个师。并准备在桂林一带装备训练第二个三十个师，还计划要搞第三个三十个师。可是装备训练过的部队，蒋介石没有用于中国抗战。1943年11月第二次缅甸战役，胜利地打通了中印陆路交通线。他的工作增强了国民党军队的战斗力，帮助了中国抗战，牵制并消耗着日军陆军力量，有利于太平洋战争。他执行着美国政府的援华政策，并完成着美国政府所交给他的任务。作为一个美国派到中国战区的参谋长，可以说是尽到了他的责任。但是史迪威始终与中国战区的统帅蒋介石矛盾重重。这是为什么呢？这固然反映了美国对华政策与蒋介石的立场存在分歧（国民党蒋介石当时的敌人“有二，一为日本，一为共产党，而共产党尤为心腹之患；美国之敌仅一，即是日本”①。），而同时史迪威对蒋介石国民党和中国的抗战也有自己的看法。史迪威说：“我对中国士兵和中国人民有信心”，而对国民党和共产党的判断则是：国民党“腐败、失职、混乱”；共产党“减税、减租、减息。提高生产和生活水平”②。对蒋介石的看法是蒋“仇恨所谓共产党，他想方设法来粉碎他们；留着提供的军需品，在日军撤退时占领他们的地区”。他“不会认真打仗。他想在沿海结束战争，获得大量供应物资，使得他的体制可以永久存在”。他“对战争中的重大损害，负有责任”。③ 而对共产党的看法则是他们是抗日的，但得不到任何武器和粮食的供应。史迪威向他上级、好友马歇尔说得更清楚：如果允诺蒋介石“控制租借法案”供应的物资，“你知道谁能得到供应，你也知道谁得不到供应”④。当时的马歇尔也主张租借法案的物资给予中国陆军，“包括共产党和国民党在内”⑤。史迪威的这些看法，一方面是他亲自体察到的，另一方面是他的政治顾问戴维斯和谢伟志所了解到的。戴维斯、谢伟志等是一些讲现实的美国人，他们不仅和史迪威印证过这些看法，而且还经常给美国政府打报告，美国的罗斯福和一些军政要员都对这些报告给予重视。这确是客观实际的反映。所以罗斯福在1944年8月23日给蒋介石的信上，根据这些情况就说过：“当敌人正向我们步步进逼到可能走向灾难的地步时，而拒绝对任何愿意杀死日本人的人给以援助，这

① 梁敬錞：《史迪威事件》，第248页。

② 《史迪威文件》，第316页。

③ 《史迪威文件》，第340—341页。

④ 《史迪威在华经验》，第485页。

⑤ 《史迪威在华经验》，第431页。

似乎是不合理的。”① 可见史迪威对蒋介石国民党的消极抗日、保存实力是不满的。面对共产党要给以物资援助则是美国当时一些公正人士的共同看法，这是从当时军事需要着眼的。在开罗会议时，罗斯福虽然认为蒋介石还有用处，但也曾认为蒋介石如被推翻，“我们应当找另外的人或一群人继续下去”②。史迪威也说过：“救治中国的纠纷，只有除掉蒋介石。”③ 而罗斯福和史迪威所指的另外的人，当然不是中国共产党，而是国民党的其他派系，所以这根本不能说史迪威等当时是亲共的。只是由于中国共产党坚决抗日，对美国战略有利，因此他们想用一些物资来援助共产党。但这是和中国抗战大局及中国人民的利益相一致的。所以，我们说戴维斯、谢伟志和史迪威，在抗战时期，是中国人民的朋友。

而史迪威有这些看法并基于这些看法所采取的行动，都为国民党蒋介石所不能容忍。

1943 年 9 月 16 日史迪威第一次提出建议，调动国共两党军队来进攻日本。如前所述，这就使蒋大为恼怒，想撤换史迪威。1944 年 6 月东南亚总司令蒙巴顿免去了史迪威后，史迪威便专任中国战区的工作。这样史迪威在中国的使命，对美国来说，就更加重要，因此：（一）1944 年 7 月 7 日罗斯福要求由史迪威指挥中国军队（包括国民党和共产党的军队，并同样供给武器和粮食），且把史迪威提升为四星上将，提高军衔。（二）9 月，不同意蒋介石对租借法案援华物资有分配权（这是蒋坚决要求的）。美国总统私人代表赫尔利答复宋子文说：“我们的财产。我们制造它，属于我们所有，我们愿意给谁就可以给谁。”（三）9 月史迪威要去延安，并要求把租借法案武器装备给予中国共产党的部队。这就使问题达到了非立即解决不可的地步。本来，要一个国家的军队指挥权交给一个外国将领，是不尊重主权的问题。但美国和蒋介石基本上在当时是一种主从关系；而且美国这一要求是对蒋失掉了信心，目的是要用共产党军队打击日军。而蒋介石对此只能是“原则赞成”。蒋认为只要在自己“直接指挥下”，由史迪威“指挥中国军队”是可以的，但共产党的部队要在外，蒋介石必须对一切军事供应物资有权分配处理。④ 并希望罗斯福派一个“富有政治见解”的政治代表到重庆具体商量。为此，美国

① 参《史迪威指挥权问题》，第 414—417 页。

② 《史迪威文件》，第 251 页。

③ 《史迪威文件》，第 321 页。

④ 参《史迪威指挥权问题》，第 414 页。

政府曾以停止对华援助相要挟，蒋介石则以单独抗战不要援助相对抗。因此罗斯福即派赫尔利为私人代表途经莫斯科到重庆来调解此事。

赫尔利于9月初到达重庆，开始他是根据罗斯福意旨进行工作的。中美双方连续会谈关于史迪威指挥中国部队，特别共产党部队的问题。蒋介石的条件还是只有共产党的军队完全服从他的政令军令后才能受统一指挥；租借法案供应的物资必须由蒋来支配控制。而且在北缅战役中，蒋介石还坚持不愿再增援萨尔温江的远征军，并还要调回一些远征军的意见。史迪威对此报告了美国政府。罗斯福在9月19日打电报给史迪威，责备蒋介石不积极援缅而要抽回远征军，要蒋对其后果“承担个人责任”，并责问他为什么还没有任命史迪威指挥中国军队。罗斯福还要求史迪威亲自把这封电报送给蒋介石。赫尔利怕这封电报会增加会谈的困难，曾劝史迪威缓交。但史迪威竟认为这个电报可使蒋介石难堪，而立即交给正在与赫尔利会谈的蒋介石。蒋介石看完电报只说了一句“我明白了”，就停止了会议。

蒋介石以这封罗斯福的电报让史迪威交给他就意味着要史迪威指挥他为借口，而坚决要求罗斯福把史迪威撤换。书面理由是史迪威没有合作的诚意，不互相尊重，没有再合作的基础。并且还以如果让史迪威仍在中国，“叛变即将发生”[①] 来威胁。当罗斯福不撤回史迪威，就会失掉蒋介石的时候，罗斯福终于同意了蒋介石的要求。10月19日，马歇尔给史迪威来电：史迪威“被召回”[②]。史迪威回国前，去谒见宋庆龄，“她哭了，她很苦恼”[③]。史迪威召回后，魏德迈接任他的职务，指挥中国军队的问题遂作罢论。

史迪威第五次到中国，共两年零八个月，对中国抗战终究还是有一定贡献的，对中国抗战的看法基本也是正确的。但史迪威不是没有缺点的人。他有些刚愎自用，不善于和人相处，有时还有殖民大国军人的习性。这些都是他的缺点和问题。但这并不是史迪威与蒋介石不可调和矛盾的根源。

史迪威被召回后，1945年5月他被派往太平洋战场考察陆军的任务和需要。6月巴克纳在攻冲绳岛时阵亡，史迪威继任美军第十军军长。日本投降，史迪威参加了9月2日在东京湾举行的日本投降的正式签订仪式。9月7日史迪威还主持了在琉球举行的日本投降仪式。后他率第十军回国。次年1月，史迪威又被任命为

① 《史迪威文件》，第336页。
② 《史迪威文件》，第345页。
③ 《史迪威文件》，第846页。

第六军司令官，负责美国西部的防务。1946 年 4 月，蒋介石正在发动内战，中国人民解放战争即将打响的时刻，史迪威在给其友人的一封信里写道：“我心里发痒，想丢掉铲子，到那里去和朱德在一起，肩上来福枪。”① 有人说这是史迪威对蒋介石的愤恨的反映，但也正反映了他对中国人民解放战争深表同情。1946 年 10 月 12 日史迪威患肝瘤逝世。我们认为：史迪威是美国一位有识之士，曾帮助过中国抗日战争，是中国人民的朋友。

（原刊于《历史教学》1985 年第 10 期）

① 《史迪威与美国任华使命》，第 527 页。

试论中国抗日战争在反法西斯的第二次世界大战中的地位和作用

一、对中国抗日战争在世界史上应当给予确当的评价

第二次世界大战以后，大家公认，这次大战和第一次世界大战在性质上有所不同。第二次世界大战，主要是法西斯国家发动的，它们“宣布侵占他国领土为自己的国策，并公开声明它们要取得世界霸权，要在全世界推行法西斯制度”①。第二次世界大战，一开始就带有反法西斯战争和解放战争的性质。

二十世纪三十年代，世界上主要的法西斯国家有德国、意大利和日本。它们自称是轴心国。它们之中，以欧洲的德国和亚洲的日本为主。反抗轴心国侵略的国家有中国、苏联，非侵略的美、英、法、荷等国和其他一些殖民地、半殖民地、弱小国家。这些国家，基于历史条件、社会条件以及所处环境的不同，参加反对轴心国战争的时间，进行战争的地域，也各自不同。但是，它们保卫自己国家民族的生存、自由、独立，反对法西斯国家的蹂躏和奴役，这个目标则是一致的。因而，这就使欧亚反轴心的战争有机地联系在一起，而构成反法西斯的第二次世界大战。

回顾历史，反法西斯的第二次世界大战，主要有中国抗日战争的战场，以英、美、法为主的西欧战场，苏德战争的战场和以美、英为主的太平洋战争的战场。

---

① 《斯大林选集》下卷，第489页。

这些战场有同一个目标，即反对法西斯的侵略势力，这样就形成了同盟国。

中国抗日战争不仅是中国的民族解放战争，而且是反法西斯的第二次世界大战的重要组成部分。中国抗日战争捆住了日本法西斯的手脚，很大地影响着西欧战场、苏德战场和太平洋战场。一九四五年八月，日本向中、美、英、苏无条件投降，中国抗日战争取得最后胜利，也是反法西斯的第二次世界大战各同盟国的最后胜利。

遗憾的是，反法西斯的第二次世界大战结束之后，至今四十年中，各国历史学家写了很多著作论述反法西斯的第二次世界大战，率多侧重论述苏德战争、西欧和北非的战争或太平洋上的战争，强调苏、美、英等国的作用，而忽视中国抗日战争在反法西斯的第二次世界大战中的地位和作用。把中国的抗日战争摆到了次要地位，甚至认为中国在反轴心的大战中，只起配角作用。我们认为这是主观的，是违反历史实际的不公正的评论。

本文即以中国抗日战争在反法西斯的第二次世界大战中的地位和作用为题，简要地加以论述和探讨，来纪念中国抗战胜利四十周年和反法西斯的第二次世界大战胜利四十周年。

二、中国战场是抗击日本法西斯的主要战场，中国军民是抗击日本法西斯的主力军

日本法西斯把灭亡中国、独占东亚、称霸世界作为它的“国策”。日本法西斯野心很大，“为了南攻南洋群岛，北攻西伯利亚起见，采取中间突破、先打中国”①。灭亡中国是日本法西斯“南进”“北进”，独占东亚称霸世界的必要条件。日本法西斯指望一个月、两个月、三个月就可以使中国灭亡。因此在卢沟桥事变以后，日本即开始了全国的战时动员，“一九三七年中，一共向中国派出兵力十六个师团，相当于当时其陆军总兵力的三分之二”②。而中国的抗日战争，从开始就“不但为了自救，且在全世界反法西斯阵线中尽了它的伟大责任”③。共产国际在

① 毛泽东：《论持久战》，《毛泽东选集》第二卷，第476页。

② 井上清等：《日本近代史》下卷，第599页。

③ 毛泽东：《和英国记者贝特的谈话》，《毛泽东选集》第二卷，第375页。

当时也向全世界无产阶级发出援助中国的号召，指出："中国人民的解放战争，是世界无产阶级和一切先进人类反对野蛮法西斯的压迫的总斗争之最重要的组成部分。"①

国民党政府和中国共产党进行抗击日本法西斯的总目标是基本一致的。但是怎样进行抗战？由于当时统一战线没有具体的组织形式和统一的纲领，因此两党的抗战路线始终不同，客观上即存在着两个战场。

中国共产党和毛泽东结合中国的实际，主张全面抗战，进行持久战争，要求自己掌握的部队进行独立自主的游击战，把游击战放到战略地位去考察，深入敌后，建立抗日根据地，放手发动群众，壮大人民力量，领导人民战争，积小胜为大胜，逐步改变敌我力量的对比，以夺取抗战最后胜利。

而国民党政府和蒋介石则主张实行片面抗战。只靠国民党军队抗战，主要打正面的正规战，不发动群众，压抑人民群众的抗日积极性，力图在抗战中和抗战胜利后仍然保持其旧有的统治。

中国共产党全面抗战路线所指导的敌后战场，一九三七年九月八路军在平型关首战告捷，歼敌一千多人以后，即在敌后展开和发动游击战争，创建敌后抗日根据地。先后在华北建立了晋察冀、晋绥、晋冀鲁豫、山东抗日根据地，在华中，新四军也建立了抗日根据地，广州、海南岛失陷以后，中国共产党领导游击队还建立了东江、琼崖根据地。根据一九三九年九月日本华北方面军的战事月报记载，华北各地，每日平均交战四十二次，每日平均毙伤日军约五十人。② 这说明敌后各抗日根据地都是在每日每时与敌人激战中成长起来的。日军虽在中国占领了很多地方，但根据日军华北方面的材料记载，在华北他们"只能守备政治和战略要点、后方主要交通线、铁路沿线"的十公里的地方，并不断要和游击队激战，③这也就是日军在占领区已广泛地被捆绑起来，日本法西斯"三月亡华"的指望，只不过是一种梦呓。一九四〇年八月二十日到十二月五日，八路军在华北发动了"百团大战"。这次战役大小战斗一千八百二十四次，共毙伤日伪军二万五千八百余人，使石太、平汉铁路停运了一个多月。这次战役给日军很大打击，在国际上冲破了远东慕尼黑的阴霾，在国内坚定了全国人民抗战的信心，提高了中国共产

① 《共产国际执行委员会主席团告国际无产阶级宣言》，《群众周刊》第二卷第十期。

② 参见《华北治安战》上卷，天津人民出版社1982年版，第125页。

③ 参见《华北治安战》上卷，第65页。

党领导的军队的威望。这一时期，中国共产党领导的军队已发展到近五十万人，各敌后抗日根据地已发展到约达一万万人口的广大地区。连研究战史的日本人也都认为这时在华北地区“共军无论在质量上、数量上均已形成抗日游击战的主力”，“占领区治安肃正的主要对象自然是中共势力”。①

一九四一年以后，日军的华北方面军“全力以赴，采取措施”② 要“剿灭”八路军，把华北作为其“南进”的兵站基地。对华北敌后各抗日根据地进行了大规模疯狂的“扫荡”。据统计，一九四一年和一九四二年，日侵略军对华北敌后抗日根据地的“扫荡”，千人以上的就有一百七十四次之多，使用兵力达八十三万三千多人次。其中一九四一年八月到十一月对北岳区的大“扫荡”竟用了十万兵力。同年，对太行、太岳都进行了残酷的“扫荡”。一九四二年春，对晋西北、大青山进行了长达八十四天的“扫荡”。同年，对冀中区进行了所谓“五一大扫荡”。同年，还对晋东南进行了所谓“毁灭扫荡”。这些“扫荡”都十分残酷，每次“扫荡”都残害群众一万人到五六万人之多。这一时期，虽然华北敌后根据地缩小了，八路军人数也减少到三十万人，但反“扫荡”战争粉碎了敌人的进攻，使华北远未能成为其兵站基地。一九四一年，侵华日军总数平均为六十五万人，八路军、新四军等就抗击了它的四分之三，计四十八万人。一九四二年侵华日军总数减少了十万人，而华北则保持在二十五万人以上，共产党的部队，仍抗击侵华日军总兵力的百分之六十五左右。③

国民党战场，由于国民党执行的是片面抗战路线，卢沟桥事变以后，在华北的平绥、平汉、津浦各线，曾失掉了大片国土。但正面战场的国民党军队还是进行了不少战斗的。“八·一三”事变后，蒋介石曾调七十万军队，包括仅有的一点空军防守上海。战斗激烈，相持了三个月。一九三七年十一月十一日日军才把上海攻了下来，损失了五万多人。上海失陷后，国民党以重兵守南京，日军想在南京附近击溃国民党军主力，给国民党蒋介石一大棒，迫其投降而结束战争。但这一棒落了空。十二月十三日南京撤守，国民政府已宣布迁往重庆，而实际上政治军事重心搬到了武汉，宣布要长期抗战。日本法西斯三月亡华计划，在正面战场上也破了产。一九三八年春正面战场的徐州会战开始打响。而台儿庄一役，日军

① 《华北治安战》上册，第216页。
② 《华北治安战》上册，第376页。
③ 《华北治安战》上册，第357—358页。（按：此际侵华日军最多时为日军总数的百分之九十四）

大败，死伤万余。整个徐州战役日军伤亡达三万多人。一九三八年六月开始，日军在畑俊六的指挥下，使用“约有四十万久经作战的部队，参加了进攻，目标是汉口”①。这是日本法西斯给国民党蒋介石的第二大棒，再图迫其屈服。国民党蒋介石曾以百万大军保卫武汉，作战四个多月，在武汉前线，日军伤亡近三万人。日军还动用了关东军两个师团，其进攻总兵力约合日本当时总兵力的百分之七十以上②，由此日军才在十月二十五日夺取了武汉。同时期日本陆海军还配合着占领了广州。但是国民党政府在武汉失守后正式搬到了重庆，其军事指挥中心则转移到湖南，继续抗战。这显示了日本法西斯想要在中国速战速决，在正面战场也是不可能的。虽然南京陷落后，德国大使陶德曼作中间人，曾谋求蒋介石与日本法西斯妥协，但蒋介石的条件只能降到恢复卢沟桥事变以前的状态。这根本不能满足日本法西斯的胃口。所以，总的说来，从七七事变到武汉失守，国民党抗战“是比较努力的”。这样就“比较顺利地形成了全国军民抗日战争的高潮，一时出现了生气蓬勃的新气象”。③ 武汉失守后，虽汪精卫投敌，但蒋介石没有投敌。日本侵华军从七七事变到武汉失守，已伤亡四十四万七千七百余人。④ 日本法西斯在经济上的消耗和损失相当重大。从此，日军已不能对正面战场再发动全面的重大的进攻。

一九三九年和一九四〇年，虽然国共两党摩擦加剧。日本侵略军也企图积极利用“国共相尅的时机解决中国事变问题”⑤。国民党在一九三九年冬和次年春发动了第一次反共高潮，一九四一年初又阴谋制造了“皖南事变”，但终都被中国共产党人所粉碎。而日本法西斯，为迫蒋投降，其侵略军在这一阶段并没有停止在局部地区对国民党军队发动进攻，并一再加紧了对中国的全面封锁。一九三九年夏，日本侵略军进攻湖北襄樊、江西南昌；秋，又有长沙会战和粤桂边境的激战；而到冬天，国民党军队在几个战线上进行了反攻，“表现了从未曾有过的战斗意志”⑥。一九四〇年五月枣阳争夺战，张自忠将军战死；十月有恢复南宁的战斗。一九四一年春天，日本侵略军在广东沿海地区大肆抢掠粮食物资；四月，又攻浙

---

① 参见《远东国际法庭判决书》。

② 井上清等：《日本近代史》，第603页。

③ 《论联合政府》，《毛泽东选集》第二卷。

④ 《中国手册》（1937—1945），第300页。

⑤ 《华北治安战》上册，第219页。

⑥ 《华北治安战》上册，第126页。

江、福建，抢掠了大量粮食物资；五月，更以五万兵力进攻中条山，打垮了国民党军队二十五万人；但九月在日军大举进攻长沙，图夺湖南产稻区时，第九战区与第六战区配合作战，即迫日军在十月初全速撤退。这一时期国民党抗战虽然不积极，但还有能力抗战，牵制了日军二十多万部队。一九四二年，中日在华中进行了浙赣战役，除破坏了这一地区国民党军空军基地、掠夺了粮食物资外，最后还是退回到原驻地。

这就是从一九三七年七月到太平洋战争爆发前后的中国战场的主要情况。那时的中国，是抗击日本法西斯的唯一的战场，中国在单独抗击日本法西斯的侵略。这四年半的时间中，日本把主要陆军力量大都投入中国战场，而这些力量几乎全部被中国军民捆住了手脚，失去了行动的自由。这时，中国共产党领导的军队和群众已成长为中国抗战的主力，而国民党正面战场也消耗和拖住了大量日军。这完全是无可争辩的事实。

一九四一年十二月八日，日本法西斯偷袭珍珠湾，太平洋战争爆发。开始时美国失去了制海权和制空权，日本法西斯在南洋疯狂一时。日本的兵力是怎样部署的呢？当时日本的全部海军力量和空军主力都投入太平洋战场。但在陆军方面，派往南方作战的陆军仅占日本陆军地上部队约百分之二十，计十个师团和三个混成旅团。而日本“最精锐的兵力十三个师团和二十四个混成旅团及航空部队五十六个中队”还驻在中国东北，防御和伺机进攻苏联。日军“二十一个师团和二十个混成旅团及十六个空军中队”则仍置于“中国派遣军总司令部”指挥之下，继续对中国作战。① 可见，抗击日本法西斯陆军主力的，不论在质量上还是在数量上，这时仍然是中国抗日战争的战场，日本侵略军对中国战场也是十分重视的。这时日本华北方面军认为“华北的国防资源及交通线的确保，其重要性更加增大，这已成为方面军的半个使命”②。日本参谋本部则认为“对华处理问题始终要积极迫使蒋政权屈服”，必要时也要设想进军重庆。可见，日本法西斯这时仍以征服中国作为他南侵的基础。日本侵略军在一九四二年和一九四三年，对华北敌后抗日根据地仍在不断进行残酷“扫荡”，对西安和四川则准备大举进攻。这正是他们这种指导思想的反映。而一九四三年中国抗战的形势，已在战斗中发生了转化。由于中国共产党的整风和生产运动，八路军、新四军等部队抗击日本侵略军的行动，

① 井上清等：《日本近代史》下册，第 642 页。

② 《华北治安战》下册，第 3 页。

更加主动活跃。连日本人也承认，一九四三年夏季以来“中共活动再度激化，治安急剧变坏。治安区又相应缩小”，“日军不集中较大兵力，便更难以活动了”。①一九四三年日本侵略军进攻西安、四川的计划也因其兵力不足而告流产。这种情况完全可以证明中国抗日战争的战场在太平洋战争以后仍然是抗击日本法西斯陆军的最主要的战场。英国不仅认识到中国抗战可以减轻其在远东的很大压力，而且还需要中国军队到印度支那去支援。国民党派远征军去缅甸，就是应这种需要。当时美国总统罗斯福对此有深切的认识。他曾告诉他的儿子：“假如没有中国，假如中国打垮了，你想一想，有多少日本师团的日本兵可以因此调到其他方面来作战。他们可以马上打下澳洲、打下印度。他们可以毫不费力地把这些地方打下来，他们并可以冲向中东……和德国配合起来，举行一次大规模的夹攻，在近东会师，把俄国完全隔离起来，吞并埃及，切断通过地中海的一切交通线。”② 由于中国抗战处于这种重要地位，所以罗斯福一再坚持中国应为世界四大国之一。

一九四四年以后，在华日军虽然日益增多，但其战斗力已经下降。日本陆军新征的兵员虽多，但缺乏战争的锻炼和经验，素质很差。一九四四年在华日军为七十三万人。一九四五年为一百零八万九千人，其中尚不包括关东军。战争的形势与前已大有不同了。

一九四四年春，各敌后抗日根据地开始了局部反攻，到一九四五年四月，中国共产党第七次全国代表大会前夕，中国共产党领导的八路军、新四军及东江、琼崖游击队，已发展为九十一万人，还有二百二十万民兵。敌后抗日根据地已经发展到十九个，而且都壮大起来，人口总数已达九千五百万人。敌占区的主要大中城市和铁路交通沿线已都处于人民抗日部队的夹攻之中。据统计，中国共产党领导的部队在一九四四年抗击日军四十七万人，占侵华日军总数的百分之六十四；一九四五年抗击七十五万八千人，占其总数的百分之六十九。而侵华日军已处于完全被动的地位。从华北方面来说，当时日本侵略军也供认，日军在华北占据着三个特别市（京、津、青岛）和四百个县，除了三个特别市以外，只有七个县（占百分之一点四）“治安”良好。其他百分之六十六点九（二百九十五个县）“治安”已极不稳定。百分之三十一点五（一百三十九个县）完全被共产党的部队所

① 《华北治安战》下册，第340—341页。

② 伊里奥·罗斯福：《罗斯福见闻秘密》，新群出版社1951年版，第49页。

控制了。[①] 可见，中国抗日战争大反攻，最后驱逐日本侵略军的形势，这时已经出现。

一九四四年以后，对国民党正面战场，日本侵略军又发动了大规模进攻。由于日本法西斯在海上失利，因而企图打通从新加坡经中国到朝鲜的大陆交通线，并在华中、华南摧毁某些中美空军基地。于是日本又抽调兵力，先进行河南战役打通平汉线，后进行了湘桂战役打通华中到印度支那的交通线，并进攻广东打通粤汉路。在湘桂战役过程之中。中国失掉了一百四十六个县城、七个空军基地及三十六个飞机场。但这只是一个方面。另一方面，这次战役，给日军的消耗很大。日军在湘桂前线作战的第十一军，其战斗力在战役之后，已不能与一九四四年以前的一个师团相比。“一个师团只相当于一个联队战斗力。”组成不久的日军的第六方面军，总的战斗力已到了尽头，以后想让第六方面军再攻芷江空军基地和老河口地区，第六方面军参谋人员即提出：要打芷江，就须放弃桂林；并提出了收缩战面放弃广西的意见。日侵略军三十四军防卫着武汉要地，是久经战斗的日军主力，这时已“自给物资收集困难”，而“紧急军需物资的运给”已不足过去的五分之一了。在粤桂前线作战的日军主力第二十三军，战后又要转去上海作对美的战备。而其兵力已损失大半，从二十军拨调了两个师团，才补足了兵力。这都体现出日本侵略军已经是强弩之末，后勤方面的供应也已到了枯竭的地步。所以，一九四五年春，日本法西斯的中国派遣军总司令冈村宁次想孤注一掷图攻四川，以加强对美的战备。连其第六方面军的作战主任参谋，也认为“向重庆进军，实在毫无道理”。最后日本大本营也未同意冈村的这一计划。[②]

特别是一九四四年夏，日军在河南占领了一些地区。七月中国共产党即命令其部队进入河南，并命令冀鲁豫派一部分兵力建立豫东根据地。湘桂战役正在进行中，一九四四年九月一日毛泽东又决定派王震、王首道率部队挺进华南建立根据地。这尤其使日军感到很大威胁。日军认为，他们只要占领一处，这一处马上就有共产党军赶到，使他们感到无比的困难和苦恼。

一九四四年和一九四五年的这种态势，表明中国抗战正处于大反攻前夜，取得胜利，已仅是时间问题。国民党战场也拖垮了日本侵略军，使之不可能作有效的对美战备。一九四五年，侵华日军为一〇八万多人，连同关东军七十多万人，

① 《昭和二十年（1945）的中国派遣军》第一卷第一分册，第1123页。

② 参《昭和二十年（1945）的中国派遣军》第一卷第一分册，第103—116页。

在华日军共约一百八十万人。日本本土还剩下刚刚拼凑的陆军二百万人。中国抗日战争还在抗击着日军陆军总兵力的近二分之一。中国抗日战争的所有军事力量，正是抗击日本法西斯陆军的主力，自不待言。

可见，中国抗日战争在反法西斯第二次世界大战中自始至终都居于最重要地位，中国军民一直是抗击日本法西斯的主力军，是抗击日本法西斯陆军的最重要的、起决定作用的力量。

三、苏联对中国抗战援助政策及苏联对日宣战的作用

一九三七年八月中苏签订了《中苏互不侵犯条约》，这是对中国抗击日本法西斯战争给予的道义上的支援。从一九三七年八月开始到一九四〇年，苏联先后给中国援助的是中国抗战急需的飞机、大炮、坦克及其他武器、弹药、运输工具和燃料，计值三亿多美元。1937年以后，苏联即对中国派出了军事顾问团帮助中国抗战。一九三八年苏联名将朱可夫曾被派到中国，一九四〇年还派出了以著名将领崔可夫为首的军事使团，对中国坚持抗战都有帮助。苏联在一九三八年曾支援中国轰炸机、驱逐机达一千架，苏空军志愿队队员达二千人，打击了日本空军和舰只，在中国战场上立下了功勋，其中有包括库里申科和赫曼诺夫在内的一百多人为中国的抗战而献出了生命。这是中国人民应永远铭记在心的。

但苏联和斯大林在援助中国问题上也存在着严重问题。因为斯大林对中国的政策是根据苏联本身需要和苏联本身战略要求出发的。所以他们的方针是只援助国民党和蒋介石，而不援助中国共产党。斯大林对中国抗日力量做了错误的估计。他觉得只有国民党拥有抗日的军事力量，且能得到英美的同情和援助。而中国共产党还“太孱弱”，不能领导中国抗战，在中国也不能短时间把群众争取过来，又根本得不到英美等国的同情和援助。① 一九三八年八月，日本关东军曾进犯苏联在远东的哈桑湖（张鼓峰）地区，一九三九年八月日军对合勒欣河（诺门坎）地区又发动更大规模的进攻。日军都被苏军击退，日本法西斯尝到了北攻苏联的苦头，也提高了苏联对日军进攻西伯利亚的警惕。斯大林害怕在未来苏德战争打响

---

① 崔可夫：《在华使命》，第6页。

后，日本在远东发动进攻，苏联陷于东西两线作战，而希望中国的抗战能长期拖住日本。但他还只是认为蒋介石的力量才能拖住日本。一九四〇年他派崔可夫到中国主要任务就在于此。而蒋介石则希望苏联与日本开展大规模的战争，以减轻他本身的压力。而事实上，一九三八年到一九四二年，使日本法西斯侵华的军事力量陷于中国战争不能自拔的主要是中国共产党领导的人民战争，是各个敌后抗日根据地。甚至在苏联最艰难的时期，使日本依旧不能进攻苏联的，也正是中国共产党领导的中国人民的生命和鲜血。这种客观事实，也是无可争辩的。

一九四一年六月到一九四五年五月，在苏德战争中，苏联与英美等国结成了反轴心国家的同盟。苏联在反击德国法西斯的战争中处于最重要的地位，牺牲了二千多万人的生命，遭到极严重的破坏。苏联红军和人民是抗击德国法西斯的主力军，最后终于在一九四五年五月战胜了德国法西斯，迫使世界人民的头号强盗希特勒自杀，德国无条件投降。对世界历史的进步，贡献是很大的。

但苏联对在亚洲战败日本法西斯究竟有多大贡献，则是一个值得研究的问题。斯大林提出参加对日作战的问题，是一九四三年十月在莫斯科美苏英三国举行外长会议的时候。十月三十日在克里姆林宫告别宴会上，斯大林特意告诉赫尔，苏联将在德国失败后参加对日作战，没有提出任何条件。① 这年十一月底，美苏英三国首脑在德黑兰举行会议，斯大林告诉罗斯福："一旦德国被彻底打败，苏联将与盟国一起作战。"只提出苏联要库页岛南部和千岛群岛，在适当的时刻再提出他的"要求"。② 一九四四年十月，斯大林、丘吉尔、美国驻苏大使哈里曼、美国驻苏军事顾问迪恩，在莫斯科举行会议期间，迪恩问苏联参加对日作战的时间，斯大林才明确答复说："苏联有六十个师在远东的时候（当时只三十个师），如果美国对这支军队肯帮助所需物资供应，同时苏联的参战在政治获得的结果能明确化的话，苏联就可出兵。"③

一九四五年二月召开了美苏英三国首脑参加的雅尔塔会议。斯大林、罗斯福征得丘吉尔同意成立了关于苏联对日作战的秘密协议。这一协议，众所周知，也损害了中国的主权。而协定末尾还写明"苏联方面表示准备和中国国民政府签订一项中苏友好同盟协定，以其武力帮助中国达成自日本枷锁下解放之目的"④。

---

① 《赫尔回忆录》第二卷。

② 波伦：《历史的见证》，第 243 页。

③ 迪恩：《奇异的同盟者》。

④ 《雅尔塔协定》，《近代对外关系史资料汇编》下卷二分册，第 204—205 页。

一九四五年八月十四日，《中苏友好同盟条约》正式签订。中国政府是用领土、主权换得的苏联的对日宣战，国民党政府所得到的，确实是一个“照会”，苏联书面向国民党保证，苏联对中国的一切援助“完全供给中国中央政府即国民党政府”，而这时日本就要正式无条件投降了。

苏联对日宣战，出兵中国东北是八月九日零时，而在八月十日上午日本政府已决定接受《波茨坦宣言》，并已由内阁通过尼泊尔和瑞典向同盟国发出了照会。因此当十日上午十一时十五分日外相东乡接见苏联大使马立克时，马立克交给东乡的是一份苏联的宣战书，东乡交给马立克的是这一照会的一份副本。这个时间仅距苏联对日宣战不到三十六小时。日本同盟社也向全世界广播了这个照会。

苏军在东北作战是顺利的。一是由于苏军准备充分，二是因为当时日本“关东军已经不是一个能抵抗俄国进攻的像样的部队了”。关东军的“一些精锐师团在一九四四年不是调往前线，就是调回防卫日本本土。虽然它们已由后备师团接替，但这些后备师团战斗力弱，装备差”。① 苏联对日宣战，在日本朝野原不是一件出乎意料的事，因为苏联政府已在一九四五年四月五日通知了日本驻苏大使左藤，一九四一年四月所订立的中立条约期满后不再延长。莫洛托夫向左藤解释说，五年期限之内不会恢复订约前的状态。而未来苏联终将要对日作战，已经很明显了。但是在这一时期日本还想通过苏联斡旋取得较有利的条件，结束战争。一九四五年七月十二日，日本天皇任命近卫为特使去苏联执行这一任务。近卫曾三次通过外交途径要求苏联同意他前去莫斯科，完成这一任务。② 最后一次是七月二十五日，提出日本政府将对苏联政府付出相当高的代价。不过这时日本的败局已定，且苏联已对盟国完全承诺了对日作战，所以日本政府吁请斡旋的要求，均遭到苏联政府拒绝。③ 一九四五年八月九日苏联对日宣战，当然对日本来说也是一个打击。

苏军开进东北，第一周是作了战的，尔后就是日军退却。但到后来又转入抵抗，到八月二十三日关东军即向苏军全部投降了。所以说苏联对日宣战出兵东北，对日本投降只能说起了较大的促进作用，而根本不能说起决定作用。因为日军的不能再战，只有投降。在长期战争中，特别是中国的长期抗战中，已被完全拖垮，

① 加濑：《亏蚀》，第238页，及《东乡国军际事法庭证词》。

② 远东军事法庭：《笠原幸雄（关东军参谋长）证词》。

③ 国际军事法庭：《左藤证词》和《证物》。

其人力物力都已枯竭，这才是日本法西斯无法再战的决定因素。

虽如此说，苏联对日宣战，仍是对中国抗日战争的一次援助，对战败日本法西斯有一定作用。苏联出兵东北，在战斗中曾歼日军八万多人，苏军也伤亡了三万二千多人。这些苏军将士为最后打败日本法西斯献出了自己的生命和鲜血，中国人民对他们是要纪念的。

四、美英对中国抗战的政策，太平洋战争对战胜日本法西斯的作用

英美对中国抗日战争，一面表示同情，另一面又标榜“不干涉”“避免卷入”“完全中立”。这种两面政策，是想绥靖日本，守住他们的在华利益。既希望假日本之手镇压中国人民的革命力量，又希望中国拖住日本，在抗战中削弱日本的实力。同时，英美对日本法西斯一直纵容并帮助，还想使日本的炮口指向苏联，使苏日在战争中两败俱伤，“坐收渔人之利”。一九三七年八、九月间在布鲁塞尔会议上英美都做过这种表演。而中国政府蒋介石则对其代表团明确指示，要竭力维护九国公约，竭力追随英美，并鼓励苏联武力对日。一九三七年九月，美国公布对中日两国在贸易上都实行“现款自运”的规定，这一规定实质上帮助了富强而运输能力大的日本，而大不利于贫弱而又被封锁的中国。一九四〇年以前，日本的重要军事物资，石油、钢铁、废铁、铜合金、机器、飞机、汽车等大都是从美国输入的。一九三八年美国对日输入的作战物资竟占日本侵华战争全部消耗的百分之九十二。同期，英国及其自治领、殖民地也向日本输出不少作战物资。实际上英美成了日本侵华战争最重要的作战物资的供应者。美国对中国政府在这一时期也给了一些数量不大的贷款，据统计总共有八笔，计二亿九千七百八十万美元，主要是为了维持国民党政府在经济上不致崩溃，使之能维持抗日局面而已。由此可知，太平洋战争以前，中国一直是独自抗击日本法西斯的。英美对中国的援助远不如苏联。

一九三九年二月四日日军宣布封锁珠江，十日侵占海南岛。三月三十一日日本更宣布占有中国的南沙群岛。同时日本大肆叫嚣建立东亚新秩序，其“南进”野心开始暴露。但英美还尽力想与日本妥协，避免在太平洋上的正面冲突，并想把日军战争矛头引向苏联，而策谋搞“远东慕尼黑”。一九三九年六、七月间，英

国驻华大使卡尔向蒋介石提出与日本讲和的条件。条件内主要是中国放弃东北，中日在华北“经济合作”和取缔反日活动。并声言为解决中日问题要召开“远东国际会议”（“太平洋会议”），要把中国变成捷克，以求得他们和日本法西斯的妥协。一九三九年九月一日德军闪击波兰，三日英法对德宣战，欧战爆发。次年四月德国法西斯出兵北欧占领了丹麦、挪威；五月，在西欧，德军把英、法、荷、比军主力击败；六月，意大利法西斯参战，同月法国向德国投降；八月德国准备渡海征服英国。美国则积极支持英国抗击德国。

欧战爆发以后，九月四日日本阿部内阁发表声明：“日本帝国将专致力于‘中国事变’的解决，而不介入欧战。”当然这不是日本法西斯真实的意图。当时日本朝野都认为这是日本南进的千载难逢的好机会，特别是在西欧德军“闪电战”不断取得进展的时候，日本打算南进更是到了手痒难耐的程度。所以，一九四〇年七月十六日近卫二次组阁，在二十七日所确定的《基本国策》中即提出：“迅速解决中国事变问题，同时抓住有利时机解决南方问题。”在所通过的《应付世界新形势的时局处理纲要》中，更是这样确定的：“军部支持近卫二次组阁，主要是要定下向南加紧动手的政策。”① 这才是日本法西斯的真正打算。这一纲要是日本政府列入国家机密的重大决定。但是日本法西斯所以未敢立即动手去利用这个“南进的天赐良机”，就是因为日本总摆脱不了、解决不了“中国事变之困扰”。② 可见，推迟日本在太平洋上与英美开战时间的，正是中国的抗日战争，这对英国，还对美国，在欧洲抗击德国法西斯，总是有利的。如果在德国闪击西欧之际，日本在太平洋上又大举夺取英美的地盘，更要使英美顾此失彼，没有回旋余地了。

一九四一年十月十六日日本近卫内阁辞职，东条英机组阁。这时日本发动太平洋战争的准备大体已告成熟，而且一向缺乏石油的日本，这时也仅仅存有平时两年用的，在战时仅够十来个月用的石油，战争的发动已不能再拖了。所以，一九四一年十一月五日日本在御前会议上决定在十二月上旬向英美宣战。

一九四一年十二月八日，日军偷袭珍珠港，同时轰炸了威克岛、关岛、马尼拉、新加坡、香港等地的英美军队，太平洋战争爆发。在太平洋战争广阔的战场上，日本法西斯投入了海军的全部，航空部队的二分之一，而陆军仅用了五分之一的兵力。陆军的大量主力仍留在中国，不能自拔。十二月九日，国民党政府即

---

① 《华北治安战》上册，第 205、206 页。

② 《华北治安战》上册，第 207 页。

正式对日德意宣战。此后中国和美英结成了盟国。美国这才加强了对中国政府的援助。“中美财政借款”一笔，即有五亿美元，又给国民政府八亿四千万美元租借物资，艰难地空运到中国。这都对稳定中国政府和中国抗战有利。但是太平洋战争初期，南洋日军则取得不小的胜利。珍珠港事件的第三日（十日），日海军航空队在马来海域歼灭了英国的以最新战舰“威尔斯亲王号”为旗舰的英国东洋舰队的主力，后即完全夺得了西太平洋的制海权和制空权。到一九四二年三月间，日军先后占领了香港、新加坡、爪哇、苏门答腊、婆罗洲、菲律宾的大部分，缅甸的一部分，继而又拿下了关岛、威克岛为首的中部太平洋各岛，更远的还到达俾斯麦群岛的拉菩尔。五月初攻下吕宋岛、巴丹半岛的美军要塞，美军总司令麦克阿瑟逃往澳大利亚。所有这些胜利的获得，主要是因为日本早有战争准备，再是由于美国和英国对日本长期搞绥靖，对日本存在着能够反苏的幻想，他们对在太平洋上与日本正面冲突的准备是很不足的，即或有准备，也才开始。所以日军在太平洋上能横行一时。

一九四二年四月十八日，日本东京遭到了从美国航空母舰上起飞的美国空军的轰炸。这就使日本法西斯感到他们在太平洋战场上还需把战线扩大到新几内亚、所罗门群岛、中途岛和阿留申群岛一线，只有这样才能更好地保卫日本本土。

一九四二年六月，日本海军主力攻中途岛，结果大败，失掉了四艘航空母舰和两艘重型巡洋舰。一九四二年八月到次年二月美国反攻瓜达康纳尔岛，日军多次向瓜岛增兵，但由于美国空军海军已转居优势，日军供给力量不足，最后在瓜岛的日军全被歼灭。日军在新几内亚，在所罗门、阿图岛等处均是如此，日军不断增援少数陆军，不断被击溃，终归失败。为什么日军不大量增援陆军，确保这些地方呢？原因是他们在太平洋战场陆军兵力很不够，每次都增调不出较多的援军。这正是中国战场拖住了大量日本陆军而使其不能抽调的结果。中国战场对太平洋战场美军的转败为胜，是起过很大作用的。英军在缅甸，更抵抗不了日军。国民党派远征军到缅甸，最后在北缅，才配合盟军一起打败了日军。

在一九四三年美军完全掌握了太平洋上的制空权、制海权以后，抗击日本海军和空军的主要是美军。一九四三年四月美空军打死了日本联合舰队总司令山本五十六。同年十一月以后在特路克岛基地的日本舰船、飞机也被美军击毁。美国海空军的反攻不断获胜。一九四四年三月日本还想进攻印度，但终因制空权已在美国手中，最终攻印的日军三个师团在七月初几乎全部被歼灭。

一九四四年六月美军攻取塞班岛，登陆美军死伤达一万五千人。一九四五年二月美军攻取硫磺岛，美军损失两万多人。三月美军攻取冲绳，美国陆军和海军陆战队在冲绳八十二天战斗中损失约四万八千多人。一九四四年十月，美军反攻菲律宾，历时五个月。美陆军也损失了两万多人。这就显示着如果美军在日本本土或中国大陆登陆，和日本大量陆军作战，必将还要付出五十万以上美国陆军的生命。而日本陆军若不是陷在中国战场上不能拔出泥足，美国在太平洋上反攻的损失还不知要增加多少倍。而其后果更是不堪设想。美国三军参谋长们对此也有所预见。所以从一九四三年十月莫斯科会议时，美国即希望苏联在战胜德国后参加太平洋战争。一九四三年十一月底的德黑兰会议上，罗斯福与斯大林开始谈论苏联出兵的条件。一九四四年十月美国答应尽量满足苏联对日作战所需准备的战略物资。一九四五年二月在雅尔塔会议上罗斯福和斯大林（还有丘吉尔）竟背着他们的盟友中国，议定了有损于中国主权的秘密协定，来换取苏联对日作战的承诺。就是因为美国估计到“德国投降后还得十八个月”，才能打败日本，他们还估计“以后在日本本土登陆，将会是一场拼死的战斗”，“因此，三军参谋长急于想减少美军的伤亡，而期待着俄国人的帮助”。① “如果苏联对日开战，在美军在日本本土登陆以前，则美国可以减少二十万人的伤亡”②，那么，如果没有中国抗日战争的战场抗击住、困扰住，并进攻着日本近二分之一的陆军，太平洋战场美军又会是什么结果呢？那更简直不堪设想。中国抗日战争在打败日本法西斯中的重大作用也在这里。

一九四五年七月十六日，美苏英国家首脑召开了波茨坦会议，会议开始不久，美国总统接到华盛顿的报告，原子弹试验成功。杜鲁门把这消息暗示给斯大林。七月二十六日美英中发表了《波茨坦公告》（不久苏联也参加了），要求日本无条件投降。日本对《波茨坦公告》，只对能否保存天皇制存有怀疑，而铃木便在二十八日发表了“不加理睬，只有完成战争”的谈话。因此拖延了投降的时间，而遭到了八月六日和九日的美国原子弹轰炸。美国第一颗原子弹掷在广岛，日本因此伤亡了二十多万居民。第二颗原子弹掷在长崎，死亡七万多居民。有人认为这是日本投降的决定因素，这也是不符合实际的。日本学者即说“原子轰炸虽给日本统治层以很大震惊，军部的战意并未因此消失”③。当时，东南亚盟军最高指挥官

① 哈里曼：《特使与邱吉尔、斯大林周旋记》，第443页。
② 波伦历：《史的见证》，第244页。
③ 井上清等：《日本近代史》下册，第696页。

英国勋爵蒙巴顿“认为原子弹会停止远东战争是一个最大的错误”[①]。当然这并不是不承认原子弹有巨大的破坏力和原子轰炸对日本投降有一定的作用。但在八月九日日本政府的最高作战会议上，陆相阿南和梅津、丰田等还主张仍要继续战争，认为还有一半取胜的机会。这确不是空话。当时日本本土还有近二百万陆军和一批空军，日本国土山峦起伏又易于防守。阿南等要在死中求生，他们觉得如果美军在本土登陆还一定能给美军以重大伤亡。言外之意，美军开到了日本本土，原子弹就不能再扔，日军还可以与美军进行拼死搏斗。这怎么能说原子弹轰炸就能完全决定了日本的投降呢？所以毛泽东说“原子弹不能使日本投降”是有道理的。日本法西斯已根本没有任何力量再战，才是日本法西斯最终必然投降的决定因素。而中国抗战严重消耗了日军的力量更是这一决定因素的一个重要组成部分。但是原子弹轰炸，使日本主张接受《波茨坦宣言》的重臣们有了更新的理由，促进了八月十日日本政府开始做出即行投降的决策。这一点，也不能忽视。当然，美国在日本投掷原子弹，炸死近三十万日本居民，一直被公认是违背革命的人道主义的。

五、实事求是所可得出的结论

（一）中国抗日战争是反法西斯第二次世界大战的一个重要组成部分。使日本法西斯调不出足够力量向北进攻苏联。一九三九年欧战爆发又推迟了日本在远东向南进攻英美的时间。太平洋战争爆发后，中国抗击了日本法西斯陆军的大量主力军，减少了美英在太平洋战场上的压力。苏德战争后，也是中国抗战捆绑住日本法西斯的手脚，使日本始终不能北进，使苏联在抗击德国法西斯的困难时刻和反攻时期都没有受到两线作战的威胁。由此可知，中国战场在反法西斯的第二次世界大战中，是关系整个战局的一个非常重要的战场。这个战场关系到大战的胜负成败。

（二）抗日战争中敌后解放区不仅在极艰苦的条件下，困扰着百分之六十以上的侵华日本军，而且在抗战后期把侵华日军打到只能保持主要交通线及几个大城

---

① 《毛泽东选集》第四卷，第 1034 页，《抗日战争胜利后的时局和我们的方针》注十七。

市，形成了能驱逐日本侵华军出中国的局面，形成了完全有把握地夺取抗战最后胜利的局面。国民党的正面战场，也不但长期拖住百分之四十左右（三十来万）的侵华日军，而且进行过多次战役给日军以重大杀伤。两者相比，固然中国共产党领导的八路军、新四军、华南游击队所进行的人民战争是抗击和逐步战胜日本侵略军的决定因素，而国民党军队对抗击日军、消耗日军也起了一定的重要作用。日本法西斯之所以最后战败是因为其战时经济的彻底崩溃和军事力量逐步削弱以至枯竭，这主要是中国抗战的消耗所造成的。日本法西斯陆军力量相当顽强，而中国抗战的军队和人民则是抗击日本陆军的主力军。这连罗斯福也都承认。

（三）中国抗日战争期间，苏联对中国抗战曾给予援助。虽然这些援助都给了国民党，国民党也没有把这些作战物资的援助完全用于抗日，有的还调用到防范中国共产党方面，但这终究对中国前期抗战起过有利作用。虽然苏联和斯大林有民族利己的目的，有时还为使日本不北进，有过牺牲和损害过中国的领土主权的行为，但就全局看，苏联仍是中国抗战的助力。而在日本即将投降的前夕，苏联出兵对日作战，并不起战败日本或促使日本投降的决定作用，只起促进日本投降的一定作用。

（四）美英在 1937—1941 年，虽然表面上也支持中国抗战，但实际上在谋取牺牲中国与日本妥协，或换取日本进攻苏联。而在太平洋战争爆发以后，美国主要抗击了日本的海军和大部分空军。太平洋战场上主要是日美两国海军和空军的战争。美国确实是抗击和摧毁了日本海、空军的主力。而陆军方面，虽然日本陆军主力大部分拖在中国，但美国陆军在反攻时损失很重。如果把在中国的日本陆军主力都加上去，正如罗斯福所说的，战局在前期还会有大的不利于反法西斯大战的变化，在后期还更会有使美国陆军承受不住的损失。美国为了减轻其作战人员损失才希望苏联参加对日作战，罗斯福与斯大林、丘吉尔竟议定了有损其重要盟国——中国主权的雅尔塔秘密协定，这是很不光彩的。太平洋战争后，美国为维持国民党蒋介石政权，为了中国继续抗日，给了不少贷款和作战物资，而其数量远远不能和其援英援苏的相比。而这些援助和美军在太平洋上的反攻，对中国战场，总是支援和配合。最后，美国把新试验成功的原子弹，有两颗投掷到日本的广岛、长崎，炸死了大量日本居民。其巨大的破坏力固然有促进日本投降的作用，但这绝不是日本投降的决定因素。日本在一九四九年八月十五日正式无条件投降。三十日，麦克阿瑟到东京，他还怕日本有反复，认为是一次“最大的冒险”。但是日本此时经济、军力已经枯竭，广大人民渴求和平。九月二日，同盟国代表和日本代表在东京湾的美国“密苏里”号军舰上正式签署了投降书。从此，中国抗日战争取得最后胜利，反法西斯的第二次世界大战也取得了全面的胜利。

（原刊于《河北大学学报》1985年第3期，有删改）

美好的回忆[①]

人到老年，最乐于回忆往事，尤其那些值得回忆的往事。在回忆中，既有欣慰，也有缅怀，犹如啜饮沁人心脾的佳酿，味道无穷。《历史教学》创刊最初一年多的往事，就是一杯足以品尝的醇醴。

1949 年中华人民共和国成立后，大多数史学工作者，包括大中学历史教师、科研人员、大学历史系的学生，莫不积极学习马克思列宁主义，愿以辩证唯物主义、历史唯物主义为指导，提高教学和科研的水平。为了传播各地史学工作者在教学和科研上所取得的经验和成果，借以达到互相促进和共同提高的目的，我们几个人在 1950 年夏商议在天津出版《历史教学》这个刊物。

开始参加筹办工作的有李光璧、杨生茂、张政烺、傅尚文、孙作云、丁则良和关德栋。筹备之初，杨生茂同志向天津市军管会文教部和有关同志谈了我们的设想，得到黄松龄部长的大力支持和鼓励，并嘱天津知识书店协助出版。书店负责人李秉谦同志也曾给予帮助。《历史教学》从筹办起，就是在党的关怀下进行工作的。当时，李光璧同志任主编，其余几人为编委，大家共同征集稿件、审定稿件，在津的编委李光璧、杨生茂、傅尚文三人还负责一些校对、出版的事务，未设专职人员。

在筹备期间，党内老前辈也给予很大支持，徐特立同志给刊物题写了刊头，非常关心这个刊物的问世。

第一期《历史教学》是 1951 年 1 月由知识书店代为出版发行的。一切费用由书店垫支，编委和与编委有关的一些同志们的稿件都没有稿酬。我们几个编委当时只知热心编辑刊物，还不清楚出版工作中会遇到的困难。

---

① 论文合作者为杨生茂先生。

记得第一期出版时，第二期即须编好付印，而第一期的经费须发行结算后才能收回。知识书店印刷厂不能总是预垫经费，所以第二期编好后，印刷费却无着落了。于是编委们又自己筹集第二期的印刷费，为此张政烺同志卖了自己的包括一部二十四史的存书，别的编委有的也借了债，这才凑足印刷费。为了节省开支，第二期刊物便在一个只有一台平板机的小印刷厂印刷，印刷质量很不好。第三期、第四期也是自筹的印刷费。记得大概在五期以后，我们才懂得可以到银行贷款。人民银行给予了极大帮助。当时我们不了解实情，后来才知道天津市军管会文教部为出版这本刊物，已对银行打了招呼。编委们了解这种情况后无不受到很大鼓舞。

出版中另一主要的困难是编辑力量不足。1951 年秋，我们便想与中国史学会天津分会联合起来，扩大编委会成员，把刊物直接归属于史学分会。当时天津史学分会的负责人之一吴廷璆同志也很支持。但如何联合在一起？如何扩大编委会？如何在过渡时期立即加强编审稿件工作？当时南开大学党的负责人王金鼎同志又亲自给予指导和帮助。几乎每个月都举行一次会议，除具体商量扩大编委会的办法外，还对每期刊物的编审问题做出安排。每月编委开一次会的惯例一直坚持到现在。从 1952 年第七期起，《历史教学》月刊即成为天津史学分会领导下的向全国发行的刊物。

1951 年 1 月《历史教学》创刊后，最初只发行两千多份，仅够支付印刷费用。第三、四期以后，发行数量日益增多，到 1952 年初，已达一万多份，所有费用都可以自给了。

《历史教学》至今已出版了三十五年。回顾创办初期一年多的往事，我们深深感到：如果没有党的关怀和领导，没有广大史学工作者和读者的支持，这个刊物很难办起来，就是办起来，也很难长期坚持下去。因此，依靠和坚持党的领导，依靠广大史学工作者和读者的支持，是办好一个刊物的基本条件。1954 年《历史教学》由天津市人民政府直接管理后，编委会和编辑部的力量不断充实和加强。看到三十五年来这个刊物的发展及其所做出的贡献，我们一些创刊编委们感到莫大的欣慰。

（原刊于《历史教学》1986 年第 1 期）

同事弟子回忆文选

弟子回忆文章

“莫负年华”：恩师傅尚文先生永远的教诲

李金铮[①]

我一直珍藏着一个20世纪80年代的笔记本。本子里的内容有些杂乱，有读书札记，有对学术研究的随想，甚至还有七八页剪报。现在看，这些东西已经没有什么价值，只能当作个人学习历史的一份记录了。我之所以一直珍藏，是因为扉页上有恩师傅尚文先生的一幅题字“春风得意，莫负年华”。落款时间是1986年6月11日，那是我在河北大学从先生攻读研究生的第二个学期。当时历史系在七教一楼，中国现代史教研室平时空着，我就在那里学习。这天先生来这里与我谈话，说到传统文化的继承和弘扬问题。我知道，先生这一辈学者大多有厚实的传统文化根底。我看到过他写的书法作品，于是开玩笑说什么时候能给我写一幅。他看到桌子上我的笔记本，就随手写下了这八个字，说你一定要努力，要超过老师。字为繁体，规矩周正，清丽含蓄，毫无一些所谓书法家的张牙舞爪之状。说实话，我对“春风得意”一点儿感觉也没有，也没有超过老师的奢望，但对“莫负年华”的印象却非常深刻。因为我一入学时，他就给我讲过这个话。我明白，当时老师的处境不顺，这是老师对弟子的一片苦心和殷殷期望。我暗下决心，一定要奋发努力，不辱师命，光大师门。

我是傅先生招收的第一个研究生，也是河北大学中国近现代史专业最早的研

---

① 李金铮，河北大学1985级中国近现代史专业硕士研究生。现为南开大学历史学院教授、博士生导师，复旦大学中外现代化研究中心兼职研究员。

究生，为此我常戏称自己是这个专业的大师兄。入学时，正赶上申报硕士学位点，先生让我整理材料，填写表格。因为历史系高级职称老师不够，为此还联合了经济系的教授。据说在评审时，正是这点成了“问题”。幸运的是，硕士点终获成功。据说是某位著名史学家说了话，说傅先生是中国现代史的开拓者之一，拿个硕士点还不应该吗？现在看，硕士点已经算不得什么，而在当时却是“价值连城”。也正因为有了这个硕士点，中国近现代史学科才有后来的发展，才能培养才俊，代有传人，我们真得感谢傅先生！我知道，有的学科本来实力不错，但因为硕士点没有申报下来，就由强变弱，乃至瘫痪了。傅先生对我说，你要好好干，我们以后还要申报博士点。在他的有生之年，没有实现这一愿望的环境和条件，但他的话我一直记在心里，也成为我“莫负年华”的一个动力。

与本科生不同，研究生的学习一切要围绕着如何做好研究去读书、去思考。先生因为只招了我一个学生，也就不在教室，而是在家里上课。实际上，也不是上课，而是聊天。聊天比较放松，使学生容易接近老师，了解老师的治学思维、学术观点。不像现在上课，上完课，各奔东西，师生很少交流。当然，现在一年招生数十人，也没法用这种形式了。当时我“求知”心切，恨不能一下子就得到一个“灵丹妙药”，能快速读书、搜集材料、撰写文章。先生告诫我说，任何事情都不能一口吃个胖子，现在趁年轻，要多读书，读好书，打下坚实的基础，一辈子受益无穷。他给我谈了中国近现代史各个领域的名家、名著，要我找来阅读。我感兴趣的是中国近代经济史，他说中国社会科学院经济研究所的学者最权威，像严中平、吴承明、李文治、章有义、汪敬虞、彭泽益、宓汝成、聂宝璋等人的论著，都绕不过去，必须在这些大家的基础上做研究，才有可能取得像样的成就。按照老师的指点，我将他们的书和论文，凡是能够找到的，都仔细阅读了。真可谓名不虚传，这些论著给我的启发是多方面的，选题、资料、结构、分析乃至文字表达，都是可资学习的榜样。当我由学生变为老师，指导研究生时，我也特别强调对名家名著的精读，不要将宝贵的时间浪费到一般或者次品之中。

仅仅读书，而不实践，经常是感觉人家写得好，而自己还是不知道如何下手进行研究。先生的办法是以课题带动研究。我先后参加了他三个课题，一个是“中国近代经济史讲义”，另一个是“中国抗日战争史”，还有一项是“中国近代民族工商业家研究”。仅就那本经济史讲义而言，我读完了中国社科院经研所老一辈专家编纂的全套中国近代经济史资料丛刊，以及现有的陕甘宁边区、晋察冀边区、晋冀鲁豫边区、华中抗日根据地财政经济史资料汇编，看了无以计数的论著，撰写了其中的一些章节。这些研究成果虽然没有出版，但这一实践，给了我非常严格的学术训练，使我懂得了基本的学术研究方法，尤其是培养了我吃苦耐劳的精神。

我记得，我经常背着个大书包，借书，读书，还书，宿舍、图书馆、食堂三点一线，难得有空闲的时候。我真的感觉很累，真想休息休息。但为了多学一些东西，我还是咬牙坚持了下来。其实，都是因为有先生“莫负年华”的警醒和激励，它时时鸣响在我耳边。

我看了那么多著作和资料，自我感觉能写文章了，所以就想投稿。尤其是看到其他专业有的同学发表了论文，颇为羡慕。傅先生是《历史教学》的创办人，一直担任编委，我以为经过他修改、推荐，是有希望的。于是，我把这个愿望汇报先生。他说：按照你现在的水平，写出几篇文章已经问题不大，但还有必要加强学习，提高质量，不要着急发表论文。否则，文章一旦发表出去，如果存在不少问题，就很难收回了。希望你在研究生毕业后，在毕业论文的基础上发表论文，那样会更加成熟，少留遗憾。其实，他是想让我“莫负年华”，继续磨炼基本功，真正写出有水准的论文。就这样，我谨遵先生嘱咐，研究生三年我没发表一篇文章，按现在一些学校的要求，连毕业答辩的资格都没有。但它培养了我不苟且、不敷衍的严谨作风。

做毕业论文时，为了锻炼我的独立研究能力，先生让我自己选题。我选了一个难度较大的乡村史题目，做得很辛苦。除了河大的资料外，我还到北京图书馆、科学院图书馆、社科院近代史所、北大、清华、中国人大以及重庆、南京查阅资料，多次到乡村做实地调查。现在看，田野考察已成为历史学者的一种研究方法，而当时还是很少的。先生为了扩大我的视野，还亲自带我走访京津著名学者，让我大开眼界。每次前往京津的路上，他都说韶光易逝，要充分利用现在良好的学术环境，做出成就。我也一再表示，一定要做出一篇既对得起老师，也对得起自己的毕业论文。一篇硕士论文，我做了十多万字。答辩主席和委员是著名史学家李文治先生、从翰香先生，他们都对我的论文给予了高度评价，说我照此下去，一定有光明的前途。到这时，我也第一次听到他私下表扬我的话：这样的论文拿到北大、南开也不逊色。一个后生小子，听到前辈如此的鼓励，感到所有的付出、所有的汗水都是值得的。

我研究生毕业那年是 23 岁，弹指一挥，至今又 23 年过去。先生离开人世也有 17 年了。期间经历了太多的事情。我曾负箕津沪求学，攻读博士，做博士后研究，职称从讲师到副教授、教授。我还与同仁一道，领衔并成功申报中国近现代史学科博士点，实现了先生曾对我说过的愿望。所有这一切，我都没有忘记先生“莫负年华”的教诲。我的同门师弟戴建兵教授（河北师大副校长）常说我有深重的“傅先生”情结。是的，作为先生的大弟子，我总觉得有光大师门的使命。学生总是“以老师为荣”的，但我觉得天天以老师为大旗的学生能算有出息的好学生吗？我更希望的是要让老师“以学生为荣”。现在，我虽然不能说做到了这一点，但至少可以自信地说，没有辱没师门。

我时时拿出那个已经泛黄了的笔记本。睹物思人，先生的音容笑貌总是浮现在我的眼前，先生“莫负年华”的教诲将永远铭刻于心。

（原载《河北大学校报》2011 年 9 月 18 日河北大学建校九十周年校庆特刊）

不尽的思念

——纪念我的导师傅尚文教授

曾庆均[①]

吾师尚文先生，22 年前离开了我们，带着不舍，带着遗憾，到了天堂那边。作为学生，没能为先生送行，无论如何都是一件遗憾的事情！虽然是在几年后才知先生逝世的情况。心中常常感到一种失落与不安，随着年龄的增长，这种感觉与日俱增，时有止不住的泪水从心底涌出。

师兄说，已与建兵、红松院长商量，今年年底搞一个先生的纪念活动（即傅尚文先生与中国近现代史研究学术研讨会），内心是激动的，终于有一个机会表达对先生的思念。

在绝望痛苦的时候，是先生收留了我。1986 年 4 月，研究生考试，当时我与邓红都上了线，但报考的学校名额有限，未被录取。对奋斗了一年的我来说，心中有怨有气有点绝望，又没有地方宣泄心中之气，一气之下，逃学回家了。也记不得是哪一天，大致是 4 月 25 日左右，在老家接到同学电报，叫我立返学校（四川师范大学），到河北大学参加研究生面试。怎么可能？后来知道是研究生科的宋老师起了搭桥的作用。记得应该是 4 月 30 日，我与邓红等三人乘坐 164 次直快，于次日即 5 月 1 日早晨到了保定。一下火车，春寒料峭，虽然有阳光有蓝天，感到北方与南方的差别。心中是激动的，到了心中一直向往的《敌后武工队》战斗

① 曾庆均（1963—），男，四川邛崃人，傅尚文先生 1986 级中国近代史（中国近代经济史方向）研究生，1989 年 7 月毕业后就职于重庆工商大学（2002 年前为重庆商学院）。曾任经济学院院长、教务处处长、高等教育研究所所长；现为重庆工商大学社科处、科技处处长，教育部高等学校经济与贸易类专业教学指导委员会委员，教育部人文社科重点研究基地长江上游经济研究中心/经济学院教授（二级），应用经济学博士生导师，从事商贸流通研究。

过的地方，到了保定合作路1号——河北大学，也许梦想从此开启。我们找到学校科研处，处长十分热情地接待了我们，并安排我们住进学校招待所。5月2日一早，我们到了历史系，傅先生就站在历史系办公楼的门口等着我们，笑意盈盈，与我们边握手边说“欢迎，辛苦了”。心中温暖如春，回家的感觉。河北大学真成了我三年的学习之家！面试，就没有那么紧张。面试期间，在历史系办公室见到了同门的穿军上装的文质彬彬的很热诚的德芳。7月收到录取通知书；9月，报到河北大学。我就成了先生1986级中国近代史（中国近代经济史方向）的硕士研究生。在绝望痛苦的时候，先生收留了我，也就有了现在的我。我与先生是有缘的，是先生让我在书中结识了不少学术达人，结识了各位兄弟姐妹们，也结识到一帮疯子一样学数学的人，现在好几个都是金融工程方面的知名教授了。感谢先生给了我学习进步的机会！

先生开放的教育理念，让我受益终生。人的成长，有很多偶然，偶然又是必然。如果说，跟着先生什么感受最深，或者说，什么影响了我的成长，一言以概之：开放的教育理念。首先，联合培养。中国近代经济史专业研究生，由历史系和经济系联合培养，就是一个开放而先进的理念。其次，课程开放。联合开设课程，整合了历史学与经济学的课程。不仅开设了《中国近现代经济史》《中国近代史专题》等史学类课程，而且还开设了《资本论》《统计学》《中国经济发展专题》等经济学类课程。如果当时能再开一门《经济学原理》或《经济学说史》，也许会更好。第三，师资开放。开设课程的教师是由历史系和经济系优秀老师联合构成的，并联合组建了指导教师队伍。当时历史系开课教师，除傅先生之外，还有黎仁凯、魏光奇等，经济系有张云龄、高重升、张俊等，还有南开大学魏埙教授关于西方经济学方面的讲座。先生精心指导写完毕业论文，还特别在南开大学请几位老师审读我们的论文。第四，游学访学。1986年底或者1987年初，傅先生带着金铮、德芳、邓红、建贞和我等5位学生，先后走访中国社科院近代史所、南开大学经济研究所，拜会了丛翰香先生、刘佛丁先生，当时刘佛丁好像还是一个讲师。当时刘先生关于经济史研究的即席讲话，我记忆特别深。刘先生认为经济史研究可用历史学研究方法，也可用经济学的研究方法。南开经济研究所是用经济学研究方法研究经济史的。我才发现，历史还可用经济学方法来研究。后来，我给博士生、硕士生上课的时候，常常会谈这段游学经历及其对我的启发。英国经济学家安格斯·麦迪森（Angus Maddison）著有《世界经济千年史》，纯粹的历史学家是搞不出来的。这种开放的教育理念和具体的培养方案，如果没有开阔的视野和博大的胸襟，是很难做到的。如果说，我在中国流通学界还有一定地位和成就，傅先生这种开放的理念、分工合作的思想起了至关重要的作用。感谢先生让我开阔了视野，增长了见识，学习了方法！

以独到见解确定研究方向，让学生有所进步。关于我们的研究方向问题，傅先生以其独到的视野和对学术前沿的把握，告诉我们，金铮研究农村经济，你们（李德芳、邓红、郑建贞和我）就研究民族资本主义，下一届（建兵这一届）就研究官僚资本主义。记得面试时，先生提的问题就是谈谈张謇。中国近代史不就是一个开放史、工业化的发展史！现在回想起来，面试时，先生就大致确定了我们这届研究生的研究方向。在先生的支持下，北京图书馆、上海图书馆、南京第二历史档案馆以及天津等地都留下了我们查阅史料的印迹。德芳研究天津范旭东，邓红研究重庆卢作孚，建贞研究周学熙，我研究上海刘鸿生。为了研究刘鸿生，我还阅读了有关管理学、经济学方面的一些文献。冥冥之中，老天安排，没有想到我真与管理学、经济学打交道了。有一天，魏光奇老师看见我，停下车（当然是自行车了），把我叫住，说“傅先生说你进步很大”。感谢先生把握方向，鼓励鞭策，精心指导，使我顺利完成了学业！

现在也为人师的我，由于自己不够勤勉，学问做得不如师兄师弟那么扎实，并且没有继续从事中国近代经济史的研究，需要告之先生，学生也努力了，您开放的理念影响了我，也在影响我的学生。我心中一直有一个愿望，在退休前完成一部《重庆商业史》，也不枉读了三年经济史的研究生。

学习鞭策，生活关心，先生恩情，铭记于心，终生难忘。夫人常说：结婚的时候，先生送过一本相册。这本相册，我还珍藏着。

谢谢先生!!!

2016年12月3日写于重庆工商大学南山书院

从　学　记

——记我的老师傅尚文

戴建兵[①]

一、从笔画学起

我 1987 年进入河北大学和傅尚文老师学习中国近现代经济史。那时的河北大学还到处都是平房。老师家前多有一小院，能住楼房的好像都是有点资历的人，也许并不是这样，只是那时对这些事并不太关心，傅老师住在楼里。那时河大的研究生与各位老师关系十分密切，而老师也都是当时大名鼎鼎的人物。师生常常聚在一起，有好酒者，有好茶者，有好烟者，谈天说地，其情甚洽，特别是学生，不论什么师门都乱串，学生们也趁此学了不少东西。

那时研究生还不多，学校也重视，开学典礼校长参加，一起照相，不过几十个人，内心不免得意。

傅老师见我的第一句话就是："你的基础太差，字都写得不对，笔画也不顺，你应当从写字开始努力。"

这才是当头棒喝，一桶冷水！本来就不知道研究生是要干什么的我一下傻了眼。

---

① 戴建兵，河北大学 1987 级中国近现代史专业硕士研究生。现为河北师范大学党委书记，历史学院教授、博士生导师。

二、粉笔的妙用

老师上课，天经地义。

那时的傅老师，上课时不超过 5 个学生，他老人家课桌前一坐开讲，烟又勤，好几次拿起粉笔放在嘴里，再划一根火柴，猛抽两口，却不见着火。也只有这时，本来不注意听讲的我们才会发现老师抽的是粉笔，忙喊叫起来，每到此时，师生都是会心一笑。

三、中央信托局

老师让我写中央信托局的毕业论文。

一直到今天，好像仍然没有人写关于中央信托局的硕士或博士论文。

中央信托局虽然没写，但是毕业论文却是写的近代的信托，现在看来，不像个样子。可是在那个时代，经济学界都没有几个人知道什么是信托，社会上更是没有一家信托公司，不像现在，光从业人员就有几十万。那时没有现在的网络，因此在写作过程中知道了民国期刊，知道了清代报刊，知道了南京第一历史档案馆的档案，结识了一批韩国和中国台湾的学者，做学问的门径还真打开了。

四、经济史

傅老师是极有学术眼光的人，他是教育家。

我们算是当时河北大学历史系和经济系联合培养的学生，经济系的老师开了很多门课，特别是刘永佶老师的《资本论》，开了有一年或是一年半的时间。他那时刚出版了《资本论的逻辑》，思想深刻又有口才，文深笔健，我跟着开了不少究。而两个专业联合培养学生，这在现在强调跨专业人才培养的时代也不容易，更少有人尝试。所有这些都为日后在一所经济类院校当了近八年的金融系主任（院长）打下了基础。

五、奔天津

傅老师很有识人眼光，他知道你能干什么。

到了三年级，一些与行政打交道的事老师基本上都是让我去应付。印象最为深刻的是让我到南开大学去联系答辩，那时还没有津保铁路，只有公路，早晨起来坐汽车多半天才能到天津。世界真是变化快，那时对外联系最快的方式是拍电报，但要到火车站去，长途电话也是。我曾经一天时间从石家庄到保定再从保定回到石家庄，在那时都被称为奇迹。汽车从保定出发，中午到堂二里吃饭，下午才到天津，到了南开大学又得四处联络，为此在河北大学位于马场道里的小洋楼里住了很长时间。

因此，当面对几位历史学教授和经济学教授最终在南开大学通过答辩时，人生的喜悦感让人记忆深刻。

六、傅钟

让人印象深刻的是一次到保定开会，碰到同学，说老师病了。我到老师家去看望，他已病得不轻，师母说："戴建兵来看你，你还认识嘛。"老师脸朝墙，并不回头，说了句"知道"，就再无声响。

大约一周后，老师就走了。

听说老师与民国学术名人傅斯年有亲戚关系，而且"文革"时也因此没少受影响，故一次到台湾开会时，特意跑到台湾大学去看"傅钟"和傅斯年的墓。

将校长埋在校门旁边，也是极少见的事情。而傅斯年一代学人，才情无边，又有胆批孔，一时风云，现在少有人不仰望，"一天只有 21 个小时，剩下 3 小时是用来沉思的”。这便是“傅钟”只敲二十一响的由来。然而很少有人知道，不过几十年前，与他有点瓜葛，却并不是什么好事情。

七、学问

老师当时做的是中国现代史的学问，那时并不像今天，现代史已成显学。过去由于现代史离今天太近，当时不算是什么高深的学问，很多人有这种想法。

老师写过很多文章，多是关于抗日根据地的，而他又让我去写国民政府的中央信托局，因而老师的东西并没有认真研究，但是知道他认真写过一部抗日战争史，这在当时也是了不得的事情，这也是他的学生关注抗日战争史的渊源吧。

傅尚文先生是《历史教学》的创办者之一，早年是北京大学生中的地下党，对他的历史，我也就知道这么多。

傅斯年作为脚踏实地的史料学派代表，让人们上天入地找史料，现在想来，老师对我们实际上也是这样要求的。当我说中央信托局的档案不开放，他爽快地同意我放大了题目。

八、云淡风轻

不知道什么时候，老师家里的中堂上挂上了他自己写的“宠辱不惊，看庭前花开花落；去留无意，望天空云卷云舒”。字写得苍老、古拙而又有意趣。很晚了以后才知道这句话最初出自明代洪应明的《菜根谭》。这两句后来陈眉公在《小窗幽记》中亦有收录。

有后人总结说：花开花落，岁月轮回，看庭前，一个“闲”字，尽是洒脱；云卷云舒，万物变幻，随天外，一个“漫”字，尽显豁达。和范仲淹的“不以物喜，不以己悲”，有异曲同工之妙。

师恩难忘

——纪念导师傅尚文先生

范春梅[①]

月有阴晴圆缺，人有悲欢离合。敬爱的导师傅尚文先生（以下简称傅先生）辞世已二十余载。他与中国共产党同年诞生，2016年恰逢95周年诞辰。傅先生一生以历史研究为伴，虽历经坎坷，但辛勤耕耘，矢志不渝。他是新中国近现代史研究的开拓者之一。他学识渊博、功底深厚，态度和蔼、平易近人。他影响我们的，除了学理上的探究外，更重要的是其在学术和人品上所达到的境界。我1987年从河北大学历史系本科毕业之后，报考并成为傅先生的硕士研究生。1987年9月至1990年6月，作为及门弟子，我跟随傅先生学习了三年。如今，时间已经过去二十多年了，但傅先生的学养、人格魅力始终感召着我、感染着我，傅先生的谆谆教诲始终影响着我、激励着我。

一、学术思维构建的引路人

傅先生1940年考入北京大学国文系，曾任北京市第四中学、天津市第三中学历史教师，天津知识书店副总编辑，是新中国第一家历史教育专业杂志《历史教学》的主要创办人之一。1952年之后，傅先生一直在高校从事历史教学及研究工

---

① 范春梅，女，1964年生，河北省秦皇岛市人。河北大学历史系中国近现代史专业1987级硕士研究生。现为北京大学医学部纪委副书记、监察室主任，研究员。

作，是河北大学历史系的资深教授。他所受的教育及其工作经历和生活阅历，形成了其历史研究的独特视角。他时常告诫我们历史研究要注意构建知识体系和研究系统，希望我们前后几届研究生弟子的毕业论文能够涵盖官僚资本、买办资本、民族资本的研究。傅先生告诫我们历史研究要从多角度、多层面、多方位入手，以避免结论武断臆造，要尽可能详尽地收集和占有某一领域或问题的史料，进行科学分析，从而起到鉴古知今的作用，发挥古为今用的效能。

傅先生的教学方式给人以舒适之感，我们 1987 级的三位硕士研究生戴建兵、田路瑧和我，一般是随意坐在他面前，每次上课一个专题。讲授中，傅先生不时插入一些看似离题、实则深含新意的道理，给我们以启迪。讲授期间，傅先生也让我们就他讲授的某个问题进行讨论，又根据我们讨论的问题进一步引申，帮助我们构建知识系统，教给我们寻找研究问题以及课题研究的方法。授课地点先是在教室，后来移至傅先生在保定的家中。傅先生的夫人在天津，因申报的硕士授予点在保定河北大学历史系，故傅先生与大儿子一家住在保定。傅先生此时年近 70 岁，走路腿脚有些不灵便，但仍不耽误给我们上课，尽可能多地向我们传授知识、理念、学术心得，希望我们将历史研究的事业继续下去。

聆听傅先生的教诲，总感时间过得太快，转眼到了确定选题、撰写毕业论文阶段。这也是硕士研究生学习期间最为痛苦的时期，有很多研究生因初审通不过，推迟开题而悲伤；也有很多研究生因为撰写过程中才思枯竭而焦虑不安。而我有幸遇到一位和善、愿帮扶我的导师。我忘不了傅先生给予我论文写作的悉心指导。我的硕士研究生毕业论文主要内容是从历史的视角研究秦皇岛港对秦皇岛市经济发展的影响。在论文结构构建中，傅先生启发我要树立大历史观，要将秦皇岛港的发展变迁以及秦皇岛市经济的发展变迁纳入当时的历史大背景中去思考谋划，以经济线索为轴线来谋篇布局。论文初稿完成后，傅先生仔细阅读全文，发现与秦皇岛港有密切联系的开滦矿务局发展变迁有一处没有表述清楚，让我再去查阅开滦矿务局的英文档案进行核对。我认为不影响全局，无关紧要，傅先生却坚持查清楚补正，并语重心长地告诫我治学得严谨，这是对自己负责、对学术负责。师从傅先生三年的学习，培养了我的学术思维意识、严谨治学的态度和逻辑性地思考问题、分析问题的能力。傅先生是构建我学术思维的启蒙者和引路人，这种能力的养成使我日后走上工作岗位，不论是做教学科研工作还是搞行政管理工作都受益良多。

二、自谦敬人的道德示范者

一位学者的学养，离不开他的人生体悟；一位学者的影响，离不开他人格魅力的感召。傅先生给人的印象，慈眉善目，总是笑呵呵的，没见过他发脾气，也没有听到过他的抱怨。他总是以平和的心态看待周围的一切。傅先生对待我们，没有师道尊严，有事和我们沟通总是以商量的口吻。就是学术上的分歧，他也不会以学术权威自居，而是耐心地、和颜悦色地给我们讲道理，说到我们服气为止。傅先生没有架子，我们都愿意亲近他。

我硕士研究生毕业论文的指导老师除了有傅先生外，还有南开大学经济系和历史系的两位知名教授。为了不影响另外两位导师的繁忙工作，傅先生不顾年事已高，决意带着我从保定乘坐四个多小时的长途汽车前往天津，与另外两位导师商量我的毕业论文选题及内容组织架构。我对傅先生此举充满感激，同时对其身体能否承受长途颠簸深感忧虑。20 世纪 80 年代末我国的交通远没有今天这么发达、畅通和快捷。还好，我们顺利抵达天津，并于第二天在南开大学与两位教授见面。我恭敬地在一旁听他们谈论我的论文选题及其他的事情，感觉到他们彼此很熟悉，又彼此很尊敬。聘请的两位教授都没有傅先生年龄大，但傅先生不以年龄大自居，而是对同行报以尊重、尊敬。其内有谦德、外有恭敬的行为，深深刻印在我的脑海中。硕士学位论文答辩也是在天津市马场道和河北路交界处的河北大学驻天津办事处进行。傅先生总是为他人着想。其想他人之所想、急他人之所急的自谦而敬人的谦谦君子之德，给我们晚辈做出了榜样。

傅先生离开我们已二十余载，不思量，自难忘。傅先生是传统文化的传承者、现代文明的创建者，是学生的良师、同行的益友。他的人生历程和奋斗足迹，可用《旧唐书》中一句话来概括：文章可以为世范，德行可以为人师。傅先生的为学和人品，是留给我们的宝贵精神财富。2016 年是傅先生 95 周年诞辰，我暑期和家人前往天津度假，专程找寻了马场道和河北路交界处的河北大学驻天津办事处原址。天津街区早已改造，物非人已去。我站在那里回想往事，仿佛看到慈眉善目的傅先生微笑着远远地向我们走来……

2016 年 8 月 8 日写于北京

傅尚文先生和河北大学历史系

河北大学历史学院　吕志毅

傅尚文（1921—1994）先生，笔名顾林，山东聊城人。

1940年考入北大国文系，因对中国法制史感兴趣，转入中国大学法律系，1945年毕业。1945年前半年任北京四中历史教员，同年8—10月任天津三中历史教员兼训育主任，1945年12月起任保定师专讲师二年，讲授过中国近代史和社会学等课程。师专停办，1948年在河北省政府秘书处任编辑，《华北日报》主笔。1949—1950任天津知识书店编辑及编辑出版部副主任。

1951年起与杨生茂、李光璧等创办《历史教学》杂志，此为新中国首家历史专业期刊。

1952年1月，调天津教师学院为教师，教授中国通史。同年9月调入河北大学前身天津师范学院历史系，先后任历史系副主任、主任，兼中国近现代史教研室主任，讲授中国近现代史课程，主要讲授中国现代史。教学工作努力，教学效果好，在任历史系主任期间，曾借调到中国社会科学院近代史所工作。

傅先生很早开始从事中国近现代史的教学和研究，是我国中国现代史研究开拓者之一。

1958年加入中国共产党。1960年为副教授。

据有关文献记载，傅先生在任历史系副主任、主任期间，“工作一贯积极，认真，负责，能较好地完成工作任务，在实际工作中任劳任怨，在生活作风上比较朴实”。傅先生能阅读古籍，阅读英文书报，专业著述很多，主要有《中国近代史》（1962年上海人民出版社）、《清末新军编练沿革》《晋察冀抗日根据地财政经济史稿》《武昌起义资料》《抗日战争时期晋察冀边区财政经济史资料选编》等。还编写过《中国近代史讲义》等，发表论文数十篇。

主要贡献主要有以几方面：

1. 培养学生方面：多年来，傅先生不仅培育了大批本科生，又于1985年获中国近现代史专业硕士学位授予权。他的学生遍及海内外，大多数已成为学界精英及高校各级领导，这是他最大贡献之一。

2. 傅先生是中国现代史研究的开拓者之一，讲中国现代史研究，必然讲到傅先生；他对河北大学历史系中国近现代史学科的发展起到了举足轻重的作用，讲河大历史系中国近现代史专业当然离不开傅先生筚路蓝缕之功。平心而论，傅先生对中国近现代史的研究能力和水平，指导本专业博士生是当之无愧的，但由于当时历史系情况复杂，先生竟未能如愿，终生引以为憾，这个责任应归咎于十年“文革”。值得庆幸的是，傅先生的优秀学生李金铮奋发图强，终于以河大历史系中国近现代史专业学术带头人身份，同该专业同仁一道，为河大史学拿下了该专业博士学位授权点，傅先生在天之灵也该得到慰藉了。

3. 我与傅先生在历史系相处20来年，其为人处世和蔼可亲，谦虚谨慎，知识领域广泛，治学严谨。我在历史系讲授中国历史要籍介绍及选读与古代汉语，他曾对我谈，给学生讲授中国历史要籍很重要，这是培养学生学好中国历史非常重要的基本技能。这些话是他以历史系主任身份对我谈的，这些话对我影响很大。

4. 傅先生在任系主任期间，继承我校优良的办学传统，弘扬课堂教学与实践相结合的办学特点，重视教学改革工作，多次组织历史系师生赴开滦、唐山矿区，天津港务局等地调查研究，撰写矿史、港史。每年组织师生赴京或承德等地考察历史遗迹，这些都是将课程讲授与实际情况相结合的最佳方法且已经形成定制，深受历史系师生欢迎。

总之，傅先生在任历史系主任期间，严格按照学校规定制度办系，工作积极进取，埋头苦干，深受校领导及师生好评与肯定。

深切怀念傅尚文先生

首都师范大学历史学院　魏光奇

今天，中国经济史学会、河北大学历史学院召开会议，缅怀尊敬的傅尚文先生，非常有意义。孔子说“慎终追远”，这虽然是宗法文化中的话语，但在今天仍有意义。这个纪念会的举办，一方面可以慰藉傅先生在天之灵，另一方面也可以凝聚河大历史学院的“人气”，因为纪念已经离世的老一辈学者，同时就体现了对于学院现在所有教师的尊重。

傅尚文先生是一位十分值得我们尊敬、值得我们缅怀的老一辈学者。傅先生对于我们中国近现代史学科的建设做出过非常重要的贡献。在我们中国，不少学科都有自己的生命历程，它往往要比一个政权、一个朝代长得多。例如佛学，经历东汉魏晋时期、隋唐时期、宋元时期、明清时期、民国时期和中华人民共和国时期，有近两千年的历史。中国近现代史学科也同样有自己的产生和发展的历程。这个学科发端于20世纪二三十年代，当时有些学者开始就晚清时期和民国初期的少数历史问题做一些学术性研究，而大量的民国史问题还是被当作现实问题来对待，人们就这些问题进行研究，目的在于提出一些对策性的建议。这种工作，还不能被认为是一种学术研究。可以说只有到了人民共和国时期，中国近现代史研究才真正形成一个学科。“文革”前以及“文革”中，人们能够读到的涉及民国时期历史的“通史”性著作，只有胡乔木谈中共党史的《中国共产党三十年》；还有李新主编的《中国新民主主义革命时期通史》，这本书叙事面虽然超出中共党史，但基本上也是一部革命史著作。直到改革开放后，民国史才真正成为中国近现代史研究的重要组成部分。中国近现代史学科在人民共和国时期诞生后，其发展也经历了不同阶段。大致说来，“文革”前和“文革”十年，算是一个时期；从“文革”结束到20世纪90年代中期，算是一个时期；此后至今，算是又一个时期。

中国近现代史学科在这几个不同的时期，风貌、风气有所不同，每一个时期都有它的成绩，也都有它的局限。我们讲历史主义，就是承认任何一个历史事物的产生，都有其必然性，都同它居于其中的历史环境有着方方面面的联系，也都会随着历史的变迁而走向灭亡。我们看待各种历史事物，应该用这种历史的眼光，看待中国近现代史学科的发展也是如此。这个学科在 1949 年至“文革”结束，处于发端阶段；此后至九十年代中期，进入建设、发展时期。在我们这种由国家统领学术的大环境中，中国近现代史学科的建设在这两个时期有它自己需要解决的问题，包括建立研究工作的理论范式，形成相应的学术圈，创办相关的学术刊物，整理编辑史料，以及培养学生，等等。换一个角度说，这个时期不同于我们现在，学者们可以集中精力从事个人的研究和著述，可以做到“著作等身”，学者们相当大的精力和时间要用于学科的整体建设上。因此，后来人不论是站在哪个时间点，站在八十年代末九十年代初也好，站在现在也好，对于傅先生这一代学者的成绩，对于他们对中国近现代史学科建设的贡献，都要历史地看，否则就是不公正的。我们知道，在这两个时期，傅先生对于中国近现代史学科的建设，尤其是中国现代史学科的建设，都做出了很大贡献，是中国现代史学科的创立者之一。他除了从事个人学术著述外，在历史资料的收集、整理、编辑方面都做出了重要贡献。例如，他和魏宏运先生等学者一起编辑了《抗日战争时期晋察冀边区财政经济史资料选编》，这个集子除了为研究者提供翔实的历史资料外，还起到了引领学术风气的作用。在此之前，人们对于中共领导的苏区和根据地的研究，主要集中在政治、军事方面，而这部资料集子引导人们注意根据地的财政经济问题和农村社会问题，革命史与社会史相结合的取向已经开始显露。后来，他的学生李金铮教授开创“新革命史”的研究领域，不能不说得益于魏先生、傅先生等老一辈学者这种无形的引领。傅先生在培养学生方面的贡献也有目共睹，他先后招收三届硕士研究生 8 名，后来全都成为中国近现代史领域有成绩的学者，除两人在国外，其他 6 人现在都是教授、研究员；其中金铮教授对于中国近现代经济史、“新革命史”的研究，建兵教授对于中国近现代货币史的研究，在相关领域都处于国内外学术前沿地位，都成为国内中国近现代史研究的一方重镇。

我自己在与傅先生的接触过程中，比较突出的感受是他对后学的帮助、提携，还有他谦逊平和的品质。1981 年，我于山西大学历史系硕士研究生毕业，分配到河北大学历史系任教，开始与傅先生有交往。我当时 31 岁，傅先生年长我近 30 岁，是我的父辈。在此之前，我与傅先生不相识，没有任何“人脉”上的关系，但来河大历史系工作后，得到他热心的关心、帮助和提携。1982年，河大历史系接受中共河北省委宣传部委托，为省委党校学员讲授中国近代史课程，此事由傅先生负责，他邀黎仁凯老师和我准备讲稿，承担课程讲授。当时我在中国近代史教研室中年龄最小，能体会到傅先生提携、帮助青年教师的良苦用心，不敢大意，认真撰写了讲稿，请他审查修改后到石家庄授课。这是我第一次登上讲堂，授课效果还比较好，增强了我干这个行当的信心。1985年傅先生开始招收中国近代经济史的研究生，他又邀我承担一门课程。当时我感觉自己学识不够，资历又浅，不敢应允。傅先生鼓励我说："你不必顾忌课程内容缺乏系统性，可以就自己有研究、有心得的题目讲一讲，学生就会有收获。"就这样，我开始承担傅先生研究生的课程。由于自己学力差，当时或许没能给学生们讲出多少有价值的东西，但自己在备课、讲课以及与学生交流的过程中，却有很大收获。另外，从这件事还可以看出傅先生一种很有道理的教学理念，即在高校教学中，不必要求每一门课程全都具备知识体系的"系统性"；对于有些课程来说，教师与学生交流自己读书、研究的心得，对于学生学业的进步来说也同样有益和必要。

在科研方面，我当时也得到了傅先生的热心帮助和提携。大概是在1984年，我对自己的硕士论文进行修改后，投稿给《近代史研究》杂志，有半年多时间没有音信。我向傅先生谈及此事，不久后他去社科院近代史所办事，邀我一起到《近代史研究》编辑部询问。编辑部表示积压未审的稿件很多，他们正在处理。我想应该与傅先生帮助询问有关系，这篇稿子（"清代后期中央集权财政体制的瓦解"）在杂志的1986年第一期刊出，得到学术界好评，还获得了河北省社科成果奖。这是我走上工作岗位后第一次在公开学术刊物上发表论文，增强了自己从事历史研究的信心，这对于我的学术生涯来说，意义很大。后来傅先生修改他的"中国近代经济史"讲义，又邀我就晚清和民国的财政体制问题撰写一章，并注明这一章是由我执笔撰写。我在撰写硕士论文时，对晚清的财政体制问题做过一些考察，而对于民国时期的财政体制则从未有过研究。在做这一工作的过程中，我查阅整理资料，对相关问题进行梳理，有很大收获。这些知识，对于后来我所做的近代中国县制研究很有裨益。

我在与傅先生的接触中，对他谦逊和蔼、平易近人的品质深有感触。他和我探讨一些学术问题，有时会有不同看法。虽然他是长我近三十岁、在学术界又有声望的老一辈学者，但由于能感到他为人谦逊，我也就敢于表达自己的不同看法，并不感到拘束和忐忑。每遇这种情况，他总是微微颔首，从无愠色。行文到此，他的这种表情又重新浮现在我的脑海中。我想，当他微微颔首时，有可能是认同我的不同见解，也有可能是认为我还没有理解他的说法和想法，只是不需要做太细的解释。而无论如何，都无愠色。孔子说："人不知而不愠，不亦君子乎？"

为人处世之楷模

——纪念傅尚文先生诞辰95周年

河北大学历史学院　阎玉田

时间如梭，傅尚文先生离开我们已有二十余载。然其音容笑貌始终深深铭记于心。傅先生可谓良师益友，无论在为人处世、治学，还是工作态度方面，对本人都产生了重要影响。

1974—1977年，我在河北大学历史系读书期间，就与傅先生有颇多接触。其主要原因是在我上大学前，曾任高中政治教员4年，其中《中共党史》是授课重要内容之一。在我上大学期间，经常到农村、厂矿实习。不少实习单位领导得知傅先生是研究中共党史的知名专家，纷纷邀请傅先生做关于中共党史的学术讲座。他几乎每次都喜欢带我一同前往，而我为了学到知识更是乐此不疲。

无论是面对普通农民、工人，还是各级党政领导，他都一视同仁认真讲授。这不仅在学业上，对我的政治思想、工作态度、为人处世诸方面影响尤其深。

1977年毕业留校任教后，除了教学外，我同时兼任教学秘书和系办公室工作。恰逢傅尚文先生此时任历史系主任，因此与之联系愈加密切。傅先生是中国近现代史学科开创者之一，是中华人民共和国成立后中共党史研究的领军人物之一。因此，他与全国相关专家学者有着密切交往与学术交流。他因为担任系主任，有时工作繁忙无暇顾及时，往往委托我去帮他联系。这使我有机会拜见不少学术大家，如李新、胡华、魏宏运、来新夏等。我曾先后到过他们的寓所，并从中受益匪浅。傅尚文先生对工作兢兢业业，严谨治学、严于律己、宽容待人的风格，无时不刻不给弟子以潜移默化的影响，实为为人处世之楷模。

“文革”结束后开始教师职称评定。因自“文革”开始已有多年没有进行教师职称评定，每个教师对此都十分关切。但由于积累问题过多，一时又不可能全部得到解决，教师职称评定工作愈显复杂。学校“职称评审领导小组”对各系下达了各类职称严格限制的名额指标。我当时兼任历史系“职称评定小组”秘书，在评定过程中，深深感到职称评定工作问题复杂，尤其是对那些不正常手段、人际关系、潜规则等深感厌恶！在职称评审过程中，傅尚文先生受到不公正的对待，我是非常清楚的。

傅先生经常对我讲：“待人要诚实，为人要学会包容，处事要有耐心。”我虽然赞同他的教导，但认为这要看对什么人，对什么事，在什么场合和条件下，有时就应该当仁不让，必要时就需要全力抗争。甚至将傅先生这种对待名利、工作关系的“包容”境界，看成“懦弱”“窝囊”。为此曾以“辞职”相“威胁”（不再给他当教学、评职称秘书，实际没真的辞职），用以表达自己愤愤不平的心境。

此后自己在晋升职称过程中，也可谓经历坎坷。我在大学任教近四十年，当了10年的助教，11年的讲师，11年副教授。在晋升各类职称的过程中，每次都心力交瘁、痛苦不堪！我更加深刻理解了他对我谆谆教诲的“包容”的真正含义。因此在晋升副教授职称后，下定决心一生再也不受职称评定的精神折磨，直到临近退休前二年才申报正高。

至今依然清楚记得去省会答辩，主持答辩者只问了我一个问题：“论教学经历、科研水平我们一致认为无可挑剔。我们只想知道您老为什么到今天才申报正高?”我回答“这一问题说来话长。简短地讲，我把‘正教授’职称看成天上掉馅饼，如果砸到了我头上又掉到地上，我都懒得弯腰去捡它。今天诸位看我资格不够而否定，请相信我决不会有任何怨言的!”回答完扬长而去。同行朋友有的主动提出为我托关系，均被一一谢绝。实际上我最终只当了两年正教授就达到退休年龄，不免唏嘘不已！

遵循傅先生谆谆教诲，自己在教学岗位上一如既往，以教书育人、培养状元弟子为宗旨，将全部精力投入教学，认真讲好每一节课，结果得到历届学生的肯定与欢迎，感觉十分欣慰！

如今本人已于2010年年底退休，但退休后对三尺讲台依然恋恋不舍，始终坚持上课至今。近50年的教书生涯，自我感觉活得有价值，活得充实，精神愉快，生活无比幸福！这无疑是傅先生对待名利和工作的思想境界对我的人生观、价值观影响之结果。

傅先生兢兢业业，任劳任怨从事教育一辈子，培养教育出众多德才兼备、出类拔萃的弟子。他们在不同岗位均取得显著成就，这对傅先生来说是最大的慰藉！

人活一辈子能为他人、为社会、为祖国做出贡献，临终前无怨无悔，人生就有价值！傅先生令人敬佩，是我人生为人处世之楷模！感谢傅先生的谆谆教诲！在纪念傅先生诞辰 95 周年之际，愈加缅怀傅先生！

纪念傅尚文先生诞辰 95 周年

河北大学历史学院　张家唐

1973 年 9 月，我经过推荐、考试走进河北大学历史系，是个工农兵学员。那时正值“文化大革命”时期，当我们乘坐迎新生的大轿车进入学校时，瞬间映入我眼帘的是铺天盖地的大字报，校园内“文革”氛围十分浓烈。当时的老先生们大多都在“劳动改造”，他们在校园里干着扫院子、掏地沟的活儿。那时有文化、有知识的人被称为“臭老九”；批判具有专业文化知识的学术带头人是“反动学术权威”；当时流行的一句话是“知识越多越反动”。因此，我最初认识傅老先生的时候，他正在接受“劳动改造”。那时，我知道傅先生原本是历史系教中国近现代史课程的老师，是河北大学早年经过教学评比出来的全校有名的八大讲师之一，还是历史系原来的副主任。

第二年我们上大二时，系里组织我们班学生去北京中国历史博物馆参观学习。那时已经是深秋季节，北京的寒风嗖嗖地刮，我们下车时就见到了傅先生，他早已在此等候大家多时了，这也是他老人家被落实政策之后我第一次与他见面。当时他身穿一件呢子大衣，头上戴着呢子帽，脚上穿着黑皮鞋，神采奕奕，这也是我见过傅老师最精神的一次。当时傅先生在中国近代史研究所参与一项科研课题。当他听说系里的学生们要到北京来参观中国历史博物馆，特意到博物馆门前迎接大家，这充分显示出傅先生对自己学生们的关心与热爱，令我十分的感动，至今都让我难以忘怀。

我大学毕业后留校任教至今。对我来说，傅先生是长辈、老师、领导、同事、邻居。他老人家的大儿子傅式宁与我同龄，所以说他是长辈；他老人家是历史系的老人，中华人民共和国成立初期就到历史系任教，是我们的老师；在我上大学和毕业前他老人家已担任历史系的主任，直到我留校之后的几年里一直是系主任，是我的领导；我大学毕业后留校就留在历史系任教，我们也就成为同事啦；留校后给我安排的教工单身宿舍和傅先生的宿舍仅一墙之隔，因此我与傅先生又是邻居。

傅先生在担任系主任期间，曾经组织过中国近代史的学术讨论会，在当时的保定地区招待所，参加会议的代表不仅有许多高校的教授，还有荣孟源、戴逸、蔡美彪和苏双碧等一批著名专家、学者。为开好这次会议，傅老先生从最初的谋划到开会时的具体事务性工作费了不少心思，那次学术会议召开得非常成功，社会反响很大，为河北大学历史学科在全国史学界扩大影响做出了贡献。

1985年，国家教委开始启动高校建立硕士学位点的工作。下发的文件规定历史学科设立中国古代史、中国近现代史、世界古代史和世界近现代史四个方向，要求每个方向至少有三位以上教授或副教授高级职称的本专业学术牵头人。可是，由于多年政治运动不断，评定职称的工作完全不正常，系里教师具有高级职称的人数比较少。中国近现代史教研室的老师们之中只有傅先生一个人是高级职称。我当时正在读世界近现代史的硕士研究生，系领导将填报世界古代史和世界近现代史申报表格的任务交给了我们几位研究生。当时系里只有世界古代史的葛定华、周庆基先生，世界近现代史的乔明顺、张树森先生是符合条件的老师。由于哪个方面都达不到申报条件，我们几个研究生感到这样的表格填报起来很困难。那天晚上，傅老师迈着急促的脚步也来到我们的小教室，他也在为中国近现代史没有三位符合条件的老师犯愁，他提出将系里符合条件的老师填报在一张表格上。当时我就说这样填报绝对不行，这犹如病人到医院去看病，挂了一个内外科的号，内科、外科的医生都不会给看，这病也就给耽误了。傅先生也意识到这样申报不行，就去找了经济系的杨老师夫妇，他们两口子都是搞中国近代经济史的教授，都符合填报条件。而世界古代史和世界近现代史，则是将系里符合条件的四位教授都填报在一张表格里报上去了。最终的结果是申报的中国近现代史硕士学位点被国家教委审批通过了，可世界古代史和世界近现代史的硕士学位点没能通过。傅先生申请下来的这个硕士学位点，对于我们学校的历史系学科建设做出了巨大贡献。正是有了中国近现代史的硕士学位授予权，才得以让我们学校能够一批又一批地招收中国近现代史的硕士研究生。而我校世界史的硕士学位授予权直到2005年才获得批准，前后相差了二十年。

傅老先生当年的硕士研究生如今在全国的高校、科研单位或者其他行业都成为骨干力量，特别是李金铮、戴建兵等已成为全国学术界的知名人士，他们当中有大学的副校长、学院的院长、科研处的处长、学院的书记等，有的还在国外发展，有许多弟子是博导、硕导，甚至已经发展到他弟子们的学生也是博导、硕导，弟子们的成功与傅先生的辛勤培养都有着密不可分的关系。傅先生从事教育工作几十年，教书育人真可谓硕果累累，桃李满天下。

傅老先生是《历史教学》杂志的创刊人之一，还有我们系的李光璧先生也是此杂志的创刊人。《历史教学》是中华人民共和国成立之后最早刊登有关历史学专业学术论文和交流历史教学经验信息的刊物，它为研究历史的专家学者和从事历史教学的老师们提供了一个交流信息的平台。当时社会上的学术刊物极少，因此《历史教学》杂志的社会影响力是蛮大的，此刊物发行至今仍然是颇具影响力的杂志，傅老先生作为刊物创始人之一功不可没。

我是 1978 年 10 月旅行结婚的，可当时婚房的问题还没有解决。我们两口子都是老师，为不耽误学生们的课程，打算三天之后就返回保定，我俩只能各自回到自己的单位宿舍分开居住，哪里有度蜜月一说。当时讲究单位分房，我只好到学校房管科去要房子，可是管房子的人员说你还没有领取结婚证，等领取了结婚证再说吧，我们赶紧去民政部门登记办理了结婚证。我拿着结婚证去房管科，答复是现在没有房子，我不知跑过房管科多少次，就是解决不了房子问题，当时房子问题成了我的一块心病。就在我发愁房子的时候，与我同宿舍住的郑宣沐教授正好调动工作回北京，去了北京广播学院，我想机会来了，房管科解决不了我的房子，那就把我的宿舍作为婚房。可是，那房子是个套子屋，里边住着马荣和老师，他听说我要将宿舍作为婚房后，找到系主任傅老先生讲了我的房子问题。之后，是傅先生跑房管科为我要房子，别说领导出面真灵，当我们小两口旅行结婚回来之后，教学秘书把房子钥匙给了我。这事我真的应该感谢傅老先生，是他解了我的燃眉之急。可见，他老人家作为系领导是多么地关心爱护下属！

傅老先生是个孝子，他小时候就没有了父亲，是母亲一手将他拉扯大。傅先生出生于山东聊城声名显赫的傅家，他们家里出过许多社会名流，著名历史学家傅斯年就是他家的亲戚。傅老师大学毕业之后，为减轻母亲的负担没有选择继续深造，而是开始工作赚钱养家。傅老先生不讲吃不讲穿，生活非常简朴。由于是邻居，有一次我见到他煮牛奶的时候将挂面下到沸腾的牛奶锅里，我惊奇地问道："您就这样吃吗?"他对我说："这样简单。"看来，傅先生确实已经习惯过艰苦奋斗的生活了。历史系是个老系，时间长了人们之间难免有恩恩怨怨，尤其是经过那么多的政治运动，加之有的老先生们表现出来的文人相轻，作为一个工作繁多的老单位的系主任可真不容易。当时他的年纪已经不小了，身体也不算好，有一条腿走路都不利落，白天为系里的工作忙碌着，下班之后家里还有一位年迈的老母亲等他伺候。他母亲活了九十多岁。可见，傅先生工作、生活的压力始终是蛮大的，真可谓里里外外一把手。就是在这样的情况下，他还著书立说撰写出不少好文章，带出那么多的好学生，实属不易。如果没有事业心和无私奉献的精神，是不可能做到的。

傅先生还是全国总工会曾经表彰过的先进模范。当年38军与河北大学的关系相当好，“文革”期间在河北大学“支左”的解放军毛泽东思想宣传队就是来自38军，我们军训是在38军驻扎方顺桥的兵营进行的。我记得，河北大学有两次组织全校性的报告会是在38军军部内的大礼堂召开的，因为当时河北大学还没有一个像样子的大礼堂。一次是邀请著名相声演员侯宝林先生讲“相声的语言艺术”，另一次就是傅先生报告“全国总工会大会盛况”。具体傅先生参加的是哪一届会议，我记不清楚了，这可以查一查。

今天，我们大家一起齐聚保定纪念傅老先生诞辰95周年，不仅是为了怀念他老人家，更应该继往开来，向傅先生学习他那种不断进取、无私奉献的精神，像傅先生那样把我们的工作做好，教好书、带好学生、写好文章。我觉得这样的纪念会开得很好，我们就应该把我们学院老先生们的优良传统代代相传，发扬光大。今天，我在会议秩序册上见到《历史教学》编辑部的领导也来参会。我想我们河北大学历史学院与《历史教学》编辑部的关系不能断。以前傅先生、李光璧先生都是此刊物的编委，后来由历史系主任张景贤教授作了编委，可是张主任调动工作去天津了，把编委的关系也给带走了，此后河北大学历史学院就没有了这层关系。借此次会议我提议《历史教学》编委会可以考虑给河北大学历史学院增加一位编委，恢复我们之间的老关系是理所当然的事情。这也是对傅老先生和李光璧先生最好的一种纪念方式。

我所熟知的傅尚文先生

河北大学历史学院　杨学新

一、傅尚文先生生平

傅尚文先生，曾用名：付彬甫、顾林。1921年1月2日出生于山东省聊城县（今聊城市）蔡家胡同的一个工商业者兼地主家庭。1927—1932年在北京外交部小学上学，1932—1936年在北京汇文中学读书，1936—1937年在北京育英中学读书。抗日战争爆发后随母亲逃难，先到济南再碾转到聊城乡间的外祖父家，后又到济南，1939年考入济南齐鲁中学（教会学校）高中三年级读书。1940年考入北京大学国文系读书，1941年转学到中国大学法律系读书，1945年毕业，获学士学位。期间曾在北京第四中学兼任历史课。1945年留校任中国大学法学院助教，研究中国法制史，但时间很短。同年8月，任天津第三中学教师兼训育主任。1946年1月—6月任《华北日报》保定版记者兼社论委员（《保定日报》前身，同年即改为《保定日报》），用傅彬甫名字发表社论专论等稿件40多篇。1946—1947年在河北保定师范专科学校任课，先为兼职讲师后改为专任讲师，讲授社会学、近代史和三民主义等课程。1948—1949年任国民党河北省政府秘书处编译室编审。1949—1952年任天津知识书店编辑，后任出版编辑部副主任。1950年与著名学者李光璧、杨生茂筹办《历史教学》杂志，并于1951年1月创刊。1952年2月转到天津教师学院教书，后随院系调整，在津沽大学师范学院的基础上合并天津教师学院成立天津师范学院，傅先生任天津师范学院讲师。1958年天津师范学院更名为天津师范大学，傅先生任天津师范大学讲师、教研室主任，同年加入中国共产党，1959 年兼任历史系副主任。1960 年天津师范大学更名为河北大学，1962 年傅先生晋升为副教授。1970 年随学校一起搬迁到保定，1978—1984 年任河北大学历史系主任。1985 年作为学科带头人申报的中国近现代史研究生点获得硕士学位授予权，这是当时河北省最早的中国近现代史硕士点，为学校中国近现代史学科的建设与发展奠定了坚实的基础。

傅先生的生活与学习是在动荡不定的旧中国度过的，特别是日本侵略中国以后，他颠沛流离，四处逃难，仅中学就三易其学，甚至失学。1945 年大学毕业到中华人民共和国成立仅仅四年的时间里，先后在大学、中学、报社、政府机构和书店工作，五次变更工作单位和工作地点，从北京到保定，从保定到天津，中华人民共和国成立后到河北大学任教，工作生活稍稍安定下来，1970 年又跟随河大从天津搬迁到保定，直到 1994 年逝世，可以说与保定结下了终生之缘。

二、给我们班讲授“中国近代经济史”课

我是 1980 年以全县历史最高分的高考成绩考入河北大学历史系历史专业学习的，傅尚文先生当时任系主任。由于学校刚刚从天津搬迁到保定不久，又是占用原河北省省委、省政府的办公场所，学校的平房很多，教学设施非常破旧凌乱，像样的建筑只有现在校本部图书馆旧馆的那部分和两三栋教师住宅楼。学校分为南北两院，南院为文科学生，北院为理科学生。我们的宿舍是新建成的，宿舍楼中间隔开，一半住男生，一半住女生，记得第一学期教室和宿舍在一座楼上。学校的条件说不上好，但师资力量很不错，任课的教师大都是教学经验丰富、学术造诣颇深的老教师，并配有青年教师任助教，传帮带工作做得很好。如第七学期的“中国古代图书史”是于月萍副教授，“世界古代宗教史”是周庆基教授，周先生烟抽得勤，嗓子又不好，每次上课都由他的公子周长雷师兄将扩音器搬到教室；第八学期的“拉丁美洲史”是乔明顺教授，张家唐老师当初就是乔先生的助教。另一门课程“中国近代经济史”就是傅尚文老师承担。印象中傅老师身体不是特别好，中等身材，微胖，走起路来比较慢，可以说步履蹒跚，但教课非常认真，板书也很秀气，我们是固定教室，在南院七教一楼，每天他都早早来到教室给我

们上课。我们班共 49 人，到课率很高，天天上课都很齐，课上认真做笔记，课下积极借阅傅老师指定的参考书目。期末考试我自己感觉答得不错，但很遗憾，考试成绩并不理想，但收获颇多。

1984 年大学毕业时，没有多么高的理想，一心想着回苦海盐边的老家。但是，在宣布分配方案之前，学校要在我们班选一个留校的学生，班主任孙老师推荐了我，就这样，我被分配到教务处工作，不知不觉地由学生变成了一位教工。庆幸的是，老师们的治学精神和传统，以及学校的学风、校风深深感染和影响着我，使我一直没有放弃对历史特别是中国近现代史的学习和兴趣，经常利用工作之余深入农村和农家进行田野调查，从未懈怠。直到现在，不敢说取得多少成绩，但工夫不负有心人，应该说有所思，有所悟，有所得。

三、傅尚文先生的科学研究工作

傅先生长期从事中国近代史、中国现代史、中共党史的教学和科研工作，一生著述颇丰，主编、合编和参编的主要著作（含教材）有：

《中国近代史》（上），王仁忱、傅尚文、孙志芳等合编，上海人民出版社 1962 年版；

《清末新军编练沿革》，傅尚文、张侠、石方勤合编，中华书局 1979 年版；

《南昌起义资料》，张侠、傅尚文、石方勤合编，人民出版社 1980 年版；

《晋察冀边区财政经济史资料选编》（1—4 册），魏宏运主编，星光、傅尚文副主编，南开大学出版社 1984—1985 年版；

《晋察冀抗日根据地财政经济史稿》，魏宏运主编，档案出版社 1990 年版；

《中国现代史大事记》，梁寒冰、魏宏运主编，黑龙江人民出版社 1984 年 6 月版，傅尚文先生负责“抗日战争”部分。

有关中国近现代史的专题论文三十余篇，发表于《历史教学》《天津日报》和《河北大学学报》（哲社版）等报刊。

2015 年春天的一个周末，在保定古物市场的旧书摊前偶然见到了傅先生生前的部分研究成果，心里为之一振，我没问价码，毫不犹豫地将所有的资料全部买了下来，然后，恭恭敬敬地摆在了我的书架上。今天，借纪念会之机，将文献梳理出来，也算是延续与傅先生的一段师生缘分吧。

正式发表的论文：

1. 傅尚文：《清末山西编练新军及辛亥革命时期阎锡山充任晋省都督纪实》，《河北大学学报》1979年第1期；

2. 傅尚文：《试论中国抗日战争在反法西斯的第二次世界大战中的地位和作用》，《河北大学学报》1985年第3期。

会议论文：

3. 傅尚文：《“论功业空千古”——浅谈毛泽东同志对中国革命的贡献》，1981年5月，中国党史研究会建党60周年学术讨论会交流材料；

4. 傅尚文：《无产阶级领导权思想的提出和基本形成》，河北大学历史系，纪念毛泽东同志诞辰九十周年学术讨论会论文，1983年；

5. 傅尚文：《晋察冀边区北岳区的粮食战》，南开大学历史系编《中国抗日根据地史国际学术讨论会论文集》。

打印成册的论文有：

6. 傅尚文：《略论辛亥广州起义和武昌起义之关系》，河北大学历史系，1981年5月；

7. 傅尚文：《晋察冀边区北岳区的粮食战》，河北大学历史系，1984年5月；

8. 傅尚文：《略论辛亥广州起义和武昌起义之关系》，河北大学历史系，1981年5月；

9. 傅尚文：《史迪威与中国抗战》，河北大学历史系，1985年5月；

10. 傅尚文：《冀中抗日根据地财政经济发展概况》，河北大学历史系，1985年5月；

11. 傅尚文：《中国民主革命提出无产阶级领导权思想的问题》，河北大学历史系。

傅尚文先生的学术研究在国内产生了较大的影响。如：他以顾林名义发表在1956年第4期《历史教学》的《试谈甲午战后中国半殖民地半封建经济形态的完全形成》的论点——“中国半殖民地半封建社会经济形成于甲午战后的几十年间”被1983年人民出版社出版的《中国历史学年鉴》收录。他发表在《历史教学》1983年第12期的《中共“四大”提出无产阶级领导权问题的探讨》，被收录到1985年人民出版社出版的《中国历史学年鉴》。他作为副主编编写的4卷本的《晋察冀边区财政经济史料选编》被许多高校确定为中国近现代史硕士研究生的必读书目。他被推举为河北省历史学会副会长、中国现代史学会常务理事、中共党史学会常务理事。在他的主持和影响下，河北大学中国近现代史研究已成为晋察冀抗日根据地研究、中国近现代经济史研究的重镇，并一代代传承下去，发扬光大。

纪念傅尚文先生

陕西师范大学历史文化学院　黄正林

今天，傅尚文先生生前好友、弟子及再传弟子集聚一堂，以“傅尚文与中国近现代史研究”为题举行追思与学术讨会，是有意义的。我曾经在河北大学工作和读书，可以说也是傅尚文先生奠定的基业的受惠者。因此，参加今天的追思与学术讨论会，追寻先贤的足迹，说不尽的感慨，也感谢河北大学历史学院的邀请。

关于傅尚文先生的经历与遭遇，我在多年前就听李金铮教授谈起过，但对傅先生深度了解，还是接到会议邀请函之后。我认为，傅尚文先生对中国近现代史的贡献，主要表现在两个方面：一是新中国成立后中国近现代史学术研究的开创者；二是河北大学中国近现代史学科的奠基人。

中华人民共和国成立伊始，百废待举，傅尚文先生很快投身到新中国的学术事业中。1950 年，傅先生与李光璧、杨生茂、张政烺、孙作云、丁则良等史学名家一道，共同创办了新中国较早的史学学术刊物《历史教学》，该刊薪火相传，现在由傅先生的再传弟子杨莲霞担任主编。傅尚文先生的学术研究，涉及领域广泛，主编或合著著作多部，主要有《中国近代史》《清末新军编练沿革》《南昌起义资料》《抗日战争时期晋察冀边区财政经济史资料选编》《晋察冀抗日根据地财政经济史稿》等。发表的学术论文涉及中国近现代史研究的多个重大问题，如太平天国、五四运动、西安事变、抗日战争、中共党史等，对许多问题提出了自己的见解。

关于太平天国，他发表了《对太平天国革命历史中的几个问题的商榷》（《河北大学学报》1961 年第 1 期），他在研究太平天国几个重大问题的过程中，指出太平天国与中国历次农民战争有所不同，“研究他的性质和意义是复杂的，颇费力气的”。我们现在常说历史的面相是复杂的，在当时，“农战史”研究是历史研究中的五朵金花之一，很多学者都在歌颂农民战争引领历史前进的伟大作用，但傅先生指出太平天国的复杂性，是很有远见的。

关于五四运动的研究，他发表了《五四运动是新民主主义革命的开始》（《河北大学学报》1963年第1期），全面系统地论述了五四运动是新民主主义革命开始的观点，至今对解释和研究中共革命有借鉴意义。

关于西安事变的研究。1987年，傅尚文先生发表的《中国现代史上的一个重大历史转折点——西安事变述略》（《河北大学学报》1987年第2期）对西安事变做了深入的考察。从1936年中共统一战线政策、张（学良）杨（虎城）个人的历史与思想、中共与张杨关系等角度考察了西安事变发生的背景，讨论了西安事变和平解决的问题，文章指出："没有西安事变的和平解决，就不可能有建立以国共两党为基础的全国统一战线的前提，有了西安事变的和平解决，才促使七七事变后开始出现全国抗战的局面。"后人对西安事变历史意义的论述，至今尚未超越傅先生这一观点。

1985年是中国抗日战争胜利40周年，傅尚文先生发表了两篇文章，即《史迪威与中国抗战》（《历史教学》1985年第1期）与《试论中国抗日战争在反法西斯的第二次世界大战中的地位和作用》（《河北大学学报》1985年第3期）。前文使用了《史迪威文件》等大量第一手文献，对史迪威与中国抗战问题做了全面讨论，指出：史迪威"中国抗战终究还是有一定贡献的，对中国抗战的看法基本也是正确的"。后文提出了"中国抗日战争是反法西斯第二次世界大战的一个重要组成部分"的重要观点。这篇文章发前人之所未见，对后人也有很大的启迪。在纪念抗战胜利70周年之际，国内学者在论及中国在国际反法西斯战争中的地位时，才热议中国抗日战争在第二次世界大战中的地位和作用，距离傅先生发表的宏论已经有30年了。

关于中共党史的研究。傅尚文先生发表的相关论文有《中共"四大"提出无产阶级领导权问题的探讨》（《历史教学》1983年第12期）、《抗战时期晋察冀边区财政经济工作发展的几个阶段》（《河北大学学报》1983年第4期）、《晋察冀边区北岳区的粮食战》（《历史教学》1985年第2期）等。对中共"四大"的历史评价问题、抗战时期晋察冀边区财经工作阶段的划分等都有比较深入的论述，有一定的学术意义。

与同时代学者相比，傅尚文先生的学术研究最大特点是通过对历史事件细节的讨论，来反映重大历史事件的复杂性。在傅先生从事学术研究的年代，中国现代史研究几乎等同于中国革命史或中共党史，而且以宏大叙事为主。但傅先生的论文学术性更强一些，尤其对上述几个重大历史问题的研究，非常注意细节问题的把握。如对西安事变的研究中，非常注意事变发生后国内外各方的反应，周恩来率中共代表团到西安后每天的活动都有论述，可以看出西安事变和平解决的复杂过程。即便今天有些研究西安事变的论文，也没有达到这样的高度。

傅尚文先生从 1952 年开始执教天津师范学院（即今河北大学）历史系，从事中国近现代史教学和人才培养。特别是 1985 年作为学术带头人申报了中国近现代史硕士学位点，并招收了第一批硕士研究生，成为河北大学中国近现代史学科建设上的里程碑，为河北大学中国近现代史学科发展、壮大奠定了基础。通过傅尚文先生的弟子与再传弟子的努力，2005 年该学科获得了博士学位授权点。有了傅尚文先生奠定的基础，加之在座各位的不懈努力，河北大学中国近现代史学科已经在全国颇有影响，尤其在华北区域史的研究上成为一方重镇。

我们今天在这里举行“傅尚文与中国近现代史研究”的追思与学术讨论会，是对先贤最好的纪念。最后，预祝学术讨论会圆满成功。

中国近现代史研究论文选

论雍正帝西南边疆治理方略

河北大学历史学院　衣长春

摘　要： 雍正朝是清代处理边疆问题的关键时期。雍正帝提出了以“六合大一统”为特征的民族观，并积极运用于边疆治理的实践中。雍正帝为解决西南苗疆问题，在不同时期提出了“怀柔之法”以及“恩威并用”的策略，并通过武力征剿、改土归流、发展经济、兴办文化教育等措施，实现了西南边疆的社会稳定及发展，加速了清代边疆“大一统”的进程。

关键词： 雍正帝；西南边疆；治边方略；恩威并用

雍正朝是清代统一多民族国家确立和发展的重要时期。13 年中，雍正帝承上启下，大力破除延续了千百年以“华夷之辨”为特征的传统民族观，构建了以“六合大一统”① 为特征的新型民族观，并亟亟应用于边疆地区的治理实践中。诸如用兵西北，在青海设立办事大臣，在西藏设立驻藏大臣，在西南推行改土归流等。相较而言，雍正帝在西南地区②推行的改制，过程完整，策略多元，可谓边疆“大一统”思想的重要实践，其意义重大，影响深远。鉴于此，本文对此问题进行专门讨论。

① 《清世宗实录》第 8 册，中华书局 1985 年版，第 99 页。

② 一般而言，历史上的西南边疆地区包括今云南、贵州、广西和四川西南部地区。

一

西南边疆民族众多，在地域上与中央相隔万里之遥。清以前，历代王朝对该地区的控制都是间接式的。秦汉之时，中央王朝在西南地区设郡，因俗而治；魏晋时期战乱纷争，该地区受中央影响逐渐减弱；唐宋时期，中央推行了羁縻政策；元明以来，中央王朝在此地设置土官予以统治。核《明史·土司列传》载，湖广、四川、云南、贵州、广西地区的土司数量达百余个。这些土司多为“大姓相擅”，历代相沿，“自相君长”。到了明清时期，土司制沿行日久，其弊端日渐明显。在土司的世代统治下，中央政府对于边疆地区的控制日渐弱化。同时，在土司的纵容下，部分苗民穷凶极恶，占山为王，烧杀抢掠，严重扰乱了社会秩序，当地百姓困苦不堪，形成了所谓的“苗疆问题”。为此，明清政府相继推行改土归流。

雍正帝即位之初，就土司之弊便有如下评述：“朕闻各处土司鲜知法纪，每于所属土民多端科派，较之有司征收正供，不啻倍蓰，甚至取其马牛，夺其子女，生杀任情。土民受其鱼肉，敢怒而不敢言。”① 土司具有部族首领性质，在领地内自古享有税收、生杀之权，这是其制度落后性的体现。雍正帝指斥土司之弊，重点应在“鲜知法纪”四字之上，也就是土司最大的问题在于其具有独裁性，这种独裁性造成了当地社会的剧烈动荡，加剧了边疆与中央的分离倾向。因此，要从根本上实现苗疆的稳定，就要废除土司制，并在西南地区推行彻底的社会变革。考虑到土司制相沿日久，雍正帝对此问题的处理极为慎重。

雍正帝对于土司问题的处理策略，可分为前后两个阶段。前一阶段奉行抚苗之法，怀柔为上；后一阶段则强调治边之道，恩威并施。而两个阶段的分界点便是鄂尔泰掌印西南。

雍正二年（1724），云贵总督高其倬进折奏报，四川威远土知州刁光焕隐匿盗贼头目，并与之相勾结；另奏称有杨、方、普、李四姓土司曾出身贼盗，并有祸患地方的劣迹。高其倬的处理方案是将刁光焕父子缉拿，夺去土司爵位，另外四姓土司也夺去了三姓的爵位。高其倬为防止当地土司扶植乱贼势力，通过更迭土

① 《清世宗实录》第7册，第326页。

司爵位以期实现地方稳定，这种措施并未触及土司制的根本，属于权宜之计。对此，雍正帝的朱批称“适当之极”。[①] 刁光焕事件平息后，高其倬也曾考虑过在部分地区实施改土归流。但此时雍正帝对西南边疆形势尚无明晰的认识，因而态度比较保守。在给刁光焕量刑的问题上，他在朱批里写道：“刁光焕之罪，必甚妥当，以服畏众土司之心方好……著实斟酌考量土人性情，定拟罪名方可。”[②] 也就是给土司定罪一定要考虑当地的民情。十一月，雍正帝在广西巡抚李绂的奏折朱批中再次强调，“刁悍之止，应徐徐渐次教化”，即通过教化来加强西南边疆的向心力；为防止土司生变，又称：“若有大逆不道，明正其罪，而再议改土归流。”[③] 按照旧例，“土司无革职、削地之罚”[④]。可知雍正帝这个时期对处理苗疆问题非常慎重，强调怀柔之法。

关于苗疆之乱，当时西南的地方官员有两种态度：云贵总督高其倬、贵州威宁镇总兵石礼哈、贵州提督马会伯主张对叛乱苗民及土司进行征剿；而贵州巡抚何世璂则主张应行招抚，不应用兵。雍正帝显然不想因为刁光焕案件而导致众土司人心不稳，引发不可控制的矛盾与冲突。对于西南的治理，以教化为首选，通过怀柔手段来稳定土司势力，即使土司犯法，其量罪也非常谨慎，除非大逆不道，否则不会考虑改土归流。为使地方官员能贯彻这一政策，他训诫高其倬称：“治天下之道，亦分强与柔远，较则柔远为尤重；而柔远之道，亦分畏威与怀德，较则怀德为尤重。”[⑤] 其意在于边疆治理方略可以分为三个层次：最高层次为“怀柔”，即通过恩德来感化边民，使其向附；其次便是“畏威”，即树立朝廷威严，令其因畏惧而归附；最下策是“用强”，即动用暴力手段来实现边疆的统一。这个时期，雍正帝强调“怀柔”为上，武力为下，究其原因有二：一是中央政局尚不稳定；一是青海及西藏地区相继发生叛乱，朝廷无暇旁及。

自雍正三年至十年，雍正帝最为赏识的股肱之臣鄂尔泰相继出任广西巡抚、云南巡抚、云贵总督、云贵广西总督等职，标志着中央政府从根本上治理西南边疆问题的开始。自鄂尔泰坐镇西南，雍正帝逐步改变了对该地区实施“怀柔为上”

① 中国第一历史档案馆编：《雍正朝汉文朱批奏折汇编》第2册，江苏古籍出版社2008年版，第843页。

② 《雍正朝汉文朱批奏折汇编》第3册，第112—113页。

③ 《雍正朝汉文朱批奏折汇编》第4册，第96页。

④ 魏源：《圣武记》卷七，《雍正西南夷改流记上》，中华书局1984年版，第285页。

⑤ 《雍正朝汉文朱批奏折汇编》第4册，第370页。

的治边策略，并最终提出了“恩威并施”的治边方略。

雍正四年，鄂尔泰出任云南巡抚，在论及土司之弊时说：“窃以滇黔大患莫甚于苗猓，苗猓大患实由于土司。”① 又称：“土司肆虐，并无官法，恃有土官土目之名，行其相杀相劫之计。汉民被其摧残，彝人受其荼毒，此边疆大害，必当剪除者也。”② 在他看来，要想从根本上解决苗疆之乱就要废除土司制度，推行改土归流才是实现西南边疆稳定的根本大计。在给雍正帝的奏折中，鄂尔泰详细阐述了自己的主张：“固应恩威并用，然‘恩’非姑息，‘威’非猛烈。到得用者‘威’时，必须穷究到底，杀一儆百，使不敢再犯，则‘威’仍是‘恩’所全。”③ 这里值得注意的是，当时对于苗疆叛乱，地方文武官员或主张“剿”，或主张“抚”，未能达成一致。在这样的局面下，鄂尔泰提出了“恩威并用”。他强调“恩”不是简单地姑息纵容，“威”也不是单纯地暴力镇压；同时，“威”与“恩”也不是对立的，适当地运用“威”，也可以达到“恩”的目的。鄂尔泰似乎在调和处理苗疆问题的不同策略，其实重点强调的还是“威”，也就是要靠武力来实现西南边疆的稳定。故而他在这份奏折中，提出了“不得不稍张军威”的主张。关于改土归流之法，鄂尔泰经过深思熟虑，认为“计擒为上策，兵剿为下策，今自投献为上策，勒令投献为下策”④。鄂尔泰首先强调改土归流势在必行，但在“改归之法”上也极为慎重，从表面上看也是和平式的，而非暴力式的。

对于鄂尔泰提出的治理方略，雍正帝非常赞成。他在鄂尔泰奏折上朱批道：“前者马会伯奏到，朕恐其孟浪，后见何世瑾之奏，朕又恐其怯懦因循，正在尤疑，览汝此奏，朕始宽怀。量尔料理，必得事情之中也。”⑤ 显然，雍正帝对于马会伯与何世瑾提出的策略均缺乏信心，而对鄂尔泰提出的“恩威并用”策略则非常支持。这一策略强调在处理苗疆问题上要具体问题具体分析，即雍正帝所说的“得事情之中也”。而此时何世瑾尚未领会到雍正帝的用意，与鄂尔泰意见相左，仍主张和平教化的治边策略。雍正帝便在朱批中对他进行了批评：“朕无方略，惟喜得‘恩威’二字，只求得当，鄂尔泰非寻常抚督，其人之材，其心甚公，其诚

① 《雍正朝汉文朱批奏折汇编》第7册，第632页。
② 《雍正朝汉文朱批奏折汇编》第8册，第115页。
③ 《雍正朝汉文朱批奏折汇编》第7册，第119页。
④ 《雍正朝汉文朱批奏折汇编》第8册，第115页。
⑤ 《雍正朝汉文朱批奏折汇编》第7册，第120页。

实难多得者，此等事听其精神而行，不可另主主见掣肘，以失机宜。”① 他认为何世璂的姑息策略，在治理苗患时是“有失机宜”的，并告诫鄂尔泰“此事何世璂亦奏闻，未免书生之见，况初到未审情形，大有姑息之论，朕着实严谕训示”②。此后，雍正帝在处理西南边疆问题上开始奉行“恩威并用”的策略，并将之运用于边疆治理的实践之中。

二

从历史实践看，雍正帝提出“恩威并用”的治边策略后，在处理西南边疆问题时，前期侧重的是“威”，即通过武力平定苗疆以及推行改土归流；而改土归流后则通过“恩”来巩固边疆，诸如推行发展边疆经济及文化教育等措施。

（一）罢土官设流官

清代的改土归流虽然开始于康熙时期，因缺乏明确的方略和措施，其推行范围十分有限。自鄂尔泰出任云南巡抚后，雍正帝开始大力在西南地区推行改土归流。

雍正四年，雍正帝命鄂尔泰擒拿镇沅、霑益二土司刁瀚、安于藩。鄂尔泰随即奏称“以上二土司处，俟押解到省审讯，确供俱疏题参外，务须按律比拟，尽法惩治”③。鄂尔泰惩治刁瀚、安于藩二土司后，随即将该地区土司废除，改设流官管理，达到了彻底肃清土司之弊的目的，同时也对其他土司产生震慑，所谓使“群小各知警惕矣”。同年，鄂尔泰发现乌蒙地方土官凶恶顽劣，准备推行改土归流，其奏称：“乌蒙土官凶恶习惯，可以威制，难以恩化，不改土归流，终非远计。”④ 经批准后，鄂尔泰在推行过程中又发现通过和平手段无法完成，便又奏请“乌蒙必须征剿，断难诱擒”⑤。随即对该地区实施了武力征剿。至雍正五年初，土官禄鼎坤投诚，之后又抓获土府禄万钟。此次对禄氏土司的征剿非常激烈，杀

① 《雍正朝汉文朱批奏折汇编》第7册，第115页。
② 《雍正朝汉文朱批奏折汇编》第7册，第322页。
③ 《雍正朝汉文朱批奏折汇编》第7册，第632页。
④ 《雍正朝汉文朱批奏折汇编》第7册，第491页。
⑤ 《雍正朝汉文朱批奏折汇编》第8册，第113页。

掉负隅顽抗的土官数百名。此后，清政府相继对西南地区的土司势力进行了大规模的武力征剿。同年，鄂尔泰遣军进剿车里宣慰司地带的窝泥苗匪。闰三月，继乌蒙之后，镇雄也成功改土归流；五月，泗城土府和平改流；六年正月，鄂尔泰派兵荡平了茶山一带的苗匪；十二月，剿抚阿驴；八年，贵州古州总兵苏大有率兵征剿清水江一带苗匪；雍正九年，贵州古州总兵韩勋又率兵剿抚铜仁府生苗；十年，高其倬率兵进剿黔省九股地方苗寨。至此，云贵地区的改土归流基本完成，广西、四川、湖南、湖北也进行了一定程度的改流，西南边疆得以安宁。自雍正四年至十年，清政府在贵州、云南、四川、湖广等地全面废除土司制，设置流官进行管理，实现了“蛮悉改流，苗亦归化”。至雍正末年，“县、长官司以上的土司被改流的已达六十多个”①。雍正帝对西南地区的改土归流变革给予了高度评价，称：“俾苗人怀德畏威，抒诚内向，疆圉开拓、边境辑宁。数年以来之功绩，实非寻常平定苗疆，剪除寇贼者可比。”②

废除土官，改设流官，其进步意义不言而喻。但是如果善后事宜不能筹划周详，则又会导致部分地区产生反复。比如雍正八年，乌蒙总兵刘起元的贪婪残暴导致彝民不满，反对改土归流，经过清军的强力镇压，方才平息。雍正帝遂命当地督抚采取多种措施，以确保改土归流后的社会稳定。他在郝玉麟的奏折中朱批道：“但善后事宜尤为紧要，整治稳妥得法，方能一劳永逸。”③ 此后，清政府开始在西南边疆改土归流地区大力发展社会经济及文化，以期从多种领域加强边疆与内地的紧密联系。

（二）化猓众为耕民

在土司的封闭统治下，西南地区经济发展十分落后，存在着农耕、畜牧、采集狩猎三种经济模式。就农业而言，大多地区仍处于“刀耕火种”的原始阶段。土司制废除后，少数民族地区的人身依附关系得以消除，土地实行重新分配，加之汉民的迁入，西南地区的农业经济获得了快速的发展。署理云贵和广西的总督高其倬将这种变革称之为“化猓众为耕民”。他在雍正九年十二月的奏折中称：“昭通土田肥腴，可种水田处颇多，若开垦渐广，不但兵米可资，且使民户日增，填实地方，化猓众为耕民，易严疆为乐土，调剂昭通之法，开垦诚为要务。”④ 昭

① 郑天挺主编：《清史》（上编），天津人民出版社 2011 年版，第 264 页。

② 《清世宗实录》第 8 册，第 532 页。

③ 《雍正朝汉文朱批奏折汇编》第 11 册，第 751 页。

④ 《雍正朝汉文朱批奏折汇编》第 21 册，第 609 页。

通为云南通往贵州和四川的重要门户，为西南文化交汇之地。如实现西南地区的社会变革，取决于“民户日增”，也就是使具有先进农耕文化的汉民大量迁入，以此“填实地方”。这一过程的实现，又取决于政府通过开垦荒地来实现土地的重新分配。换言之，只有大力发展当地农业才能实现“易严疆为乐土”的终极目标。

对于地方官员的垦荒政策，雍正帝在即位之初就大力支持。雍正二年，上谕西南地方开荒垦地，解决民食问题，称此举“于百姓最有裨益”。同年四月，高其倬奏称：“若中甸左右近得有可种之地，仿屯田之意，开垦即以其粮米供给兵食，既可节省钱粮，又可省内地运送。”① 此为雍正时期云南地区全面垦荒之先声。雍正二年，云南田土约六万四千一百一十四顷九十五亩有奇；至十年，新增垦田一万四千四百八十余顷。② 西南地区垦荒政策的推行，保障了百姓粮食供给，保障了军需供应，有利于改土归流后的社会稳定。

西南地区地势复杂，加之气候多变，时有水患发生。在对西南地区土地进行开垦的同时，政府也十分重视水利建设，以保障农业的发展。综观西南地区，云南的水利建设发展最为迅速。雍正七年，鄂尔泰陈奏滇省水利建设的重要性，称：“地方水利攸关民生，而在滇尤属急务。”③ 雍正帝对鄂尔泰进行水利建设大加赞赏，朱批称此举“可谓超群拔类之办理，为从来封疆大臣未举之善政也，朕为滇南赤子曷胜庆幸！”④ 雍正帝对于地方水利建设的重视，促进了该项事业的快速发展。自雍正七年至十年，以云南为例，大理府、云南府、广南府、寻甸州等各府州县都加大了水利修缮力度。此外，雍正帝还批准添官员，加强水利管理：“于昆阳州、添设水利州同一员，驻扎海口，以专责成。再，通省有水利之处，凡同知、通判、州同、州判、经历、吏目、县丞、典史等官，请加水利职衔，以资分办。”⑤ 这样，西南水利管理制度更加完备，不仅有利于解决西南地区水患，同时也有利于农田灌溉，促进当地农业的发展。

雍正时期，清政府在西南地区还实现了货币统一，打破了该地区的封闭状态，加强了边疆与内地的经济联系。清以前，云贵地区主要以贝币为流通货币，关于铜钱的记载很少。至雍正时期，随着改土归流的进行，政府开始规范钱币的样式，

---

① 《雍正朝汉文朱批奏折汇编》第 2 册，第 881 页。

② 参见龙云等纂《新纂云南通志》卷一百三十八，1949 年铅印本，第 6—8 页。

③ 《雍正朝汉文朱批奏折汇编》第 14 册，第 672 页。

④ 《雍正朝汉文朱批奏折汇编》第 14 册，第 675 页。

⑤ 参见《清世宗实录》第 8 册，第 555 页。

上谕称："钱乃国家之宝，其云南铸钱'清'字，著铸'宝云'，四川铸'宝川'。此外别省俱将'宝'字为首，次将各本省字样鼓铸。"① 这标志着西南地区货币实现了统一。

随着清代商品经济的发展，雍正时期钱币供应出现不足，"按照清朝政府规定，每两银子换制钱一千文，但在大多数地区换不到这么多"②，银贱钱贵现象普遍。而当时的云南地区却呈现银贵钱贱的现象，究其原因，当与西南地区的铸钱政策关系紧密。西南地区矿产资源丰富，云南地区素有"铜矿甲天下"的美誉。清代西南地区采铜业的发展直接影响了内地的钱币供应。这个时期，政府提出了在滇省增局鼓铸的计划，雍正帝上谕称："滇省采铜渐次有效，与其解京多需脚费，不如即留滇开铸，其省城之云南府及临安府、大理府、霑益州四处，相近铜厂转运，俱为便易，各令其开局务，选贤能，到府官监理。"③ 这一政策的实施，使得滇省一时兴起了铸币热潮："云南各局，俱行开铸，复题定省城局炉二十一座，临安府局炉六座，大理府局炉五座，霑益州局炉十五座，遵照铜六铅四配铸……计四十七炉，岁用铜铅一百六十九万二千斛。"④ 云南铸币业的发展，极大地促进了当地商品经济的发展，但同时也产生了滇币壅滞的问题。为解决这一问题，高其倬、鄂尔泰等人相继提出了滇币及黔币向内地流通的政策。钱币的外省流通，在缓解当地钱币壅积问题的同时，也加强了与中原地区的经济联系。此后，滇黔鼓铸的铜钱，运往湖广、四川、江西等地。

西南边疆地区的荒地开垦和水利建设措施，一定程度上缓解了西南边民生活困苦的现状，促进了当地经济形态的转变，使其逐渐融入中原农耕文明之中；统一货币则打破了西南地区封闭的经济格局，加强了中原地区的经济往来。以上举措有利于实现内地与边疆地区经济上的"大一统"。

（三）以衣冠易椎髻

纵观清代边疆民族大一统的实践，从效果上看，当以西南地区最为成功。究其原因，则是政府通过发展教育，将内地的先进文化逐步推进到了边疆，所谓"以俎豆化干戈，以衣冠易椎髻"⑤。

---

① 《清世宗实录》第7册，第65页。

② 冯尔康：《雍正传》，上海三联书店1999年版，第199页。

③ 王云五编纂：《清朝文献通考》卷十五，商务印书馆1936年版，考4981。

④ 《清朝文献通考》卷十五，第4981页。

⑤ 《昭通志稿》，1949年铅印本，卷四，二十九页。

西南地区自古便被中原视为蛮荒之地。所谓“蛮荒”，一方面源于其地处偏远，土地贫瘠；另一方面则在于文化上的封闭与落后。明朝时期，西南地区开始接触儒家文化，中央政府在西南地区设学校，兴科举。由于明朝统治者奉行“以夷制夷”的治边策略，因此儒家文化在西南地区的传播十分有限。清朝是由少数民族建立的政权，其在文化上具有高度的开放性。统治者在保持满洲文化传统的同时，也积极在全国范围内推行儒家文化。为促使儒家文化的传播，康熙帝曾在西南地区设立义学，保障边民子弟接受教育。由于土司割据，社会封闭，这个时期儒家文化的传播十分有限。

雍正时期，政府加大了对西南地区的儒化力度，完善了西南地区的教育制度。这一策略的施行，可分为修缮学宫、广设义学、添设学官、增加学额等方面。

修缮学宫。学宫最早是用来教授学生的地方，后世用来祭祀孔子，以推行儒家教化。陈弘谋在《整饬学宫丁祭檄文》中曾提到“地方风化，起于学宫，官司职守，莫先祭祀”①。由此学宫成为一个地区儒化的象征。西南地区的学宫建制古已有之，至清朝很多学宫已经荒废。到雍正朝，根据改土归流的需要，政府对学宫进行了大力整修，以云南为例，各府州县重新修缮的学宫达三十余处。

广设义学。义学是地方遵照中央旨令，由官府主办、民间参办的一种普及儒家教化的初等教育学校。陈弘谋曾在《查设义学檄》中提到义学所设的重要性：“又夷俗不事诗书，罔知礼法，急当诱掖奖劝，俾其向学亲师，熏陶渐染，以化其鄙野强悍之习。是义学之设，文化风俗所系，在滇省尤为紧要也。”② 雍正帝也曾谕称：“苗俗向无学校，应于各属四乡适中之所，设立义学，以广化导。”③ 雍正三年，地方政府在威远建立义学；五年，在东川府设立义学；八年，又在从未设立学校的贵州地区设立义学。随着改土归流的推进，义学数量猛增。以云南为例，据陈弘谋《义学汇记》中记载，至雍正末年，该地所设义学达到650余所。

添设学官。清代云南地区的学官，“府曰教授、州曰学正、县曰教育，皆以训导副之。其教学必习其礼事，明其经训，示其程式，正其文体”④。可知学官职司推行儒家教化。雍正时期，政府在改流地区随时添设学官，以保障儒化的需要。

---

① 龙云、卢汉修、周钟岳纂：《新纂云南通志》，1949年铅印本，卷一百三十二，第480页。

② 《新纂云南通志》卷一百三十四，第530页。

③ 《清世宗实录》第8册，第292页。

④ 《新纂云南通志》卷一百三十一，第467页。

诸如五年三月，在五开卫、铜鼓卫地区“添设教谕、训导”①；十年，在镇沅府、恩乐县等地方，“设立镇沅府教授一员、恩乐县教谕一员”②。

增加科举选拔名额。七年，雍正帝批准了鄂尔泰关于调整西南地区内部科举取士名额的奏疏，贵州省文举数额因此增加了六名，武举增加了三名。③ 此时科举取士的名额，只是在西南区域内进行调整，并没有增加。十一年二月，上谕：“云南、贵州、广东、广西、四川、福建六省举人，赴京会试，邮程遥远，非近省可比。朕意欲于落卷中，择其文尚可观而人材可用者，添取数人，候旨录用，以昭朕格外加恩之意。”④ 根据这道上谕，清政府扩大了西南地区的会试录取名额。

此外，西南地区少数民族众多，其儒学文化程度低，因而在科举取士中时常出现缺额现象。为保证西南地区科举取士名额，改善西南地区的文化风俗，雍正十一年，陈弘谋提出在西南地区开始推行入籍考试法：“臣愚以为，入籍考试之法，不但有益于人材，而且有益于风俗……如蒙圣恩俞允，应令云、贵、广西等省督抚学臣将彝多汉少人文寥落之处，造册送部，分别进取，并请著为定例。”⑤ 雍正帝批准了陈弘谋所提出的方案，意在使汉人入籍苗疆，对当地百姓进行儒家文化熏陶，使其从思想文化上发生转变，以期从根本上促进当地文化的发展。

雍正帝在西南地区推行的教育及文化措施，是在思想文化上进行的“改土归儒”变革，对于西南地区的社会开化产生了深远的影响。陈弘谋对此评价为：“于夷人之中，诗书礼法以破其愚顽，语言文字以化其犷野。耳濡目染潜移默化，不出十年，生夷渐化为熟夷，熟夷渐化为漢户，蛮烟瘴雨之乡，渐成声明文物之俗矣。”⑥ 西南地区的儒化政策，从深层次上加强和巩固了边疆与中央的统一。

---

① 《清世宗实录》第 7 册，第 824 页。

② 《清世宗实录》第 8 册，第 626 页。

③ 《清世宗实录》第 8 册，第 117 页。

④ 《清世宗实录》第 8 册，第 678—679 页。

⑤ 《雍正朝汉文朱批奏折》第 25 册，第 405 页。

⑥ 《雍正朝汉文朱批奏折》第 25 册，第 405 页。

结　语

清代前期，随着中国的版图不断扩大，中央加强了对边疆的治理，二者间的联系也不断加强。这种局面的形成，源于顺、康、雍诸帝在边疆民族政策上的不断创新与突破。清入关后，诸帝破除华夷之辨，倡导“中外一体”“满汉一家”。如康熙帝下令废除长城，合满、蒙、汉为一体，欲建立“众志成城”的人心长城。相较而言，雍正帝对于清代民族政策的形成与理论创新做出的贡献是最大的。在《大义觉迷录》中，他提出了崭新的民族思想，即“六合大一统”民族观。中国历史上传统的大一统观，强调“华夷之辨”与“内外之别”。这种思想观念造成了中原与周边各民族间的隔阂，导致了中央与边疆联系的断裂，因而清以前的历代王朝均未能从根本上解决边疆民族问题。雍正帝的民族大一统观，则彻底破除了民族畛域，强调“中外一体”，将中央与边疆紧密联系在一起，实现了中国历史真正意义上的大一统，即“六合大一统”。雍正帝在民族观上实现了突破，促进了边疆问题的解决。

雍正帝对西南地区的苗患采取了由“怀柔”为主到“恩威并用”，再到用武力强行推进改土归流。这种建立在实践基础上的策略调整，是由西南边疆的特殊形势所决定的。雍正朝初期，由于清朝政局的不稳固，再加上改土归流也具有争议，因而雍正帝对待土司制采取保守态度，试图以恩德感化土司和苗民，然而收效甚微。随着清朝政权的稳定，雍正帝开始加强对西南边疆的控制，推行“恩威并用”的策略，实施大规模的改土归流。对于顽劣难以改造的土司地区，则采取了“立威”的手段，以大规模的武力进行征剿。最终，西南改土归流取得了重大进展，中央对西南边疆的控制力进一步加强。同时，政府也积极推进西南地区的社会变革，发展农业，推进儒家文化，打破了该地区的封闭状态，意义深远。

当然，雍正帝在西南边疆进行改制的过程中也出现了诸多问题。如推行改土归流过程中的暴力镇压；推行垦荒过程中地方官员虚报田数，加重百姓税负；推行文化教育过程中的资源分配不均衡等。这些问题或加剧了当地百姓的困苦，或造成了当地社会发展的差异。雍正末年苗疆再乱，便是这一问题的反映。总体而言，雍正帝在西南地区进行的制度及社会变革，是对以“华夷之辨”为特征的民族观的一种摒弃，是对秦始皇提出的“三同”理论在边疆的具体实践，标志着清代国家“大一统”的重大发展。此举强化了西南边疆与中央的联系，其影响极为深远。

（原刊于《社会科学战线》2015 年第 4 期）

全球视角下嘉道银贵钱贱问题研究[①]

河北师范大学历史文化学院 习永凯

摘 要：嘉道年间发生于中国的银贵钱贱，一般认为是鸦片输入引发白银外流所致。实际上，19世纪上半叶，美洲金银大幅减产对世界主要国家的白银购买力产生了重要影响，导致世界范围内白银购买力的上升。处于世界白银流动末端的中国，这一时期白银购买力上升更为显著，数据分析结果显示，其白银购买力变动趋势与国外白银购买力上升密切相关；同时，中国银钱比价与白银购买力变动一致，钱计物价相对稳定。因此，这一时期银钱比价上涨的长期变动原因是银贵，而非钱贱。

关键词：白银购买力；银贵钱贱；白银外流；嘉道年间；全球视角

19世纪上半叶，鸦片输入、银贵钱贱、白银外流对我国社会经济产生了重大影响，通常的叙述是鸦片输入导致白银外流，白银外流引发银贵钱贱，加重财政

---

① 论文合作者为戴建兵教授。

困难，加剧阶级矛盾。① 而制钱减重、局私民私夷钱的流通、制钱存量的增加、钱票的使用、货币领域贵金属对贱金属的排挤（即重银轻钱）等也被一些学者认为是银贵钱贱的重要因素。② 前人的研究大多着眼于国内状况的变化，较少将这一现象放在全球范围内进行分析③，而当时世界范围内大多数国家国内及国际贸易均以金银为币，并且这两种贵金属有着比较稳定的比价，因此本文试图依据国际金融理论，从全球视角对这一问题进行分析。另外，由于国内 19 世纪上半叶经济数据的不足及数学工具的缺乏，前人的讨论也多限于定性分析，未能进行充分的定量分析。本文在严中平、汤象龙、王业键等学者所整理的国内账簿、雨雪粮价折等历史数据及国外历史数据的基础上，使用计量经济学方法，进行定量分析，显示这一时期我国白银购买力变动与世界白银购买力变动高度相关，并通过了格兰杰因果关系检验。对直隶宁津银钱比价及白银购买力数据进行分析的结果，显示银钱比价的变动主要是白银购买力变化所致。

---

① 早在嘉道之际，包世臣、黄中模、黄爵滋、许乃济、冯桂芬等学者、官员提出，当时银贵钱贱是由于鸦片走私、白银外流造成的，清政府也出台了一些相应的对策，其最终措施是林则徐在广州禁烟。翦伯赞、胡绳也认同这一说法。见翦伯赞《中国史纲要》（增订本）下，北京大学出版社 2006 年版，第 606 页；胡绳：《从鸦片战争到五四运动》，人民出版社 1981 年版，第 27—28 页。吴承明认为“嘉道的银贵和市场不景气，鸦片走私和白银外流当然是个重要原因，但也往往被夸大了”。（《18 与 19 世纪上叶的中国市场》，《中国的现代化：市场与社会》，生活·读书·新知三联书店 2001 年版，第 287 页）彭泽益认为“鸦片战争后，中国货币流通中发生的银贵钱贱问题，是由白银大量外溢直接所引起”。（《鸦片战争十年间银贵钱贱波动下的中国经济与阶级关系》，《十九世纪后半期的中国财政与经济》，人民出版社 1983 年版，第 24 页）叶世昌认为白银外流造成三方面的后果，即引发货币危机、加重财政困难、加剧阶级矛盾。（《中国金融通史》第 1 卷（先秦至清鸦片战争时期），中国金融出版社 2002 年版，第 513—518 页）

② 针对这些现象，清政府在乾隆后期及嘉道年间采取了停铸制钱，收买小钱，打击私铸私运小钱，扩大政府支出中制钱的比重等措施。参见中国人民银行总行参事室金融史料组编《中国近代货币史资料》第 1 辑，第一章“鸦片战争前后中国封建货币制度的动摇”，中华书局 1964 年版。有关银贵钱贱的研究可见彭信威《中国货币史》，上海人民出版社 2007 年版；杨端六《清代货币金融史稿》，武汉大学出版社 2007 年版；汤象龙《道光时期的银贵问题》，《社会科学杂志》1930 年第 3 期，以及王德泰、林满红等学者的论文。

③ 林满红将当时中国的白银外流放在世界金银减产的环境中进行了研究，提出 19 世纪六七十年代更多的鸦片及棉丝品输入的同时伴随的是白银内流，否认鸦片输入是 19 世纪上半叶白银外流的原因。见林满红《中国的白银外流与世界金银减产（1814—1850）》，吴健雄主编：《中国海洋发展史论文集》（4），台北：“中研院”中山人文社会科学研究所 1991 年版。

一、清代的制钱制度及银钱比价

“银两是清代货币体系中最重要的环节之一，清代已形成了大额交易用银，小额用钱，国家税收、支出用银，而小民日用以钱的货币流通局面。”① 在实际生活中，各个地方及不同时期，则有较大差别。户部宝泉局和工部宝源局铸造的制钱，用于兵饷及各种工程支出。地方铸局铸造的制钱也用于当地的兵饷及政府支出，制钱铸造后的第一次使用多由政府来完成。有些地方大额交易时也使用制钱，如江苏常州府无锡、金匮县“邑中市易，银钱并用，而昔则用银多于用钱，今则有钱无银矣。康熙中，自两以上率不用钱，虽至分厘之细，犹银与钱并用……自乾隆五、六年后，银渐少，钱渐多，至今日率皆用钱，虽交易至十、百两以上，率有钱无银”②。福建建瓯地区卖田契计价也“多用钱文”③。

货币的形态方面，银和钱都是非常繁杂的。钱有制钱和私钱，制钱为北京宝泉宝源两局及各省官局铸造。“私铸则有所谓沙壳、风皮、鱼眼、老砂板、毛钱、灰板、鹅眼、水浮等名目，盖皆薄而小，杂以土砂铜铅锡而铸造者也。人皆夹此小钱于制钱中以充用，而钱之市价、钱之名称，亦因此私钱混杂之多少而大分别。”④

在实际交易中，各地有不同的制钱使用制度。如江苏扬州府高邮州，“道光间，他处私铸者多流入境，其时市上分三种钱，曰西典，乃山西典商所用，绝无小钱；曰徽典，乃徽州商人所用，每百两头有小钱八文、十文不等；曰毛钱，则或二八搭、三七搭、四六搭矣……（咸丰时）钱法渐坏，私小外，更有红砂、白板诸劣钱充斥于市，惟官项及田房价必用西典，其他贸易搭用红砂、白板私小，

① 戴建兵：《白银与近代中国经济（1890—1935）》，复旦大学出版社2005年版，第20页。

② 黄印辑：《锡金识小录》卷1，“备参上·交易银钱”，清乾隆十七年辑，光绪二十二年木活字本，戴鞍钢、黄苇主编：《中国地方志经济资料汇编》，汉语大词典出版社1999年版，第1069页。

③ 吴承明：《中国的现代化：市场与社会》，第251页。

④ 张家骧：《中华币制史》，北京民国大学出版部1925年版，第二编，第98页。

官府亦不能禁”①。江苏阜宁县，“惟纳赋及不动产之交易，均用制钱，俗名足西，即通足大钱也”②。

福建龙岩县，“清道光以前，至铜钱之使用，分净典、沙坏两种。每千钱中，净典七、沙坏三，名三七掺。如净典六、沙坏四，则名四六掺。兑价有至二千余者。净典则以九百余兑六九银一元。又有一种名粮典，以八百四兑七三银一元”③。

此种实例各地均有，从这些记载可以知道，交纳赋税及大额交易时使用的铜钱必定是足重的制钱，白银与足重制钱之间比价的变动才会影响到民众的税负水平，讨论银钱比价只需研究足重制钱与白银的比价，对局私民私等小钱可不予考虑。④ 日常交易中使用的民私局私等不足重铜钱，已经逐渐通过省陌等货币制度，取得了相应的购买力，不会引起整个国家的社会经济危机。官方及商业记载的银钱比价应该是白银与足重制钱的比价，如常用的银钱比价序列源于直隶宁津县大柳镇统泰升记商店的账簿，其“账本中出现银钱兑换的时间大都集中在阴历二、七日，而据地方志记载，大柳镇集期恰是每逢二、七日”⑤。直隶完县志记载的该县县城自同治元年至民国二十二年的银钱比价，是由钱商于三、八集日公同议定的“官价”。⑥

图1是根据资料整理的1800—1850年全国各省的银价比价（数值见附表），

① 胡为和等修，高树敏等纂：《三续高邮州志》卷1，“食货志·钱币”，1922年刻本，《中国地方志经济资料汇编》，第1069页。

② 焦忠祖等修，庞友兰等纂：《阜宁县新志》卷5，“财政志·钱币”，1934年铅印本，《中国地方志经济资料汇编》，第1069页。

③ 郑丰稔纂：《龙岩县志》卷17，“实业志·附币志考”，1945年铅印本，《中国地方志经济资料汇编》，第1071页。

④ 银贵钱贱引发的种种社会经济问题，主要是其造成了国民收入再分配的变化，影响对象主要是政府财政收支相关各方，即财政收支中使用银两的政府、官员及使用制钱的百姓的利益变化。商人固然在经营中受到银钱比价变动的影响，但由于钱计物价的稳定，银钱比价变动对商业的扰动不应是构成商业萧条的主要因素，对商人影响最显著的是银钱比价上升后增加的政府税收、盘剥及由此而减少了的民众购买力。财政收入以银两为计量单位，而银计物价在嘉道年间大幅下降，这相当于增加了2倍的纳税负担。私钱影响的是交易秩序，仅私铸私贩者获得一些利益，对普通民众的收入分配的影响不大。

⑤ 袁为鹏、马德斌：《商业账簿与经济史研究——以统泰升号商业账簿为中心（1798—1850）》，《中国经济史研究》2010年第2期，第50—60页。

⑥ 彭作桢等修，刘玉田等纂：《完县新志》卷7，“食货·第五”，1934年铅印本，《中国地方志经济资料汇编》，第1049—1050页。该志记载：“清道光、咸丰以前，银块每两不过兑京钱二吊有奇。至同治初，始涨成二吊六七百文。”与道光年间银钱比价剧烈变动的通常说法不一致。

它清楚地显示全国银钱比价的变动趋势是相同的（山东 1802 年、湖北 1807 年除外），可见各地银钱比价并没有受到当地制钱停铸的影响，沿海省份也没有因为银元的流通及白银外流较多而与内地省份发生不同的变动趋势。形成连续数据序列的宁津银钱比价与全国的比价也有相同的变动趋势，从而显示了宁津数据的代表性。①

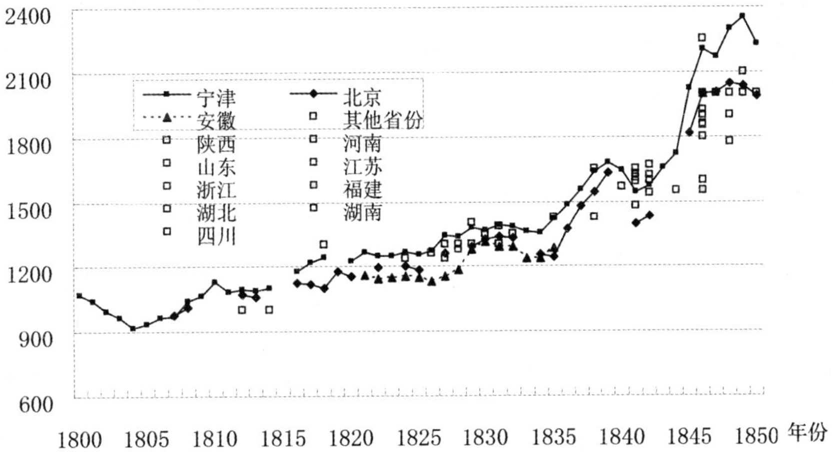

图 1　全国银钱比价变动图（1800—1850 年）

二、19 世纪上半叶我国白银购买力的变动

清代以银为主要货币，政府收支、贸易等大额交易中均使用白银。“近代白银的传统货币形态是银锭，分为官炉和私炉铸造”②，是称量货币，称为银两。银两的成色互不相同，各地的平砝多种多样。在 19 世纪上半叶，除银锭外，东南沿海还有从外国流入的银元及一部分民间仿铸的银元银饼。银两与银元有相互交换的

① 郑友揆曾根据皖南屯溪市资料整理了 1761—1864 年银钱比价，与宁津县的银钱比价变动趋势一致，但两者银钱比价的数值不同，应该是两地货币制度差异造成的。郑友揆：《十九世纪后期银价钱价的变动与我国物价及对外贸易的关系》，《中国经济史研究》1986 年第 2 期，第 1—27 页。

② 戴建兵：《白银与近代中国经济（1890—1935）》，第 20 页。

比价，受市场因素的影响，有时甚至畸高畸低，但总的来说还是以重量、成色为基础的。并且某一地区或行业使用的银两、银元在一定时期内是稳定的，因此在进行某一地区某类商品价格变动分析时，可以暂不考虑各种白银货币之间的差别，通过商品银计物价的倒数即可反映这一地区的白银购买力。同样各地银钱比价变动的对比，也不会太多受白银、制钱两种货币各自内部种类差别的影响。

19世纪上半叶我国物价数据主要来自雨雪（水）粮价折、账簿、田契、笔记等记载，对此很多学者进行了整理研究。吴承明根据自己整理及其他学者所辑数据，讨论了18世纪和19世纪上半叶的田价、粮价、棉价、布价、丝价，其中田价数据多表现出了18世纪90年代、嘉庆末年及道光年间银计物价的下跌，苏州米价、直隶小麦小米及高粱、奉天小米大豆也表现了这种变动趋势，布价、丝价根据广州出口价格整理，其变化并不明显。①

从田契、笔记等辑出的数据较零散，只能进行趋势观察，不能使用数量分析方法研究，可以形成时间序列进行数量分析的物价数据主要是粮价折和账簿资料。雨雪（水）粮价折开始于康熙年间，积累了长达170多年的粮价档案，是清代史料中非常有价值的一个部分。经过整理的雨雪（水）粮价折有《清代粮价资料库》，是王业键先生根据台北故宫博物院、中国第一历史档案馆的《粮价清单》搜集及建档，包括了1736—1911年各府及直隶州厅的粮价资料。②《清道光至宣统间粮价表》是中国社会科学院经济研究所图书馆珍藏的清代道光至宣统间（1821—1911年）的粮价抄档，囊括清代21个行政省域内各府、州、厅、县各种主要粮食的月度价格数据。③ 此外还有个别省份的粮价细册。《清代粮价资料库》所录数据时间跨度大，但一些省份粮价数据缺失较多；《清道光至宣统间粮价表》数据比较完整，二者数据可以互补（两种数据重复部分个别有较小差异，应不影响研究使

① 吴承明：《18与19世纪上叶的中国市场》，《中国的现代化：市场与社会》，第248—269页。书中田价数据多根据卖田契，粮价根据粮价折、账簿、家谱等，布价根据《中国经济年鉴》1934年版，丝价辑自《东印度公司对华贸易编年史（1635—1834年）》。物价数据除吴承明自己整理外，还引用了赵冈、陈锃、张正明、陶富海、彭信威、王业键、陈春声、全汉昇等人数据。此外对清代物价研究还有［日］岸本美绪著，刘迪瑞译：《清代中国的物价与经济波动》，社会科学文献出版社2010年版；彭凯翔：《清代以来的粮价——历史学的解释与再解释》，上海人民出版社2006年版。

② 王业键：《清代粮价资料库》，http：//140.109.152.38。所示数据除以100后单位为两/石。

③ 中国社会科学院经济研究所编：《清道光至宣统间粮价表》第1—23册，广西师范大学出版社2007年版。

用)。利用粮价折进行研究的主要有王业键、陈春声、威尔金森等。[①] 王业键利用苏州米价的 31 年移动平均值进行长期趋势研究，陈春声对 18 世纪的广东米价进行了研究，威尔金森利用 20 世纪初陕西的粮价细册进行了研究。

账簿数据主要是严中平先生等根据直隶宁津县大柳镇统泰升记商店整理出的“白银外流下的中国银钱比价（1798—1850 年度）”和“北直隶宁津县零售物价和银钱比价指数（1800—1850 年）”。[②]

关于以上数据的可靠性，全汉昇、王业键、陈春声都有专门的讨论，彭凯翔对此进行了总结，认为账簿数据的可靠性最高，雨雪（水）粮价折有很高的利用价值，但也存在不真实的数据。[③]

从《清代粮价资料库》及《清道光至宣统间粮价表》资料分析，各省省内各类粮价及省内各府粮价的关联性较高。通过数据整理，河南、甘肃、浙江、湖南、四川、广东、贵州、云南 8 省在 1800—1850 年期间均有多个年份粮价数据相同的现象，本文暂不使用这 8 省粮价数据，直隶数据录入量较大，未进行数据分析。将山东、山西、陕西、安徽、江苏、湖北、福建、广西 8 省 90 个府、直隶州 1800—1850 年间粮价数据（1821—1826 年数据源自《清道光至宣统间粮价表》，其他年份源自《清代粮价资料库》）与直隶宁津的农产品（包括大米和花生两项）价格数据进行相关性分析[④]，显示各地粮食最低价序列中，7 省 71 个府、直隶州的上米、稻米价格序列有 57 个与宁津粮价存在中度以上相关，6 省 69 个府、直隶

---

① Yeh-Chien Wang,“Secular Trends of Rice Prices in the Yangzi Delta, 1638—1935”, in Thomas G. Rawski and Lillian M. Li (eds.), *Chinese History in Economic Perspective* (University of California Press, 1992), pp.35—68/陈春声：《市场机制与社会变迁——18 世纪广东米价分析》，中山大学出版社 1992 年版。E.P.Wilkinson, Studies in Chinese price history(New York: Garland Pub, 1980).

② 严中平：《中国近代经济史统计资料选辑》，科学出版社 1955 年版，第 37—38 页。

③ 彭凯翔：《清代以来的粮价：历史学的解释与再解释》，第 16—31 页。关于数据的代表性，彭凯翔只是对彭信威在 20 世纪 50 年代整理的米价与王业健 1992 年整理的苏州米价进行了代表性分析，未对雨雪（水）粮价折进行全面研究，数据量较少。《清代粮价资料库》中有比较全面的数据，可以较好探讨数据的代表性问题。数据的代表性需从两方面考虑，一方面是地区的代表性，一方面是商品种类的代表性。《清代粮价资料库》有全国各省各府州的多种粮价数据，从地区范围方面，具有广泛的代表性。但其数据仅限于粮价，商品种类较少，对白银购买力，即社会整体价格水平的反映缺乏代表性。直隶宁津账簿数据包括各类的商品价格，符合商品种类代表性的要求，但在地区代表性方面有欠缺。因此本文对这两种数据进行相关分析，以弥补两种数据各自的缺陷。

④ 各省粮价序列有间断，本文取其上下两年平均值，如山东、陕西、广西 1815 年，山西 1814 年，福建 1807 年，安徽 1804、1815 年。

州的小麦价格序列有40个与宁津粮价存在中度以上相关，3省39个府、直隶州的小米价格序列有19个与宁津粮价存在中度以上相关，3省29个府、直隶州的大麦价格序列有20个与宁津粮价存在中度以上相关。① 各地最高价序列与宁津农产品价格序列的相关性较差，反映了各地粮食最高价受地域条件影响较大。

将广西（上米）、福建（上米）、陕西（大米、小麦、小米）、安徽（上米、大麦、小麦）、江苏（上米、大麦、小麦）、山西（小麦、小米、高粱）、湖北（小麦、上米、大麦）、山东（稻米、小麦、粟米）八省粮价指数②，及八省平均粮价指数，与宁津粮价进行相关性分析，其相关系数如下：

表1　宁津与八省粮价相关系数（1800—1850年）

年度	八省	广西	福建	陕西	安徽	江苏	山西	湖北	山东
1800—1850	0.86	0.58	0.38	0.72	0.62	0.73	0.36	0.87	0.39
1810—1850	0.95	0.81	0.78	0.80	0.78	0.80	0.67	0.89	0.91

表1显示1810—1850年间八个省的粮价与宁津粮价多高度相关，且高于1800—1850年间的相关性，这主要是嘉庆前期粮价剧烈的U形变动在各地时间与幅度上的差异造成的。八省平均粮价与宁津粮价在1810—1850年间显著相关，相关系数达0.95。图2为1800—1850年八省平均粮价与宁津粮价图，该图显示二者的变动趋势基本一致，并且显示了20世纪30年代初期的自然灾害对粮价的影响。

从表1和图2综合分析，可以认为直隶宁津的物价数据基本上反映了当时我国物价情况，这样，依据直隶宁津数据中的零售物价总指数（原数据所缺1837—1842年及1846—1849年间数据采用三次样条插值补入）和银钱比价可以得出1800—1850年间我国白银购买力的变动情况（1821年＝100），如图3。图中可以明显看到19世纪上半叶我国白银购买力总体呈上升的趋势，吴承明研究的田价也

① 相关系数｜r｜＞0.95表示两变量存在显著相关，｜r｜≥0.8表示高度相关，0.5≤｜r｜≤0.8表示中度相关，0.3≤｜r｜≤0.5表示低度相关，｜r｜＜0.3表示关系极弱，认为不相关。

② 取各省主要粮食价格指数的平均值为其粮价指数。

表现了这一趋势。①

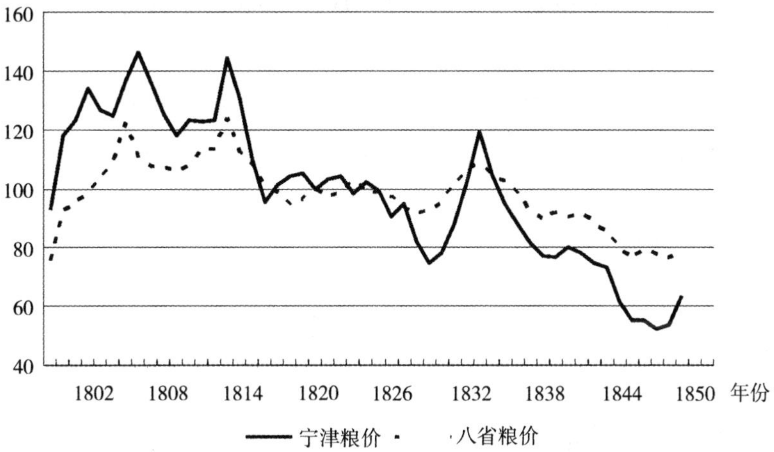

图 2　八省粮价与宁津粮价（1800—1850 年，1821 年＝100）

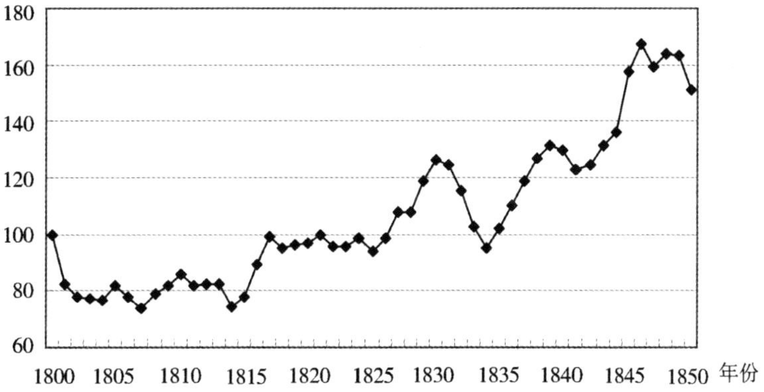

图 3　中国白银购买力变动（直隶宁津，1800—1850 年）

① 吴承明：《18 与 19 世纪上叶的中国市场》，《中国的现代化：市场与社会》，第 248—269 页。为了更准确地说明当时物价变动问题，根据王业键《清代粮价资料库》中山东、江苏、湖北三省粮价计算得出三省粮价指数（1867—1911 年）与中国进出口货趸售价格指数（1867—1911 年）的相关系数高达 0.94，自然灾害（1830 年代初及 1870 年代的丁戊奇荒）、太平天国起义后赋税政策变动等因素对粮价的短期影响都有清楚的表现。三省粮价与英国银计物价（1800—1911 年）的变动趋势也是相似的，二者的相关系数达到 0.77。晚清粮价的变动除了受到自然灾害、赋税政策变动等因素的短期影响，长期变动更多地受到银价变动的影响。

三、19世纪上半叶世界白银购买力变动

19世纪及以前，金银在世界货币领域有一定的相互替代作用，金银产量的变化均会影响到世界白银购买力的变动。由于美洲白银的流入，欧洲发生了物价革命，“西班牙的一般物价水平在16世纪中叶便开始上涨，17世纪初涨成四倍。而英法的上涨则晚于西班牙五十年，到17世纪中叶才达到顶点。……中国物价的上涨，比英法又慢一百年，而且上涨的程度没有英法那样厉害”①。这是“因为美洲白银的流入适应了清朝赋税征收、财政运行和官僚系统运作的需要，很快地进入国家的贡赋体系，并有很大一部分为国库、皇帝和大官僚所囤积，所以，18世纪大规模的白银输入，才没有引致物价的大幅上升”②。

19世纪上半叶，“受拉丁美洲独立运动及气候因素的影响”③，世界金银大幅减产，19世纪20年代的白银产量比19世纪前十年减少了48.5%，黄金产量1811—1820年间比18世纪50年代减少53%。直到19世纪60年代白银生产才开始超过1781—1810年间水平，黄金产量在19世纪40年代超过了1741—1760年间水平。1811—1830年间生产金银的总价值降到了一个历史的低点，仅为1801—1810年的60%左右。

表2 世界金银产量（1741—1860年）

年代	产量(千盎司)*		占金银总价值百分比**		金银生产总价值指数
	金	银	金	银	
1741—1760	791	17100	40.5	59.5	131
1761—1780	665	21000	31.8	68.2	141
1781—1800	572	28300	23.4	76.6	169

① 彭信威：《中国货币史》，第632页。

② 陈春声、刘志伟：《贡赋、市场与物质生活——试论十八世纪美洲白银输入与中国社会变迁之关系》，《清华大学学报》2010年第5期，第65—81页。

③ 林满红：《中国的白银外流与世界金银减产（1814—1850）》，吴健雄主编：《中国海洋发展史论文集》(4)，第21页。

续表

年代	产量(千盎司)*		占金银总价值百分比**		金银生产总价值指数
	金	银	金	银	
1801—1810	572	28700	23.7	76.3	172
1811—1820	368	17400	24.7	75.3	106
1821—1830	457	14800	32.4	67.6	100
1831—1840	652	19200	34.5	65.5	134
1841—1850	1762	25000	52.1	47.9	238
1851—1860	6313	26500	77.5	22.5	538

资料来源：* PierreVilar, *A History of Gold and Money*: *1450—1920*, p.331，转引自林满红《中国的白银外流与世界金银减产（1814—1850）》，第 20 页。林文中单位为百万盎司，应为千盎司，数字为金银产量年平均数。1 金衡盎司等于 31.103 克，约合库平两 0.8336 两（中央库平 1 两为 37.31 克）。

** William Arthur Shaw, *the History of Currency*: *1252 to 1894* (New York : Burt Franklin, 1896), P155.占金银总价值百分比也可通过每期产量及金银比价计算，与此比例相同。

19 世纪上半叶，英国于 1816 年实行了金本位，其他主要国家均实行银本位或金银复本位制度，白银是世界货币。在这半个世纪里，金银比价波动较小，在世界货币领域有一定的相互替代作用，金银产量的变化均会影响到世界白银购买力的变动。世界金银的减产不仅对金银货币的供给造成影响，也影响到纸币的发行数量①，对全球白银购买力产生了重要的影响。图 4 是欧美四个主要国家英、美、法、德 1800—1850 年间白银购买力变动情况，表明这四个国家白银购买力在 19 世纪上半叶均有上升趋势，并且开始于世界金银减产的 1811—1820 年。② 19 世纪 40 年代世界金银生产的恢复并没有立即改变物价水平的走势，直到 1850 年前后在美国和澳大利亚发现了储量丰富的金矿及 1859 年美国发现了重要银矿，世界金银生产快速增长，世界物价下跌才得以结束。

① 林满红：《中国的白银外流与世界金银减产（1814—1850）》，第 22 页。

② 当然物价水平的下降受到多种因素的影响，如欧洲战争的结束及工业化带来的效率提高促使了成本下降，但 19 世纪上半叶持续几十年的金银减产应该是物价水平下降的主要因素。

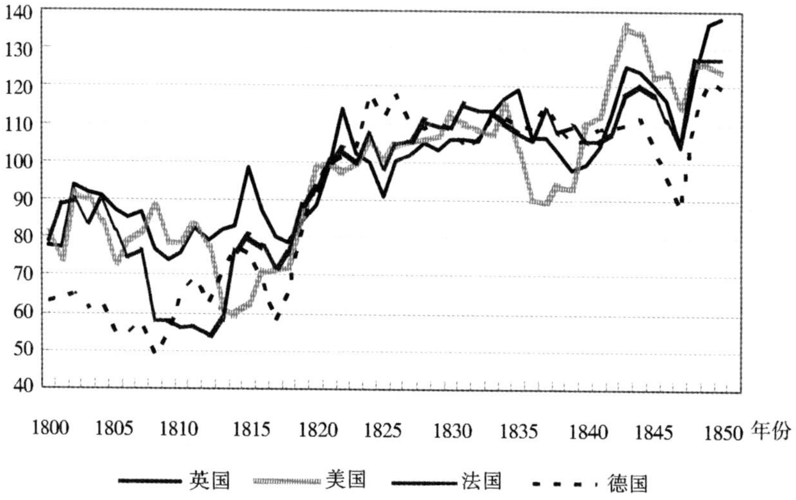

图 4　欧美主要国家白银购买力变动情况（1800—1850 年）

资料来源：英国、美国数据根据 Roy W. Jastram, Silver, The Restless Metal (New York: John Wiley & Sons Inc, 1981), Table 18: the index of the purchasing power of silver England, 1560—1979 (pp.197—199), Table 22: the index of the purchasing power of silver United States, 1800—1979 (pp.208—209)，调整为 1821=100。法国、德国数据根据［英］B.R.米切尔编，贺力平译《帕尔格雷夫世界历史统计（欧洲卷，1750—1993）》第 4 版，经济科学出版社 2002 年版，“H1 批发物价系数”，第 903—904 页。①

位于近东的奥斯曼土耳其和南亚的印度半岛在 19 世纪上半叶也出现了白银购买力上升的趋势。从表 3 中看出，1800—1839 年期间土耳其以银表示的 CPI 指数下降了 41%，相应的是白银购买力的上升。根据 Asiya Siddiqi 整理的粮食价格序列（图 5）表明，19 世纪上半叶印度粮食价格有下降的趋势，其中以孟买省的浦那（Poona，1824—1842 年）表现最为显著，其他地区如德里（1800—1835 年）、

① 英国和美国的白银购买力数据也可根据《帕尔格雷夫世界历史统计》计算得出，其结果与 Silver: The Restless Metal 中结果一致。《帕尔格雷夫世界历史统计》中 1800—1850 年间消费物价指数数据量较少，而同期的批发物价指数完整，因此本文采用其批发价格指数。英国批发物价指数与消费物价指数在 1800—1850 年间的相关系数达 0.97，属高度相关，反映了在长时期内二者具有相同的变动趋势。本文中代表中国物价的直隶宁津物价指数属于零售物价指数，而清代粮价折记载的数据“应为产地价格或批发价格”（王业键：《清代的粮价陈报制度》，《清代经济史论文集》（2），稻乡出版社 2003 年版，第 21 页），两者在长期内也有较强的相关性。

北部城市阿格拉（Agra，1813—1833年）和马德拉斯（Madras，1801—1850年）也表现出了这种趋势。① 由于粮食价格易受气候因素的影响，不能完全代表白银购买力的变动，但也反映了19世纪上半叶印度白银购买力的上升趋势。同期英国低价棉织品②在印度的大量销售③，也会带动印度物价水平的下降，即白银购买力的上升。

表3　土耳其CPI指数（1780—1859年）

年代	以银表示的CPI指数（1469=100）
1780—1789	158
1790—1799	150
1800—1809	191
1810—1819	186
1820—1829	126
1830—1839	112
1840—1849	170
1850—1859	232

资料来源：Sevket Pamuk, Prices in the Ottoman Emoire, 1469—1914, *International Journal of Middle East Studies*, Vol.36, No.3(2004), Table 1: Summary of price indexes(decennial averages).

---

① Asiya Siddiqi, "Money and Prices in the Earlier Stages of Empire: India and Britain 1760—1840", *The Indian Economic Social History Review*, Vol.18, No.3—4(1981), pp.231—262.

② 英国"1770年—1820年间棉纺织业的机械化使总劳动生产率提高了100—200倍，棉线的实际价格降低到以前水平的1/15"，［英］彼得·马赛厄斯、悉尼·波拉德主编，王宏伟等译：《剑桥欧洲经济史》第8卷（工业经济：经济政策和社会政策的发展），经济科学出版社2004年版，第94页。

③ 马克思说："从1818年到1836年，大不列颠向印度输出的棉纱增长的比例是1∶5200。在1824年，输入印度的英国细棉布不过100万码，而到1837年就超过了6400万码。"卡尔·马克思：《不列颠在印度的统治》，《马克思恩格斯全集》第9卷，人民出版社1961年版，第147页。

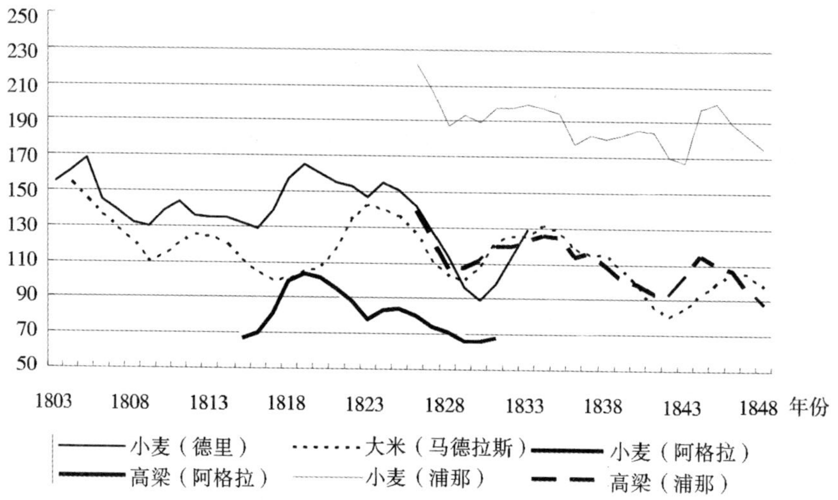

图 5　印度粮食价格（1800—1850 年）

资料来源：小麦（阿格拉）、高粱（阿格拉）：Asiya Siddiqi, *Agrarian Change in a Northern Indian State: Uttar Pradesh, 1819—1833* (Oxford: Clarendon Press, 1973), p.190；小麦（德里）：W. Stanley Jevons, *Investigations in Currency and Finance* (London: Macmillan, 1909), pp.216—217；大米（马德拉斯）：A.Sarada Raju, *Economic Conditions in the Madras Presidency, 1800—1850* (Madras: University of Madras, 1941), pp. 228—229；小麦（浦那）、高粱（浦那）：Bartle Frere, "Memorandum on Prices in Western India", *British Parliamentary Papers*, Vol.19, 28 March, 1871, pp.617—618；以上均转引于 Asiya Siddiqi. "Money and Prices in the Earlier Stages of Empire: India and Britain 1760—1840", *The Indian Economic and Social History Review*, Vol.18, No.3—4(1981), pp.231—263。

四、19 世纪上半叶中外白银购买力变动理论与实证分析

学术界分析近代中国白银价值的变动，一般是基于贸易顺差国家现金流入造成通货膨胀和贸易逆差国家现金流出引发通货紧缩的理论，认为 19 世纪上半叶的白银外流是我国银贵的原因。而蒙代尔在分析金本位制度下贸易与黄金流动关系时，认为黄金的流动并不造成“一些国家通货膨胀，另一些国家通货紧缩，相反，

绝大多数国家同时经历通货膨胀和通货紧缩。金本位制是一个货币区，成员国经历同样的货币现象”①。

同样，银本位时代（或者说白银作为世界货币的时代）世界各国同在一个货币区内，也经历了同样的通货膨胀和通货紧缩。19 世纪及以前，金银在世界货币领域有一定的相互替代作用，金银产量的变化均会影响到世界白银购买力的变动，美洲白银流入引发欧洲物价革命，处于世界白银流动末端的中国，在白银内流时期，银计物价变动发生得最晚，变动幅度也较小。在银计物价上涨的同时，中国金银比价与世界金银比价也日趋一致，18 世纪欧洲金银比价一直在 15∶1 上下波动，中国的金银比价则由 18 世纪初期的 10∶1 升至 18 世纪中后期的 15∶1 左右，即在 18 世纪中后期开始与欧洲的金银比价基本持平。② 18 世纪末东西方金银比价差距的缩小，表明了在经济全球化过程中，金银作为世界货币功能的增强及中国经济与世界经济联系的增强。③ 因此 19 世纪上半叶，与世界经济联系更为紧密的中国，其白银购买力更不可能因国内白银数量的多寡单独发生变动，而是随世界范围内普遍发生着的白银购买力变动发生同方向的变动，并且变动趋势更为显著。西方白银购买力受美洲金银减产影响的程度，仅限于自美洲输入金银数量的减少，并且减少的数量部分由自中国流入的白银所抵销。而在美洲金银减产的背景下，不但由外部输入中国的白银减少，中国的白银还大量外流，因此中国白银购买力波动更大一些。

总之，中国白银购买力与世界白银购买力具有相同的变动趋势，下面使用计量分析的方法，对中国与欧美四个有完整数据的国家的白银购买力的变化情况进

① ［加］蒙代尔著，向松祚译：《蒙代尔经济学文集》第 4 卷（宏观经济学与国际货币史），中国金融出版社 2003 年版，第 117 页。

② 彭信威：《中国货币史》，第 648 页，“18 世纪中外金银比价对照表”。又郑光祖《一斑录》（杂述六・金价）中记载“余于（乾隆）五十五年至滇省时，黄金一两换白银十五两，数年无甚更改。时江南亦略相等，又闻西洋各国时黄金一两换白银十六两”。说明当时中国国内金银比价相差不大。

③ 这一时期，日本与世界经济联系较弱，金银比价与外界相差较大。“日本经济与世界的隔离程度也可以用金银比价来显示，1850 年前后日本的金银比价相差 8 倍，西方则是 16∶1”，见彼得・马赛厄斯、悉尼・波拉德主编《剑桥欧洲经济史》第 8 卷，第 142 页。日本 19 世纪上半叶白银购买力没有上升，是日本锁国政策的表现。日本物价数据见三井文库编《近世后期における主要物价の动态》，东京大学出版会 1989 年版。

行实证分析。①

上文依据1800—1850年中国及欧美主要国家白银购买力，生成了图3、图4，从图中可以看出这些时间序列具有相似的变动趋势。下文先进行白银购买力序列之间的相关分析，探讨各国白银购买力的关联性，然后进行序列的格兰杰因果关系检验。格兰杰的因果性思想是原因对结果应该有预测性②，即两个事件发生的先后顺序及关联性。

表4是中国（宁津）、英国、美国、法国和德国五个国家白银购买力相关系数矩阵（1800—1850年）。如表所示，中国与英、美、法三国白银购买力的相关系数都接近0.8，具有较强的相关性，四个欧美国家之间白银购买力的相关系数大都在0.8以上，属于高度相关，这表明了当时世界主要国家的白银购买力变动的同步性。

表4　中外白银购买力相关系数矩阵（1800—1850年）

	中国	英国	美国	法国	德国
中国	100	0.76	0.79	0.77	0.67
英国	0.76	1.00	0.85	0.89	0.81
美国	0.79	0.85	1.00	0.83	0.77
法国	0.77	0.89	0.83	1.00	0.88
德国	0.67	0.81	0.77	0.88	1.00
均值	0.75	0.83	0.81	0.85	0.79

从图3和图4中可以发现上述各国白银购买力变动的具体年度有一些差异，这种差异是由于世界金银减产而造成的白银流动变化的结果，上文已有所阐述，在此进一步运用格兰杰因果关系检验进行分析。由于当时与中国进行贸易的国家

① 欧美四国白银购买力指数由各国批发物价除以金银比价（或白银价格）得出，中国宁津白银购买力指数由当地钱计物价除以银钱比价得出，宁津物价属于零售物价。在长时期内，同一地区的批发物价与零售物价应该有相似的变动趋势。

② 曹永福：《格兰杰因果性检验评述》，《数量经济技术经济研究》2006年第1期。

主要是英国，故只对中、英两国白银购买力的变动进行格兰杰因果关系检验。①

检验结果如下：

表 5 格兰杰因果检验结果*

滞后期数	原假设	样本数	F 统计量	P 值	结果
1	EN 不是 CH 的 Granger 原因	50	6.91558	0.01151	拒绝
	CH 不是 EN 的 Granger 原因		6.12295	0.01701	拒绝
2	EN 不是 CH 的 Granger 原因	49	3.04872	0.05755	
	CH 不是 EN 的 Granger 原因		16.3908	4.8E−06	拒绝

*格兰杰因果检验结果的 F 统计量的大小衡量两个变量之间关系的强弱，数值越大意味着变量间关系越强，反之亦然。P 值是原假设为真的前提下，实验结果出现的概率。P 值小于 0.01 表示在 1%的显著水平下拒绝原假设。

说明：CN、EN 分别为中、英白银购买力序列。

检验结果表明，在 5%显著水平下，LNEN 与 LNCH 互为格兰杰原因；在 1%显著水平下，LNCH 是 LNEN 的格兰杰原因。中、英白银购买力之间格兰杰原因分析结果与上文中分析世界金银减产对中国白银购买力的影响大于欧美国家是相符的。

---

① 格兰杰因果关系检验的前提为序列是平稳的，如果序列是非平稳的则必须是协整的，而协整的前提是两个序列必须是同阶单整的。对中、英两国白银购买力序列取自然对数，得到 LNCH 和 LNEN 两个序列，采用 Eviews 5.0 软件处理，在 ADF 检验（单位根检验）中，对两个序列进行一阶差分，△LNCH、△LNEN 的 ADF 值均小于 1%，即 LNCH、LNEN 是一阶单整序列。协整检验采用 E—G 两步法，回归方程的残差序列不存在单位根，是平稳序列，LNCH 和 LNEN 之间存在协整关系，即中英两国白银购买力存在长期的均衡关系。建立误差修正模型方程为：

$$\triangle LNEN_t = 0.012118 + 0.377837\triangle LNEN_{t-1} - 0.055132\triangle LNCH_t - 0.593313\triangle LNCH_{t-1} - 0.686049ECM_{t-1} + \varepsilon_t$$

误差修正模型中误差项的系数反映了序列对偏离长期均衡的调整力度，模型中该系数为−0.686049，是显著的，负值表明模型符合反向误差修正机制。当短期波动偏离长期均衡时，将以 68.60%的调整力度将非均衡状态拉回到均衡状态。中英两国白银购买力变动都是世界白银产量等因素作用的结果，本文格兰杰检验的目的是确定二者变动的先后顺序，协整检验中的回归方程不具实际意义。

五、白银购买力与银钱比价变动

清代官定银一两等于制钱一千文，但市场上很少存在这个比价，且每个地方也不相同，并且是经常变动的。银价在清前期从“每两七八百文到八九百文”①之间变动，到乾隆后期涨到千文左右，19 世纪上半叶是银钱比价变动剧烈的时期。对于这一阶段银钱比价变动的原因，有多种阐述，下文我们通过数据来探究一下。

在上文中，我们论述了直隶宁津数据序列的可靠性和代表性，由宁津银钱比价数据和以制钱表示的物价数据，计算出白银购买力数据系列（银计物价指数＝钱计物价系数/银钱比价系数，白银购买力为银计物价的倒数）和制钱购买力（钱计物价倒数）数据系列。② 图 6 是白银购买力、制钱购买力及银钱比价变动图，显示了这一时期制钱购买力较平稳的变动及白银购买力与银钱比价同步的变动，说明在这一时期银钱比价变动的主要原因是白银购买力的上升。

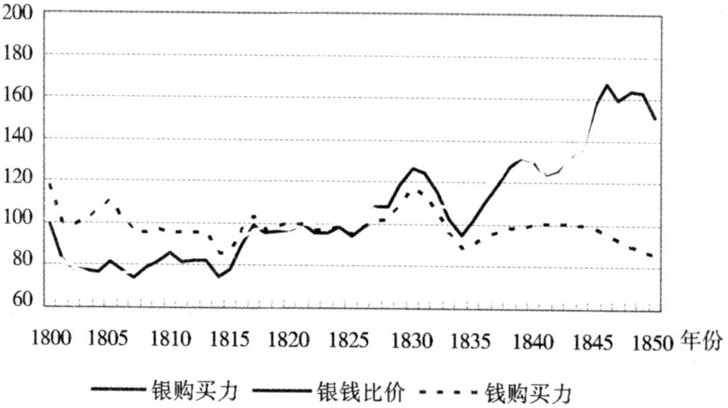

图 6　白银、制钱购买力及银钱比价变动图

① 彭信威：《中国货币史》，第 609 页。

② 直隶宁津账簿中价格数据以制钱表示，其银计物价通过以制钱表示的价格与银钱比价计算得出。计算得出的银计物价与粮价单中以银表示的粮价有着较强的相关性，这也说明当时虽然不同商品使用不同的货币计价，但应该不存在较大的套利空间，使用银钱比价来换算钱计物价与银计物价是可行的。

下面使用 Eviews 对白银购买力（YGML）、制钱购买力（QGML）及银钱比价（BJ）三个数据序列进行分析，由于 1800 年物价数据偏离较大，原数据缺少 1846—1849 年间的物价数据，本文分析采用了 1801—1845 年间数据。

表 6 是白银购买力（LNY）与银钱比价（LNBJ）的格兰杰检验结果①，表明在 1%显著水平下，银钱比价是白银购买力的格兰杰原因。这表明银钱比价变动先于白银购买力变动②，二者存在长期同步变动关系。

表 6　银钱比价、银购买力格兰杰检验结果

滞后期数	原假设	样本数	F 统计量	P 值	结果
1	LNY 不是 LNBJ 的 Granger 原因	44	1.75655	0.19239	
	LNBJ 不是 LNY 的 Granger 原因		9.07315	0.00443	拒绝
2	LNY 不是 LNBJ 的 Granger 原因	43	0.63490	0.53552	
	LNBJ 不是 LNY 的 Granger 原因		7.37264	0.00197	拒绝

钱购买力（LNQ）与银钱比价（LNBJ）之间明显没有协整关系和格兰杰原因，不再列出检验结果。

① 银钱比价和白银购买力两个序列分别取自然对数得到 LNBJ 和 LNY，进行单位根检验，在 1%的显著水平下，检验结果表明 LNBJ 和 LNY 均存在单位根，一阶差分后得到的序列△LNBJ 和△LNY 都不存在单位根。LNBJ 和 LNY 均为一阶单整序列。钱购买力序列取对数后的序列 LNQ 是平稳序列。采用 E－G 两步法进行协整检验，对 LNBJ 和 LNY 进行回归，对回归方程的残差进行单位根检验，在 1%的显著水平下，方程的残差序列不存在单位根，是平衡序列。因此，LNBJ 和 LNY 之间存在协整关系，即宁津白银购买力与银钱比价存在长期的均衡关系。构建 LNY 与 LNBJ 之间误差修正模型，误差修正模型方程为：

$\triangle LNY_t = 0.001029 + 1.064267\triangle LNY_{t-1} - 0.610022\triangle LNY_{t-2} + 0.981171\triangle LNBJ_t - 1.231189\triangle LNBJ_{t-1} + 0.691416\triangle LNBJ_{t-2} - 0.884529\triangle ECM\ t-1+\varepsilon$

误差修正模型中误差项的系数反映了序列对偏离长期均衡的调整力度，模型中该系数为－0.884 529，是显著的，负值表明模型符合反向误差修正机制。当两个序列短期波动偏离长期均衡时，将以 88.45%的调整力度将非均衡状态拉回到均衡状态。

② 银钱比价变动的主要原因是白银购买力的变动，但数据分析的结果显示银钱比价的变动对白银购买力的变动有预测性，即银钱比价的变动先于银计物价的变动，这是由于白银购买力的变动最先表现为银钱比价的变动。因此在协整检验中构建的回归方程以银钱比价为解释变量，以银购买力为被解释变量，这与通常理论叙述的因果关系相反，而与数据分析中格兰杰因果相符。

结 论

通过上文的数据分析可以得出19世纪上半叶世界白银购买力的上升在白银流动的末端——中国开始较早（LNCH是LNEN的格兰杰原因），中国白银购买力的上升与世界其他国家白银购买力的上升高度相关，19世纪上半叶的银贵是全球普遍现象，不是单独在中国发生的事件。

从直隶宁津数据分析可知，这一时期银钱比价的上涨与白银购买力的上升是密切相关的，1801—1845年间两序列相关系数达0.95，属于高度正相关①，并且误差修正项系数为－0.884 529，说明两个序列在短期内偏离长期稳定趋势后有很强的回调力量。而这一时期钱计物价在较小的范围内变动，白银购买力的上升是世界白银购买力上升的区域表现，因此19世纪上半叶银钱比价上涨的长期变动原因是银贵，而非钱贱。② 政府收支以银计算，在白银购买力上升时，由于清政府的腐败及政府支出的刚性，政府并未节减开支。③ 从而导致民众税收负担加重，引发社会经济危机。④

① “乾隆五十三年（1789）以后广东用银两表示的米价有下跌趋势，这大概与当时银价上涨，钱价下降的变化有关”，陈春声：《市场机制与社会变迁——18世纪广东米价分析》，第171页。

② 当时政府针对钱贱在制钱领域采取的众多对应措施，并没有起到多少作用，这也从另一个方面说明当时银钱比价的变动不是由制钱方面的因素引起的。19世纪后半叶银钱比价回落，当时银购买力变动不大，其主要原因应是铜价上涨，对此将另文探讨。

③ 御史李维翰于道光三十年在“地丁折钱十年间几增加一倍浮收”折中提到，“即以山东一省而论，州县征纳钱粮，相沿皆以钱折交。道光初年，交制钱一千七八百文，即作完银一两；自十八年至今，已交至二千八九百文矣。十余年间，多增几至一倍。……河工每岁修防，发解帑金，动盈巨万，就现在银价计之，每银千两较前已多易制钱八九百串，有盈无绌，经费正可由此节省，无如在工之员，藉报险为开销张本，以冒支为浮华地步，纨绔挥霍，工所呼为酒地花天，万两工料，到堤不过二三千，此固彰彰在人耳目也”。《中国近代货币史资料》第1辑，第32—33页。政府官员的薪水、铸钱所用滇铜洋铜购买、兵饷发放并没有因为银贵而减少开支。嘉道年间滇铜的生产没有引起官员的太多讨论，可能是滇铜生产的利润在银贵环境下有所改善。

④ 参见王业键《十九世纪前期物价下落与太平天国革命》，《清代经济史论文集》（2），台北，稻乡出版社2003年版，第251—287页；习永凯：《白银购买力波动影响清末财政》，《中国社会科学报》2012年3月14日，A—06版。

附表：全国银钱比价表（1800—1850 年）

年份	宁津	北京	山西	陕西	河南	山东	江苏	安徽	浙江	福建	湖北	湖南	四川	广东	广西	贵州	甘肃
1800	1070																
1801	1040																
1802	997					1550											
1803	967																
1804	920																
1805	936																
1806	963																
1807	970	975									1400						
1808	1040	1015															
1809	1065																
1810	1133																
1811	1085																
1812	1094	1073											1000				
1813	1090	1062															
1814	1102													1000			
1815																	
1816	1177	1124															
1817	1217	1118															
1818	1245	1101							1300	1300							
1819		1178															
1820	1226	1154															
1821	1267							1160									
1822	1252	1197						1141									
1823	1249							1146									
1824	1269	1202						1156	1240	1240							
1825	1253	1187						1147									
1826	1271						1260	1134									
1827	1341	1259					1300	1154						1235			
1828	1339					1300	1280	1187									
1829	1380	1288			1400		1300	1276									

续表

年份	宁津	北京	山西	陕西	河南	山东	江苏	安徽	浙江	福建	湖北	湖南	四川	广东	广西	贵州	甘肃
1830	1365	1323						1315	1350	1350							
1831	1388	1339	1300	1385				1289									
1832	1387	1330					1350	1289	1350								
1833	1363							1236									
1834	1356	1255						1237									
1835	1420	1245						1287			1428						
1836	1487	1372															
1837	1559	1481															
1838	1637	1546					1650					1428			1428	1428	
1839	1679	1630															
1840	1644								1570								
1841	1547	1395		1480					1650	1590	1626					1612	
1842	1572	1432	1540	1600			1620			1600	1666	1666					
1843	1656																
1844	1724													1552			
1845	2025	1815															
1846	2208	2000	1900	1800	2250		1850	2000			1855	1923		1550	1550	1600	2000
1847	2167	2004									2000	2000			2000		
1848	2299	2045					2000		1900	1900				1774			
1849	2355	2037	2100						2000								
1850	2230	1988								2000		2000					

资料来源：直隶宁津：严中平《中国近代经济史统计资料选辑》，科学出版社 1955 年版，第 37 页；北京（1807—1850）、安徽（1821—1835）银钱比价由彭凯翔惠赐，分别源于甘博（Gamble，1943）辑自直隶燃料铺账簿及彭凯翔辑自钦泉公收支账簿；其他数据来源：王宏斌《晚清货币比价研究》，河南大学出版社 1990 年版，第 35—36 页；陈春声《清代广东银钱比价》，《中山大学学报》（社会科学版）1986 年第 1 期，第 99—104 页；（清）刘永熙修，李世芳等纂《宜宾县志》卷三十，钱法志，清嘉庆十七年刻本，戴鞍钢《中国地方志经济资料汇编》第 1079 页。

（原刊于《近代史研究》2012 年第 6 期）

清末官报发行问题管窥

——以《北洋官报》为中心的考察

《历史教学》编辑部　杨莲霞

摘　要：作为清末新政主要内容之一的《北洋官报》，不仅在官报的创办上具有样板的功能，其发行方式也被晚清其他百种官报模仿，不仅传统官报发行之大清邮局、民信局、驿递等邮递途径被广泛运用于官报发行中，而且形成了“派销”与“代销”为主的附之于函购等方式发行。本文以《北洋官报》为基础史料，考察清末官报的发行情况。

关键词：《北洋官报》；售价；发行方式；送达途径

“发行是报刊走向受众的主要环节，是报刊实现其社会价值与经济价值的途径，也是报刊生存和发展的命脉。报刊发行现象与报刊同时出现在新闻传播活动的历史长河，与报刊业的兴衰荣枯关联紧密。”① 光绪二十八年十一月二十六日（1902 年 12 月 25 日），直隶总督兼北洋大臣袁世凯于天津创办的近代形态的报刊《北洋官报》，是清末最具代表性、报龄最长、最有影响的地方政府官报，也是中国历史上第一份邮发报纸。作为清末新政主要内容之一的《北洋官报》，不仅在官报的创办上具有样板的功能，其发行方式也被晚清其他百种官报模仿。而关于《北洋官报》的发行情况，目前为止，除了涉及清末报刊出版或新闻史的学术专著略有涉及外，仅见河北师范大学硕士生翟艳辉刊发了一篇题为《〈北洋官报〉发行

① 方汉奇：《中国报刊发行体制变迁研究·序》，武志勇：《中国报刊发行体制变迁研究》，中华书局 2013 年版，第 1 页。

问题探析》[①] 的文章，但此文依据的基础史料为仅占完整《北洋官报》八分之一的国图缩微胶卷，且未考虑报价及回款、派销范围、主要发行方式之外的其他发行方式及邮递途径等。本文从《北洋官报》的售价、发行方式、邮递渠道、送达途径等层面来探讨《北洋官报》的发行情况，以窥视清末报刊出版高潮期的官办报刊的发行环节。

《北洋官报》第 3 期“封面告白”页背面（相当于期刊封二的位置）用 4/5 个版面介绍《北洋官报》的“发行凡例”，具体内容如下：

一、本报每两日出版一次，除“封面告白”外正文至少八页多或十余页，约两万字，都为一册。每册零售价洋五分，每月售价洋七角，外埠概不零售。

一、外府州县遵督宪派定数目照寄，每份每月收足银五钱，如各府县于札派定数外另行函购，本局于函到次日照寄，未报价概须先惠，空函恕不奉复。

一、各埠代派处均须有妥实铺保报价按月清算，如缴不足由保人赔补。

一、代派处本埠销报至五十份以上外埠三十份以上，于报价内酌提二成作为经费。惟非经本局派定发有执照者，不得擅立分局名目，查出干究。

一、外省订阅全年先付报资者，亦按八折计算。惟每册一寄，报价全年外加邮费一元；五册一寄者全年加邮费三角。

一、各府州县派定各报统核银价以归一律。此外，各代派处及各州县自行函购者银洋两便，每洋一元合库平银七钱二分，小洋进出一律帖水。

一、本埠及京城、保定、正定、塘沽、山海关铁路可通之处，皆当日寄发；外府州县之驿寄者，于出版次日寄发；外省及东西洋各国量路之远近报之多寡临时酌定。

一、本报出版之始，本省一月外省十日报资寄费概由本局捐送不取分文。送报人皆由本局资雇均无庸酬给送力，如有私自价卖或索取送费者许函告，本局严究。

此发行凡例包含以下《北洋官报》与发行相关的内容：1.《北洋官报》的售价、邮费优惠。2.《北洋官报》的主要发行方式（派销、代销、函购、捐送）。3. 官报寄送时间及送达渠道。

① 《保定学院学报》2011 年第 3 期。

一、每册零售价、每月售价

创刊之初，《北洋官报》为“隔日刊”，每月“大建出报十五张，小建出报十四张”①，每期②零售价洋五分，每月售价洋七角。自第 200 期（光绪三十年正月初六日，1904 年 2 月 21 日）起，改成日刊，“《官报》按日一册，每月三十册，收价银六角”③，“零购者每册洋银二分”④。《北洋官报》初刊时每期“除‘封面告白’外，正文至少八页，多或十余页”，除第 903—924 期为每期三张双面印制的散页外，其他多为 9—12 个筒子页的“杂志式报刊”，如果我们忽略不到 0.25 个的印张浮动，创刊之初每期零售价洋五分，每月售价洋七角，那么改出版周期后《北洋官报》的零售价不应发生较大的变化，而每月售价应该翻番即改为一元四角，而事实上其定价为每期“洋银二分”每月“银六角”。为什么会发生这种情况呢？这与官报的印刷价目减半密不可分：“凡铅印札文等件，均用羊毛边纸核定画一，价目比去岁减让一半。如加长至六页，应照三页两分核算；如加长至八页，应照四页两分核算……自本年起，定价格外减让，以副雅意，另定各项减价一览表随后送阅，庶赐顾诸公格外参考。”⑤

至宣统三年九月初一日（1911 年 11 月 22 日）之《北洋官报》规定报价由“银洋两便”改为仅收银元：“敬禀者，窃查职局官学两报开办之初，（《北洋学报》）合装一册，每月定价库平银九钱，嗣于光绪三十二年禀定将学报分作旬报，

---

① 《详定直隶官报局暂行试办章程》，1902 年 9 月 26 日《大公报》。

② 关于《北洋官报》是报还是刊的分类，学界普遍认为是“杂志式报纸”，意即装订成册的具有报纸性质的出版物，但笔者详细读阅了 3053 期《北洋官报》，发现第 896 册至第 924 册（光绪三十二年正月初一至光绪三十二年正月二十九日，1906 年 1 月 25 日至 1906 年 2 月 22 日）《北洋官报》是两张双面印刷散页，字号很小，版式密集，从第 925 册开始恢复光绪三十一年（1905 年）之前的版式，且对此做了说明：“本局自今年（光绪三十二年，1906 年）官报改为两全张（另加告白页一张，实际为三张，笔者注），取材较富，但恐阅者不便拆订，自二月初一日起照旧装订成册，篇幅较前加倍，总期改良求精，以副阅报诸君之意，其学报每五日一册，特此声明。”意即除第 896 册至第 924 册这一个月 29 期为三张双面印刷散页，其他时候均为线装装订成册的杂志式报纸。所以，本文中凡涉及期、册者，一律用“期”。

③ 第 904、1047、1515、2397 期“告白”栏目“本局售报价目”条。

④ 《北洋官报》第 2397 期“告白”栏目“本局售报价目”条。

⑤ 天津档案馆藏：《天津商会档案》，卷宗号：128-2-3-2136。

以便检阅，报价仍旧并不增加，惟其初，各属习惯用银，故不得不按银定价，今则银元通行渐广，且度支部奏定国币制度将次实行，将来凡用银者，均须改作银币，则是报价与其收银平色各异，彼此折算均有无形之暗耗，不若先行照章改作银元，以归一律，拟请自本年九月初一日起，官学两报照旧并发，按照原价，并连邮费酌中定作，每月共收大洋一元三角，以免折合之烦，实属两有裨益，除俟奉批再登报宣布外，所有职局报价，酌拟改收银元缘由，理合呈请。”① 此时《北洋官报》已临近停刊，至1912年2月23日《北洋公报》取而代之②，“自本年起，《（北洋）官报》改为《（北洋）公报》，其余报价仍一律照收银元，兹将本省、各省及本埠三项报价分列于左。一、本省并寄公学两报，每月全份收大洋一元三角，小洋贴水，邮费在内。一、各省分寄公报学报，每月每份收大洋七角，小洋贴水，邮费在内。一、本埠寄售公报学报，每月每份大洋六角，小洋贴水，不加邮费”③。

二、《北洋官报》之主要发行方式

（一）派销④

清末官报最主要的发行方式是派销，这也是官报与民营报刊的重要区别之一。

---

① 《北洋官报》2940期“法令公布”栏目“本局禀定自九月初一日起报价改为银元照章公布由”条。

② 《北洋官报》到底是停刊于何时？遍查现存《北洋官报》，至第3053期（宣统三年十二月二十五日，1912年2月12日）处的报头仍为“北洋官报”，这一天正是清帝宣布逊位之日，按照晚清报刊的出版规律，“每天发行的报纸，应于发行前一天晚上12点之前送达当地巡警官署或地方官署时查验”（载徐珠、沈琪：《清朝报纸怎样创办》，《中国档案报》2004年9月24日）。后方可印制，但每年之腊月二十六日至正月初六日则为“因年假暂停”之期。但是，令人遗憾的是，现存《北洋官报》缺失第3054—3060期（1912年正月初六日至十二日，1912年2月23日至29日），而第3061期（1912年正月十三日，1912年3月1日）起报刊名则改为《北洋公报》。但年假后第一天的报纸内容则要极力体现年假期间发生在中国历史上的翻天覆地的大事——改帝制为共和，可以大胆推测：报名为《北洋官报》的出版物出版至第3053期就退出了历史的舞台，从第3054期（1912年正月初六日，1912年2月23日）起，报刊名称改为了改成《北洋公报》，但仍顺延《北洋官报》的期数。

③ 《北洋公报》第3061期“广告”栏目“本局厘定报价及定报新章广告”条。

④ 《北洋官报》中将清末中央、督宪或省级派定各地订购官报的形式出现多种称谓，即“派销”“派购”“札派”或“派定”，对《北洋官报》而言，亦有“督宪派定”之说。

派销实质上是派购，即利用行政渠道自上而下地层层指派。派销这种方式，在督辖级官报①——《北洋官报》上体现得淋漓尽致。

《北洋官报》被派销往“十一府七直隶州八厅一百四十四州县”② 或顺天府及“直隶百四十州县”③ 各级官署，各府厅州县订购数目由督宪派定，《北洋官报》未见具体的派销数目，但从第 1200、1226 等期“遵督宪派定数目照寄，每份每月收足银五钱”④ 及“欠全年报费”“欠春夏秋季报费”“欠春夏季报费”“欠闰月报费”⑤ 等可大致推断各府厅州县派销《北洋官报》之份数。

派销各府厅州县《北洋官报》之份数⑥

地方	份数	地方	份数	地方	份数	地方	份数	地方	份数
大兴县	45	宛平县	40	良乡县	47	房山县	36	永清县	35
固安县	72	东安县	52	香河县	51	蓟州	74	三河县	51
通州	74	武清县	47	宝坻县	108	昌平州	72	顺义县	33
宁河县	54	密云县	62	怀柔县	36	涿州	69	霸州	51
文安县	65	大成县	49	保定县	33	平谷县	36	东路厅	2
西路厅	5	遵化州	102	玉田县	74	丰润县	54	静海县	47
沧州	44	南皮县	36	盐山县	54	青县	53	庆云县	33
清苑县	18	满城县	40	安肃县	31	定兴县	36	唐县	36
望都	38	博野县	53	容城县	45	完县	33	蠡县	44
雄县	44	祁州	40	束鹿县	44	安州	47	高阳县	44
新城县	44	易州	47	涞水县	47	广昌县	40	滦平县	36
平泉县	44	丰宁县	45	卢龙县	40	迁安县	58	抚宁县	65
昌黎县	12	滦州	56	乐亭县	65	临榆县	87	河间府	9
河捕府	2	河间县	55	献县	54	阜城县	47	肃宁县	24

① 在《政治官报》创刊之前，《北洋官报》部分程度上扮演着中央官报的角色。

② 《北洋公报》第 3079 期“公告”。

③ 《北洋官报》第 4 期“上谕”栏目“语官二”条。

④ 《北洋官报》第 3 期“发行凡例”。

⑤ 光绪二十九年（1903 年）有闰五月、光绪三十二年（1906 年）有闰四月。

⑥ 关于表中派销份数之核算，遵照份数=欠款银两（单位：两）÷月份数量÷0.5（每份每月收足银五钱，即 0.5 两）。

续表

地方	份数	地方	份数	地方	份数	地方	份数	地方	份数
任丘县	47	交河县	58	宁津县	44	景州	90	吴桥县	49
故城县	40	东光县	54	正定县	56	获鹿县	47	井陉县	44
阜平县	25	栾城县	40	行唐县	40	灵寿县	76	平山县	44
元氏县	44	赞皇县	44	晋州	42	无极县	4①	藁城县	47
新乐县	47	冀州	63	南宫县	65	枣强县	75②	武邑县	54
衡水县	60	新河县	34	赵州	63	柏乡县	58	隆平县	11
高邑县	49	临城县	35	宁晋县	76	深州	54	武强县	51
饶阳县	58	安平县	47	定州	54	曲阳县	40	深泽县	51
邢台县	69	沙河县	44	南和县	44	平乡县	101	广宗县	25
巨鹿县	58	内邱县	36	任县	40	永年县	72	曲周县	54
肥乡县	40	鸡泽县	33	广平府	4	广平县	42	邯郸县	36
成安县	40	磁州	108	威县	31	清河县	76	大名府	8
大名县	28	元城县	40	南乐县	33	清丰县	40	开州	6
东明县	47	长垣县	64	张理厅	29	独石厅	54	多伦厅	54
宣化县	10③	赤城县	40	万全县	56	怀来县	2④	蔚州	99
怀安县	51	延庆州	53	保安州	35	赤峰县	40	朝阳府	40
建昌县	58	建平县	36	督河府	2	临捕府	2	永平府	8
永平三府	2							总计	7070

同时需要注意的是，《北洋官报》等的发行中，政府起着极大的推动作用。各级政府将推广发行官报作为核定功过的杠杆之一，“于销数多寡、解费迟速分别严核功过”⑤，各级官员除了完成督宪派定数之外，还“添购”或“增购”官报，这也成为《北洋官报》发行的重要渠道。“本局自前月禀奉督宪暨尹宪批示，严札推广核定功过，比来报册销行日见畅旺，爰胪列添报各属登载广告以志应求而兴观

① 见《北洋官报》第 66 等期“各属州县添购官报清单”条。

② 见《北洋官报》第 73 等期“各属州县添购官报清单”条。

③ 见《北洋官报》第 75 等期“各属州县添购官报清单”条。

④ 见《北洋官报》第 125 等期“各属州县添购官报清单”条。

⑤ 《北洋官报》第 1362 期“公牍录要”栏目“北洋官报总局详请饬催各州县积欠报费文并批”条。

感，遵化、景州及临榆、乐亭、文安诸县增购倍于原额，具见觉民开智之美，枣强一日而增七十份，益以征贤令尹风从草偃之治也，本局告白”①；巨鹿县“派定每月赍发《（北洋）官报》八册，现经逐渐劝办，请自二月起于原派八册外加发十二册”②。其报费由县惠解，仍饬令随时推广劝阅。

表 2　各属州县添购官报清单

期数	枣强县	临榆县	景州	遵化州	文安县	乐亭县	巨鹿县	吴桥县	昌平州	邯郸县	宁晋县	永年县	玉田县	涿州
66	70	28	24	20	16	16	12	12	10	10	10	10	10	8
73	70	28	24	20	16	16	12	12	10	10	10	10	10	8
74	70	28	24	20	16	16	12	12	10	10	10	10	10	8
75	70	28	24	20	16	16	12	12	10	10	10	10	10	8
125	75	24	24	20	16		12	12	10	10	14	10	10	
152	75	24	24	20	16		12	12	10	10	14	10	10	
期数	平山县	高阳县	衡水县	正定县	广平县	高邑县	长垣县	晋州	蓟州	冀州	无极县	安平县	大城县	抚宁县
66	6	6	5	5	5	5	5	5	5	5	4	4	3	3
73	6	6	5	5	5	5	5	5	5	5	4	4	3	10
74	6	6	5	5	5	5	5	5	5	5	4	4	3	10
75	6	6	5	5	5	5	5	5	5	5	4	4	3	10
125									15					12
152									15					12
期数	深泽县	大兴县	沧州	肥乡县	饶阳县	青县	东安县	临城县	新河县	柏乡县	涞水县	固安县	丰宁县	灵寿县
66	3	3	2	2	2	2	2	1	1					
73	3	3	2	2	2	2	2	1	1	8	6	4	3	3
74	3	3	2	2	2	2	2	1	1	8	6	4	3	3
75	3	3	2	2	2	2	2	1	1	8	6	4	3	3

① 《北洋官报》第 66 期“封面告白”栏目“各府县增添官报”条。

② 《北洋官报》第 43 期“督宪批示”栏目“署巨鹿知县蔡济清禀请添发《（北洋官报）官报》”条。

续表

期数	容城县	怀来县	井陉县	保安州	新河县	多伦诺尔厅	磁州	宝坻	宣化县	交河县	南宫县	蔚州		
66														
73	3	2	2	1										
74	3	2	2	1	1									
75	3	2	2	1	1									
125						40	20	10	10	10	10			
152						40	20	10	10	10	10	25		

注：1. 表中第一次出现在“添购清单”中的州县及发生变化处，用黑体标识。

2. 第125期、第152期《北洋官报》中标注：“十份以内者不录。”遵原文。

（二）代销

代销也是清末官报的重要方式，其机构为代派处，代派处是北洋官报局在本局之外派定或委托代派的发行机构，“购阅者或函知本局或向各代派处订购或由送报人经手，报价务希先惠按期送报断不致误，特此步闻”。“《北洋官报》发行凡例”中明确了代派处的权利和义务：各埠代派处都有妥实铺保担保方可代销，代派处可以设立分局，但需报经北洋官报局发有执照，擅立分局者，一经查出，即追究责任。代派处代销《北洋官报》之报费“银洋两便，每洋一元合库平银七钱二分，小洋进出一律帖水”，代销的报费按月解算，若不能如期交清，则由妥实铺保的保人赔补。代派处可获得本埠销报50份以上外埠30份以上者提报价20%的报酬。虽然发行凡例规定代派处代销报价“按月清算，如缴不足由保人赔补”。实际上代派处上交报费的态度并不积极，仍需官报局登报催缴，至《北洋官报》出版至百期后，官报局认为：“一切图画装订工本浩繁，全望收回报价以资周转。现除本省各属认真陆续催解外，所有各埠代派处诸君务乞将代报费截数清厘，以凭尽百册划算作为一结以清眉目。”①

关于《北洋官报》的代派处，多期《官报》告白处明确刊登“本报代派处”。

① 《北洋官报》第106—109、111—112期封二“本局要紧广告”。

表 3　《北洋官报》之代派处

期数	代派处
第 3—7 期	天津东门内广益书局、北京琉璃厂有正书局、保定西大街宝庆隆、上海胡家宅编译局、上海棋盘街商务印书馆
第 8 期	天津东门内广益书局、天津城内石桥胡同后齐佐周、天津城内乡祠南李茂林、北京琉璃厂有正书局、保定西大街宝庆隆、上海宝善街文贤阁①、上海棋盘街商务印书馆
第 73 期	天津城内石桥胡同后齐佐周，又城内乡祠南李茂林，北京方壶斋本分局、琉璃厂有正书局、修文堂、公慎书局，保定府西街本分局、官书局，上海宝善街文贤阁，南京东牌楼庆昌，锦州府同益分报馆，江西南昌府派报处
第 75、77 期	天津城内石桥胡同后齐佐周，又城内乡祠南李茂林，北京方壶斋本分局、琉璃厂有正书局、修文堂、公慎书局，保定府西街本分局、官书局，上海宝善街文贤阁，南京东牌楼庆昌，锦州府同益分报馆，山东省城官书局，汉口镇汉口日报馆，江西南昌府派报处
第 79、81、83、105 期	天津城内石桥胡同后齐佐周，又城内乡祠南李茂林，北京方壶斋本分局、琉璃厂有正书局、修文堂、公慎书局，保定府西街本分局、官书局，河南省城南书店街本分局，上海宝善街文贤阁，南京东牌楼庆昌，锦州府同益分报馆，山东省城官书局，汉口镇汉口日报馆，江西南昌府派报处
第 106—108、125—129 期	北京铁老观庙公慎书局本分局，天津石桥胡同后齐佐周、乡祠南李茂林，保定城内西街本分局、官书局，开封南书店街本分局②，上海宝善街文贤阁，南京东牌楼庆昌，锦州同益分报馆，济南官书局③，汉口花楼街汉口日报馆，南昌府城派报处
第 403 期	北京琉璃厂桥西路北公慎书局本分局④，天津石桥胡同后齐佐周、乡祠南李茂林，保定城内西街本分局、官书局，开封南书店街本分局，上海宝善街文贤阁，南京东牌楼庆昌，锦州同益分报馆，济南官书局，汉口花楼街汉口日报馆，南昌府城派报处

① 据张仲民《出版与文化政治：晚清的“卫生”书籍研究》（上海书店出版社 2009 年版，第 321 页）记载，清末上海 400 多家书局，上海宝善街文贤阁排在前十八名。

② 此前记为“河南省城南书店街本分局”，因是同一代派处，不做具体区分。

③ 此前记为“山东省城官书局”，因是同一代派处，不做具体区分。

④ 据刘蕙荪编《铁云先生年谱长编》（齐鲁书社 1982 年版）第 80 页记载“北京琉璃厂西门铁老观庙设有公慎书局”，可知《北洋官报》第 403 期记载之“北京琉璃厂桥西路北公慎书局本分局”与第 106、107、108、125—129、132—134、152 期所载之“北京铁老观庙公慎书局本分局”为同一处，二者均为《北洋官报》的代派处之一。

续表

期数	代派处
第 748、1149 等期	北京琉璃厂桥西路北公慎书局本分局，天津石桥胡同后齐佐周、乡祠南李茂林，保定城内北大街官书局内本分局，奉天省城振泰报局，锦州同益分报馆，开封南书店街本分局，南京东牌楼庆昌，济南官书局
第 1510、1595 期	北京琉璃厂南首铁老关庙聚兴报房，天津石桥胡同后齐佐周、天津乡祠南李茂林，保定省城北大街官书局内本分局，奉天省城振泰报局，锦州同益分报馆，开封南书店街本分局、河南省城开封派报处，济南官书局
第 1854 期	北京琉璃厂南首铁老关庙聚兴报房，天津南门外县属南土地庙西齐佐周、天津乡祠南李茂林，保定省城北大街官书局内本分局，奉天省城振泰报局，锦州同益分报馆，开封南书店街本分局、河南省城开封派报处，济南官书局
第 2141、2397 期	北京琉璃厂桥西路北公慎局本分局，天津石桥胡同后齐佐周、天津乡祠南李茂林，保定省城北大街官书局内本分局，奉天省城振泰报局，锦州同益分报馆，开封南书店街本分局，南京东牌楼庆昌，济南官书局

需要明确的是：一、这里罗列的代派处不包括驿递，即“各府州县驿递不在此列”①。二、从第 128 期（光绪二十九年七月二十四日，1903 年 9 月 14 日）开始，凡出现罗列“本报代派处”时，均于代派处前增加文字“各省邮政总局自六月初一日起，均人名代派本报，由邮局订购者不取邮费”②。从第 903 期起（光绪三十二年正月初六日，1906 年 1 月 30 日），“各省邮政分局均认定代派本报，凡由邮局订购者，不取邮费”。代销从最初的只在自己委托的代派处或授权的代派处分局范围内有效，到光绪二十九年六月初一日（1903 年 7 月 24 日），1903 年各邮政总局，再到光绪三十二年正月初六日（1906 年 1 月 30 日）各邮政分局均可代销《北洋官报》。

实质上，代派处是设置于交通比较便利的官报发行机构之一。代派处最多的是北洋官报总局所在地及分局所在地北京、保定，而晚清报刊最发达地区上海也有 3 个代派处。另外，开封、济南、锦州、南京、汉口、南昌、福州、安庆、武昌、桂林、扬州、荆州、西安、泸州、信阳、樊城、万县、徽州、清江浦、漳州、

① 《北洋官报》第 3—7、8、73、75、77、79、81、83、105、106、107、108、125—129、132—134、152、403、748、903、905、1149、1510、1595、1854、2141、2397 期“告白”。

② 《北洋官报》第 128、129、132—134、152、403、748、903、905、1149、1510、1595、1854、2141、2397 期“告白”。

泉州、徐州、常熟、松江、乍浦、嘉兴、绍兴、常德、道口、潍县、十二圩、苏州、杭州、广州、重庆、梧州、芜湖、厦门、上海、九江、岳州、镇江、宁波、宜昌、汕头、蒙自等通商各埠总局暨轮船、铁路通达的各局，均设有《北洋官报》代销处。①

代派处不仅仅代销《北洋官报》一种报刊，以天津李茂林为例，它是《汉声》"各发行所"处天津唯一的代理发行机构，《北洋官报》多处记载李茂林新接各报广告，比如"代派：《北洋官报》《北洋法政学报》，并（北洋）官报局所出各书均代售，《大公报》《中外实报》《天津商报》《警察汇报》《竹园白话报》《日日新闻》《醒华画报》《津报》《时闻报》《开心报》《教育杂志》《北京大同日报》《政治官报》《中央日报》《爱国报》《北京日报》《北京女报》《京都日报》《京话实报》《顺天时报》《华制存考》《经济选报》《北京官话时报》《开通画报》《星期画报》《商务官报》《启蒙画报》《京话册报》，北京拼音官话书报社新出各书报均代售，《神州日报》《舆论日报》《时事报》《申报》《沪报》《万国商业月报》《国魂报》《外交报》《政艺通报》《国粹学报》《东方杂志》、'绣像小说'、《競业旬报》。诸君订阅以上各书报，本埠风雨勿阻，外埠原班回件"②。反过来又说，此处落款为"天津乡祠南北洋官报启代派处李茂林"，可见李茂林获得代派诸多报刊的代派权，与《北洋官报》全国样板地位不无关系。

（三）函购

《北洋官报》发行凡例规定："如各府县于札派定数外另行函购，本局于函到次日照寄，未报价概须先惠，空函恕不奉复。""函购者银洋两便。"外府州县所购报纸数量，由督宪统一排定，也可另行函购，如颜世清任北洋官报局总办期间，"其封翁长沙太守颜筱夏曾函购《北洋官报》四百份，被时人乐称为贤父兄"③。

（四）捐送

《北洋官报》刊发之初，采取捐送的方式来推介《官报》，按照其发行凡例，直隶省免费赠阅1月，外省免费赠阅10日，"开办官报，本省以一个月为限，外省以十日为限，概由本局捐送，不收报价"④，又根据第5期"本局广告"条："本局一号至五号报册照例捐送，不取报资，日来索者踵至多难为继；自第六号起除

---

① 郭长久主编：《说不尽的天津邮政》，百花文艺出版社2001年版，第147页。

② 《北洋官报》第767、1808、1830期封底告白"李茂林新接各报广告"。

③ 《大公报》1903年3月5日"广购官报"条。

④ 《详定直隶官报局暂行试办章程》，1902年9月26日《大公报》。

顺直本省各署各局所各副厅州县遵照督宪谕定捐送一月始行截止外，余均一律收价以示限制。”二者并不矛盾，因《官报》前199期为隔日刊，外市接受10日之赠阅《官报》也就是5期。

赠送正刊外，北洋官报局还在春节前后①有赠送月份牌的情况。比如《北洋官报》第1273期（光绪三十二年十二月二十四日，1907年2月6日）“封面告白”记载有：“本局（北洋官报局，笔者注）精印丁未年五彩月份牌，准于今日随报分送。”第2333—2334期（宣统元年十二月二十三至二十四日，1910年2月2—3日）“封面告白”处标示：“本局（北洋编印官局，其前身为‘北洋官报局’）精印宣统二年五彩月份牌，准于二十三四两日随报分送，特此广告。”此为报馆免费赠送五彩月份牌的记录。此外，《北洋官报》之副产品之一《北洋官话报》也作为免费赠阅材料之一，以其第1期、第2期出版为例：“《北洋官话报》丙午年第一册出版：本局丙午年第一册《（北洋）官话报》现已出版，仍照历次捐赠《（北洋）官话报》及《国民必读》之例分发顺直各州县用作宣讲之资，不取分文，特此广告。”② 又因《北洋官话报》主要作为《北洋官报》之宣讲材料，笔者将另撰文详叙。

除以上诸种发行方式外，还存在民间报商贩卖《北洋官报》的情况及官报局设立书籍报章寄售处寄售《北洋官报》的情况。前者如天津府署东各报总处梁子亨曾经售《北洋官报》，“接阅头五期白送，不收分文”③。后者如在天津锅店街文美斋、天津袜子胡同同文仁记、北京琉璃厂有正书局、北京铁老观庙公慎书局、保定北大街官书局、上海商务印书馆④设立书籍报章寄售处。

① 《北洋官报》每年因年假于腊月二十六日至正月初五日暂停出刊，正月初六日继续出报。此种情况在《北洋官报》第1619期（光绪三十三年十二月二十五日，1908年1月28日）和第2335期（宣统元年十二月二十五日，1910年2月4日）中都有具体说明：“本报现因年假于明日起暂停十天，准明正初六出报。”

② 《北洋官报》第983期“封面告白”。

③ 《大公报》1903年3月5日“广购官报”条。

④ 《北洋官报》第3—5期“本局书籍报章寄售处”。

三、《北洋官报》的邮递途径

(一) 清末邮政系统

虽然邮政与官报不在同一系统，但二者同属清末新政之重要内容，为新政实施互相配合。光绪三十年（1904）十月底时，北洋官报局所在地顺直省邮局达 84 处①，其中，北京总局邮政专界 54 处，包括顺天府 13 处（大兴、宛平、通州、昌平州、良乡、涿州、长兴店、海甸、沙河、蓝靛厂、长沟桥、琉璃河、周口店）；保定府 6 处（安肃、定兴、望都、祁州、高阳、辛集）；河间府 1 处（献县）；正定府 7 处（获鹿、栾城、元氏、晋州、藁城、新乐、枕头）；顺德府 2 处（南和、内邱）；广平府 5 处（肥乡、鸡泽、广平、邯郸、磁州）；大名府 2 处（开州、龙王庙）；宣化府 3 处（怀来、怀安、张家口厅）；易州 1 处；冀州 10 处（南宫、新河、枣强、赵州、高邑、宁晋、深州、安平、定州、深济）。天津总局邮政专界 34 处，包括天津府 13 处（静海、沧州、盐山、庆云、塘沽、汉沽、芦台、北塘、唐官屯、兴济、杨村、泊头镇、杨柳青）；永平府 13 处（迁安、抚宁、昌黎、滦州、栾亭、胥各庄、唐山、开平、留守营、北戴河、秦王岛、山海关、古冶）；遵化州 5 处（玉田、丰润、鸦红、桥林、南仓）；河间府 3 处（连窝镇、故城、桑园）。

《北洋官报》是中国历史上第一份邮发报纸，开创邮政发行报刊业务之先河。自光绪二十九年六月初一日（1903 年 7 月 24 日）起，“凡设有邮局之地，寄售报册一律免收邮资”②，并约定邮政局如在《（北洋）官报》内登各项告白、示谕，亦不收费。设有邮局之地官员、学堂、绅商、个人购阅的《北洋官报》，一律被认定为是北洋官报分局代售，并告知读者群“本报所有章程已印发各分局，查照邮地购报诸君可往取报”③。

邮政发行《北洋官报》，加快了《北洋官报》的输送节奏，扩大了其销售范围，“窃职局自奉谕创办《北洋官报》，远近各省逐渐流通，全赖邮递迅速，销数

---

① 《北洋官报》第 489 期“畿辅近事”栏目“顺直邮局”条。

② 《北洋官报》第 106—109、111—112 期封二“本局要紧广告”条。

③ 《北洋官报》第 106—109、111—112 期封二“本局要紧广告”条。

方能畅旺。就山东、四川、湖南三省计之，现售数近二千份，是报务日有起色之证”①。

但自光绪三十三年（1907）正月初一日始，按季分收取邮费，“邮局代寄《北洋官报》，每年应纳寄费六千五六十元，复蒙令按七成核收，作为减定额费”，等三年之后察看情形再行改定。每年缴邮费 4200 元，理应加之阅报人，“但现当疏通销路之际，应暂由局设法挪垫”。

邮局免收寄递《北洋官报》邮费之时，有迁延遗失之弊，各处啧有烦言，收费既难，销售亦因之迟滞。“但因邮寄免费，是以未便苛求，现既遵章缴费，倘再如前迟误，实于《（北洋）官报》进步大有关隘。理合详请宪台查核。”② 北洋官报局总纂谘明税务大臣札饬总税务司转饬各处邮政局知照，凡《北洋官报》，务饬从速递寄，毋得积滞，“务期敏速，毋许积滞迟延，以快先睹”③。倘有遗失，自应照挂号立券邮件章程办理，以重报务，而维公益。

《北洋官报》第 1443 期“封面告白”栏目“本局寄报改章广告”条：“本报分发各州县，向系按期包封汇寄，各该本管府州分别转发，乃各属收到迟速不一，偏僻之处甚有逾月始到，且积压至十余期者，报贵敏捷，似此迂迟积滞，即无遗失，已同废纸，现已酌量变通，除无邮各州县，仍照旧递寄，随时由局稽催外，其已设邮局各处，自七月起统改由邮局径递，以省周折，而免迟误，倘仍有迟滞、积压、短少诸弊，务祈函知本局，以便查询。”自七月起，《北洋官报》分发各州县未通邮政之处，仍照前寄外，“其余均改归邮政局径递，以省周折，而免迟延，业经分别通知，嗣因调查未竣，一时不及赶办，现已于七月底一律改寄以后，倘有新设邮局，而邮政路表未经注明者，务祈函知本局，以便照寄”④。

自宣统三年（1911）八月初一日起，《内阁官报》改由北洋官报局邮递，以期迅捷，但因官报与阁报分寄手续太繁，深恐贻误，月余以来，北洋官报局与邮政总局商定，“自九月十一日起，《北洋官报》与《（内）阁（官）报》并封邮寄”⑤。

邮政发行官报，并非仅仅发生在《北洋官报》，“自八月初一日为始，开办官

---

① 《北洋官报》第 77 期“封面告白”“背面”之“北洋大臣劄行总税务司公文”条。

② 《北洋官报》第 1353 期“公牍录要”栏目“北洋官报总局详复邮寄官报自本年春季其按章纳费请转咨饬遵文并批”条。

③ 《北洋官报》第 1362—1363 期“封面告白”之“本局广告”条。

④ 《北洋官报》第 1502 期“封面告白”栏目“本局寄报改章广告”条。

⑤ 《北洋官报》第 2950 期“本局广告”栏目。

报……前报均归邮递……邮传径达并将酌减各费，以副观听”①。“近今新闻纸行印渐多，学校广设，邮政流通”②。

（二）民信局

民信局是邮局之外的最主要的官报邮递途径。“江北里夏河及海州一带向无邮局，民信局亦不通行。”③ 民信局又称“民局”，是办理汇款、传递书信和物品的商业组织，光绪年间之民信局已达数千家。有些民信局还在当时的商业中心上海、宁波等地设立总店，在各地设立分店或代办店，并与其他民信局联合经营，构成一张庞大的通信网络。民信局“其于各种运输方法，如商船河舶脚夫等等，咸予利用；举凡足以便利公众者，固已无不为之”④。

（三）驿递

在清末邮政系统和民信局未覆盖地区，仍在利用传统驿站邮递新式官报。光绪二十四年（1908）七月，帝师孙家鼐奏请光绪帝筹办《时务官报》具体事务的折子中提到《时务官报》之发行，“应请旨饬下直省督抚，令司道府厅州县文武衙门，一律阅看……按期照数由驿递交各省会，分散各衙门”⑤。“官局所定（纸之）格式既归一律，而邮政驿递可一望而知，则不特有便于官书亦大便于邮政矣。”⑥

《北洋官报》各代派处之设立“各府州县驿递不在此列”⑦。若官报不能得到及时驿递，各府厅州县会采取催促驿递部分递送报刊，“湖南麻阳县某令以驿递官报任意迟延，请通饬照紧要公文速递等情具禀，抚院旋奉端午帅批示云查《湖南官报》内载纶音奏牍以及各属时事议论，原以开风气而益民智关系极重，湘省地接滇黔，人多朴栖，尤应劝令多阅报纸，以广见闻。具禀驿递官报积前压后月余始行寄到，且复缺少不全。如果属实，殊于报务大有阻碍且近来湘省官报正在饬令改良，所有寄报一事尤宜设法整顿，俾得先睹为快，已厌远近阅者之望，应通饬各厅州县严谕所辖各驿，遇有官报到站，与紧要公文一律转递，倘有迟延遗失，

① 《北洋官报》第766“各省新闻”栏目“录山东官报局广告”条。

② 《北洋官报》第1331期《官报附录·实业丛录》。

③ 《北洋官报》第107期“时政汇集”栏目“邮政”条。

④ 楼祖诒：《中国邮政驿发达史》，中华书局1940年版，第354页。

⑤ 戈公振：《中国报学史》，岳麓书社2011年版，第445页。

⑥ 《北洋官报》第247期“奏议录要”栏目“顺天府尹沈奏请设立度量衡并造纸官局折”条。

⑦ 《北洋官报》第3—7、8、73、75、77、79、81、83、105、106、107、108、125—129、132—134、152、403、748、903、905、1149、1510、1595、1854、2141、2397期“告白”。

定照承递公文迟误例从严惩处。如此明定章程，庶地方官不致仍前膜（漠）视而官报可期迅速矣。仰按察司通饬各属一律遵办，并移洋务局暂饬该县查照此缴”①。要求将官报驿递放在与公文驿递同等的地位。关于《北洋官报》的驿递周期，我们可参照《内阁官报·驿递章程酌定日限》。

表4　驿递章程酌定日限②

目的地	日限	目的地	日限	目的地	日限
奉天省城	7日	直隶天津保定	4日	玉林省城	12日
黑龙江省城	14日	山东省城	5日	山西省城	5日
河南省城	6日	湖北省城	7日	湖南省城	15日
江西省城	16日	安徽省城	14日	江苏江宁省城	14日
江苏苏州省城	15日	浙江省城	16日	福建省城	18日
广东省城	20日	广西省城	26日	四川省城	15日
陕西省城	30日	甘肃省城	55日	新疆省城	90日
云南省城	60日	贵州省城	60日	兴京副都统	12日
察哈尔都统	5日	热河都统	12日	荆州将军	15日
绥远城将军	16日	伊犁将军	120日	密云副都统	6日
京口副都统	15日	凉州副都统	65日	山海关副都统	5日
归化城副都统	16日	乍浦副都统守	18日	护东陵大臣	7日
守护西陵大臣	3日	库伦办事大臣	45日	驻藏办事大臣	165日
西宁办事大臣	70日	科布多参赞大臣	90日	塔尔巴哈台参赞大臣	140日
川滇边务大臣	105日				

（四）送报人

将《北洋官报》送达各府厅州县、学堂等机构或绅商手中，这一任务是由送报人完成的，送报人皆由官报局出资雇用，经送报人之手接收《北洋官报》者无需给送报人任何酬资，“如有私自价卖或索取送费者许函告，本局严究”③，送报

① 《北洋官报》第637期“各省新闻”栏目“整顿驿递官报批词”条。

② 《北洋官报》第2884期“北洋官报汇编·章程类·第十三集·内阁官报条例”。

③ 《北洋官报》第3期“告白”栏目“《北洋官报》发行凡例”。

人更不可私自贩卖《北洋官报》。晚清北京的官报《京报》中亦有关于送报人之信息："据北京报房中人言，清初有南纸铺名荣禄堂者，因与内府有关系，得印《缙绅录》及《京报》发售。时有山东登属之人，负贩于西北各省，携之而往，销行颇易。此辈见有利可图，乃在正阳门外设立报房，发行《京报》，其性质犹南方之信局也……清朝末年，北京《京报》报房逐渐有了专门的送报人，雇驴、雇车向外地发行《京报》。"① "外地的订户和读者，距离的远近决定着送报时程的长短。首都周边的州县，比如通州、良乡等地，大约两天送一次；稍远一些的如天津等地，大约五天送一次；再远一些的，如保定等地则要十天左右送一次；更远一些的，边远的省份地区则要一个月左右才能送一次。"②

四、官报寄发时间及送达渠道

（一）《北洋官报》寄发时间

在探讨《北洋官报》之寄发时间之前，先需明确《北洋官报》的寄发机构。北洋官报局下设分编纂处、编译处、绘画处、印刷处、文案处、收支处六股，"发售由收支处经营，必于设立时刻内按号分送，勿许停滞。报价照章核收，必受有凭照者，始准发行"③。收支处负责实施官报之发售活动，于设定时间段内按号分送，此处设定时间的具体内容应该为：1. 天津及京城、保定、正定、塘沽、山海关铁路可通之处④，当日寄发。2.（顺直省内天津）外府州县需驿寄者，于出版次日寄发。3. 外省及东西洋各国，根据路途之远近及订报之多寡临时酌定。收支处还负责"收回报价，采办物料，发给、薪俸、伙食杂用及一切出入等款"⑤ 等

---

① 潘贤模：《清初的舆论与钞报》，载《新闻研究资料》1981 年第 8 辑。

② 参见齐如山《清末京报琐谈》，《台北报学》杂志 1952 年 8 月第 1 卷 3 期。

③ 《详定直隶官报局暂行试办章程》，见 1902 年 9 月 26 日的《大公报》。

④ 《北洋官报》第 3 期"告白"栏目"天津火车开行时刻"列举了天津与北京往返，天津至榆关、唐山、塘沽的开行时刻。天津至北京：早八点四十五分开晚三点十二分到，晚三点十五分开晚六点三十分到；北京至天津：早七点正分开早十点十分到，早十一点三十五分开晚三点五十三分到；天津至榆关：早六点四十五分开晚六点四十分到，早十点廿五分开晚六点二十分到。早十二点廿二分开晚五点十七分到唐山。晚四点十五分开晚五点三十六分到塘沽。

⑤ 《详定直隶官报局暂行试办章程》，1902 年 9 月 26 日《大公报》。

事宜。

（二）送达路径

《北洋官报》最主要的送达渠道是铁路。上文已提及，北洋官报局之发售处于官报出版当日即寄发铁路可通之处（京城、保定、正定、塘沽、山海关）。为了强调铁路输送官报之重要性，《北洋官报》第4期目录下方显要位置处用大字号登录“铁路局递寄官报谕帖”，其具体内容为：“总办开关内外铁路公司杨谕天津、北京等处站长以及管守铁路之兵勇等：‘自西十二月二十五日以后，凡《官报》发往车站之报，该站务当从速以火车递送，不得耽延。收报之站长等理应慎重收存以便官报局派人持取，切切特谕。’”此外，轮船、马差、步差等也是清末官报的其他送达渠道。

北洋官报局采取分路递寄的方式寄送官报：“天津、顺天、承德、宣化、永平、遵化五府一州由天津县分递；保定、河间、深、冀、易、定二府四州由清苑县分递；正定、大、顺、广、赵四府一州由正定县分递。凡各府直州均以总封递至州城及附郭首县分寄以归简易，即由该三县移知各当站，州县一体遵照。除行天津、清苑、正定三县凛遵办理，毋稍延误。”①

最后，这里还需说明两点：1. 北洋官报局在出版《北洋官报》的同时，还出版其副产品——《北洋学报》《北洋法政学报》《北洋政学旬报》《北洋官话报》《北洋法政官话报》等，其中，《北洋学报》《北洋法政学报》《北洋政学旬报》都是其发行对象。2. 即便《北洋官报》为官办出版物，即便其主要靠摊派来维持发行量，但作为近代意义的报刊，它终归自身携带着近代出版物的特点，必定具备面向市场的商业活动的因素，需要尽可能地赚取利润，而要赚取更多的利润，就要更贴近人们的日常生产和生活服务。《北洋官报》之编辑、印刷、发行机构——北洋官报局还出版《孝经》《皇朝政治学问答增校初编》等传统文化、政务类图书，《中国地理学》《动物学》等蒙学课本，《蜜蜂饲养法》《山羊全书》等科普书及《农学论》《经济特科同征录》等学务系列图书，这些出版物也一定是获取了经济收益，可考察晚清出版机构的经营，但不能作为《北洋官报》本身发行情况考察的因素，故不缀。

总的来说，如果没有报刊的发行工作，报刊将会失去其原有的影响力和时效

① 《北洋官报》第5期“本局广告”栏目“钦差大臣太子少保办理北洋通商事务直隶总督部堂表袁（世凯）”条。

性，而发行工作则是报刊传播中的一种最主要的方式，是将其作为商品通过商业形式开展的一种大众传播活动。随着晚清报业的逐渐成熟，中国近代报刊发行处于竞争状态，以《北洋官报》为翘楚的官方报纸，为了扩大影响、增加销量，不再墨守成规，不断创造出新型多样的发行方式和销售手段，通过低价促销、派销、代销等多样的发行方式及包括邮政、民信局、驿递在内的多种销售渠道，再加上灵活多样的刊发内容，极大地提高了《北洋官报》的销量，使其成为中国近代影响最大、报龄最长、最有影响力的地方政府官报，并进而为其在中国近代报刊史上的地位奠定了良好的基础。

（原刊于《中国经济史研究》2016 年第 6 期）

黄尊三留日史事初探

——兼评百年前的留日学界

河北大学历史学院　范铁权

摘　要：黄尊三于1905年赴日留学，1912年毕业回国。黄尊三在日本时的日记记载颇详，借此可获知他留日期间的学习与生活情况，洞悉其思想嬗变轨迹。起初，他以学业为重，很少参加政治活动，属于较“保守”的留日学生；在经历了一系列的事件之后，其态度才逐渐发生转变，由刻意关注国家大事，再到对清政府由痛心至失望，主张暴力革命。辛亥革命后黄尊三的思想又往前迈进一步，他认为革命并不能解决一切问题，根本在于彻底改造中国人的素质。透过黄尊三的留学日记，可以了解清末政局变动下留日学生的不同反应，从而大体窥见百余年前留日学界的真实状貌。

关键词：黄尊三；《留学日记》；留日学生

二十世纪初的中国出现了留日热，当时的日本学者青柳笃恒生动地描述了这一景观：“学子互相约集，一声‘向右转’，齐步辞别国内学堂，买舟东去，不远千里，北自天津，南自上海，如潮涌来。每遇赴日便船，必制先机抢搭，船船满座。”① 可以说，对清末民初这段中国历史的书写离不开这些留日学生。对留日学生的研究成为近几年来学界关注的一个焦点。这本无可厚非，但大多论著着重从宏观上考察形成留日热潮的原因、留日学生的革命活动、留日学生与中国现代化的关系等问题，目前的个案研究则多聚焦于宋教仁、黄兴、秋瑾、鲁迅等一些精

① ［日］实藤惠秀著，谭汝谦、林启彦译：《中国人留学日本史》，生活·读书·新知三联书店1983年版，第37页。该书中多次提及黄尊三，并引用其日记内容。

英人物在日期间的革命活动、文学活动，面相稍显单一，尚不能展示留日学生在日期间的丰富“细节”。

日前，笔者翻阅了湖南官费留日学生黄尊三的《三十年日记》的第一部《留学日记》，略有收获。黄尊三，又名礼达，字达生，1880 年（光绪六年）生，泸溪县武溪镇人，1905 年 4 月赴日留学，先后进入宏文学院、正则英语学校、早稻田大学和明治大学法政部学习，1911 年冬毕业回国。① 黄尊三的日记记载颇详，借此不仅可以获知他留日期间的学习与生活情况，洞悉其思想变化轨迹，而且有助于我们认识清末政局变动下留日学生的不同反映，从而大体窥见百年前留日学界的真实状况。

一、黄尊三的留日生活

1905 年 4 月，湖南巡抚端方选派省高等及师范学堂甲班生约 60 名赴日留学，黄尊三得以获选。端方于留学生出发后，致电两湖总督张之洞，“请为照料”。留学生到武汉后，张之洞要求他们见面行跪拜礼，遭到留学生拒绝，双方相持不下，致耽搁数日，黄尊三气愤不已：“自十号由湘出发，至今十天，为此无谓之事，阻滞中途，不能进行，光阴虚掷，未免可惜。中国大官，只顾一己虚荣，不知尊重他人人格，实属可鄙。以自命好士之张香涛，尚不免此辱人之行，他更无论，思至此又未免可慨。”② 几经交涉，最后张之洞妥协，“亦不拘定行跪拜礼，即鞠躬即可”。待张之洞正式接见时，“纷乱中，同人中有行鞠躬礼者，有长揖者，亦有立正者”。③ 跪拜礼一事最终得以解决。途中，黄尊三除了看一些中国古典名著《水浒传》《红楼梦》《随园诗话》等作为消遣外，不时翻看日语，并计划到东京后

① 归国后，曾任教育部佥事，后任大学教授，与友人创办《新民报》。报纸停办后，与友人创办私立民国大学，担任总务长之职。先后出版《释社会问题》《救济制度》《社会主义论》《法制进化论》《教育思潮大观》《近世社会主义论》《三十年日记》等书。“九・一八”事变后，携眷南归泸溪县，任教于辰郡中学及湖南省立第四中学（原常德中学）。1944 年春，成立泸溪县立简易师范学校，出任校长。次年，于该校附设初级中学。1950 年 7 月病逝。

② 黄尊三：《三十年日记》第一部《留学日记》（为方便起见，以下称《留学日记》），湖南印书馆，1933 年，第 4 页。

③ 黄尊三：《留学日记》，第 5 页。

刻苦修习。

5月，黄尊三抵达日本。初到日本，黄尊三就感受到饮食、气候的不适应："日本饮食，颇简单，人各分食一菜一汤，味极淡薄。……夜膳时，人各一蛋一汤，饭亦仅一小匣，初吃甚觉不适。"① 他发现留日学生"多患脚气病者，因日本四面近海，地卑湿，其米亦多湿气，多食则脚病，且甚危险，友人石君声颢，即因此病故，可不警惕"②。黄尊三在赴日途中，患风寒感冒，"到东以来，终日抱病"。不久他得知，"高等同学来东者，约二十人，大都得病，岂尽摄养之不善欤，实气候与食物之不相宜也"。③

对饮食、气候的不适应，并未影响黄尊三对日本的观察。到日本后，他切实地感受到日本的新奇与进步。日本交通事业之进步、文化教育事业之繁盛，令他赞叹不已。黄尊三发现，日本自明治维新以后，各市遍设学校，即使是在穷乡僻壤也有学校。他目睹"日本女学生三五成群，游行街市，脚踏木屐，腰围红裙，身穿大袖荷服，发蓬松如云，比之中国女子，另有一种风度"④。当他经过女子大学时，"见女学生二三成群，放学而归，笑容可掬"，而"中国风气未开，女子一见生人，羞涩无以自容"。⑤ 他还发现，日本有许多的女子职业学校，"日本女子，除皇族华族外，普通皆以服务作劳为辅助生活之计，并以得职业为荣。其铁道、邮局、电局，女子服务者颇多"⑥。日本书店之多同样让他颇为感慨，"日本神田市，书铺林立，学生多借为临时图书馆，随意翻阅，店主亦不之禁，穷学生无钱买书，有每晚至书店抄阅者，其新书则日有增加，杂志不下百余种，足见其文化之进步"⑦。

当时到日本的留学生，一般从基础知识学起。黄尊三先入巢鸭弘文学院。该校为东京弘文学院之分校，位于日本北丰岛郡之巢鸭，专为中国留学生补习而设，注重日语与普通学科，"普通中学外，另有师范生，为年长之留学生，及中国官吏短期学习而设"⑧。陈寅恪、鲁迅等都曾就读此校。到校第二天，留学生参观了校

① 黄尊三：《留学日记》，第10页。
② 黄尊三：《留学日记》，第14页。
③ 黄尊三：《留学日记》，第24页。
④ 黄尊三：《留学日记》，第22页。
⑤ 黄尊三：《留学日记》，第131页。
⑥ 黄尊三：《留学日记》，第132页。
⑦ 黄尊三：《留学日记》，第55页。
⑧ 黄尊三：《留学日记》，第11页。

园、教室、浴室等，“颇完备而修洁，费省用宏，非中国学校之徒修饰门面者可比”①。黄尊三每日除上课外，拿出许多时间学习外文。1905 年 11 月，日本文部省颁布《关于清国人入学之公私立学校之规则》（即《取缔中国留学生规则》），激起中国留学生的强烈反对，包括黄尊三在内的许多留日学生愤而回国。

待事件平息后，黄尊三复回日本，入正则英语学校补习英语。该校为当时日本唯一的一所英文补习学校。至该校上课者颇多，“人山人海，多有不得坐位而立于讲堂两傍听讲者，可谓发达之极”②。黄尊三学习十分刻苦，和他一起学习的吴景鸿，“年在四十以上，顶毛半脱，然犹热心学外国文”③。为了提高外语水平，黄尊三聘请了英、日文家教。放了暑假，黄尊三仍不休息，每天上午看英文，《莎翁文集》《鲁滨逊漂流记》；下午练习日文、日语，灯下作英文日记。④

1906 年 7 月，黄尊三入早稻田大学普通预科。早稻田大学除大学、专门两部外，还有专为留学生补习而设的留学生部，“普通科一年卒业，升入特别预科，半年毕业，升入高等预科”⑤。1907 年 9 月，黄尊三升入特别预科，次年 4 月后入高等预科。高等预科的课程主要有英文讲读、英作文文法、英文会话、英文默写、英文音读、国文文典、汉文、历史、伦理学、论理学、日本作文、体操等。⑥ 黄尊三白天上课，晚上预习，除学校功课外，“无暇阅他书，亦无暇应酬。唯星期日稍事休息。星期晚，又须预备次日之课。盖非有预备，则上堂时不能应付也”⑦。为此，黄尊三一度停止作日记，但最终还是未能通过考试。之后，他拟报考立教大学文科，后在友人劝说下，决定报考明治大学法科。

1909 年 9 月，黄尊三考入明治大学大学部法科学习。明治大学大学部法科第一学年开设的课程较多，必修课有 12 门，其中“普通英法、法学原理、英契约法、欧洲政略，以上四科，俱系英书。民法总论、民法物权、民法亲族、刑法总论、刑法诉讼、法学通论、宪法、经济原论，以上八科系日文”⑧。此外，他自定

---

① 黄尊三：《留学日记》，第 11 页。
② 黄尊三：《留学日记》，第 50 页。
③ 黄尊三：《留学日记》，第 50 页。
④ 黄尊三：《留学日记》，第 136 页。
⑤ 黄尊三：《留学日记》，第 62—63 页。
⑥ 黄尊三：《留学日记》，第 149 页。
⑦ 黄尊三：《留学日记》，第 150 页。
⑧ 黄尊三：《留学日记》，第 269 页。

课程，分文学、外语、杂志三部分。法科第二学年开设的课程有民事诉讼、民法物权、民法债权、商法总则、商行为、会社、刑法各论、行政法、法理学、英法、平时国际公法、战时国际公法、英语、德语等14门。他每天早晨6点起床，6—8时看英文日报；晚饭后看日本杂志、中国杂志，读《通鉴》《左传》等，一直到晚上11点才睡。

黄尊三的留学生活可谓丰富多彩。课下，除温习功课、做日记外，他广泛阅读中外书刊，如《左传》《曾文正公文集》《水浒传》《红楼梦》等，对王阳明学说尤为推崇，“阳明良知之说，乃为学之根本，日本学者，多提倡之，且用为改造人心之具，吾人求学海外，固在得新知识，而本国固有文明，更当注意”①。日记中关于阅读报刊的记载则随处可见，他阅读的报刊有《新民丛报》《民报》《复报》《朝日新闻》《上海时报》等。他评价《新民丛报》“文字流畅，议论闳通，诚佳品也”②，《民报》“鼓吹革命，提倡民族主义，文字颇佳，说理亦透，价值在新民丛报之上，盖革命党之机关报也”③。留日期间，黄尊三曾担任西路同乡会办《地方自治》杂志的“文责”。为此，他多次到书店购买关于地方自治的书籍，如《自治要义》《自治精髓》等，学习相关知识，并为杂志撰稿。④ 当时，留日学生译书蔚然成风。据日记记载，他曾翻译《日本史》《货币论》《博物学》以及有关地方自治的书籍多种，并常翻译名人名言以自勉。

黄尊三经常参加同乡会以及留日学生大会，日记载其集体活动颇多，如：“八月十二日，天晴，是日星期，九点钟赴西路同乡会。”⑤ “六月初七日，是日星期，放假，上午，开湖南同乡大会，到会约三百余人，杨度主席，演讲道德二字，至为动听，一时散会。”⑥ “赴留东学生大会。是日，为财政监督问题，及抵制募国债问题，开大会，到者千余人，议决二事。一、出报，二、派员至谘议局请愿，并募临时捐以供办报经费，先组织一总机关，每省举干事四名，湖南则举定宋教仁、刘松衡，余二名忘之。”⑦ 等等。如何维护祖国形象、抵制日英俄诸国的对华

① 黄尊三：《留学日记》，第48—49页。
② 黄尊三：《留学日记》，第13页。
③ 黄尊三：《留学日记》，第35页。
④ 黄尊三：《留学日记》，第214页。
⑤ 黄尊三：《留学日记》，第14页。
⑥ 黄尊三：《留学日记》，第20页。
⑦ 黄尊三：《留学日记》，第210页。

侮辱与侵略、改良地方文教事业，成为留日学生集会上的重要议题。在“取缔规则事件”、抵制英俄扩大对华侵略（1910年）等事件中，黄尊三鲜明地表达了自己的爱国立场，与其他留学生共商对策。他心系家乡教育，除了在留学生会议上献计献策外，多次买书寄回，“以作教员学生参考”①。1906年中秋节，他致信泸溪小学教师石源铎，“告以注重德育智育体育，以养儿童之良知，敦厚其品性，振作其精神，为教育之要义”②。

当时，日本的消费水平并不高。黄尊三每月可以领到官费33元，但还是常有捉襟见肘之感。他从日记上看到，“医生某，妻母三口，其中人之生活，月费仅二十四元”③，惭愧不已。为此，他屡次制订预算标准：“房租11元（饭菜在内）、添菜2元，客饭菜3元，茶一毛，烟五毛，信纸二毛，剃头二毛，洗衣四毛，洗澡六毛，学费三元三毛，书纸笔墨二元，衣服鞋袜二元，特别捐项一元，医药五元，电车费三毛，洋皂牙粉一毛，新闻三毛五分，不时费用一元。”一次，他曾因缺钱“卖去书十余册，仅得价二毛”④，事后又颇为懊悔。因经济拮据，他不得不经常向友人借债，还借过高利贷。

1911年，武昌起义爆发，黄尊三回国，准备为国效力。归国后，他耳闻目睹当时革命形势之“窘状”，于1912年2月再度赴日，7月毕业回国，“九年辛苦，至此遂告一段落，从此脱离学校生活”⑤。黄尊三留日近七年，先后进入巢鸭弘文学院、正则英语学校、早稻田大学、明治大学。客观而言，在前三所学校黄尊三主要学习英、日文，也学到了一些浅近的科学文化知识，但学习效果并不理想；在明治大学，黄尊三接触到一些法律知识和法学原理，但尚不够系统与深入。这是百年前留日学界的一个普遍现象，是清政府、留日学生重“速成”的必然结果。

---

① 黄尊三：《留学日记》，第75页。

② 黄尊三：《留学日记》，第70页。

③ 黄尊三：《留学日记》，第147页。

④ 黄尊三：《留学日记》，第148页。

⑤ 黄尊三：《留学日记》，第393页。

二、思想变化：激进与保守之间

黄尊三留日七年之久，其间国内政局和日本皆发生了诸多变化，留东学界予以了不同的回应。《留学日记》揭示了黄尊三思想的变化轨迹。

黄尊三刚到日本后，一心向学，很少关心时事。一次“下讲堂后，忽有日本警察来校，检查同人行箱，检毕，毫无所得而去，同学愤极，余亦恼之，一夜不能安眠，弱国人之不能自由，此其见端”①。为此，留学生拒绝上课，并有主张退学者，黄尊三主张“为学业计，忍辱上课，激烈派多反对之”②。还有一次，同学集会商议“抵制日人禁我自由出版及开会事。多数主张退学”，黄尊三认为过激，主张“暂为罢课”，“众人认为不当，强制书名而散”。③ 1905 年 6 月，黄尊三阅报得知，清政府派端方、戴鸿慈等五大臣出洋考察政治，面露喜色，“以为立宪之预备，果尔，亦祖国前途之幸也”④。不难看出，留日初期的黄尊三对清政府还抱有希冀，以学业为上，期望将来学成回国效力。

1905 年 11 月，日本政府颁布《取缔规则》，激起留日学生抗议。在这一事件中，留日学生表现出了较为强烈的反满反帝情绪。事件发生后，黄尊三接到同乡会信函，相约共商对策。会上，多数留学生主张“以停课要求，若日本政府不许，则全体退学回国”。黄尊三则不以为然，他主张认真调查日本政府取缔留学生的原因、规则的具体内容以及各省同乡会对此问题的态度。其他同学则认为不必调查，立刻停课，“多数举手，一哄而散”⑤。留学生停课后，黄尊三“坐卧不安，绕室彷徨，不知所措”⑥。不久，湖南同乡会大会也做出决定，“全省留日学生，一律退学回国”，其他各省同乡会“亦纷纷开会，闻多数与湖南取一致态度”。接着，同乡陈天华愤而投海，遗书数千言。黄尊三的态度才发生动摇，表示愿意回国，

① 黄尊三：《留学日记》，第 12 页。
② 黄尊三：《留学日记》，第 12 页。
③ 黄尊三：《留学日记》，第 20—21 页。
④ 黄尊三：《留学日记》，第 14 页。
⑤ 黄尊三：《留学日记》，第 36 页。
⑥ 黄尊三：《留学日记》，第 37 页。

并在志愿归国书上签字。学业因而荒废，黄尊三不免忧心忡忡：“自取缔规则起，无一日舒展，日既废学，夜不成眠，晚，辗转床褥，呼天长叹，念古人学书学剑，能以一艺自成其志，余求学无地，救国无才，茫茫天壤，归将安为，思至此泪潸然下。”①

取缔规则事件平息后，黄尊三于 1906 年 3 月返回日本。他决心抛弃一切杂念，专心学习，在日记中写道：“念此次重来，一切外物及幻想，当根本铲除，专心向学。”② 自 1907 年 2 月起，他每天翻译英、日文伟人名言数则，“以为修养之助”。1907 年 8 月，宋教仁劝说黄尊三加入同盟会，黄的态度并不积极：“余谓革命余固赞成，但非空言所能成功，贵在实行。而奔走国事与求学，势难两立，余学业正在半途，今何可遽弃。至入会不过一种形式，目前既不能实行，何必岌岌取次形式。”③ 对于参加救亡活动，黄尊三有他自己的看法。“职分二字，最要认清。今同学多抛弃学问，日奔走于青年会、同乡会，曰救亡救亡。究之忘不能救，而学则已荒。此职分不认清之咎也。”④

从 1909 年 8 月开始，黄尊三在刻苦求学的同时，开始留心时事。就笔者看来，有几件事导致他的认识发生了变化：

其一，该年 4 月，孙中山来到东京，留日学生在神田锦辉馆召开欢迎大会，到者六七千人。孙中山发表演说，“先述革命经过，继言现在非革命不足以救国。滔滔而谈，精神焕发，目光四射。会场中秩序整齐，毫不凌乱”。演讲令黄尊三振奋不已，“虽久立人丛中，不觉其苦，精神之作用然也”。⑤

其二，黄尊三最终未能通过早稻田大学高等预科考试。因用脑过度，经常头晕，医生要求他注意休养，“否则危险殊甚”⑥。他“心中抑郁，不知所为”，颇有“光阴虚度，一事无成”之慨。他在日记中黯然写道：“思国事恰如余，自戊戌变政，至今十有余年，所办之事，无一可观，正如我自游学以来，无一成就。”⑦

其三，8 月 4 日，黄尊三与好友罗百仓、张少留交谈，二人“一积极，一消

① 黄尊三：《留学日记》，第 39 页。
② 黄尊三：《留学日记》，第 48—49 页。
③ 黄尊三：《留学日记》，第 108 页。
④ 黄尊三：《留学日记》，第 183 页。
⑤ 黄尊三：《留学日记》，第 159 页。
⑥ 黄尊三：《留学日记》，第 166 页。
⑦ 黄尊三：《留学日记》，第 170 页。

极”，罗百仓“勤苦好学，留心时事，立志立身”，“尤足振我志气，去我私欲”。①次日，他看到了日本人在北京所办《燕尘》杂志，里面刊载了大量中国时事，对黄尊三颇有触动，“足见日人对于我国无所不用其经营也”②。

以上数端，令彷徨中的黄尊三略有所悟。从 10 日开始，他立志不看中国小说，“唯取关于国家大事，及科学书籍读之。……以后当去一己利欲观念，时存国家思想”③。他反复读陈天华《绝命书》，颇为感慨，发誓要“从新为人”④。考入明治大学后，他经常与友人谈论国家大事，除继续关注《燕尘》《泰晤士报》等报刊的对华报道外，购到《光绪政要》《宣统新法令》《谘议局章程》等，详加阅读。1910 年元旦，黄尊三在其“自立记”中写道：“吾人所处之时，为水深火热之时也，稍有血性，莫不扼腕兴嗟，痛苦流涕，故生当今日，爱国为先，身家次之，盖国不存，而身家未有能保者。”⑤ 4 月，湖南长沙发生“抢米”风潮，饥民杀死巡抚岑春煊，放火烧巡抚衙门、公所及教堂，致列强派军舰进行干涉，黄尊三从报上得知后，气愤不已，“吾力能为，当先粉碎之也”。

迫于各方压力，清政府于 1908 年 8 月颁布《钦定宪法大纲》，宣布预备立宪以九年为限。溥仪继位后，下诏重申“预备立宪”，命各省年内成立谘议局。1909 年 10 月，资政院在北京成立，要求速开国会。立宪派发起了三次声势浩大的请愿运动，呼吁清政府缩短立宪期限，早开国会，组织责任内阁。清政府不得已于 1910 年 11 月宣布缩短预备立宪期限，由九年改为五年，定于 1913 年召开国会。黄尊三从报上看到这一消息，在日记中写道：“意清朝果能以庶政公之人民，未始不可挽回颓力，然恐其未必能行，不过借一道上谕，以缓和人心，装饰门面而已。”⑥ 不久，清廷下令遣散请愿代表，将天津学界请愿同志会会长温世霖发配新疆充军，黄尊三闻讯气愤不已，批评清政府“其野蛮举动，不顾民意，真是可悲”，而“资政院人噤如寒蝉，决口不敢言宪法，日报报多讥评之，是可以窥我国之人心，吾固知非大破坏不能收建设之果”⑦，感叹中国“虽名为统一之国，而国

---

① 黄尊三：《留学日记》，第 172 页。
② 黄尊三：《留学日记》，第 172 页。
③ 黄尊三：《留学日记》，第 177—178 页。
④ 黄尊三：《留学日记》，第 187 页。
⑤ 黄尊三：《留学日记》，第 212 页。
⑥ 黄尊三：《留学日记》，第 282 页。
⑦ 黄尊三：《留学日记》，第 298 页。

势已浸浸至于零点”①。

1911年2月，黄尊三阅报得知，俄国进兵蒙古、伊犁，英国则以保护商业为名进兵云南，“中国政府尚无相当应付办法，真是不堪痛恨，掷报于地”。在早稻田茶话会上，吴少仙指出，中国平日既毫无预备，临时只有屈服，“吾人今日报国，唯有两途：一、就时事之重要者，专心研究，著为论说，以忠告政府，而警醒国人；二、运动谘议院，或谘议局，或海陆当局，遂行改革之目的，此外别无法焉。言时声泪俱下”。黄尊三则明确指出：“国事至此，除断行革命外，一切都是废话，革命重在实行，文字鼓吹，已非其时，吾人唯一方法，只有大家归国革命而已。”②

为进一步扩大在华权益，俄国向中国提出六项要求，包括“重申在新疆享受免税贸易的特权；要求在蒙古、新疆等地的俄商有购置土地、建造房屋和自由居住特权；可以在利布多、乌里雅苏台、哈密、奇台等处设立领事及享有领事裁判权”。清政府在俄国的威迫下妥协退让，全部同意其要求，黄尊三闻讯颇为愤慨，“其耻辱真有不堪言者，愤极恨极。回思人不受刺激，则无进步，此次受外交上之刺激，自觉孑然一身，他无希冀，只要能雪耻报国家，虽完牺牲有所不惜，而学问二字，又其末焉者也。余于是有退学返国之志”③。受此刺激，黄氏的革命立场更为坚定，次日他与熊芷斋的谈话可为佐证：

“晚，（熊）芷斋来谈，多为人处世之言。余询其对国事之主张，则不能明白答复，只云立宪即足救亡。余谓立宪不过一种制度，制度之运用在人，今之政府，能运用立宪之制度乎，吾殊未之敢信。况立宪之空名，政府亦未敢轻与。以余拙见，简直说非革命不可。熊君听予言革命二字，勃然变色曰：宋遁初素称革命巨子，今日尚不言革命，汝辈何幼稚乃尔，可谓不知时务。余日，宋之言革命与否，非余所敢知，不能以宋某个人不言革命，使天下人均不言革命，足下未免太迷信遁初；而轻视天下人，况遁初未必真真不言革命也。足下盖中立宪之毒，而于国情为昧昧也。熊君闻余言愤甚，欲继与余辩，下女报客来，而余二人之谈判遂中止。”④

---

① 黄尊三：《留学日记》，第303页。
② 黄尊三：《留学日记》，第314页。
③ 黄尊三：《留学日记》，第316页。
④ 黄尊三：《留学日记》，第316页。

武昌起义爆发后，黄尊三闻讯“欣喜欲狂，绕室彷徨，不知所措。……一夜翻来覆去，不能合眼，天将明，始模糊睡去，梦魂颠倒，时而梦入革命军，奋斗于炮火之下，时而梦占领南京，开庆祝大会，醒来时已大明”①。革命军占领汉阳、汉口后，留日学生几乎全体罢课，到处开会庆祝，后一致回国，准备做革命军的后援。但回国后，黄尊三目睹南京临时政府之困境，以及湖南、上海等地的权力之争，多少有些失望，“所谓志士者，莫不花天酒地，利海名场，终日昏昏，几忘国家大计，个人本分，不胜诧异，以为纵使革命成功，中国人心，非从新改造，国亦必亡。居月于返湘，而湘人之意见冲突，权利竞争，较沪上为尤烈”②。失望之余，黄尊三放弃在国内谋事的想法，重回日本，直至 1912 年 7 月再度回国。

总体而言，黄尊三留日期间的思想变化大致分为以下几个阶段：1905 年 5 月—1908 年 7 月，黄尊三以学业为重，除参加一些学生团体外，很少参加革命宣传和革命活动，对清政府还抱有幻想，反对“过激”，属于较“保守”的留日学生；1909 年 8 月以后，他的态度有所转变，开始刻意关注国家大事。1911 年 1 月—1912 年 4 月，深受刺激的黄尊三，对清政府由痛心至失望，在学业和革命的天平上，逐渐倾向了后者。1912 年 5 月—1912 年 7 月，黄尊三耳闻目睹了辛亥革命成功后国内之复杂局势，特别是见识了一些所谓革命志士的“丑态”，其思想又有所变化，他对革命与革命后的中国前途颇为忧虑，遂再次赴日求学。正如他在日记中所一再表达的，革命并不能解决一切，彻底改造中国人的素质才是解决中国问题的根本。曾有许多研究者指出，1905 年以后，参与革命已成为留日学生的主旋律。但透过黄尊三的日记不难发现，黄尊三到 1911 年初才主张革命，而此时的留日学界中抵触革命者仍比比皆是。

三、“躁动”的留日学界

揽读黄尊三的日记，特别是读到他的“警语”、自省、自勉之语，由不得生出

① 黄尊三：《留学日记》，第 364 页。

② 黄尊三：《留学日记》，第 388 页。

些许感慨。当时的留日学界，并非整齐划一、齐心革命，也并非皆一心一意汲取新知，而是如黄尊三日记所载的，既成分复杂、良莠不齐，又存在革命、立宪之分。“大多数皆能以国体为重而洁身自爱，但是一部分学生却整日嬉戏，行为不检，而影响全体学生名誉，为日本人所诟病。”① 黄尊三就曾遇到过几个中国学生，“或奏音乐，或猜拳，或高声唱戏，有时与下女戏打。门窗户壁，皆为震动”②。至于黄尊三本人，稍不如意即迁居他处，“留东数年，少有定住一年以上者”③。朋友往还，占去了许多时间，为此他也常常反省，“近顷朋友往来，几无虚日，时间半耗于应酬，殊觉可惜，然此几成为留学界之风气，无法挽回，加以个人神经复杂，思虑太多，借朋友之往还，可以减少思虑，调剂神经，故明知耗费时间，亦安之而已”④。他常写自勉之语，还制定了个人自治规则：“一、以养成人格，求成学问为宗旨；二、以奋斗为主义；三、以救国为目的；四、以广交善友，求善知识为工作；五、以修养卫生为手段；六、不可起妄念，读淫书，交匪人，说假话，为恶事。”⑤ 一心向学的黄尊三尚且如此，留日学界风气之不良也就可想而知。

至于留日学界风气不良之原因，就笔者看来，主要有以下几个方面：其一，如上所述，留日学生成分复杂，难免泥沙俱下，个人素质参差不齐，各自留学之目的并不单纯；其二，中国留学生多习“速成”，而日本方面所开办的速成教育多为应急之作，教育设施、师资队伍等方面均不完备；其三，清政府在内外政策上的一系列问题，令一大批留日学生逐渐对之失望。清朝之气数将尽，“覆巢之下，岂有完卵”，求学的前景未卜，使得一大批留日学生长期处于苦闷、焦灼、彷徨的状态，也就无法安心学业；其四，日本方面对中国留学生的歧视，激起留日学生的民族主义情绪，导致他们经常通过罢课、归国等方式予以抵制，其神经越发敏感，常常烦躁不安，往往通过朋友往来、参与各种活动以寻求精神安慰；其五，受革命、立宪等政治风潮的影响。以孙中山等为首的革命派，以康有为、梁启超等为首的立宪派在日本积极开展活动，集聚各自力量。主张无政府主义的张继、刘师培等人也在积极鼓噪宣传。留日学生无疑成为各派力量拉拢的一个重点。在

---

① 黄福庆：《清末留日学生》，“中央”研究院近代史研究所，1975 年，第 113 页。

② 黄尊三：《留学日记》，第 149 页。

③ 黄尊三：《留学日记》，第 278 页。

④ 黄尊三：《留学日记》，第 67 页。

⑤ 黄尊三：《留学日记》，第 235 页。

许多留日学生看来，政治远比学业更为重要、更为迫切。况且，许多中国青年正是抱着革命、立宪的目的而留学日本的，并不看重学业。

反观同一时期的留美学界，1909 至 1911 年被派往美国的三批庚款留学生，远离祖国，心绪相对平静，他们就学于美国的名校、名师，接受的是最先进的美国教育，学习效果自然颇为显著。最终，“躁动”的留日学界涌现出一批革命家、政治家、军事家，而留美学界则为中国培养了一大批在自然科学和社会科学方面有着突出造诣的科学家和学术精英。

（原刊于《徐州师范大学学报》2012 年第 4 期）

革新中的抚旧：晚清政府安置旧式文人之举措

河北大学历史学院　刘玉梅

摘　要：清末科举制的废除，使近百万旧式文人的安置问题成为一大社会问题。为了稳定局面，安抚民心，清政府采取多种方式，为他们广筹就学、就业出路，取得较好效果。

关键词：晚清政府；旧式文人；安置措施

清末科举制的废除在中国近代史上是一件划时代的大事。它的废除，居然没有引起任何社会骚乱，这不仅为当时的外国人士感到惊诧，也为后人留下了疑惑。对这一重要的历史“反常”现象，其中虽有几篇文章偶有涉及①，但多点到为止，至于政府行为在其中发挥的重要作用则少有详细论述。本文拟就此问题进行一些探讨。

一

科举制度是我国古代特有的一种人才选拔制度，初创于隋唐，完善于明清。随着历代统治者的政策调整和大力提倡，其社会功能不断扩大，远远超出原有选

① 见张亚群《百年之际话科举》，《复旦教育论坛》2005年第2期。杨齐福：《纪念废科举百年——试论20世纪科举制度的废除及其反响》，《大学教育科学》2005年第1期。熊贤君：《废止科举制度的大智慧》，《教育研究与实验》2005年第4期。

官职能，成为对中国传统政治、经济、文化教育等方面有着深远影响的制度，在维系传统社会结构、传承儒家文化、维护国家和社会的稳定等方面发挥了重要作用。但是，对于它的废除，社会反响并不强烈，除了几家媒体如《申报》《时报》《万国公报》发了一些评论性文章外，没有引起多大波澜。对此在中国的外国人士颇为不解，目睹废科举全过程的日本人跟津一描绘道：“废止科举是近来非常极端的措施，但未发生激烈的反对……”①

旧式文人，即传统的举贡生员，是科举制度下的产物。清末科举制的废除，受影响最大的正是这些人，他们本希望通过科举谋个一官半职，光宗耀祖。科举制的废除不仅使他们的希望破灭，原有生路也受到威胁。下一步何去何从，这不仅是他们本人焦虑的问题，也是摆在政府面前一个不得不妥善解决的社会问题。

从清末新政中的科举改制到科举废除，即从 1901 年至 1905 年，大致经历了三个阶段，1901 年清末宣布新政时，提出兴学诏，改书院为学堂；1903 年，袁世凯、张之洞等提出的科举中额分三科递减，每次递减三分之一，直至最后结束；1905 年，袁世凯等提出彻底废除科举，同年光绪皇帝下诏自丙午科开始，所有乡会试一律停止。在这三个阶次的改制进程中，清政府对士子的安置问题始终给予关注和考虑。

1901 年，清政府实行新政，提出兴学诏，令各省所有书院，于省城均改设大学堂，各府直隶州均设中学堂，各州县均设小学堂。全国掀起一股兴学热潮，书院的招牌纷纷摘下，换上学堂的招牌，原来书院生员自然转化为学堂学生。此次改制，士子的名与利都没有受到影响，原廪膳费改为学生的津贴；原来可以通过科举获得功名，现通过学堂照旧可以获得。变化的唯有课程内容和教授管理方式，即在原有中学的基础上增添了很多西学课程，教授管理方式也由书院形式转化为学堂管理形式。这次改制对士子来说，没有利益的损失，反有学识的增加，所以，士子们大多能够心平气和地接受。

然学堂教育取代科举教育是大势所趋，也是清政府改革的目标所在，科举制的存在显然阻碍了学堂教育的推广。为尽快推广学堂教育，1903 年，张之洞向慈禧太后面奏科举改制事宜，提出科举考试从下届丙午年起，每科递减中额的三分之一，待三科减尽，科举制自动结束的建议。慈禧对此建议，首先想到的就是如何安置士子问题，“若废科举又恐失士子之心，如之何?”张之洞回答：“科举之废

① 转引自张亚群《百年之际话科举》,《复旦教育论坛》2005 年第 2 期。

所不便进，但三四十岁之老生员耳，其年富力强者皆可入学堂矣，且学堂大开，此三四十岁之老生员多可为小学堂之教习，又为之宽筹出路，并非科举一停，即无事可做。况臣之请停科举亦非刻下即行罢废，其所必待三科减尽者，亦正为此。盖此三科中，若再不能中式，已皆五六十岁，亦必不愿再入场矣。故失士心一层亦万不足虑。”① 慈禧听到这样的回答，才稍觉释怀，面谕政务处妥议科举改制之事。征得了慈禧太后首肯后，张百熙、荣庆、张之洞等拟定的《奏请递减科举注重学堂折》上呈朝廷。在这个折子中，对如何逐步递减科举中额，最终达到废除的目的，如何处理善后事宜，都做了具体陈述，其中包括如何安置旧日举贡生员问题，具体方案如下：

“科举即议停减，旧日举贡生员，年在三十岁以下者，皆可令入学堂肄业。三十岁以上至五十岁者，可入师范学堂之简易科。若三十岁以上，既不能入学堂，也不能入师范简易科者，及年至五十六十者，拟请自下科起，举人于每科会试后大挑一次，或拣发一次。并多挑誊录分送各馆。其大挑拣发未入选之举人，及恩拔副岁优各项贡生，均比照孝廉方正例，准其考职分别用为州同、州判。生员亦准比照满吏考职，用为佐贰杂职，分发各省试用。其年在六十以上不能与考者，酌给虚衔。至经生寒儒，文行并美而不能改习新学者，可选充各学堂经学科文学科之教习。如此，则旧日应科举之老儒亦不致失所矣。”②

可以看出，清政府对士子们的安置问题是有充分考虑的，根据他们不同的年龄和实际情况给予不同的安排，或就学，或就业，或给予一定的功名，总之一句话，就是使其生活有所依托，不致无路可走、无事可做。这一安排显然为士子们所接受。

然时势难料，1904年爆发的日俄战争打乱了清政府的科举改制计划，日本的意外取胜极大地刺激了清政府统治集团的神经，迫使他们不得不加速改革进程。1905年，张之洞、袁世凯等上书要求立停科举，同年，光绪皇帝下诏：著自丙午年开始，所有乡会试一律停止，各省岁科考试亦即停止，以前的举贡生员，分别量予出路，具体办法即按照上述所请办理。③ 如果说前期的改书院为学堂、递减中试名额还为士子们留有一线希望而为他们勉强接受外，那么，科举制的宣告废

---

① “会议科举”、《苏报》1903年6月14日，转引自赵利栋《1905年前后的科举废止、学堂与士绅阶层》，《商丘师范学院学报》2005年第2期。

② 舒新城：《中国近代教育史资料》（上册），人民教育出版社1981年版，第62页。

③ 舒新城：《中国近代教育史资料》（上册），人民教育出版社1981年版，第66页。

除则彻底打破了他们科举入仕的希望，那份绝望心情正如刘大鹏在日记中所形容的那样："心若死灰，看得眼前一切，均属空虚。"① 为安抚天下士子，1906 年初《宽筹举贡生员出路章程》六条正式出台，主要内容包括：

一、酌加优拔贡额，拟请乙酉科举贡额加倍考取，本年丙午即系考取优贡之年，以后每三年举行一次，咨省照例额加四倍考取。其廪生应出岁贡并照原定额数倍取，以惠寒畯。二、考用誊录，现各部书吏渐次裁汰，清缮文牍需人必多，凡各部院衙门均令考用誊录，帮缮公牍，举人、五贡、生员分为三等，酌给津贴，三年后分别奖励，准以实官分发。其举人、拔贡、优贡考充誊录当差期满，由该堂官择优奏请改用七品小京官，在都行走，俾照激励。三、已就拣举人，准令报捐分发。现在科举既停，近省举人并有未能注拣者自宜量予变通，以示体恤。拟请嗣后各省举人不必限定三科，均准以拣选知县注册，并由吏部酌定班次，分发各省。各项贡生就职，照此办理。四、现取举人，请无庸再用教职。查举人截取向用知县、教职两途，现科举停后，吏部拟定选班以师范生间补，举人截取教职，得缺无期。准拟请嗣后举人除用知县外，可用直隶州州同、盐库各大使，以广登进。五贡均准一体按察司、盐厘司经历、散州州判、府经历、县丞分别注册选用。五、对于生员，拟除年轻诸生应挑入学堂及现充各学堂教员，现入师范学堂、现送出洋游学各生外，其余生员均于考优贡之年，准令各州县会同教官遴选保送，由各督抚学政认真考试，取其文理通畅，事理明晰者，大省取一百名，中省取七十名，小省取五十名。取定等次后，将所取各生姓名、三代年貌造册，咨送吏部，一等以巡检用，二等以典史用，分别注选。六、每科会试中试之贤士有未经复试者，有复试后未应殿试或朝考者，请准令该员等取具同乡京官印结，赴礼部呈请，已经复试或殿试者即可恳恩给予出身，分别录用。其已免复试之举人一体准其照例就拣，以免向隅。②

同前述举措相比，这一章程具有纲领性文件的性质，对旧式文人的安置做了极具操作性的规定，指导原则仍是通过给予出身或安排就职为其生活提供保障。《宽筹举贡生员出路章程》的颁行不仅为士子们打开多条谋生之路，且为他们在近代社会中的重新定位提供了制度上的保障。尽管以前对士子的安置工作已在进行中，但毕竟没有正式的条文出台，缺少可信度和权威性。这个章程的出台，无疑

① 刘大鹏：《退想斋日记》，山西人民出版社 1990 年版，第 146 页。

② 《政务处奏复举贡生员量予出路折》，《申报》1906 年 2 月 25 日。

给他们吃了一颗定心丸，他们的价值重新得到了制度上的认定，这无论在精神慰藉还是实际安抚方面都发挥了重要作用。

二

在政府的政策导向下，各省纷纷采取措施为旧式文人的就学、就业提供各种机会和便利条件，一场安置旧式文人的行动在全国上下开展起来，具体措施主要有以下几点：

（一）令入学堂学习

按照政府规定，对于年龄在30岁以下的年轻举贡生员，令其入新式学堂继续学习，并给予政策上的优惠和保障。为了吸引旧式文人主动入学堂，政府以给予出身作为诱饵；为了便于他们入学，在招生上给予政策上的倾斜，如在《优级师范学堂章程》和《初级师范学堂章程》中，就明确规定师范学堂招生应首先考虑招收原举贡生员，“省城初级师范学堂学生须选本省内各州县之贡、廪、增、附、监生，州县初级师范学堂学生须选本州县内之贡、廪、增、附、监生”[①]。这些规定为举贡生员进入新学堂提供了便利条件。如京师大学堂师范馆，该馆从1902年开办至1906年，共招收师范生512人，其中有传统功名者422人（包括举人62人、贡生48人、监生84人、生员232人），占师范生总数的82%。[②] 保定师范学堂，1902年首批招生600名，学生皆选自各府州县之举贡生员[③]；两江师范学堂的情况也是如此，1904—1906年现存的学生名册中，共计168人，其中有传统功名者157人，只有11人没有功名。[④] 初办时期的师范学堂几乎为旧式文人所垄断。

1903年清政府的新学制颁布，大、中、小学堂以及师范、实业、军事等各级各类学堂在中国各地次第建立，学堂数量与日俱增。1905年各地学堂为8277所；1906年也就是科举制正式废除的第一年，全国各地出现一股兴学热，学堂数量直线上升，高达23 862所；1907年37 888所，1909年达59 177所。这些新式学堂的

① 舒新城：《中国近代教育史资料》（中册），人民教育出版社1981年版，第687页。

② 贺跃夫：《晚清士绅与近代社会变迁》，广东人民出版社1994年版，第89页。

③ 《大公报》光绪二十九年九月初八日。

④ 《两江师范学堂学生名录》统计，苏云峰：《两江师范学堂》。

开办为旧式文人的重新就学提供了广阔的前景，他们可以根据个人基础和兴趣，选择进入不同的学堂，学生数量急剧增加，1902 年全国学生数仅 6912 人，1903 年增至31 428人。① 1905 年为258 873人，1906 年上升为545 338人，1907 年猛增为1 024 988，1909 年达到1 639 641人，到了辛亥革命前夕，学生总数高达 300 万人。② 在这学生群中，举贡生员占了绝对比例，尤其是初兴阶段更是如此，“各省初办学堂……学生率皆取诸原业科举之士”③。即使后来，学堂在招生时，除小学低年级系招收蒙生从头教起外，也均注意招收童生和生员。据黄炎培在民国时期所做的一项调查显示，江西省所办的江西大学堂、武备学堂、方言学堂、实业学堂、初级师范、洪都中学、南昌县立高等小学等所招学生俱是五项生员。

为举贡生员前途计，清政府还针对他们的实际情况专门开设法政学堂，令其学有专长，重新成为对社会有用之人。创办法政学堂是御史齐树枬的倡议。齐树枬鉴于明习法政的人不多见，应该及早预备，以待任使。另一方面为了体恤寒畯，为他们的就学及就业创造机会，1905 年上折倡议创办法政学堂，“此项举贡生员，中学皆有根底，若专占政法一门肄习，则毕业后才皆可用”④。这一建议得到政府采纳，1905 年 12 月京师发出指示，令举人赴京学习法政。政府以“科举既停，所有举人应为宽筹出路，以示体恤”为出发点，“拟即咨行各省凡丁酉科以前举人悉令赴京学习法政一年，俟毕业后分发各省以知县补用”。⑤ 与此同时，各省法政学堂纷纷建立，招收举贡生员入学。这些人经过一段时期的学习后，成为近代官吏队伍的后备军。

新式学堂对旧式文人的广泛接纳，在很大程度上缓解了政府安置他们的压力，1906 年废科举时，全国士绅不低于 150 万⑥，其中进入学堂接受再教育者，据有的研究者估计则高达五分之一，即 30 万左右。“在全国范围内，自 19 世纪末以来，尤其是废科举后，士绅群体中有约五分之一左右的人，也就是说近 30 万人通过各种途径，受到程度不等的近代教育。”⑦ 这个估计基本可信，1906 年全国学生

① 吴研因、翁之达：《最近三十五年之中国教育》，《中国教育年鉴》（第三次，第一册），宗青图书公司印行三十五年来中国之小学教育，26—27 页。

② 王迪：《清末新政与近代学堂的兴起》，《近代史研究》1987 年第 3 期。

③ 舒新城：《近代中国教育史资料》上册，人民教育出版社 1981 年版，第 197 页。

④ 沈云龙主编：《学部奏咨辑要》三编第十辑，《近代中国史料丛刊》，文海出版社，第 77—78 页。

⑤ 《举人令赴京学习法政》，《申报》光绪三十一年十二月十八日。

⑥ 贺跃夫：《晚清士绅与近代社会变迁》，广东人民出版社 1994 年版，第 4—5 页。

⑦ 贺跃夫：《晚清士绅与近代社会变迁》，广东人民出版社 1994 年版，第 92 页。

数545 338人，如果旧式文人为30万左右，所占比例大概为55%，基本上能够反映当时的状况。

（二）安排任职

年轻的举贡生员纷纷进入新式学堂，那些年老不能就学或不想继续就学者则在政府安置下纷纷就职。主要就职渠道：

1. 充当教习：充当学堂教习是旧式文人就业的一大领域。清政府推行学堂教育，各级各类学堂纷纷创建，师资短缺的问题随之凸现，这为旧式文人的就业提供了难得的机会。他们虽对新学知之甚少，但毕竟是知识文化的载体，成为从事教育活动的最佳人选。为此，清政府先后出台了一系列指示，如“旧日举贡生员，三十岁以上至五十岁者，可入师范学堂之简易科”。“至经生寒儒，文行并美而不能改习新学者，可选充各学堂经学科、文学科之教习”。① “停止科举后，各省生员不能不予以出路，拟六年考优一次，十二年考拔一次，专取博于旧学之生员作为中学堂教习”②。宣统元年经科大学建立，经科大学的教员，也都是从举贡生员中考取，拟取科举举人四分之三，优拔贡各占其一。③ 这些指导性规定为旧式文人充任教职打开了方便之门，一批旧式文人流入新式学堂，构成了晚清新式学堂教职的主体。据1907年学部的《第一次教育统计图表》记载，当时全国学堂及教育处所得教职员合计为118 915人，而其中有传统功名和官职衔者将近10万人。④ 也就是说占了大约84%的比重。具体到每个省份，如湖北省，在1908年印刷的《湖北全省学堂教职员一览表》中显示：在全部3121名教职人员中，有传统功名和官职衔者高达2564人，占全部人数的82.15%。⑤ 1907年山西省的调查，中学堂以下教职员统计中，士子占绝对的比例，在共计522人中，各级生员共278人，占53%。在1907—1908年间对江西、安徽、山东的抽样调查中，也反映出士子成为新式学堂教职员主体的现象。如江西12所学校总共155名教职员中，举贡生监95名，占61%；安徽11所学堂150名教职员中，举贡生监87名，占58%。⑥ 从这些数据可以看出，原举贡生员成为新式学堂教职员的主体。

---

① 舒新城：《近代中国教育史资料》上册，人民教育出版社1981年版，第62页。

② 停止科举后生员之出路，《申报》1905年8月9日。

③ 专电，《申报》1909年6月3日。

④ 章开沅：《中国近代史上的官绅商学》，湖北人民出版社2000年版，第664页。

⑤ 章开沅：《中国近代史上的官绅商学》，湖北人民出版社2000年版，第663页。

⑥ 转引自赵利栋《1905年前后的科举废止、学堂与士绅阶层》，《商丘师范学院学报》2005年第2期。

在教职员队伍中，原举贡生员主要担任的是学堂职员的角色，即监督、斋务、教务、庶务、文案、会计等管理性职务，在教员中所占比例不大，大多教授国文、修身等课程。学堂教员大多为新式学堂毕业生和归国留学生以及外籍教员。在清末学堂中，职员数量一般与教员数量相当，一些省份职员数甚至高于教员数，如直隶省 1907 年的统计显示，直隶有学堂及教育处所 8723 处，职员数 9337 人，教员数 8460 人。① 也正是因为这个原因，形成了旧式文人占学堂教职员主体的现象。

旧式文人充当新式学堂教职员，既是政府充分调动原有人才资源、用其所长的举措之一，也是基于现实需要的考虑。学堂初兴，除了原有的知识群体——举贡生员外，再没有其他更好的师资来源，聘请外国教习只是权宜之计，且受财力和数量的限制，绝大多数的师资还要靠自己解决，何况一些科目如修身、读经讲经、中国文学等科只能由中学有根底的旧式文人担任。各地在初创学堂时，也都自然地选聘当地负有盛名的举贡生员充当教习。如韩德铭，清廪生，就读于保定莲池书院，受知于桐城吴挚甫先生。嗣后，国家变法，停科，被派充师范、警务两校教习。② 龄和（1864—1948），承德人。幼年就读于振秀书院。1903 年，清廷废科举制度，热河都统廷杰在承德创办新式学堂——驻防两级小学堂，廷杰遍访热河诸贤，众口一词，皆推龄和道德文章堪称人师，遂亲自登门造访，聘请龄和先生出任热河历史上第一所新式学堂——驻防两级小学堂堂长。③ 这些旧式文人，凭着原有的文化根底和声望，或被直接选聘为学堂教职员，或经过短期培训被分派到新式学堂，担当起推进新式教育的重任。“当科举初废之时，正兴举学校之始。故所需教员于旧日文士中求之，其学问稍有根底，虽未明教授管理诸法，而随时实地研究，其成绩亦颇可观。”④

2. 充任政府官吏。登科入仕一直是旧式文人的终极奋斗目标，途径就是通过科举。科举制废除后，入仕之路被切断，但是读书做官的思想观念并没就此终止，士子们依旧以入政府部门为最大追求，清政府也一时难逃惯性思维的束缚，积极在政府部门为他们拓宽就业领域，广开就职渠道，尽量安置旧式文人，政府出台的一系列措施就是最好的明证，如 1905 年清政府先后颁布的“停止科举后之生员

---

① 学部总务司编：《光绪三十三年分第一次教育统计图表》，单印本。

② 《高阳县志》［民国］十卷民国二十二年［1933 年］卷四人物。

③ 张东伟、杜汉民：《塞外一代名师龄和》，河北省政协文史资料委员会编：《河北历史名人传》（科技教育篇），河北人民出版社 1997 年版，第 390—391 页。

④ 《教育杂志》第四卷，第四号。

出路”“丁未科举行举贡生员廷试纪闻”“举贡将充胥吏化名誊录”“举人作为知县”“举人令赴京学习法政”等①，但是政府部门的容量毕竟有限，据有的学者称，政府衙门所能容纳者不过15万人②，其时官府已经人满为患，候补者更是不计其数，到底有多少旧式文人还能被安插进入，因为没有统计不敢断言，但作为政府的一项安置就职渠道则不容忽视。

政府除积极为他们安排任职外，还为其提供各种就业机会，鼓励报考并优先录用。如鼓励他们考用誊录（即过去的书吏），“现各部书吏渐次裁汰，清缮文牍需人必多，凡各部院衙门均令考用誊录”。邮传部在招考本部录事时，明确规定“招考各省落第举贡……此外概不收考”。③ 这些就业机会的提供，解决了部分士子的出路问题。

（三）出洋游学和鼓励自费留学

清政府大规模地派出洋游学开始于1901年（以前也有，但是规模不大）。新政伊始，急需各类新式人才，如师资、农学、法政、医学、武备、警察等。本国没有相应的教育资源，作为权宜之计，只能借助外国所谓学堂教育资源为本国培养新式人才，这是派游学的初衷所在。那时择派的官费游学生一是以学堂学生为主，一是以地方士绅为主，尽管这两类人中大多数具有传统功名，但是，派遣的原因不是因为他们的功名和身份。

1905年8月，在科举制度即行废除之际，张之洞考虑到“近五科举贡精力尚皆强壮，一例弃置未免可惜”。于是决定将近五科举人、副贡、优贡一律派往日本游学，并札饬各府州县一体遵照办理。④ 同年9月，张之洞特饬学务处传知五科以内之举贡，如愿出洋学习师范者即至学务处报名并写立愿书，由官费派往，第一次造册咨送者二百一十余名。⑤ 这是第一次为了士子的出路而派出的游学。其他省份也纷纷效仿，1906年福建派留日官费生71人，其中举贡生监为49人，童生19人；陕西留日官费生55名，其中举贡生监38人，生童17人；贵州97人中，举贡生监95人。很显然，旧式文人是主要派遣对象。除官费派遣留学生外，清政

---

① 见《申报》1905年8月9日，1905年8月30日、1905年9月12日、1905年12月9日、1905年12月18日。

② 许纪霖：《无穷的困惑——黄炎培、张君劢与现代中国》，上海三联书店1999年版，第43页。

③ 《邮传部招考落地举贡》，《申报》1907年6月23日。

④ 《准派近五科举贡出洋游学》，《申报》1905年8月26日。

⑤ 举贡出洋首途，《申报》1905年9月17日。

府还鼓励自费留学，规定留学归国后只要通过留学生考试，不论官费私费，一律奖励出身并授予官职，这一政策规定，极大地刺激了人们的留学热情，很多旧式文人自备斧资，漂洋过海留学，其中以留学日本为主。据统计，1904 年去日本者 1300 余人，1905 年 2400 余人，1906 年高达 8000 余人①，形成了一股声势浩大的留学热潮。

（四）部分地保留传统方式，作为缓冲

政府除了积极开拓新的安置举措外，还借助于传统方式，为旧式文人们谋取出路。一是扩大优拔贡额。原来生员的录取名额有限，如考优拔贡，每县学学额只有一二名。科举制废除后，考虑到秀才少了出身之路，政府决定十年三科之内各省优贡照旧举行，仍于旧学生员中考取，已入学堂者不准应考……并扩大录取名额，“嗣后每大县拔八名，中县四名，小县两名，以惠士林”②。后来更扩大为加四倍考取。③ 二是改取缔私塾为改造私塾。私塾是传统社会中一种重要的教育方式，在启蒙教育方面起着不可替代的作用。为了为新式学堂的发展扫除障碍，刚开始时清政府决定取缔私塾，由新式学堂取而代之，但是，社会实际状况使政府这一一厢情愿的命令根本无法贯彻下去，碍于现实的考虑和需要，清政府不得不改取缔私塾为改造私塾，通过对现有塾师进行短期培训和对私塾加以规范，允许其继续存在。这一政策的调整，使大部分塾师避免了失业的威胁，他们可以继续以舌耕为业，生活不致受太大影响；另一方面，作为学堂教育的辅助机构，私塾承担起普及教育的重任，清末学堂绝大多数建立在城镇，广大农村很少见到，而普及教育的重点在占全国人口 80%多的广大农村，私塾以其灵活的办学方式、收费的低廉遍布于广大农村的各个角落，为教育的普及做出了重要贡献。

另外，还有设存古学堂，设存古学堂本是张之洞为保存国粹而设，由武昌经心书院改建而成，保持了传统教育中以经史辞章为主要学习内容的特点。后来，各省纷纷效仿，却改变了张之洞设立的初衷，变为为士子谋出路的一种手段。把原来旧日的书院冠以学堂的名称，令举贡生员在内继续学习，毕业后一律奖给出身。“科举停止以来，各省多就旧日书院改设为存古学堂，湘豫两省首先创办，其余各省亦次第举办，意在体恤寒畯，三年毕业，一律奖给出身。”④

---

① Y.C.Wang, Chinese Intellectuals and the West, 1892—1949 (North Carolina, 1966), p.66.

② 《拔贡广额纪闻》，《申报》1905 年 8 月 30 日。

③ 《政务处奏复举贡生员量予出路折》，《申报》1906 年 2 月 25 日。

④ 沈云龙主编：《学部奏咨辑要》三编第十辑，《近代中国史料丛刊》，文海出版社，第 77—78 页。

不管是扩大优贡名额，还是保留私塾和存古学堂等传统方式，目的都是为了让士子们的生活和就业有所保障，不致失业和失所而无所依托。这项举措在一定程度上缓解了士子们的失落心态。

三

总的来讲，清政府对士子的安置措施是比较成功的，社会效应也是明显的。

（一）维持了社会的稳定

科举制度的废除是否会引起骚动，与士子们的反应直接相关。科举制的废除不仅切断了他们的进身之阶，而且使他们陷入无处立身的迷茫和无助之中。如果政府不出面给予及时的安抚和安置，他们很有可能会因为看不到前途而孤注一掷地采取过激行为。而清政府从一开始就对此问题有充分的考虑和准备，积极为其谋取就学、就业机会，甚至顺应其需求，有限度地保留给予出身等传统方式作为缓冲，才保证了这一难关的顺利过渡。

有人曾经对清末保留给予出身并用于学堂教育的做法提出异议，认为“清末奖励出身的措施，对于士林心态、社会观念、国家吏治与教育等方面造成了严重的危害”①。笔者倒认为这种做法是利大于弊的，起码在安抚士子之心上取得较好的效果。士在传统社会中有着非同一般的社会地位和影响力，1895 年，一次 1300 多名举子的公车上书就深深地影响了中国历史。清末废科举之时，士子数量将近百万，据政务处奏报，“科举初停之时，各省举贡人数合计不下数万人，生员不下数十万人”②。这是一个数量庞大的群体，如果不因势利导，引起他们的群起对抗，那后果将不堪设想。清政府通过采取给予学堂毕业出身的方式，吸引了大批士子进入学堂或出国游学，主动接受再教育，不仅客观上推动了学堂教育的发展，而且成就了一批新型人才。如果从一开始就采取西方的学历、学位制，士子们是否能够接受就要打一个大大的问号。任何新事物的接受都要经历一个过程，新陈代谢自有它的规律所在，如果无视这一规律，凭主观行事，必将遭到惨败。

---

① 别必亮：《清末科举制度除后之余响》，《杭州师范学院学报》1999 年第 2 期。

② 《政务处奏复举贡生员量予出路折》，《申报》1906 年 2 月 25 日。

（二）促进了新政的推行

首先，稳定的社会环境为新政的顺利推行提供了良好的社会氛围。清末科举制废没有引起骚动，不能不说与清政府对士子出路问题的重视和有效的善后处理措施有着直接关系，同时为新政的顺利推行营造了良好的社会环境。

其次，清政府注重原有人才资源的利用和改造的举措，为新政的推行提供了大量的有用人才。如选派旧式文人充任新式学堂的师资，在很大程度上解决了学堂初办时期师资严重不足的困境，十几万旧式文人走进学堂充当管理人员或教员，不仅解决了他们的就业问题，更为主要的是为近代教育的推行提供了人才资源。用新方式培训、改造旧式人才资源是清政府颇具特色的一项举措，为了充分利用原有人才资源，清政府广建各级各类专门学堂，培养改造旧式人员。如为尽快发展新式教育，培养新式人才，清政府注重对师资的培养，广建各级师范学堂；为改造旧式官吏，设立课吏馆、幕僚学堂、吏胥学堂等来提高他们的从政水平；为造就新式农、工、商人才，特设工艺局所、农务学堂、商业学堂等；另外，还广设军事学堂、邮政学堂、电信学堂等专门学堂，为新政的推行培养造就各类新型人才和专门人才。在政府的这一举措下，很多旧式官吏得到改造，30 多万旧式文人实现了自我转型，他们经过再学习，开阔了眼界，增长了学识，转变了观念，成为一支推动中国社会向近代转型的重要力量。

当然，清政府的安置举措不可能解决所有旧式文人的出路问题，还有相当一部分旧式文人不能或不愿享受政府的优惠政策，所幸转型时期的社会为他们提供了多种就业途径，其中一些人投身新闻界，创办报纸杂志，代表人物如罗振玉，做了 5 年私塾塾师后，顺应历史发展潮流，于 1901 年创办起《教育世界》杂志，主要介绍日本教育经验，为中国近代学制的确立做出了重要贡献。清末民初是中国报刊兴起和发展时期，所创报刊种类不下千种。民国元年以后，中国报刊达 1140 余种①，活跃于这一新兴领域的一部分人就是来自旧营垒的原举贡生员，这些人眼光敏锐，思想进步，面临着社会的历史性分化和重新组合，勇敢地走向时代的前列，投身于新兴领域，为新思想和文化的传播奔走呼号，成为时代的弄潮儿。随着观念的转变，还有一些人投身工商界、军界等各个领域。“文人经商”“秀才当兵”在晚清也是一个颇具特色的现象，主要原因在于利益的驱动和社会观

---

① 秦理斋：《中国报刊进化小史》，载张静庐《中国现代出版史料》丁编上册，中华书局 1959 年版，第 5 页。

念的转变，以后者为例，在传统士农工商四民社会中，本没有军人的位置，但是近代以来，国家纷乱，军人集团崛起，从边缘向中心移动，军人的地位也随之上升，经济状况不断改善，台湾学者萧一山认为：就清季社会生活状况而言，“最苦者仍为佃农，官僚商人生活最优，而介乎农工及官商之间者，为读书人及士兵，普通教书士人年获束脩二三十金，似尚不如新军士兵，故投笔从戎者甚多”①。这些旧式文人通过自我更新和转型，在新的历史条件下重新找到了属于自己的位置，消解了政府的安置压力。

总的来说，清政府的安置举措是比较成功的，尽管不可能解决所有旧式文人的出路问题，但是在稳定大局方面发挥了重要作用。

结　语

如何解决社会转型期落伍人群的安置及重新利用问题是每个国家都有可能面临的问题。在社会转型期，势必会有一些人群由于不能适应社会新形势需要面临着被淘汰的威胁，能否妥善安置好这批人，直接关系着国家的安定和社会的发展。晚清政府对旧式文人的妥善安置以及重新利用应该说是一个成功的例子。出于巩固统治和安抚人心的需要，晚清统治者对旧式文人的安抚工作给予足够的重视，一方面顺应他们的心理需求，以给予功名的传统方式吸引他们走进学堂，走出国门，主动去接受新知识、新事物，重新成为对社会有用的人才。另一方面注重对传统人才资源的利用，用其所长，避其所短，充分发挥其优势。

晚清政府的有效举措向我们提供了一个社会转轨时期安置落伍群体的模式。在致力于革新的同时必须对“抚旧”予以充分重视，不仅要给予出路，更重要的是采取积极措施使其变成新时期的有用人才。改革不是简单的弃旧扬新，它更多地伴随着社会的延续。抚旧工作在革新时期是一个十分重要的议题，唯有认真对待，才能尽可能地规避社会风险，减少社会动荡，降低改革成本。

尽管清政府不久就被革命力量所推翻，但是其安置旧式文人的成功举措至今仍不失借鉴意义。

（原刊于《历史教学》2007 年第 3 期）

① 萧一山：《清代通史》（四），第 1609 页、1617 页。

清末民初地方自治下的“绅权”膨胀

首都师范大学历史学院　魏光奇

摘　要：清代前期，统治者通过兴大狱、禁止士绅干预、介入地方政治等措施抑止“绅权”。清末至北洋政府时期实行地方自治，士绅通过担任（州）县、乡镇和村庄各种自治组织的首领人员而结成公共权力网络，实现了组织化。在此过程中，士绅们除了在各种自治性组织机构中行使职权外，往往还以“绅董”的身份和资格组织起来，筹备自治机构选举，推举地方公益机关首领，参议和处置区内治安事务，议决地方财政措施，甚至行使全县的议政和行政权。于是，“绅权”在地方社会中成为国家组织之外的另一极社会权力。“绅权”同“官权”、民众权益均存在矛盾冲突。地方自治制度的实行之所以导致劣绅的活跃和“绅权”的恶性膨胀，其根本原因在于中国社会结构的传统性和士绅势力的宗法性。

关键词：清末至北洋政府时期；地方自治；士绅；绅权

在中国历史上，一种政治制度的兴革损益往往与某种深层的社会变动相为表里。清末至北洋政府时期，随着地方自治的推行，地方社会出现了某种结构性变化，其基本特点即在于“绅权”的膨胀。这种“绅权”的膨胀，对于当时地方教育、实业的发展具有某种正面意义；但另一方面，它也削弱了具有法制意义的“官治”行政，侵害、吞噬着普通民众的权益。

一、清前期的抑制“绅权”政策

“绅权”成为一个流行的社会用语，是在戊戌维新运动中。当时维新人士认为，中国社会政治体制的根本弊病在于君主官僚专制，即所谓“上体太尊而下情不达”；而要矫正这一弊端，就必须“兴民权”“设议院”。维新派进一步认为，由于中国民众贫、愚、散、弱，所以“欲兴民权，宜先兴绅权”，其主要措施是在省、府、厅、州、县设立各级具有议政职权的学会，“凡会悉以其地之绅士领之……官欲举某事，兴某学，先与学会议之，议定而后行”，“于是无议院之名而有议院之实”。[①] 可见，当时维新派所谓的“绅权”，其实就是士绅参与社会政治的权力。显然，“绅权”在作为一个“能指”（概念）流行于晚清之前，就早已作为一种“所指”（事实）存在于传统社会之中。

明代社会“缙绅多横”，“绅权”綦重，为人们所熟悉的万历年间“民抄董宦”事件，即是在当时这种社会背景下发生的。晚明东林党讲学议政，如果避开其政治上的功过而单从社会结构的角度进行观察，则显然反映了士绅社会政治权力的扩张。清代君主官僚专制更甚前明，又是以少数民族入主中原，对汉族士绅深刻防范，乃实行抑制“绅权”的政策。其主要措施包括：

其一，兴大狱以打击士绅社会势力。清初，东南士绅沿前明之习，积欠钱粮。顺治间，江苏巡抚朱国治以抗粮治积欠，“将苏、松、常、镇四府并溧阳一县抗粮绅衿，造册题参，共一万三千五百十七人，俱革斥”[②]。康熙庚午“哭庙”大狱，金人瑞、倪用宾等 18 人就戮，“被株连而军流禁锢者无算”，而这一事件的背景则正在于清统治者要打击东南地区“嚣张”的“士气”。对此清人记载说：“吴多讲学之社，明亡而犹盛，各立门户……狱之初起，廷意欲罗织名士以绝清议，苦无辞，乃借哭庙事除之。”[③] 此后康、雍、乾三朝的各种文字狱，客观上也均起到了打击、挫折士气的作用。

---

① 谭嗣同：《壮飞楼治事十篇》，《谭嗣同全集》第 438 页，中华书局 1981 年版。

② 徐珂编辑：《清稗类钞》第三册，第 1019 页，中华书局 1984 年版。

③ 《清稗类钞》第三册，第 1023 页。

其二，明令禁止士人、缙绅干预地方政治。顺治九年清廷颁布晓示生员“卧碑文”，禁止生员“干求长官、交接权势”；生员“不可轻入”各级衙门，“即有切己之事，止许家人代告，不许干预他人词讼”，“军民一切利病，不许生员上书陈言，如有一言建白，以违制论，黜革治罪”，“生员不许纠党多人，立盟结社，把持官府，武断乡曲；所作文字，不许妄行刊刻”，违者治罪。[①] 雍正、乾隆年间又屡次颁令，“除庆贺万寿、宣讲圣谕、举行乡饮及一切公事礼节彼此接见拜往”外，禁止凡官员与本地绅衿之间的一切“私相交往馈送情弊”；禁止“外任官员随任父兄与地方绅士晋接，出名拜贺、谳会应酬”。[②]

其三，通过书吏、差役和各种乡役人员控制地方社会的税收、诉讼、治安，而不令士绅介入。清代屡次颁令禁止包收钱粮，其矛头所向首先是地方士绅；道咸以前，除个别地区、个别情况下，不许士绅介入里甲、乡地、保甲等各类乡役组织。[③] 这些制度一方面具有优免士绅徭役的意义，另一方面也蕴含着防止士绅把持地方的深意（对于“乡绅奴仆”，清廷也规定“不得承充地方大小衙门书役”，即可说明这一点）。

在这种情况下，清代地方社会士绅的社会职能，主要在于倡导、办理各种地方公共事务，如筑桥铺路、修葺祠堂庙宇、修补水利村防设施、救济灾民贫民、兴办社学义学、调解田土财产纠纷等。除此之外，他们既不主持和参与州县的税收、诉讼、治安等经常性、主体性行政，也没有经常性组织。他们对于地方社会，只是基于传统性声望和社会关系、财产方面的无形优势来发挥其影响力，此外没有任何法定的政治权力。士绅与地方官发生冲突乃至对抗的事情虽然时有发生，但毕竟只是个别的事例，“绅权”不足以成为独立于“官权”之旁的另一极社会权力。

---

① 《清朝文献通考》，卷六十九，考第5486页。浙江古籍出版社2000年影印。

② 《大清会典事例（嘉庆朝）》卷七十五，卷七十七，吏部，台湾文海出版社《近代中国史料丛刊》本，第3615、3542—3543、3536—3538页。

③ 《清朝文献通考》，考第5045、5047、5049、5054、5056、5062、5072、5073页。

二、地方自治与“绅权”的组织化

咸同以后，士绅势力在地方社会趋于活跃，清代前期“绅权”受抑的情况逐渐发生变化。这一过程的推进，有三个重要的环节：其一，太平天国战争中，各地士绅大办团练，并由此而取得了部分基层行政职权。对此，已有学者做过较深入的研究。[①] 其二，19 世纪末 20 世纪初，一些士绅开始投身近代实业和教育事业。其三，即本文拟着重加以分析者——在清末至北洋政府时期推行“地方自治”的过程中，士绅实现了组织化。

笔者认为，清末和北洋政府时期的“地方自治”，应作狭义与广义之区分。1909 至 1910 年，清政府先后颁布《城镇乡地方自治章程》和《府厅州县地方自治章程》，规定在各地成立城镇乡议事会、董事会（或乡董、乡佐），在府厅州县成立议事会、参事会，就地方教育、实业、捐税征收等事务实行自治。根据这一规定，清末民初不少地方成立了城镇乡和（州）县两级自治机构；至 1914 年，上述自治机构被袁世凯政府下令取消。1919 年、1921 年，北洋政府先后公布《县自治法》《市自治法》《乡自治法》，此后在北洋政府统治区域内，一些地方依照这些文件成立了县、市、乡议会和参事会。这可以说是清末至北洋政府时期狭义上的地方自治。而根据清政府关于地方自治的两个《章程》，自治事务的“范围”为本自治区域的教育文化、医疗卫生、道路交通、农工商实业、慈善救济、公共营业和款项筹集等（这些在清末新政中也被定位为国家行政范围之外、由地方士绅商民办理的地方事务），这些事务即使在上述狭义地方自治停顿期间，也始终由一些非“官治”的机构来办理。此外，当时各地还存在着主要是由地方势力实际控制的保卫团等地方武装。据此，我们可以说清末至北洋政府时期还存在着广义的地方自治。对此当时就有人指出：“自治机关所概甚广，于参议两会、农商两会外，远如保甲守望，戒烟各局，近如理财、财政、公议各所，亦皆系地方自治性质。”[②]

在清末至北洋政府时期的广义地方自治中，形成了几种具有公共权力性质的

---

① 见孔飞力《中华帝国晚期的叛乱及其敌人》，中国社会科学出版社 1990 年版。

② 伊承熙等修：民国《宁晋县志》，地方自治志，1929 年。

组织机构，而它们的首领人员恰恰就是各地的士绅。兹分类举证如下：

（一）县议（事）会、参事会、城镇乡议（事）会、董事会、乡董（佐）

清末颁布的《城镇乡地方自治章程》规定自治选民的资格包括“居本城镇乡接续三年以上”，“年纳正税或本地公益捐二元以上”，而各级自治机构首领人员从选民中产生。① 这样，州县和城镇乡两级自治机构的首领人员就几乎毫无例外地由本地士绅担任。例如，直隶新城县庠生刘凤昌、举人李陵春、廪生于镇有，大名县庠生孟怀谦，均作过县议员；景县庠生苏三涛、山东馆陶县庠生孙文杰，民国初年均被选为县议长。②

（二）各县的教育、警务、实业和财务等四类局、所

清末至北洋政府时期各地的这类局所，时人称为“四局”。它们不隶属于“官治”的县署，属于自治性行政机构③，主持者“多本县之士绅”④。按照清末颁布的《劝学所章程》规定，各地劝学总董均由“本籍绅衿”担任⑤；当时各地设立的劝业所、实业公所等机构，也“大抵均以地方热心实业士绅主持办理”⑥。例如，直隶新城庠生刘凤昌清末曾担任警董；廪生王涵，清末被“公举为理财所董事”；贡生朱蓬峰，清末任巡警区董、劝业所长；大名县举人姬治，曾充本县劝学总董；庠生王宝西，先后任劝学总董、劝学所长；景县庠生苏三涛，清末民初任财政所长；山东馆陶县庠生孙文杰，民初“佐理警察团练事务”，“官倚之如左右手”。

（三）县、区、乡保卫团等地方保卫机构

1914年北洋政府颁布的《地方保卫团》条例规定，各地保卫团“以县知事为总监督，遴委地方公正绅商协筹办理”，其牌长、甲长、保董、团总均为本地人士。⑦ 其实际情况也正是如此。例如，直隶新城县副贡张若瑾，民国初被“公举

---

① 《清末筹备立宪档案史料》下册，第730、731页，中华书局1979年版。

② 侯安澜等修：民国《新城县志》，地物篇，人物，1935年；程恒廷等修：民国《大名县志》，人物志，1934年；耿兆栋修：《景县志》，卷七，人物志，1932年；丁世恭修：《馆陶县志》卷九，人物志，1936年。下文所引关于直隶新城县、大名县、景县和山东馆陶县的事例，均见上述四种文献。

③ 关于“四局”的性质与职能，见拙作《地方自治与直隶“四局”》，载《历史研究》2000年第2期。

④ 任传藻修：《东明县新志》卷九，佐治表，1933年。

⑤ 政学社印行：《大清法规大全》，第823页，台湾考正出版社1972年版。

⑥ 北洋政府颁《县实业局规程》，《政府公报》第3308号，1925年6月16日。

⑦ 《政府公报》第732号，1914年5月21日。

为民团局局长”；山东馆陶县贡生宋清廉，清末被“举充团长，练丁剿匪”；监生冯兰亭，民国元年任乡团团长，不久“县委充义区游击队长”。有人回忆说，四川省金堂县清末的团总“由县正堂直接委任当地的士绅充任”，“当团总的都是秀才、监生和大地主等”；1919 年，张××任山东蒙阴县县长，到任后即召集“各区团总乡绅到县衙会面”，“坦埠团总公巍东、北乡大张团总‘房大吹’、南乡大庄团总‘孙偏头’”等人都是当地极有影响的乡绅。①

（四）教育、警务、自治等各种形式的区乡行政机构

清末至北洋政府时期办理近代学务、警务、团务，均在县以下划分区域，设立机构或人员，其首领也大多为士绅。② 例如，奉天开原县清末兴办新式教育，由劝学总董“召集全境士绅开会公议，将全境分划为 5 路，各路公举学董一员，劝办本路乡学”③；直隶青县清末推广四乡巡警，“分全境为 20 区，每区推举正副区董各一人，以本地士绅为之”④；广东大埔县民国初年“所谓民团局、保卫团、保安局者，名义上似一团练机关，实际上并无若何团保，不过为一方之绅士机关”⑤；1915 年北洋政府令各县治划分区域，编查户口，区置“编查长”，由警、团首领或“公正绅士办公益事务者充任”⑥。除学、警等单一职能性机构外，有些时段、有些地方还存在职能全面的区乡行政，其首领一般也由士绅担任。例如，山东昌乐县旧分二十厂，清末民初分一城十二乡（区），“区设区长，厂设厂长，类以本区城内素负乡望之绅士充之”⑦；安徽省繁昌县 1927 年以前分 12 个都，“每都设都统二人，皆是本都的宦绅任之”⑧。奉天省 1922 年实行区村制，“区长由县知事择地方士绅保送二人，省长面询，指定一人充任”⑨。

（五）各地乡村长副、正佐等村治组织

清代向有由乡里保举后经官府佥任的里甲、乡地、保甲人员，其性质属于

---

① 《金堂文史》，第 383—384 页；《蒙阴文史资料》第 4 辑，第 121 页。

② 关于这类区乡行政机构的性质与职能，见笔者与丁海秀合撰《清末至北洋政府时期区乡行政制度考略》，载《北京师范大学学报》2004 年第 2 期。

③ 李毅修：民国《开原县志》，政治志，教育，1927 年。

④ 万振霄等修：《青县志》，经制志，时政篇，1931 年。

⑤ 温廷敬总纂：民国《大埔县志》，经政志上，1942 年。

⑥ 《政府公报》，第 1181 号，1915 年 8 月 21 日。

⑦ 王金岳等纂：民国《昌乐县续志》，民社志，1934 年。

⑧ 《繁昌文史资料》第 1 辑，第 169 页。

⑨ 王树楠等纂：《奉天通志》，民治志，自治，东北文史丛书编辑委员会 1983 年点校出版。

“役”，社会地位低下。清末推行地方自治以后，教育、警务、保卫、筹款、选举等各种事项，最终都要通过村庄来办理，乡村首领于是经过重新选举，开始具有基层政权性质。有一家地方志比较该县此时“村长”与旧时“乡长”的性质差异时说：“村各有长，为一乡领袖；乡长一职，为承差催粮之人，与地甲同等。”①由于村治人员取得郑重地位，一些士绅开始跻身其列。例如直隶新城县庠生王字义，清末民初即“充村长”。直隶宝坻县的清代档案也表明，清末已有士绅充当村庄村正、首事的情况存在。例如：

1. 宣统二年九月十八日，第七区东凝海里首事、廪生杨寿源，西凝海里首事、监生王锡恩等、从九品衔张滨村正冯×、村副马升等就村中事项具禀县令。②

2. 宣统元年七月，村副八品衔石显恒等，具禀请求保释因匪案被押的巡警王永福。③

（六）农会、商会、教育会等社会自治团体

这类团体就其基本性质而言本属社会自治组织，但在当时往往兼有地方自治行政的职能，因此在某种程度上也具有公权性质。对此一家地方志评论说：“农工商学地方庶政，帝制时期专治于官，则有公署；共和时期分治于民，则有会所。会所者，用辅公署之不及，所谓自治机关也。”④ 这类自治团体的首领人员，一般均为士绅。例如，直隶新城县副贡张若瑾，1914 年被举为商会会长；1918 年被举为农会会长；举人李陵春，1914 年“众举为公益会会长”。

这样，以往处于分散状态、仅以私人身份倡办公共事务的士绅，就由于在上述各种具有公权性质的自治组织中担任职务而连为一体，实现了组织化。⑤

① 牛宝善修：民国《柏乡县志》，卷二，村镇，1932 年。

② 国家第一历史档案馆藏清代顺天府档案，028-1-41-068（全宗 028，目录 1，第 41 卷，第 068 号）。

③ 清代顺天府档案，028-3-151-088。

④ 高凌霞等修：《临榆县志》，建置编，会所，1929 年。

⑤ 当时各类自治组织的首领人员，还有部分属于新式学堂的毕业生、肄业生，或由旧士人出身而重新接受过新式教育者，本文对此存而不论。

三、“自治”制度下“绅权”的膨胀

清末至北洋政府时期，士绅通过结成（或进入）公共权力网络而实现组织化，使得他们可以在一县范围之内采取步调一致的行动，可以通过系统的组织、机构和成文的法令、决议，强制性地贯彻自己的意志，这与在传统社会中士绅散居各乡、仅能凭借其声望来影响地方社会的情况迥然不同。

首先，由士绅所领导和支配的各种自治性组织机构，在当时都是依法设立的，都有国家权力作支撑、作依托，其警、团机构且自身就有武装。通过这样一种法定的公共权力来推行各种符合自己意志的教育、警务、财税、实业和公共设施建设方面的措施，较之传统的私人性“绅权”来说，在名义上具有更大的合法性，在运作上具有更大的强制性、不可违抗性。

其次，通过各种自治性机构，士绅们还往往能够在法定职权之外取得更为广泛的权力。1914 年袁世凯政府下令取消各级县和乡镇自治组织时，各省军政长官纷纷指斥自治机构“把持财政，抵抗税捐，干预词讼，妨碍行政”，“非法苛捐，冒支兼薪”，“私设法庭，非刑考讯”，“私受词讼，滥用刑罚”，① 并非全属诬蔑之词。例如有文献记载说，这一时期湖北枝江县控制地方保卫武装的士绅们，“至为显要，各区团长有直接抽收亩捐、处办盗匪之权”②；广西平南县，1931 年以前“各团局总揽辖区内军政、民政、财政大权”，“可以设卡收捐，独立收支；可以自建武装起团剿匪；可以开设公庭、押人罚款；可以决定地方公事，仲裁一切纠纷，俨然小县政府”。③

第三，在有些地方，士绅虽然不能全部直接担任各类自治性组织机构的首领，但却立于背后控制和影响着这些机构的首领人选和其他事务。例如广西省平南县1931 年以前保卫团“总局、分局的团总由当地绅士推选，每两三年选举一次”④；

---

① 《政府公报》第 627 号，1914 年 2 月 4 日。

② 《湖北县政概况》（民国二十三年），第 1039 页，台湾成文出版社有限公司《近代中国史料丛刊》本。

③ 《平南文史资料》第五辑，第 72 页。

④ 《平南文史资料》第 5 辑，第 72 页。

又如吉林省吉林县1921年杨×等人组织“士绅联合会”，“拉拢各区乡警保团各队长”，操纵选举。①

第四，当时只要在各种自治性机构中担任首领，就被社会认同为士绅、绅董（例如，保卫团团总被称为“团绅”②）。在这种情况下，士绅们除了在各种自治性组织机构中分别行使各自的职权外，往往还以“绅董”的身份和资格组织起来，以自己的群体行为来参与县乡地方的社会政治事务，这一点尤能体现当时“绅权”的膨胀。

早在清末推行“新政”之时，有些地方负责办理某项事务的绅董，就已经取得了集体会议本州县地方各政的权利。如直隶香河县1904年办理警政，由十六保各举分董一人，县知事选任总董一人，“设公民局于城隍庙，凡关于警政和地方各政，由县署知会总董，总董召集各保分董，到局公议施行”③；又如顺义县，“清季兴学，×知县筹捐学款，分请十路士绅择精练望重者聘为总董，无事则居家务农，有事分赴县中会议”④。清末和北洋政府时期，士绅们经常利用这种县乡绅董会议的形式来处理各种地方性事务，其与会者的范围则较过去更为广泛，议参两会的议长、议员、各局所首领、商会、农会、教育会会长、中学校长以及各村村长，往往都有资格参加。大致说来，士绅们通过这种形式可以行使以下几种权力：

1. 筹备自治机构选举。清末民初由选民选举地方自治议决机构，这在中国历史上属首创，其选举结果很大程度上其实决定于筹备机构的导向，而这种机构一般是由士绅们组成的。例如，清末直隶各州县筹备主持自治机构选举的“自治预备会”，或由各学区劝学员组成，或由各村村正选举产生。⑤ 1922年该省为进行第二届县议会选举而颁布《修正直隶自治预备会简章》，则明确规定自治预备会可经由两种方式产生：一是由地方公益机关（即“四局”）首领直接组成；二是以警区为单位，每区由村正佐选举二人组成。⑥ 如上文所属，当时“四局”首领人员和村长副、村正佐，大多是士绅。

---

① 《内务总长至吉林省长电》，《政府公报》第1801号，1921年2月27日。

② 民国初年，广西省宾阳县有“大阮、洪塘两甲团绅阮××”“北区团局各员绅”等（《政府公报》，第1205号，1919年6月13日）；1920年代初，湖北随县有“团绅乔××”，又称“乔团总”，另有“团绅张××”（《政府公报》，第2455号，1923年1月10日）。

③ 王保安等修：《香河县志》，行政组织，1936年。

④ 李芳等修：《顺义县志》，疆域志，1933年；

⑤ 前揭《景县志》，政治志；陈桢修：民国《文安县志》，治法志，1922年。

⑥ 崔正春修：《威县志》，政事志下，1929年。

2. 推举地方公益机关首长。清末至北洋政府时期的“四局”首长，一般系经“地方公举”产生，不过这种“公举”却并非由全体选民投票进行，而是由士绅以某种方式自行推举。例如1919年顺直议会议决《财政所单行条例》，规定各县财政所的组织程序为：先由各村长佐和各公益机关首长选举财政检查员，再由检查员和各公益机关首长选举财政所长。① 这种做法具有相当的普遍性，如《顺义县志》记载，该县1925年劝学所改为教育局，局长即是由“各局及各高小学校教育会、教育馆、各区区长选举”产生的，1928年成立财务局，其区长则是“由各局各区及各高小、商会选举”产生的。② 可以说，当时士绅在地方公益机关中所担当的职务，有不少是由他们通过县乡绅董会议的形式互相推选产生的。

3. 参议和处置区内治安事务。例如，民国初年广东梅县发生劣僧滋闹县中佛教会事件，“各堡绅”即通过团保局董要求严办③；广西省宾阳县属大阮团发生高门十三村与洪塘七村争夺水利事件，县知事责成“团绅”阮××等调解，后来又令地方绅士“邀同保卫总所暨北区团局各员绅”进行调解。④ 1920年代初，湖北随县“团绅张××及第九区绅董王××等数十人开会议决”，对唐镇保董张××、副保董丘××罚款。⑤

4. 议决地方财政措施。根据清末民初的地方自治制度，地方财政措施的议决权属于县乡议（事）会。然而在清末县乡议事会成立之前，以及在1914年议事会被解散之后，一些县地方财政措施的出台往往是由士绅们在一定范围内决定的。例如，1908年，直隶省广宗县因教育、警察等经费不足，“知县召集各厂厂正及绅董筹商议定，将新政经费与旧日差徭合并征收，按亩摊派”⑥；1920年，威县各区保卫团绅董要求建立全县统一的保卫团并以田赋附加的形式筹措经费，经县知事“邀集城乡绅董开会公议”后，即付诸实行⑦；1920年，新河县为抵御土匪，由劝学所长、高小校长、财政所长倡议，“商同县长邀集全县二十四保长共同磋商，由地亩加捐成立保安队以谋自立，多数赞同”，遂付诸实行。⑧

---

① 前揭《威县志》，政事志下。
② 前揭《顺义县志》，行政志。
③ 《文官高等惩戒委员会议决书》，《政府公报》，第1249号，1915年10月30日。
④ 《大理院复广西高等审判厅电》，《政府公报》，第1205号，1919年6月13日。
⑤ 《文官高等惩戒委员会议决书》，《政府公报》，第2455号，1923年1月10日。
⑥ 姜檍荣修：《广宗县志》，财政略，1933年。
⑦ 前揭《威县志》，政事志下。
⑧ 傅振伦等纂修：《新河县志》，经政考，军警门，1928年。

5. 在某些情况下，士绅们还以一定形式联合起来，行使本县的议政和行政权。例如：

1912 年，陕西宝鸡的“地方绅商界人士自动筹设”了一个名为“虢镇事务所”的机构，所长“由地方绅士充任”，“其职能范围是协助县佐掌管地方兵、警、团防、城内商事及郊区乡约、保正人事更迭”。①

直隶涿县于 1919 年成立了一个名曰“自治联合会议”的机构，负责议决县内各种地方要政，“各区正副区董为当然会员，劝学所长、商会会长、警察所警佐、会计处正副经理均可到会陈述意见”②。据该县县志记，这个组织系奉当时京兆尹公署的命令而成立，京兆地区他县亦当有之。

直隶高邑县 1926 年因国民军与晋军在境内开战，县长逃跑，县政无人负责，遂由地方各自治机关组织“自治委员会”，主持县政，其成员为县参事会董事 4 人，县议会正副议长、县教育局局长、教育会会长、女子小学校长、高小校长、农会会长和商会会长。③

直隶东明县 1927 年“大军过境，支应浩繁，参议两会维持乏术，遂乃宣告解散，所有一切事务，当即移交临时维持会办理。该会系全县 11 区每区各选代表若干人组成，正会长一由县长兼任之，副会长一由全体会员公推之”。该县县志说，这一组织的主要任务虽系支应往来军队，“而其性质确系地方上辅助行政之代议机关，大非支应兵差之临时组织可比”。④

广东大埔县在民国初年地方自治停顿期间，“各区替代之人民机关”为民团局、保安局、保卫团。这些机构系“一方之绅士机关”。1916 年后，“每遇科派军饷，则军政当局惟责之各区绅董，绅董则负其责，就区内摊族派户，如额上供”⑤。

上述情况表明，与传统社会相比，清末至北洋政府时期的“绅权”急剧膨胀，成为国家组织之外的另一极社会权力。

① 《宝鸡文史资料》第 6 辑，第 37 页。

② 宋大章等纂修：《涿县志》，党政组织，自治，1936 年。

③ 王天杰等修：《高邑县志》，卷十，故事，1933 年。

④ 前揭《东明县新志》，自治志。

⑤ 温廷敬总纂：《大埔县志》，经政志上，1942 年。

四、一点思考

在自治旗帜下膨胀起来的“绅权”，在当时的社会结构中处于“官”与“民”之间。它同“官”和“民”两者之间的关系，全都既有矛盾冲突的一面，又有依存联合的一面。

这一时期的组织化“绅权”，对于国家、官吏对地方社会的压榨，有时会进行抵制和斗争。例如，清末民初直隶等地士绅以县议参两会为基地，普遍对官府的差徭摊派进行了清理和削减。[①] 围绕某些涉及地方权益的问题，士绅们同国家官吏之间有时甚至发生激烈冲突。如清末顺天府尹周××袒护其族人周承先把持贪污房山县煤矿税收，自治预备会成立后，会长约集其他会员和警董向官厅提出交涉，“乃官厅或情面所关，或轻视自治，呈数十上而莫能决。彼时民气盛，警务皆归地方筹办，于是一面遣警驱逐周承先，一面向高级官厅力争”，终于将矿山税收争归自治局所有。[②] 再如，1924年李××就任山东曹县县长，“银粮税收加重，百姓怨声载道，十三区、五方团总（地方士绅组织）等地方封建势力，对李也深为不满”，乃组织农民结队进城砸衙门、打县长。[③]

与官绅矛盾、冲突相比，这一时期急剧膨胀的“绅权”对于民众利益的侵害更令人瞩目。士绅把持地方机构，借办理“新政”和各种自治性事务而向农民、小商贩强征滥派税捐财物，并从中贪污中饱，以及私设公堂、非刑考讯，是清末至1930年代初的普遍现象。有人记述北洋政府时期担任保卫团团总的士绅，“无固定薪俸，但从税捐、公产中可得到优厚的报偿。至于劣绅，凭借权力，利用剿匪、办案之机，上下勾结，勒索敲榨，分赃自肥就不必说了”[④]。由于组织化的“绅权”系以“官权”做靠山，因此士绅们的意志一般都能够得到贯彻。而反抗土豪劣绅胡作非为的“民变”，被视为是对朝廷或政府的冒犯，无不遭到国家武力的镇压，轰动全国的1910年山东莱阳抗捐就是典型的一例。然而，物极必反，民众

① 参见拙作《清代直隶的差徭》，载《清史研究》2000年第3期。
② 冯庆澜等修：《房山县志》，政治志，财政，1928年。
③ 《曹县文史资料》第3辑，第42页。
④ 《平南文史资料》第5辑，第72页。

对于“绅权”的怨仇日积日高，终于在国民运动中爆发，乡村民众以极度非理性的形式对土豪劣绅进行扫荡，正绅乃至一般小财主、穿长衫的文化人也在所不免。

关于清末至北洋政府时期的“绅权”膨胀，有一个问题值得深思。“兴绅权”这一口号，是梁启超、谭嗣同等维新派为改革中国的君主官僚专制制度，借鉴西方近代民主思想而提出的，然而它在清末民初付诸实践的实际结果，却是土豪劣绅社会政治权力的恶性膨胀；“兴绅权”不仅没有如维新派所设想的那样成为“兴民权”的先导，反而极大地损害了一般民众的权益。这种理论预设与实际结果的严重背离，其症结究竟何在？笔者倾向于做如下的解释：

从秦汉至唐宋，再至明清，中国社会结构演变的基本趋势是国家日益强固而社会日益散弱，即如康有为所说“上体太尊而下情不达”。这种趋势造成了中国社会政治的诸多弊病，其主要之点是缺乏有序的体制外社会力量来制约政治腐败、消化无产贫民和抵御外来侵略。这一问题，自宋以后就开始引起有识之士的注意，顾炎武提出“复氏族”，黄宗羲提出“重学校”，龚自珍提出“复宗法”，以及晚清维新派提出“兴绅权”，都是试图解决这一问题。应该承认，这些有识之士抓住了当时中国社会政治痼疾的主要面。但问题的另一面却为他们所忽略，即他们试图赖以制约、削弱“上体”的诸如“绅权”之类的社会势力，无不具有极强的宗法性。就“绅权”而言，中国传统社会中“士绅自重者率以常至偃室为耻，其乐与公事者，非弄权以为奸利，即龌龊以希宠荣”①。换句话说，当时有兴趣出入公门参与地方公事者，往往以劣绅居多。清统治者之所以对于士绅哪怕是在极小范围内的干政和组织性集结都十分警惕，防微杜渐，设禁极严，其主要原因即在于此。然而至清末，在“官”“绅”相对——前者极富专制性，后者极富宗法性——的传统社会结构基本没有变化的历史条件下，却通过推行地方自治允许士绅以组织化、制度化的形式参与地方政治，主导地方教育、实业、财务和其他公共事务，使他们在“官治”之外普遍而合法地组织地方公共权力，其结果必然导致劣绅的活跃，导致“绅权”的恶性膨胀。

本文无意为缺乏有序社会制约的传统“官治”体制进行辩护，笔者的观点是：中国传统社会政治制度弊病的根本解决，需要在改变强国家弱社会、有国家无社会社会结构的同时，培植积极的、建设性的社会力量、社会组织。这一点，一些有识之士早在民国初年就已经看透，如阎锡山在山西推行“村治”时就指出：“民

---

① 孙毓琇修：《盐山县志》，法制略，设官篇，1915年。

治云者，即人民有施政之活体组织之换言也。若人民无此组织，非特政治上如同无串之钱，即以人民而论，弱受强欺，愚受智诈，寡受众暴，除向最不愿问之衙门求救，仰最不愿仰之劣绅土棍求指点外，别无他法。云官治，乃贪官污吏之实况；云自治，亦劣绅土棍之变名。"① 这一看法发人深省。

（原刊于《河北学刊》2005 年第 6 期）

① 山西村政处编：《山西村政汇编》（民国十七年），台湾文海出版社有限公司《近代中国史料丛刊》影印本，第 458 页。

由市政建设看近代城市功能的衍化

——以清末民初的保定城为例

河北大学历史学院　刘志琴

摘　要：本文以近代保定城的市政建设为例，揭示保定城的发展轨迹与近代保定城“一文一武一衙署”的城市功能衍变历程。具体从直隶总督署的修建、莲池书院的创立、保定“练兵”与近代军事院校的兴建三个方面分析和探究了保定城在中国近现代历史上所凸显出的政治功能、文化教养功能和军事功能以及这几种功能的叠加、互动与转换。

关键词：保定；近代市政；城市功能；衍化

城市功能是一座城市在某个时期所表现出的该地域的文化特质。它通过一座城市的政治、经济、文化以及生产与交换等具体的社会组织活动来体现，并通过城市的内在运行机制即城市政府将一定的管理模式运用在政治、军事、经济、文化等方面所进行的城市市政建设来实现。它体现的是该城市的历史文化内涵和价值导向，标志着一座城市的文明进步程度，是一个城市的灵魂所在。故市政建设是城市发展和变化必不可缺的重要一环。

保定自古就以其便利的交通与重要的地理位置而“北控三关，南达九省，地连四部，雄冠中州”。金元以后随着国家政治权力中心的北移，保定城的地理位置由边塞军事重镇而变为京畿重地，实现了由“边城”到“腹地”的转变。作为“畿辅首邑”之区的省会城市，在当时特别是在清末的政治、经济、文化和军事上都有着举足重轻的作用。本文以近代保定城的市政建设为切入点（主要以保定典型市政建筑如直隶总督署、莲池书院、保定军校等为例），揭示中国近现代城市发展轨迹与城市功能的衍化。

首先，直隶总督衙署的修建凸显了保定城的政治功能。清康熙八年（1669）直隶巡抚由正定移驻保定，此后 240 多年保定一直是直隶省的省会，直到民初 1913 年省会迁往天津止。自雍正二年（1724）清廷升时任直隶巡抚的李维钧为直隶总督。随着机构的升格与职位的升迁，作为统率全省事务的办公场所，直隶总督衙署的建设便提上议事日程。直隶巡抚的办公场所最初设在了当时保定城西北隅的参将署。即将原来的参将署改为巡抚署，参将署移到城中的大宁都司署（即今直隶总督署所在地），大宁都司即行撤销。李维钧升任直隶总督后，遂意欲将巡抚署扩建修缮为直隶总督署。但巡抚署位于保定城较偏僻的西北隅，即使改建修缮也难免“湫隘庳陋，观瞻不肃”①，乃决定另行选址重建。清政府十分重视直隶总督署的建设，将其视作国家重点工程。特派当时奉使易州的钦天监监正明图和户部主事管志宁负责总督署的选址，二人“特谕道经保定，相度督署基址。当城之中，得参军旧署辨方而定植焉”②。督署从开工到竣工一直都由专人负责监督，并由清政府出资建设。“寻奉怡贤亲王传谕前署督臣杨鲲，庀材鸠工，并发公帑（而）作，始于己酉三月朔后三日，落成于十有一月望后八日。”③ 直隶总督的设立及总督署的落成，使保定具有了“三资辅为政，屏藩卫帝京”④ 的特殊地位和作用。其政治地位及政治功能被极大地提高和彰显。它不但是直隶省的政治中心，在某种程度上影响甚至左右着当时整个清廷的政治决策。直隶总督署的历任总督，从雍正二年（1724）李维均起，到宣统三年（1911）张镇芳止，在 187 年里，共计总督、署理总督、护理总督 74 人，99 任。⑤ 其中著名的如李卫、方观承、曾国藩、李鸿章、袁世凯等人，他们都在中国历史舞台上扮演了重要的角色，有的甚至左右了中国近现代历史的发展进程。所以有“一座总督衙署，半部清史写照”的说法。这种“衙署”的功能性特色标志着保定城的政治功能特色。

其二，莲池书院形成的深厚的文化底蕴成为清末保定城发展的动力源。书院

---

① 李培祜、朱靖旬修，张豫垲等纂：光绪《保定府志·卷三五·工政略一·公署》，清光绪八—十二年（1882—1886）。

② 李培祜、朱靖旬修，张豫垲等纂：光绪《保定府志·卷三五·工政略一·公署》，清光绪八—十二年（1882—1886）。

③ 李培祜、朱靖旬修，张豫垲等纂：光绪《保定府志·卷三五·工政略一·公署》，清光绪八—十二年（1882—1886）。

④ 李鸿章等修，黄彭年等纂：《畿辅通志·帝制记·宸章四·辛未闰三月下浣赐直隶总督温承惠》卷十一，光绪十年（1884）刻本，第 16 页。

⑤ 河北省保定市地方志编纂委员会编：《保定市志》（第 1 册），方志出版社 1999 年版，（第 586 页。

是我国传统的一种独具特色的办学形式，其源头可以追溯到唐开元六年（718）唐玄宗在洛阳开办丽正书院。宋、元时书院这种教育方式已经非常兴盛。清政府对书院采取了先抑后扬的政策。所谓“先抑”就是清朝前期对书院自由讲学的传统和方式心有余悸，采取了抑制的政策；所谓“后扬”，就是到雍正时期，清政府把书院作为一种“文治”的措施或政策，在加强控制和监督的情况下鼓励甚至明令建立书院。莲池书院即是在清政府这一“文治”措施的推动下应运而生。雍正十一年（1733）清政府正式颁布上谕，明令在全国各省建立书院。“各省书院之设，辅学校所不及，初于省会设之。世祖颁给帑金，风励天下。……高宗明诏奖劝，比于古者侯国之学。儒学寝衰，教官不举其职，所赖以造士者，独在书院。”① 保定是直隶省的首府，又在天子脚下，这种得天独厚的政治与地理优势，使得保定成为建立直隶省书院的首选之地。时任直隶总督的李卫经考察商议，最后决定把书院建在保定的古莲池。古莲池原名雪香园，始建于金代正大四年（1227），虽几经战火有些凋零，但里面有元代贾辅建的藏书室万卷楼，有元代文学家郝经居住的中和堂，其格局规矩齐整适宜读书。书院的动工从雍正十一年的五月开始，到同年的九月落成。动用资金除朝廷拨给的千两帑金外，还通过纳税、士绅捐助、捐养廉银等补足。书院的落成是保定衙署的政治功能在教育和文化领域的辐射和延伸。莲池书院由雍正十一年（1733）到光绪三十年（1904）走过了170多年的发展历程，由此而形成的莲池文化世代相传，赓续发扬。对保定、直隶乃至全国的文化传承与发展产生了深远的影响。

书院聘学界名人执教，八方学子慕名而来，弟子盈门，以致出现“以待学者，犹不能容，或怅然而返”② 的局面。书院不仅教授学生，还刊印书籍，修纂志书。如同治十年开局修《畿辅通志》。道光十年（1830）直隶总督那彦成将家藏的唐宋元明六家八种真迹和墨拓，镌刻赠予莲池书院，定名为《莲池法帖》③，当时享誉全国。特别是临近清末，黄彭年开设的《朴学课》、张裕钊的书法课程等深受欢迎。光绪十五年（1889）吴汝纶开设西文（英语）学堂和东文（日语）学堂，更是成为全国教育改革的先锋，其“不再以文章取士，应提倡大兴西学”④ 的观点

① 赵尔巽等：《清史稿》卷一〇六，《志八十一・选举一》，中华书局1977年版，第3119页。

② 黄彭年：《莲池书院记》，清光绪七年（1881），《陶楼文钞》卷三，清光绪十六年（1890）刊本。

③ 河北省保定市地方志编纂委员会编：《保定市志》第1册，方志出版社1999年版，第32页。

④ 王爽：《莲池书院》，保定市政协文史资料研究委员会编：《保定文史资料选辑》1984年第1辑，第131页。

更是顺应历史潮流开教育上西学东渐的风气之先。莲池书院“一变为储才研籍之地矣”[①]，使得“河北风气，因以大开”。书院浓郁的文化氛围吸引着众多的文人学者来此学习交流，从而也促进了保定城政治、经济、文化的繁荣。书院的跨文化交流，率先开东西方学术交流之风气，为清末的教育新政实验打下了坚实的基础。莲池书院所形成的莲池文化为保定城增添了文化底蕴，也是保定随着时代的变迁其政治地位和政治功能衰减之后而呈现出强劲的文化教养功能的内在驱动力。

1913年2月直隶省会由保定迁往天津，裁保定府设范阳道，恢复清苑县建制，结束了保定240多年的直隶省会历史。南京政府时期保定城“几与外县等夷或尚不及繁盛一镇”[②]。但就在清末民初保定城政治功能渐衰过程中，却出现了保定城历史上新式教育，特别是军事教育的繁荣。众多新式学堂的建立使得清末民初的保定城成为新政教育改革的前沿基地，被誉为“学生城”。也由此改变了保定的市面状况，保定城再次成了官廨林立、商贾云集、人口繁盛之地。正是莲池文化的深厚底蕴所转化出的文化教养功能，成为清末保定城发展的新动力源，使得众多的新式学校云集保定。保定城近现代发展与城市功能转换的历史，很好地印证了“文化是城市核心竞争力和城市核心内涵”[③] 的命题。

其三，保定“练兵”与近代军事院校的建立使保定城成为全国军事教育和改革的前沿示范基地。保定自古为军事重镇，1669年直隶巡抚由正定移驻保定后，保定城就凸显出其政治功能与军事功能的相互“叠加”。此后随着莲池书院的建立，其文化教养功能逐渐增强。正是这些军事功能、政治功能与文化教养功能的相互促进和作用，使得晚清至清末的保定城成为近代军事改革和教育的基地。其中曾国藩、李鸿章、袁世凯等都曾在保定编练军队或开设近现代化的军事学堂，客观上促进了中国军队由旧式的冷兵器式的军队向现代化军队的转型。

曾国藩在同治七年七月（1868）由两江总督调任直隶总督，上任前，清政府即令其“经理直隶省练兵事宜”[④]。同治八年正月（1869）被慈禧太后召见，曾国

① 瀛山：《谈谈以往的莲池（节录）》，《河北月刊》1936年第2期。

② 金良骥、刘云亭等修，姚寿昌等纂：《清苑县志：卷二·赋税·户口》，据1934年铅印本影印，台北成文出版社1968年版。

③ 涂文学：《近代市政改革：影响20世纪中国城市发展的历史性变革》，《学习与实践》2009年第9期。

④ 赵尔巽等撰：《清史稿》卷一三二，《志一百七·兵三·防军、陆军》，中华书局1977年版，第3932页。

藩表达了自己的施政方针："臣遵旨，以练兵为先，其次整顿吏治。"① 正式就任直隶总督后，曾国藩即在保定府城东设立保定练军营房，建有前左各二营、中后二营，设统领一员、翼长一员、每营哨官五员、哨长二员、战兵四百九十名、各营操马二十匹。前左各二营驻扎大名，中后二营驻扎保定。② 曾认为："宜练兵不宜练勇，而勇营良法为练军所当参用者……减兵增饷，汰弱留强，严杜顶替之弊。于原有练军四千人外，古北口、正定、保定各练千人，统以东南战将。练成之后，分为四军。以二军驻京北，二军驻京南，俟功效既著，增练五千人。"③ 同治九年又在直隶增募马勇千人，将其分为四个营，使原有兵额超过万人。制定了严格的营哨制度与兵饷制度。由此保定也成了名副其实的北方军事重镇。

同治九年到光绪二十七年，李鸿章曾三次出任直隶总督。在任期间，也将练兵为首要任务。面对财政紧张、练兵费用难以保证的局面，他屡奏朝廷："枪炮轮船乃近世立国之本。国家诸费皆可省，惟养兵、设防、练习枪炮、制造兵轮值费不可省。"④ 李鸿章还创建了一批如松江、上海洋炮局的近代军事工业，购买新式战舰，学习欧美兵法，建立起强大的海军。其仿照湘军章程一手创建出的淮军成为清朝主要的国防力量，被派往直隶、山东、江苏、广西、广东、台湾等地驻扎。李鸿章主张"外须和戎（不轻易言战）"，"内须变法（力行洋务）"。提出"自强以练兵为要"。主张"以洋为师"，学习西方枪炮技法与作战方式，建立近代化的淮军，被外国使者称之为"东方毕士马克"。⑤ 他制订了一套完备的训练淮军计划。一是鸠工备料，创建新式军事学堂，训练淮军以养成其新的作战技术，提高战斗力。这新式的军事学堂当时称新武学校，聘请莲池书院院长吴汝纶来组织主持。⑥ 仿照英、法、日等军事技法，兼采众长，务求实用，培养近代化的新型军

---

① 曾国藩：《曾国藩日记》（下），宗教文化出版社 1999 年版，第 267 页。

② 李培祜、朱靖旬修，张豫垲等纂：光绪《保定府志・卷三三・兵政略・兵制》，清光绪八—十二年（1882—1886）。

③ 赵尔巽等：《清史稿》卷一三二，《志一百七・兵三・防军、陆军》，中华书局 1977 年版，第 3933 页。

④ 李书春著，王云五主编：《清李文忠公鸿章年谱》，台北商务印书馆 1978 年版，第 26 页。

⑤ 吴汝纶：《李文忠公墓志铭》，吴汝纶撰，施培毅、徐寿凯校点：《吴汝纶全集》第 1 册，黄山书社 2002 年版，第 219 页。（"毕士马克"即德意志"铁血宰相""俾斯麦"的音译）

⑥ ［法］巴斯蒂（M.Bastid - Bruguiere）：《从辛亥革命前后实业教育的发展看当时资产阶级社会政治的作用》，中华书局编辑部编：《纪念辛亥革命七十周年学术讨论会论文集》下册，中华书局 1983 年版，第 2320 页。

事人才。二是在加强训练军事技法的同时，以修建淮军“昭忠祠”的形式，增强淮军士兵的凝聚力。三是为培养淮军高素质的人才，让淮军与当时极负盛名的保定莲池书院结为“文武”之好。当时的书院院长吴汝纶为“淮军昭忠祠暨公所”落成庆典送去对联云：“此乡仍侠窟遗风，万荡白虹马生角。何处访战场余事，一堆黄土豹留皮。”① 李鸿章也赞赏书院的敢为人先的学术风气。认为“书院中兼习西文甚少，亦恐止莲池一处也”②。双方商定以淮军公所的名义委托莲池书院为其培养懂日语的专门人才，请吴汝纶的日本弟子中岛裁之做教习。从“保定淮军公所岁修生息余款中，岁提四百金，开一东文学堂，专教皖人在北者子弟”③。李鸿章“以洋为师”“文武结合”的练军理念和措施，直接推动了中国军队的近现代化进程。

以编练新军而崭露头角的袁世凯任直隶总督后，效仿曾国藩、李鸿章以抓军队建设为第一要务的理念，很快把保定建成了近代军事教育培训基地。其创办的各类以西方军事教育为参照标准的军事学堂，不但为其实现远大的“抱负”提供了人才支持，而且客观上直接推动了中国军队的近现代化转型并对中国社会的发展进程产生了巨大的影响。

光绪二十七年（1901）九月，李鸿章卒于任上。袁世凯署直隶总督兼北洋大臣。袁深得曾国藩、李鸿章拥兵自重之真传，任直隶总督后即“以练兵为当务之急”。他全面继承李鸿章所开办的军事学堂、官督商办的洋务军事及民用企业等，将其作为练兵的军事和经济基础。一方面从顺直赈捐项下拨款一百万两白银作为新军军饷的措施，“厘定募兵章程十九条”④，派王士珍、王英楷等分赴正定、大名、广平、顺德、深州、冀州等地，精选壮丁 6000 人招募为士兵。另一方面，袁世凯以统一军制为名于光绪二十八年五月（1902 年 6 月）成立了军政司，自己任督办。其下设兵备处、参谋处、教练处，以兵备处职责最重，负责陆军的章程制定、枪炮弹药电线等一切军械的配置、军营及其设施的建设等。三处各负其责、

---

① 吴恭亨：《对联话》，岳麓书社 1984 年版，第 48—49 页。

② 吴汝纶：《与李季皋》，吴汝纶撰，施培毅、徐寿凯校点：《吴汝纶全集》第 3 册，黄山书社 2002 年版，第 255 页。

③ 吴汝纶：《与方伦叔》，吴汝纶撰，施培毅、徐寿凯校点：《吴汝纶全集》第 3 册，黄山书社 2002 年版，第 256 页。

④ 天津图书馆、天津社会科学院历史研究所编：《袁世凯奏议·拟定募练新章程请敕部立案折》上册，天津古籍出版社 1987 年版，第 436 页。

彼此呼应，“以立其体而握其枢”[①]，使其势力得以迅速膨胀。不仅使地方和朝中的官员攀附敬畏，即便是朝廷，凡有大政，也必“由军机处问诸北洋”方能做出决定。

袁世凯编练北洋新军的一个重要举措就是积极开办军事学堂，培养将弁人才。当时清廷提出“非武备学堂出身者，不得充将弁”[②]。袁借助清末新政创办了各类军事学堂，并于“光绪二十八年（1902），设北洋行营将弁学堂，实演战击诸法”[③]。“练兵必先选将，而将才端由教育而成”[④]。在创办军事学堂的过程中，除将原有的如天津武备学堂、山海关随营武备学堂、开平随营武备学堂、威海随营武备学堂、山东新城学堂等重新利用外，重点以保定为基地创办了一批新式军事学堂。

虽然天津是袁世凯任直隶总督以来的常驻办公之地，但由于八国联军对天津的侵扰及《辛丑条约》中规定天津周围方圆 20 里内不容许中国军队驻守，袁世凯只得将其统帅的部队于保定训练并在保定开展军事教育。袁仿照外国体制在保定创办了陆军小学堂、陆军中学堂与各种军事技术的将弁学堂及短期培训类的军事专业学堂。如保定参谋学堂、保定陆军武备学堂、保定将弁学堂、保定速成武备学堂、陆军军官学堂、保定军官学堂、陆军大学等，形成了直隶地区以保定为核心向天津、开平、山海关、威海等地辐射的重要军事教育基地。1902 年《大公报》曾载“袁慰帅拟在保定建造兵营 4000 余间，北京各木厂纷纷赴省营求承揽此项工程”[⑤]。其中以开办保定军官学堂（亦称保定陆军大学堂）为清末建立军事院校的高潮。

保定军官学堂是中国近代唯一的一所高级别的军事学府，管理体制为部队管理模式，实行教学与实地训练相结合。课程主要有学科、术科与外文。“教学内容与教学方法是参照德国与日本的军事教育，结合中国的实际情况制订而成的，逐

---

① 天津图书馆、天津社会科学院历史研究所编：《袁世凯奏议·直隶创设军政司拟定试办章程折》（中）卷一六，天津古籍出版社 1987 年版，第 537 页。

② 赵尔巽等：《清史稿》卷一三八，《志一百十三·兵九·海防》，中华书局 1977 年版，第 4132 页。

③ 赵尔巽等：《清史稿》卷一三八，《志一百十三·兵九·海防》，中华书局 1977 年版，第 4132 页。

④ 天津图书馆、天津社会科学院历史研究所编：《袁世凯奏议·建设北洋行营将弁学堂拟定试办章程折》（中）卷一六，天津古籍出版社 1987 年版，第 542 页。

⑤ 《大公报》1902 年 6 月 17 日（光绪二十八年五月十二日）。

步摆脱了天津小站练兵的一套旧法。”① 聘请外国教官（以德日为主）讲习，从德国兵工厂购置世界一流先进军事器材及枪炮仪器、要塞濠垒模型等教学模具。学员要达到熟悉图上作战的战法、地图、沟壑、交通，了解各军事器具的结构，懂得几何、代数、三角及算数，兼外文方能合格。这些军事学堂的开办，为近代中国培养了一批高级军事人才。由北洋行营将弁学堂到保定军校，共培养出了数万名的军事领导人才，仅民国改元后十一年的毕业生就有 6553 人。② 其中成为将军的就有 1000 多名。如熊秉琦、靳云鹏、吴佩孚、齐燮元、李济深、蒋介石、孙传芳、叶挺、邓演达、蒋光鼐等。大凡“举北洋各学堂造就之众至数千人，今之上而统帅，下而校尉，内而部曹，外而幕职，凡北洋军学出身者，非同学及其门下士也”③。袁世凯清末民初进行军队训练与开办军事学堂，虽然主观上有培植自己的亲信与势力，拥兵自重的政治目的，但客观上这些军事院校的设立形成了一套较完备的正规化的近代军事教育体系，促进了中国军事走向近代化与国际化。与此同时，保定“练兵”与近代军事院校的建立也使近代的保定成为全国军事教育和改革的前沿示范基地，使这座历史上的军事重镇以重要的军事功能而凸显出其“武”的特色。

以上从直隶总督署的修建、莲池书院的创立、保定“练兵”与近代军事院校的兴建三个方面探究了保定在中国近现代历史上所凸显出的政治功能、文化教养功能和军事功能以及这几种功能的叠加、互动与转换。保定作为直隶省会的显赫政治地位，带动了文化、军事和经济的发展。其政治、文化及军事功能的彼此相互交织，得以“强化并协同作用，以非加和性的特点产生出倍增效应，构成城市发展的动力源”④。即使在民初省会移督他处而政治功能渐衰之时，保定的发展还能以军事教育与新式文化教育的勃兴而在全国独领风骚，这种由莲池文化的深厚底蕴所转化的文化教养功能，成了清末保定城发展的新动力源。所以莲池文化是保定城的核心竞争力和城市核心内涵。这就是我们从保定城遗留的“一文一武一

① 笛鸣：《部队陆军军官学校》，保定市政协文史资料研究委员会编：《保定文史资料选辑》第 1 辑（1984 年版），第 96 页。

② 笛鸣：《部队陆军军官学校》，保定市政协文史资料研究委员会编：《保定文史资料选辑》第 1 辑（1984 年版），第 99 页。

③ 张一麐：《故代理大总统冯公事状》，来新夏主编：《北洋军阀》（5），上海人民出版社 1993 年版，第 99 页。

④ 吕彩云：《论军事城市的政治功能叠加》，《求索》2008 年第 3 期。

衙署”的城市市政印迹所分析和揭示的保定城近现代发展与城市功能转换的历史，并期冀由此提供研究和认识中国近现代城市发展轨迹与城市功能衍变的参照与启示。

（原刊于《河北学刊》2012 年第 3 期）

延续与渐变：近代冀中定县的农业生产及其动力

南开大学历史学院　李金铮

摘　要：冀中定县的农业生产，为近代中国农村经济变迁提供了例证。在生产条件上，基本沿袭祖辈特色，既反映了传统经验的适应性，也是人多地少、劳动力剩余之下的无奈。与此同时，在民间组织与政府机构的推动下，农具、作物以及灌溉等方面也显现出现代农业的迹象。在农作物结构上，仍以传统粮食作物为主，商品作物尤其是棉花种植面积也有明显扩大，国外市场需求已成为一个重要变量。尽管如此，农民很少将土地孤注一掷地用于种植经济作物，利润追求有限。粮食总产量有所提高，其增长不是靠耕地面积的扩大，而是亩产量的增加，亩产量的增加又源自生产条件的改善尤其是劳动力的大量投入。这虽导致劳动生产率低下，但农民生存效用增加了。农业生产体现了传统与新面相、增长与不发展、连续大于跳跃的渐变特征，农民的贫困状态并未发生根本转变。在艰难之中，农业生产和农民生活还能维系和坚持，表明小农经营仍有顽强的生命力。

关键词：冀中；农业；传统；增长

近代以来，在中外关系日渐加强的变局之下，中国愈趋由“中国的世界”变成“世界的中国”，中国社会一直处于传统与现代、本土与域外的相互交织、相互作用之中，其复杂性是空前的。这一历史现象可以从政治、经济、社会、思想、文化、城市、乡村等多种角度进行研究，本文关注的是农村经济尤其是农业生产这一侧面，“农业劳动是其他一切劳动得以独立存在的自然基础和前提”①。20世

① 《马克思恩格斯全集》第26卷，第1分册，人民出版社1972年版，第28—29页。

纪二三十年代，无论是我们耳熟能详的马克思主义学者，还是我们有所忽略的非马克思主义学者，一般都认为，中国近代农村经济处于衰落和崩溃之势。直至20世纪80年代以后，学界对此问题的研究才开始出现分歧，这些意见大致可以概括为衰退论、增长论、过密型增长论和发展与不发展论。① 面对同一研究对象，为什么竟有如此不同的解释？笔者以为，其中一个很重要的原因是一些学者经常将某一时期、某一地区的研究扩大为整个中国近代农村的结论，从而引起诸多不必要的争辩。当然，这并非说区域研究的方法是错误的，恰恰相反，中国地域广袤，不同区域的生态环境和社会文化各具特色，在感受“近代”变化的时间和程度上互有异同，由此决定了地方史、区域史研究的必要性。“小历史”与“大历史”是互为塑造的，只有通过二者的不断对话，才能实现整体史的认识。

本文以冀中定县（今河北定州）为个案，主要依据晚清以来的县志和20世纪20—40年代的实地调查、土改档案等资料，探讨一个县域农业生产的近代脉动。②在细致剖析生产条件、作物结构、粮食产量以及经营效率的同时，关注农民主体的生产行为及其动力，关注农业生产为什么在近代中国尤其是民国时期动荡的社会环境中还能艰难维持，更要了解在这一过程中哪些方面仍是传统的延续，哪些产生了现代变化，传统与现代的关系如何，与之相关联的诱因是什么。这里所谓传统与现代的关系，是一种历史的实际运动过程，而非二元对立和历史断裂。

一、生产条件中传统与现代因素的初步交汇

农民从事农业生产，是以生产条件作用于土地的行为，是主观选择和客观约束相互作用的结果。或者说，生产条件是农民与土地产出之间的中介，包括农具、畜力、种植方法、农田水利等。在一定的土地范围之内，生产条件诸要素的数量、

① 相关学者的研究及主要观点参见李金铮《中国近代乡村经济史研究的十大论争》，《历史研究》2012年第1期。

② 迄今未见以本文视角对近代一个县域的农业生产进行研究的文章。

质量及其组合极大地影响着农业经营的方式及其结果。以往学者对土地关系关注较多①，而对此问题的研究还很不够。

第一，农具与牲畜。

农具与牲畜是农民驾驭农业生产的首要工具，也是显示农家财富的重要标志。20世纪30年代，已有学者使用新方法来计算农家的资本构成，这种方法虽不一定完全适合中国传统农家的经营方式，但从中还是可以了解到有价值的信息。1936年中央农业实验所杜修昌对定县20个农家的调查显示，平均每家资本为316余元，每家收入547元，收入为资本的1.73倍，可见农家资本是极为有限的。在资本构成中，农具和家畜所占比例最高，占资本总额的50%，反映了普通农户的基本特质。②

与一系列复杂的农业生产过程相适应，农具种类很多。有学者调查，华北地区的农具约有100种。20世纪30年代初，定县农具有40种，包括整地农具5种、种植农具9种、收获农具10种、调制农具11种、附属农具5种。各类农具多由本地木匠、铁匠制造，少数来自附近地区，价格便宜，使用年限较长。这些农具基本上都是世代相传，其名称、形状、结构与秦汉以来的古代农具相比没有多少变化。③

不过，农具在总体滞状中也有发展，比较明显的是水车的使用。传统的浇地工具是辘轳，通过手提辘轳转运井水。1920年，新乐人陈增连在定县明月店开设了水车厂，可做全套水车。随后，本地铁匠也开始仿造水车。除了私人力量以外，现代民间组织也开始介入。二三十年代，中华平民教育促进会（以下简称“平教会”）在定县举办平民教育实验，不仅改良已有水车，还设计新式水车。1948

① 笔者对近代定县的人地关系、土地分配关系以及租佃关系等方面已做了研究，参见拙著《传统与变迁：近代华北乡村的经济与社会》，人民出版社2014年版，第135—194页。其他学者也有深入研究，如章有义：《近代中国人口和耕地的再估计》，《中国经济史研究》1991年第1期；郭德宏：《旧中国土地占有状况及其趋势》，《中国社会科学》1989年第4期；史建云：《近代华北平原地租形态研究》，《近代史研究》1997年第3期。

② 杜修昌：《农家经济分析：1936年我国四个地区177农家记帐研究报告》，北京：国家统计局，1985年，第7、49页。

③ 朱洪启：《二十世纪上半叶华北农家经济与农具配置》，博士学位论文，南京农业大学人文社会科学学院，2004年，第23页；李景汉：《定县社会概况调查》，北京：中华平民教育促进会，1933年，第668—684页。

年，全县有水车铺27家。[①] 因凿井灌田发展极快，水车使用的数量也显著增加。30年代初张世文调查时就发现："近年来农家用水车者日增，辘轳头及辘轳把之销路渐见减少。"[②] 水车的广泛使用，是农具史上的一个进步，灌溉效率大有提高，每架水车一日可灌田3亩，是辘轳灌田的3倍。不过，辘轳仍是主要的灌溉工具，据1930年统计，平均2.7户有一个辘轳，5.5户才有一架水车。[③]

无论是灌溉水车还是运载大车，以在农业生产中的作用和市场价格而论，都属于大型农具。并非每家都能置备，水车的情况已如上述，大车也是3.2户才有一部。这主要是因为价格较贵。30年代初，定县每部水车、大车分别值80—100元、80—90元，而此时每亩小麦收入仅为14.3元，也即购买一部水车、大车需要六七亩小麦的产量。同一时间的调查，普通农户一年收入不过250元左右，每部水车、大车要占农家收入的32%—40%。这是普通农户难以承受的，至于平均收入以下的农户，就更加困难了。相比之下，富裕农家不仅拥有大车、水车，且质量好，中农其次，贫农最差，他们更多是借用。[④]

畜力与水车、大车一样，在传统农业生产中也是比较奢侈和昂贵的工具。

以定县全县计算，1932—1934年平均每个农户有0.54头牲畜，多数是役力较弱的驴子。1948年土改时期的统计，与上一结果颇为相近，平均每户0.52头。牲畜多为富户占有，如大兴庄、新全村，地主多有骡子2匹、驴1头，富农有骡子一两匹或牛、驴各1头，普通农户尤其是贫农则很少，或数户合买一头，或向人借用。[⑤] 畜力之所以缺乏，既有与水车、大车一样的价格因素，也有饲养和使用的问题。1933年，一匹骡、马、驴和牛的价格分别为139.7元、115元、52元和43元，占普通农家一年收入的17%—56%，有10亩以下土地的家庭根本买不起

① 《定县工商业统计数字》，1948年7月，革命历史档案第25卷，定州市档案馆藏。

② 张世文：《定县农村工业调查》，四川民族出版社1991年版，第157页。

③ 《民国十九年河北定县井泉调查表》《民国二十年河北无极县井泉调查表》，《冀西井泉调查记》，中国华洋义赈救灾总会丛刊乙种50号，1932年。

④ 李景汉：《定县经济调查一部分报告书》，北京：中华平民教育促进会，1933年，第7、162页；《定县社会概况调查》，第674页；《华北农村人口之结构与问题》，《社会学界》第8卷，1934年6月，第7—8页。

⑤ 《二十一、二十二、二十三年度河北省各县家畜家禽数量统计表》，《冀察调查统计丛刊》第2卷第2期，1937年2月，第70页；第2卷第3期，1937年3月，第52页；第2卷第5期，1937年5月，第50页；《定县1948年基础数字统计表》，革命历史档案第69卷，定州市档案馆藏；《定县第十三区大兴庄、新全村》，1948年，革命历史档案第51卷，定州市档案馆藏。

牲口。日常饲养也是较大的负担，北支合等三个村，驴、骡和马每日喂草分别为5斤、8斤和10斤，喂粮食2斤、3斤和4斤。同样，10亩土地以上的家庭才有条件饲养一头驴子。但在定县，10亩土地以下以及没有土地者约占总农户的56%，这一比例与平均每户仅有半头牲畜是吻合的。① 此外，生产环节和劳动季节也限制了牲畜的使用。畜力主要用于播种、中耕和翻土，撒种、施肥、除草、收割则可用人力代替。在农闲季节，役畜长时间放置不用，对于普通农家来说极不经济，农家总是困扰于农忙季节对畜力的需求和农闲季节闲置无用的矛盾之中。

中国从清末开始引进外国先进的农机具，国内也开始生产，但数量极少。至于定县，在整个近代，没有使用过任何现代农机具。直到1952年，仍无一台大型农机具，1955年才开始使用拖拉机耕地，1958年使用柴油机和电动机进行农田灌溉。② 相比之下，英国早在17世纪就发生了农业革命，生产手段愈益机械化。美国在19世纪之后，各种农具也不断改进，机械化程度迅速提高。崔毓俊是金陵大学农林科毕业生，曾参与卜凯主持的农村调查，20世纪40年代初在美国康奈尔大学留学。他到纽约州农家访问调查，还专程到了卜凯的弟弟克莱佛德家，他发现那里的农民多是康奈尔大学毕业生，工具已经完全机械化。克莱佛德自己经营960英亩地，饲养70多头奶牛和1200只鸡，使用的是先进的卡车、拖拉机和收割机。③ 与此相比，中国农具可谓霄壤之殊。

为什么发达国家已经普遍使用机械化农具，而中国农民却仍死守传统农具呢？其实，传统农具的长期延续和广泛使用，本身就表明它仍能适应农村的自然环境和农业经济的特点。正如有学者所言，“华北的农具是非常合理的，是适合华北的农业生产的”④。所以，仅仅认为传统农具落后是不确切的。除此以外，还有两个因素阻碍了机械工具的使用。一是劳动力的富余。在定县，以1934年全县农村人

---

① 李景汉：《定县经济调查一部分报告书》，第339页；《家畜调查表》，1949年，革命历史档案第60卷，定州市档案馆藏；杨懋春：《一个中国村庄：山东台头》，张雄等译，江苏人民出版社2001年版，“前言”，第27页；张思：《近代华北村落共同体的变迁——农耕结合习惯的历史人类学考察》，商务印书馆2005年版，第97页。

② 定县人民委员会：《1949—1960年定县国民经济历史资料》，1962年，计划统计资料类，第130号，保定市档案馆藏，第82页。

③ J.T.施莱贝克尔：《美国农业史（1607—1972）》，高田等译，农业出版社1981年版，第118—128、184—189、209—214页；崔毓俊：《忆往——一个农业科学工作者的回忆》，1986年油印本，第44—55页。

④ 朱洪启：《二十世纪华北农具、水井的社会经济透视》，博士学位论文，南京农业大学人文社会科学学院，2004年，第25页。

口计算，有劳动力 17.6 万个，根据农民的耕作能力计算，有 7.8 万个剩余劳力，农业生产属于典型的劳动密集型产业。① 这就导致使用任何农业机器都无利可图。加之农业地块过于零碎，定县平均每个农户有 8 块土地，每块只有 4.2 亩，更使得农业机械的使用受到限制。二是农民的贫困。如上所述，农民的收入水平，连水车、大车和牲畜都无力购买，昂贵的农业机器就更不可能了。② 基于此，有学者认为不可轻易放弃传统农具，卜凯就指出，许多外国机器在中国不能适用，“中国农业的进步，并不像一般人的想象，以为一定要依赖采用西洋高贵的农业机器”③。

第二，种植技术。

种植技术主要指农作物的栽培和种子的选用。与传统农具一样，农民的种植技术也是传统的延续，其普遍心态是“种地不要学，人家怎着咱怎着”④。在定县，农民从选种、种植、整地、施肥，到除草、治虫、收获等环节，仍基本上沿用一二千年的老法子，鲜有改进。⑤

因劳动力丰富、生产工具传统，农作物栽培技术为典型的精耕细作型。如牛村粮食作物的耕作，除草 3—4 次，中耕 1 次，灌溉 5—8 次。在吕家庄郭振纲家的农业劳动分配中，造肥使用的劳动最多，占劳动总量的 1/4 强，其他依次为锄苗、收割、打场、播种、耕地、送肥、灌溉、打虫、整理等。肥料主要是传统的堆肥、拾粪，豆饼用量极小。虽然清末以来进口化肥的数量渐有增加，但即便到 1927—1931 年的高峰年代，所进口的化肥平均每亩仅摊到 0.2 市斤，实在微不足道。至于定县，一直到 40 年代末仍未见使用化肥的任何记录。⑥

在华北农村，通行两年三熟轮作制度。在牛村，的确如此。但从北支合村来看，耕地总面积 450.5 亩，其中一年一季 273.4 亩，一年二季 83.9 亩，二年三季

---

① 黄宗智：《华北的小农经济与社会变迁》，中华书局 1986 年版，第 178 页；何清涟：《人口：中国的悬剑》，四川人民出版社 1988 年版，第 78 页。

② 20 世纪 30 年代，一台 12 马力的柴油机及其配套设备需要 1200 元。(王方中：《旧中国农业使用机器的若干情况》，黄逸平编：《中国近代经济史论文选》下，上海人民出版社 1985 年版，第 847 页。

③ 卜凯：《中国农家经济》，上海：商务印书馆 1936 年版，第 427 页。

④ 卜凯：《中国农家经济》，第 559 页。

⑤ 李景汉：《定县社会概况调查》，第 668—680 页。

⑥ 吴雨农：《定县牛村的平民教育》，1934 年，全宗号 236，卷号 171，中国第二历史档案馆藏；《典型户劳动力使用调查表》，1949 年 9 月，革命历史档案第 60 卷，定州市档案馆藏；章有义：《海关报告中的近代中国农业生产力状况》，《中国农史》1991 年第 2 期。

93.2 亩，各占总面积的 60.7%、18.6%和 20.7%。① 仍以一年一季为最多，两年三熟轮作制度居第二位。

与先进的现代机械化种植方式相比，传统种植方法有相当大的差距，但它与传统农具是互为表里的，其长期延续同样说明它仍有顽强的生命力。正如美国农业教育家白斐德所言，“数千年来，中国农民常能维持土壤之肥美，供给亿兆人民之食物而不竭，即此一端，已足证明华农技术之优良。世界各国从未有如中国维持其国家独立及文明至如此之久远者”②。

与此同时，在政府指导和民间组织的推动下，种植技术的现代因素也开始产生。最为突出的是作物品种尤其是棉花品种的改良。

清末民初以来，随着新的民族国家的构建，上自中央下至省县都开始重视农业生产的改进。定县于 1916 年创办农事试验场，1919 年设立棉业试验场，1925 年成立棉业检查所，1931 年成立农产种子交换所。平教会来定县后，1927 年在翟城、陈村和高头创办三处棉场，1929 年建立县农事试验场，1933 年还与金城银行、南开大学合作成立华北农产改进社。平教会在小麦、棉花、高粱、谷子等新品种的培育以及防治病虫害上，都取得了一定的成绩。譬如，曾在 300 多个农家进行改良品种的表证试验，牛村刘玉田的小麦选育被中央农业实验所认定为华北小麦珍贵品种，平均亩产比普通种子高出 2.5 斗，全村种植 1500 亩，总值相差 4575 元。棉花选种的成绩更为显著，到 1933 年，育成中棉 114 号和平教美棉，114 号推广种植，受到定县农民的欢迎。此后又培育出美棉新种——脱字棉，比本地美棉平均增收 28.7%，1936 年推广 26 村、11 473亩，平均每亩比本地美棉增收 10.88 元。1937 年继续推广脱字棉 8.4 万亩，推广新选育的斯字四号美棉 1.4 万亩，③ 以当年全县植棉218 025亩计算，脱字棉、斯字棉已达总面积的 45%。

一般认为农民故步自封，保守落后，但定县农作物改良的事实表明，只要适应本地生长特点，有利可得，农民还是能接受的。这体现了农民对经济的理性追

---

① 吴雨农：《定县牛村的平民教育》，1934 年，全宗号 236，卷号 171，中国第二历史档案馆藏；中央人民政府农业部：《华北典型村调查（一九四九年度）》，1950 年，第 43 页。

② 谢泳：《一份关于中国农业史的历史文献——介绍〈改进中国农业与农业教育意见书〉》，《博览群书》2004 年第 1 期。

③ 樊宝勤：《定县三百表证农家中的一个实例》，《民间》第 3 卷第 10 期，1936 年 9 月，第 9—10 页；《定县棉场》，《河北棉产汇报》第 33 期，1937 年 11 月，第 10—11 页；《平教会改进定县棉业之成绩》，《民间》第 3 卷第 21 期，1937 年 3 月，第 13—15 页。

求。当然，定县有一定的特殊性，经过平教会的实验，教育比较发达，农民知识水平较高，对新事物的接受能力较强。

第三，农田灌溉。

在干燥地带，水与土地、劳力、资本并列为农业生产的四要素，“也是最感缺乏的一个生产要素”①。定县地处华北，平均雨量较少，春旱经常发生，严重影响了春播和冬季作物的生长。境内虽有唐河、沙河等河流，但雨季多水患，旱季流量小，少有灌溉之利，挖掘地下水成为解决旱作的关键。清末以前，“也有用井水浇园者，但多半靠天吃饭，遇着风调雨顺，庄稼收成的好，大家就有饭吃；遇着天旱不雨，庄稼受了灾害，收成不好，大家就受饥饿”②。

翟城村首开凿井之风气，被称为“北方农业上之革命举动，而开将来北省农业上之新纪元”③。清光绪末年，旱灾肆虐，村正、副与其他乡绅率先商议凿井，先在公地上开凿 8 眼供村人模仿，对家境困难但愿意凿井之家，由村公款贷给一半用于凿井。到 1915 年前后，村内凿井 100 多眼，可灌溉 3000 亩左右。大规模凿井发生在 1920 年前后华北大旱灾之时，中国华洋义赈会提倡新法凿井，每凿一眼需大洋 40 元，贷款 20 元予以资助。美国红十字会也对定县等 6 县的凿井给予支持，资助凿井 3572 眼。河北省实业厅在农林讲习所添设凿井班，各县选送有一定农业技术经验者入所学习，毕业后派往乡村轮流传习。定县劝业所 1920 年成立后，也积极提倡凿井，对凿好井的村庄给予资助。平教会在定县进行实验期间，也多有倡导。④ 通过以上民间组织、政府机构和地方村落的共同推动，形成凿井的热潮。

凿井数量迅速增长，以定县 3 个村为例，清顺治、康熙朝至 1920 年大旱灾之前 270 多年间共开凿 174 眼，而 1921—1928 年仅 7 年间就开凿 296 眼。从全县来看，道光时有 8090 眼，村均 19.68 眼。1930 年增至近60 000眼，为道光时的 7 倍多，平均每村 131 眼，其中村外井39 799眼，平均每村 88 眼。⑤ 因此，农田灌溉

---

① 应廉耕、陈道：《以水为中心的华北农业》，北京：北京大学出版部，1948 年，第 1 页。

② 张世文：《定县农村工业调查》，第 351 页。

③ 伊仲才：《翟城村志》，1925 年铅印本，第 132 页。

④ Sidney D. Gamble，Ting Hsien：*A North China Rural Community*，Stanford：Stanford University Press，1954，p.232；李景汉：《定县社会概况调查》，第 87、112、611 页。

⑤ 宝琳、劳沅恩纂修：道光《直隶定州志》卷 6、7，《地理·乡约》，道光二十九年刻本；李景汉：《定县社会概况调查》，第 612、640—641 页。

面积显著增加。1929年，定县县长报告："境内井田约在十之六七。"根据李景汉、甘布尔的估计，每眼井分别灌溉21亩和35亩，姑且取其最低值，以每井21亩计算，1930年村外井39 799眼，可灌溉83.6万亩，占全县总耕地面积147.1万亩的56.9%。1933年，全县农作物种植162万亩，其中水田为113.1万亩，占总作物亩数的69.8%。大多数村庄，水田已超过旱地，有的甚至达到90%以上。① 有学者估计，1930—1933年小麦地带灌溉面积占总耕地面积的16.6%，冬麦小米区占9.2%，② 河北农田灌溉率为7%。③ 与此相比，定县的农田灌溉率是相当高的。

耕作旱情由此大大缓解。以前由于春旱，种植冬小麦者较少，凿井灌田之后种麦者大增，小麦收获后又可种植谷子、白薯等第二轮作物，1930年对定县71村统计，复种指数达到1.45。农作物的亩产量、亩产值随之增加，谷子、高粱、黑豆和棉花四种作物，水田比旱田的亩产分别提高74.2%、71.6%、62.2%和49.1%。已灌田每亩产值13.3元，未灌田每亩4.94元。④

尽管凿井取得了如此成绩，但遇到大旱之年，仍是无能为力的。"若遇天旱，往往浇地一二小时，井水即干，甚至于有露井底的时候。此时浇地人必得等一两小时，俟井水充足，再继续工作。在这种情形下，农夫浇地，一天顶多也不过能浇一亩。"⑤ 可见，如何解决旱荒仍是农民的一道难题。

由上所述，近代以来定县农业生产保留了传统特色，农民所用的多是世代传承的手段，适应了当地的自然环境和人多地少的农业经营方式，表现出经验惯性的顽强生命力。与此同时，水车的广泛使用、农作物新品种的推广以及水浇地面积的扩展，也显示出传统农业与现代农业交汇的迹象，生产手段在逐渐变化之中。

---

① 县长柳呈报民政所：《定县井田比例约数》，1929年5月17日，1935年定县抄档，南开大学经济研究所藏；李景汉：《定县社会概况调查》，第644页；Sidney D.Gamble，Ting Hsien：*A North China Rural Community*，pp.231—232；李景汉：《定县经济调查一部分报告书》，第5—6页；《平分前各阶层占有土地房屋农具统计表》，1948年，革命历史档案第51、105、106、107卷，定州市档案馆藏。

② 卜凯：《中国土地利用》，成都：金陵大学农学院农业经济系，1941年，第39页。

③ 徐秀丽：《近代河北省农地灌溉的发展》，《近代史研究》1993年第2期。

④ 李景汉：《定县社会概况调查》，第613、655—656页；《定县土地调查》下，《社会科学》第1卷第3期，1936年4月，第845—848页。

⑤ 张世文：《定县农村工业调查》，第156页。

二、以食用为主与商品化提高的农作物结构

与生产条件相关的是农作物的种植结构，它反映了农民的生产选择。种植结构又不完全取决于生产条件，生态环境、市场供求关系也都有重要影响。以往对农业种植结构的研究，主要是表象描述，而缺乏关联因素的分析。

在自然环境和传统经营方式的共同作用下，农作物的种类比较稳定，其结构、比例具有一定的时代特征。近代定县农作物的结构，可从以下两个指标显示。

一是村民眼中农作物重要性的排序。按照农作物的重要性，村民将其分为第一种、第二种、第三种等层次。1930 年，全县 453 村，有 363 村将谷子视为第一种重要农作物，占总村数的 80%。其他被视为第一种重要农作物的，依次为小麦、高粱、棉花、玉米、白薯、花生和白豆，分别有 32 村、24 村、18 村、11 村、2 村、2 村和 1 村。可见，谷子、小麦、高粱、棉花在村民眼中是最具代表性的农作物。①

二是农作物的种植面积。1933 年，全县总作物为 162 万亩，也以谷子为最多，有 35.4 万亩，占总种植面积的 21.9%。其他依次为小麦、豆类、白薯、高粱、大麦、荞麦和棉花等，分别占总面积的 21.1%、10.1%、8.8%、5.5%、5.3%、4.7%和 4.6%。这与村民所认为的作物重要性排序基本上一致。只有棉花有些出入，原因是上年价格低落，本年种植者减少，下种后又遭蚜虫之害，有的将棉田改种其他作物，导致棉田面积下降。②

从以上两个指标不难看出，粮食作物在农作物结构中占主导地位，这与整个华北平原的种植结构是一致的，体现了北方旱作农业和小农经营的基本特征。但也有不同之处，定县以谷子居首，小麦次之，而冀鲁豫三省的统计表明，小麦居首，其次是谷子或高粱。其中 1931—1937 年，小麦分别占冀鲁豫三省作物总面积的 34.6%、47.2%和 47.4%，都是比例最高的。③ 为什么处于冀中平原的定县，小麦种植居于第二位呢？大概土壤类型是最重要的因素，定县土壤最适宜栽种谷

① 李景汉：《定县社会概况调查》，第 607—609 页。

② 据李景汉《定县经济调查一部分报告书》第 7—8 页资料整理。

③ 徐秀丽：《农业自然资源和粮食生产》，从翰香主编：《近代冀鲁豫乡村》，中国社会科学出版社 1995 年版，第 250—255 页。

子，有的可以种麦，但也能种豆类、甘薯、高粱等，从而降低了小麦的种植比例。不过，与定县相距不过6公里的清苑县，虽同属冀中平原，但仍以小麦种植最多，占30%以上。而另一距离不远的高阳县，却是高粱种植居首，占38%，小麦次之，占23%，谷子居第三，占18%。① 可见，即便都处于一个地区，作物结构也不完全一样。

以粮食作物为主的种植结构说明，定县是以生存效用为主的食用类型。在人多地少、以农为主的经济结构下，农民选择作物种植的基本动力，首先是"种植一些他们日常所食用的农产，例如谷子、小麦、豆类、甘薯等物"，保证自给自足和生存。也可以说是，"因为吃什么才种什么"。② 甘薯的大量种植，更表明农民的这一选择。甘薯耐旱、耐瘠、耐风雨，病虫害少，产量高，是比"粗粮"还"低贱"的穷人食品，适应了贫困农民的需要。甘薯于乾隆二十年（1758）传入河北，但没有证据显示定县何时开始种植，但可以肯定的是，到了20世纪30年代，甘薯已成"定产之大宗"。③ 全县已有408个村把甘薯视为主要作物、次要作物、第三或第四种重要农产物，占全县总村数的90%强。甘薯种植已达到14万余亩，接近农作物总面积的9%，总产量近3亿斤，全县平均每人约合700斤，数量相当可观!④

与此同时，也要注意到商品作物的扩大趋势，这是中国近代农村经济最显著的变化。从全国来看，1840—1936年经济作物面积比例由7.2%增至16.2%。⑤ 在定县，虽然"仍大半保持着自然经济的状态。……但自给自足的状态已不能保持"⑥。仅棉花、花生和芝麻三种经济作物，1933年的种植面积就达到23.5万亩，占当年各类农作物种植面积的14.5%，超过全国平均水平，如果将商品率达到49%的半商品作物小麦计入，农作物商品化程度还会提高。⑦

在所有经济作物中，棉花的种植最为突出。定县于明代万历年间开始植棉，

---

① 陈翰笙等：《解放前后无锡、保定农村经济》，《中国农业合作史资料》1988年第2期；吴知：《乡村织布工业的一个研究》，上海：商务印书馆1936年版，第7页。

② 李景汉：《定县土地调查》下，《社会科学》第1卷第3期，1936年4月，第840页；张培刚：《清苑的农家经济》下，《社会科学杂志》第8卷第1期，1937年3月，第77页。

③ 贾恩绂：《定县志》卷2，1934年刊本。

④ 据李景汉《定县社会概况调查》（第251—254、607—610页）和《定县经济调查一部分报告书》（第7—8页）计算。

⑤ 莫曰达：《1840—1949年中国的农业增加值》，《财经问题研究》2000年第1期。

⑥ 李景汉：《定县土地调查》下，《社会科学》第1卷第3期，1936年4月，第829页。

⑦ 据李景汉《定县经济调查一部分报告书》第7—8页计算。

清代继续扩展，乾隆时直隶总督方观承在《棉花图》中就谈到："冀赵深州定诸州属，农之艺棉者十之八九。"① 光绪三十一年（1905）定州知州报告，本境销售约30万斤（约合33.6万市斤），其中产自本地者十之五六，即18万市斤左右，加上农民自用部分（以6%计算），总计19万市斤。② 民国以后，植棉面积及产量的增速更为显著。（见表1）

表1　1916—1936年定县植棉面积及产量

年度	植棉面积(亩)	占总耕地面积%	总产量(担)	亩产量(市斤)
1916	28050	1.18	12623	45.0
1919	80000	5.1	32000	40.0
1920	214600	13.6	79400	37.00
1921	322260	20.5	154650	48.0
1922	344650	21.9	93950	27.3
1923	360840	22.9	104600	29.0
1927	260000	16.5	110000	42.3
1930	198000	12.5	38821	19.6
1931	200000	12.6	58857	29.4
1932	198000	12.5	36224	18.3
1933	196750	12.5	50650	25.7
1934	198250	12.5	104420	52.7
1935	200600	12.7	84121	41.9
1936	205516	12.9	64728	31.5
1937	218025	13.7	64175	29.4

注：由于价格变动和天灾因素，1933年植棉比例比常年有大幅度降低。

资料来源：曲直生《河北棉花之出产及贩运》，社会调查所，1931年，第26、27—28、32页；金城银行总经理处天津调查分部《天津棉花运销概况》，1937年，第3表；河北省棉产改进会《河北省棉产调查报告》，1936年，第7页；《二十六年份河北省各县棉田面积最后估计》，《河北棉产汇报》第40期，1938年7月，第11页。

---

① 方行主编：《中国经济通史·清代经济卷》上，经济日报出版社2000年版，第409页。

② 定州知州：《呈报各集市产销棉花数量》，光绪三十一年十二月三十日，1935年定县抄档，南开大学经济研究所藏。

由上表可见，1916—1936年，棉花总产量为1905年的六七倍至数十倍。植棉面积，1916年为2.8万亩，占总耕地面积的1.2%。1920年以后，多在二三十万亩之间，为1916年的7—10倍，占总耕地面积的13%—23%。① 在河北省，植棉占总耕地面积的比例由1910年的2%—3%增至1936年的10%。与此相比，定县植棉不仅比例较大，增速也较快。有的村落已成植棉专业村，王京村就是一例，植棉已达作物总面积的80%，食用杂粮几乎全部仰给于外地。②

植棉比例与农户经济地位之间的关系，没有通则可寻，但总体来看，人口压力大、拥有土地最少者，植棉比例都是较大的。1948、1949年吕家庄、北支合两个村庄的中下层农户中，吕家庄占地最少者19亩，两个年度的植棉比例为11.6%和23.7%，在所有农户中是最高的；北支合占地最少者2.8亩，两个年度植棉比例都是35.7%，在前一年度居首，后一年度居第二位。③ 有学者对河北棉花生产的研究认为，植棉者主要是地主、富农一类的富裕农户，广大贫苦农民是无力种植商品棉花的。④ 从冀东丰润、顺义县看，的确是占地越多，植棉比例越大。不过，以全部或极高比例的土地植棉的，却都是贫户。贫苦农民植棉的积极性最高，正是在此意义上，像棉花、花生、烟草等经济作物被称为"贫农作物"。当然，贫户与富户的植棉动机是不同的，富户在很大程度上受到利润的诱导，而贫户有可能以反常的高比例植棉，但考虑生存目的重于考虑利润。⑤

更需要探讨的是，推动定县扩大植棉的原因是什么？

对于农民而言，有利可图是最重要的。1912—1921年《海关十年报告》指出，在河北"因为植棉获利两倍于高粱或小麦，人们愈来愈多地从事植棉"⑥。定县也是如此，"种棉花收获后就能立即得到现款，较比种别的庄稼得利较厚，因此农家都相继种棉花，棉花才成为本地的一种主要农产品"⑦。吕家庄6个农户的调

① 严中平说，"1921年以后，如春雨适调，则全县农田中往往有60%是种植棉花的"。（严中平：《中国棉纺织史稿》，科学出版社1955年版，第275页）但从所见资料看，从未达到如此程度。

② 黄宗智：《华北的小农经济与社会变迁》，第132页；陈伯庄：《平汉沿线农村经济调查》，上海：交通大学研究所，1936年，"附件一"，第12页。

③ 《典型户棉产调查表》，1949年9月，革命历史档案第60卷，定州市档案馆藏。

④ 陈孟平：《1918—1947年河北省的棉花生产》，《河北学刊》1983年第2期。

⑤ 黄宗智：《华北的小农经济与社会变迁》，第6—7、169—170页。

⑥ 章有义编：《中国近代农业史资料》第2辑，北京：三联书店1957年版，第150页。

⑦ 张世文：《定县农村工业调查》，第361页。

查提供了更为具体的数字，1 斤皮棉可换 8—9 斤小米。① 不过，要实现植棉的高额利润，其前提有两个：一是植棉的生产条件，二是有广阔的交换空间。前一条件已如前述，棉花品种的改进和引入提高了棉花产量，为农民植棉提供了技术支持；而后一条件更是扩大植棉面积的推动力，1933 年全县棉花产值为868 418元，出卖827 359元，商品率为 95.27%，这表明棉花的销售市场较大，销售市场决定着植棉的兴衰。②

棉花销售市场，分县内、县外两部分。棉花在县内的用途，一是作为本县家庭手工棉纺业的原料，二是用于本县制作棉衣。1933 年两项总计 143.1 万斤，占同年棉花总产量的 28%。也就是说，总产量的 72%运销县外，县外市场是影响棉花生产的最大力量。③ 在外销市场中，天津又是最大的集中地。“直隶产棉区域，多沿京汉铁路线。所产之棉，概由火车运往津京。棉之市场，天津最盛。”④ 1932 年 12 月至 1933 年 8 月，在天津销售的棉花中，有 92%属于河北棉。⑤ 其中，西河棉是天津棉市中最畅销的品种，1908 年到 30 年代初，占天津棉市销量的 60%。⑥ 定县棉属于西河棉，终点市场几乎都是天津。由此，天津市场的起伏对定县植棉的影响最大。

在运往天津的棉花中，除少量留用天津纱厂，多数输往国内各埠和国外市场。1919—1931 年，输往国内各埠和国外者占 55%—95%。其中又以国外市场居多，一般占 65%—95%。国外市场有日、美、德、英、法等国，以输往日本最多，一般占 75%—95%；其次为美国，一般占 10%—20%，两国合计几乎每年都在 95%左右。⑦ 由以上数据不难看出，国外市场尤其是日、美等国对中国棉花的需求，是刺激河北包括定县棉花生产的主因。“自从资本主义侵入中国农村以后，农产物遂逐渐卷入商品的旋涡。这样，对于农产物种类的选择，就不能由农民完全自主，而须听命于市场的需要。”⑧ 正由于内地经济作物已成为世界市场的一部分，农民

① 《典型户棉产调查表》，1949 年 9 月，革命历史档案第 60 卷，定州市档案馆藏。

② 据李景汉《定县经济调查一部分报告书》第 7—8、146 页计算。

③ 张世文：《定县农村工业调查》，第 72 页。李景汉：《华北农村人口之结构与问题》，《社会学界》第 8 卷，1934 年 6 月，第 8 页；《定县经济调查一部分报告书》，第 246 页。

④ 华商纱厂联合会编：《民国十一年棉产调查报告》，1923 年，第 6 页。

⑤ 方显廷：《天津棉花运销状况》，天津：南开大学经济研究所，1934 年，第 1 页。

⑥ 曲直生：《河北棉花之出产及贩运》，北京：社会调查所，1931 年，第 2 页。

⑦ 方显廷：《中国之棉纺织业》，《方显廷文集》第 1 卷，商务印书馆 2011 年版，“统计附录七”。

⑧ 李景汉：《定县土地调查》下，《社会科学》第 1 卷第 3 期，1936 年 4 月，第 827 页。

对市场的敏感度增加，但风险和不确定性也加大了。

当然，商品作物的增加，并不意味着农民会孤注一掷地种植经济作物。农民仍以粮食作物为主，以生存效用为先，追求利润的冒险是有限的。反观斯科特与波普金之争，他们将农民经济行为分别概括为“安全第一”与“经济理性”，并完全对立起来。① 事实上，二者同时体现于农民身上，只是各有侧重。

三、粮食产量的增长

农业生产的作物产量是检验农业经营成效的根本标准。经济作物特别是棉花的总产量，在民国以后增速较快，此为农业发展的证明，已如前所述，不赘。这里重点讨论与农民关系最为密切的粮食产量。

近代中国粮食总产量的增加，已基本成为学界共识。吴承明认为，19 世纪的最后 30 年，粮食产量不仅恢复到太平天国战争以前的水平，还可能增长 10%以上。20 世纪以来，粮食总产量仍是增长的，于 1936 年达于高峰。②

近代定县粮食产量的变化趋势如何呢?

从理论上推测，粮食消费弹性有限，“人口的长期性增长，意味着农业至少是粮食生产有相应的增长”③。从清初到 20 世纪 30 年代，定县人口逐渐由 5.8 万、15 万、20 余万增加到 44 万人。④ 在此情况下，粮食产量的增加趋势是可以肯定的，否则无法养活越来越多的人口。遗憾的是，缺乏从清代到民国时期长期趋势的统计。只有李景汉主持的 30 年代初的调查比较详细。(见表 2)

---

① 参见斯科特《农民的道义经济学：东南亚的反叛与生存》，程立显等译，译林出版社 2001 年版，第 202—248 页；Samuel L.Pokin, *The Rational Peasant-The Political Economy of Rural Society in Vitenam*, Berkeley:California University Press,1979,pp.243—268.

② 吴承明：《中国近代农业生产力的考察》，《中国经济史研究》1989 年第 2 期。

③ 吴承明：《中国近代农业生产力的考察》，《中国经济史研究》1989 年第 2 期。

④ 李景汉：《定县社会概况调查》，第 121—122 页；《从定县人口总调查所发见之人口调查技术问题》，《社会科学》第 2 卷 3 期，1937 年 4 月，第 474 页。

表 2　1933 年定县粮食作物种植产量

作物种类	作物亩	总产量		亩产量	
		市斗	千市斤	市斗	市斤
谷子	354266	6119563	91793.45	17.27	259.1
小麦	340802	4347610	49997.52	12.76	146.7
黑豆	163519	1344286	20702.00	8.22	126.6
高粱	88926	956316	14344.74	10.75	161.3
大麦	85173	1315543	15128.74	15.45	177.6
荞麦	76468	976852	11233.91	12.77	146.9
玉米	38642	666917	10003.76	17.26	258.9
白豆	34991	86703	1335.23	2.48	38.2
露仁	20653	262708	4045.70	12.72	195.9
稷子	16285	186627	2799.41	11.46	171.9
黍子	15851	189314	2839.71	11.94	179.2
绿豆	12972	35572	547.81	2.74	42.2
小豆	6825	67644	1041.72	9.91	152.6
稻子	3230	106700	1152.36	33.03	356.7
黄豆	2560	26054	401.23	10.18	156.7
豌豆	186	1231	18.96	6.62	101.9
甘薯	142353	5356846	74995.82	37.6	526.8
共计	1403702	22046486	302382.07	15.71	215.4

资料来源：据李景汉《定县经济调查一部分报告书》（第 3—8 页）和许道夫《中国近代农业生产及贸易统计资料》（上海人民出版社 1983 年版，第 344—345 页）整理。

由上表可见，1933 年全县粮食总产量为 2207.2 万市斗。除此以外，李景汉还对 20 世纪二三十年代的变化有一个模糊的估计，他认为 1933 年农作物的数量比 1920 年以前增加了三分之一。① 如此可以计算出 1920 年的粮食总产量为 1653.5 万市斗。这一结论，与近代中国粮食总产量的增加趋势是一致的。

关于清代定县的粮食产量，笔者尝试从耕地面积、田赋额、粮价几个方面进

① 李景汉：《定县农村经济现状》，《民间》第 1 卷第 1 期，1934 年 5 月，第 16 页。

行估算。以同治十三年（1874）至光绪元年（1875）为例，定县耕地面积为1 571 078.95小亩（合1 446 649.5市亩），每小亩田赋正附税率折合0.038 439 36两，总计田赋额60 391.27两。此间每小亩田赋正附税约占土地产值的3%，由此可知全县耕地总产值为2 013 042.33两。道光至宣统间的粮价，包括粟米、高粱、糜米、麦、黑豆，基本上代表了这一地区的主要粮食种类。根据1874、1875年逐月价格综合计算，各种粮食价格平均每仓石1.722 25两。据此价格，全县耕地产值可以还原为粮食1 062 585.8仓石，折合1 210 338.42市石。[①] 将此结果与1933年比较，1933年的粮食总产量比同治光绪朝增加了82.4%。可见，晚清以来定县粮食总产量处于增长趋势。

不过，由于天灾人祸的影响，农业生产并不稳定，收成减少的情况常有发生。定县灾荒发生的频率，284—1900年平均16年1次，1915—1926年增至平均2年1次。每次灾荒袭来，都是农产剧减，饥民猛增。如1917年水灾，成灾302村、歉收33村，共计335村，被灾和歉收面积达58.3万亩。1924年水灾，成灾89村、歉收44村，共计133村，被灾和歉收21.8万亩。严重的旱灾，如1920年大旱，成灾163村，被灾27.9万亩。1934年旱灾，被灾达到全县总耕地面积的50%，高粱、玉米、小米和大豆分别损失3.6万担、3.0万担、19.0万担和11.0万担。[②] 可见，粮食产量处于灾荒中的波动状态。

需要进一步研究的是，粮食总产是靠什么增长的？

从理论上讲，粮食总产取决于耕地面积和单位面积产量。学界对中国近代粮食总产增长的原因多有分歧。有的认为，粮食单产量是下降的，但耕地面积有所扩大，由此导致总产提高。有的认为，不仅耕地面积扩大，粮食单产也有增加。[③] 就华北而言，徐秀丽认为，粮食单产量，到20世纪10—20年代粮食亩产与清末已不可同日而语，二三十年代时已大致恢复到清中叶的水平，并有所上升。[④] 其

① 根据以下资料计算：冯华德、李陵《河北定县之田赋》，《政治经济学报》第4卷第3期，1936年4月，第452、487页；王业键《清代田赋刍论（1750—1911）》，高风等译，人民出版社2008年版，第164—167页；中国社会科学院经济研究所编《清代道光至宣统间粮价表》第4册《直隶》（下），广西师范大学出版社2009年版，第220—222页。

② 李景汉：《定县社会概况调查》，第749—765页；中央农业实验研究所：《民国二十三年全国旱灾调查》，《农情报告》第2年第11期，1934年1月，第101—102页。

③ 吴承明：《中国近代农业生产力的考察》，《中国经济史研究》1989年第2期；马若孟：《中国农民经济》，第170—171页；珀金斯：《中国农业的发展》，第43页。

④ 徐秀丽：《中国近代粮食亩产的估计——以华北平原为例》，《近代史研究》1996年第1期。

解释也在定县得到证实，定县耕地面积不仅没有增长，反而有所下降，由清初的156万亩降至20世纪30年代的147万亩。其中，1850年以后，耕地面积变化不大，大致维持在145万余亩，到三十年代初才稍有增加。不过，由于棉花等经济作物种植的增速很快，粮食作物面积应处于减少之势。在此情况下，如有大量的粮食进口或可弥补这一减少之空，但从1933年来看，全县粮食净进只有26 378市斗，仅可供500多人食用，显然是微不足道的。① 由此看来，靠扩大耕地面积和外来粮食进口都不可能提高粮食总产量，只有单产量的增长才能给予合理的解答。

粮食亩产量的资料也极缺乏，最详细的统计为1933年。（见表2）平均亩产量为15.72斗。如前所述，已知1874—1875年全县耕地总面积，并估算出粮食总产量。但全县耕地不可能都种植粮食作物，也有棉花等经济作物，只是种植多少不得而知。从1916年的植棉比例来看，约为1.2%，高于1874—1875年的植棉比例，故以此作为所有经济作物的比重大概距离事实不远。由此计算，全县的粮食作物面积为1 429 289.7市亩，每亩产量为8.468市斗。与之相比，1933年增加了85.6%。还有一条佐证资料，据翟城村志记载，清光绪末年（1900年左右），粮食亩产最多不过十二三斗。② 按此计算，三十年代粮食亩产量比清末提高了60%左右。还可与1920年前比较，按李景汉估计，粮食单产大致增加33.3%。可见，近代以来粮食亩产也处于增加的趋势。

与同一时期的华北农村相比，定县的粮食亩产量较高。1934年平汉线34处农村调查表明，谷子—小麦轮种，平均亩产量分别为7.2斗、7.1斗；玉米—小麦轮种，平均亩产量分别为8.3斗、7.3斗。在定县，谷子—小麦轮种，平均亩产量分别为11.5斗、11.1斗；玉米—小麦轮种，平均亩产量分别为15.0斗、12.0斗，高于平汉线农村的平均产量。③

当然，在抗日战争与解放战争时期，由于战乱影响，定县的亩产量明显下降。1939年，谷子、小麦、大麦、高粱亩产量分别为1石、1石、0.6石和1石。1946年，小麦、大麦、玉米、豆子、荞麦亩产量分别为1石、3斗、8斗、7斗和4

① 李景汉：《定县土地调查》上，《社会科学》第1卷第2期，1936年1月，第437页；《定县经济调查一部分报告书》，第145页。

② 李景汉：《定县社会概况调查》，第112页。

③ 陈伯庄：《平汉线农村经济调查》，“附表6”。

斗。[①] 以上都少于1933年的统计，甚至回落到清同治时期的水平。

哪些因素导致了近代定县粮食亩产量的增加？

首先，水车的增加、农作物的改良尤其是凿井数量的增长，促进了农业生产。但这些要素对农业增产的贡献份额究竟有多大？农作物品种改良主要是棉花，粮食作物改良因不知推广面积，无法计算，但可以肯定的是所占比例不大。凿井与水车的作用及其对粮食亩产的影响可用凿井来说明。如前所述，20世纪30代初井灌面积已占定县耕地面积的65%，光绪朝井灌面积估计接近全县耕地面积的9%。井灌之后各种粮食作物的亩产都有明显增加，其中谷子增加70%以上。全县平均粮食亩产，光绪朝到20世纪30年代初增加了60%，其中井灌大致贡献了34%的份额。

另外，更大的推动力来自劳动力的大量投入。定县人口光绪初为21.3万人，1923年增至37.6万人，1934年更增至44.0万人。农业劳动力与总人口的增加基本成正比，也即1934年的劳动力数量比光绪年间增长了1.07倍。此时，专门从事家庭手工业者有3.2万人，[②] 即便不包括家庭手工业者，农业劳动力仍增长0.92倍。劳动力的大量投入必将带来粮食产量的增加，也就是说从光绪初到20世纪30年代初，劳动力增长近1倍，在粮食亩产量增长中贡献了大约66%的份额。显然，劳动力投入的增加与凿井灌溉的扩大是相辅相成的。凿井灌溉增加后，无论是浇地还是作物轮作、中间环节都需要更多的劳动力投入。1927年对定县400农家的调查就表明，平均每家农业生产支出158.4元，其中家内劳力和雇工为82.1元，占总支出的一半以上。三四十年代的村落调查还显示，各种作物的锄苗、锄草都达到2—5次，灌溉5—8次，这也是劳动投入增加的证明。[③]

在以上两个因素中，水车的使用和农作物的改良带有较多的现代因素，凿井的增加也有一定的现代成分，劳动力的大量投入则仍属于传统力量。

还有一个问题需要解决，就是粮食总产量是否与人口总数保持同步增长？这

---

① 方绩佩等：《保定定县石家庄农村视察报告》，《农学月刊》第2卷第2期，1939年7月，第58页；滕茂椿：《定县经济现状概观》，《河北省银行经济半月刊》第2卷第12期，1946年12月，第19页。

② 据张世文《定县农村工业调查》（第49—50页）和李景汉《定县社会概况调查》（第162—167页）计算。

③ Sidney D.Gamble，Ting Hsien：*A North China Rural Community*，p.89；吴雨农：《定县牛村的平民教育》，1934年，全宗号236，卷号171，中国第二历史档案馆藏；《农业生产调查表》，1949年7月、8月、9月，革命历史档案第60卷，定州市档案馆藏。

也是学界争论较多的问题。有学者认为，近代农业生产力的发展基本上能适应人口增长的需要，20世纪以来粮食总产的增长速度大体与人口的增长率相当。有学者认为，自明代以来的六个世纪，中国的农业大体可以跟上人口增长的步伐，20世纪前半期人口增长和粮食产量提高之间大致是相等的。① 不过，定县的事实不能充分支持上述解释。定县人口总数，1934年比20年代初增加16.9%，比光绪年间增加106%；同期粮食总产量，1933年比1920年增加33.3%，比光绪末年增加82%左右。30年代初与1920年前后相比，粮食产量的增加快于人口总数的增长，但与清末相比则慢于人口数量的增长。

此外，无论对粮食总产和亩产持何种观点，一般都认为近代以来人均粮食产量总体上是下降的，② 粮食消费水平仍然较低。就定县而言，人均粮食产量虽然并非总是处于下降趋势，如果除去种子用量、田赋折粮量等，仍有缺口，30年代初达到161万斗。③ 可见，农业产量的增加仍不能满足农民的需求。据笔者研究，在20世纪二三十年代，定县农家的整体消费水平很低。主食以杂粮为主，小麦极少，也很少吃肉、蛋、调味品，衣着、住房以及卫生条件都极其恶劣，以致人口死亡率达35%—40%。④ 这一状况，与较为低下的生产力水平有直接关系。

四、小农业生产方式的效率与效用

检验农业生产力水平的另一重要标准是生产效率，即一定时间内单个劳动力的生产量值。有学者认为，中国传统农家应以农户为单位的生产量来界定劳动生

① 吴承明：《中国近代农业生产力的考察》，《中国经济史研究》1989年第2期；珀金斯：《中国农业的发展》，第34页。

② 吴承明：《中国近代农业生产力的考察》，《中国经济史研究》1989年第2期；徐秀丽：《农业自然资源和粮食生产》，从翰香主编：《近代冀鲁豫乡村》，第331页。

③ 李金铮：《也论近代人口压力：冀中定县人地比例关系考》，《近代史研究》2008年第4期。

④ 参见李金铮《收入增长与结构性贫困：近代冀中定县农家生活的量化分析》，《近代史研究》2010年第4期。

产率。① 事实上，只有单个劳动力生产效率提高，才是生产力提高的真正标志。而且，农户在人数、占地数量上都可能有较大不同，在此基础上对不同农户的所谓劳动效率进行横向比较，意义不大。当然，单个劳动力效率并不能决定农民的一切行为，生存效用也有重要的影响。所谓效用，就是对农户生存更有意义的单位面积产量、总产量或产值。相比而言，劳动力效率具有纯经济意义，而生存效用除了经济意义，更有家庭和社会意义。

近代以来，一般都认为，小农场经营的效率远比大农场低下，从而阻碍了农业生产力的发展。李景汉、余泽棠还针对定县发表议论："如何使土地大量的集中，采用大规模的耕地合作办法而能采用机器，从事大规模的生产，是目前一个极重要的问题。""土地不集中，机器何能收效，井水何能及远。"②

从定县的情况来看，小农经营的劳动生产率的确很低。

首先，从定县本地考察劳动生产率与经营方式之间的关系。

1936 年杜修昌对定县以及南京的上下伍旗、余粮庄、浙江萧山县湘湖 4 个地方 177 户所做的调查，涉及经营规模与劳动效率之间的关系。他以劳动单位收入来表示劳动效率，以当地每一壮年男子的劳动能力为一单位，普通女子的劳动单位为男子的七至八成。根据 4 个地方的情况可以得出，"平均每劳动单位之总收入，以自耕农为较大，自耕农兼佃农次之，佃农为最小。平均每劳动单位之总收入亦随经营面积之增大而增加，惟其数字，较为不规则耳"③。这个结论，与卜凯 1921—1925 年主持的 7 省 16 处农村调查结果基本一致，即随着田场面积的增大，每个成年男子单位赚款越多。④ 反之，经营面积越小，劳动效率越低。

不过，就在同一调查中，如果将定县 5 村 20 个农户进行单独计算，则与上述总体结论稍有出入。（见表 3）

① 李伯重：《江南农业的发展（1620—1850）》，王湘云译，上海古籍出版社 2007 年版，第 149 页；侯建新：《农民、市场与社会变迁——冀中 11 村透视并与英国乡村比较》，社会科学文献出版社 2002 年版，第 120 页。

② 李景汉：《定县土地调查》下，《社会科学》第 1 卷第 3 期，1936 年 4 月，第 809 页；余泽棠：《论合作农场运动》，《民间》第 3 卷第 5 期，1936 年 7 月，第 7 页。

③ 杜修昌：《农家经济分析：1936 年我国四个地区 177 农家记帐研究报告》，第 1、24 页。

④ 卜凯：《中国农家经济》，第 147—148 页。

表 3　1936 年定县 20 农家经营面积与劳动单位年收入

经营面积(亩)	农家数	每劳动单位收入(元)
10—15	3	127.328
15—20	4	122.827
20—25	2	146.017
25—30	4	191.544
30—35	2	160.477
35—40	3	124.020
40 亩以上	2	186.335

资料来源：据杜修昌《农家经济分析：1936 年我国四个地区 177 农家记帐研究报告》第 25 页资料整理。

20 个农户平均每户耕地 29 亩，在全县属于中等偏上之家。只有自耕农和自耕农兼佃农两类，9 户自耕农的每劳动单位收入低于 11 户自耕农兼佃农的每劳动单位收入。以经营面积而言，经营面积 10 亩至 30 亩的有 13 户，每劳动单位收入呈增加趋势，也即经营面积越大，劳动效率越高；30 亩至 40 亩的有 5 户，每劳动单位收入又逐渐下降，即经营面积越大，劳动效率越低；40 亩以上有 2 户，每劳动单位收入又开始回升。在所有农户中，经营 25—30 亩的农户，劳动单位收入最多，也即劳动效率最高。不过，由于没有 50 亩尤其是 100 亩以上的较大农场，无从知道更大经营规模的农户劳动效率会发生什么变化，以及哪一种经营面积的劳动效率最高。总之，在定县并不像杜修昌、卜凯所认为的劳动单位收入与经营面积完全成正比关系，而是正—反—正的混合状态。

另外，将定县小农经营与美国大农场经营进行比较，更能看出劳动效率的差异。

用于劳动效率比较的为人工单位，一个人工单位就是一个壮年男子一日的工作量。在定县，仍是 5 村 20 户的调查，小麦、玉米、棉花三种作物平均每亩所需人工单位为 8.63、5.14、6.76 个。① 在美国，同样是这三种作物，平均每亩所需人工单位分别为 0.17、0.31、1.92 个，仅为定县人工单位的 2.0%、6.0%、

① 杜修昌：《农家经济分析：1936 年我国四个地区 177 农家记帐研究报告》，第 72 页。

28.4%。① 由此可见，美国大农场与定县小农场劳动效率的差别很大。李景汉对翟城村进行调查后，也从劳动效率的角度做过评论，说该村凿井较多，“固然有井田地每亩所收的粮数增加；但是，按所费的人力比较旱地约增两倍，这样算来，获利并不很厚”②。也就是说，靠投入大量劳动力提高土地产量的小农经营，并不能提高劳动生产率。

从世界经济发展史来看，经济增长的方式主要有三种：第一种为广泛性增长，只有总量增加而无劳动生产率的提高，这是近代以前主要的经济增长方式，为外延型扩大；第二种是斯密型成长，经济总量和劳动生产率都有提高，但技术变化不大，这种类型发生在工业革命前的“近代早期”；第三种为库兹涅克成长，不仅有经济总量和劳动生产率的明显提高，还有重大的技术变革，这种类型是工业革命的产物。后两种均为内涵型的扩大。③ 以此衡量近代定县的农业生产，显然仍属第一种类型，为传统的外延式、广泛性增长。黄宗智将高土地生产率与低劳动生产率的现象，称为农业内卷化或过密化。即总产量有增加，但单位劳动时间的边际报酬却出现递减，是“没有发展的增长”。笔者无从判断定县农业劳动生产率是否处于边际递减状态，不便附会“过密化”概念，但劳动生产率较低是可以肯定的，故用“不发展”来概括。

在劳动效率低下的同时，更应注意的是，对于一个有剩余劳动力的小农来说，把剩余劳动力投入土地，尽管只能获得较小的边际收益，却可获得很大的“边际效用”。④ 这对处于饥饿边缘的小农来说尤其如此。在近代中国尤其是民国时期的动荡环境中，农家经济和农民生产之所以还能够维系，与此有密切关系。

从经营规模与单位面积产值的关系，就可以证明这一点。1927 年对定县 400 农家的调查显示，经营面积为 1—10 亩的农家，每亩产值为 12.55 元；经营面积增至 31—40 亩，每亩产值降至 12.50 元；经营面积为 51—100 亩，每亩产值更减至 11.60 元；经营面积在 100 亩以上，每亩产值为 11.30 元。可见，农户经营面积越小，每亩产值或收入越高，农户经营面积与单位面积产值的关系与单位劳动

① 卜凯：《中国农家经济》，第 327 页。

② 李景汉：《定县社会概况调查》，第 115 页。

③ 李伯重：《理论、方法、发展趋势：中国经济史研究新探》，清华大学出版社 2002 年版，第 130—131 页。

④ 陈翰笙：《解放前的地主与农民——华南农村危机研究》，中国社会科学出版社 1984 年版，第 14 页；黄宗智：《华北的小农经济与社会变迁》，第 6、142—176、199 页。

生产率是反向的。[①] 同属冀中地区，与定县相邻的深泽县南营村，也显示了同样的结论。农场经营面积在9.9亩以下、10—19.9亩、20—29.9亩、30—59.9亩和60亩以上者，平均每亩收入分别为15.41元、11.35元、10.49元、9.53元和9.56元。[②] 可见，小农经营的单位劳动效率虽低，但单位面积的产值和收入较高，对农户的经济生活有很大效用。

正因为小农经营对稳定和维持农家经济生活仍有较大作用，也有学者给予肯定。苏联农学家恰亚诺夫指出，家庭农场具有长期存在的合理性，在生产力未发生重大变革的情况下，个体家庭农场比大规模土地集中经营具有优越性。著名经济学家舒尔茨虽然提出要改造传统农业，但并非建立大农场和追求规模效益，而是在传统农业中引入现代生产要素。有中国学者也认为，在人地关系紧张之下，仍有实行小农经营的必要，资本主义的现代化农业并不适合。[③]

新中国成立后，主流意见是对小农经营的否定。20世纪80年代以后，有学者开始进行反思，吴承明认为，小农经济精打细算，不浪费资本和劳力，使土地得到充分利用，使人民得到足够的食用，对小农经济养家活口来说，仍是可行的。"按照劳动边际生产的理论，边际产量开始下降之时，应是人均产量达于最高峰之际，而此后虽然边际产量递减，人均产量也在下降，但总产量仍会不断上升。……这一点恐怕在整个近代时期都未达到，这从解放后五六十年代的总产量上升中可以得到证明。"[④] 1949、1959、1969、1979、1989和1999年定县的粮食产量，为此提供了佐证，6个年度的粮食亩产量相继为136公斤、209公斤、372公斤、643公斤、639.5公斤和940公斤，总产量相继为1.4亿公斤、1.9亿公斤、3.8亿公斤、5.6亿公斤、5.3亿公斤和7.4亿公斤，都处于增加状态。[⑤] 尤其是改革开放以来，改行农业生产承包责任制，仍然是小农场经营方式，但粮食亩产

① 据Sidney D.Gamble，Ting Hsien：*A North China Rural Community*，p.88整理。

② 韩德章：《河北省深泽县农场经营调查》，《社会科学杂志》第5卷第1期，1934年6月，第234页。

③ 侯建新：《国外小农经济研究主要流派述评》，《世界历史》1999年第1期；舒尔茨：《改造传统农业》，梁小民译，商务印书馆1999年版，第4、85—86页；刘光华：《农业政策》，南京：南京书店1932年版，第50页。

④ 吴承明：《中国近代农业生产力的考察》，《中国经济史研究》1989年第2期；《中国的现代化：市场与社会》，北京：三联书店2001年版，第59—60页。

⑤ 定县统计局：《河北省定县国民经济统计资料（1949—1979）》，内部资料，1980年，第257—258页；定州市统计局：《定州市社会经济统计资料（1989）》，内部资料，1990年，第60页；定州市统计局：《定州统计年鉴（1990—2009）》，内部资料，2010年，第126页。

量与20世纪上半期已不可同日而语。[①] 由此可见，小农经营处于连续而非断裂之中，继续显示着效用。所谓大农场优越的呼声，更多仍处于舆论之中，逻辑上成立的理论与经济基础存在相当距离，至少在一定时期还不具有实践意义。不过，效用较高与效率低下本身就是一对矛盾，如何维持二者的平衡与发展，是一道难解的大题目。

综上所述，笔者认为，近代定县农业生产在华北平原生态、人多地少的内部制约和现代机构、市场力量的外部推动下，无论是生产条件、作物结构还是农业产量，都处于传统与变迁、增长与不发展、连续大于跳跃的交叉过渡之中，由此共同维系着农业生产的持续，这与整个近代中国乡村的进程是基本一致的。其中，经济作物的增长，主要来自大城市尤其是国外市场的需求。粮食产量的增加仍主要来自传统力量，现代生产要素的影响极其有限。小农生产方式的高效用与低效率的矛盾颇为突出，农民的总体性贫困与维持状态并没有发生实质性的改变。不过，在近代中国尤其是民国时期不断动荡的社会环境中，农业生产仍能维持甚或有程度不一的变化，这表明小农经营仍有其顽强的生命力。以上结论所反映的复杂而非单一的面相，与所谓近代中国农村经济的完全衰落或增长论显然有别。

（原刊于《历史研究》2015年第3期）

① 尽管仍是小农经营形式，但现代生产要素的投入越来越多，是粮食产量增加的重要原因。

中国近代白银核心型货币体系析论①（1890—1935）

河北师范大学历史文化学院　戴建兵

摘　要：从货币本位理论考察，中国近代货币没有严格意义上的货币银行学学理上的本位含义，其构成实质是白银核心型货币体系。这一体系的核心——白银是由外部供给的，而国际白银市场被外国操纵，外商银行控制中国国内白银以及相应的银两制度。中国近代货币体系深受外国势力影响，白银核心型货币体系是中国近代特定政治、经济的产物，给社会经济带来负面影响。

关键词：中国近代；货币体系；白银；外部供给

1890—1935年，国际货币经历了金本位体系的确立和崩溃、金汇兑体系剧烈变化及信用货币时期。中国则走过了从清中后期主要流通银两、铜钱和纸币（含私票），到晚清民初流通银两、银元、铜钱、铜元、纸币（含私票）等货币，以及废两改元银本位的确立，再到金汇兑本位下信用货币（管理通货）——法币的发展的异常复杂时期。② 在学术界，关于近代中国货币体系以及相关的货币史和金

① 本文为河北省哲学社会科学规划课题，课题号10GJ015。

② 洪葭管先生亦认为法币为金汇兑本位。参见洪葭管《中国金融史十六讲》，上海人民出版社2009年版，第8页。

融史的著作已经很多。① 但依据金融学学理，仍有深化的必要。本文研究的近代货币特指自 1890 年中国机制银元产生至 1935 年法币改革期间的中国货币，力图将历史学、经济学（金融学）、钱币学三者结合起来对中国近代货币体系进行分析，总结出近代中国经济发展进程的一些规律。不当之处，敬请方家指正。

一、白银核心型的中国近代货币体系

货币本位（Standard）是一国货币制度所规定的货币基本单位及价值标准。在西方，较早出现的是银本位，是以一定量的白银来表示和计算货币单位价值的货币制度。资本主义黄金时代的金本位是以一定量的黄金来表示和计算货币单位价值的货币制度。此外还因经济发展状况及金银供给等问题引发的两本位制，即金银平行本位制和金银复本位制。两者的不同之处在于平行本位下的金币和银币可以自由铸造，而复本位制下的金币与银币之间的交换比率是以法律形式予以规定的。②

“金融与贸易密切相关。”③ “任何时代金融交易都是贸易交易的自然延伸。”④ 金融的发展加速国际经济的一体化进程。19 世纪末至 20 世纪 30 年代，国际货币体系经历了金本位崩溃、金本位制衍生的如金块本位、金汇兑本位流行及向管理

---

① 相关研究论著，中华人民共和国成立前有：刘映岚《中国货币沿革史》，东京：砥斋，1911 年；章宗元《中国泉币沿革》，北京：经济学会，1915 年；张家骧《中华币制史》，北京：民国大学出版部，1925 年；侯厚培《中国货币沿革史》，上海：世界书局，1929 年；耿爱德（E.Kann）《中国货币论》，蔡受百译，上海：商务印书馆，1929 年；戴铭礼《中国货币史》，上海：商务印书馆，1934 年；吉田虎雄《中国货币史纲》，周伯棣编译，上海：中华书局，1934 年；朱偰《中国信用货币发展史》，重庆：中国文化服务社，1943 年。中华人民共和国成立后则有：彭信威《中国货币史》，上海：群联出版社，1954 年；魏建猷《中国近代货币史》，上海：群联出版社 1955 年版；杨端六编著《清代货币金融史稿》，北京：三联书店 1962 年版；千家驹等《中国货币史纲要》，上海人民出版社 1986 年版；石毓符《中国货币金融史略》，天津人民出版社 1984 年版；何汉威《从银贱钱荒到铜元泛滥——清末新货币的发行及其影响》，《“中央研究院”历史语言研究所集刊》第 62 本第 3 分册，台北：“中央研究院”历史语言研究所，1993 年；张国辉《晚清货币制度演变述要》，《近代史研究》1997 年第 5 期；叶世昌、潘连贵《中国古近代金融史》，复旦大学出版社 2001 年版。

② 参见武康平编著《货币银行学教程》，清华大学出版社 1999 年版，第 19—22 页。

③ 洪葭管：《中国金融史十六讲》，第 7 页。

④ ［英］约翰·希克斯：《经济史理论》，厉以平译，商务印书馆 1987 年版，第 67 页。

通货（纸币）发展几个较大的变动阶段。[①] 1914 年第一次世界大战爆发后，各参战国采用黄金禁运、纸币停兑黄金等政策，国际金本位制实质上停止运行。战后，1925 年英国恢复了金本位，[②] 各国虽也相继恢复金本位制，但黄金的地位大大削弱。除美国维持金本位制、法国实行金块本位制外，其他国家多实行金汇兑本位制。即使实行金本位制的美国，为了减轻压力，也极力主张国际金银复本位制以替代金本位制。[③] 金汇兑本位制经过 1929 至 1933 年的世界经济危机也岌岌可危。1931 年 9 月，英国第二次放弃金本位，[④] 为维持国际贸易，英、美、法均组织各自的货币集团。同时，世界币制也发生变化。随着中央银行制度在世界范围内的发展，信用货币（管理纸币本位、管理通货）制度开始在世界范围内建立。[⑤]

1840 年后，中国被迫融入世界经济体系。然而，在相当长时期内，中国货币本位并没有与国际接轨。

近代中国的货币，种类极为复杂，在市场上流通的主要有银两、银元（自铸和外国银元两种）、制钱、铜元、银行券、私票等。[⑥] 时人多认为近代中国货币"芜杂紊乱"[⑦]，是"最复杂的一种"[⑧]，外国学者认为近代中国货币"缺乏体

---

① 参见李世安《布雷顿森林体系与"特里芬难题"》，《世界历史》2009 年第 6 期。

② 约翰·H.伍德：《英美中央银行史》，陈晓霜译，上海财经大学出版社 2011 年版，第 282 页。

③ 参见马寅初《中国之新金融政策》，上海：商务印书馆 1937 年版，第 46—47 页。

④ Gary Richardson and Patrick Van Horn, Fetters of Debt, Deposit, or Gold during the Great Depression? The International Propagation of the Banking Crisis of 1931. National Bureau of Economic Research, No.12983, 2007, p.12.

⑤ 参见李成主编《货币金融学》，科学出版社 2004 年版，第 23—25、30 页。

⑥ 详见戴建兵《中国近代银两史》，中国社会科学出版社 2007 年版；《中国钱票》，中华书局 2001 年版；《中国近代纸币：1840—1949 年中国近代官银钱号、省、市银行纸币简史》，中国金融出版社 1993 年版；《中国货币金融史》（与陈晓荣合著），河北教育出版社 2006 年版。

⑦ 这是日本同文书院院长大内畅三对中国货币体系的评价。（参见宫下忠雄《カン支那通货论——金及び银取引的研究》，上海：东亚同文书院"支那"研究部，1934 年，序言）交通银行总理梁士诒曾说："一等国用（支票）转账，二等国用钞票，三等国用硬币，若四等国，并币而无之，则用生金银。"（《上海金融史话》编写组编：《上海金融史话》，上海人民出版社 1978 年版，第 68 页）而英国人毛里斯和柯里斯则称："中国人是没有铸币通货的。其交换媒介就是作为金属的白银。"（毛里斯、柯里斯：《汇丰—香港上海银行：汇丰银行百年史》，李周英等译，中华书局 1979 年版，第 21 页）

⑧ 毕匿克（A.W.Pinnick）：《银与中国》，褚保时、王栋译，上海：商务印书馆 1933 年版，序言第 2 页。当代中国学者如刘克祥、陈争平亦持此论。（参见刘克祥、陈争平《中国近代经济史简编》，浙江人民出版社 1999 年版，第 362—368 页）

系”[1]，甚至有中国经济学家认为“吾国历来，仅有货币，而无币制”[2]。

具体到光绪朝中期以前的货币本位，学术界流行的说法有两种：银钱平行本位[3]、银铜复本位[4]，其学理来源均为上述西方金银平行或复本位制，实际均不确切。因为清代流通的银锭和铜钱都近似本位货币，但是银两是可以自由铸造的。乾隆时期，江浙大县银匠多的有数百名，小县有十余名。[5] 而制钱却被清政府严格控制和管理，严禁民间私铸，私铸首犯及匠人均治以处斩等重罪。这与平行本位制中两种货币金属均可自由铸造为币的原则是不一致的。此外制钱是由贱金属——铜及铅、锌铸造而成。这与西方货币本位制度中两种货币金属均由贵金属构成有着明显区别。货币本位对于货币单位及主辅币制度均有严格的规定，但是中国的银两却是称量货币，其基本单位并没有全国统一的标准。[6] 此外，尽管清政府在清初就规定了银一两等于制钱一千文的比价，政府也极力维持，但实际上银钱比价随行就市，时有变化，银两与制钱并非主辅币关系，这与复本位制中两种货币金属的法定比价是不一致的。因而此时的货币与严格意义上的任何本位制度均有较大距离。

那么，自光绪朝机制银元出现后，中国是否开始进入银本位时代呢?

光绪十六年（1890），广东钱局银厂开始铸造银元，随后各省纷纷仿效，使中国的货币流通领域出现新的等价物——银元，掀开中国近代货币史新的一页。1905 年 10 月，清财政处制定《铸造银币分两成色章程》十条，[7] 以法律形式规定

---

① Frederic E.Lee, *Currency, Banking, and Finance in China*, New York: Garland Publishing, Inc., 1982, p.8.

② 赵兰坪编著：《货币学》，南京：正中书局 1936 年版，第 500 页。

③ 参见彭信威《中国货币史》下册，第 485 页。1962 年杨端六先生就明确认为这是不完整的平行本位制。（参见杨端六编著《清代货币金融史稿》，第 3 页。）

④ 参见王业键《中国近代货币与银行的演进》（1664—1937 年），台北：“中央研究院”经济研究所，1981 年，第 5 页。

⑤ 中国第一历史档案馆：浙江布政使潘思椝《奏陈整顿钱法之末议事》，乾隆十年二月二十五日，军机处录副奏折，档案号：03—0770—047，缩微号：052—0676。

⑥ “清代时中国各地行用的平，总计起来，当不下一千种。”（张惠信：《中国银锭》，台北：齐格飞出版社 1988 年版，第 176 页）“在清朝，中国全国所用的‘平’无虑几百几千种。”（杨端六编著：《清代货币金融史稿》，第 78 页）“据民国初年中国银行调查，各地通用的平砝，即有一百七十余种。”（魏建猷：《中国近代货币史》，第 30 页）

⑦ 参见奎濂等校勘《度支部通阜司奏案辑要》，沈云龙主编：《近代中国史料丛刊三编》第 47 辑，台北：文海出版社 1988 年版，第 171—180 页。

本位货币为库平一两；1910 年又订立《厘定国币则例》，① 规定银币的重量、辅币；1914 年 2 月北京政府颁布《国币条例》15 条，② 规定了银币的面额、重量、辅币、成色等，有学者由此认为从清末民初起中国已进入银本位时代。其实，这些条例仅是具文，当时流通领域中的银质货币——无论银两、银元还是银角均按重量成色天天有行市，彼此之间并非主辅币关系，③ 从而谈不上银本位。对于晚清民初的货币制度，学者多因纷乱的货币现实而将之归为多元本位。④

当时的中国处于世界发达国家均为金本位货币制度的国际环境之中。那么，中国近代究竟是一种怎样的货币体系呢？

实际上，中国近代币制是十分独特的，没有严格意义上的货币银行学学理上的本位含义可以对应，其构成实质是十分独特的“白银核心型”货币体系。明代，由于对外贸易的发展，白银大量流入中国，传统的以铜钱为币变为铜钱和白银（银锭和银元）均在流通领域发挥作用。⑤ 清初沿袭明制，钱粮收银。顺治十四年（1657），“直省征纳钱粮多系收银。见今钱多壅滞，应上下流通，请令银钱兼收，以银七钱三为准，银则尽数起解，其钱充存留之用，永为定例”⑥，从而强化了白银在货币体系中的地位。而在市场流通中，早在乾隆年间，市场用银已占主导地位，当时朝廷下令“各督抚转饬地方官出示剀切晓谕，使商民皆知以银为重，不得专使钱文”⑦。大数用银，小数用钱，即使边远的西北地区也是如此。⑧

之所以宜称之为白银核心型的货币体系，是因为近代市场上各自流通复杂多样的货币（纸币是硬币的货币符号）均以白银为核心兑换，并在市场上与之发生密切的关系。近代中国金融中心上海的货币市场由上海钱业公会控制，1915 年 8

---

① 参见中国人民银行总行参事室金融史料组编《中国近代货币史资料》第 1 辑《清政府统治时期：1840—1911》，中华书局 1964 年版，第 783—789 页。

② 中国人民银行总行参事室编：《中华民国货币史资料（1912—1927）》第 1 辑，上海人民出版社 1986 年版，第 88 页。

③ 参见金侣琴《银辅币问题》，《东方杂志》1927 年第 24 卷第 5 号；沧水：《论推行新银辅币之必要》，《银行周报》1919 年第 4 卷第 3 号。

④ 参见何汉威《从银贱钱荒到铜元泛滥——清末新货币的发行及其影响》。

⑤ 参见万明《明代白银货币化的初步考察》，《中国经济史研究》2003 年第 2 期。

⑥ 张廷玉等：《清朝文献通考》卷 13《钱币一》，王云五主编：《万有文库》第 2 集，上海：商务印书馆 1936 年版，考 4968。

⑦ 张廷玉等：《清朝文献通考》卷 16《钱币四》，王云五主编：《万有文库》第 2 集，考 5002。

⑧ 中国第一历史档案馆：甘肃巡抚鄂乐舜《奏复查办通省钱价大势平减事折》，乾隆十八年八月初七日，军机处录副奏折，档案号 03—0771—059，缩微号：052—0964。

月前多使用龙洋（龙洋折合银两数）行市，后用鹰洋行市。① 1919 年 6 月到废两改元前，每天挂出各种货币行市以及相应银两借贷利率，分别为：每日银元一元合规元几钱几分的“洋厘”；约期买卖的银元市价即“期洋”；银辅币十角合规元多少的“小洋”；规元一百两合铜元若干枚的“铜元”；银元一元合铜元若干枚的“兑换”；小洋一角合铜元若干枚的“角子”。小洋一角需贴水若干始合大洋一角的“贴水”。这些每日公布的货币行市均是以银两、银元、银角标价的。此外相当于当时借贷市场基准利率的“银拆”（即规元一千两之日利）也是以白银标价的。②其他各地亦有相应的类似组织以银两和银元为标准每日公布当地的货币行市，③白银居于货币市场的核心地位。

白银核心型的货币体系与银本位的最大不同在于：银本位制要求的是单一银本位币及相应的辅币制度，而白银核心型的货币体系没有单一的本位币，银元和银两均发挥着类似本位币的作用；同时没有辅币制度，银角、制钱、铜元实质上都不是银元或银两的辅币，均可独立在市场流通。

整体来看，近代中国所有的货币在法币改革前均与白银有着十分密切的关系，并可通过比价折合成为银元或银两，但折合比价是动态的，因而与西方国家所强调的货币本位，特别是其中非常重要的因素——主辅币制度有着根本的不同。

白银核心型货币体系是中国货币向银本位发展的阶段，发展过程是日益向银收缩。最初表现就是晚清民国后造币厂大量铸造银元，一方面取替铜钱等传统货币，另一方面取替银两并导致其形成的虚银两制度。虚银两制度以一些通都大埠为核心，并影响广大区域，如上海的九八规元、天津的行化、武汉的洋例、营口的炉银、安东的镇平银、汕头的七兑、绥远的拨谱等。铜元随着银元流通及自身的滥铸，价值日低，使用范围下降，实质是向辅币地位转化。1933 年，中国政府废两改元，标志着中国进入银本位时代。④

① 参见叶世昌、潘连贵著《中国古近代金融史》，第 210 页。

② 参见潘子豪《中国钱庄概要》，上海：华通书局 1931 年版，第 97—98 页。

③ 20 世纪 30 年代江西南昌汇划公所附设于钱业公会组织之下，“规元、洋例、银元、日拆、铜元、盐封、申钞、杂钞等行市，皆由公所挂牌，以为全市交易之标准”。（参见杨祖恒：《南昌之金融》，《中央银行月报》1933 年第 2 卷第 2—3 号合刊）

④ 因银本位刚一确立就发生白银风潮而导致法币改革，故本文所探讨的白银核心型货币体系截至 1935 年的法币改革，即与白银基本脱离关系为止。

二、外国势力对中国货币体系的影响

（一）白银货币的外部供给

中国近代货币体系的核心是白银，其货币表现形式是银锭或银元。1493 年美洲新大陆被发现后，世界产银量最多的地区为北美中部、南部。17 世纪秘鲁、巴西发现新银矿，18 世纪墨西哥几占该世纪银产量之半。但是，以白银为币的中国银产量“殊无几也”。① 明代以来，由于对外贸易发展，国外白银大量流入中国。② 至近代，中国产银量仍非常有限，③ 北洋政府时期最高年产量不足 5 万两。④ 1925 年调查发现中国的产银地仅有五省，总额为35 569两，其地域分布如表 1。

表 1　中国各省的银产量

省别	产量（两）	值银元数（块）
湖南	20000	26000
四川	1569	2040
广西	10000	13000
云南	3000	3900
热河	1000	1300

---

① Tomoko Shiroyama, China's Relations with the International Financial System in the 20th Century Historical Analysis and Contemporary Implication, Session 8: International Order of Asia in the 1930s and 1950s, Tokyo: Hitotsubashi University, 2008, p.4.亦可参见邵金铎《银价之研究》，上海：学术研究会丛书部，1928 年，第 1 页。

② 傅镜冰是较早涉足此领域进行研究的学者，1933 年发表《明清两代外银输入中国考》（《中行月刊》1933 年第 6 期），考证了明清两代外国白银输入中国的不同时期和途径，并推算明末至清朝中叶外国白银输入的数量总计约 3 亿 5000 万元左右。另可参见梁方仲《明代国际贸易与银的输出入》，《中国社会经济史集刊》1939 年第 6 卷 2 期；全汉昇：《明清间美洲白银的输入中国》，《中国经济史论丛》第 1 册，香港：香港中文大学新亚研究所，1972 年。

③ 洋务运动中，银矿仅热河承德三山银矿、广东香山天华银矿、吉林珲春天宝山银矿、广西贵县天平寨银矿等开采，但成绩不大。参见夏东元《洋务运动史》，华东师范大学出版社 1992 年版，第 270—271 页。

④ 杜恂诚：《中国金融通史》第 3 卷《北洋政府时期》，中国金融出版社 2002 年版，第 357 页。

续表

省别	产量（两）	值银元数（块）
总计	35569	46240

资料来源：企云《远东之银》，《钱业月报》1929年第9卷第6—7期。

因中国产银量有限，白银的输入自然十分重要。据杨格统计，1888至1931年中国共输入白银达103 700万盎司。[①] 白银的外部供给对近代中国经济的影响和冲击是致命的。无论是晚清的白银外流，还是国民政府时期的白银风潮，都说明了这一点。由于白银的外部供给，中国货币市场上极易创造出新的货币（如私票），日益激化复杂货币体系内的竞争，还导致中国很长时期内都是商品和白银双入超的国家。[②]

晚清中国国门被打开后，逐渐纳入世界经济体系。国民政府成立后，随着经济发展，对白银的需求日增。1890—1928年中国净入超白银627 177 427海关两。[③] 从1918年开始，中国就已是白银纯进口国，当年净进口白银23.5百万关两。1925—1927年的白银进口分别为63百万关两、53百万关两、65百万关两，[④] 尤其是1928、1929两年，分别净进口白银106.4百万关两、105.8百万关两，同时净出口黄金近二百万关两。[⑤]

白银的流动决定着中国市场货币量的变化，而经济体内货币量的变化对于经

---

① 杨格：《一九二七至一九三七年中国财政经济情况》，陈泽宪、陈霞飞译，中国社会科学出版社1981年版，第206页。

② 早在19世纪晚期，与英国皇家金银委员会有关的学者就对中国对外贸易进行了研究，认为“中国每年要用100万至200万镑的黄金平衡贸易，但是在1864—1886年间，中国每年平均出口了10万镑多的黄金。而在中国出口黄金的同时中国的白银进口超过了白银出口，1877年，差额达530万镑”。（Royal Com. on Gold and Silver, Minutes of Evidence, p.21. 参见Wen Pin Wei，The Currency Problem in China，New York：Columbia University，1914，p.35.）杨端六、侯厚培等通过对1858—1885年的研究，亦认为中国是金出口而银进口的国家，1889—1928年中国净出超黄金96 760 217海关两。（参见杨端六、侯厚培等《六十五年来中国国际贸易统计》，《国立中央研究院社会科学研究所专刊》1931年第4号，第159页；姚贤镐编：《中国近代对外贸易史资料（1840—1895）》，中华书局1962年版，第1064—1065页）

③ 参见杨端六、侯厚培等《六十五年来中国国际贸易统计》，第159页。

④ 参见郑友揆《中国的对外贸易和工业发展（1840—1948）——史实的综合分析》，上海社会科学院出版社1984年版，第343页。

⑤ 参见中国银行总管理处调查部编《最近中国对外贸易统计图解1912—1930》，上海：中国银行总管理处调查部，1931年，第70页。

济的影响是众所周知的。由于白银的流动掌握在外人之手，导致了外国势力对中国经济的强力影响。

（二）大条银市场被国外白银市场控制

白银的输出入与近代中国的货币数量、价值、汇率及内外贸易均有着直接关系。最显著的标志就是上海的对外汇价以伦敦大条银价格为标准。①

中国白银输入早期由于外商对华贸易逆差，需要向上海输入现银抵补。随着中外贸易的扩大和中国白银核心型货币体系的形成，中国对白银的需要量日益增大。而近代中国外贸常年逆差，特别是历届政府多借外债，故而形成对外贸易逆差而白银仍大量进口的奇异现象。

第一次世界大战以前，居于世界金融中心的伦敦是唯一的白银市场。直到20世纪30年代以前，世界的银价由伦敦银市确定，银价的涨跌操于伦敦银市。② 伦敦市场有上海银条行市远期、近期两种价格，而纽约行市则仅有一种价格，一盎司白银的价格以便士或美金标明，每日9:30均由汇丰银行与外汇行市一起挂牌公布。③ 中国是当时世界最大的白银输入国，一战前主要从伦敦白银市场通过外商银行购入白银。“伦敦银价的议定，常要探询汇丰、麦加利在上海交易的多寡；而伦敦现银的市价，则由上海汇丰银行隔日挂牌公布，决定当日上海对英汇价。”上海银市“大条银的交易，没有固定的市场，主要在银行、特别是在外国银行中进行，并且常常同外汇、标金互相套做”④。

第一次世界大战爆发后，随着美国经济地位上升、实力提高，特别是其对世界产银量控制的加强，纽约银市地位不断上升，逐渐成为世界最大银市之一。上海大条银转而多从美国输入，数量超过了英国。如1931年，上海来自美国纽约的大条银达661 000条，是来自伦敦112 000条的5倍。⑤ 仅纽约一地就有50余家银行接受中国各银行代理白银的交易。⑥ 正因为如此，时人言：“银贵银贱，其价格定之于伦敦，定之于纽约。”⑦

---

① 参见潘世杰《白银市场》，杨荫溥主编：《经济常识》第2集，上海：经济书局，1935年，第90页。

② 参见菊曾《伦敦的银市》，《钱业月报》第14卷第12号，1934年12月15日。

③ 参见杨荫溥编《经济新闻读法》，上海：黎明书局，1933年，第138页。

④ 洪葭管、张继凤：《近代上海金融市场》，上海人民出版社1989年版，第254、262页。

⑤ 参见《去年上海大条银进出概况》，《银行周报》第16卷第1期，1932年1月19日。

⑥ 参见洪葭管、张继凤《近代上海金融市场》，第255页。

⑦ 杨荫溥：《中国金融研究》，上海：商务印书馆，1937年，第313页。

外国白银是支撑中国金融中心上海资金链的重要砝码。《申报》时常报道大条银由伦敦或纽约运至上海，在上海银炉熔铸成上海通用的银锭（二七宝银）的消息。① 据统计，1919—1931 年上海进口的大条银有325 000条熔铸为银锭，占进口总数的 39%。② 其余的大条银则转运至国内其他重要商埠，如天津、南京、杭州等地，铸造宝银或银元。由于大条银与英汇、印汇存在投机市场，故也有少量大条银再由上海重新出口，运至印度孟买或重返英国伦敦套利。③ 1919—1931 年，中国共计输出大条银41 000条，占同期进口总数的 5%。④

（三）外商银行控制中国白银

在近代中国白银核心型货币体系下，哪一家银行对白银的控制力大，实力也就越大。汇丰银行在中国势力的强大，即源于其对白银的控制力。

"建立以白银为基础的银行，是在中国实行资本迅速和大量积累的有效途径。"⑤ 早在金本位时代，汇丰银行在中国就大量控制白银。晚清时汇丰银行掌管着中国海关总税务司的账户，其存款包括办公用费、罚款和没收款项、船舶吨位税、各种手续费和其他特殊款项（不包括关税收入，虽然该款在大约 20 年后也一直存放在汇丰银行）。因汇丰银行持有丰富的白银和铸币，从而能对中国各省当局进行高利短期放款，其利率比付给各存户如财政金库的四厘利息要高出许多。⑥ 为了控制白银，汇丰在世界各地设置机构，并在经营上注重金银的兑换及新金融工具的创造。汇丰银行买入和卖出的外汇总值经常占上海外汇市场成交量的 60%—70%。⑦

与此同时，近代中国连绵不断的战争为汇丰的存款持续增加创造了条件。中

---

① 参见《沪上商业之乐观》，《申报》1919 年 1 月 15 日，第 3 张第 10 版；《一星期铸银数》，《申报》1919 年 9 月 1 日，第 3 张第 11 版；《前日由美来沪之大条银》，《申报》1921 年 1 月 21 日，第 3 张第 10 版；《一星期之熔银调查》，《申报》1921 年 1 月 23 日，第 3 张第 10 版。

② 参见《去年上海大条银进出概况》，《银行周报》第 16 卷第 1 期，1932 年 1 月 19 日。

③ 参见洪葭管、张继凤《近代上海金融市场》，第 259 页。

④ 参见《去年上海大条银进出概况》，《银行周报》第 16 卷第 1 期，1932 年 1 月 19 日。

⑤ Frank King, *The History of the Hongkong and Shanghai Banking Corporation*, Vol.1, Cambridge: Cambridge University Press, 1988, p.509.

⑥ 当时掌握汇丰银行的杰克逊因此被称为"伟大的白银专家"，开创了 1865 年建行至 1902 年的杰克逊时代。在这个时代，汇丰银行的资产从 4300 万元增至22 000万元，年度纯利润从 50 万元，猛增至 1898 年的 600 万元之巨。参见毛里斯、柯里斯《汇丰—香港上海银行：汇丰银行百年史》，第 63 页。另可参见 Frank King, *The History of the Hongkong and Shanghai Banking Corporation*, Vol.1, Cambridge: Cambridge University Press, 1988, p.269.

⑦ 中国以银为币，黄金白银的转换实质就是外汇交易。参见张国辉《中国金融通史》第 2 卷，第 236 页。

国有钱的官吏和商人怕把钱存在当地银行会被军阀们突然提走，便将白银运往上海和香港，存入英国银行，特别是在汇丰银行开立存款户和往来账户。① 而汇丰又通过对资金的掌握控制了中国钱庄。“汇丰银行在中国建立买办制度。香港的董事会企图控制信贷，依靠买办提供的拆款作为担保将其控制力延伸至钱庄。”②

真实白银的持有量更能说明外商银行在中国货币体系中的地位。1921 年时，外商银行控制中国约 70%的白银储备。③ 而 1921—1934 年的情况，从上海中外银行存银底数的比较中可窥见一斑。见表 2。

表 2　1921—1934 年上海各银行现银存底折合银元总数统计　　单位：千元

	华商银行		外商银行		总计		指数
	库存数	比例(%)	库存数	比例(%)	库存数	比例(%)	
1921	21313	30.33	48950	69.67	70263	100.00	47.68
1922	28781	40.77	41813	59.23	70594	100.00	47.91
1923	29991	47.23	33511	52.77	63502	100.00	43.10
1924	48019	42.14	65919	57.86	113938	100.00	90.97
1925	62233	46.43	71817	53.57	134050	100.00	77.32
1926	73494	49.88	73859	50.12	147353	100.00	100.00
1927	79342	55.78	62907	44.22	142249	100.00	96.54
1928	102760	59.90	68781	40.10	171541	100.00	116.42
1929	144196	60.02	93064	39.93	240260	100.00	163.05
1930	166293	63.48	95663	36.52	261956	100.00	177.78
1931	179305	67.36	86883	32.64	266188	100.00	180.65
1932	253239	57.78	185050	42.22	438339	100.00	297.48
1933	271786	49.65	275660	50.35	547446	100.00	371.53
1934	280325	83.68	54672	16.32	334997	100.00	227.34

资料来源：中国银行总管理处经济研究室《中外金融汇报》，1935 年第 2 卷第 12 期。

说明：表中数字为中国银行当时的查仓报告，以 1926 年指数为 100。本表对原表有删减。

① 参见毛里斯、柯立斯《汇丰—香港上海银行：汇丰银行百年史》，第 90 页。

② Frank King, *The History of the Hongkong and Shanghai Banking Corporation*, vol.1, p.512.

③ Frank.M.Tamagna, *Banking and Finance in China*, New York: International Secretariat Institute of Pacific Relations Publications Office, 1942, p.103.

从表 2 可以看出，在美国等西方国家发生经济大危机前的 1925 年，仅从单纯的白银持有量考察，在华外商银行在白银存底上占有优势。世界经济危机爆发后，尽管华商银行白银存底已占优势（1933 年因白银巨量外流例外），但考虑到外商银行对白银进口及对伦敦、纽约白银市场的掌握，以及此后由于白银贬值引发中国白银数量的绝对猛增，在白银核心型的货币体系没有发生根本变化的情况下，法币改革前外商银行通过对白银的掌握而控制中国的货币是毋庸置疑的。①

（四）外商银行操控银两制度

外商银行除了控制中国的白银外，更为重要的是掌握了中国的金融制度。

以学术界认为最传统的中国货币形态——银两为例，可以说明中国银两制度与外商之间的密切关系。这种关系更重要的是体现在近代银两制度的确立上。

自明代白银大量流入中国以来，流通领域或如东南沿海直接使用外国银元，或如内地将银元熔化成银锭使用。但直到清代中叶，百姓还是简单分辨银两成色，除官方平砝外，还使用当地平砝。政府只规定了税收中常用几种平砝，如户部库平、漕粮的漕平。近代以来，随着沿海沿江口岸的开放，外国商人开始强有力地影响当时中国几个最重要区域的银两制度。而英国商人和银行参与了中国银两这种称量货币制度的制定。②

上海开辟租界后，外国银行和外国商行交易最初使用的是西班牙银元，后因西班牙银元停铸，乃由外商银行与商界公议于咸丰六年（1856）起以上海豆麦行通用的“规元”为记账单位，所有商品交易往来收付都按银元折成“规元”入账。③ 其后辐射于长江中下游和江南一带，成为近代银两制度中影响最大的一种。没有外商的支持，上海九八规元很难取得日后其在中国东南地区货币核心的地位。

洋例银是汉口对内对外通行的一种虚银两，在长江中游影响较大。汉口开辟为商埠后，外商要求汉埠各商援上海规元之例，以估平宝银 980 两升成洋例 1000 两为标准，后来汉口商家相沿成习，以前的各种平色银两逐渐消灭，概以洋例银

---

① 由于外商银行掌握白银，法币改革前汇丰银行能掌控中国货币的稳定，蒋介石曾授予汇丰银行经理郭礼宾和上海分行经理亨奇曼勋章。毛里斯、柯里斯：《汇丰—香港上海银行：汇丰银行百年史》，第 129 页。

② 参见毛里斯、柯里斯《汇丰—香港上海银行：汇丰银行百年史》，第 126 页。

③ 参见叶世昌、潘连贵《中国古近代金融史》，第 159 页。也有学者认为是咸丰八年秋季。参见杨荫溥《中国金融论》，黎明书局，1936 年，第 88—89 页；魏建猷：《中国近代货币史》，第 24 页。

为主体。①

关平银制度更是如此。② 五口通商前，外商以西班牙银元缴纳关税，行商收取后再把西班牙银元改铸成纹银（关饷锭）上缴国库。鸦片战争后，中国与英、法、美签订的《五口通商章程》《新税则》《望厦条约》《黄埔条约》，规定海关使用银币收取关税："交纳均准用洋钱输征。"③ 废止行商与公行制度，建立海关监督特许的海关银号。1843 年 7 月 13 日经在广州分析测验、中英双方确认海关使用的银两在"平"上使用粤海关的"平"，成色采用纹银。粤海关的"平"即关平。这就是不平等条约束缚的新关税制度下产生的中国海关使用的银两——海关两。在新开五口，关税缴纳统一实行这种银两单位。以外国银币交纳关税要以这种银两单位为基础折算。此后《天津条约》再次确认了这一原则。④

再如民国年间仍在使用的青岛胶平银，一直到 20 世纪 20 年代末，青岛外国工厂产品仍以胶平银计价，中国人购买洋货需用胶平银，外商银行则可通过吸收洋商手中的胶平银，掌握其行市，进而操纵。⑤

---

① 参见中国银行总管理处：《内国汇兑计算法》，北京：中国银行管理处，1915 年，第 202 页。

② 关平银（关平两、关银、海关两），清朝中后期海关所使用的一种计账货币单位，属虚银两。清朝海关征收进出口税时，开始并无统一标准，中外商人均感不便。为统一标准，遂以对外贸易习惯使用的"司马平"，又称"广平"（"平"即砝码），取其一两作为关平两的标准单位。一关平两的虚设重量为 37.7495 克（后为 37.913 克）的足色银锭（含 93.5374%纯银）。由于各地实际流通的银锭名称、成色、重量、砝码互不一致，折算困难，海关征税时，依当地实际所用的虚银两与银锭的折算标准进行兑换，关平银的实际计算标准并不统一，即使同一海关在同一时期用同一地方银两纳税，兑换率也不一致。1930 年 1 月，中国政府废除关平银，改用"海关金单位"作为海关征税的计算单位。（参见宫下忠雄《中国币制の特殊研究——近代中国银两制度の研究》，东京：日本学术振兴会，1952 年，第 11 章关平银制度）

③ 参见王铁崖《中外旧约章汇编》第 1 册，北京：三联书店 1957 年版，第 41、53、61 页。

④ 从 1843 年的税则和 1858 的改订税则里，还看不到"关平银""Haikwan tael"或"Customs tael"这样的用语，只能见到"两"或"Tael"这样的货币单位，或者是"Sycee silver""纹银"这样的用语。从海关贸易统计来看，1875 年开始使用"关平银"这一货币单位。海关贸易统计的发表开始于设置总税务司制度的 1859 年，同年 *Annual Returns of Trade* 发行，1864 年发行 *Annual Reports of Trade*，1882 年两书合并成 *Annual Returns of Trade and Trade Reports*。在海关统计中，价格单位 1868 年以前，"两"（各地方的银两）和"元"（外国银币）并用。1869 年以后采用地方两制度。1875 年采用关平银制度。（参见宫下忠雄《中国币制の特殊研究——近代中国银两制度の研究》，第 407、408 页）

⑤ 江礼璪：《述青岛废除胶平银之经过》，《银行周报》第 13 卷第 31 号，1929 年 8 月 13 日。

三、近代白银核心型货币体系的影响

货币制度的确立有赖于币制的统一和规范，而币制统一和规范的前提是必须有强有力的中央政府。晚清以来，中国币制极度混乱，中央政府难以对货币的发行和流通实施有效管制，多次统一币制的努力均告失败。中国近代白银核心型货币体系正是中国近代特定的政治、经济环境孕育的怪胎，有着与生俱来的缺陷，并给经济环境带来负面影响。

（一）白银核心型的货币体系传导经济危机

由于白银核心型货币体系的核心——白银由外国控制，故而世界银价的变动会引发近代中国的经济危机，[①] 从晚清时期的银贵钱贱，到 20 世纪 30 年代的金贵银贱及白银风潮，中国经济危机的发生均有世界银价变动的重要因素。通货膨胀与通货紧缩时，经济体会受到货币数量的压力，导致物价上涨或下跌，并由此引起生产和消费领域的种种规律性变化。由于白银的进出掌握在外人手中，这种变化只能简单地传导世界银价变动，中国经济的管理者不能进行人为的调节和控制，从而对中国经济产生灾难性后果。仅以 20 世纪二三十年代的银价上涨和下跌引发的经济危机为例来说明。

20 世纪 20 年代末和 30 年代初中国发生了“金贵银贱”风潮。世界黄金购买力日见升腾，金本位国家物价日见跌落，经济恐慌发生。[②] 当时国际上除中国、印度还以银为币外，白银在其他国家已是普通商品。1929 年 12 月底金价突涨，到 1930 年 6 月金价达到最高，与 1920 年白银价格相差近五倍半左右。[③] 风潮牵动全国。这是 1929 年世界经济危机在中国的反映。

银价下跌一方面使货币贬值，进口商品价格上涨，对中国出口商品有利，从而促进了中国制造业的开工。同时也吸引了国外白银持有者涌入中国，使中国金

① 参见姚庆三《近十年来我国金融演变之统计的分析及若干正统货币理论之重新的估价》，《国民经济月刊》第 1 卷第 1 期，1937 年 5 月 15 日。

② 参见路易士、张履鸾《银价与中国物价水准之关系》，南京：金陵大学农学院，1934 年，第 1 页。

③ 参见工商部工商访问局编《金贵银贱问题丛刊》，上海：工商部工商访问局，1930 年，第 1 页。

融活泼，刺激了经济无序发展。[①] 另一方面，银价下跌在生活领域使中国人的财富无形减少。关税、汇率、外债、商业均受损失。“吾国货币，于国际之购买力，已减少其三分之一。”[②] 银价下跌对中国财政更是致命打击，“今银价如斯低落，则向以关盐两项作担保之外债，亦将入不敷出”[③]。

1929—1931年的世界经济危机，导致国际金本位体系崩溃。从1931年9月到1932年12月，英国、日本、加拿大等17国先后放弃金本位。[④] 1933年3月美国放弃金本位，次年6月后推行白银政策，在世界范围内拉高银价，世界银价腾涨，[⑤] 引发中国白银巨量外流。1934年1—7月，上海出口白银达5000万元，8月份达8300万元。[⑥] 7月至10月中旬合计流出白银约2亿元。[⑦] 至年底上海存银总额已由上年的3.93亿盎司降至2.53亿盎司。[⑧] 1934年4月至1935年11月，中国的白银储备从约6.02亿元下降到2.88亿元，[⑨] 白银外泄在中国导致严重的金融恐慌，并引发经济危机。在金融领域，金融市场票据收解寥落，各业款项收付呆滞。[⑩] 在经济领域则是物价惨跌，大批工商业者破产，国际贸易衰败。[⑪]

（二）价值尺度失衡成为社会经济发展的阻力

经济发展要求货币是单一的价值尺度，货币自身发展运动的结局也是如此。货币作为计算单位（unit of account），重要职能就是简化商品价值比较，提高交易的效率和作用。货币是交换的润滑剂。[⑫] 简而言之，交易成本是订立和实施作

---

① 参见易劳逸《1927—1937年国民党统治下的中国——流产的革命》，陈谦平、陈红民等译，中国青年出版社1992年版，第228—229页。

② 杨荫溥：《中国金融研究》，第316页。

③ 资耀华编：《金贵银贱之根本的研究》，上海：华通书局，1930年，第44页。

④ 参见李立侠、朱镇华《中央银行的建立及其在上海的活动》，中国人民政治协商会议上海市委员会文史资料工作委员会编：《上海文史资料选辑》第60辑《旧上海的金融界》，上海人民出版社1988年版，第39页。

⑤ 参见小科布尔《上海资本家与国民政府（1927—1937）》，杨希孟、武莲珍译，中国社会科学出版社1988年版，第164页。

⑥ 参见杨格《一九二七至一九三七年中国财政经济情况》，第235页。

⑦ 参见《二十四年十一月份财政部钱币司工作报告（1935年12月21日）》，魏振民编选：《国民党政府的法币政策》，《历史档案》1982年第1期。

⑧ 参见耿爱德《十年来中国外汇之回顾（续）》，《中央银行月报》第5卷第4号，1936年4月。

⑨ 参见徐蓝《英国与中日战争（1931—1941）》，北京师范学院出版社1991年版，第75页。

⑩ 参见魏友棐《现阶段的中国金融》，上海：华丰印刷铸字所，1936年，第31页。

⑪ 参见杨格《一九二七至一九三七年中国财政经济情况》，第228—232页。

⑫ 参见保罗·萨缪尔森、威廉·诺德豪斯《经济学》，萧琛等译，华夏出版社1999年版，第26页。

为交易基础的合同的成本。[①]“使用货币作为计算单位，减少了需要考虑的价格的数目，从而减少了经济中的交易成本。当经济日趋复杂时，货币作为计算单位的功能所提供的利益愈益显著。”[②]

中国近代白银核心型货币体系由于没有建立起主辅币制度，货币体系的几个层次在市场上均是相对独立的计账工具。当两种或两种以上货币的相对价值发生变化时，货币作为计算单位的职能日益混乱。近代上海，企业家和商人手中常常要掌握银两和银元两种货币以应对市场，这在近代资本极为缺乏的中国不仅是巨大的浪费，更是货币对市场流通和商品生产的阻碍。

货币价值尺度的紊乱失衡使得市场价格体系失灵。以白银核心型货币体系的核心银两和银元为例。市场上的商品以银两、银元两种货币定价，货币撕裂了市场。“流通的货币种类那样多，以致当地商会要每天开会计算本地区进行交易的货币的相对价值。”[③] 银元和银两之间的价格变化导致了商品价格的波动[④]，价格成了误导生产和市场的标向，大大增加了社会生产成本。

白银核心型货币体系由于其不同层次可单独地行使价值尺度职能，还加大城乡经济发展的差异。铜币成为农民和市民生活的货币，而白银是城市、政府、商人的货币。复杂的货币体系还滋养了钱兑业等食利中介，是中国政治分裂、军阀割据的经济基础之一。

（三）币制落后引发相关经济制度滞后

综观中西货币史，近代中国货币制度中出现的一些景象，在西方国家此前百余年前也曾出现过，而当中国被这些货币制度或货币本身所困扰的时候，西方资本主义国家已经解决了这些问题。

近代中国货币体系中最重要的层面银两是称量（计重）货币。作为近代中国货币体系核心，银两一直未能完全从原来的计重货币，抽象蜕化为“货币的货

---

① 参见埃瑞克·G．菲吕博顿等编《新制度经济学》，孙经纬译，上海财经大学出版社 1998 年版，第 244 页。

② 米什金：《货币金融学》，李扬等译，中国人民大学出版社 1999 年版，第 49 页。

③ R.苏莱斯基：《奉票的盛衰（1917—1928）：中国军阀时代的货币改革》，中国社会科学院近代史研究所、《国外中国近代史研究》编辑部：《国外中国近代史研究》第 3 辑，中国社会科学出版社 1982 年版，第 297 页。

④ 马寅初举了一个关于布价格变化的例子。他说：“财政部的物价表上有一百几十样东西，几十样是用银子来计算的，还有几十样是用洋钱来计算的。”（《马寅初全集》第 1 卷，浙江人民出版社 1999 年版，第 374 页）

币”。实际上中国传统货币只有铜钱，经过漫长的演化才从名义上脱离了重量单位，抽象出“文”这一货币单位，发挥了“货币的货币”的作用。而银两，即使是已经发展的虚银两，从整体上看由于其强烈的地域性从总体上也没有完成这一变化。相反，欧洲人早就知道货币的计算并不需要真正的硬币，“在比较不同硬币的价值时，货币的记账单位作为货币的货币就显得格外重要了”①。

币制的落后，引发信用制度和金融制度的滞后。西方人认为民初还在营业的山西票号像是“十七世纪晚期的欧洲”②，他们评论民国初年兴盛且可获利的中国钱庄业类似于此前一个世纪前的德国。③ 更严重的问题是在一些重要的信用、金融制度的形成上，中国也难望其项背。结算制度早在十二三世纪就在欧洲发展起来，并由此产生了众多的信用工具，诸如追随商品交易而产生的信用——汇票。13 世纪意大利商人信用创新的汇票，彼此冲销债务，“汇票减少了易货贸易、当面清账，或用大量硬币、金银器皿或金银块（这些东西易被盗窃）支付的必要”④。16 世纪初，意大利的 5、6、15、20 天及更长的期票已经十分普遍，本票也大量出现。“到了十九世纪初，票据经纪人变成交换的供求之间的单纯的中间人；他们自负盈亏，依靠从银行得到的短期贷款。较大的票据经纪人就是通过这种方式发展成为贴现银行的。”⑤ 反观中国，传统的汇划制度出现于 19 世纪，而追随商品的汇票（而非山西票号等发行的单纯汇票）、庄票（上海钱庄庄票）发生重要作用的地域和时期实际也很晚。⑥ 特别重要的是由于这种制度的差异，在西方自然出现的一些金融形式，如股份制⑦、证券市场、银行甚至以后的投资银行，在中国均处于一种制度追随、引进的状态，表现为中国传统经济制度环境下的一种非自然的历史进程。对于这种经济文化差异的重要性，现在人们还很少注意。

---

① P.金德尔伯格：《西欧金融史》，徐子健等译，中国金融出版社 1991 年版，第 31 页。

② Frederic E.Lee，Currency，*Banking，and Finance in China*，p.71.

③ Wen Pin Wei，*The Currency Problem in China*，pp.40—41.

④ P.金德尔伯格：《西欧金融史》，第 53、55 页。

⑤ 汉斯·豪斯赫尔：《近代经济史——从十四世纪末至十九世纪下半叶》，王庆余等译，商务印书馆 1987 年版，第 415 页。

⑥ 参见洪葭管《中国金融史十六讲》，第 7 页。

⑦ 有限责任公司的发明是这一系列发明中最为突出的。参见约翰·希克斯《经济史理论》，第 73 页。

四、余论

进入20世纪30年代，随着经济的发展，国家的相对统一，中国的币制改革迎来转机。

废两改元是中国白银核心型的货币体系进一步收缩的重要环节，这一体系的核心由两元并用而收缩为只用银元，是政府、银行、钱庄在当时经济环境下博弈的结果。传统钱庄掌握的银两体系及商业联系限制了银行的金融业务空间，引发银行与钱庄业务上的矛盾和竞争，实际成为中国近代经济发展的桎梏，导致1933年3月国民政府下令废两改元。①

银元取代银两、两元归一既是经济发展的要求，也是中国近代货币自身运动的结果。白银核心型的货币体系运动的方向，只能是银本位的建立。废两改元的成功，对于往日异常繁杂的货币体系是一次大的清理，顺应了经济和货币发展潮流。但相对于国际上更先进的币制而言，银本位仍然落后。由于中国不能掌握白银，很快就又陷入因世界银价上涨而引发的新一轮货币危机。

1929年全球范围内的经济大危机发生后，英、美、日等国极欲扩大海外市场，转嫁本国危机。中国成为列强不约而同的目标。美国首先依靠强大的经济实力，以“白银政策”影响世界经济，在国际币制发生动荡之时力图用美元取代当时英镑的世界金融霸主地位，执掌国际金融新秩序的牛耳。在亚洲，则利用白银政策使中国币制发生对美国有利的变化。它先是将白银纳入美元的货币准备，以便进一步与黄金脱钩，贬值美元；同时照顾本国白银资本家的利益，推行白银政策，在世界范围内拉高白银价格。由此导致中国白银巨量外泄，引发了以银为币的中国金融恐慌。② 日本则以侵略的方式直接获得市场，占领中国东三省，加紧在华北的分裂活动，利用银价高涨之机大量走私中国白银，加剧中国的金融危机。英国在不开罪日本的前提下支持中国进行币制改革，力图把中国货币拉入英镑集

① 柏禹�武编选：《国民党政府“废两改元”案》，《历史档案》1982年第1期。

② 参见任东来《1934—1936年间中美关系中的白银外交》，《历史研究》2000年第3期。

团，从而进一步维持英国在华的传统利益和地位。[①] 1933 年后，各国更是以货币贬值为手段，开打货币战，以刺激商品出口拉升本国经济。这对以银为币而无法任意贬值的中国经济无疑是十分沉重的打击，从而使中国货币在世界银价面前陷入两难境地。

1935 年 11 月 4 日，国民政府宣布实施法币改革。主要内容是：将中央、中国、交通三银行发行钞票定为法币，凡银钱行号商店及其他公私机关或个人持有的白银，交由发行准备管理委员会或其指定的银行兑换法币。法币政策公布后，国民政府又推出一系列币改配套方案。[②] 著名经济学家麦迪森认为："出于外交方面的考虑，这场币制改革的特点被巧妙地掩饰。因为公开放弃使用白银作为通货，将使美国的白银政策显得荒谬绝顶——正是这个政策导致了全世界最大的白银消费国脱离了银本位制（见 Maddison，1985）。"[③] 但是法币也有缺陷，打开的另一扇门是由于货币发行基本不受国家所持有的贵金属的限制，因而容易导致通货膨胀。日后，国民政府正是由于战争因素所引致的法币滥发，导致民心更迅速地丧失。

（原刊于《中国社会科学》2012 年第 9 期）

① 参见吴景平《英国与 1935 年的中国币制改革》，《历史研究》1988 年第 6 期。

② 参见魏振民编选《国民党政府的法币政策》，《历史档案》1982 年第 1 期。

③ 安格斯·麦迪森：《中国经济的长期表现：公元 960—2030 年》，伍晓鹰、马德斌译，上海人民出版社 2008 年版，第 52 页。

论卢作孚对民生公司的有效管理

南开大学马克思主义学院　邓　红[①]

卢作孚（1839—1952）是中国近代最具特色和实绩的民族企业家之一，有“中国船王”“中国科学管理专家”之称，曾被毛泽东称誉为中国民族实业界不能忘记的四个人物之一，说“搞交通运输业，不能忘记卢作孚”。民生公司是1926年卢作孚在家乡四川省合川县集资创办的，当时只有一艘70吨的小轮，行驶渝合一线。之后20余年，轮船发展到140余艘，5.1万余吨，航线从长江到沿海，甚至远及日本、印度、菲律宾、新加坡等地，还有三个附属企业和95个投资企事业，成为中国近代规模最大的民族航运业资本集团。在旧中国恶劣的环境中，民生公司何以有如此鲜见的成绩？原因虽多，而卢作孚颇富成效的经营管理是值得注意的。一代学人梁漱溟说卢作孚“对民生公司的一套经营管理方法，很值得加以总结研究，以资借鉴”[②]，可谓殷切之语。笔者认为，经营与管理是互为渗透、相互促进的，但又各有侧重。经营的核心是寻求经营目标，并对此做出预测、判断、选择和决定管理的功能，用卢作孚的话说：“在使一机关或一事业全般人力物力配合的活动达最高的效率。所谓最高效率，系要求以最少人力、最少物力、最快时间，换得最多结果，最好结果。”[③]

管理的内容是复杂的、多方面的，卢作孚将它分为组织、计划、预算、人事、财务、工具、物料、文书、会计、统计、编辑、稽核与考核等方面。[④] 但就各方面的性质和作用而言，主要是对人的管理、物的管理以及使人力物力协调配合的

① 论文合作者为李金铮教授。

② 梁漱溟：《旅蜀往事杂记》，《龙门阵》1984年第3期。

③ 《卢作孚讲业务管理》，《新世界》1945年2月号。

④ 《卢作孚讲业务管理》，《新世界》1945年2月号。

组织管理。本文拟主要论述卢作孚对民生公司的管理。

一、组织管理

组织管理需要建立一个事业组织方面的管理体制，卢作孚说这是建设事业的第一任务。[①] 民生公司的组织机构，是随着事业的发展与需要，逐渐建立、调整和完善起来的。到1937年前后，一套比较完整的组织体系基本形成。显然这套组织是庞大的，要使各级组织责有攸归，互相联结，配合默契，其难度可想而知，但卢作孚做到了。

（一）废除“三包制”，实行“四统制”

轮船航运是公司业务的核心，卢作孚首先在轮船上废除旧的“三包制”，实行“四统制”，开中国航运组织体制改革之先河。

民生公司创办以前，“三包制”是中国航业界普遍实行的一种落后的管理体制，简直“无一非包办之船”[②]。它开始于外国在华轮船公司，公司将轮船上的驾驶、轮机、事务三个部门分别包给中国买办办理，流弊极大。如一切人员的任用都由各部门大买办自行定夺，由此一船形成三个大的集团。然而远不止此，“舵工由领江带，水手由水手长用，理货员由二买办三买办用，茶房由茶房头脑用之类，又为包办中之包办，集团内之集团，甚至有每一小集团又分更小集团之事”[③]。大小集团各施其政，无统一管理可言。更糟糕的是，因承包者可自由掌握月薪开支，所以用人不必求贤，只以薪工低廉为目的。各级头目又层层征取押金，层层以此为奥援，“遂不能指挥管束，最后至于一茶房亦难更换矣”[④]。另外，公司“限定若干金钱包办之”，其他一概不管，更“不问该件事承包者之盈亏”。[⑤] 承包人为了赚钱，不管航期，滥运私货，任意提高票价，服务质量极差，结果买办制“闹

① 《卢作孚讲业务管理》，《新世界》1945年2月号。
② 《民生实业股份有限公司十一周年纪念刊》，1937年版。
③ 《民生实业股份有限公司十一周年纪念刊》，1937年版。
④ 《民生实业股份有限公司十一周年纪念刊》，1937年版。
⑤ 《民生实业股份有限公司十一周年纪念刊》，1937年版。

得公司折了本，而买办一个个赚了大钱”[1]。可见，三包制已极端腐败。我国商人在办理轮船公司时，也一律如法炮制，在外商轮船公司的打击下，景况更惨。鉴于此，卢作孚一创办民生公司，就以过人的胆识断然摒弃“三包制”，实行“四统制”（也称经理制）。规定：船上一切人员由公司统一任用，不准滥用私人；船上财务、业务由公司统一掌握，不得营私舞弊；船上材料、油料由公司统一定额配发，节约有奖。驾驶部、轮机部分别由船长和轮机长统一指挥。船上事务由经理一人总揽，对内向公司负责，对外代表公司。[2] 这就将船上的全部权力集中于总公司，为统一管理，提高服务质量和工作效率奠定了基础。“四统制”的实行，在中国航业界引起了轰动。后来，民生公司接收或购买的轮船都实行了这一制度，原来紊乱不堪的“病船”经过彻底的改造，都以崭新的面貌航行于长江之上。

（二）集权管理、分级管理与民主管理

卢作孚对全公司各级组织采取了集权管理、分级管理与民主管理相结合的办法，这在中国实业史上也是前所未有的。

第一，集权管理。

民生公司总公司之上有股东大会和董事会，似乎这两会是最高权力机构，实际却是有名无实的。因为公司章程中规定：“本公司股东每一股有一议决权，但一股东而有二十股以上者，概以二十权为限。”[3] 换言之，股数再多也不能超过20权，这就突破了一般中西资本主义企业中“股数越多，权力越大”，以资立权的惯例，避免了由少数大股东对公司的控制。董事及董事长是从股东中选出来的，因所持股权分散，权力也不大。董事会只是一个执行股东大会决议、执行公司章程、监督公司业务、分配公司盈余的常设机构。公司的实权是在总公司，特别是掌握在不能担任董事的总经理之手。总公司三室一会四处共20余股，对下属分公司、办事处、工厂、船舶进行垂直领导。在人事上，各单位人员的招考、聘任或奖惩都由总公司掌握，全体职工的薪金标准由总公司制定执行；财务上，各单位虽属独立经营，但不得独立核算，盈余要上交总公司，一切费用由总公司拨付；所需物资亦由总公司统一计划、购置与分配，不许自由购买和使用。可见，总公司牢牢控制住了人事、财务、物资大权。而在总公司之内，总经理卢作孚又是掌握实

---

① 卢作孚：《在民生公司八周年纪念大会上的开会词》，《新世界》1933年第32期。

② 重庆市档案馆藏：全宗号民生，卷号37。

③ 《新世界》1932年10期，第8—9页。

权的中心人物。凡公司的机构增减、航线开辟、投资方向、基本建设等重要的经营决策，都须他拍板生效；各部处制定的规章制度亦由他签署发行，处级经理、厂长等主要领导及高级技术人员由他直接任免，后报董事会备案。其他科室干部的升降，由人事部门议定后须提交卢作孚审核方能通过。卢虽曾几度担任政府公职，总经理由襄助总经理的协理代理，但实权仍为卢控制。如 1937 年，上海分公司常年法律顾问魏文逢律师任期已满，上海方面请示总公司要求续聘，代总经理批示："似当续聘，卢先生批准再复电。"① 由此可见卢作孚的高度集权。

第二，分级管理与横向联系。

高度集权的组织管理，有利于统一指挥，但卢作孚又认为"不宜事事均到上层，更不宜事事均到最上一层，万不可因虑下层不能负责，遂替下层负责，致令任何文件，层层送达，任何事件，层层交下，迄无一明白负责处理之人"，"必须每一阶层各有其应负的责任，各有其负责处理的问题"②，因此实行层层负责、层层节制的分级管理的岗位责任制。民生公司组织章程对下属各单位的设置、人数及职责范围，都有明确的规定和划分。各部根据组织章程的要求，对不同人员制订出不同要求的科学工作手册。只是轮船上，就有《经理须知》《茶房须知》《水手须知》《驾驶须知》《轮机须知》《理货须知》等，对各类人员每年、每月、每天甚至每时的工作内容、程序及职责范围都有具体详尽的规定。分级管理制的施行，使公司职工各有其责，也正因为此，"机关虽多，而绝非虚设，人数虽多，而绝无冗滥"③。公司按实际需要确定人员编制，使各单位"只需要最少的工作人员"④，避免了人浮于事的现象。总公司机关人员的精简就表明了这一点，如：1932 年全公司职工 1071 人，1933 年增至 1911 人，到 1936 年更增至 3844 人，而总公司机关人员占总人数的比例，却由 11％降至 9％、9.1％。⑤ 可见，公司总人数虽增加迅猛，但机关人员仍基本保持了原来的比例，甚至有所下降。

在分级管理的基础上，卢作孚又提出：分级管理并不是完全分割独立，而"仍有其横的联系"，"在横的关系中必须相互有其明缭的联系，乃不至职责混淆，

---

① 重庆市档案馆藏：全宗号民生，卷号 90。

② 《卢作孚谈业务管理》，《新世界》1945 年 2 月号。

③ 《新世界》193 年第 32 期，第 22 页。

④ 《卢作孚谈业务管理》，《新世界》1945 年 2 月号。

⑤ 据《新世界》1932、1933、1936 年各期与《民生公司十一周年纪念刊》计算。

系统紊乱”。[①] 为此，公司成立了不少处室负责人参加的各种委员会，如人事委员会、驾驶研究委员会、船舶研究委员会、业务研究委员会、航运研究委员会等。这对各处室间联系、协调以及有关问题的解决是起到一定作用的。有的特殊工作部门如轮船，因流动性大，与总公司的联系不易进行，往往影响工作效能。卢作孚为此专门设置负责联络各轮与公司关系的“推动人”。船到码头之前，推动人先向公司各处股询问登记与该轮商谈的事件和人员，船一到埠，推动人就通知该轮及公司的有关人员到指定地点会谈。船上或公司有问题却不能面商时，则由推动人负责转商。

被西方管理学界誉为“现代化公司组织天才”的美国通用汽车公司总经理斯隆，1923 年以后逐渐推行一种新型的事业部制，即“集中政策，分散管理”，直到 70 年代美国 76%的大企业才采用这一制度。[②] 卢作孚于 20 世纪 30—40 年代推行的集权管理与分级管理，已与事业部制相差无几，且采取了各级横向联系的有效措施，可见他的组织管理水平已居世界前列。然而，卢作孚的组织管理水平还不限于此。

第三，民主管理。

民主管理制度更是民生组织管理的一大特色，这在当时的中外企业界也甚为少见。卢作孚对民主管理的理解是比较透辟的，他说：“最高才能的领导者，不在其个人的天才监督群人，而在能建立群的秩序监督个人，不但应当发挥每个工作人员的能力，尤其应当发挥整个组织的能力。”[③] 管理人员应寻找机会接近工作人员，“不断地同工作人员商讨，他们就会不断地提供意见”[④]。“民生公司的问题，没有一个人有绝大的能力可以解决”，“民生公司一千多职工联合起来，才可能解决民生公司的问题”。[⑤] 在领导工作中，卢作孚实行了许多发动职工群策群力的措施。如公司在颁布新的规章时，总是倡议职工“倘有更善办法，并盼建议公司，是为至要”；规定各处室制订计划时，须征求职工意见，让他们彻底了解其内容和意义，以利贯彻执行；公司的各种工作进展情况也都通过公司自办的《新世界》《简讯》刊物随时公布，让广大职工了解、关心、监督公司的事业；当公司事业出

---

① 《卢作孚谈业务管理》，《新世界》1945 年 2 月号。

② 《领导与体制》，《瞭望》1985 年 12 期。

③ 卢作孚：《由整理膳务谈到今天的工商管理方法》，《新世界》1937—1938 年 11 卷 11 期。

④ 卢作孚：《促进工作的研究》，《新世界》1932 年 30 期。

⑤ 卢作孚：《瞻前顾后的两段论》，载《中国的建设同题与人的训练》，生活书店 1934 年版。

现问题和障碍时，也面向广大职工求取办法，号召“全体总动员去干”①。尤其是民生公司的会议制度，更显现了民主管理的色彩。卢作孚说：“采取会议制度，在思想上可以相互影响，情况上相互明了，免除隔阂，办法上可以亲切领会，联络一致，可为全部计划及整理集思广议，可以保证进行。”② 公司会议，分门别类，各级都有。如朝会，是总公司领导同机关全体职工参加的一种会议。会议内容丰富多彩，气氛民主热烈。领导与职工互相监督批评、交流经验、传递信息、献计献策，而且规定每人发言。5—10 分钟，最多不超过一刻钟。③ 领导常常从短短的会议中受到启发，想出更好的办法，所以民生公司的会议时间短，效果佳。

二、人事管理

上述组织管理是建立组织的秩序问题，人事管理则是维持人的秩序，提高人的工作效率和积极性的问题，是企业管理的核心。卢作孚一直把人看作企业发展的决定因素，甚至说“只要人成功，就会有若干公司的成功”。实践证明，卢作孚对民生公司的人事管理是非常成功的。

（一）为事择人

卢作孚认为：“人事管理之第一问题在用人，在为事择人。”④ 他曾多次撰文，批判社会盛行的封建落后的就业制度——凭亲朋关系介绍就业的任人唯亲制，认为公司从总经理到茶房小工，“他们之到公司都是凭自己的能力，不是家庭和亲戚邻里朋友的关系”⑤。为此，在民生公司确立了“低级人员考，高级人员找”的任人唯贤制度。

卢作孚根据航运业对高级人才的需要，遍求省内、国内以至国外的人才。一大批内行专家包括没有文凭却有丰富实践经验的能人，都网罗在自己门下。如陈国仓、赖彦于、张梁任、周茂柏、金月石、叶再馥、周雁翔、韩仲贤、江昌绪等，

① 卢作孚：《最近提起注意的三件事》，《新世界》1934 年 42 期。
② 卢作孚：《会议是促进事业的重要方法》，《新世界》1936 年 96 期。
③ 重庆市档案馆藏：全宗号民生，卷号 62。
④ 《卢作孚谈业务管理》，《新世界》1945 年 2 月号。
⑤ 卢作孚：《建设中国的困难及必循的道路》，载《中国的建设问题与人的训练》，1934 年。

都是学有专长的留洋专家，卢就用高薪聘他们担当领导或技术重任。而且只要是有用之才，不管有无学历，都予以重用。① 如上海轮船公司的张干廷，因无学历不受重用，但实践经验丰富，人称土专家，卢便将他聘到民生公司，结果贡献非常大。卢甚至不计前嫌，重用人才。如美国圣约翰大学毕业的童少生，原替美商经营捷江轮船公司，是民生公司的劲敌。1935 年民生击败捷江后，卢竟不惜重金将童的私欠无偿还清，并将其劝赴民生公司，任其为航运处经理直至公司副总经理，成为卢的一大得力干将。又如警察出身的郑璧成，卢曾与他有过矛盾，吃过他的亏，但卢认为郑精明能干，就不记旧怨，聘他为公司的主任秘书，竟成为卢的一大心腹。特别是抗战时期，许多搞海运的专门人才撤退到四川，当时在重庆根本用不着，卢作孚却将他们吸收储备起来。② 战后，民生公司能很快打开海运局面，与此不是没有关系的。据 1937 年的统计，公司各部处副经理以上的领导人员共 41 人，其中国内外大学毕业的 38 人，占 92%，其他虽非大学毕业，也是自学成才的专家。③ 他们的年龄多在三四十岁之间，形成了一个年轻化、有知识、有能力的民生领导集团。时人称卢是人才鉴赏家、收藏家，是实业界的伯乐，看来不是虚夸的。

对于中下层一般职员，卢作孚多采用“考”的办法。先是面试④，然后正式考试，择优录取，录取后再进行训练，毕业合格者依其才能安排工作。以卢作孚和民生公司的声望，吸引了一大批有志者投考“平素仰慕的民生公司”⑤，考生竞争非常激烈，据统计，1932—1936 年公司招取练习生、无线电报务员、会计助理员、传事、书记等共 576 人，与考者竟达 4666 人⑥，录取率仅为 14.2%。考生资格逐渐提高，如考练习生“初取初中程度，嗣改高中程度，而大学修业或毕业者，亦纷来投考”，“至上海所取之甲种练习员，则纯系各大学商科毕业者也”。⑦ 据统计，到 1936 年底，招考进公司的职工已达 3580 人，占职工总数的 93%强。可见，民生公司一般职工的素质也是比较高的。

---

① 袁智：《回忆前民生公司的发展》，《四川文史资料选辑》第 37 辑。

② 童少生：《回忆解放前的民生轮船公司》，《工商经济史料》第 1 辑。

③ 袁智：《回忆前民生公司的发展》，《四川文史资料选辑》第 37 辑。

④ 《新世界》1937 年 10 卷 12 期，第 10 页。

⑤ 《新世界》1937 年 10 卷 8 期，第 32 页。

⑥ 据陈滋生《本公司大事纪略》（载《民生公司十一局年纪念刊》）计算。

⑦ 《新世界》1932 年 32 期，第 2 页。

公司用人，有的也来自学校和机关的推荐或个人的自荐[①]，但必须根据卢作孚制订的十条用人标准择优录用，以避免滥竽充数的现象。否则，即便是政府头脑和社会闻人推荐的也不降低条件。如国良党军政要人何应钦曾向卢推荐一名大学生，卢因其有抽大烟的恶习而拒不录用。

（二）“事业即学校，且系最实际的学校”

卢作孚早期是一个教育救国论者，创办民生公司以后，仍把知识教育与技能训练作为人事管理的重要一环。他曾说：“事业即学校，且系最实际的学校。”[②]

办理培训，是职工教育的主要形式。以船员为例，培训形式有集中训练、个别训练、直接指导及间接影响等。如前述，当整批招考船员时，就开办船员训练班，集中数月到一年的训练，考试合格者分派船上工作。[③] 但对已经工作、不能集中培训的船员，则由公司选聘轮船的经管理、会计员、理货员及较有学识的船员为义务教师，直接指导三个月。[④] 有的则通过由专家亲临指导的各种工作会议，或到同业参观学习而接受训练。训练内容各有侧重，如茶房训练班，除了接受军事训练和学习茶房须知、侍监学、医药常识、图书管理常识以外，主要接受服务方面的实际训练，像敬茶、添饭、叠衣服、捆铺盖，以至洗脸、擦鞋等事务“都要实际亲身的服侍”[⑤]。而船警训练班，则主要进行军事、劳动和航警技术的训练，包括游泳、爬竿、爬绳、打靶等。[⑥] 就是对刚从船员养成所毕业到船上的见习生，在技能训练和知识教育上也十分严格。经过训练的船员，非但工作技能娴熟，且“无不良风气，作事又极勤勉，派用以后颇著成效”。除了类似船员的培训方式以外，对在职员工还按其文化程度、年龄、爱好、擅长等特点，采用轮训、业余学习或半脱产方式进行业务训练。对成绩突出、前途有望的职工还送到国内著名的工商学校、科研机关以至国外去深造。[⑦]

此外，卢作孚还开展了富有成效的文化活动，如创办了公司自己的刊物《新世界》《简讯》，设立了图书馆、游艺园，成立了读书会、谈话会、讲演会、英语

---

① 重庆市档案馆藏：全宗号民生，卷号 21。

② 《卢作孚谈业务管理》，《新世界》1945 年 2 月号。

③ 《新世界》1936 年 89 期，第 26 页。

④ 《新世界》1035 年 12 卷 3 期，第 53 页。

⑤ 《新世界》1934 年 4 期，第 29 页。

⑥ 《新世界》1939 年 14 卷 4—5 合期，第 13 页。

⑦ 《新世界》1937 年 10 卷 3—4 合期。

研究会、调查会，并经常开展歌咏、体育、书法、摄影比赛等。其中图书馆办得最有声色，它开始是图书室，1933 年正式建馆后，藏书量及藏书种类都发展很快，到 1941 年图书已增至十余万册。职工每天可在规定时间内阅览，并可办理借书证借书。为了方便各地职工的阅读，图书馆还在一些分公司、办事处及大型轮船上设置固定文库，没有固定文库的轮船和公司，就设置流动性的巡回文库。图书馆以特制的大木箱装上约 1000 册图书，分送到各巡回文库，每两月掉换图书一次。① 这些活动，无疑为职工开发智力、丰富知识、陶冶性情提供了较好的文化环境。

（三）“民生精神”——民生公司的灵魂

“公司于思想于方法，从总经理起，一直到水手茶房止，都有同一的精神。”②当时人说，“这种精神……无论中外轮船均弗能及”③。卢作孚也自称“民生公司的基础不是在百余万资本上、几桩事业上、几十只轮船上，乃在这种精神上”④。这种精神，就是指“民生精神”，是卢作孚 1933 年正式提出来的。公司利用一切集会场合，向职工灌输民生精神；卢作孚等高级领导还亲自撰写文章，向职工宣传民生精神。一些体现民生精神的口号在会场、食堂、寝室、训练基地也到处张贴。民生精神如一股巨大的凝聚力和推动力，促进民生公司的发展。

民生精神内涵丰富，观其大要有三。第一，实业救国与爱国主义。卢作孚一直把爱国主义放在第一位，他将“服务社会，便利人群，开发产业，富强国家”作为公司的宗旨，并以简洁明了的语言提出一系列口号和原则，激励职工的爱国主义精神。如“作息均与人群至乐，梦寐勿忘国家大难”，“白种人能办到的事，黄种人也能办到，日本人能办到的事，中国人也能办到”，“不失败的民族，是不甘失败的民族，是拼命的民族。民生公司的朋友要这样的报效国家，这样的自负”，等等。⑤ 当时社会上的各项爱国救亡活动，公司都组织职工积极参加。⑥ 特别是民生职工在抗战运输中的牺牲精神与巨大贡献，更为世人所共知。⑦ 然而，

① 《新世界》1937 年 10 卷 3—4 合期。
② 《新世界》1034 年 54 期，第 66—67 页。
③ 《新世界》1935 年 80—81 期，第 41 页。
④ 卢作孚：《十周年纪念日》，《新世界》1935 年 80—81 期。
⑤ 卢作孚：《中国的建设问题与人的训练》，生活书店 1934 年，第 74—75 页。
⑥ 重庆市档案馆藏：全宗号民生，卷号 24。
⑦ 《重庆抗战纪实》，重庆出版社 1985 年版，第 199—200 页。

卢又指出，“中国的根本办法是建国不是救亡，更不是破坏，而是需要建设成功一个现代的国家”，从国防上、交通上、产业上、文化上现代化，如此“才有不亡的保障”。① 他又认为：“航业是一切事业之母——立国要素，我们在航业上工作便是救国的企图。”第二，艰苦奋斗，勤俭创业。虽然民生公司业务发展很快，职工福利待遇较高，但卢仍经常告诫职工，公司之所以有今天，都是从“艰苦卓绝中创造出来的”，必须“继续不断地忍耐着生活上的痛苦，去从艰难困苦中奋斗”，“忍着痛苦拼命地为这桩事业创造前途”。② 为此，在职工中多次开展廉洁运动，倡导“大胆生产之谓勤，小心享用之谓俭”，务使“各职工骄奢淫逸之旧习，逐渐减少以至于无，而能够俭以养廉”。③ 第三，建设现代集团生活。卢认为，要建设现代化的事业，必须有现代化的集团组织相辅而行。眼下中国人只知有家庭，有亲戚、邻里、朋友，而不知有事业，有社会，“为了家庭，可以牺牲了家庭以外的一切”④，这是与现代化的建设事业大相背离的。他甚至说，中国近百年来的失败，“完全是以个人为中心的中国社会的失败”⑤。所以，他极力主张打破狭隘落后的封建集团生活，建立一种新的适于现代生存的集团生活⑥，使人们走出个人及家庭的圈子，为团体、为社会乃至为国家谋出路。规定民生新老职工都要接受现代化集团生活的训练，练习生应专门开设“集团生活训练课”。为了培养集团精神和群体观念，公司还开展各种团体活动，提倡工作上互相帮助，疾病灾害上互相救济，婚姻上解放思想，鼓励集体婚礼，⑦ 等等。通过集团生活的训练，民生职工多“由散漫趋于纪律，由个人发展趋于共同合作，由漠不相关趋于互相扶助，由冷淡态度趋于热烈感情”⑧。新集团生活的建设确是富有成效的。

（四）“兴趣是成功之母”

卢作孚认为，“兴趣是成功之母，有兴趣做事才积极”⑨，这是人事管理的中心。激发职工兴趣的直接做法，就是物质利益的刺激和心理需求的满足，具体措

① 卢作孚：《从四个问题做到中国统一》，《中国的建设问题与人的训练》，1934 年。
② 《新世界》1933 年 32 期，第 12—15 页。
③ 《新世界》1934 年 56 期。
④ 《新世界》1934 年 56 期。
⑤ 《新世界》1935 年 80—81 期，第 1、13 页。
⑥ 卢作孚：《建设中国的困难及必循的道路》，载《中国的建设问题与人的训练》，1934 年。
⑦ 《新世界》1937 年 10 卷 7 期，第 44—45 页。
⑧ 《新世界》1934 年 51 期，第 25 页。
⑨ 卢作孚：《什么叫自私自利》，载《中国的建设问题与人的训练》，1934 年。

施如下：

第一，拉开工资距离。民生公司职工，同一工种的工资都有不同的等级差别，同一等级内又分几个等级。如无线电报务员，有一等报务员、二等报务员、报务练习生之别，每个职位又分为三等，每等又分一、二、三级，共九级。不同职别工资差较大，一等报务员、二等报务员和报务练习生的工资依次是120元、60元、28元，一等报务员为二等的二倍，为报务练习生的四倍多。但每一职别中的一、二、三等共九级间的级差却较小。① 可见，民生公司的工资制度是先少后多，走小步，不断走。工资升迁依据职工的考核成绩而定。一般来说，只要遵守公司规章，兢兢业业工作，即使无突出成绩也可每年加薪一级；表现突出者，如工作勤奋，办事能力强，成绩优秀，对公司有良好建议等，则可加薪三级或提职加薪数级。② 这样，有特别才能和贡献的职工提薪较快，并得到重用；无特殊才能但尽责尽职的职工也能随着工龄的增长而不断增加收入。这种工资拉开距离及工资与工龄、能力、表现、职务挂钩的办法，无疑刺激了职工的工作热忱和进取心。

第二，重视职工福利待遇。卢作孚认为，给职工谋福利，要全面考虑个人、家庭、当前的乃至未来的。有关福利之设施，“其属于物质方面者，应视经济能力实施之，其属于服务方面者，应竭所有人力趋赴之”③。在吃的方面，职工膳费全部由公司负担，四人一桌，四菜一汤，两荤两素。④ 这大概为当时中国企业界所仅见，就是范旭东的永利铔厂也有一条“膳费概不予津贴”的规定。⑤ 在穿的方面，全体职工统一制服，制服津贴由公司拨付。⑥ 在住的方面，船岸单身职工免费居住公司宿舍，带家属者可住公司的“代租宿舍”，每月租金较少，且房租全部用作每年该屋补修之用。⑦ 在医疗保健上，除了在轮船上备有急救药品外，公司设有医务组，药品器械配备较全，多数药品免费，诊费全免。平时医务组还为职工免费检查身体，引种牛痘，注射伤寒霍乱防疫针。为了方便各地船工，公司还接洽沿江各埠医院，商定互助办法，规定职工及家属住院、手术、医药费一律九

---

① 重庆市档案：全宗号民生，卷24。

② 重庆市档案：全宗号民生，卷12。

③ 《卢作孚谈业务管理》，《新世界》1945年2月号。

④ 《新世界》1937—38年12卷2期，第17页。

⑤ 南京第二历史档案馆藏：全宗号48，卷号71。

⑥ 《新世界》1939年14卷4—5期，第31页。

⑦ 《新世界》1933年18期，第47页。

折，职工因公受伤医药费全由公司支付。[①] 为了减轻职工的交通负担，凡职工回家或家属职工调遣迁移，均可免费乘坐公司轮船，职工家属平时可以半费搭轮。[②] 为了解除职工拖累，公司一方面为其子弟介绍职业，一方面出资成立民职社，对其家属进行知识与技能的训练，“以求得相当学习与技能，俾能自谋生活”[③]。卢还设想在公司设立养老院、医院、电影院、戏院，最终达到“凡你所需要，他都会供给你”[④] 的境地。他的理想虽不现实，但这种为职工谋利的思想是很难得的。也正是因为民生公司有较优厚的福利待遇，才得到职工的信赖，他们愿为公司出力。

第三，严格考核与奖惩制度。卢作孚历来重视考核与奖惩制度，认为全体职工在工作能力、工作成绩上都“须有明白之标准以资考察及比较”[⑤]。公司颁布有《职工考核条例》，仅考核成绩表就有 27 种，考核范围包括工作效率、品德行为、语言态度、服装仪表等，每个方面又分出多项，每项都订明奖惩分数，每月计数一次，由各层领导计分。奖励有嘉奖、记功、记大功、提薪、提职之分，惩罚主要是警告、记过、记大过、罚薪、降级、停职直至开除。奖惩结果，随时公布，有功者得到表彰，有过者引以为戒。当然惩罚不是目的，“重在促人省悟，不在表示厌恶。应寄人以无穷之希望，不可使觉绝望”[⑥]。据公司的各种奖惩资料，受奖者远多于受罚者，因考核成绩好而被升职，像水手升水手长或舵工、水手长升二副、管舱升管理、管理升副经理，“每年均有”。被处以免职、开除者，多为聚赌吸毒、调戏妇女、玩忽职守等不可饶恕之罪。[⑦] 严格合理的考核与奖惩制度，成为刺激职工兴趣、挖掘职工潜力的重要手段。

第四，实行目标管理。目标，对人的行为有导向和激励的功能。卢作孚号召全体职工要把公司的最高宗旨与具体目标结合起来。职工每年、每季、每月、每旬甚至每天都订有具体的工作目标。虽然每天每旬目标的价值不太明显，但易使职工看到工作成绩。《新世界》《简讯》及职工集会时都要公布职工目标的完成进

---

① 《新世界》1935 年 61—67 期，第 44—45 页。

② 《新世界》1937 年 10 卷 21 期，第 21 页。

③ 《新世界》1937 年 10 卷 12 期，21 页。

④ 卢作孚：《建设中国的困难及必循的道路》，《中国的建设问题与人的训练》。

⑤ 《卢作孚谈业务管理》，《新世界》1945 年 2 月号。

⑥ 《卢作孚谈业务管理》，《新世界》1945 年 2 月号。

⑦ 重庆市档案馆藏：全宗号民生，卷号 30。

度，职工也自我对照总结目标的完成情况，每一个细小目标的实现，都给职工增添了一分信心，提高了工作积极性。卢作孚在公司还经常开展各项工作竞赛，如轮船节油比赛、节煤比赛、水手泅水比赛、茶房服务比赛、职工个人前后工作成绩的比赛等，比赛结果随时发布。“象这样的活动越多，比较的越是有趣”①，避免了职工天长日久对工作的厌倦，保持对工作的兴趣和兴奋度。

第五，重视职工的自我意识。卢作孚虽然一直强调集团生活精神，但又认为“人是社会的组合分子，所以他的活动都喜站在社会面前，就是站在人的面前”，“怕使了力人没有看见”②，所以应设法使职工感受自己在公司的地位和作用，满足其自我意识实现的需要。前述公司开会时，提倡职工畅所欲言、表达意见，参与公司的管理和决策，就提高了职工的自主感和责任感，消减了他们旁观者、局外人的心理。卢还大力宣扬“职工股东化，股东职工化”，优待和励鼓职工投资，以增强职工与企业共命运的主人翁精神。卢更要求公司领导要以良好的态度对待职工，使职工感到领导的亲切和温暖。亲切的办法主要是与职工多接触。接触中，领导平易近人，不摆架子，形象亲切，言语和蔼，尽量避免居高临下的架势。无论向职工提出某个问题，还是下达某项命令都注重摆事实、讲道理，不以权压人，这自然使大家心服口服。诸如茶房水手之类的“低级职工”，觉得没地位，不受人敬重，情绪低落。卢等高级领导人就反复启发他们，使之“知道他所担任的那一部分工作与整个事业的关系，以及他在整个组织中人的‘联锁’上所占的地位之重要与价值。”③ 事业一旦有所进，就明确指出，成就的取得，不是少数领袖的能力，而是仗公“由上至下，由大至小，一般职工的努力奋斗”，表示公司对职工的“永远感谢”。④ 职工的自我意识由此得到较充分的实现。

三、财物管理

以上论述的组织管理与人事管理，是为了建立组织与人的秩序，而财物管理

---

① 《新世界》1932 年 7 期，第 32 页。

② 卢作孚：《促进工作的研究》，《新世界》1932 年 30 期。

③ 《新世界》1939 年 14 卷 2 期，第 3 页。

④ 《新世界》1935 年 80—81 期，第 3—4 页。

则是以此为依托建立钱和物的秩序。

第一，财务管理。卢作孚说："任何机关或事业之业务发展何种程度，皆以财务为决定之条件。"① 在公司，他首先实行了财务高度集权的管理制度。举凡预算决算、收入支出、盈余分配、投资增股等都由总公司会计处决定。下属各单位的会计股、会计组和记账员，都直接向会计处负责。各级单位只能进行成本核算，不能独立核算，盈余上交会计处，所用一切费用由会计处统一调拨。其次，建立正确迅速的会计、统计制度，以确保财务工作的顺利进行。卢聘请当时有名的会计师为公司设计了一套新式会计账册，所有账表达 25 种。各级单位的会计人员，每日都得填写收支日报表，并附上收据发票，于规定时间内交会计处入账。通过这些逐日记录整理的账表，公司"不仅凭以查其过去，符实与否，亦复凭以确定未来的业务计划及财务预算"②。但会计账表的填报只是第一步，对此还要统计汇总，这项工作由总公司及下属单位所设的专门统计人员负责。统计汇总的结果，更成为领导人，特别是财务领导人的重要参考资料。再者，规定勿预算勿开支。无论扩充事业、对外投资、购置物资、维修船只，还是其他日常活动，都要进行周密的预算。经常预算按月进行，临时预算按事进行。

第二，物资管理。卢作孚将此分为机器设备和物料两个方面。在机器设备方面，卢强调落后国家要使用最先进、效率最高的设备，省了先进国家"由使用简单机器到使用现代机器的历程，一脚便踏到他们的前面去"，"不可太贪价钱上的便宜而专用他人废弃不用效率太低的工具"。③ 照此原则，民生公司在购买轮船时，尽可能地在船型、性能方面求得完美科学，对兼并收买的轮船，也一律经过彻底的修整与改造，焕然一新，"尽成优秀船只"④。另外，重视机器的保护和维修，广泛宣传"我似爱护轮船机器，有如爱护自己生命"，规定"作息不忘三原则：开车前之检查，开车时之照料，停车后之整理"。⑤ 各种轮船不论新旧，每年有大修、中修，平时有若干小修。经过保护和维修的机器，性能良好稳定，大大提高了工作效率。在物料方面，由公司统一计划、采购、保管和分配。具体采购

---

① 卢作孚：《本公司各处应注意的事》，《新世界》1933 年 30 期。

② 《卢作孚谈业务管理》，《新世界》1945 年 2 月号。

③ 《卢作孚谈业务管理》，《新世界》1945 年 2 月号。

④ 《新世界》1936 年 89 期，第 19 页。

⑤ 《新世界》1932 年 7 期，第 31 页。

方法上，强调调查物料供给之来源，比较品质之优劣，价格之高低。[①] 尤其是煤、油等常备大宗物料，必须调查比较各地的质量价格，然后统一购买。保管上，接收物料时须检查数量与品质，之后登记安置，一切皆有确定程序。特别是煤炭，购量大，更应严格把好上煤、运煤、登记各个关口，保质保量，防止被人掺假。[②] 分配上，“分发之主要任务为查明领物部分之确实需要”[③]。公司根据各部过去的使用情况，颁布“总分各部及轮囤驳栈领用材料之标准数量”。各部需要物料，须填“请购单”向公司请核，领一次填一次，否则不予核发。使用上，则“要求其于可能程度，经济使用，降低数量”。[④] 公司特别规定，各部领取新物料的同时，必须退交残余物料和已经不能使用的废弃物料，或将其出售，或设法利用。公司还经常开展节约物料运动，研究制订最佳使用方案，广泛推广。

综上所述，卢作孚对民生公司的管理方法已自成一套体系。在组织管理上，集权管理有利于统一命令和指挥，分级管理又使广大职工责有攸归，民主管理则加强了领导与职工的联系，领导往往从中酝酿更善的办法。在人事管理上，为事择人和用人，注重知识教育、思想教育，重视物质利益的刺激和心理需求的满足，提高了职工的积极性和工作效率。在财物管理上，明确钱物的账记、分配及使用，有力地配合了公司的经营活动。就笔者所接触到的材料，卢作孚这一整套的管理方法在中国近代实业史上是具有独创性的。但应该看到，民生公司是民族资本企业，最终也陷入了“债台高筑，罗掘俱穷”，劳资矛盾日益尖锐，领导人心怀异志的困境。[⑤] 这说明，在半殖民地半封建社会的恶劣环境中，民生公司绝非世外桃源，政治动荡、外敌侵凌、内战波及、经济崩溃、社会堕落等错综复杂的因素，必然导致所谓有效管理方法的湮没，较新的管理方法只能在一定时间、一定范围内起一定程度的作用。受历史时代及本人地位的局限，卢作孚主张在不打破现状的条件下，走实业救国之路，实现中国现代化，历史证明这完全是一种梦想，他有效的管理方法也必然招致扼杀。

（原刊于《近代史研究》1990 年第 3 期）

---

① 卢作孚：《本公司各处应注意的事》，《新世界》1933 年 30 期。
② 《新世界》1935 年 61—67 期，第 30—32 页。
③ 《卢作孚谈业务管理》，《新世界》1945 年 2 月号。
④ 《卢作孚谈业务管理》，《新世界》1945 年 2 月号。
⑤ 童少生：《回忆解放前的民生轮船公司》，《工商经济史料》第 1 辑。

范旭东与我国永利化学工业的发展①

海南大学马克思主义学院　李德芳

范旭东曾被毛泽东称为近代中国实业界四个不能忘记的人之一。他所创办的永利化学工业公司（前身即永利制碱公司），经过20年的苦心经营，到1937年全面抗战前夕，已成为中国最大的民族资本化工企业。特别值得注意的是，永利化学工业公司是在同外国垄断资本集团英国帝国化学工业公司（前身为卜内门洋碱公司）的激烈竞争中发展起来的。在当前我国进一步扩大开放的新形势下，其发展道路及成功经验颇有启示作用。笔者在大量占有原始资料的基础上，对永利化学工业的发展做了系统考察，唯望能对这个具有相当国际影响的近代民族资本企业的研究起到某些推动作用。

一、范旭东与永利化学工业的创办

（一）范旭东的早期活动

范旭东，名锐，1883年10月24日生于湖南湘阴县。其父名琛，以教书为业。范旭东有姐弟三人。哥哥范源廉，字静生，在北洋政府时期曾数次出任教育总长。姐姐幼名二姑，未婚而卒。范旭东六岁时，因父亲去世，家境衰落，为了生计而随母亲迁居长沙，靠名为保节堂的寡妇机构接济度日。在其姑母的资助下，他得

① 本文在傅尚文先生指导下完成，其主要内容发表在《中国经济史研究》1998年第1期，题目是《范旭东与永利化学工业公司（1917—1937）》。

以入私塾读书，1894 年转到长沙北乡捞刀河吴镜蓉馆学做八股帖试。

范旭东刚刚被送上科举之路，中日甲午战争就爆发了。甲午战后，中国面临的民族危机日趋严重，资产阶级维新思想在全国各地迅速传播开来。急剧变化的中国社会对范旭东产生了深刻的影响。湖南作为维新派的主要阵地，维新活动最为活跃。1897 年，范源廉考入长沙时务学堂，成为该校中文总教习梁启超的得意门生和积极追随者。他经常带一些进步书刊，如李提摩太的《列国变通兴盛记》《湘报》等给范旭东阅读，使之受到维新思想的熏陶。尽管范旭东因年幼而对康有为、梁启超的变法维新思想不太了解，但维新派的种种行为触动了他的心灵，使他萌生了对传统科举道路的叛逆思想。在他看来，八股文是代圣贤立言，束缚住了人们的思想，因而坚决反对伪装圣贤来说假话。

1898 年 9 月，戊戌变法失败后，范源廉逃至上海，转赴日本。1900 年他又被康有为、梁启超派回国内，准备参加维新派在汉口发动的自立军勤王起义。然行至长沙，得知起义已告失败，为免遭清廷迫害，遂携弟秘密东渡。

1901 年，范旭东随兄来到日本，最初进入清华学校，后就读和歌山中学和岗山高等学堂（大学预科）。在学习之余，他十分留心日本的社会发展情况，在对日本的亲身考察中感到中国民族危机的深重。为挽救民族危亡，他决心“寡言力行”，以实际行动报效祖国。1908 年，范旭东考入东京帝国大学理学院，攻读化学。1910 年毕业后留校任教。

1911 年辛亥革命爆发，国内汹涌澎湃的革命激流使范旭东热血沸腾，激动不已。同年冬，他毅然抛弃在日本的安逸生活，回到祖国。时任临时政府教育总长的范源廉推荐他到财政部任职，负责币制局的银元化验分析。不久，袁世凯篡权窃国，中国刚刚闪现的曙光消失，范旭东目睹币制局腐败的官僚统治，大失所望，决定赴欧洲留学深造。

1913 年 4 月，袁世凯政府为镇压南方革命势力，以盐税为第一担保，向英、法等五国银行团借款 2500 万英镑。此即善后大借款。帝国主义列强为完全控制中国盐政并保证借款到期归还，要求袁政府整顿盐政。在借款合同中，规定由政府以 300 万元设立机器制盐厂，改良盐质，企图以就厂征税的办法来保证中央政府的盐税收入。[①] 袁政府为满足列强的需求，决定派员赴欧洲考察。苦于出国无资的范旭东得知此事后，便多方活动，终以技术人员的身份与三位财政部官员伴行。

① 丁恩：《改革盐务报告书》，1922 年 10 月印行，第 20 页。

财政部准许他在考察完毕后暂时在国外求学。范旭东通过对欧洲各国盐政近一年的考察，对制盐技术以及盐在工业上的用途有了广泛了解，并产生了浓厚兴趣。这对他后来的实业活动产生了深远影响。

欧洲考察结束后，财政部电令范旭东与财政部官员一同回国，负责新式盐厂的设计工作。范旭东无奈放弃了留学计划。回到北京后，他发现袁世凯政府已将新式盐厂费用移作军费，设厂计划成为泡影。袁政府没有经费建立官办制盐厂，只好松动利权，允许私人设厂。为此，财政部盐务署公布了《精盐特许条例》。根据这项条例，范旭东与一部分盐务官僚打着改良盐质、改善民食的招牌，发起成立了中国第一家精盐公司——久大精盐公司。从此，范旭东与中国精盐及同盐有密切关系的碱酸工业结下了不解之缘。

1914 年 7 月，久大精盐公司呈请财政部盐务署批准立案。9 月，久大得到其精盐制品行销全国通商口岸的特许。次年 4 月，久大召开第一届股东大会，通过了公司章程，将公司定名为久大精盐股份有限公司，资本五万元，工厂设于原盐丰富而且交通便利的塘沽。范旭东担任公司总经理。6 月，久大在塘沽购地建厂，范旭东亲赴日本采购制盐设备。10 月底，工厂竣工。12 月 1 日，久大呈报盐务署开始制盐，旋即获准。

1916 年 9 月，久大公司在天津东马路设立总店，所产海王星牌精盐首次投放市场便深受用户欢迎，销路迅速打开，盈利日丰。到 1918 年，久大资本额增加到 50 万元，制盐工厂增至 2 个。范旭东因久大公司的经营成功而在工商界初露头角。

（二）永利制碱公司的成立

纯碱（碳酸钠）是一种基本化工原料，在 20 世纪初有化学工业之母之称。它广泛用于轻工、纺织、建筑材料、冶金、化工和食品方面，与国民经济和人民生活关系密切。世界制碱工业起始于 18 世纪末，最初采用的是法国人路布兰 1891 年发明的路布兰制碱方法。因其生产过程复杂，原料昂贵，产品成本高，质量差，1861 年被比利时人苏尔维发明的氨碱法取代。氨碱法又称苏尔维法，用食氨、石灰石作原料，产品成本低，质量好。世界制碱工业进入了一个新时代。

我国天然碱资源十分丰富，主要分布在蒙古、张家口、察哈尔、河套、黑龙江、山东、河南等地。① 但是，天然碱中碳酸钠含量较低，杂质极多，食用很不卫生。19 世纪末，西方的人造碱（俗称洋碱）开始输入我国。英国的卜内门洋碱

① 《中国酸碱工业概况》，《工商半月刊》第 4 卷 10 号，1932 年 5 月 15 日。

公司首发其端，并以其质地洁白、卫生、发酵面食快的优点逐步打开了中国市场。由于我国北方人多以面食为主，因此用于发酵和洗涤的纯碱需求量很大，洋碱进口量逐年增加。甲午战争后，随着我国民族工业的初步发展，工业用碱有了较多需求，质量低劣的天然碱已不敷应用。洋碱从而又成为我国民族工业不可或缺的基本原料。

当世界制碱工业已发展到由苏尔维制碱法代替落后的路布兰法之时，中国的制碱工业还是一片空白。甲午战后，随着中国民族工业的初步发展，需碱量大增，国产的天然碱已不敷应用，西方各国的人造碱遂乘虚而入，占据了中国纯碱市场。到民国初年，洋碱输入量开始以每年10万至16万担的速度递增。然而1915年以后，受第一次世界大战的影响，中西交通受阻，洋碱输入量骤减，1917年竟比1914年减少了73.8%![①] 当时垄断着中国纯碱市场的英国卜内门洋碱公司趁机囤积居奇，谋取暴利，致使碱价飞涨。1917年的纯碱市价高达每担12两白银，为大战前夕的4倍。[②] 据海关统计，1918年的纯碱进口价格又在上一年的基础上上涨了75.9%，其市场价格更是高得惊人。中国纯碱市场的这种严重的供需矛盾，一方面制约了某些需碱量较大的民族工业企业的快速发展，另一方面也因制碱有厚利可图而直接刺激了中国民族制碱工业的产生。1916年，曾有人在山东汝沽口创办鲁丰碱厂，但因采用路布兰旧法生产，旋遭失败。

范旭东早在赴欧考察盐政时，就对盐的工业用途产生了浓厚兴趣。回国后经营久大精盐公司的成功，又为其向盐的工业用途扩张奠定了基础。他目睹卜内门公司在一战期间趁火打劫，扼杀我国民族工业发展的险恶用心，决定自办碱厂，以盐制碱，从根本上树立我国工业的基础，摆脱对帝国主义的纯碱依赖。此时，苏州瑞记荷兰水厂厂长吴次伯为制碱的巨额利润所吸引，邀集上海大效机器厂厂长兼总工程师王小徐和刚由东吴大学化学系毕业的陈调甫，利用本厂所出的碳酸气试制纯碱，并首获成功。他们看到碱厂中固定资本较大，如无雄厚财力支持，势难建立。于是便携带纯碱样品前往南通，游说张謇以苏北的原盐制碱，但遭张謇拒绝。吴次伯等随后转赴天津，经人介绍拜访了范旭东。双方一拍即合，决定采用当时世界上最先进的苏尔维制碱法在塘沽办厂。为扩张声势，他们又在天津日租界范旭东的家中做了一次较大实验，取得了满意结果。之后便联名发起成立

① 陈文进：《民元以来洋碱之输入》，《海王》1935年7月20日。

② 据化工部658所编《永利化学工业公司规章汇集》，第110页，战前纯碱市价为每担2两8钱。

永利制碱公司，并经长芦盐运使署转请财政部盐务署以第1415号训令特许立案。1918年11月，永利制碱公司在天津正式成立，议定一面集资本，于塘沽选定工厂地点，一面派陈调甫赴美考察制碱情形，购买机器设备。1920年5月，永利召开第一届股东会议，推选金城银行总经理周作民为董事长，范旭东为总经理。

在永利制碱公司的七位发起人中，有财政部盐务署顾问景本白、署长张弧、长芦盐运使李穆。因此，和久大公司一样，永利创办伊始，就同盐政官僚结成了密切关系，从而获得了一些经营上的特权。本来制碱一担需粗盐两担，政府所抽盐税极重，制碱用盐如不免税，碱厂势必因为生产成本过高而难以立足。1920年9月，北洋政府农商部特准永利公司以第475号注册，工业用盐免税，而且塘沽百里以内他人不得再设碱厂；准其工厂设于塘沽，主制碱类及有关副产，资本40万元，股东以中华民国国籍为限。① 在得到北洋政府批准后，同年冬，永利公司开始在塘沽久大精盐工厂旁购地建厂。

塘沽水陆交通便利，时为我国产盐最丰富之区，且制碱所需石灰石、煤、焦炭等物均在附近，实为兴办碱厂之绝好地点。1922年底，永利工厂建筑完成，次年秋各部机器亦先后装齐，试行运转。1924年8月23日，永利碱厂首次开工出碱，揭开了东亚制碱史上的第一页。但是，永利出的纯碱色发红夹黑，质量不尽如人意。

不能完全掌握生产技术是永利制碱公司面临的突出问题。当时，苏尔维制碱技术为国际苏尔维工会所垄断，其技术资料和设计样图只向会员国公开，对外绝对保密。因此，永利的唯一出路只能是自力更生，主要依靠本厂的技术力量解决生产中的问题。1925年3月，因主要设备干燥锅烧坏，碱厂被迫停产。永利制碱暂告失败，众多股东纷纷对范旭东大加指责。永利制碱公司处在风雨飘摇之中。

称霸中国纯碱市场的卜内门洋碱公司始终关注着永利的生产情况，它担心永利制碱成功会影响其在华垄断利润，故不惜一切手段对永利的创办进行阻挠破坏活动，企图将永利扼杀于摇篮中。在永利创办之初，它通过盐务稽核总所会办英人丁恩，对此横加干涉，声称政府不能单独给予一个公司专利。同时还通过汇丰银行，要挟财政总长陈锦涛将碱用盐免税特权给予英商，作为借款的交换条件。1924年，丁恩又在永利即将出碱时，突然公布了《工业用盐征税条例》，规定制碱用盐一担，抽税两角。永利纯碱成本无形中一担增加了四角。经范旭东据理力

---

① 《永利厂史资料》第1卷（未刊稿），第29页。

争，财政部一再同丁恩协商，丁恩才勉强同意“暂免一年”，一年后如永利碱售价高于洋碱，可继续免税，否则重新征税。

当得知永利制碱失败的消息后，卜内门幸灾乐祸，乘人之危向永利提出了资本与技术合作的要求，企图以入股控制的惯用伎俩，将永利纳入它的资本势力范围。内外交困的范旭东无奈只好表示同意。1925 年 5 月 2 日，双方正式签订了合作合同。合同规定：卜内门加入永利半数股本并享有中国股东同等之分红与特权；在本合同成立之日到 1925 年 12 月 31 日的有效期内，“双方应彼此尽兴促成及维持一种最亲切与最和蔼之关系”①。卜内门吞并永利之心，昭然若揭。不久因“五卅”运动爆发，在全国人民的反帝浪潮中卜内门的气焰有所收敛。范旭东则趁机广泛活动，7 月财政部批准永利工业用盐免税展期 5 年②，8 月又批准永利免除税厘 5 年③。永利在全国人民的反帝运动中暂时逃离了虎口。

为彻底解决制碱技术问题，范旭东决定派侯德榜等技术人员赴美考察，并采购新式设备。侯德榜抵美后，经了解才得知原来美国卖给永利的干燥锅是欧美各国碱厂早已淘汰的劣质品。他感受到莫大耻辱，于是忍辱负重，在美通过种种关系购买到了新式圆筒形干燥锅。回国后，以侯德榜为首的永利技术人员经过奋力拼博，最终揭开了苏尔维制碱技术的秘密。1926 年 6 月 29 日，永利碱厂再次开工，所出纯碱完全达到质量指标，其碳酸钠含量在 99%以上，颜色几乎和卜内门洋碱一样洁白了。同年 8 月，永利的“红三角”牌纯碱在美国费城万国博览会上荣获金质奖章，并被誉为“中国近代工业进步的象征”④。

经过近十年的努力，永利制碱公司居然在国际苏尔维工会对新技术严密封锁的情况下，暗中摸索，用苏尔维法制碱取得了最后成功，从而开创了中国近代纯碱工业之先河。和它几乎同时创办的日本苏尔维法碱厂，迟至 1927 年才出货，比永利还晚成功一年。⑤ 永利是当时亚洲第 1 家、世界第 31 家苏尔维法碱厂。

---

① 中国人民银行上海分行金融研究室编：《金城银行史料》，上海人民出版社 1983 年版，第 165—166 页。

② 《海王》第 24 期，1930 年 8 月 10 日。

③ 《海王》第 10 期，1929 年 1 月 10 日。

④ 《永利厂史资料》（未刊稿）第 1 卷，第 56 页。

⑤ 《永利厂史资料》（未刊稿）第 1 卷，第 46 页。

二、永利化学工业的发展

（一）永利化学工业的初步发展

1926年8月永利制碱公司正常出碱后，进入了初步发展阶段。在这一阶段，永利同英国卜内门洋碱公司展开了激烈的市场争夺。

1926年，卜内门正式更名为帝国化学工业公司（Imperical Chemical Industries Ltd.），实力更为雄厚。它在香港注册的英文名称亦随之更改，而华名未变，仍称卜内门洋碱公司。其总店设在上海，大连、天津、汉口等重要商埠都设有分行，分支机构遍布全国，继续垄断着中国纯碱市场。能否冲破卜内门的市场垄断，是永利能否发展的关键所在。

“五卅”运动粉碎了卜内门吞并永利的美梦，但卜内门并不甘心失败，企图趁永利立足未稳之机，跌价竞销，扼杀永利于摇篮之中。1926—1927年，卜内门的碱价一直下跌到了原价的40%以下。[①] 永利纯碱销路受到了很大限制。面对不利形势，范旭东审时度势，用攻心战术给了卜内门有力还击。

20世纪20年代，日本和中国一样，同为卜内门的纯碱宣泄尾闾。但日本工业发达，需碱量极大，卜内门以之为远东市场的重点。范旭东留学日本多年，熟悉日本的工业状况。当时日本的三井、三菱两大财阀市场竞争激烈。因三菱有厂产碱，三井则没有，故三井屡战屡败。范旭东认为此中有机可乘，遂与三井天津办事处磋商，请其代永利在日本试销纯碱，三井欣然同意。1927年双方订立协议，有效期暂定一年。永利纯碱交三井代销，价由永利定。因三井的分机构遍布日本，推销工作十分顺利。永利让三井以较低价格在日本销碱，迫使卜内门随之压价，销量甚巨的卜内门公司经济损失惨重。永利击中其要害，卜内门不得不向永利妥协，声明今后在中国市场，不再任意压价，终止了跌价竞销。

1928年6月，永利与三井订立的代销协议期满。卜内门为防止永利再干扰其日本市场，竟代替三井跟永利订立了代销合同。规定自1928年11月1日至1931年10月21日，以日本本部和台湾为范围，永利每年委托卜内门代销纯碱15 000

① 《化工先导范旭东》，中国文史出版社1987年版，第77页。

吨；在卖价上，卜内门尽量使永利“红三角”牌接近其“峨眉”牌纯碱价格为原则，在任何情况下，均不得低于“峨眉”牌 5%。[①] 根据该合同，永利在 1929—1930 年间每年输往日本的纯碱都在十二三万担左右。日本成了永利比较稳定且大的市场，其销量占永利当年总销量的百分之四五十之多。永利在同卜内门的竞争中取得了初步胜利。

当然，永利能够在日本市场占有一席之地，很大程度上是由特殊的历史条件造成的。一旦日本本国的纯碱工业发展起来，永利的纯碱销路必然受阻。范旭东深知此理，认为永利只有立足于国内市场，才真正有发展前途。因此，在红三角牌纯碱源源不断输往日本时，他就致力于国内市场的开拓了。

对于永利纯碱国内市场的开拓，范旭东的久大精盐公司发挥了很大作用。可以说，永利的国内市场是以久大的营业区域为基础而形成，并在同卜内门的竞争中扩大的。

永利开工出货时，久大公司已在上海、南京、芜湖、九江、汉口、岳州、长沙、常德、沙市等十余处成立了支店，营业机构遍布各大商埠。久大公司销盐较久，地方情形熟悉，为永利纯碱争取市场创造了条件。久大代销是永利初期的主要销货方式。后随生产规模的不断扩大，永利或继续委托久大代销，酬以佣金，如芜湖、安庆、九江、南昌、沙市等地；或独立自设经理处，如汉口、长沙；或成立久大永利联合营业处，如上海。同时，永利还在本公司所在地或自设经理处的地方，由营业部或经理处根据当时当地的需要，设代理店若干于其管辖区域或主要销货地点，用碱量大的工业用户则由公司直接供货。这样，永利以久大公司的营业区域为基地，建立了多种产品推销渠道。

就质量而言，永利“红三角”牌纯碱先后在 1926 年美国费城万国博览会和 1930 年比利时商业国际展览会上荣获金奖，丝毫不比卜内门的“峨眉”牌逊色。况英碱远道而来，距出厂时间较久，质量受到了一定影响。在用途上，永利碱是轻碱，卜内门碱是重碱。永利便根据两者用途上的某些差异，大做文章，宣称：如制造玻璃，轻不如重，但若制造块碱、晶碱，用于发酵和洗涤，则重碱又比不上轻碱。永利一方面以其产品的特色来招揽生意，另一方面又打国货牌，利用国人的爱国之心，并许予优利（高于卜内门一倍的佣金），拉拢卜内门的代销店兼做永利生意，最终摧毁了卜内门的严密防御体系。永利视卜内门势力北弱南强的情

① 《化工先导范旭东》，中国文史出版社 1987 年版，第 79 页。

形，采取由北而南逐步扩大市场的策略，先后建立了华北、辽吉、沪（华东）、汉（华中）、港粤（华南）五大营业区域。五区中以华北区为最大，其销碱量始终占永利全国总销量的一半左右。

由此可见，1926—1933 年，永利制碱公司在同英国卜内门洋碱公司的竞争中，不仅夺取了部分日本商场，而且还开拓了广大国内市场。1933 年永利在中国市场的纯碱销量达到397 097担①，卜内门则为394 030担②。永利首次在销量上超过卜内门，开始掌握中国纯碱市场的主动权。在国际市场上，永利纯碱继打入日本市场后，1932 年又打入南洋市场。

市场的扩大必然会促进企业生产的发展。1933 年永利的纯碱产量增至33 699 吨，为 1926 年的 7.5 倍。③ 为适应市场需求，1930 年永利还添设了苛化烧碱车间。烧碱投放市场后，极为畅销，1932 年其销量为 2313 担，次年即猛增到 9910 担。④ 永利的市场竞争能力大大提高了。

生产的发展是以企业的技术进步和资本实力的增强为后盾的。在制碱技术方面，永利制碱公司已达到国际先进水平，奠定了和卜内门抗衡的基础。在范旭东的支持下，为把苏尔维制碱法的技术秘密公之于世，总工程师侯德榜结合永利的实践经验，加紧从事《纯碱制造》一书的写作。1933 年该书在美国用英文出版，引起了强烈的国际反响。国际苏尔维工会垄断纯碱制造技术七十年之久的局面，遂被打破。

在资本方面，1929 年永利股本总额增加到了 200 万元，为初创时期的 5 倍。但是，这 200 万元股本早已在建厂时期消耗殆尽。永利亟须碱厂生产资金。1929 年 7 月，范旭东在对永利做上年度工作总结时指出，永利的全面问题，“厥唯如何扩长资本，得以大量生产，非然者，则外无以应市场之需求，内无以完成股东投资之目的”⑤。1930 年，他又说，“永利办了十三年，这一二年才勉勉强强站住了脚跟”，但对“所预期的效果，还没有影响”。预期的效果，即足够的生产能力和规模。他认为永利没有达到足够的生产能力的原因，“完全在资金太少”。他将永利资金缺乏的状况形象地比喻成“用湿柴烧冷水”，指出“烧柴的人，苦不可言，

① 《永利厂史资料》第 1 卷（未刊稿），第 90 页。

② 《化工先导范旭东》，中国文史出版社 1987 年版，第 69 页。

③ 天津碱厂《厂史》编写组：《天津碱厂七十年》，第 259 页。

④ 《永利厂史资料》（未刊稿）第 1 卷，第 100 页。

⑤ 《上年度吾人工作之经过》，《海王》第 16 期，1929 年 7 月 30 日。

是不待说的，但是柴烧完了，水烧干了，壶里的水从来没有爽爽快快沸腾过一次”。[①] 其实，这是我国民族工业企业资金缺乏的普遍现象。范旭东为了获取永利碱厂扩充所急需的巨额资金，在募股困难且不能应付需要的情况下，利用当时永利的有利条件，采用了向银行团借债的办法。

所谓有利条件，一是永利此时已基础渐固，业务发达，信誉渐立，二是 1929 年国民政府工商部鉴于纯碱在工业上的重要用途，决定对永利加入官股 200 万元，以资充实我国的基本化学工业。1930 年 5 月 10 日，财政部特准永利原料及所制出品自 1930 年 7 月起免征厘税 30 年，其经过国营运输机关，按照洋货次一等核收运费。[②] 永利因此受到了工商、金融界的广泛注意。由于当时国民党政府正忙于军阀混战，根本无力出资，历经一年款仍未拨下。永利遂呈请国民政府批准，以其全部财产为担保，募集公司债 200 万元以代官股，趁机整理债务和取得流动资金。该公司债定名“永利债券”，按票面九八发行，自 1930 年 10 月至 1938 年 9 月，分 8 年还清。永利委托中国、浙江兴业、盐业、金城、大陆、中南六银行经理推销及还本付息事宜。债券月息一分，每半年付息一次，前两年只付息，自第三年起每半年还本一次。金城银行和久大公司因与永利有债权关系，各认购了 50 万元，加上浙江兴业银行代销的 7000 元，共计实数售出票面银洋1 007 000元。未销出的票面993 000元，后来陆续分别向中国、上海、浙江兴业、中南和盐业等银行作抵押借款，共押去720 000万元。最后永利仅库存273 000元。

永利通过发行债券，在短时期内筹得巨资，充实了自身的实力，奠定了发展的基础。除纯碱外，永利的苛化烧碱工业也开始发展了起来。

（二）永利化学工业的繁荣

1934 年 3 月，永利制碱公司更名为永利化学工业公司，资本总额增至 550 万元。它由纯碱而烧碱，最后创办硫酸铔厂，填补了中国近代化肥工业的空白，进入了一个新的发展时期。

硫酸铔[③]即硫酸铵，是一种化学肥料。20 世纪初开始由西方输入我国，时人俗称肥田粉。因化肥的重要性渐为农民认识，硫酸铔的输入量逐年增加，我国每年为此而流出大量白银，实为一巨大漏卮。当时，卜内门除垄断中国纯碱市场外，

---

① 范旭东：《公司债》，《海王》第 25 期，1930 年 9 月 10 日。

② 《工商半月刊》第 2 卷 6 期，1930 年 3 月 15 日，第 13 页。

③ 铔为化学名词铵的旧称，本文保持了历史称谓原貌。

还伙同德国蔼奇颜料公司垄断着硫酸铔的进口。1930 年 12 月，国民政府实业部鉴于硫酸铔之于农业上的广泛用途，以及硫酸铔厂战时可立即改成军工厂，转而制造炸药的特性，决定创办一个硫酸铔厂。卜内门和蔼奇公司闻讯后，为继续维持其垄断地位，于 1931 年 8 月致书实业部，请求合办。同时携其政治、军事实力，对国民政府加以压迫、利诱，声称“此事为中英合作之先声，倘此事不成，恐他事亦难合作”①。

范旭东早就有举办制酸工业的打算。他认为，硫酸与纯碱，同为重要的工业原料，两者如同鸟的两只翅膀一样不可分割。永利制碱成功，只完成了我国民族化学工业的一翼，还必须向制酸工业进军。1929 年，永利正式透露了添设硫酸厂的计划。1931 年 6 月 30 日，范旭东曾在天津与美国氮气公司工程师白克思脱（W.H.Baxter）见了面，随后又保持着通信联系。② 这表明在实业部与英德谈判之前，范旭东即已开始做自办硫酸铔厂的技术准备。对于当时沸沸扬扬的中外合资之议，范旭东“颇费踌躇”，不敢苟同。他不无忧虑地说：“设任卜内门在中国设厂，吾等十余年来为中国化学工业所筑之基将完全失效”③，因而力主国人自办铔厂。同年 9 月，范旭东被实业部聘请为中国氮气公司筹备委员会委员后，便开始从事铵厂厂址的勘察工作。同时，为谋求自办铔厂所需之巨额资金，范旭东又竭力与上海金融界接洽，于 1933 年 9 月得到了中国、上海、金城、浙江兴业等银行 1200 万元的口头借款保证。10 月，因英德代表所提条件过于苛刻，实业部难以接受，谈判破裂。11 月 22 日，范旭东上呈实业部请由永利主办铔厂，旋即获准。

永利在同卜内门争办硫酸铔厂的斗争中获胜后，立即按照实业部限期完成的要求，着手铔厂的筹建工作。为适应业务扩大的需要，1934 年 3 月 28 日，永利制碱公司临时股东大会决定公司改名为永利化学工业公司，资本额由 200 万元增至 550 万元，在南京附近的卸甲甸兴建一座年产 5 万吨的硫酸铔厂。4 月，范旭东派总工程师侯德榜率杨运珊等三名技师赴美考察、学习并采购机器设备。到次年春，美国氮气公司给永利铔厂的设计工作陆续完成，所购机器亦先后运到。经过 20 个月的紧张施工，永利铔厂工程建筑和设备安装完毕，于 1937 年 1 月一次试车成功。第一批国产硫酸铔陆续投放市场，结束了洋货独霸中国化肥市场的历史。范

① 《金城银行史料》，上海人民出版社 1983 年版，第 423 页。
② 《化工先导范旭东》，中国文史出版社 1987 年版，第 111 页。
③ 中国人民银行上海分行金融研究室编：《金城银行史料》，上海人民出版社 1983 年版，第 423 页。

旭东所梦想的中国民族基本化工的另一只翅膀，终于伸出来了。一位曾代表美方，用同一设计和同一规模为日本、苏联和中国兴建铔厂的美国工程师说：就进度快和质量好而言，中国稳居第一。①

永利铔厂最初日产硫酸铔150吨，为当时亚洲最大的硫酸铔厂。因其产品品质优良，投放市场后深受用户欢迎。它于是又开始向纵深发展，准备兴炼磺厂、炼焦厂，并考虑制造磷肥和钾肥，以实现其农肥国产化的目标。为解决资金问题，1937年6月，永利呈准国民政府行政院转达中央政治委员会特许，发行公司债1000万元。7月1日，永利同中国、交通、金城、上海、浙江兴业、中南六银行的1000万元公司债合同正式成立。正当范旭东欲再大展宏图之际，七七事变发生，日寇大举侵华，永利化学工业的发展蓝图顿成幻影。

1934年以后，永利在致力于硫酸铔工业的同时，其制碱工业也在迅速发展。其纯碱和烧碱产量逐年递增，1936年与1934年相比，纯碱增加了48%，烧碱增加了119%。就市场而言，永利在国外除日本外，又开始向南洋一带发展。在国内，永利纯碱则压倒了卜内门。

1937年初，永利公司在硫酸铔厂出货后，就把主要精力转移到了硫酸铔的生产上，适应业务重心的南移需要，永利公司特将总公司由天津迁到上海。为避免同卜内门竞销的损失，以求碱厂的稳定持续发展，永利接受了卜内门的请求，并进行了多次谈判。1937年5月，双方达成了为期三年的碱品酸销协定。规定配销以中华民国和香港为范围（不包括伪满），永利占55%，卜内门占45%，卖价经双方商谈后决定。协定确认了永利在中国纯碱市场上的优势地位，永利取得了竞争的胜利。

到全面抗战前夕，永利化学工业公司已发展成为一个拥有资本千余万，包括碱、铔两厂的大型化工企业，并达到了其历史上最辉煌的时期。

（三）永利化学工业公司的内迁

全面抗战爆发后，永利化学工业公司的沿海企业面临着日寇的直接威胁。范旭东开始着手技术人员和重要图纸、关键设备的内迁工作。至1937年底，永利塘沽碱厂和南京铔厂相继遭日寇占领。1938年，范旭东率永利技术人员经武汉来到四川，在犍为县五通桥勘定厂址，并改名为“新塘沽”，决心在大后方开辟我国民族基本化工的新天地。

---

① 黄汉瑞：《回忆范旭东先生》，《文史资料选辑》第80辑，第40页。

永利在大后方的发展遇到了资本与技术上的重重困难。

在资本方面，永利沿海资产被日寇损毁殆尽，在四川建厂只能依赖政府的财政支持。国民政府鉴于酸碱工业在国防上的重要地位，战时给了永利大宗货款。主要有两大笔。其一是建碱厂的300万元补助金。1937年8月，实业部特准永利“在保息预算项下每年补助一百万元，以三年为限，但自第四年起，该公司应按年还补助金每年五十万元，分六年还清”①。永利自1938年4月至1939年3月分三次领足。其二是创办硫酸铔厂的2000万元四行总处贷款。永利内迁四川后，范旭东以国民参政员的身份积极活动，促使国政参政会在1938年11月通过了《复兴中国基本化学工业案》。该案旋经国防最高会议核准。永利据此与四行总处于1938年12月订立了2000万元法币借款协定。规定借款分三年拨交永利，专供兴建铔、焦两厂之用。永利以其川厂全部资产作担保，年息8厘，每半年付息一次，前三年由政府保息，第四年开始还本，连同政府保息一并偿还，制品尽先供给军用。范旭东在得到国民党政府的大宗贷款后，即在美国订购了大批机器设备，倾全力开始了永利川厂建设。但是，由于战时交通梗阻，国外器材内运愈发困难，川厂建设进展缓慢。为解决运输问题，1940年9月范旭东亲赴美国订购车辆、油料、车轮、配件。永利特成立了运输部，拥有汽车100余辆。不久，太平洋战争爆发，永利自美购置器材损失惨重。次年，中缅公路被日寇切断，永利大量器材滞留国外。由于碱、铔两厂各车间是一种连续工程，整套机器缺一不可，因此直到抗战胜利，所拟设工厂均限于条件而没能建成。范旭东欲以永利奠定华西化工中心的志愿未能实现。不过，永利却应战时之需，先后建立了路布兰法碱厂、炼油厂、翻砂厂、机械厂、陶瓷厂、土木工程处、煤矿、发电厂、深井工程处及侯氏试验工厂等，发展成为一个大化学组合。②

和对其他民族资本企业一样，抗战时期国民政府对永利的财政支持背后，隐藏着吞并企图。1937年9月，国民政府在军事委员会下成立了工矿调整委员会（次年改隶经济部，改称工矿调整处）。它的主要任务一是扩张官营工业，二是对于原有或新设立的民营工矿，采用接管或加入股份的办法，由政府统筹办理或共同经营。在这种方针指导下，凡是内迁到大后方的重要民族资本企业，都成了国民党官僚资本侵蚀的对象。如原上海著名民族资本家刘鸿生、吴蕴初在四川所办

① 《永利厂史资料》第2卷（未刊稿），第214页。

② 陈真等：《中国近代工业史资料》第1辑，生活·读书·新知三联书店1957年版，第515页。

的企业均被迫加入了官股，遭到官僚资本不同程度的控制。1938 年 4 月 17 日，永利领到第一次补助金 40 万，4 月 23 日，国民政府行政院突然决定将补助改作官股，企图趁永利资金困难之机加以并吞。

范旭东十分清楚国民政府将补助改作官股的用意，但永利建设川厂急需资金，又不能不依赖国民政府的支持。他只好采取拖延承认官股的办法，呈复经济部，说明本公司 550 万元股本早已收足，如添收新股，须召开股东大会修改章程始能实行。“唯目前交通梗阻，集会殆不可能，恳请等时局稍定，再开会决定。”① 他一方面尽量赶办工程，一方面发表文章，抨击国民党政府的工业官营政策，指出：“中国百年来历代政府当局，只要不漠视工业，就要自己动手办工业”，这种做法是值得考虑的。“因为官营这个风气太盛，于民心向背，不无影响，施政当局或者不容易感觉到。况官营政策，历来没有好成绩，不一定是当事人不道德，总有一个使它失败的理由。……希望政府对于这个政策，迟早把它改过来。”② 在他看来，所谓官商合办，实则商股根本无权，而官场种种腐败习惯传染进去，将会成为企业的一种不治之症。他因此坚决反对官股侵入。抗战时期的永利是在国民党官僚资本的明枪暗箭中生存的。

在技术方面，永利由于此时远离大海，丧失了原盐丰富的有利条件，制碱技术遭到严峻挑战。四川盐价比塘沽高几十倍，而且质量又差，采用原盐利用率仅 70%左右的苏尔维法建设永利川厂，已势不可能。范旭东认为：“工程设计，是每办一种工业成败所关的分岐点。设计得法，尽有得到后来居上的可能，否则势必永久呻吟于落后的不利地位。……我们切望在华西这个新天地的设施，至少要不比世界水平线太低，并且立意拿效能来补偿环境的不利，将来这工业才能不被淘汰。”③ 为使永利川厂的工程技术保持国际先进水平，1938 年 8 月 4 日，范旭东派侯德榜率领寿乐等四位永利技师赴德，考察德国人发明的食盐利用率达 90%的察安制碱法，并洽购专利。但因此时德、日两国已结成法西斯轴心，侯德榜等人一到德国，各碱厂即采取了严格的保密措施，暗中监视，阻挠永利技术人员的参观、访问。在洽购专利时，德方先出高价刁难，设计一座日产 10 吨的察安法试验厂，竟索费 8 万美元之多，后又提出将来使用察安法专利的产品，不准在东北三省出

① 《永利厂史资料》第 2 卷（未刊稿），第 134 页。

② 范旭东：《为今后中国工业建设进一言》，《海王》第 11 年 4 期，1938 年 10 月 20 日。

③ 范旭东：《我们初到华西》，《海王》第 11 年 30 期，1939 年 7 月 7 日。

售的无理要求。这实际上是公然否认东北三省是我国的领土。侯德榜对此十分气愤，当即拒理批驳，暂停谈判，驰电范旭东。范旭东针锋相对地指出："东北三省是中国的领土，我们的产品不仅要在东北销售，而且要向世界市场销售。"侯德榜等随即终止谈判，并向国内回电，"因有辱国权，不再购买察安法专利"。①

侯德榜在德国购买察安法受挫后，转而赴美，在纽约利用其丰富的制碱经验，对在德国得到的两份关于察安法的专利说明书进行了深入分析，制订出新法制碱试验的全面计划。永利新法制碱试验由四川而香港而上海法租界，几经迁移，最后获得理想结果。在1941年3月15日举行的永利川厂厂务会议上，这种新式制碱法被命名为"侯氏碱法"。侯德榜后来进一步研究，1943年11月，最终完成了和察安法迥异的侯氏碱法。侯氏碱法的显著特点是在生产中通过连续循环操作可同时得到纯碱和氯化铵两种产品，从而使原盐的利用率提高到90%以上，生产成本也随之降低。侯氏碱法把制碱工业与制氨工业紧密结合起来，将纯碱工业技术水平提高到一个新的阶段。同年12月25日，侯氏碱法在四川五通桥召开的中国化学会第十一届年会上首次和学术界见面，受到化学界的高度重视。

抗战时期，永利囿于环境，在生产上迟滞不前，在技术上却取得了领先于世界的制碱技术成就，并且还开始了对国外的技术输出。1940年侯德榜应南非联邦之请，去南非代为考察设厂条件，历时半年。1945年1月，他应巴西政府之邀，与解寿缙赴巴西协助筹建碱厂。6月，又应印度塔塔化学公司请求，去印度改进纯碱工业。侯德榜经过对塔塔公司米达浦碱厂仔细察看后，详细地回答了印方提出的280多个问题。侯德榜在厂18天，没有改动任何生产设备，仅部分调整，就使产量骤增50%。回国前他还对该厂的改进留下了不少建议。永利化学工业公司的国际声誉较战前大大提高了。

三、永利化学工业发展的重要经验

帝国主义列强对近代中国经济侵略和控制的核心是市场。通过对中国市场的商品倾销和垄断，帝国主义列强不仅获得了超额垄断利润，攫取了巨大经济利益，

① 李祉川等：《侯德榜》，南开大学出版社1987年版，第69页。

而且还因此扼住了中国民族工业发展的咽喉。不少民族资本企业没有跨越这一障碍，最终倒闭了。永利却在同资本雄厚的英商卜内门的激烈竞争中崛起，成为近代中国民族工业的一颗璀璨之星。这其中的奥秘确实值得深思。内因是事物发展变化的根据。如果从企业内部环境，尤其是企业领导者的办厂思路及经营管理来考察，我们可以发现永利在以下几个方面最为突出，其经验至今仍有极大的借鉴价值。

（一）密切银企关系，积极拓展融资渠道

范旭东深深懂得，近代工业没有银行的扶助是不行的。因此，永利创办伊始，他就以留日同学的身份同天津金城银行总经理周作民结成了伙伴关系。周作民不仅向永利投资，且出任永利公司首任董事长。金城银行对永利的创办和发展发挥了重要作用。

永利制碱公司虽然成立于1917年，但直到1920年才动工建厂。这时，第一次世界大战已告结束，中国重新成了西方列强争夺的商品市场。战时一度繁荣起来的民族工业从1922年起普遍衰落下去。不少企业被拥有其债权的银行改组或拍卖，银行与工业刚刚密切一点的关系又紧张起来。已耗巨资并急需巨资支持，仍处于建厂时期的永利制碱公司面临着十分严峻的局面。为摆脱困境，范旭东一方面以总经理的名义挪用久大的资金支持永利。其挪用金额达130万元之巨，超过永利资本总额的半数以上。另一方面，继续以久大名义向金城银行为永利转借。值得注意的是，从1922年永利碱厂尚未建成出货起，金城竟单独与永利碱厂订约借款，1922—1924年，累计借款44万余元。1925年3月永利公司制碱失败后，金城银行仍然借给了永利60万元巨款。在当时我国民族工业不景气的状况下，金城如此巨额的放款，简直令人费解。难道中国近代银行的浓厚商业性质改变了？其实，我们仔细考察一下久大、永利、金城三者永间的经济关系，问题就清楚了。

永利制碱公司最初的投资人都是久大精盐公司的股东，两公司的资本来源如出一辙。范旭东兼任两公司总经理，他不断以久大资金支持永利，并将其中一部分改作股本。至1924年，久大对永利的投资已达38万元，占当时永利资本总额的27%强。久大与永利这种“兄弟式”的关系，不仅使永利能够以久大名义借款，而且也使后来永利的单独借款成为可能。当然，条件是久大最后保证永利到期还款。这一点，在1926年1月金城与永利订立的60万元借款合同中明显地反映出来。该合同规定本借款除以永利制碱公司全部房屋、机器、原料、出品及附属财产为抵押品外，还明确规定：“本借款除前条抵押品外，并由久大精盐公司负责担保偿还责任，到期如公司不能照约偿还本息时，久大公司应立即以现款代为清偿本息，并由久大公司总经理出立担保凭函，作为本合同附件。”①

在永利公司没有取得银行的信用前，久大的发展实为永利借款的根本基础。1920年久大资本总额由最初的5万元猛增至150万元，精盐工厂达到5个。1921—1924年，久大因未受到战后其他民族工业所面临的外货倾销的打击，业务有了进一步的发展。它在上海、南京、芜湖、重庆、九江、汉口、岳州、常德、沙市等十余处都设立了分店。久大所属的制盐工厂发展到7个，资本增至210万元，每年盈余四十二三万元，达到了历史上的鼎盛时期。此外，1923年，久大公司还以80万元标得北洋政府收回的日本在青岛的盐田，与山东盐商合组了永裕盐业公司。范旭东兼任公司总经理。该公司下设永大、裕大两厂，永大承办19所制盐工厂，裕大则承办收回的盐田。永裕公司经北洋政府批准，每年向日本输出粗盐300万担，成为青盐输日的专商。1925年以后，久大公司虽因军阀混战及同业竞争，盈利开始下降，但1925—1926年每年仍在35万元左右。

可见，久大与永利密切的经济关系是金城银行向永利放款的决定性因素。我们不能孤立地从金城对永利的放款来说明其营业性质的根本改变。当然，范旭东与周作民的私人关系也是不容忽视的。如前面提到的60万元借款，最初遭到了金城津行负责人和一部分同事的反对，“因为那时久大欠金城的借款，已达七八十万元，行内同人也知道久大借去的钱都是为永利所花的，而永利试制纯碱一再失败，行中同人深怕这些借款难以收回”②。正是由于周作民的极力坚持，该项借款合同才告成立。

1926年6月，永利碱厂再次开工，生产恢复正常。为筹集流动资金以利周转，1927年和1928年，永利又先后向金城银行抵押借款48万元，暂时缓解了资金困难。

如果说1930年以前永利仅同天津的金城银行发生关系，那么在此之后，随着其商业信用的逐步建立和生产规模、市场范围的日益扩大，金城银行已远远不能满足需要，永利积极拓宽融资渠道，通过发行公司债同津沪金融界有了更多的业务往来。

1930年，永利委托中国、浙江兴业、盐业、金城、大陆、中南六银行负责办

---

① 《金城银行史料》，上海人民出版社1983年版，第168页。

② 《金城银行史料》，上海人民出版社1983年版，第169页。

理了第一次公司债的发行工作。1934年，永利化学工业公司大规模地兴建硫酸铔厂，更离不开银行团的金融支持。4月30日，上海商业储蓄、金城、中南三银行承购永利新添股本200万元，使永利资本总额增到550万元。在硫酸铔厂建厂过程中，为适应当时的需要，永利多次向银行团抵押借款，数额甚巨。1937年7月1日，永利又与银行团正式订立了1000万元公司债合同。不久，七七事变爆发，公司债未及印行。但在此之前，永利已用透支形式支用，到“八·一三”事变止，总计支用了970余万元。这对永利化学工业的发展起到了重要的推动作用。

（二）革旧创新，企业管理科学化、制度化

近代民族资本企业的管理主要包括人、财、物三个方面。纵观中国工业发展，因管理混乱而失败的企业不胜枚举。范旭东认为，这种管理上的混乱，根本原因在于管理方法和思想的落后陈旧。一个企业若想在激烈的市场竞争中站稳脚跟，就必须最大限度地提高经济效益，降低产品成本。而这既要依赖科技进步，又要依靠管理水平的提高。因此，范旭东在重视科学研究的同时，还十分注意借鉴欧美的先进经验，使企业管理科学化、制度化，使永利以全新的管理风貌立于中国民族工业之林。

1923年永利还在建厂时期，范旭东就聘请了美国芝加哥大学商学院毕业的余啸秋来公司主持会计工作，为永利制定了一套科学的企业会计制度。其特点是：（1）会计簿记采用英美派单式簿记；（2）每旬作报告书寄天津总公司查核；（3）随时可以查明财产费用，以及每月用款几何；（4）簿记组织系统，日记账下分现金、置料、制货、储物、商品五大类，并有间接费用账，这套会计制度，“分类既详，稽核自易，而对于工厂营业之消长，更随时可以明了，较之用旧式簿记者，胜多多矣”①。

在物料管理方面，永利制定的采购及管理程序更为缜密：（1）凡工厂需要各种原料及材料，预算需用若干，即由需要人员开具购物通知单，由各主管人员审查签字，然后交由经管部购买。（2）经管部得购物通知单后，交管理员开具购单，经管部长签字后交驻天津之采购员。在行家分别向采购员报价后，采购员与买进之价相比较，采其价格相当者购入。少量货品，可由采购员自主，如系大宗采购，尚需将价格报告经管部，得其允许后才能交易。（3）购买之后，经过上税报关诸手续，然后用民船或轮船运送来厂，同时需将关货通知单带下。所有数量价格，

① 鲁荡平主编：《天津工商业》，1930年出版，第16页。

均需载明，至工厂后由材料保管人员分别点验，然后再将收物通知单寄天津总公司，始正式收货。（4）材料保管员由是分别编入号码，分类棚放，并分别入账，将来物料由库房发出，必须由各部使用人员开具领单，向库房领取。库房管理人员，即同时分别出账。（5）管理人员须随时逐件调查存料数量，候达相当之规定数，即行补充。其补充方法，照前面购买手续行之。（6）每年年底盘货一次，以存料与账目相符合为原则。

永利采取的上述资金与物料管理措施，从制度上预防了当时中国企业界普遍存在的舞弊行为。

在机器设备管理方面，范旭东十分注意公积提存。1917 年范旭东等在制定永利制碱公司章程时，一改当时流行的“虽工厂尚未建成开车，官利也不容拖欠”的传统做法，明确规定：官利“非获有利益，不得发给”，而且将本公司所得纯利先提二十分之一为公积，然后才提官利周息八厘，其余作为红利发放。可见，永利创办伊始就把公积放到了企业盈利分配的首位。1926 年 6 月，永利碱厂再次开工生产，次年便开始盈利。到 1936 年，10 年中共获利 332.4 万元，平均每年达 33 万多元。但是，永利的股息却始终保持在 5 厘左右，而且对没有盈利的 1921—1926 年的股息均未补发。因此，永利公司拥有了相当可观的资本积累量。到 1934 年公司改组前，虽然它的股本只有 200 万元，实际上其全部财产已超过 400 万元。改组后增加的 350 万元股本中，有 150 万元是由重估旧有财产而来的。

1934 年永利改组后所制定的《永利化学工业公司章程》再次提高了公积比例，规定为公司所得纯利的十分之一以上。公积的大量提存，提高了永利设备扩充及更新的能力，永利的基础日渐稳固。

人是生产力中最活跃的因素。任何一项严密科学的规章制度，归根到底要由人来执行，其客观效果往往取决于人的积极性、主动性。人事是企业管理的一个非常重要的方面。范旭东奉行以人为中心的管理哲学，“最注意到维持培养同仁的人情友谊”①，在永利人事管理中突出地强调一个“情”字。

首先，范旭东高举工业救国大旗，将永利的存亡与中华民族的命运紧密联系起来，以爱国之情感召、聚积那些企业发展急需的高级专门人才。如毕业于美国名牌大学的侯德榜博士、孙学悟博士，都是被范旭东的一腔赤诚爱国情和强烈的事业心所打动，毅然拒绝外资企业的高薪聘请，摒弃安逸舒适的生活条件，甘愿

① 黄汉瑞：《回忆范先生》（续），《海王》1946 年 4 月 10 日。

到永利追随范旭东艰苦创业的。振兴祖国工业，挽回利权，是以范旭东为首的永利全体职工的共同心声和纽带。

其次，通过关心和改善职工的福利生活，大力激发职工的爱厂之情。永利先后兴建起了工人食堂、宿舍、职工消费合作社、运动场、图书室、附属医院、幼稚园、明星小学校等。1925年还开始实行职工三班工作制，成为中国企业界最早实行每日八小时工作制的工厂。范旭东传播企业职工间情谊的重要载体，是1928年9月创办的《海王》旬刊，每年出版36期。该刊除积极提倡科学，大量介绍科学知识外，还辟有《家常琐事》一栏，凡永久团体内部之事有闻必录。这对全体职工起到了互通消息、联络感情、加强团结的作用。范旭东曾说：《海王》“是结紧这个团体的胶着力，我们有了错处，受他的潜移默化，自然改悔，误入了迷途，他像暗夜的灯塔般，指点方向”①。

正如范旭东所言，永利人事管理“向来侧重同人的道德实践，不多在条文上下功夫”②。在永利创办和发展初期，确实没有像资金管理、物料管理那样制定出系统的人事管理制度，基本上是靠所谓的人情友谊或者道德力量来维系公司内部的人事关系，具有浓厚的“人治”色彩。这主要是由于当时公司规模小，业务单一，人事简单。而到1934年3月，永利增资改组，开始筹办硫酸铔厂，业务纷繁，人事日趋复杂。单纯依靠道德力量来处理人事工作已难以行得通，制度化管理成为客观需要。于是，范旭东一方面认真总结了过去的成功经验，希望建立起一种全体职工共同遵守的行为准则和基本信念，作为最高的道德观和价值观。为此，经过职工的广泛讨论，最后确定了永久团体的四大信条：“（一）我们在原则上绝对地相信科学；（二）我们在事业上积极地发展实业；（三）我们在行动上宁愿牺牲个人顾全团体；（四）我们在精神上以能服务社会为最大光荣。”③ 另一方面，范旭东又开始着手人事管理制度的建设，“把创立以来的组织和历年发布的规则，并参酌旧来的习惯，以及国内各项工业的成规，编成了永利化学工业公司业务机关管理章程”④。此章程共分11章，包括总则、职制及办事权限、职员之任用及辞退、薪金、告假、奖励与惩罚、酬劳金、抚恤金、退职金、退休期及退休养

① 《海王万岁》，《海王》1943年9月20日。
② 《范先生对于永利化学工业公司励行新组织之重要谈话》，《海王》1934年12月20日。
③ 《本团体信条》，《海王》1934年9月20日。
④ 《范先生对于永利化学工业公司励行新组织之重要谈话》。

老金、解职及解职金等，总计106条。① 范旭东把这部详尽的管理章程和永久团体四大信条看作永利事业进行的根本。“全公司自总经理以至雇员，都应受这信条的支配和章程的管理，我希望它将来可以做永利事业的宪法。”“如果大家把公司信条放在心上，行动都不出章程所订的范围，那么事业自自然然日有进益，实在就没有我的必要了。”② 范旭东的这些言论，表明他的人事管理思想在实践中向前跨出了一大步，即由“不多在条文上下功夫”到在条文上大做文章，并奉之为宪法，使永利开始由“人治”向“法治转变”，向现代公司制度迈进。“人亡政息”，这个困扰中国民族资本企业发展的痼疾，范旭东在此终于找到了医治它的灵丹妙药。

范旭东认为，中国民族资本企业能否发展，关键不在外患之有无，而在企业内部管理是否得法。如果管理不善，即使没有洋货的打击，企业也注定要失败的。他以革除民族资本企业旧式管理的种种陋习为己任，以崇尚科学的精神，大胆吸收西方先进的管理思想和方法，使永利的企业管理逐步走上科学化、制度化的轨道，备受时人关注。1929年天津社会局在对天津市的所有工厂调查后认为，永利“工厂管理方法最合现代工业精神，实为本市林林总总工厂中不可多观者”，“亦全市各厂所亟宜效法者”。③ 先进的企业管理方法为永利的发展注入了活力。

（三）重视科学研究，坚持走与科研相结合的科技型企业发展之路

范旭东是一个受过系统的西方科学教育的近代新型企业家，在投身于民族工业界伊始就对西方工业文明有比较深入的思考。1913年他通过在德国的亲身考察，深感德国工业之飞速发展是以其科学研究的发达为坚实基础的，企业只有与科研相结合才会有永恒的生命力。他说：“凡一种事业，总以随时能向新方面转换，才有生趣。因为事业有‘时间性’，并且非常敏锐，稍一站住脚，就不免要落伍，想和他与时俱进，第一要不断地研究他，同时要去活用他，这种精神好象是和人生的日常饮食一样，万不可离开一日的。”④

基于上述认识，范旭东在创办久大精盐公司后即成立了研究室，专门从事化学方面的研究。范旭东视之为“事业的头脑”，它对辅助久大、永利两厂工程技术的进行贡献极多，“所有今日久大直接间接的事业，无一件不是先在这小小的研究

① 化工部658所编：《永利化学工业公司规章汇集》。
② 《范先生对于永利化学工业公司励行新组织之重要谈话》。
③ 鲁荡平主编：《天津商业》，1930年出版，第15页。
④ 《黄海化学工业研究社》，《海王》第4期，1928年10月20日。

室里播下种子的"[1]。1917年永利制碱公司成立后，范旭东感到制碱技术艰深，要冲破国际苏尔维集团的技术垄断和封锁，必须自己建立一所完备的化工研究机构，逐步摸索不可。久大研究室已不能适应企业发展的需要。因此，1920年范旭东决定辟地数亩，耗资10万银元，营造一所声称能够供给100位化学师研究之用的大型化工研究室。1922年8月，黄海化学工业研究社正式成立。它包括定量分析室、化学实验室、动力室等，并附图书馆，购得各国有关化工等方面的书籍5000余种，专门杂志10余种。范旭东聘请美国哈佛大学毕业的孙学悟（颖川）博士为社长，并将自己的久大创办人酬劳金全部献出，作为黄海社的经费。

黄海化学工业研究社是我国第一家民办化工研究机构。在没有近代科学基础的落后国度里，范旭东的这一举动并不为多数人所理解，因为科学研究的收益是无形而且缓慢的。因此在永利建厂资金极为紧张的时期，创立这样一个研究机构遭到一些股东的非难。然而，随着黄海社研究工作的开展，对久大、永利日益显示出了它的重要性，它被公认为"永（利）久（大）"事业的神经中枢。1924年，永利制碱公司的创办人一致决定，将"永利公司章程内所规定的创办人全体所得报酬金，全部永远捐作黄海社学术研究之用，如有不足，再由永利、久大两公司资助"。后来永利制碱公司章程修改时，把"该年度股东所分配之纯益十二分之一为黄海社之学术研究费用"一条列了进去。黄海社有了稳定的科研经费来源。在它之后，1928年吴蕴初在天厨味精厂创办了中华工业化学研究所，1935年许冠群在新亚化学制药厂创办了化学药物研究所。科学研究对于企业发展的重要性为更多的企业家所认识。

企业与科研相结合，范旭东认为这是近代工业发展的必然趋势，顺之则昌，逆之则亡。他赞叹西方发达资本主义国家的工业文明，密切关注着其企业发展动向。1936年美国政府通过了该年岁入课赋新律，规定"对于民营公司有巨量的储蓄盈利，而用其逐年赚数，消费于研究进改工作者，得免百分之三十二的盈利税"[2]。1937年，英国帝国化学工业公司董事长麦克格文在其公司年会上发表演说时强调："宜利用现今商业繁荣之机会，多用金钱于研究事业，及生产方法之改进。……一种工业如能与研究工作站在同一线上，则兴盛与永久稳固，否则反

① 《黄海化学工业研究社》，《海王》第4期，1928年10月20日。

② 《海王》第9年7期，1936年11月20日。

之。”[①] 对于这些重要信息，范旭东极其重视，在他看来，近代工业如果是长城，科学研究则是长城的地基，两者是互相依存的。中国近代工业发展缓慢的根源就在于缺乏学术研究基础。“世人识见往往为环境所囿，多急于近功，不知本不立者道不生，因此虚靡岁月，枉费心机者比比皆是。”同时他还以张謇、周学熙所办企业的兴衰为例做了具体的论证，指出张、周二人虽“羡慕近代工业繁荣的情绪有余，这繁荣究竟是建造在什么基础上的却无暇计及”，以至于“毕生事功，无已浮萍，不待人亡，政已垂息”。[②] 他认为这是中国近代工业发展的轨迹。中国要振兴工业，赶上英美等发达国家，必须从根本上加强学术研究，步其企业与科研相结合之后尘。范旭东的这种观点，在他的企业活动中明显地反映出来，并始终贯彻下去。将科学研究视为发展工业的根本和“最先之要务”，表现了一个近代企业家的远见卓识。

为了办好黄海社，范旭东除不拘一格招贤纳士外，还不时地派该社研究人员出国进修、深造，提高其业务水平。全面抗战爆发后，范旭东把黄海社内迁到四川五通桥，继续开展研究工作，坚持宁愿节省工厂的必要开支，也要在学术方面多用些钱，认为“这是开始新生命，必得负担”[③]。在范旭东的全力支持下，黄海社抗战期间艰苦创业，取得了丰富的研究成果，其成绩远远超过了1937年之前。

黄海社作为久大、永利的神经中枢，研究工作也主要是围绕两公司的事业发展而开展的。它在为两公司提供技术服务和培养技术人才方面发挥了重要作用。

在提供技术服务方面，黄海社虽是一个独立的机构，实际上是久大、永利的中心实验室，它协助两厂解决了许多技术难题。制碱工作是极灵敏极繁锁的操作，整个系统必须配套成龙，任何一部分有问题，也会影响生产，有牵一发而动全身之势。永利碱厂在建成后，技术上问题很多。经黄海社长期对碱厂第一部分取样分析鉴定，边试验，边研究，边改良，对侯德榜等技术人员攻下苏尔维技术难关起到了强力配合作用。碱厂开工出货后，孙学悟等黄海社研究人员又测定了碳酸塔的温度，提出了改良意见，大大地增加了塔的产量。海盐中的钙盐和镁盐是大规模苏尔维制碱的障碍，黄海社为此于1935年研究了浓盐水的精制法。1934年永利着手在南京卸甲甸创办硫酸铔厂，黄海社事先做了大量的调查研究工作，为生

① 《海王》第9年28期，1937年6月20日。

② 范旭东：《祝中国科学社等七科学团体联合年会》，《海王》第8年36期，1936年9月10日。

③ 1940年8月19日范旭东致唐汉三的信，《海王》第20年17期，1948年3月10日。

产氮肥、钾肥、磷肥做技术上的准备，同时还参加了铔厂设计工作。在随同侯德榜前往美国设计铔厂的人员中，就有黄海社的研究人员张子丰。此外，为配合铔的发展，黄海社将肥料研究作为主要课题，先后研究出用铵水处理矾石制取氮钾混合肥料的方法（同时用滤出的残渣，制造纯的三氧化铝），以及利用磷石制取磷酸铵的方法，这两种技术经济实用，马上投入硫酸铔厂做扩大实验。然而不久，全面抗战爆发，实验被迫停顿。抗战期间，黄海社迁到四川后继续开展肥料研究，先后完成了五通桥区植物钾量的测定、由钾碱制氯化钾试验，以及云南磷灰石矿的分析，为永利的化肥生产做了学术准备。①

范旭东非常重视食盐副产品的生产，把它视为“永久”团体将来求生存的出路。黄海社对此投入了很大力量，研究出利用久大制精盐所剩的母液，制取各种副产品的方法。久大特成立了副产部，发展其副产品生产。在全面抗战前，其副产品已有海王牙膏、精盐牙膏、漱口水、碳酸镁四种。抗战期间，黄海社又从卤水中提取钾、溴、碘，从盐中提取硼酸、硼砂，久大又增添了氯化钾的生产，并大量供应市场。1943 年 6 月，黄海社为将其研究成果进行半工业实验，集股创办了三一化学制品厂，先后生产出氯化钾、精制硼酸、精制硼砂、溴等，支援了战时急需。此外，黄海社还为久大川厂先后研究设计出了利用自然蒸发使盐卤浓缩的枝架法，节省燃料 30％—50％的塔式炉，电力吸卤机，以及用木榨制造盐砖的方法，对改良战时大后方的人民生活做出了贡献。

在培养技术人才方面，黄海社扮演了重要的角色。范旭东认为，科学理论与应用脱节是我国工业发展的一大障碍。他说：“若工业学校之学子，固明明以研究为事者也。乃其为学之方，又往往流于空泛，或仅知原理而不谙应用，或熟悉名词而未见一实物。至留学外邦专司工科者，虽不乏深造有得这材，然其得于心者，往往又详于外情，而疏于本国之事物，一量出所学以施诸应用，又无不扞格不入之憾焉。”他认为，应该“使研究者有密接于工业之机会……如是则致力不虚而成效乃著”。沟通学理和应用，是范旭东创办黄海社的宗旨所在。黄海社成立后，永利的技师为其当然的研究员。永利的技术人员除工厂中的工作外，还利用黄海社的图书资料，结合实际进行科学研究，将学用结合起来，较快地提高了自己的业务水平。如永利总工程师侯德榜所学专业是制革，1921 年 6 月完成的博士论文是《盐铁鞣革研究》，毕业后才来到塘沽改行搞起制碱的。1924 年永利碱厂初次开工

① 参见王培德等《“黄海”三十年》，《化工先导范旭东》，中国文史出版社 1987 年版。

后，毛病百出，在美国工程师G.T.李和黄海社孙学悟等人的协助下，侯德榜深入车间，并长期在黄海社研究理论，经过多年的拼命苦钻实干，才将苏尔维法制碱技术攻下。侯德榜在此基础上写出《纯碱制造》一书，打破了国际苏尔维工会对纯碱制造技术的垄断。

重视科学研究，坚持走企业与科研相结合的发展道路，是范旭东一贯的办厂思路，也是他一生实业活动最突出的特点。范旭东由此而与近代旧式实业家划清了界限。永利事业的发达，从根本上有赖于其雄厚的科研基础。

（四）重视对技术人才的延聘及培养，造就出一支实力雄厚技术队伍

技术人才是企业科学研究工作的一个重要载体，被誉为“推动工业之原动力”。数量多少，质量高低，直接制约着企业的发展。范旭东在创业过程中对此深有体会。他重视技术人才，将人才看作事业的真正基础，始终把对技术人才的延聘和培养摆在重要地位。

留学生与国内大学毕业生是范旭东延聘的主要对象。清末以来，中国政府的留学政策及国内大学教育的发展，为实业界提供了一批掌握西方先进技术的人才，使我国的民族工业向需要高难技术的工业部门扩张有了可能。这在永利制碱公司发起成立之日就已初见端倪。在永利的七名发起人中，就有留日的范旭东、留英的王小徐以及东吴大学化学系毕业的陈调甫，他们都是熟悉碱业的技术人员。1920年范旭东派陈调甫赴美考察，并负责物色人才。1921年陈调甫在美国聘请到了即将在哥伦比亚大学毕业、获博士学位的侯德榜。1922年侯德榜来到塘沽，次年担任永利碱厂技师长兼制造部部长，在范旭东的信任和鼓励下，“将制碱有关技术方面，勉强担起”。20年代，范旭东还派陈调甫到国内大学中物色人才，先后聘到了吴览庵、张佐汤、郭锡彤、章怀西、杨运珊、佟翕然等一批有为青年。他们对解决永利碱厂创办初期的技术问题发挥了重要作用。到了30年代，永利公司业务蒸蒸日上，实力日益雄厚，成了国内大学毕业生向往之地。永利因此也更加注意技术人才的搜访，采取了与国内一些大学挂钩聘才的办法。如与比洋大学协议，凡化学系毕业生前三名均由永利聘用。同时永利也加强了对应聘大学生的考核。大学生入厂时都要交学业考核单，并由侯德榜等高级技术人员亲自谈话。而且一般都有半年的实习期，在实践中考核才能。在实习期间，如学化工的往往是先留在化验室做分析，由技师负责分给原料或样品，分析其成分和含量，而这些原料或样品全是前人所做过的，有明显结果。通过这些来考察其实验室工作能力和水平。三个月后，再分到车间去实习，这样便可以较全面地了解技术人员的能力和专长。通过严格的考核，永利公司延聘到了一批具有真才实学的技术人员。留学生与国内大学毕业生是永利技术队伍的主体。

由于碱厂工程复杂，我国的技术人员缺乏经验，永利于1921年聘请美国制碱机械工程师G.T.李来塘沽，担任工程师，负责碱厂的管道安装工作。G.T.李在美国碱厂工作多年，在石灰窑方面很有建树，有“石灰窑”的雅称。1922年，侯德榜也应聘到塘沽，与G.T.李同住一幢小楼。他们互相尊重，互相学习，在制碱工艺上侯德榜从G.T.李身上受益很多，学到了不少的知识。侯德榜所表现出来的对工作的高度责任心和献身精神，也深深地感动了G.T.李。G.T.李对工作极端负责，对永利碱厂的工程建设做出了很大贡献。1924年G.T.李聘用期满后，与永利又订立了三年的合同。次年，永利碱厂因干燥锅烧坏，被迫停产。范旭东派他回国，协助候榜解决设计和采购新式设备。G.T.李在美国很快与侯德榜找到了制碱失败的原因，并设法购到新式干燥锅。1926年6月29日，永利碱厂重新开工，终于生产出了品质洁白的纯碱。在永利碱厂庆祝会上，侯德榜还为G.T.李起了个中国名字李佐华，以纪念他对中国人民的帮助。G.T.李在永利碱厂工作十余年，直到1937年抗日战争全面爆发后才回到美国。他作为外籍技术专家，是永利技术骨干力量的一部分。

范旭东重视聘用人才，更重视聘用后对他们的合理使用以及在工作中的继续培养和深造。永利按照每个人的所学专业分配工作，而且专业长期稳定不变，使每个人都能不断地积累经验，充分发挥自己的作用。至于继续培养和深造，主要是通过搞科研设计和派赴国外大学进修以及工厂实习来实现的。永利为适应业务需要，造就高级人才，制订了《选派人员出国学习办法》，把选派技术人员出国留学深造作为保持其国际先进技术水平的重要手段。在1937年前的七年间，永利派出进修者有10人之多。其中，1931年派赴美国大学3名；1934年派赴日本1名、派赴美国工厂实习3名；1937年派赴美国1名。自1938年至1948年，永利技术人员留学（包括公费留美）进修、设计、实习的有二三十人。他们在国外学到新技术，回国后对永利的技术改进和提高起了积极作用。

经过多方延聘，永利聚集了一批高级技术人才，闻名世界的制碱专家侯德榜是其中的杰出代表。但是，企业的发展，还需要更多的初中级技术人员。“这种人才，本来应当由职业学校供给，但中国过去对于职业教育太不注意了，以致现在一切的工厂，对于此种人才，只好自己训练。许多工厂都招收练习生，许多是高中毕业的，也有在高小毕业的，在厂中受到相当时期的训练以后，才可在厂中担任工作。这种办法，在最近的将来，各工厂一定还会继续下去的，因为社会上训练这种人才的机关，现在还不够用。”① 永利为了培养自己的中级人才，1934—1937年先后开办了碱厂艺徒班和铔厂技工训练班。

碱厂艺徒班原名“永利碱厂特种艺徒班”，招生对象是各级职业学校结业生，不包括本厂工人。但如有人具有同等学力，也可以适当吸收。艺徒班于1934年9月开学，第一期学员共32名，其中约12%仍不是职业学校学生，而是高中学生或毕业生。学员在学习期间内，每人每月由厂补贴生活费15元。他们白天在工厂实习，边学边干，既学理论又重实践，晚上上课三小时，由厂里的工程师及有经验的老师傅传授知识。艺徒班学期三年，到1937年6月毕业时仅剩23人，毕业后全部升为技术员。

铔厂技工训练班是永利为培养铔厂专门技术人才而开设的。规定报考资格为初中、高中或高级职业学校毕业及具有同等学力者。招考工作由陈调甫主持，从1936年9月开始筹备。为慎重起见，永利没有登报招生，而是由公司派人到各地与学校当局接洽，由学校保送学生报考。最后共录取了124人。永利铔厂特成立技工指导部，总理一切训练事宜。技工在训练期间，每月发给工资银洋15元，1937年2月铔厂开工后被分派到各车间实习。

这样，到20世纪30年代初，永利已拥有一支实力雄厚、层次多样的技术队伍。1933年侯德榜在美国出版《纯碱制造》一书，更扩大了永利的国际影响，引起了卜内门的注意。同年11月，国民党政府以硫酸铔厂已由民间主办而拒绝合办时，卜内门代表随即提出“民间主办者是否永利?”他们知道，在中国，只有永利具有创办现代化的硫酸铔厂的技术条件。果不出所料，永利仅用20多个月的时间，就在平地上建起了亚洲第一流的化肥厂。硫酸铔厂的建成，被视为“国人化工学识技术之表现”。该厂技术人才“具有大学毕业程度者共八十余人，其曾经留学国外得有高级工程学位者约二十人。该厂容才之多，为国内各厂所仅见”②。全面抗战前，永利还凭借其雄厚的技术力量开始了社会服务活动。1935年在南京成立了中国工业服务社，“以促进中国工业建设，代人设计工程，并辅助工业实施为主业”③。1937年因全面抗战爆发，该社被迫停办。

---

① 吴景超：《中国工业化问题的检讨》，《海王》第9年17期，1937年2月28日。

② 《永利硫酸铔厂成功之意义》，《化学工程》第4卷2期，1937年6月。

③ 《中国工业服务社简章》，《海王》第7年18期，1939年3月10日。

范旭东把人才看作事业的成功基础，对永利逐步形成的这支技术队伍极为珍视。七七事变后，永利沽宁二厂相继沦陷，范旭东命令全部技术人员内迁四川，在永利资金十分困难的条件下，对这300多名技术人员采取了全部养起来的政策。为使永利不至于被拖垮，范旭东便和广大职工讲明工厂的具体情况，要求谅解公司的困难，共渡难关，以期来日复兴，在永利内部采取了按比例折扣发薪的办法。为解决战时物价飞涨带来的困难，永利还实行米贴制度，帮助职工组织生产消费合作社，盖起大批简易宿舍，使职工的基本生活得到了保证，安定了人心。此外，永利还办起了小规模的碱厂、玻璃厂、陶瓷厂、发电厂、汽油厂、煤矿等，以克服战时的生活困难。尤其值得一提的是，战时永利不惜出售侯德榜极为重视的日产五百桶水泥的全套设备，得40万元以补发工资。由于范旭东的全力维持，尽管永利条件艰苦，但技术人员提出离职高就者鲜见。战时凝聚不散的技术力量，为永利战后迅速复员奠定了基础。1946年2月，永利塘沽碱厂正式出货，成为北方复工最早的工厂。同年8月，千疮百孔的南京硫酸铔厂也接着开工了。

综上可见，坚实的科研基础、先进的企业管理水平、雄厚的技术力量，赋予了永利蓬勃生机，是它能够与世界化工界著名的垄断企业卜内门（帝国化学工业公司）在中国市场上较量并崛起的根本所在。苦练内功，敢于竞争，善于竞争，是中国近代民族资本企业生存和发展的一条出路所在。

结　语

范旭东是一个深受维新思想影响的小资产阶级知识分子。19世纪末20世纪初中国所面临的严重民族危机，强烈地激发了他的爱国热情。在探索救亡图存的道路上，他突出地意识到了工业落后的可怕后果：一方面，“举国上下所用所需，无巨无细，几莫不仰资于外货。匪惟金钱流出无止息也，驯至一国之独立精神，自存之能力，亦随之消亡垂尽”。对外货的严重依赖，导致“国民生活时时蒙物资缺乏之压迫”；另一方面，“中国地大物博，坐食之辈到处可见。货弃于地，人成废材”。积贫积弱，必然激起西方列强的侵略野心。① 他因此接受了“工业救国”的

① 范旭东：《创办黄海化学工业研究社缘起》。

主张，认为“兴办近世工业是今日中国人惟一的活路”[①]。后来随着日本帝国主义侵华危机的逐步加深，他又大声疾呼，“中国工业建设，已到了‘得之则存，不得之则亡’的阶段”[②]，指出中国只有以日本作建设目标，赶上它的工业水平，才能取得抗日战争的迅速胜利。[③] 他不仅极力提倡“工业救国”，而且还身体力行，先后创办了久大精盐公司和永利化学工业公司，在我国北方建立了一个重要的工业团体。

在特定的历史条件下，范旭东由永利化学工业公司的创办人而为大家长，树立了绝对权威，他的思想和言行深深地影响着永利的发展。[④] 范旭东领导永利竭力追赶世界化学发展潮流，努力吸取资本主义发达国家的企业经营管理经验，显示了一个杰出的近代企业家眼光。他不仅坚持在工业技术上要保持世界先进水平，而且坚持企业发展必须与科学研究有机地结合起来，认为缺乏学术基础的工业是没有前途的。同时，他还致力于工厂科学化管理。这些都增添了永利的活力，使之在中国近代民族工业界表现出了不同凡响之举。

永利化学工业是在同英帝国主义的市场竞争中发展起来的。从它的成长过程中，我们一方面可以看到，帝国主义是中国近代民族工业发展的最大绊脚石，它通过把持中国市场而扼住了民族工业发展的咽喉。只有在市场上战胜外货，民族工业才能求得生存和发展。另一方面我们又可以看到，民族资本企业的命运如何，在很大程度上取决于企业自身，即企业领导者是否具有适应市场竞争需要的较高的企业家素质和经营管理能力。如果企业领导者具有强烈的事业心、爱国心、创新精神和超前意识，善于吸取西方工业发达国家的长处，经营管理得法，让工厂生产出物美价廉的商品，民族资本企业是完全可以凭借自己在地域上的种种优势，在国内市场甚至国际市场上和外国资本企业一比高低，跨越洋货的障碍而发展起来的。

全面抗战前夕，永利化学工业表面上有了空前发展，实际上，由于其赖以生存的土壤和气候条件十分恶劣，它始终遭受着帝国主义和封建主义的重压，发展还很不充分。范旭东投身于民族工业，挽救民族危亡的理想，被残酷的现实蒙上

---

① 范旭东：《自觉》，《海王》第4期，1928年10月20日。

② 范旭东：《祝中国工科学社等七科学团体联合年会》，《海王》第8年36期，1936年9月10日。

③ 范旭东：《同它再拼三十年》，《海王》第12年30期，1940年7月10日。

④ 《从“人治”到“法治”》，《海王》第21年8期，1948年11月30日。

了一层阴影。毛泽东曾经指出："在一个半殖民地的、半封建的、分裂的中国里，要想发展工业，建设国防，福利人民，求得国家的富强，多少年来多少人做过这种梦，但是一概幻灭了。"① 范旭东正是这样一个梦想者。全面抗战开始后，永利碱、铔两厂相继落入敌手，初具规模的永利化学工业受到了毁灭性打击。日本帝国主义的侵略，折断了永利的正常发展道路。

抗战时期，范旭东在大后方继续为我国工业建设奔走呼号，同时又脚踏实地，另起炉灶，打算在华西奠定我国基本化学工业的基础。但是，永利的处境更加险恶，除了战争环境的不利因素外，还有国民党政府的反动工业政策。永利时刻提防着国民党官僚资本的吞并企图，只能在不死不活的状态中苟且生存。范旭东坚信抗战必胜，并将希望寄托在战后的永利复兴上。1943 年，他为永利制订了十厂计划。打算战后第一年，复兴南京铔厂，完成四川五通桥合成氨工程，建设五通桥酸铵厂、炼焦厂、玻璃厂及青岛电解厂；第三年，建设南京新碱厂。这是一幅多么壮观的永利化学工业发展蓝图！

为给永利化学工业战后发展争取巨额资金，1944 年 10 月，范旭东趁赴美参加国际商业会议之机，开始寻求合理利用美资的可能性。在引进外资的问题上，范旭东极其谨慎，坚持不损害中国主权这个根本原则。他在同华盛顿进出口银行的谈判中，坚决反对美方提出的以永利公司全部财产作抵押并参与其经营管理等要求，提出只以中华民国令中国银行担保为借款的唯一条件。在范旭东的极力坚持下，进出口银行鉴于永利的国际信誉，最后接受了他的主张。1945 年 5 月 1 日，双方草签了 1600 万美元的信用借款合同。这笔借款的成功，被称为中国外债史上的"创举"，"范旭东先生生平爱国热忱的最高表现"。②

但是，当范旭东飞回国内请求行政院批准，以实现他复兴战后永利化学工业的夙愿时，却遭到了国民党政府的刁难。宋子文因多次试图入股永利被拒，此时竟对永利借款之事百般阻挠，不予批准！范旭东对永利的前途忧心如焚，1945 年 10 月 4 日黄疸病发作，在重庆溘然长逝。一个工业救国的志士，一颗民族工业界的巨星，就此陨落了。

范旭东是一个著名的爱国实业家，我国近代化学工业的发展是和他的名字分不开的。他的不幸去世，引起了社会各界的强烈反响。毛泽东送了"工业先导，

---

① 《毛泽东选集》第 3 卷，人民出版社 1991 年版，第 1080 页。

② 徐运南：《不让我们团体腐蚀下去》，《海王》第 20 年 16 期，1948 年 2 月 20 日。

功在中华”的挽词，高度评价了他的一生。许涤新就此尖锐地指出：“中国如不能独立自主，中国的政治如果不能走上民主的大道，则民族工业，是没法发展，甚至没法存在的。”[①] 近代永利化学工业的发展之路，充分证明了这一点。

（原刊于《中国经济史研究》1998年第1期）

① 许涤新：《悼范旭东先生》，《新华日报》1945年10月21日。

长征时期林育英一封电报的时间考辨

河北大学历史学院　郭晓勇

摘　要：长征时期，林育英发过一封抬头为“请转电四方面军国焘同志”的电报，落款为“十六日九时”，但没有具体的年月。通过对电报内容的解读和对电报产生过程的梳理可以得出：这封电报发出的时间应该是 1935 年 12 月 16 日，这也应该是林育英到达陕北后发给张国焘的第一封电报。从这封电报开始，林育英承担起一个新的任务，开始以共产国际代表的名义调解矛盾，对张国焘进行说服和争取工作。目前有研究者把这封电报的发出时间误判为 1936 年 1 月 16 日，这可能是将电报的个别字句与其他两封内容有一定关联的电报错误衔接造成的。

关键词：长征；林育英；张国焘；电报

在红军长征史研究中，林育英无疑是一个非常重要的人物。1935 年 11 月，受共产国际派遣回国的林育英（化名张浩）到达瓦窑堡。他的到来，不仅向中共中央传达了共产国际“七大”会议精神以及《八一宣言》内容，帮助中共中央确定了新的战略方针，也在挫败张国焘分裂主义活动中发挥了重要作用。林育英以共产国际代表的名义，对张国焘做了大量说服争取工作，促使张国焘放弃分裂活动，维护了党的团结与统一。关于这一时期林育英与张国焘的往来电报，20 世纪 80 年代以来陆续公布，为研究这段历史提供了重要的史料依据。然而，由于种种原因，造成一些电报的时间不太准确，导致后来的研究中出现表述不一致的情况，影响了对史料的正确使用与解读，本文即对长征时期林育英的一封电报的时间略作考辨。

一

1986年，由中国人民解放军国防大学党史党建政工教研室编的《中共党史教学参考资料》第15册中，收录了几封中共中央、林育英与张国焘的往来电报，其中一封电报内容如下：

请转电四方面军国焘同志：

共产国际派我来解决一、四方面军的问题，我已会着毛泽东同志询问一、四方面军通电甚（少?），国际甚望与一三军团建立直接的关系，我已带有密码与国际通电，兄如有电交国际弟可代转，再者我经过世界七次大会对中国问题有详细新的意见，准备将我所知道的向兄传达。

林育英

十六日九时

（陕北来）

这封电报的时间，只有“十六日九时”，并没有具体的年月，整理者注明是1936年1月16日。之后，1992年由中国工农红军第四方面军战史编辑委员会编辑出版的《中国工农红军第四方面军战史资料选编（长征时期）》，以及1995年由中国人民解放军历史资料丛书编审委员会出版的《红军长征·文献》中，均收录了这则电报，除了对电文的标点有所修改外，《中国工农红军第四方面军战史资料选编（长征时期）》中去掉了“十六日九时”字样，《红军长征·文献》中，则去掉了“陕北来”字样。在时间认定上，均注明该电报的时间是1936年1月16日。

然而，近日笔者在翻阅《朱德年谱》（新编本）及《朱德传》（修订本）时，发现两书都使用了这封电报，但是在电报时间上却有差异。《朱德年谱》（新编本）中，该电报的时间为1936年1月16日。[①] 而在《朱德传》（修订本）中，则将这

① 吴殿尧主编：《朱德年谱》（新编本），中央文献出版社2006年版，第555页。

封电报的时间写为1935年12月16日。[①] 两书均为中共中央文献研究室编写，但在同一封电报的时间上，却有不同。《朱德年谱》（新编本）是在1986年版《朱德年谱》的基础上修订的，1986年版的年谱中并未使用这份电报。《朱德传》（修订本）是在1993年版《朱德传》基础上补充和修改而成，而1993年版《朱德传》则引用了这封电报，[②] 电报时间与后来的《朱德传》（修订本）一致。从《朱德传》中引用该电报的注释可以看出，作者是依据档案原件，并对该电报时间做出自己的判断，而并没有采用1936年1月16日的用法。

这种差异，不禁引起笔者注意，在进一步查阅之下，发现目前学界在引用这封电报时，在电报时间上，基本是各行其是，各自表述。有的著作写作1936年1月16日，如朱玉主编的《李先念传》、路海江著的《张国焘传记和年谱》、熊经浴、李海文著的《林育英》等；也有一些著作则依据《朱德传》，写为1935年12月16日，如金一南的《苦难辉煌》、赵鲁杰的《毛泽东与朱德》等。还有学者对这两个时间产生误解，在研究中当成是两封电报来使用，出现了同一篇文章中两次引用该电报，而标注时间却不同的情况。[③] 简言之，以笔者所知，并没有学者对此给予关注，并撰文讨论。虽然也有论著中提到："据考证，这'16日'应为1935年12月16日。"[④] 但实际上并没有进行论证，其依据应该也是来自1993年出版的《朱德传》。那么，究竟哪一个时间是正确的呢？

笔者认为，1935年12月16日这个时间应该是正确的。而且，这封电报可能是林育英到达陕北后给张国焘发的第一封电报。

首先，该电报的抬头写作"请转电四方面军国焘同志"，还特意标出"陕北来"字样。对照1935年12月22日林育英发给张国焘的另一封电报，抬头则是"国焘同志"，之后1936年1月24日给张国焘、朱德的电报抬头为"国焘、朱德二同志"。可见，"请转电四方面军国焘同志"这种写法，更像是林育英到达陕北之初给张国焘发的电报。电报中标出"陕北来"，也是意有所指。张国焘与林育英是老相识，早年曾一起从事职工运动。1933年，林育英奉命前往苏联，任中华全国总工会驻赤色职工国际代表和中共驻共产国际代表团成员。长征期间，由于共

---

① 金冲及主编：《朱德传》（修订本），中央文献出版社2000年版，第462页。

② 金冲及主编：《朱德传》，人民出版社、中央文献出版社1993年版，第368页。

③ 过秀珍：《林育英在红军长征夺取最后胜利中的两大特殊作用》，中共江苏省委党史工作办公室：《党史资料与研究》2007年第二辑。

④ 申长友：《毛泽东与共产国际》，党建读物出版社1994年版，第184页。

产国际与中共中央失去联络，张国焘并不知道林育英奉命回国的情况。因此，当林育英到达陕北与中共中央见面后，在给张国焘发电报时自然要表明自己的身份、使命。所以电文中才会出现“共产国际派我来解决一、四方面军的问题，我已会着毛泽东同志”，既表明了自己共产国际代表的身份，也说明自己已经到达陕北，并与毛泽东等人会面。因此，这封电报发出的时间，应该是在1935年底，不会是1936年初。

其次，林育英电文中提到，“我已会着毛泽东同志询问一、四方面军通电甚（少?）”。就是说，他是在瓦窑堡与毛泽东会面之后，才发出的电报。林育英是在1935年11月18日或19日[①]到达瓦窑堡并见到张闻天。[②] 这时，毛泽东并不在瓦窑堡，而是与彭德怀在直罗镇前线指挥作战。11月20日，张闻天派人致函毛泽东，通报林育英回国的情况。直罗镇大捷后，毛泽东于12月8日致电张闻天等人，约定12月10日在安塞见面。安塞位于直罗镇与瓦窑堡之间，是毛泽东由前线返回瓦窑堡所经之路。12月6日，毛泽东离开东村一方面军司令部，经王家坪，11日到达安塞。[③] 据随行的毛泽东警卫回忆，当晚毛泽东等人夜宿于离安塞城八九里的一个小村子。[④] 但不知道什么原因，毛泽东并未在安塞见到张闻天等人，因此径直赶回瓦窑堡，于13日到达。这时，张闻天、林育英、博古等人则已到安塞等候，14日深夜才收到毛泽东已经回到瓦窑堡的电报，遂立即返回。[⑤] 可见，林育英应该是在15日回到瓦窑堡后见到的毛泽东。

笔者之所以详细梳理双方见面经过，意在说明毛泽东在直罗镇大捷后急于见到林育英的心情。一方面，是想进一步了解共产国际七大会议精神，为即将召开的瓦窑堡政治局会议做好准备；另一方面，可能也与当时中共中央面临的问题有关。这期间，张国焘南下另立中央后，于1935年12月5日致电中共中央，声称：“此间已用党中央、少共中央、中央政府、中革军委、总司令部等名义对外发表文

---

① 有学者考证，林育英到达瓦窑堡的具体时间为1935年11月19日。参见李亮《张浩一九三五年到达瓦窑堡时间考辨》，《中共党史研究》2012年第6期。

② 张培森主编：《张闻天年谱》，中共党史出版社2010年版，第196页。

③ 中共中央文献研究室编：《毛泽东年谱（1893—1949）》（修订本），中央文献出版社2013年版，第495页。

④ 陈昌奉：《在瓦窑堡会议前后》，张素华、张鸣主编：《领袖毛泽东·亲历见证》，中央文献出版社2004年版，第130页。

⑤ 程中原：《张闻天传》（修订版），当代中国出版社2006年版，第180页。

件，并和你发生关系。”[①] 这表明，张国焘分裂党和红军的行径已达到登峰造极的地步，也使得中共革命面临巨大危机。直罗镇大捷后，陕北红军的压力暂时得到减轻，毛泽东自然会把注意力转到解决党内问题上，而林育英的特殊身份，则成为调解纠纷的最好人选。因此，15 日双方见面深谈之后，由林育英以共产国际代表身份立即致电张国焘，出面解决问题，就在情理之中。还需要指出的是，林育英回国时，共产国际并不知道张国焘南下另立中央的情况，林育英自然就不会被赋予这方面的使命。他只有在与毛泽东、张闻天等人深入交谈后，了解到党内当时所面临的问题，才会挺身而出，担负起这个使命。这也表明，林育英在与毛泽东见面之前，不会有电报给张国焘。12 月 16 日的电报，应该是他到达陕北后给张国焘的第一封电报。

再次，林育英在电文中还提到：“我已带有密码与国际通电，兄如有电交国际弟可代转，再者我经过世界七次大会对中国问题有详细新的意见，准备将我所知道的向兄传达。”查阅史料，张国焘在 1935 年 12 月 18 日发给林育英的一封电报中提到：“给焘电已收读。党中央尚未收到七次大会决议，兄即到极好，请将国际决议速为指示。”[②] 林育英在 12 月 22 日给张国焘的回电中则表示：“世界七次大会的决议，与中国代表团对中国问题的许多意见，自当继续的尽量的向兄等传达，特别是抗日讨蒋的中心策略与实现这一策略的方法与步骤。”[③] 从这三封电报的时间顺序、语言逻辑也可以看出，林育英这封电报的时间应该就是 1935 年 12 月 16 日。这一点，也可以在张国焘的回忆中得到印证：

> 林育英到达陕北后，立即致电给我，大意是：他和王明等曾参加一九三五年七月间共产国际第七次大会，大会对中国问题的讨论，有抗日民族统一战线新策略的决定。他奉命携带密码，经蒙古来寻找红军，已于某月某日到达陕北，完成了第一步使命。他拟由陕北继续到川康地区来，与我和其他同志会晤，但因交通阻隔，尚不知能否如愿等语。[④]

---

① 中国人民解放军历史资料丛书编审委员会：《红军长征·文献》，解放军出版社 1995 年版，第 844 页。

② 转引自郭钦《聚焦长征　历史黑洞——长征中的李德、张国焘》，湖南人民出版社 2006 年版，第 182 页。

③ 《红军长征·文献》，第 845 页。

④ 张国焘：《我的回忆》第三册，东方出版社 1998 年版，第 293 页。

张国焘这段话，是事后回忆。但林育英回国这件事关系重大，影响到后来中国革命的发展，张国焘自然印象深刻。他提到林育英到达陕北后，立即致电给他，表明这是林育英发给张国焘的第一封电报，而电报的相关内容，恰恰与前述电报内容大致吻合。至于张国焘回忆中提到的“他拟由陕北继续到川康地区来，与我和其他同志会晤”，这可能是记忆混淆造成的。因为依据现有的资料，是张国焘在12月18日的电报中主动邀请林育英等人前往四方面军会合，“望你设法多派同志来这里工作，绍禹和你及我党驻莫代表和留莫同志设法来此”。[①] 林育英则在12月22日的电报中回复：“共产国际及绍禹诸同志对四方面军希望甚大，派人一事，不久定可做到。”[②]

由此可见，林育英这封电报发出的时间不会是1936年1月16日，而是1935年12月16日，这也是林育英到达陕北后发给张国焘的第一封电报。从这封电报开始，林育英承担起一个新的任务，开始以共产国际代表的名义调解矛盾，对张国焘进行说服和争取工作。

二

在分析完上述问题后，我们不禁要思考，为什么研究者会出现1936年1月16日这个时间判定呢？对于研究者来说，这个时间误判，会带来什么问题呢？以下尝试进行一些分析。笔者认为，关于这份电报1936年1月16日的判定，可能与下面两封电报有关：

育英兄：

是否允许你来电自由？为何不将国际决议直告？我们一切都经党中央同意，假冒党中央或政府机关名义发表重要文件，此间有公开否认之权。为党的统一和一致对外，望告陕北同志，自动取消中央名义，党内争论请国际解决。盼立复。

① 转引自《聚焦长征　历史黑洞——长征中的李德、张国焘》，第183页。

② 《红军长征·文献》，第846页。

焘

一月廿日①

国焘、朱德二同志：

甲、共产国际完全同意于中国党中央的政治路线，并认为中国党在共产国际队伍中，除联共外是属于第一位。中国革命已成为世界革命伟大因素，中国红军在世界上有很高的地位，中央红军的万里长征是胜利了。

乙、兄处可即成立西南局，直属代表团。兄等对中央的原则上争论可提交国际解决。

林育英

二十四日②

这两份电报，第一封的落款时间为一月廿日，当为1936年1月20日，应无疑义。第二封电报时间，整理者标注为1936年1月24日，也是正确的。1936年1月23日朱德致电张闻天，提议："暂时此处以南方局、兄处以北方局名义行使职权，以国际代表团暂代中央职务，统一领导。"③ 1月24日，张闻天回复："兄处仿东北局例，成立西南局，直属国际代表团，暂时与此间发生横的关系，弟等可以同意。"④ 再看24日林育英电报，抬头写的是"国焘、朱德二同志"，电文内容分甲、乙两部分，甲部分显然是回复1月20日张国焘电报，乙部分则是同意朱德的建议。1月24日林育英与张闻天两封电报，一个则是以共产国际代表名义，一个是以中共中央总书记的名义，既表明了中共中央的严正态度，也给张国焘一个台阶下。

那么，前述林育英电报1936年1月16日的判断的依据何在呢？张国焘1月20日电报中有一句"是否允许你来电自由？为何不将国际决议直告？"假如我们单看这段文字，确实很容易把该电和林育英前述电报内容相衔接。笔者还注意到，1936年1月13日，张闻天还有一封电报致张国焘：

① 《红军长征·文献》，第852页。

② 《红军长征·文献》，第854页。

③ 《朱德年谱》（新编本），第555—556页。

④ 《红军长征·文献》，第855页。

> 我们间的政治原则上争论，可待将来作最后的解决，但别立中央妨碍统一，徒为敌人所快，决非革命之利。此间对兄错误，未作任何组织结论，诚以兄是党与中国革命领导者之一，党应以慎重态度出之。但对兄之政治上错误，不能缄默，不日有电致兄，根本用意是望兄改正，使四方面军进入正轨。兄之临时中央，望自动取消。否则长此下去，不但全党不以为然，即国际亦必不以为然，尚祈三思为幸。①

张闻天这封电报，显然是以中共中央的名义敦促张国焘放弃分裂活动。这样，就给研究者一个感觉，为了维护党的团结与统一，1 月 16 日、24 日，林育英两次致电张国焘，以共产国际代表名义解决党内矛盾，正好回应了张闻天所言“不但全党不以为然，即国际亦必不以为然”。由此，从时间安排上就把林育英这封电报嵌入一个特定的叙事模式中，使得很多研究者往往只注意到林育英电报中那句“共产国际派我来解决一、四方面军的问题”，径直将这封电报纳入 1936 年初张闻天、林育英与张国焘的往来电报中，由此带来误读。

这种误读，不仅仅是对林育英这封电报本身的解读出现偏差，也带来对其他相关史料的误读。1935 年 12 月 17 日，中共中央在瓦窑堡召开政治局会议，会议讨论并确定了抗日民族统一战线的策略方针。12 月 25 日，会议通过了《中共中央关于目前政治形势与党的任务的决议》。1936 年 1 月 16 日，张闻天以中央秘书处的名义将该政治决议的内容摘要电告张国焘，并望其负责转二、六军团。② 其实，通过这封电报我们也可以推断，林育英不会在同一天发出那份电报。中共中央的政治决议就是在共产国际七大精神的基础上制定的，林育英没有必要在中央向张国焘传达新的策略方针的同时，却向张国焘表示“我经过世界七次大会对中国问题有详细新的意见，准备将我所知道的向兄传达”。因此，张国焘 1 月 20 日的回电，显然是针对中央秘书处这封电报。

这期间，张国焘已经另立“第二中央”，并要求中共中央“应以党北方局、陕甘政府和北路军，不得再冒用党中央名义”③。当他 1 月 16 日收到中共中央关于建立抗日民族统一战线的决议时自然不会接受，因此电文中才会出现“假冒党中央

① 《红军长征・文献》，第 850 页。
② 《张闻天年谱》，第 207 页。
③ 《红军长征・文献》，第 844 页。

或政府机关名义发表重要文件，此间有公开否认之权”，“望告陕北同志，自动取消中央名义”。值得注意的是，这封电报他是发给林育英的，显然是有所考虑。张国焘内心非常清楚，他的“第二中央”是自封的，并没有得到共产国际的认可，而在当时的情况下他又无法直接与共产国际取得联系。对于中共中央的政治决议，接受与否，主要还是看共产国际态度，张国焘是断不敢违抗共产国际意见的。张国焘电文中“为何不将国际决议直告?”指的是林育英1935年12月16日电报中提到的“我经过世界七次大会对中国问题有详细新的意见，准备将我所知道的向兄传达”。12月22日，林育英在回复张国焘的电报中再次提到“世界七次大会的决议，与中国代表团对中国问题的许多意见，自当继续的尽量的向兄等传达”。

但实际上，林育英确实没有向张国焘传达共产国际七大的会议内容。这期间，毛泽东1936年1月1日给朱德的电报中，倒是提到：“政治局在国际指示之下有新策略决定，另电详告，其主要口号为：民族统一战线，苏维埃人民共和国，国防政府，抗日联军，土地革命与民族革命相结合，国内战争与民族战争相结合。”① 所以，张国焘在收到1月16日中央秘书处电报后，才会非常急迫地想知道共产国际态度，甚至直接电询林育英“是否允许你来电自由?”这种近乎于失态的话，恰恰表明张国焘当时焦躁不安的心理。这种情况下，林育英才会在1月24日电报中明确向张国焘表示：“共产国际完全同意于中国党中央的政治路线。”这就如同釜底抽薪，让其希望破灭。对此，徐向前有一段回忆，生动地描述了当时情况：

> 张国焘上不着天，下不着地，心里着慌。特别是张浩来电，传达共产国际的指示，肯定中央北进路线是正确的，高度评价中央红军的英勇长征，这对张国焘的分裂主义，无疑是当头一棒。这个时候，陈昌浩也转变了态度，表示服从共产国际的决定。孤家寡人的张国焘，被迫“急谋党内统一”。②

林育英的电报，显然是打击了张国焘的信心，促使其转变态度。1月27日，张国焘在给林育英和张闻天的电报中表示：“此处对兄处十二月廿三（五）日决议，详细讨论结果，在原则上完全同意。但一致认为兄等不将党的策略路线的改

---

① 《红军长征·文献》，第849页。

② 徐向前：《历史的回顾》，解放军出版社1988年版，第319页。

变预先电商我们，不将国际的决议讨论经过和育英所知告知我们，不但表示负气，而且没有以革命利益为前提。”① 虽然态度很勉强，而且语带埋怨，但实际上张国焘的立场已经发生动摇。此后，经过中共中央的耐心争取，最终促使张国焘宣布取消“第二中央”，红二、四方面军北上，实现三大主力红军会师西北，揭开中国革命新的一页。

综上所述，对于一个历史研究者来说，史料无疑是其展开研究的基本依据。在这个过程中，史料的搜集、整理、鉴别以及解读，都是非常重要的环节。在研究中，要抱着一种谨慎的态度，尊重史料、尊重客观事实，不误解、曲解史料，对于所使用的材料，不能照搬、照抄，注意保持研究的严肃性、客观性、科学性。长征时期，由于特殊的历史环境，史料的保存非常不易，尤其是电报这种资料，有时候因为没有标明具体时间，对后来的研究者就造成一些困难。要想准确判断一则电报的时间，就需要对相关史料进行全面系统的梳理，将研究对象置于当时的历史情境中进行分析，既要对史料本身进行反复斟酌，也要注意该史料的生成过程。有时候，某个环节不经意的遗漏，可能就如同“证据链”一样出现断裂，带来对史料的误读。因此，对于研究者来说，运用史料时需要慎之又慎，方不至于出现太大偏差。

（原刊于《党的文献》2016 年第 6 期）

① 《红军长征·文献》，第 856 页。

延安时期：马克思主义中国化的重要阶段①

陕西师范大学历史文化学院　黄正林

摘　要：为了清算新旧教条主义对中国革命的危害，1937年至1938年，中共党内开始总结中国革命与马克思主义的关系问题，提出了“马克思主义中国化”的问题。中共党的领导人毛泽东、张闻天、王稼祥、刘少奇等对马克思主义中国化的内涵做了理论上的探索，使马克思主义与中国革命具体实践相结合。新民主主义理论是马克思主义中国化理论创新的产物，《陕甘宁边区施政纲领》又是新民主主义理论的产物，也是马克思主义中国化在抗日根据地的具体实践。“毛泽东思想”的提出和把“毛泽东思想”确立为中国共产党的指导思想，标志着中共实现了马克思主义中国化的努力目标，形成了中国本土的马克思主义理论体系。

关键词：教条主义；马克思主义；新民主主义理论；毛泽东思想

1938年10月12日至14日，毛泽东在中共中央召开的六届六中全会上分4次做了《论新阶段》的政治报告，在中国共产党内他首次提出“马克思主义中国化”的命题。这个命题提出时，从新文化运动李大钊宣传马克思主义算起，马克思主义在中国的传播与实践已经有20余年的历史。关于延安时期马克思主义中国化的

① 本文为2015年国家社科基金重大招标项目“陕甘宁边区制度史研究”（项目批号：15ZDB042）阶段性成果。

问题，学术界已经做了许多有益的探索，讨论的问题也比较广泛①。以往的研究主要是基于理论层面的探索较多，缺乏实证研究。在以往研究的基础上，本文以史学实证研究的方法对延安时期马克思主义中国化的问题进行讨论。毛泽东为什么在这个时候提出马克思主义中国化问题？中国共产党如何实现了马克思主义中国化？这是本文要讨论的问题。

一

中共经历了1934年第五次反围剿的失败，到1937年全面抗战爆发初期，是中共革命的一个低谷。为什么中共革命出现低谷？以毛泽东为代表的中共领导人，把其根本原因归结于教条主义、宗派主义、主观主义的“假马克思主义”影响。“党在这些以陈绍禹同志为首的‘左’的教条主义宗派主义分子从各方面进行压迫的情势之下，也在当时中央一部分犯经验主义错误的同志对于他们实行妥协和支持的情势之下”，中共先后召开六届四中全会和五中全会，在党内形成新的“左”倾路线，其特点是“披着‘马克思主义’的外衣……在思想上、政治上、军事上、组织上表现得最为充分和完整”；其最大的恶果就是“中央所在地区第五次反‘围剿’战争的失败和红军主力的退出中央所在地区”。② 即中国革命之所以出现如此大的低谷，是党内以王明为代表的一部分人把马克思主义教条化的结果。因战争等因素的影响，党内存在的“马克思主义教条化”问题尚未来得及彻底清算。

1937年11月，王明从苏联回国，“马克思主义教条化”在党内继续蔓延。12月9日至14日，中共中央召开政治局会议，王明做了长篇讲话。他说：“在国共

① 如石仲泉：《中央苏区调查与毛泽东对马克思主义中国化的贡献》，《毛泽东邓小平理论研究》2005年第5期；肖东波：《延安时期党对马克思主义中国化命题的探讨》，《党的文献》2004年第6期；张远新：《论张闻天对马克思主义中国化的探索与贡献》，《马克思主义研究》2006年第7期；张远新：《论延安时期刘少奇对马克思主义中国化的探索与贡献》，《浙江社会科学》2007年第1期；陈答才：《周恩来与马克思主义中国化》，《马克思主义研究》2012年第4期等。

② 《关于若干历史问题的决议》（1945年4月20日中国共产党第六届中央委员会扩大的第七次全体会议通过），中共中央文献研究室、中央档案馆编：《建党以来重要文件选编（1921—1949）》第22册，中央文献出版社2011年版，第82、86页。

合作的基础上”，中国抗日民族统一战线要达到“全中国统一的国防政府之建立，全国统一的国防军队之创造，全中国人民至抗日救国大团结的开始形成”，这些是“保障继续抗战和争取抗战胜利的最主要的条件”。他认为“抗日民族统一战线是决定一切的条件”。[①] 正是基于这样的认识，王明提出了“一切经过抗日民族统一战线，一切服从抗日”的口号，并且认为“没有统一的国防军和统一的正规军是不能战胜日本帝国主义的，游击战不能战胜日本”。[②] 王明的讲话与中共洛川会议及毛泽东关于八路军独立自主作战与坚持敌后抗日游击战的战略发生了很大的分歧[③]，也引起了党内关于抗战问题的思想混乱。王明长期在共产国际工作，回国后又以共产国际“钦差大臣”与领袖自居，使部分党的领导人认为王明的讲话代表着共产国际对中国抗战的指示，给予了肯定，也获得了不少支持，[④] 毛泽东后来说在当时他是“孤立的”。[⑤] 中央文件也对王明的讲话给予了肯定，“十二月会议，王明同志等带回季米特洛夫同志关于巩固和发展中国民族统一战线的指示后，对于统一战线问题有着更详细的讨论，认定国共合作的统一战线，不仅是党的策略上的转变，而且是战略性质的改变”[⑥]。会后，王明到达武汉，担任长江局书记，12 月 25 日又以中共中央名义发表《中共中央对时局的宣言》，强调抗日民族统一战线中“巩固和扩大全中国的统一的国民革命军”，使在抗战中“有统一指挥、统一纪律、统一武装、统一待遇、统一作战计划的足够数量的有新式武装的和政治坚定的国防军队”；“充实和加强全中国统一的国民政府”等[⑦]，并发表一系列脱离实际的、与中共中央在全面抗战初期制定的方针政策相抵触的文章。[⑧]

---

① 王明：《如何继续全国抗战和争取抗战胜利呢?》，中共中央书记处：《六大以来》（上），人民出版社 1981 年版，第 889 页。

② 郭德宏：《王明年谱》，社会科学文献出版社 2014 年版，第 351、352 页。

③ 全面抗战初期，毛泽东就指出：“红军应当是独立自主的指挥与分散的游击战争。必须保持独立自主的指挥，才能发挥，才能发展红军的长处。”（《毛泽东在中共中央政治局会议上的发言记录》，转引自金冲及《从十二月会议到六届六中全会——抗战初期中共党内的一场风波》，《党的文献》2014 年第 4 期）

④ 雷蒙德·F. 怀利著，杨悦译：《毛主义的崛起：毛泽东、陈伯达及其对中国理论的探索（1935—1945）》，中国人民大学出版社 2013 年版，第 57 页。

⑤ 中共中央文献研究室：《毛泽东年谱一八九三——一九四九》中卷，中央文献出版社 2013 年版，第 480 页。

⑥ 《中国抗日战争的形势与中国共产党的工作与任务》（1938 年 4 月 14 日），中央统战部、中央档案馆：《中共中央抗日民族统一战线文件选编》下，档案出版社 1986 年版，第 105 页。

⑦ 中国人民解放军政治学院党史教研室：《中共党史参考资料》第 8 册，1979 年印，第 109 页。

⑧ 金冲及：《从十二月会议到六届六中全会——抗战初期中共党内的一场风波》，《党的文献》2014 年第 4 期。

王明的一系列言论说明全面抗战初期“马克思主义教条化”在党内继续蔓延和愈演愈烈。

“马克思主义教条化”的最主要表现是理论脱离实际，如张闻天所言：“我们党内的很大弱点，即是还有很多同志善于背诵马列主义的教条，善于背诵上级党部的决议，善于根据自己主观的愿望而提出‘包罗万象的工作计划’，或是善于纵谈自己经过的许多历史事实，善于夸张自己丰富的实际经验。”① 马克思主义教条化的典型表现形式就是拿着马克思主义理论和词句夸夸其谈，不解决实际问题，或在解决问题时不与中国实际情况相结合。

为了清算新旧教条主义对中国革命的危害，1937 年至 1938 年，中共党内开始总结中国革命与马克思主义的关系问题，批判把“马克思主义教条化”的问题。张闻天曾批评那些“高谈马克思列宁主义的教条”的人们，“少谈些马克思列宁斯大林的耀眼词汇，多些马克思列宁斯大林的真正的内容”。学会用马克思主义方法解决中国的实际问题，即“应该以马克思列宁主义的方法去分析与解释各种最平凡的问题。完全不用马克思列宁的一句话，然而这种分析与解释仍然是马克思列宁主义的”。② 毛泽东要求全党学习马克思主义理论，“在全党提高马克思列宁主义的理论水平是完全必要的，因为只有这种理论，才是引导中国革命走向胜利的指南针”③。毛泽东在抗日军政大学讲授《辩证法唯物论（讲授提纲）》，这就是后来的《实践论》和《矛盾论》。这两篇文章主要是针对党内存在的马克思主义教条化现象的，他说：“我们现在的哲学研究工作，应当以扫除教条主义思想为主要的目标。”④ 毛泽东深刻地指出：“马克思列宁主义并没有结束真理，而是在实践中不断地开辟认识真理的道路。”⑤ 毛泽东提出马克思列宁主义是发展的观点，为马克思主义中国化奠定了理论基础。正如有学者指出，《矛盾论》和《实践论》的“理论价值和历史意义是多方面的，其中重要之一是指出了马克思主义哲学中国化

---

① 张闻天：《党的工作中的一个基本问题——了解具体情况》，《共产党人》1940 年第 4 期，第 14 页。

② 张闻天：《白区党目前的中心任务》（1937 年 6 月 6 日），中央党史研究室张闻天选集传记组编：《张闻天文集》（二），中共党史出版社 2012 年版，第 190 页。

③ 毛泽东：《中国共产党在抗日时期的任务》（1937 年 5 月 3 日），中共中央文献研究室、中央档案馆编：《建党以来重要文件选编（1921—1949）》第 14 册，中央文献出版社 2011 年版，第 189 页。

④ 毛泽东：《矛盾论》（1937 年 8 月），中共中央文献编辑委员会：《毛泽东选集》第 1 卷，人民出版社 1991 年版，第 299 页。

⑤ 毛泽东：《实践论》（1937 年 7 月），中共中央文献编辑委员会：《毛泽东选集》第 1 卷，第 269 页。

的方向和道路”①。

1938年9月底至11月初，中国共产党在延安召开了六届六中全会，毛泽东针对党内严重存在着把马克思主义教条化的问题，提出了“马克思主义中国化”的命题。毛泽东指出：“共产党员是国际主义的马克思主义者，但马克思主义必须通过民族形式才能实现。没有抽象的马克思主义，只有具体的马克思主义。所谓具体的马克思主义，就是通过民族形式的马克思主义，就是把马克思主义应用到中国具体环境的具体斗争中去，而不是抽象的应用它……离开中国特点来谈马克思主义，只是抽象空洞的马克思主义。因此，马克思主义中国化，使之在其每一表现中带着中国的特性，即是说，按照中国的特点去应用它，成为全党亟待了解并须解决的问题。”他提出马克思主义中国化后，“洋八股必须废止，空洞抽象的调头必须少唱，教条主义必须休息，而代之以新鲜活泼的、为中国老百姓喜闻乐见的中国作风与中国气派”②。六届六中全会决议指出：“提高全党的理论水平……学会灵活的把马克思列宁主义及国际经验应用到中国每一个实际斗争中来”，“应当彻底肃清马克思列宁主义的凶恶敌人——思想上的及工作中的公式主义、教条主义与机械主义。”③

可见，马克思主义中国化是毛泽东针对党内存在的把马克思主义教条化提出来的命题，而且深刻地指出，马克思主义中国化，就是马克思主义理论和中国革命实践相结合，以马克思主义原理指导中国革命，其具体形式是民族化，即马克思主义本土化。在毛泽东的推动下，从六届六中全会开始马克思主义中国化进入新的阶段，也为延安整风运动做了理论上的准备。

① 许全兴：《〈实践论〉和〈矛盾论〉对马克思主义哲学中国化的启示》，《中国社会科学》2013年第12期，第22页。

② 毛泽东：《论新阶段：抗日民族战争与抗日民族统一战线发展的新阶段》，《解放》第57期，1938年11月25日，第36、37页。

③ 《中共扩大的六届六中全会政治决议案》（1938年11月6日），中共中央文献研究室、中央档案馆编：《建党以来重要文件选编（1921—1949）》第15册，第764页。

二

毛泽东提出“马克思主义中国化”命题后，为丰富马克思主义中国化的内容和推动马克思主义中国化，毛泽东和党内主要领导人做了不懈的努力，进行了许多理论探索。

毛泽东在提出“马克思主义中国化”的命题后，又对马克思主义中国化的内涵做了解释。他指出学习马列主义理论，“不是把他们的理论当作教条看，而是当作行动的指南。不是学习马克思列宁主义的字母，而是学习他们观察问题与解决问题的立场与方法。只有这个行动指南，只有这个立场与方法，才是革命的科学，才是引导我们认识革命对象与指导革命运动的唯一正确的方针”①。毛泽东从两个方面来解释马列主义中国化的内涵，一是马克思主义不是教条，而是“行动的指南”；二是对中国革命和解决中国实际问题有用的不是马克思主义“字母”，而是立场、方法。换句话说，马克思主义中国化的精髓在于用马克思主义的立场、方法来解决中国革命面临的现实问题。整风运动期间，毛泽东多次谈到马克思主义理论与中国革命实际相联系的问题，指出：“中国共产党人只有在他们拿了马列主义的立场、观点、方法应用于中国，从中国的历史实际和革命实际的认真研究中创造出理论来，才叫做理论和实际相联系。”② 马克思主义理论与中国实际相联系，才能在指导中国革命中发挥作用，这是马克思主义中国化的终极目标。

张闻天曾多次论述和在党内指示中批判把马克思主义教条化的问题，因此，在六届六中全会上，他的讲话中也提到马克思主义中国化的问题，说“必须熟习［悉］马列主义的基本原则”，但必须“严格的估计到中国民族的、政治、文化的、思想习惯的各种特点，来决定组织工作的特点，来使组织工作中国化”。③ 张闻天

① 毛泽东：《论新阶段：抗日民族战争与抗日民族统一战线发展的新阶段》，《解放》第57期，1938年11月25日，第36页。

② 毛泽东：《整顿学风党风文风》（1942年2月1日），《毛泽东选集》第6卷，东北书店1948年版，第947页。

③ 张闻天：《关于抗日民族统一战线的与党的组织工作》（1938年10月15日），中共中央文献研究室、中央档案馆编：《建党以来重要文献选编（1921—1949）》第15册，第665页。

认为以马克思主义观点、方法“了解具体情况，也就是马列主义的理论与实际的统一。运用马克思主义于具体环境中，同时也就是发展马克思主义”①。一方面，张闻天和毛泽东的马克思主义理论与实际相联系的论断相呼应，另一方面，他认为必须用发展的眼光看待马克思主义中国化的问题。张闻天在谈及建设抗日新文化运动时，强调“使马列主义中国化，创造中国的马列主义作品”②，即在抗日新文化运动中，实现马克思主义中国化，就是创作适合中国国情的马克思主义作品。这种作品必须是民族的、民主的、科学的和大众的。张闻天以马克思主义中国化为切入点，论述了如何对待抗日新文化的问题，为毛泽东提出新民主主义文化理论奠定了基础。

刘少奇也对马克思主义中国化做了阐释。刘少奇指出：马克思主义是“我们观察一切现象、处理一切问题的武器，特别是观察一切现象、处理一切社会问题的武器”③。要把马克思主义与中国具体革命实践相结合，指导中国革命，必须实现马克思主义中国化。“因为马克思、恩格斯、列宁、斯大林诸领袖，都是欧洲人，而不是中国人，他们的著作都是用欧洲文字发表的。在他们的著作上说到中国的事情并不多。而中国社会历史发展道路和欧洲各国社会历史发展的道路比，有其更大的特殊性。”因此，“要用马列主义的原理解释中国社会历史实践”，就必须使“马克思主义中国化”。④ 怎样才能实现马克思主义中国化？简言之，就是善于运用马克思主义方法，来解决中国革命中存在的实际问题。只有把马克思主义具体化、民族化以及中国经验马克思主义化⑤，才能与中国革命实践相结合，才能指导中国革命，才能解决中国革命面临的实际问题。

通过对抗战时期文献的梳理，可以看出六届六中全会后，除了张闻天、刘少奇，中共主要领导人都有表态，从不同角度阐释马克思主义中国化问题。陈云说：“我们的学习是学习马克思列宁主义的精神，学习他们观察问题的立场和方法，而

---

① 张闻天：《党的工作中的一个基本问题——了解具体情况》，《共产党人》1940年第4期，第14页。

② 张闻天：《抗战以来中华民族的新文化运动与今后任务》，《解放》第103期，1940年4月10日，第17页。

③ 刘少奇：《论共产党员的修养》，人民出版社1949年版，第21—22页。

④ 刘少奇：《答宋亮同志》（1941年7月13日），中共中央文献编辑委员会：《刘少奇选集》上卷，人民出版社1981年版，第221—22页。

⑤ 张远新：《论延安时期刘少奇对马克思主义中国化的探索与贡献》，《浙江社会科学》2007年第1期，第11页。

不是教条主义者。"[1] 任弼时指出：学习马克思主义"要以马列主义的原则，以马列主义的立场去观察问题、处理问题，不要不顾实际情况，只唱高调，套公式。不要变成公式主义者、教条主义者、主观主义者"[2]。彭真在晋察冀边区第二次党的代表大会报告中阐述了"马克思主义中国化"问题，指出通过六届六中全会，中国共产党学会了运用马克思主义，主要是"更能具体运用马克思主义解决中国的实际问题，使马克思主义中国化、民族化，抛弃了不符合中国革命的旧公式死教条，在斗争中发展了马克思主义"[3]。1939 年 5 月，延安干部学习动员大会上，李维汉也对马克思主义中国化做了阐释，"要做到马列主义的中国化，就首先要深刻地研究马列主义；在研究的时候，注意学习他的内容和意思，学习他的立场和方法，而不是把它当做教条……就需要善于灵活地运用它到中国具体斗争中来；在运用它的时候，必须查清自己所处的历史条件和具体环境，从这个具体环境出发"[4]。从上述内容来看，一方面，马克思主义中国化是中共克服教条主义的一剂良药，以"马克思主义中国化"反对党内存在的教条主义、主观主义和公式主义，在马克思主义理论上取得了话语权；另一方面，回答了马克思主义中国化是马克思主义理论和中国实际相结合，是以马克思主义的立场、方法来观察和解决中国革命面临的各种具体问题。

三

全面抗战初期，在与国民党建立抗日民族统一战线的过程中，中共宣布"孙中山先生的三民主义为中国今日之必需，本党愿为其彻底的实现而奋斗"[5]。六届六中全会决议指出："由于国共长期合作的实现与持久抗战的胜利，将产生一个独

---

① 陈云：《怎样做一个共产党员》，《解放》第 72 期，1939 年 5 月 30 日，第 24 页。

② 任弼时：《关于增强党性问题的报告大纲》（1941 年），中共中央文献编辑委员会：《任弼时选集》，人民出版社 1987 年版，第 234—235 页。

③ 《彭真》传编写组：《彭真年谱》第 1 卷，中央文献出版社 2012 年版，第 105 页。

④ 李维汉：《回忆与研究》（上），中共党史资料出版社 1986 年版，第 431 页。

⑤ 《中共中央为公布国共合作宣言》（1937 年 7 月 15 日），中央统战部、中央档案馆：《中共中央抗日民族统一战线文件选编》下，第 8 页。

立、自由、幸福的三民主义新中华民国。”① 三民主义成为中共的奋斗目标，也是根据地建设的指导思想。如 1939 年 4 月颁布的《陕甘宁边区抗战时期施政纲领》开篇指出：“陕甘宁边区在国民政府和蒋委员长领导下……本着三民主义与抗战建国纲领的原则，根据陕甘宁边区的环境与条件，特制定陕甘宁边区抗战时期施政纲领作为边区一切工作之准绳。”② 该纲领以民族主义、民权主义和民生主义为构架，是中共在陕甘宁边区践行三民主义的具体表现。从中可以看出，中共抗战初期放弃了苏维埃运动后，尚未提出适合中国国情和中国革命未来发展的理论体系。

因此，中国共产党需要理论创新，需要建立适合新形势下的中国革命的理论体系，来指导中国革命，引领中国革命的方向。在马克思主义中国化命题提出后，中共领导人在马克思主义基本原理指导下，开始探讨适合中国国情和中国革命现状的理论体系，即“创造性的马克思主义”理论。毛泽东指出：“我们要把马、恩、列、斯的方法用到中国来，在中国创造出一些新的东西。只有一般理论，不用于中国的实际，打不得敌人。但如果理论用到实际上去，用马克思主义的立场、方法来解决中国问题，创造些新的东西，这样就用得了。”③ 中共如何实现创造性的马克思主义理论体系？这是中国共产党理论创新的当务之急。

毛泽东在提出马克思主义中国化的命题后，以马克思主义理论为指导探索中国革命的理论问题。能够反映毛泽东探索新的理论体系的文章包括《中国革命与中国共产党》（1939 年 12 月 15 日）、《新民主主义论》（1940 年 1 月）等。在这些文章中，毛泽东用马克思主义与中国革命实际相结合建构了新民主主义理论体系。毛泽东分析了中国社会性质、革命对象、任务、动力与性质，在此基础上指出：“中国革命史包含两重任务的，这就是说，中国革命是包括资产阶级民主主义性质的革命（新民主主义的革命）与无产阶级社会主义性质的革命。”④ 中国共产党人第一次提出了新民主主义革命的概念。在半殖民地半封建社会，中国共产党领导

---

① 《中共扩大的六届六中全会政治决议案》（1938 年 11 月 6 日），中共中央文献研究室、中央档案馆编：《建党以来重要文献选编（1921—1949）》第 15 册，第 761 页。

② 陕西省档案馆、陕西省社会科学院合编：《陕甘宁边区政府文件选编》第 1 辑，档案出版社 1986 年版，第 209 页。

③ 毛泽东：《如何研究中共党史》（1942 年 3 月 20 日），中共中央文献研究室编：《毛泽东文集》第 2 卷，第 408 页。

④ 毛泽东：《中国革命与中国共产党》（1939 年 12 月 15 日），《毛泽东选集》卷 2，东北书店 1948 年版，第 231 页。

的革命的第一阶段，“虽按其社会性质，基本上依然还是资产阶级民主主义的，它的客观要求，基本上依然还是扫除资本主义发展道路上的障碍。然而这种革命，已经不是旧的、完全被资产阶级领导的、以建立资本主义的社会与资产阶级专政的国家为目的的革命，而是新的、被无产阶级参加领导或领导的、以在第一阶段上建立新民主主义的社会与建立各革命阶级联合专政的国家为目的的革命”①。该文修订时，在这句话后又加了一句“因此，这种革命又恰是为社会主义的发展扫清更广大的道路”②。在提出马克思主义中国化不久，毛泽东就形成了中国革命两步走的思想，第一步是无产阶级首先完成资产阶级民主革命的任务，因此，是新民主主义革命。

毛泽东对新民主主义政治、经济、文化做了深入阐释。关于新民主主义政治，毛泽东指出新民主主义革命的目标是要建立新民主主义共和国。“这种新民主主义共和国，一方面和旧形式的、欧美式的、资产阶级专政的、资本主义的共和国相区别，那是旧民主主义的共和国，那种共和国已经过时了；另一方面，也和苏联式的、无产阶级专政的、社会主义的共和国相区别，那种社会主义的共和国已经在苏联兴盛起来了……但是……在一定的历史时期中，还不适用于殖民地半殖民地国家的革命。因此，一切殖民地半殖民地国家的革命，在一定历史时期中所采取的国家形式，只能是第三种形式，这就是所谓的新民主主义共和国。”其国体是“各革命阶级联合专政”，政体是“民主集中制”。“这就是新民主主义的政治，这就是新民主主义的共和国”。什么是新民主主义经济？根据毛泽东的解释，一方面秉承了国民党第一次全国代表大会宣言，“凡本国人及外国人之企业，或有独占的性质，或规模过大为私人之力所不能及者，如银行、铁路、航空之属，由国家经营管理之，使私有资本制度不能操纵国民之生计”；另一方面，在新民主主义制度下“并不没收其他资本主义私有财产，并不禁止‘不能操纵国民生计’的资本主义生产的发展，这是因为中国经济还十分落后的缘故”。可以看出，新民主主义经济允许多种经济成分并存。关于新民主主义文化，毛泽东认为新民主主义文化是为新民主主义政治、经济服务的。与“资本主义新经济同时发生和发展着的新政治力量，就是资产阶级、小资产阶级和无产阶级的政治力量。而在观念形态上作为这种新的经济力量和新的政治力量之反映并为他们服务的东西，就是新文化”。

① 毛泽东：《新民主主义论》，《解放》第98、99期合刊，1940年2月20日，第24页。

② 毛泽东：《新民主主义论》，《毛泽东选集》第2卷，第668页。

新文化是以资产阶级、小资产阶级和无产阶级新的政治力量为基础，没有这些新的政治力量，“所谓新文化，是无从发生的”。以马克思主义阶级斗争的观点来看，五四运动以前的文化是“资产阶级新文化与封建阶级旧文化的斗争”，就其性质而言“是旧民主主义性质的文化，属于世界资产阶级的资本主义的文化革命的一部分”；五四以后，由于马克思主义的传播，产生了新文化的生力军，“这就是中国共产党人所领导的共产主义文化思想，即共产主义的宇宙观和社会革命论”。“这支生力军在社会科学领域中，不论在哲学方面，在经济学方面，在政治学方面，在军事学方面，在历史学方面，在文学方面，在艺术方面（又不论是戏剧、是电影、是音乐、是雕刻、是绘画），都有了极大的发展”。所以，五四以后中国的文化“是新民主主义性质的文化，属于世界无产阶级的文化革命的一部分”。在对马克思主义中国化阐释的基础上，毛泽东指出新民主主义文化是民族的、科学的、大众的文化，即“人民大众反帝反封建的文化，就是新民主主义的文化，就是中华民族的新文化”。① 新民主主义理论是抗战时期毛泽东在马克思主义中国化理论上的一大贡献，是马克思主义中国化的产物，是对马克思主义的重大发展。正如胡绳所言：“新民主主义理论是完全符合国情的指导中国民主主义革命阶段的理论，已在实践中得到完全证实，是马克思主义普遍原理和中国革命具体实际相结合的完满典型。”②

毛泽东在关于新民主主义政治的论述中用“新民主主义共和国”取代了抗战初期提出的“三民主义新中华民国”的概念，这是抗战时期一个明显的变化，这是中国共产党人在提出马克思主义与中国革命实际相结合后的理论创新基础上的变化，说明毛泽东在提出“马克思主义中国化”命题时就开始思考如何从理论上突破三民主义，或创造一种既适合中国国情又能取代三民主义的理论。陕甘宁边区成为新民主主义理论的试验区，1940 年 3 月，毛泽东曾讲：“边区的方向，就是新民主主义的方向。现在全国要办新民主主义，有没有一个样子呢？我讲已经有了。陕甘宁边区就是模范。”同年 9 月，毛泽东又讲：“边区的政治经济文化是否新民主主义？我们的答复是的。”③ 既然陕甘宁边区是新民主主义政治、经济、文化的模范区，那么 1939 年颁布的以三民主义为指导的“施政纲领”就不合边区实

① 毛泽东：《新民主主义论》，《解放》第 98、99 期合刊，1940 年 2 月 20 日，第 26、28—29、35—36、40 页。

② 胡绳：《毛泽东的新民主主义论再评价》，《中国社会科学》1999 年第 3 期，第 4 页。

③ 胡乔木：《胡乔木回忆毛泽东》，人民出版社 1994 年版，第 127 页。

际了，就必须有一个以新民主主义理论为指导的施政纲领。为此，中共中央西北局专门成立施政纲领起草委员会，起草《陕甘宁边区施政纲领》，初稿完成后，“毛主席亲自改写了其中的大部分，并由他最后修改定稿”①，由中央政治局批准颁布于 1941 年 5 月 1 日颁布（又称“五一施政纲领”）。新施政纲领尽管依然宣称“根据孙中山先生的三民主义、总理遗嘱”为原则，但内容完全体现了中国共产党在陕甘宁边区施行新民主主义政治、经济和文化的方针，举凡军事、优待抗日军人家属、三三制、人权保障、司法、廉政、农业、土地、工商、劳动、税收、文化、卫生、妇女、民族、华侨、游民、俘虏、对待外国人等政策。② “五一施政纲领”是新民主主义理论的产物，也是马克思主义中国化在抗日根据地的具体实践。

毛泽东关于中国革命的理论和实践，逐渐被党内高层认可。1941 年 9 月，在中央政治局会议上，王稼祥在发言中指出，“过去中国党毛主席代表了唯物辩证法”③。这是延安时期中共党的领导人较早提出毛泽东是中国马克思主义代表的观点。整风运动期间，为了确立毛泽东在党内的领袖地位，1942 年 7 月，刘少奇在山东分局干部会议上总结中共 21 年的奋斗史时，明确指出：“党已有了经过长期锻炼的坚强干部，也有正确的政治路线，更有了精通马列主义和中国实际情况为每一个党员所拥护的党的领袖——毛泽东同志。”④ 通过整风运动，党内普遍认为毛泽东不但精通马列主义，而且熟知中国国情，是马克思主义中国化的典范。

四

1943 年，马克思主义中国化命题提出已过了五年，以反对教条主义、宗派主义和党八股为核心内容的整风运动已经进行了两年。在这个过程中，毛泽东已经

① 胡乔木：《胡乔木回忆毛泽东》，第 129 页。

② 《陕甘宁边区施政纲领》（1941 年 5 月 1 日），中共中央文献研究室、中央档案馆编：《建党以来重要文献选编（1921—1949）》第 18 册，第 241—244 页。

③ 王稼祥：《政治局要以思想领导为中心》（1941 年 9 月 10 日），《王稼祥选集》编辑组：《王稼祥选集》，人民出版社 1989 年版，第 326 页。

④ 中共中央文献研究室：《刘少奇年谱》上卷，中央文献出版社 1996 年版，第 401 页。

被树立为党的领袖和马克思主义中国化的典范。那么，马克思主义中国化如何表述？1943 年到 1945 年，中共在理论上的探讨主要围绕着解释马克思主义中国化与毛泽东思想展开。

1943 年 5 月，王稼祥撰文指出中国共产党在抗战时期的正确路线得益于马克思主义中国化，“共产党之所以能够找出抗战的正确道路与抗战正确政策，是由于中国共产党是以人类最先进的革命科学——马克思列宁主义武装着，是由于中国共产党能够把马列主义与中国现实结合起来”。马克思主义与中国革命实践相结合，使中国共产党选择了正确的道路，而这一切都得益于“毛泽东同志的思想”，“毛泽东思想就是中国的马克思列宁主义”。王稼祥不仅首次提出“毛泽东思想”的概念，还用大篇幅阐释了毛泽东思想是如何形成的，认为毛泽东思想不仅是在中华民族解放斗争中生长起来的，而且是与“共产党内部错误思想的斗争中成熟起来的”，宣称“毛泽东思想”是“马克思列宁主义与中国革命运动实际经验相结合的结果”。① 7 月，刘少奇在纪念中国共产党成立 22 周年时，发表了《清算党内的孟什维主义思想》长文，指出中共建党以来就存在着真假马克思主义的斗争，中国的真马克思主义“就是毛泽东同志以及团结在毛泽东同志周围的其他许多同志”。他把中国共产党的历史解释为“马列主义在中国发展的历史，也是中国的马列主义者和各派机会主义者斗争的历史。这种历史，在客观上是以毛泽东同志为中心构成的”。他认为“一切干部，一切党员……应该用心研究与学习毛泽东同志关于中国革命的及其他方面的学说，应该用毛泽东同志的思想来武装自己，并以毛泽东同志的思想体系去清算党内孟什维主义思想”。② 8 月 2 日，中共中央办公厅举办欢迎周恩来回延安的晚宴上，周恩来发表了长篇演说。关于如何对待毛泽东及其马克思主义中国化，他说：“过去一切反对过、怀疑过毛泽东同志领导或其意见的人，现在彻头彻尾地证明其为错误了。我们党二十二年的历史证明：毛泽东同志的意见，是贯串着整个党的历史时期，发展成为一条马列主义中国化，也就是中国共产党主义的路线！毛泽东同志的方向，就是中国共产党的方向！毛泽东同志的路线，就是中国的布尔塞维克的路线！”③ 从 5 月到 8 月，王稼祥、刘少奇、周恩来先后在谈及中共革命历史时，都以不同的方式盛赞了毛泽东，把毛泽

① 《中国共产党与中国民族解放的道路——纪念共产党廿二周年与抗战六周年》，《解放日报》1943 年 7 月 8 日，第 1—2 版。

② 刘少奇：《清算党内的孟什维主义思想》，《解放日报》1943 年 7 月 6 日，第 1 版。

③ 《周恩来同志在延安欢迎会上的演说词》，《解放日报》1943 年 8 月 6 日，第 1 版。

东看作是引领中国革命胜利的不二人选，代表着中国革命的方向。这三篇文章都公开发表在中共中央机关报《解放日报》的显要位置，说明毛泽东的领袖地位已经巩固，毛泽东思想在党内得到普遍认可。剩下的问题就是如何阐释毛泽东思想，使其内涵丰满起来。

1945 年 4 月 23 日，中国共产党第七次全国代表大会在延安召开。张闻天、刘少奇对毛泽东思想做了系统的阐述，把毛泽东思想提升到了前所未有的高度。张闻天在发言中回顾了中共革命历史，对毛泽东与马克思主义中国化做了全面系统的总结和概括，毛泽东“对马克思主义的学习，历来采取郑重与谨慎的态度。正因为如此，所以他能够精通马克思主义的实质，所以他能够使马克思主义的理论与中国革命的实践相结合起来，而加以发展”。毛泽东对马克思主义的理论贡献是多方面的：“我们只要略举毛泽东同志关于中国半殖民地、半封建社会性质的思想，关于中国新民主主义革命的思想，关于中国革命不平衡性、曲折性与长期性的思想，关于首先建立以农民为主体的革命根据地以发展全国革命的思想，关于正确解决中国农民土地问题的思想，关于建立民族民主统一战线及其内部又联合又斗争的思想，关于人民战争的全套战略战术的思想，关于反对主观主义、教条主义与经验主义的思想，关于建党、建军、建政的思想等等，我们就可以瞭然，毛泽东同志是怎样的发展了马克思主义，怎样的充实与丰富了马克思主义的内容。”实践证明“马克思主义的理论与中国革命实践一经结合，产生了中国自己的马克思主义，毛泽东路线与毛泽东思想”。换句话说，毛泽东思想就是中国的马克思主义，是马克思主义理论与中国革命实践结合的产物。张闻天把毛泽东思想提升到指导世界革命的地位，认为“毛泽东路线与毛泽东思想是世界无产阶级革命时代殖民地、半殖民地、半封建国家内的马克思主义，特别是关于新民主主义革命的理论与策略”①。张闻天对毛泽东与中国革命的关系、毛泽东思想与马克思主义中国化进行系统论述和高度评价，说明延安时期关于马克思主义中国化问题的讨论达到了新的高度，为毛泽东思想是中国的马克思主义和中国共产党的指导思想的官方表述做了很好的铺垫。

刘少奇代表中共中央在七大上做了《关于修改党章的报告》（1950 年 1 月改名为《论党》），总结了 1943 年以来党内关于毛泽东思想与马克思主义中国化问题

① 张闻天：《在中国共产党第七次全国代表大会上的发言》（1945 年 5 月 2 日），中央党史研究室张闻天选集传记组编：《张闻天文集》（三），中共党史出版社 2012 年版，第 168—179 页。

的理论探讨，全面系统地阐述了毛泽东思想。首先，回答了什么是毛泽东思想。“毛泽东思想，就是马克思列宁主义的理论与中国革命实践之统一的思想，就是中国的共产主义，中国的马克思主义。毛泽东思想就是马克思主义在目前时代的殖民地、半殖民地、半封建国家民族民主革命中的继续发展，就是马克思主义民族化的优秀典型。”其次，阐述毛泽东思想形成与中国革命的关系。毛泽东思想是“从中国民族与中国人民长期革命斗争中，在中国伟大的三次革命战争——北伐战争、土地革命战争和现在的抗日战争中，生长和发展起来的”，即毛泽东思想是中国长期革命实践的产物。再次，阐释了毛泽东对马克思主义中国化的理论贡献。他说：“毛泽东思想，从他的宇宙观以至他的工作作风，乃是发展着与完善着的中国化的马克思主义，乃是中国人民完整的革命建国理论。”这些理论内容丰富多彩，包括“关于现代世界情况及中国国情的分析，关于新民主主义理论与政策，关于解放农民的理论与政策，关于革命统一战线的理论与政策，关于革命战争的理论与政策，关于建设新民主主义共和国的理论与政策，关于文化的理论与政策。这些理论与政策，完全是马克思主义的，又完全是中国的”①。与张闻天发言不同，刘少奇对毛泽东思想及毛泽东思想是中国的马克思主义的系统论述代表了中共中央的意思，具有浓厚的官方色彩，更具权威性。

“毛泽东思想，就是这次被修改了的党章及其总纲的基础。”② 因此，中共七大上，毛泽东思想作为中国的马克思主义被确定为中国共产党的指导思想，写进了《中国共产党章程》③，也成为官方正式的表述方式，标志着毛泽东提出的马克思主义中国化达到了预期的目标。

总之，延安时期在马克思主义中国化问题上中国共产党人做了不懈的努力。一方面，以马克思主义中国化为突破口，清算了党内长期存在的把马克思主义教条化的问题；另一方面，中国共产党人对中国革命进行了新的理论探索，创立了新民主主义理论。在这两个方面，毛泽东都做出了巨大的贡献，即他不仅根据中国革命的实际提出了马克思主义中国化的命题，而且做了理论创新——提出了新

① 刘少奇：《关于修改党章的报告》（1945 年 5 月 14 日），中共中央党史研究室、中央档案馆：《中国共产党第七次全国代表大会档案文献选编》，中共党史出版社 2015 年版，第 267—268 页。

② 刘少奇：《关于修改党章的报告》（1945 年 5 月 14 日），中共中央党史研究室、中央档案馆：《中国共产党第七次全国代表大会档案文献选编》，第 269 页。

③ 《中国共产党章程》（1945 年 6 月 11 日中国共产党第七次全国代表大会通过），中共中央党史研究室、中央档案馆：《中国共产党第七次全国代表大会档案文献选编》，第 618 页。

民主主义理论，并为之实践。正如刘少奇所言：毛泽东“在理论上敢于进行大胆的创造，抛弃马克思主义理论中某些已经过时的、不适合于中国具体环境的个别原理和个别结论，代之以适合于中国历史环境的新原理和新结论，所以他能成功地进行马克思主义中国化这样艰巨的事业”①。从 1938 年 10 月六届六中全会期间毛泽东提出“马克思主义中国化”，到中共七大把毛泽东思想作为中国共产党的指导思想，中共实现了马克思主义中国化的努力目标，形成了中国本土的马克思主义理论体系——毛泽东思想。

（原刊于《抗日战争研究》2016 年第 4 期）

① 刘少奇：《关于修改党章的报告》（1945 年 5 月 14 日），中共中央党史研究室、中央档案馆：《中国共产党第七次全国代表大会档案文献选编》，第 268 页。

论华北抗日根据地、解放区的禁毒法规及其特点

河北大学历史学院　肖红松

摘　要：中国共产党在严峻的战争环境中将肃清烟毒作为社会革命的重要目标之一，确定禁烟禁毒为党的基本政策，并颁行了一系列法律法规。华北抗日根据地、解放区治理烟毒法规是中共借鉴国民政府、陕甘宁边区相关法规，参酌华北区域烟毒实态特点制定而成的，既有宏观政策，也有各种法规条例，涉及禁止种贩售吸、缉私、奖惩等诸多方面，为查禁烟毒工作提供了立法保障。这一时期的禁毒法规具备鲜明的特点。

关键词：华北抗日根据地解放区；禁烟禁毒；政策法规；内容；特点

中国共产党在领导人民进行艰苦卓绝的革命斗争的同时，坚持开展社会革命，肃清烟毒即是中共社会革命的重要目标之一。抗战时期、解放战争时期中共中央愈加关注烟毒问题，坚持将查禁烟毒作为党的基本政策，注重完善立法，颁布相关法令，在各战略区渐次施行。1937 年 10 月，中共中央政治局候补委员、北方局书记刘少奇发表《抗日游击战争中各种基本政策问题》，明确提出“禁止大烟毒品”①，将查禁烟毒作为抗战基本政策之一。1938 年 6 月，中共机关刊物《群众》发表社论：“禁烟是和抗战一样，我们要把它看做一种民族解放的斗争，是一种全面性、民众性的斗争，要动员广大的民众来共同努力。”②

华北各根据地忠实地执行中共中央禁毒方针，坚持从争取抗战胜利的战略高

① 《中共党史教学参考资料》，人民出版社 1957 年版，第 116 页。

② 马模贞主编：《中国禁毒史资料》，天津人民出版社 1998 年版，第 608 页。

度查禁烟毒，并在整个抗战时期贯彻这一精神。1938 年 4 月，晋察冀边区指示："在非常时期，一切服从于抗战，有利于民族生命的，应以最大之努力去推行，其有害于民族生命的，应以最大之决心去铲除，这样做的原因完全是为抗战的最后胜利。赌博吸烟不但误时误事，减少生产及削弱抗战力量，而且穷无告借的时候，即有误入歧途的危险，大则危害国家，实有严行查禁的必要。"① 1939 年 6 月，中共中央北方局在《关于解决河北问题的八大纲领》中提出"禁绝毒品"②。次年 8 月，山东省抗日政府颁布的《山东省战时施政纲领》也规定"严格禁烟、禁毒"③。1941 年 7 月，晋冀鲁豫边区临时参议会决议通过了《晋冀鲁豫边区政府施政纲领》，明确"反对敌寇抽丁及奴化毒化政策"④。抗战胜利后，华北各解放区依然坚持严禁立场，强化禁毒法制建设，适时出台一系列法令法规，为查禁烟毒事业提供了有力的法律保障，也为建国初期全国大规模的禁毒斗争积累了立法经验。

目前学界侧重抗日根据地尤其是陕甘宁边区禁毒法规研究，而对华北根据地解放区禁毒法规着墨甚少⑤，故笔者拟对 1937—1949 年间华北抗日根据地解放区的禁毒政策法规之内容特征进行探究，以求教于方家。

一、禁止种贩售吸烟毒法规

（一）禁止种植罂粟

1939 年 2 月，晋察冀边区行政委员会发布禁种令，指出日寇厉行毒化政策，

---

① 《晋察冀边区行政委员会公函》，《晋察冀日报》1938 年 4 月 27 日。

② 晋察冀抗日根据地史料丛书编审委员会、中央档案馆编：《晋察冀抗日根据地》第 1 册，中共党史资料出版社 1989 年版，第 266 页。

③ 山东省财政科学研究所、山东省档案馆编：《山东革命根据地财政史料选编》第一辑，内部资料，1985 年，第 12 页。

④ 河南省财政厅、河南省档案馆编：《晋冀鲁豫抗日根据地财经史料选编（河南部分）》一，档案出版社 1985 年版，第 120 页。

⑤ 参见齐霁《陕甘宁边区政府的查禁烟毒政策》，《党史文汇》1998 年第 5 期；齐霁：《抗日根据地禁毒立法问题研究》，《抗日战争研究》2005 年第 1 期；周志斌：《陕甘宁边区政府禁毒政策述略》，《学海》1996 年第 1 期；张晓丽：《抗战时期苏皖根据地的禁毒法规措施及其影响》，《中共党史研究》2003 年第 3 期；田利军：《论华北抗日根据地的禁毒斗争》，《四川师范大学学报》（社会科学版）1997 年第 2 期等。

强迫民众播种罂粟，影响中国抗战大局殊非浅鲜，命令各县彻底查禁，违者严办。[①] 1941 年 4 月，该委员会再次命令各级政府“开展拔苗运动，将所种植鸦片悉予根除，改种粮食，以打击敌伪阴谋，增加我抗战力量”[②]。每年春季，各根据地都要发布通告标语，严禁民众种烟。

从各根据地的法律看。《山东省禁烟治罪暂行条例》对种烟犯处死刑、无期徒刑或十年以上有期徒刑[③]。这与国民政府《禁烟治罪暂行条例》[④] 的罚则相同，比较笼统。有些边区对不同区域种烟施行不同之处罚。《晋西北禁烟治罪暂行条例》（1941 年 11 月公布）规定“意图制造鸦片而栽种罂粟者处死刑，但在敌占区种植者，得酌情处以罚金”[⑤]。太岳区也区分了在根据地、游击区、敌占区种烟的处罚，强调干部犯罪者和累犯者处死刑，自铲烟苗向政府自首者减免其刑。[⑥] 陕甘宁边区对种植鸦片烟苗者处一年以下徒刑或拘役，并科 200 元以下罚金。[⑦] 华北根据地的处罚力度要比陕甘宁边区大。华北各根据地广泛动员群众，促使种户主动铲烟，改种粮食作物，对屡教不改者依法严惩。为团结群众共同抗战，各边区对不同地区的禁政采取灵活策略，不仅领导根据地军民进行禁种，并且深入敌占区毁坏烟苗，通过武装抗日有效打击日伪政权种植罂粟之阴谋。

解放战争时期华北解放区奉行禁种政策，加大处治力度。1946 年 2 月，晋察冀边区重申严禁各地种植鸦片，违者严惩不贷。[⑧] 1948 年 11 月，华北禁烟督察总局颁布了《华北区毒品缉私提奖暂行办法》，规定“凡私种烟土者，在解放区一律严禁，违者全部没收，并处以徒刑或罚金”[⑨]。次年 7 月的《华北区禁烟禁毒暂行

---

① 马模贞主编：《中国禁毒史资料》，天津人民出版社 1998 年版，第 609 页。

② 《晋察冀边区行政委员会关于开展灭毒运动的命令》1941 年 4 月 25 日，河北省档案馆档案（以下简称冀档），579-1-195-1。

③ 山东省档案馆、山东社会科学院历史研究所编：《山东革命历史档案资料选编》第九辑，山东人民出版社 1983 年版，第 423 页。

④ 马模贞主编：《中国禁毒史资料》，天津人民出版社 1998 年版，第 1105 页。

⑤ 韩延龙、常兆儒主编：《中国新民主主义革命时期根据地法制文献选编》第三卷，中国社会科学出版社，1981 年，第 140 页。

⑥ 《太岳区禁烟处罚暂行办法》1943 年 4 月 20 日，山西省档案馆档案（以下简称晋档），A72-1-1-9。

⑦ 史志诚主编：《陕甘宁边区禁毒史料》，陕西人民出版社 2008 年版，第 53 页。

⑧ 马模贞主编：《中国禁毒史资料》，天津人民出版社 1998 年版，第 1637 页。

⑨ 《华北区毒品缉私提奖暂行办法》1948 年 11 月 25 日，河南省档案馆档案（以下简称豫档），G12-6-286-4。

办法》亦规定“严禁种植鸦片烟苗（罂粟），违者，烟苗铲除，并处罚之”①。各行署专县也陆续发布禁种令。从总的执行效果看基本达到了战略目标，但受多种因素影响有些地方仍零星存在着私种现象。

（二）严惩贮藏、买卖、运输烟毒

烟毒的走私贩运是烟毒生产和吸食的中间步骤，也是各方逐利的主要环节，其涉及人员多、地域广、积习久，故中共对私藏贩售烟毒罪犯惩处最为严厉，程度要重于对种吸罪犯的惩处，各根据地尤其注意严惩汉奸败类毒贩、常业累犯及干部公务人员涉罪者。

《晋西北禁烟治罪暂行条例》规定，“运输贩卖或意图运输贩卖而持有鸦片者，处二年以上十年以下有期徒刑，得并科五千元以下之罚金；其数量在二百两以上者，处死刑”②。次年9月，晋西北行署对条例做了修订：对于运输贩卖或意图贩卖而持有鸦片不足10两的酌处罚金，10两以上者依原条例办理；对犯原条例死刑规定的减处十年有期徒刑，并科5000元以下的罚金。③ 这次修订的处罚力度较前明显降低，其中原因笔者以为是晋西北根据地依据形势变化所做的适当调整。晋西北行署成立之初面临的是日伪毒化而导致的烟毒肆虐实况，所以第一个条例表达中共严刑肃毒之立法理念，而两个现实因素中共必予考虑，一是1942年日伪加紧对边区扫荡封锁屠杀，根据地面临空前严峻局面，因此团结所有抗日力量确保根据地生存发展成为第一要务，所有政策的调整要服务于战争之胜利；二是晋西北烟毒问题严重危害根据地的经济、军事和社会秩序，故须彻底解决，但绝非短期内奏效，于是重点查处大案要案，教育训诫轻微违法者便成为临时性可行路径。

山东根据地对运输、贩卖或意图贩卖而持有鸦片的处无期徒刑或五年以上有期徒刑，并科5000元以下罚金，数量在300两以上的处死刑。④ 太岳区对贩运大烟者的处罚规定要细致些，既区分了敌占区、游击区和根据地不同区域内犯罪的量刑标准，又区分了对不同群体犯罪的量刑标准，重点打击干部涉罪者、贩烟为

---

① 《华北区禁烟禁毒暂行办法》1949年7月16日，豫档，G13-9-894-1。

② 韩延龙、常兆儒主编：《中国新民主主义革命时期根据地法制文献选编》第三卷，中国社会科学出版社1981年版，第140页。

③ 《晋西北行署关于处理鸦片案件补充办法》1942年9月1日，晋档，A88-2-34-2。

④ 山东省档案馆、山东社会科学院历史研究所编：《山东革命历史档案资料选编》第九辑，山东人民出版社1983年版，第423页。

常业者和累犯者，对受骗带烟或自首者减免刑罚。[①]

对于涉毒案犯惩处较涉烟案犯更为严厉。晋冀鲁豫边区对制造毒品者处死刑；对运输毒品或包庇运输为常业者处死刑或无期徒刑；对贩卖毒品者处死刑或无期徒刑，没收其财产全部或一部，并科罚金，贩毒经纪介绍人与正犯同。[②] 山东省对制造运输毒品者处死刑，对贩卖、意图贩卖而持有毒品者处死刑或无期徒刑。[③]

抗战胜利后，华北各解放区在坚持四禁并举的原则上着重肃清民间烟毒，以遏制毒源。1945 年 11 月，晋察冀边区政府颁布《鸦片缉私暂行办法》，作为指导边区禁毒工作的原则性法令。其第二条明确缉私范畴，第三条规定清缴民间所存鸦片，强调所有鸦片持有人必须限期全部上缴，违者以私存论处。[④] 1947 年 2 月，晋冀鲁豫边区政府命令区内严禁贮藏、买卖和吸食毒品。[⑤] 前述《华北区毒品缉私提奖暂行办法》[⑥] 区分了对新老解放区内私存私买私卖者的处分，清缴烟毒的原则依然不变。

（三）禁吸戒烟法规

禁止吸用烟毒是查禁工作的目标，而要达此目标非戒治烟民不可，华北根据地解放区对禁吸戒烟工作高度重视，将其列为法规重要内容。抗战时期综合禁毒法规均涉及禁吸内容，其立法原则是渐戒，凡吸食或注射烟毒者进行登记，根据烟瘾大小、年龄长幼限期戒绝；逾期不戒而累吸者，除强制戒瘾外加重处罚；限期戒绝者或自行投戒者免罚。从内容上看，对吸食注射毒品者处罚要比吸食鸦片者严厉，至于戒烟期限、处罚量刑等由各根据地自行掌握调整。解放战争时期综合法规中禁吸仍持渐戒方针，如察哈尔省对初次吸烟者开会教育，屡犯者予以时限强制戒毒，[⑦] 确立宣教与强戒结合的原则。《华北区毒品缉私提奖暂行办法》[⑧]

---

① 《太岳区禁烟处罚暂行办法》1943 年 4 月 20 日，晋档，A72-1-1-9。

② 《晋冀鲁豫边区毒品治罪暂行条例》1941 年 7 月 15 日，豫档，G13-1-4-1。

③ 山东省档案馆、山东社会科学院历史研究所编：《山东革命历史档案资料选编》第九辑，山东人民出版社 1983 年版，第 424 页。

④ 《晋察冀边区行政委员会关于边区鸦片缉私暂行办法公布之令》1945 年 11 月 21 日，冀档，579-1-195-3。

⑤ 《晋冀鲁豫边区政府关于发布严禁买卖、吸食及贮藏毒品办法的通知》1947 年 2 月 8 日，晋档，A198-6-26-1。

⑥ 《华北区毒品缉私提奖暂行办法》1948 年 11 月 25 日，豫档，G12-6-286-4。

⑦ 《察哈尔省查禁鸦片毒品暂行办法》1947 年 7 月 23 日，冀档，225-1-18-8。

⑧ 《华北区毒品缉私提奖暂行办法》1948 年 11 月 25 日，豫档，G12-6-286-4。

明确禁止私吸之原则，区分新老解放区禁吸戒治的不同路径，对烟民较少的老解放区处置严厉，而吸食传统较长、烟民较多的解放区和新解放地区实行管理教育改造烟民的办法，凸显戒治与改造并重的立法理念。

解放战争时期华北解放区颁行戒烟专项法规，如晋察冀边区 1945 年 12 月颁布的《边区戒烟暂行办法》。其规定：①瘾者（即吸食鸦片瘾者）须在一定时期内向村街公所进行登记，在自觉自戒和政府帮助下限期戒绝；②政府根据已登记瘾者的年龄、身体强弱、吸毒程度确定戒绝期限，经禁烟督察局审查后发给戒烟证（无禁烟督察局的县区由县区政府发给），逐渐减少吸量，直至戒绝；③凡因病致瘾者，戒绝期得延长 1 至 2 年；年岁在 50 岁以上、中毒过深、身体羸弱的瘾者，经政府审查属实后得发给 3 年之长期吸烟特许证。④瘾民在戒吸期间可持证向禁烟督察局领购必需量的烟土，但不得将戒烟证及领购的烟土转借转让他人或私自购买烟土吸食；⑤对已登记的瘾者由禁烟督察局、区村公所定期开会教育或进行个别教育。此外，《办法》对不登记或隐匿私吸者及期满未戒者作出相应罚则。[①]本办法从瘾民的登记管理教育到持证购吸渐戒，从戒烟期限到处罚则律均做了原则性规定，成为该边区施行戒烟工作的重要法律依据。各行署、省根据地方特点对戒烟工作亦做出具体安排，如《冀热察区戒烟实施暂行办法》《绥远人民政府戒吸毒品暂行办法》等。以上禁吸戒烟法规，确立了戒治为主惩处为辅的原则、瘾民渐戒原则、政府与群众分工合作原则、戒治与改造并重原则、戒烟与肃毒、土改、大生产等工作结合原则。

为落实相关法规，华北各根据地解放区在组织方面组建领导机构，抓紧戒烟禁毒工作，抗战时期是在各级政府尤其是县区村政权领导下展开戒烟活动，解放战争时期统一由禁烟督察局负责组织烟民的登记、教育与戒除。在宣传方面，重视解释引导，对烟民进行说服教育，使其明白烟毒危害，发动所有干部亲友检举监督协助，营造强势的戒烟氛围。在践行方面，基层干部和优秀群众主动参与戒烟实践，动员一切社会资源，筹设戒烟院所，帮助烟民戒瘾，取得了显著成效。

---

① 马模贞主编：《中国禁毒史资料》，天津人民出版社 1998 年版，第 1630 页。

二、缉私提奖类法规

（一）缉私法规

缉私是打击烟毒走私的重要手段，是侦获案件、惩治罪犯的必经环节，且烟毒缉私又是根据地解放区缉私工作的有机组成部分。因此，华北根据地解放区高度重视，明确缉私工作之意义、内涵与程序。拙意认为烟毒缉私内涵广泛，似可分以下三个层次：

1. 通过立法确立各级政府或禁烟专管机关之中心地位，领导禁毒缉私工作。

华北根据地解放区各级政府均负宏观领导禁毒的职责。边区政府制定政策及原则性法令，指定有关部门或专门机关负责禁毒，监督法令执行。抗战时期禁毒工作一般由民政部门负责，缉私由税务贸易公安及武装部队兼管。解放战争时期，华北解放区普遍设立禁烟督察局，作为专管机关。1945 年 10 月，晋察冀边区在张家口组建边区禁烟督察局，负责实施禁烟政策法令。在随后颁布的《鸦片缉私暂行办法》中明确缉私是该局重要职能之一。① 晋冀鲁豫边区依托公安局和军队保卫系统开展禁毒缉私工作。1947 年 8 月，该边府成立禁烟督察总局，进而依托各级公安局建立相应组织。②

陕甘宁边区则在 1942 年 1 月成立禁烟督察处，次年 11 月将该处与税务、食盐、金融等缉私机构归入边区保安机关系统内，由保安机关统一指挥，便于禁毒与缉私人员相互配合、统一行动，促进了禁毒工作深入发展。1946 年 2 月设立查缉毒品委员会，各分区设查缉分会、查缉队。同期颁布的《陕甘宁边区查缉毒品办法》规定查缉机关、查缉队的职务“限于查缉鸦片、料面、吗啡等毒品的贩运事件”③。

---

① 《晋察冀边区行政委员会关于边区鸦片缉私暂行办法公布之令》1945 年 11 月 21 日，冀档，579-1-195-3。

② 《晋冀鲁豫边区政府军区关于贯彻执行禁烟问题诸规定的联合命令》1947 年 8 月 14 日，晋档，A198-6-26-4。

③ 史志诚主编：《陕甘宁边区禁毒史料》，陕西人民出版社 2008 年版，第 10—11 页、第 33—36 页、第 76 页、第 78 页。

2. 通过立法强调相关部门协作缉私义务，发挥各部门缉私职能与组织网络，达到联合缉私目的。

烟毒缉私任务繁重，需要建立以专管机构为中心、多部门配合联动的禁毒防控网络，故各边区相继制定法规，界定各单位个人缉私权利义务，规范缉私行为，强化合作禁毒意识。公安部门对烟毒犯罪有坚决打击的义务。晋察冀边区将违反国民政府禁烟禁毒治罪条例之罪犯列为特种刑事犯。① 该边区先后颁布的《公安局暂行条例》（1941 年 4 月）、《关于特种刑事案件审理程序之决定》（1942 年 2 月）等法令均明确并完善了公安机关侦察破获涉烟毒案件、逮捕审讯罪犯的重要职能。解放战争时期公安部门除以上职能外还增加了肃清烟毒、烟民登记戒治等职能，亦由相应法令申明。

一些贸易税务部门也把联合打击烟毒走私列入法规内容。1941 年 10 月公布的《晋冀鲁豫边区征收出入境税暂行条例》适用于边区一般出入口货物税之稽征，其中第十五条规定："凡查获鸦片、吗啡等违运品时须将人犯及物证一并送交当地县政府处理。"② 次年 9 月晋察冀边区明确将危害国家社会的毒品鸦片列为违禁物品，令贸易管理局卡网、检查站随时随地稽查，对涉烟毒案件交由公安局侦察处理。③

边区税务总局自成立以来担负着艰巨的缉私任务，自身难以完成，遂于 1946 年 4 月与禁烟督察局协商决定"今后缉私检查的事项要彼此互相联合进行，换句话也就是禁烟局方面的所属各级机关在缉私检查工作中可以办理税务缉私和检查的工作，我们税务机关在缉私检查工作中也要办理禁烟局的缉私和检查工作，双方各查获出偷漏税物件或毒品均要即日交予主管机关按章处理并按章发奖"④。这项指示说明税务系统迫切需要借助禁烟局等组织系统，建构联合缉私之网络机制。1949 年 8 月，察哈尔省制定《联合检查缉私试行办法》，将危害民生的毒品列入检查范围，对查获的毒品及其他违禁品，经税务机关没收者一律上交，其他部门查

---

① 韩延龙、常兆儒主编：《中国新民主主义革命时期根据地法制文献选编》第三卷，中国社会科学出版社 1981 年版，第 92 页。

② 河南省财政厅、河南省档案馆编：《晋冀鲁豫抗日根据地财经史料选编（河南部分）》一，档案出版社 1985 年版，第 138 页。

③ 《晋察冀边区行政委员会关于贸管局卡及检查站稽查与处理违禁物品的决定》1942 年 9 月 6 日，冀档，579-1-197-10。

④ 《晋察冀边区税务总局关于与禁烟督察局及当地政府驻军等联合缉私检查的指示》1946 年 4 月 29 日，冀档，579-1-137-12。

获毒品就地交县以上政府处理，沿铁路查获的毒品统一交税务机关处理。①

3. 以立法形式赋予各部队机关团体干部群众参与缉私之权，鼓励开展群众性缉私运动。

1941 年 12 月，晋冀鲁豫边区试行《查获烟土暂行办法》，规定“本区严禁烟土贩售，违者无论何人均得查获告发之”②。次年 5 月，该边区将奖励范围扩大到所有查获烟土毒品案件，以鼓励缉毒。③ 解放战争时期，晋冀鲁豫边区通令境内一切民兵岗哨税卡公安局检查站严查毒品走私，并赋予所有党政军民机关团体工作人员负盘查报告缉私之责。④ 晋察冀边区命令部队、机关、团体以及群众性缉私小组均得对鸦片烟犯缉私，但须送禁烟督察局或区以上政府处理。⑤ 察省也要求各级机关团体学校部队民兵对鸦片毒品进行缉私，将人犯物证送县以上政府或禁烟督察局处理，领取应得奖金。⑥《华北区毒品缉私提奖暂行办法》则明确各相关单位的缉私权责：“缉私工作除各级禁烟局、公安局、民政部门、专管机关外，所有党政军民都有告发检举之权利和义务，有组织的缉私队、缉私组和缉私人员有查获拘捕之权利，处理缉私之案件属于禁烟局及区级以上政府。”⑦

中共通过立法，赋予各部队机关团体干部群众参与缉私的权力，鼓励他们检举告发违法线索，协助政府查禁烟毒。这应该说是群众路线在禁毒事业中的体现，所以成为包括华北各根据地解放区在内的中共革命政权禁毒立法的普遍原则。

（二）奖励对禁烟禁毒工作做出贡献者

根据地解放区一方面制定严刑峻法，惩办涉烟毒犯罪，另一方面也通过对查禁工作做出贡献者进行奖励，奖励查禁缉私有功之专兼职人员及各部队机关团体干部群众，以动员广大干部群众深度参与，开展群众性禁毒斗争。具体是通过罚金提奖之法奖励告发人、破获人，鼓励广大干部群众检举揭发涉案线索，破获案件，缉捕罪犯，以全民之力协助政府查禁烟毒。

---

① 《察哈尔省联合检查缉私试行办法》1949 年 8 月 22 日，冀档，225-1-74-7。

② 《晋冀鲁豫边区查获烟土暂行办法》1941 年 12 月 1 日，豫档，G13-1-4-2。

③ 晋冀鲁豫边区政府秘书厅编：《法令汇编》下册，内部发行，1943 年，第 134 页。

④ 《晋冀鲁豫边区政府关于发布严禁买卖、吸食及贮藏毒品办法的通知》1947 年 2 月 8 日，晋档，A198-6-26-1。

⑤ 《晋察冀边区行政委员会关于边区鸦片缉私暂行办法公布之令》1945 年 11 月 21 日，冀档，579-1-195-3。

⑥ 《察哈尔省查禁鸦片毒品暂行办法》，1947 年 7 月 23 日，冀档，225-1-18-8。

⑦ 《华北区毒品缉私提奖暂行办法》1948 年 11 月 25 日，豫档，G12-6-286-4。

陕甘宁边区政府早在1937年就规定："有人报告因而查获私贩私卖鸦片的，报告的人，给予所获鸦片价值十分之二的奖金。如直接查获烟土送政府的，赏金加重。"① 1941年12月，晋冀鲁豫边区号召区内民众告发查获烟土案件，查获后由司法机关奖励。② 次年5月，该边区将奖励范围扩大到查获所有烟毒案件。③ 晋西北根据地对查获烟案罚金的分配偏重于普通群众："报告人为民众者，以20%奖励之，如为部队机关团体之人员，则以12%奖励之；查获人以8%奖励之，如无报告人自行查获者则以35%奖励之；执行人以8%奖励之；以上案件无罚金者，得依照上列各款之罚金分配比例，以10元至500元奖励之。"④

解放战争时期各解放区法规依然秉承奖励查禁有功者的原则。晋察冀边区自1945年11月始，对查获鸦片烟犯或报告鸦片烟犯而查获者实行奖励，部队机关团体（禁烟督察局除处）等工作人员按查获鸦片变价奖给3%至5%，一般群众奖给5%至10%。⑤ 次年3月，将干部工作人员与群众的奖励标准划一，骤升到案值的30%—50%。⑥ 1947年2月，晋冀鲁豫边区对检举揭发有功者予以15%奖励。⑦，8月加大奖励力度：凡查获或自动上缴者均按价给予30%的奖励；凡缉私有功、成绩卓著的个人及团体由各级公安缉私机关报告禁烟总局，酌情给以特殊奖励。⑧

1946年5月，太行行署规定凡查获毒品案件者均得奖励，提奖由各该案罚金内提30%为奖金，奖金由查获人得三分之二、告发人得三分之一，无告发人案件查获人得全部奖金，每案奖金额数不得超过1万元；凡查获人是政民工作人员的，酌情奖励，但不得超过该案罚金的10%，奖金额超过1万元者不再提奖。⑨ 太岳区对获案有功者提奖标准如下：获案毒品总值在50万元以下者，群众民兵给以

---

① 史志诚：《陕甘宁边区禁毒史料》，陕西人民出版社2008年版，第51页。

② 《晋冀鲁豫边区查获烟土暂行办法》1941年12月1日，豫档，G13-1-4-2。

③ 晋冀鲁豫边区政府秘书厅编：《法令汇编》下册，内部发行，1943年，第134页。

④ 韩延龙、常兆儒主编：《中国新民主主义革命时期根据地法制文献选编》第三卷，中国社会科学出版社1981年版，第142页。

⑤ 《晋察冀边区行政委员会关于边区鸦片缉私暂行办法公布之令》1945年11月21日，冀档，579-1-195-3。

⑥ 《晋察冀第十三专署关于鸦片缉私暂行办法（修订）的命令》1946年3月6日，冀档，147-1-3-2。

⑦ 《晋冀鲁豫边区政府关于发布严禁买卖、吸食及贮藏毒品办法的通知》1947年2月8日，晋档，A198-6-26-1。

⑧ 《晋冀鲁豫边区政府军区关于贯彻执行禁烟问题诸规定的联合命令》1947年8月14日，晋档，A198-6-26-4。

⑨ 《太行行署关于查获毒品提奖暂行办法的命令》1946年5月23日，晋档，A52-6-11-2。

30%的奖金，报告人得20%，查获人得10%，报告与查获同为一人者则提奖20%；各级党政军民干部及部队报告查获者按15%发奖。毒品总值在50万元以上者经区局核定后酌予重奖。①

从以上相关法令条款可以看出奖励查禁缉私有功人员是中共立法的通行原则，只不过抗战时期各根据地提奖比率相差较大，解放战争时期提奖比率大致维持在30%左右，奖金由烟毒案件罚金和没收烟毒变价按比例提出，普通群众民兵受奖额度要高于党政军民机关团体干部人员。事实上，这些法令对鼓励广大群众检举揭发涉烟毒犯罪并协助政府查禁烟毒工作起到了重要作用。

三、华北抗日根据地、解放区禁毒法规特点

1937—1949年间，华北各抗日根据地解放区陆续颁行了一系列法令法规，涉及禁止种植制造、禁止贮藏贩运买卖、禁止吸食，还涉及奖惩、缉私等诸多方面，为治理烟毒工作提供了立法保障。

（一）在中共中央基本政策指导下自订禁毒法规

抗战初期中共中央提出“禁止大烟毒品”的基本政策，责令各根据地贯彻执行。只是限于当时没有建立全国性的革命政权，因而中共不可能制定统一适用的法律。华北各边区政府在党中央禁毒政策的宏观指导下，根据形势发展的需要和各阶段的战略任务，因地制宜地制定了许多地区性禁毒法规，作为司法机关审理相关案件的法律依据。因此同名的法规如“禁烟”“禁毒”“缉私”等法规，在不同时期各边区政府曾多次制定或修订，所属行署、专署、县必须依据上级精神执行或颁行更具体之条例。到1948年9月华北解放区成立后，华北人民政府开始了大区域禁毒立法的探索。

（二）各根据地、解放区法规既存在时空差异又有共性原则

既然是各边区自行制定法规，那么存在差异是不难理解的，差异的根源在于各边区乃至行署面临的烟毒实况不同。比如抗战时期，各根据地均面临着日本毒化行径的威胁，所以抵制毒化、肃清烟毒、保卫民众健康是这一时期所有政策法

---

① 《太岳行署关于严禁吸食贩卖烟毒的布告》1948年3月，晋档，A72-1-13-8。

规之共同宗旨，但不同地区针对日本不同的毒化措施要颁行各有侧重的反毒化法规。解放战争时期，热河、察哈尔、绥远、晋北等地区渐次并入晋察冀边区，以上新解放区私种私藏私自买卖吸食问题非常严重，这一时期边区禁毒法规则侧重肃清烟毒、强化缉私、戒治瘾民等方面符合客观实际。

存异的同时，有些共性原则被普遍遵循。如立法的借鉴继承原则。从法制史的视角看，华北根据地解放区禁毒法规是华北各战略区政府探索构架中共禁毒立法体系的系列产物，需要借鉴土地革命时期苏区禁毒法规和先行的陕甘宁边区禁毒立法，当然也需借鉴国民政府禁毒法规部分条文。直到1949年初，中共中央指示解放区司法工作不得援引国民党的《六法全书》，应以党和政府的政策纲领法律条例及决议为依据。[①] 又如量刑方面，依犯罪性质、危害程度定罪量刑。中共政权将烟毒犯罪确定为特种刑事案件，从严从重罚办，而对烟毒犯罪的处罚有所区分，对于毒品犯罪的打击力度要大于鸦片犯罪。依据犯罪危害程度及罪犯身份，从重打击制造运输贩售烟毒者、直接参与者，尤其是从重惩处公务员干部教职员及涉嫌诬告者，对吸食烟毒者、间接参与者、协助破案者特别是自首者减免刑罚。这是在禁毒立法中贯彻中共镇压与宽大相结合、惩罚与教育相结合原则。

（三）走群众路线，发挥综合治理优势治理烟毒

中国共产党如何把农民动员起来，使其成为社会变革的积极参与者是中共革命时期面临的最具挑战性的问题，烟毒治理活动则是中共动员民众的重要场域。在根据地解放区内禁毒任务繁重，单靠政府和专门机关力量是远远不够的，必须依靠群众的参与支持才能把治理烟毒工作引向深入，也只有彻底肃清烟毒，人民群众的根本利益才能得到保证，这是中共党人的正确判断。在此认识的指导下，通过立法赋予群众参与查禁之权，以实现肃清烟毒、稽查走私、戒除烟民之禁毒目标；广泛宣传烟毒危害、自身理念和法令法规，引导干部群众提高禁毒认识水平、参与程度与执行力度。立法执法的目的是在辖区内肃清烟毒，减轻人民负担，保卫斗争果实，确保战争胜利，四者之核心是以照顾最广大人民群众利益为圭臬的。经过共产党人的宣传动员，人民群众的普遍参与，各种乡村社会资源的深度投入，群众性禁毒斗争在各地如火如荼地展开，集中体现在缉私与戒烟活动中。

中共树立综合治理烟毒理念，将该项工作置于总体战略中考虑，依靠多部门

① 韩延龙、常兆儒主编：《中国新民主主义革命时期根据地法制文献选编》第一卷，中国社会科学出版社1981年版，第85—87页。

联合协作机制，努力建构以各级政府或专管机关为领导的公安税务商贸部门配合的以广大干部群众为基础的综合治理系统。中共通过缉私立法，明确相关部门必须参与缉私，界定各自权责，通过提奖方式鼓励广大干部群众协助缉私，走依靠群众治理烟毒的路线。诸多的税务工商贸易法规涉及了联合缉私的内容，而禁吸法规也强调结合生产运动、土改运动戒治烟民。

最后值得说明的是，烟毒犯罪与其他犯罪紧密相连，必须依靠相关法规予以严惩。如抗战时期毒品与汉奸密切相连，陕甘宁边区规定凡直接或间接受日寇之主使以烟毒危害民族生机者，按惩治汉奸条例论罪。① 烟民盗窃空室清野财物，按照惩治窃取空室清野财物办法处理。缉私人员缉获烟毒须上缴指定部门，违者按贪污罪处分；司法机关报奖不实或挪罚金他用者也以贪污罪处分。

总之，通过对华北抗日根据地、解放区禁毒法规的评析，我们看到禁烟禁毒是中共基本政策之一，在此指导下各边区进行积极的立法探索。这些禁毒立法总体上具有革命性、简约性和过渡性的特点。革命性是指法制立意服务于革命胜利的中心任务，简约性是指受革命战争的条件制约，中共未能建立起系统完整的禁毒法律体系，与国民政府禁毒法规相比显得简略粗疏，但是制定详细周密的法规是必要的、重要的，问题的关键还在于认真执行。过渡性是指这些法规因时因地制定，内容不断演变，是革命时期中共禁毒立法历程中重要的环节，禁毒立法所反映出的一些原则为中华人民共和国禁毒立法所延续。

（原刊于《河北大学学报》2012 年第 2 期，人大复印资料《中国现代史》2012 年第 8 期全文转载）

① 史志诚主编：《陕甘宁边区禁毒史料》，陕西人民出版社 2008 年版，第 54 页。

抗战时期安徽的田赋征实[①]

阜阳师范学院历史文化与旅游学院　陈　雷

摘　要：田赋征实是抗战时期国民政府实行的一项重要经济政策。作为战时重要省份之一，安徽省按照国民政府的决策和部署，在国统区实行了田赋征实并取得了较好的成效，从而为皖省军公民粮的供应奠定了基础，既支撑了安徽战场，又稳定了后方社会秩序，为坚持抗战做出了一定贡献。

关键词：抗战时期；安徽；田赋征实；成效；评价

抗战时期，国民政府为了解决日益严重的粮食问题，决定从1941年起施行将各省田赋收归中央并改征实物的政策。安徽作为战时的重要省份之一，亦按照国民党中央和国民政府的决策与部署，在国统区开展和实施了田赋征实，并取得了较好的成绩，为皖省军公民粮的供应奠定了基础，在一定程度上支撑了安徽战场，稳定了后方社会秩序，为坚持抗战做出了一定贡献。本文试对抗战时期安徽的田赋征实做一探讨和考察。

一、抗战时期安徽田赋征实的实施

抗战爆发后，随着战争的继续，战区不断扩大，人口和军队集中，对粮食的需求日益增长。至1940年下半年，国统区财政经济陷于困难，物价逐步上涨，囤

① 2011年国家社科基金项目“抗战时期国民政府粮食问题研究”（项目编号：11BZS067）。

积居奇严重，出现了严重的粮食困难和粮食危机。

针对当时非常严重的粮食问题，为控制物价，保障军公民粮的供应，1941 年 4 月 2 日召开的国民党五届八中全会通过了蒋介石提出的《各省田赋暂归中央接管以便统筹而资整理案》，规定“各省田赋划归中央接管，由中央统收统支，中央得视各地生产交通状况，将田赋之一部或全部改征实物”①。随后财政部于 6 月 16 日召开第三次全国财政会议，通过《遵照第五届八中全会田赋暂归中央接管整理之决议，制定接管步骤、管理机构及各项整理实施办法案》，决定在 1941 年下半年接管各省田赋，并一律改征实物。②

遵照国民党中央的决策和部署，安徽省亦是确定实施田赋征实的省份。为此，安徽省按照国民政府行政院颁布的各项田赋征实政策、法规和措施积极展开工作，依据安徽省实际情况组建田粮征管机关，确定征收种类、范围、税率、数量以及征实办法等。

（一）设立征收机关

1. 设立省县田管机关，办理经征事务。

田赋征实自 1941 年度开始实施，为办理田赋征实事宜，1941 年 8 月 1 日，成立安徽省田赋管理处，桂竞秋、许饯侬分任正、副处长，受国民党安徽省政府指挥、监督，主管全省田赋征实工作，对上隶属财政部。省田管处设立后，即“依照中央指示接管办法，将财厅旧管田赋契税、陈报等事务及各项文卷公物，逐一接办，并将财厅以往经办各该事务人员，悉行调用，一面赶订法规，一面积极发动征实工作”③。各县设田管分处，办理赋额的分配、征收，由各县县长任处长，以推动田赋征实工作的开展。由于此时已届秋收，为把握征期，各县经征事务，决定仍由原有税局兼办，由局长兼任副处长，并定一律于 9 月 1 日启征。各县分处，以各局原设粮柜办理，由省处按月拨补经费。另外，皖南各县因有长江阻隔，交通不便，加上皖南属第三战区顾祝同部驻防，与新桂系控制下的安徽省政府有一定的矛盾和争夺。为便于管理，经呈报国民政府批准，在屯溪设置安徽省田赋

① 邱树森、陈振江等：《新编中国通史》第四册，福建人民出版社 1996 年版，第 476 页。

② 秦孝仪：《抗战建国史料——田赋征实（一）》，《革命文献》第 114 辑，“中央”文物供应社 1988 年版，第 208 页。

③ 秦孝仪：《抗战建国史料——田赋征实（三）》，《革命文献》第 116 辑，“中央”文物供应社 1989 年版，第 379 页。

管理处皖南办事处，以便就近指挥督导。[①] 11月霍、岳、舒、六四县和立煌县因举办土地陈报特予提前先行正式成立县田赋管理分处，至1942年1月1日先后成立县处44处，加上县以下在各乡镇设立的经征分处，至1942年春全省分处总计192处。[②]

1942年夏，为简化程序，集中事权，国民政府将军粮公粮一律随赋带征带购，并规定所有征购事务，统由省县田赋管理处办理，且粮额大幅增加。为此，国民政府进一步加强各级组织，在省县及分处增设收储科股，配备秘书、技正、技士、督导等人员，以适应征粮业务需要。在此情况下，安徽省按照实际情形，在实施征实的47县增设和调整分处，共设“分处235处，平均每县五处，多为八处”[③]，以缩短运粮距离，便利人民纳粮。

2. 设立粮管机关，办理经收事务。

抗战开始后，为加强对粮食的管理和监督，1938年夏，国民政府先后颁布《战区粮食管理办法大纲》及《非常时期粮食调节办法》，规定各战区设置粮食管理处办理粮食采购、加工、储藏、配销等事宜，非战区各省设运销机构调节各地供求、并实施各项管理事宜。据此，桂系控制下的安徽省于1938年5月在立煌县设立皖西粮食调节处，与第五战区司令长官部下设的粮食管理处互相配合，办理和调剂军需民食。在皖南方面，则有第三战区司令长官部设皖南粮食管理处，负责供应军粮。

1940年秋，为平抑粮价，保障军粮民食，稳定后方社会秩序，坚持抗战，国民政府决定进一步加强对粮食的统制和管理，为此1940年10月国民政府成立全国粮食管理局，作为中央粮食的专管机构，并于各省设粮食管理局，各县设粮食管理委员会，分别掌理省县粮食管理事宜。安徽省粮食管理局于1940年12月成立，“隶属省政府并受全国粮食管理局之指挥监督”，下设总务科、管制科、视察科、会计室，分别办理各项业务。[④] 随后于1941年3月将原第三战区司令长官部所设皖南粮食管理处裁撤，“改设皖南分局，同时并于皖东全椒县属古河设置皖东

① 秦孝仪：《抗战建国史料——田赋征实（三）》，《革命文献》第116辑，“中央”文物供应社1989年版，第380页。

② 秦孝仪：《抗战建国史料——田赋征实（三）》，《革命文献》第116辑，“中央”文物供应社1989年版，第381页。

③ 许饯侬：《本省田赋征实检讨及展望》，《安徽政治》1942年第7期，第89—90页。

④ 《省粮食管理局组织规程》，《安徽政治》1940年第3卷，第1030页。

办事处，分别办理皖南皖东各县军粮供应，及其他粮食管理事宜”。① 各县的粮食管理机构则依照中央颁行的县粮食管理委员会组织通则的规定，在“各县设置粮食管理委员会，隶属于县政府受省粮食管理局之指挥监督，管理县粮食事宜；主任委员由县长兼任，副主任委员由县长就委员中指定之，报由省粮食管理局备案，必要时副主任委员得由省粮食管理局派充之；下列三股，第一股掌调查登记事项，第二股掌调节平价事项，第三股掌公有仓库及积谷事项，各股设股长一人、办事员数人”②。自 1941 年 3 月起，“除芜湖、盱眙、天长、泗县、灵璧、来安、嘉山、五河、滁县、定远、凤阳、怀远、无为等县，情况特殊，暂缓设置粮食管理委员会外，其余立煌等四十七县粮食管理委员会先后成立”③。后为提高效率、集中事权，于 8 月将各县粮食管理委员会裁撤，改于县政府增设粮食科。

1941 年田赋改征实物后，为加强粮食的征收和管理工作，6 月，国民政府决定将全国粮食管理局改组为粮食部，隶属行政院，统筹全国军粮民食，各省粮食管理局改为粮政局，各县粮食管理委员会改为粮政科。据此，安徽省粮政局于 1941 年 10 月改组完成，并将各县粮食科改为粮政科，“将皖南分局改组为皖南办事处，与皖东办事处名称划一”④，从而使机构得以统一和加强。

1941 年下半年田赋改征实物后，田赋征实工作实行经征、经收分立制度，经征由省田赋管理处和各县分处负责，经收由省粮政局和各县粮政科负责，各县成立经收所，县以下按照原有赋区或乡镇设置经征分处和经收分所，负责田赋征实的经征和经收工作。至 1942 年上半年全省实施田赋征实的 47 县均成立了县经收所，下辖 147 个经收分所。⑤

由上可知，抗战时期安徽省田赋征实的经征机构分别由财政部安徽省田赋管理处、县田赋管理分处以及乡镇经征分处组成，负责筹划经征实物的开征、拟征，拟订征收实物的折算办法以及滞纳处罚等经征事项。经收方面：在省为省政府粮

---

① 秦孝仪：《抗战建国史料——粮政方面（三）》，《革命文献》第 112 辑，“中央”文物供应社 1988 年版，第 156 页。

② 《省粮食管理局组织规程》，《安徽政治》1940 年第 3 卷，第 1031 页。

③ 秦孝仪：《抗战建国史料——粮政方面（三）》，《革命文献》第 112 辑，“中央”文物供应社 1988 年版，第 156—157 页。

④ 秦孝仪：《抗战建国史料——粮政方面（三）》，《革命文献》第 112 辑，“中央”文物供应社 1988 年版，第 157 页。

⑤ 秦孝仪：《抗战建国史料——粮政方面（三）》，《革命文献》第 112 辑，“中央”文物供应社 1988 年版，第 174 页。

政局，在县为县政府粮政科，县以下设立经收分所，这些机构专司经征实物的验收、储存、保管、拨发、运输等事项。

由于经征经收机构并立，收粮程序繁杂，为方便农户纳粮，1942 年国民政府将县以下设立的经征分处和经收分所二者合一，统由田管机关设征收处统一办理，而于内部仍采分立制。1943 年下半年，为节省经费，提高行政效率，国民政府决定将各省“田赋管理处与省粮政局合并，改组为省田赋粮食管理处，各县市田赋管理处与县市政府粮政科合并，改组为县市田赋粮食管理处，县以下原设征收处，改称乡镇办事处，仍设收纳仓库”①。经此调整后，田赋征实工作统归省田赋粮食管理处负责，对上隶属财政部田赋管理委员会。而对于征实后粮食的管理工作则仍由省粮政局负责，对上隶属粮食部。据此，安徽省规定：“粮食之经征经收事务，由省田赋管理处办理；关于粮食收纳后之运屯、调拨等事务，由粮政局办理”②，明确划分了两机关的权限和职责。1945 年 3 月 16 日国民政府将田赋管理委员会由财政部改隶粮食部（6 月改组为田赋署），至此田赋征实与粮食管理工作统一由粮食部负责，从而达到事权归一，有利于提高工作效率。

（二）征收范围和种类

安徽省共辖 62 县，抗战以来至 1941 年，滁县、宿县、嘉山、五河、盱眙、灵璧、天长、凤阳、来安、定远、泗县、芜湖等 12 县相继沦陷，无为、怀远、当涂 3 县，仅存少数乡镇，并且动荡不宁。考虑到上述情况，安徽省决定除上述沦陷的 12 县暂缓征收，怀、无、当 3 县按照实际情形，或征原额法币，或按市价折征，暨减征法币外，“其余 47 县，悉行征实”③。

安徽省依照国民党中央田赋征实以稻谷为主，不产稻谷地方，得征等价小麦及杂粮的规定，“在征实的 47 县内，择定阜阳、临泉、颍上、太和、亳县、涡阳、蒙城、凤台等 8 县，征收小麦，其余 39 县征收稻谷”④。

---

① 秦孝仪：《抗战建国史料——田赋征实（二）》，《革命文献》第 115 辑，“中央”文物供应社 1988 年版，第 325—326 页。

② 严士复：《关于皖省统一征购粮食的几个问题》，《粮政月刊》1943 年第 1 期，第 54 页。

③ 秦孝仪：《抗战建国史料——田赋征实（三）》，《革命文献》第 116 辑，“中央”文物供应社 1989 年版，第 379 页。

④ 秦孝仪：《抗战建国史料——田赋征实（三）》，《革命文献》第 116 辑，“中央”文物供应社 1989 年版，第 379—380 页。

（三）征收标准和数量

自1941年开始田赋征实，至1945年9月抗战胜利安徽田赋奉令豁免，在实施田赋征实的四年中，安徽田赋征实的标准不断变动，且有逐年增加的趋势。在征实过程中，“省粮政机关把本省需要上缴中央的公粮、省级公粮和军粮总额确定为全省征实额，然后下达各县，各县再附加上地方军粮和县级公粮后摊派到各区、乡、保、甲的农民头上”①。1942年国民政府在征实的同时，还实行征购，按田赋数额的多寡，依比例随赋征购。征购的办法，是以所购额的3成平价付给现金，7成发给粮食库券。1943年安徽省改征购为捐献。1944年，国民政府规定各省征购一律改为征借。这样征购、捐献与征借等，事实上已与田赋结合起来，成为田赋征实的一部分。

1941年度田赋征实标准，根据1941年7月23日国民政府行政院颁布的《战时各省田赋征收实物暂行通则》规定：“各省田赋征收实物依30年度省县正附税总额每元折征稻谷2市斗（产麦区得征等价小麦，产杂粮区得征等价杂粮）为标准。其赋额较重之省份，得请由财政部酌量减少”，“征收实物之单位，概以市石为计算，其尾数至合为止，合以下四舍五入”。② 据此，“安徽省正附税额六百万元改征实物一百二十万市石”③。具体为，按安徽省1941年田赋省、县正附税总额，每元折征籼稻2市斗，小麦1市斗4升，高粱3市斗。④ 但因有沦陷区15县，因此实际征实县为后方47县，经呈准中央核减沦陷区征实份额，安徽省1941年度征实配额为903 184市石。⑤

1942年度田赋征实标准，按照国民政府行政院于1942年7月颁布的《田赋征实通则》的规定，“各省田赋征收实物，依三十年度省县正附税总额每元折征稻谷四市斗或小麦二市斗八升为标准，其赋额较轻或较重之区域，由中央酌增减”⑥。

---

① 宋霖、房列曙等：《安徽通史9民国卷（下）》，安徽人民出版社2011年版，第840页。

② 秦孝仪：《抗战建国史料——田赋征实（二）》，《革命文献》第115辑，“中央”文物供应社1988年版，第1—2页。

③ 秦孝仪：《抗战建国史料——田赋征实（二）》，《革命文献》第115辑，“中央”文物供应社1988年版，第304页。

④ 秦孝仪：《抗战建国史料——田赋征实（三）》，《革命文献》第116辑，“中央”文物供应社1989年版，第380页。

⑤ 秦孝仪：《抗战建国史料——田赋征实（二）》，《革命文献》第115辑，“中央”文物供应社1988年版，第221页。

⑥ 《田赋征实通则》，《中农月刊》1942年第3期，第92页。

据此，经中央核准，安徽省1942年度征实，“计有太湖等47县，其中征稻者39县，其原有赋额约为6 976 140元。征麦者8县，原有赋额约为1 339 430元。折征标准，按赋额每元征稻三斗六升，或麦二斗五升”①。征实的同时，以官价征购军粮，其征购数量与田赋征实标准相同。这样安徽“全省征实征购配额各为稻谷115万市石，及小麦20万市石，共计270万市石”②。此外，按照国民政府规定，为保障各省及地方县市各级公教人员的生活，自1942年5月起，省级公教人员比照中央公务员由中央统筹，按各省实有员工人数核计应需数量列入其预算，在各该省征粮项下划拨。县级公粮，则以实际需要核定数额，随同田赋带征，其带征额以不超过征实额30%为度。③ 随后由行政院颁布《县市公粮处理办法》，规定支给标准及配拨范围。④ 据此，安徽省1942年度带征县级公粮数额为729 110市石⑤，并采查登大户累进征收办法，对有田50亩（后改为30亩）以上的大户，分5级进行征收，每亩征收5升至2.5市斗。⑥ 这样，安徽在1942年度征实、征购的粮食达340万市石以上，比1941年度有较大幅度增长。

1943年度安徽省田赋征实征借配额“谷各120万石，征实征借小麦各7.5万石。征实每赋额一元征谷三斗七升或小麦二斗六升，征借率与征实相同。随赋带征县级公粮谷60万石，小麦10万石，带征标准，（每亩）征谷不超过一市斗，征麦不超过七市斤”⑦。据此，1943年度安徽省征实征借粮食及带征县级公粮总额为谷麦325万市石。

1944年度安徽省田赋征实，“征谷赋额占百分之八十，计5 019 688元，未办陈报县份每元征收四斗，陈报县份酌予减低，全省平均每元征谷三斗五升；征麦

① 秦孝仪：《抗战建国史料——田赋征实（二）》，《革命文献》第115辑，“中央”文物供应社1988年版，第317—318页。

② 秦孝仪：《抗战建国史料——田赋征实（二）》，《革命文献》第115辑，“中央”文物供应社1988年版，第318页。

③ 抗日战争时期国民政府财政经济战略措施研究课题组：《抗日战争时期国民政府财政经济战略措施研究》，西南财经大学出版社1988年版，第50页。

④ 《粮食部1944年5月对国民党五届十二次全会“关于粮食管理与储备的工作报告”》，中国第二历史档案馆藏，国民政府粮食部档案，档案号：（八三）100—2。

⑤ 秦孝仪：《抗战建国史料——田赋征实（二）》，《革命文献》第115辑，“中央”文物供应社1988年版，第292页。

⑥ 宋霖、房列曙等：《安徽通史 9 民国卷（下）》，安徽人民出版社2011年版，第840页。

⑦ 秦孝仪：《抗战建国史料——田赋征实（二）》，《革命文献》第115辑，“中央”文物供应社1988年版，第376页。

赋额占百分之二十，计1 254 922元，未陈报县份每元征麦二斗八升，陈报县份亦酌予减低，全省平均每元征麦二斗四升五合，各按应征额预除流滥一成五，计实配征实谷 149 万市石，麦 26 万市石”①。“征借标准与征实同，除比照征实留一成五为短收准备外，并各留五分为小户免借数，实配征借额计谷 141 万市石，麦 24 万市石。县级公粮各按征实额三成为标准，预定为谷 45 万市石，麦 8 万市石。此外按征借额三成配定累进征借额，计谷 42 万市石，麦 7 万市石”②。嗣后，经安徽省政府、省临时参议会、省田赋粮食管理处及皖籍参政员，以本省迭遭敌蹂躏，加以水旱灾害频繁，民力艰难，负荷过重，请予减低配额。最后，经国民党中央一再核减，“征实额为 124 万市石，征借额为 137.5 万市石，合计 261.5 万市石”③。

（四）征收程序和方法

为确保田赋征实工作的顺利开展，加强对应征粮食的管理，国民党制订了详细的征收程序、缴粮细则和催征办法等，由各县负责具体实施。

1. 确立经征经收制度，并相互联系。在每年秋季，田赋开征之初，由县田赋管理处会同县经收所，按照原有征粮赋区，分设经征分处及征收分所，并由省粮局督饬各县经收所，按照乡镇单位建设临时仓库，再于安全适中交通便利地点，建筑固定仓库，以便集中存储征收上来的粮食。截至 1942 年 3 月止，全省共修成临时仓库 162 座，总容量为780 601市石，④ 基本能够满足需要。另外，为加强联系，方便征收，“规定以经征分处，迁就征收分所为原则，并严饬同处办公，每日粮食收纳，由经收分所，编列日报表，检同票照，送由同级经征分处查册销号”⑤。

2. 完善缴粮程序和验收办法。各县于田赋开征前，由县田赋处将征粮册籍、

① 秦孝仪：《抗战建国史料——田赋征实（二）》，《革命文献》第 115 辑，“中央”文物供应社 1988 年版，第 393 页。

② 秦孝仪：《抗战建国史料——田赋征实（二）》，《革命文献》第 115 辑，“中央”文物供应社 1988 年版，第 393 页。

③ 秦孝仪：《抗战建国史料——田赋征实（二）》，《革命文献》第 115 辑，“中央”文物供应社 1988 年版，第 393 页。

④ 秦孝仪：《抗战建国史料——粮政方面（三）》，《革命文献》第 112 辑，“中央”文物供应社 1988 年版，第 179 页。

⑤ 秦孝仪：《抗战建国史料——田赋征实（三）》，《革命文献》第 116 辑，“中央”文物供应社 1989 年版，第 381 页。

纳粮通知，编造齐全，并将通知单发由乡镇公所，分转保甲长按户送达，会同经收所公告周知。县经收所并同时备齐收粮证，发交经收分所备用。农民接到上项通知单，即按载明各项将应行缴纳粮食，如期运送经收分所收纳，分所核对通知单，与缴纳数量相符后，即将粮食验收入仓，制发收粮证，按日填表，送由经征分处查册销号及登征收总簿，汇报县处查核。①

3. 增设仓库，提高库容。随着田赋征实额的提高，以及征购军粮和带征公粮等，粮食数量大幅增长，这就要求各地要进一步增设和筹建仓库，增加库容，以便收储人民缴纳的粮食。按照国民政府规定，仓库分为两类，一类是“临时仓库”或“收纳仓库”，由田赋管理处负责，用于收纳农户上交的赋粮；另一类是“集中仓库”或“聚点仓库”，由粮政机关负责，用于屯储、中转或调运粮食。关于仓库的管理和使用，在安徽省制定的《1942 年度征收征购粮食计划纲要》中明确规定，“征实征购及加征县级公粮，收纳仓库，由省田赋管理处负责修建；集中仓库与聚点仓库由粮政局负责修建”②。但由于自 1942 年度起，“田赋经收及征购事宜，统并归田赋管理处办理，所有临时仓库即尽量借给该处作收纳仓库，另行修建集中仓库，及聚点仓库，总共容量为 50 万市石，仅及征收征购粮额六分之一”③，远远不敷应用。如以 1942 年度赋粮征购总额五成容量（约计 150 万石）配置，“计需修建一等仓（三千石以上）144 座，二等仓（二千石以上）251 座，三等仓（一千石以上）439 座，综计各级仓库共 834 座”④。但因经费困难，上述仓库修建目标一时难以达到，安徽省决定将上述两类仓库互相配合，联系应用，规定“田赋机关，对于配置临时仓库，应择交通便利，赋粮易于集中处，以便与粮政机关之集中仓库、聚点仓库相互适应。粮政机关应在赋粮征购之先，将所有仓库悉数移交或拨借田管机关应用，其仓存上年赋实军粮，尤应一律于开征前拨售罄尽，倘事实上确有不及拨售者，亦应尽量合并”⑤，以便及时腾空仓库，为收纳赋粮做好准备。另外，省粮政局也已呈请安徽省政府督饬各县按要求选定安全及便利交接拨运地点，努力增建固定仓库，以使仓储容量至少达配征粮额的二分之一，逐步

① 秦孝仪：《抗战建国史料——田赋征实（三）》，《革命文献》第 116 辑，“中央”文物供应社 1989 年版，第 381 页。

② 严士复：《关于皖省统一征购粮食的几个问题》，《粮政月刊》1943 年第 1 期，第 54 页。

③ 《战时田赋征实暨征购粮食考成办法》，《中农月刊》1943 年第 1 期，第 125 页。

④ 臧德滋：《本省临时仓库之筹建与配合运用问题》，《安徽政治》1942 年第 7 期，第 93 页。

⑤ 《战时田赋征实暨征购粮食考成办法》，《中农月刊》1943 年第 1 期，第 125 页。

建立全省仓储运输网络，使军公民粮的收储、调运和拨售均能便捷、迅速、有效。

4. 严格考成，加强催征。由于田赋征实事务繁重，责任重大。因此，不仅要完善各级征收机构组织，更要加强督导，严格考成，才能有效提高征实成绩，达到预期目的。为此，国民政府行政院于 1943 年 1 月 5 日通过了《战时田赋征实暨征购粮食考成办法》和《战时田赋征收实物催征欠赋考成办法》两个文件，规定“各省田赋管理处正副处长为省经征官，各县（市）田赋管理处正副处长为县（市）经征官，按其责任与征收征购成绩，分别考成之”①。该办法详细规定了根据不同的征实成数分别给予记功、记大功或申诫、记过、记大过、免职等，既强化了征实人员的责任，又完善了征实纪律，保障了征实工作的正常进行。另外，为鼓励基层征收机构和人员的工作积极性，国民政府财政部、粮食部于 1943 年 2 月会同颁布了《战时田赋征实暨征购粮食给奖暂行办法》，② 规定各省县在每年新赋开征两个月初限期内，田赋实征数实购数超过应征数应购数七成以上者，其超过部分根据不同情况每石分别提奖三角至三元不等，以促进征实工作的开展，提高征实成效。此外，安徽省为促进田赋征实工作的开展，还在征实工作中采取了发动宣传、厉行督导、保甲催征、集体完粮等一系列催征方法，从而使征实工作能够顺利开展，并取得较好的成效。

二、抗战时期安徽田赋征实的成效与作用

（一）历年田赋征实成效

抗战时期安徽田赋征实自 1941 年开始实施，至 1945 年抗战胜利奉令豁免，共实行四年。

1941 年度田赋征实，从当年下半年开始，安徽省按照国民政府田赋改征实物的决策和部署，在皖省统治比较稳固的 47 县实施田赋征实。虽然事属草创，人员、机构、宣传、征收程序和方法等均有不足，有许多需要改进、加强和完善的地方，但是经过安徽省政府的督导和各县征收人员的努力，田赋征实工作基本顺

① 《战时田赋征实暨征购粮食考成办法》，《中农月刊》1943 年第 1 期，第 125 页。

② 《战时田赋征实暨征购粮食给奖暂行办法》，《中农月刊》1943 年第 1 期，第 120 页。

利，截至1942年2月15日年度截限日止，共征实物661 093市石，已达征实配额的七成以上。[①] 国民政府给时任安徽省主席李品仙颁发卿云勋章，给省田赋管理处正副处长各记功一次。[②] 至1942年6月底止，征起谷麦957 650市石，达征实配额的106.04%，[③] 截至1943年3月3日止，累计征起数额计实物数为958 380市石，折征法币数为1 243 487元。[④]

1942年度安徽省田赋征实，开征日期征麦县份为当年8月2日，征稻县份为10月1日，至1943年2月底，安徽征起已达九成以上，成绩优异。经财政部呈请行政院，决定给予省主席嘉奖，省田赋管理处处长记大功一次，副处长记功二次。[⑤] “截至三十二年（1943年）六月三十日止，计收起征实征购各1 429 352市石，另折征法币5 080 581元”[⑥]，达征实征购配额的105.88%。

1943年度安徽省田赋征实，按规定开征日期为当年10月1日，但立煌、无为、全椒、含山、阜阳、临泉、太和、蒙城、贵池、青阳、郎溪、休宁、黟县、歙县均自9月开征，颍上、亳县、涡阳、凤台各县均自8月16日或20日开征，霍邱11月开征，其余征麦县份均提前于7月1日开征。至1944年2月底，安徽已征收超额，财政部呈请行政院给予省主席特予嘉奖，省田赋管理处处长记大功二次，副处长记大功一次。[⑦] “截至三十五年（1946年）四月十日止，征实征起1 622 412市石（内折征法币36 087 716元，折合实物167 850市石），征借征起1 456 278市石，合计3 078 690市石，达配额120%”[⑧]，名列全国第一。

---

① 秦孝仪：《抗战建国史料——田赋征实（二）》，《革命文献》第115辑，“中央”文物供应社1988年版，第383页。

② 秦孝仪：《抗战建国史料——田赋征实（二）》，《革命文献》第115辑，“中央”文物供应社1988年版，第278页。

③ 秦孝仪：《抗战建国史料——田赋征实（二）》，《革命文献》第115辑，“中央”文物供应社1988年版，第222页。

④ 秦孝仪：《抗战建国史料——田赋征实（二）》，《革命文献》第115辑，“中央”文物供应社1988年版，第304页。

⑤ 秦孝仪：《抗战建国史料——田赋征实（二）》，《革命文献》第115辑，“中央”文物供应社1988年版，第340页。

⑥ 秦孝仪：《抗战建国史料——田赋征实（二）》，《革命文献》第115辑，“中央”文物供应社1988年版，第318页。

⑦ 秦孝仪：《抗战建国史料——田赋征实（二）》，《革命文献》第115辑，“中央”文物供应社1988年版，第341页。

⑧ 秦孝仪：《抗战建国史料——田赋征实（二）》，《革命文献》第115辑，“中央”文物供应社1988年版，第376—377页。

1944年度安徽田赋征实，征麦和征稻分别于当年8月1日及9月1日开征。“截至三十五年（1946年）四月十日止，据报已征起征实实物1 099 926市石，征借1 329 645市石，合计征起2 429 571市石，达应征额90%。”①

由上述1941—1944年度安徽省田赋征实征购征借情况可知，其成效是显著的，其中前三年实际征起数均超过配征额，1944年度的征起数也已达配征额的90%以上。总计安徽省在1941—1945年抗战期间共征粮食达9 324 615市石②，年平均征起成数达106.35%，远高于全国平均水平（相关情况见下表）。

表1　抗战时期安徽省田赋征实统计

年度	配征数（单位：市石）	征起数（单位：市石）	征起成数	备注
1941年度（民国三十年十月一日至三十一年九月三十日）	903184	957650	106.04%	另折征法币1243487元
1942年度（民国三十一年十月一日至三十二年九月三十日）	2700000	2858704	105.88%	带征县级公粮729110市石，另折征法币5080581元
1943年度（民国三十二年十月一日至三十三年九月三十日）	2550000	3078690	120%	带征县级公粮70万市石
1944年度（民国三十三年十月一日至三十四年九月三十日）	2615000	2429571	90%	带征县级公粮53万市石，累进征借49万市石
合计	8768184	9324615	106.35%	

资料来源：根据秦孝仪主编《抗战建国史料——田赋征实（二）》（《革命文献》第115辑，台北：“中央”文物供应社1988年3月版），安徽省部分整理而得。

① 秦孝仪：《抗战建国史料——田赋征实（二）》，《革命文献》第115辑，“中央”文物供应社1988年版，第393页。

② 另据国民政府财政部1946年9月报告，安徽省1941年征起谷麦989 215市石，1942年征起3 087 763市石，1943年征起3 004 433市石，1944年征起2 295 084市石，合计为9 376 495市石，折合法币1 547 543 955元。见中国第二历史档案馆编《中华民国史档案资料汇编》第五辑第二编《财政经济》（二），江苏古籍出版社1997年版，第236—245页。

应当说，对于身为战区的安徽省来说，环境、局势的复杂和困难，是可以想见的，而且境内又有沦陷区，日伪对粮食这样的战略物资也是想尽办法进行争夺和走私，皖省的田赋征实只能在后方统治比较固定的县进行。在省内大部沦陷、粮食生产遭受重大损失的情况下，安徽省依然能够按照国民党中央的部署和要求，积极开展田赋征实，并取得较好的成绩，确实是很不容易的，值得肯定。

（二）田赋征实的作用

抗战期间，安徽田赋征实掌握的粮食，统一由省县各级粮政机关严格管理，并按照国民政府的规定，首先保证军粮的优先配拨；其次是对各级公教人员食粮的供应；最后是供应市场以调剂民食，安定社会。具体表现为：

1. 确保军粮及时供应，以稳定军心支援抗战。由于安徽接近敌区，各地驻军集中，加之国统区与沦陷区相互交错，地方情形特殊且复杂。因此，对于收储的粮食，管理极为慎重。因为，粮食属于笨重物品，运输极为不便，既要在一定地点屯储以备军需，又要确保安全，防止敌伪抢夺。为此，安徽省一方面按照中央部令，调拨粮食供应军需；另一方面划定粮食封锁线，防止粮食走私资敌，至1942年6月，已划定粮食封锁线，为亳县、庐江、合肥、和县、怀远、凤台、阜阳、宿松、巢县、全椒、蒙城、含山、来安、寿县、涡阳、繁昌、铜陵、宣城、东流、贵池、宿县、至德、青阳等23县，由各县政府督饬所属会同驻军，严密防止粮食走私，以打破敌人“以战养战”之阴谋。① 同时将征实征购的粮食集中内运安全地点储藏。如1941年度安徽省“征购军粮，为956 700大包（每大包200市斤），至12月底，已全部购齐，自本年（1942年）1月起，陆续分县集中，除驻在本省驻军就地划拨外，尚有调运鄂北及运屯内围”②。其中，调运鄂北交第五战区司令长官部50 909大包，屯溪拨付第三战区93 500大包，已运内围66 678大包，留县待运148 600大包。③

上述情况表明，安徽省按照所属战区司令长官部和粮食部的要求，较好地完成了军粮征购任务，并及时拨付供应部队。这对于处在安徽省内抗战前线的广大

---

① 秦孝仪：《抗战建国史料——粮政方面（三）》，《革命文献》第112辑，“中央”文物供应社1988年版，第166—167页。

② 秦孝仪：《抗战建国史料——粮政方面（三）》，《革命文献》第112辑，“中央”文物供应社1988年版，第167页。

③ 秦孝仪：《抗战建国史料——粮政方面（三）》，《革命文献》第112辑，“中央”文物供应社1988年版，第180页。

驻军来说，无疑是有利于军心的稳定。另外，安徽省除了供应本省驻军军粮外，还有大量粮食运囤内围和支援临近省份的情况，这就有力地支持了全国范围内的持久抗战。

2. 有效供应公务人员食粮，保障政府正常运行。面对国统区普遍存在的粮价上涨、大多数公务人员薪不得食的情况，安徽省对省内公务人员实行低价配给和免费定量配给的政策，在征实粮下划拨，保证了政府公务人员的正常生活，进而保障了政府各项工作的正常开展和国家机关的有效运转，为坚持抗战奠定了基础。如在供应省会公粮方面，抗战期间安徽省政府设于皖西立煌县，该地产粮原本不足自给，省府迁立后，人口激增，粮食更感缺乏。为安定公务人员生活，提高工作效率，自 1941 年度秋季起，对于省会公务员食粮统筹供应，“经根据各机关表报人数，估计日需食米 2.4 万斤，全年共需 864 万斤，分别在霍邱配购米 600 万市斤，六安配购 300 万市斤，共 900 万市斤，本年（1942 年）陆续运立，2 月开始分拨。省会公粮价格，为每百市斤 33 元，较中央所规定之基本价格为低”①，在当时物价上涨不已的情形下，公务人员的生活赖此得以维持，从而提高了工作效率，保障了后方社会的稳定。

3. 平价售粮，调剂民食，维护社会安定。在粮价高涨、民不得食的情况下，安徽省一方面将部分征实余粮以平价投入市场售济民食；另一方面，以政府手段积极组织，拨款购买粮食充裕县份的余粮运往粮食不足的县份以平价销售，借以调剂民食。通过对民食的调节供应，不仅安抚了民心，而且稳定了后方社会秩序，为坚持持久抗战和最后取得战争的胜利奠定了社会基础。如在 1941 年春，针对各地缺粮情况，开放省仓存粮，贷济民食，“共粜出稻谷6 934 404市斤，食米1 209 363市斤，小麦1 500 431市斤”②。另外，又以皖北蝗灾惨重，大军云集，军粮民食，亟待调剂，省府决定拨发购粮款 30 万元，由第三区购粮办事处照市价采购舒城、合肥、寿县等县余粮，运往皖北地区平价出售，以资调节，③ 以便使人民渡过灾荒。

---

① 秦孝仪：《抗战建国史料——粮政方面（三）》，《革命文献》第 112 辑，“中央”文物供应社 1988 年版，第 167—168 页。

② 秦孝仪：《抗战建国史料——粮政方面（三）》，《革命文献》第 112 辑，“中央”文物供应社 1988 年版，第 161 页。

③ 秦孝仪：《抗战建国史料——粮政方面（三）》，《革命文献》第 112 辑，“中央”文物供应社 1988 年版，第 161 页。

结　语

由上可知，安徽通过田赋征实掌握的粮食，保障了皖省及邻近战区军粮的供应，稳定了各级公教人员的生活，调节了民食，保证了后方社会秩序的稳定，进而使安徽能够在抗战后期的困难阶段继续坚持抗战，并取得抗战的最后胜利。

总之，抗战时期安徽田赋征实不仅取得了良好的成效，而且是战时安徽财政收入的重要组成部分，在当时物价飞涨，通货膨胀极为严重的情况下，安徽通过田赋征实取得总数达 930 多万市石的粮食，避免了向市场采购如此多的粮食需支出的巨额法币，从而在一定程度上降低了通货膨胀的风险，稳定了粮价，并为保障军公民粮的供应奠定了基础，既支撑了安徽战场，又稳定了后方社会秩序，为坚持抗战做出了一定贡献。

当然，我们也应该看到，田赋征实也存在着极大的负面效应，如征实折率不断上升，贪官污吏徇私舞弊，富户瞒报田亩，地主向农民转嫁负担等，导致广大农民负担过重。但总体而言，其积极方面大于消极方面，因为这项政策是抗日战争特殊环境下的产物，是非常时期不得已的办法，是为了支持战争，坚持抗战而采取的一项重要经济统制政策，而且从其实施后的效果和作用来看，是达到了预期目的的。至于其消极方面和影响，多是由于人员的素质和执行力问题所产生的。因此，对于田赋征实这项政策我们应该有一个客观、公正、全面的认识和评价。

（原刊于《安徽农业大学学报》社会科学版 2013 年第 4 期）

抗战时期中共精兵简政中的编余人员安置

——以华北抗日根据地政权简政为中心

河北省社会科学院　把增强

摘　要：精兵简政是中共革命和军政建设史上的一个重要问题，而编余人员安置则是精兵简政中的一个重要环节。从华北抗日根据地政权系统简政来看，对于编余人员安置问题，各地不仅制定了具体安置原则，还根据自身实际情况采取了多元安置策略。在各种安置举措的具体实施中，中共遭遇了种种困难和障碍，并历经艰辛获得很大成效，但编余人员安置工作也存有一定不足。

关键词：抗日战争；精兵简政；编余人员；安置

抗战时期，中国社会巨变。在攸关国之存亡之时，中共在抗日根据地开展了许多开创性的军政建设，精兵简政为其中极其重要的一个方面。考之历史实践，抗战时期中共精兵简政政策的提出与实施，其最初的出发点是为了减轻人民负担、克服“鱼大水小”的矛盾和“头重脚轻”的问题，以此保证中共抗战最艰难时刻维系和巩固自身革命力量，但在探索中走出了一条军政建设的成功新路。正是鉴于精兵简政极具研究价值，改革开放以来，诸多论者不断展开探讨，并涌现出一批成果。其中，既有对有关资料的整理汇编①，亦有关涉精兵简政内容的编著和论著②，更要者还在于出现了一批专论精兵简政的文章。③ 作为精兵简政的一个重要关节点，编余人员安置问题关乎精兵简政的整体成败，还关系到中共抗战的坚持与抗日根据地的长久维系。既往的研究，在论及编余人员安置问题时大多止于安置成效显著，却忽略了中共所遭遇的种种困难和障碍，遮蔽了安置过程的复杂、艰难与阵痛。这显然不利于我们在该问题上全面、辩证和理性的认知。有鉴于此，笔者拟以华北抗日根据地政权系统简政④为中心，主要运用档案资料和当时报纸资料对编余人员安置问题展开探讨，揭示编余人员安置问题的提出及所秉持的基本原则、安置路径、安置过程中遭遇的各种困难和障碍，以及具体的安置成效⑤和不足之处，以期还原编余人员安置问题的历史原貌。

---

① 专题性资料主要有西安交通大学马列主义教研室党史组的《抗日根据地精兵简政资料选编》（内部资料，1980 年印）和《陕甘宁边区政权建设》编辑组的《陕甘宁边区的精兵简政（资料选辑）》（求实出版社 1982 年版）。除此之外，中华人民共和国成立以来整理出版的各根据地宏观性史料选编以及当时中共中央与各根据地领导人的选集或文集中亦有相当多的涉及精兵简政内容，如《中共党史教学参考资料》（3）（人民出版社 1959 年版），中共中央党校党史教研室的《中共党史参考资料》（5）（人民出版社 1979 年版），山西大学晋冀鲁豫边区史研究组的《晋冀鲁豫边区史料选编》（第 2 辑）（内部资料，1980 年印），山东省档案馆、山东社会科学院历史研究所合编的《山东革命历史档案资料选编》（第 8、9 辑）（山东人民出版社 1983 年版），太行革命根据地史总编委会的《太行革命根据地史料丛书之四：政权建设》（山西人民出版社 1990 年版），中央档案馆的《中共中央文件选集》（第 13、14 册）（中共中央党校出版社 1991、1992 年版），晋察冀日报史研究会编的《晋察冀日报社论选（1937—1948）》（河北人民出版社 1997 年版），以及毛泽东等领导人的选集、文集、回忆录等。

② 如作为《毛泽东在延安》丛书中的一种，刘益涛编著了《毛泽东与延安时期精兵简政》一书，该书系为纪念毛泽东诞辰 100 周年而作，于 1993 年由陕西人民教育出版社出版。全书分上下两编，上编是一篇题为《毛泽东与延安时期的精兵简政》的学术论文；下编为《延安时期精兵简政纪事》（1939—1944），系编年体大事年表，兼具一定资料性质。此外，改革开放以来出版的各版本中国现代史教材以及各革命史、抗战史与根据地史论著亦有很多涉及精兵简政相关内容，然由于此类论著系对研究对象的总体性论述，虽然对精兵简政有所涉猎，但均是简单提及、着墨不多，研究深度亦极为有限。

③ 这些论文所探讨内容主要集中在以下几个领域：一是对于精兵简政政策的综合研究，涉及精兵简政的提出、内容、意义、作用、经验及启示等方面；二是对中共领导人与精兵简政关系的研究，主要体现在毛泽东、李鼎铭、邓小平等与精兵简政的关系上；三是对敌后抗日根据地精兵简政的研究，主要包括陕甘宁边区、华北抗日根据地以及淮北抗日根据地等区域，探讨内容则体现在各根据地精兵简政的成功经验、对未来的启示与借鉴等。

④ 本文所说简政，均系指政权系统简政，编余人员亦系指政权系统简政之编余人员，特此说明。

⑤ 本文在阐述编余人员安置成效时，主要从编余干部和编余什员两个层面来加以论述。“什员”，为华北某些抗日根据地的一种用语，系与干部相对而言，为什务人员的简称，相当于现在的杂务人员。文中还有一个“什务”之称，亦为当时用语，为杂务之意；转入什务，就是做杂务工作。为了尊重当时语境，本文写作时均采用当时用法，特此说明。

一、编余人员安置问题的提出及其基本原则

（一）编余人员安置问题的提出

编余人员是中共精兵简政过程中的必然产物。一方面，抗战时期中共所面临的物资和经济困境使其在不得已中探索并实施了精兵简政之策；另一方面，对精兵简政后编余人员的合理安置，又为中共积极主动完善自身政权建设提供了一个重要机遇。由此而言，解析编余人员安置问题，不能脱离开对中共所遭遇物资和经济困境的探讨。

首先，抗战相持阶段，日军对中共抗日根据地的“扫荡”与“蚕食”更加频繁，手段更加残暴。在“扫荡”频率和兵力使用上，“从1938年11月到1940年底，仅华北地区日军出动千人以上的大规模‘扫荡’就有109次，使用兵力总计50万人以上”①。日军“扫荡”极大摧毁了中共抗日根据地军民的人力、物力和财力基础。仅1941年8月，日军就集中5万余兵力对晋察冀北岳区、平西区进行了长达两个月之久的大“扫荡”。其中，在北岳区，日军在平山东黄泥一带残杀无辜群众500余人，在涞源东杏村残杀20余人，在曲阳野北村用机枪扫射死100多人。据中方资料记载，日军在北岳区的这次“扫荡”，总计残杀4.45万余人，烧毁房屋15万余间，抢走及烧毁粮食5800万斤，抢走牲畜1万余头。②

不仅如此，日军还对占领区人民实行强化保甲制度，并对日常生活用品尤其是重要物品实行配给制度与限购政策，以封锁中共领导下的抗日根据地。如日军在冀东和晋西“疯狂进行对我经济封锁，先后成立‘经济封锁委员会’，强迫当地不分男女，全体参加，其封锁重心为粮食、食盐、棉布等各种日常必需品”，并对重要物品实行配给和限购制度。据《解放日报》报道，日军制定的食盐限购标准是老百姓每人每月至多四两，“如多买四两，察觉后斩手”，“如多买半斤，砍断一臂”，如多买“一斤以上，一律斩首”。这虽有宣传意味，但亦道出了日军对战时重要物资的重视。此外，日军还利用地痞流氓组织“经济警察队”查店，在各交

① 中共中央党史研究室：《中国共产党历史》第1卷，中共党史出版社2010年版，第323页。

② 军事科学院外国军事研究部：《凶残的兽蹄——日军暴行录》，解放军出版社1994年版，第71页。

通要道来往巡查，并进行伪装侦察，严禁人民多买生活物品，或将物资运往中共抗日根据地。①

在日军疯狂“扫荡”“蚕食”与错综复杂的战争环境下，中国的抗战局势发生了重要转换，中共抗战初期那种游击战争向敌后进军的蓬勃发展形势逐渐放缓，正如《解放日报》的社论所说：“今后的问题，在于保持自己的力量，克服困难，熬过最后的艰难，谁能渡过这种严重的难关，胜利就是谁的。”②

其次，在战乱频仍的同时，中共抗日根据地还普遍遭受着水、旱、虫、疫等自然灾害的侵袭。在人祸与天灾的双重打击下，根据地人民的生产受到极大破坏，更加剧了中共抗战的严峻性。以华北抗日根据地为例，华北地区历史上自然灾害本来就很频繁，抗战爆发后更是天灾不断，各地人民生命财产损失惨重。据不完全统计，在1939年河北大水灾中，仅冀西14个县水灾，就倒塌房屋6.1984万间，冲毁田地110.0832万亩、树23.1万棵，冲走粮食8.451万石、牲口2260头，淹死4500人；北岳区沿河滩地是著名的粮食产区，但几乎全被冲毁，其中21个县原有滩地17.0427万亩，被冲毁的达14.7626万亩。③ 由此带来的后果更是触目惊心。据当时有关调查显示，各根据地“生产力都比以前减低了，甚至有个别地区减低到50％”。据此，陶铸评判道：“敌后根据地民众的负担能力是不大的。在根据地基本地区内，民众生活较好，最大限度也只能每百人养活4个人；游击区因敌人容易到，破坏多，建设少，其人民负担能力是要少于基本地区的，即这里每百人只能养活2人；至于敌占区和近敌区，民众负担能力更差。”④

再者，由于国共关系的波折日多，以及国民党对中共外援通道的封锁，中共抗日根据地的财政困难更加突出和严重。全面抗战初期，为了尽快恢复根据地经济，中共中央采取的是“争取外援，休养民力”的政策，由此，中共抗日根据地所需物资和经费绝大部分仰给于外援。这里所说的外援主要由两部分构成：一部分是国民党政府给八路军提供的军饷，一部分是海外华侨和后方进步人士的捐款。按照黄正林对陕甘宁边区财政来源的分析，这两部分共约占边区财政收入的50％—85％。⑤ 其他抗日根据地亦效法此例，只是各略有不同而已。当抗日战争

① 《晋冀鲁豫敌疯狂统治日用品，盐每月限购四两》，《解放日报》1941年12月18日，第3版。

② 社论：《精兵简政当前工作的中心环节》，《解放日报》1942年8月23日，第1版。

③ 屈光：《边区水灾总述》，《抗敌报》，1939年10月3日第4版。

④ 陶铸：《再谈精兵简政》，《解放日报》1942年6月25日，第2版。

⑤ 黄正林：《抗日战争时期陕甘宁边区的财政来源》，《固原师专学报》1998年第2期，第36页。

进入相持阶段后，中共抗日根据地力量的大大增长不仅使得日军大为重视，也使得国民党对待中共的态度在这时发生了微妙变化，1941年1月“皖南事变”的发生即为一个显例。不仅如此，国民党还在“皖南事变”后停发了八路军军饷，并对中共抗日根据地实行断邮。如此，中共大部分外援的补给之路被断绝，使得抗日根据地本来就十分拮据的财政经济困难问题更加突出。解决这一问题，火烧眉毛，刻不容缓。

最后，中共抗日根据地大部分是过去经济基础落后、交通闭塞的地区，本来经济基础就差，再加上驻地军政系统脱离生产人员过多，这不仅加剧了民众负担，也使得抗日根据地陷入“鱼大水小”“头重脚轻”的严重困难局面。

所谓“鱼大水小”，主要是就脱产人员与生产人员的比例而言，即中共抗日根据地脱产人员过多，这不仅无法适应敌后日益残酷的斗争形势，而且更加重了抗日根据地人民的负担。在“鱼大水小”方面，人们最常引用的就是毛泽东所说的一段经典论述：“我们曾经弄到几乎没有衣穿，没有油吃，没有纸，没有菜，战士没有鞋袜，工作人员在冬天没有被盖。国民党用停发经费和经济封锁来对待我们，企图把我们困死，我们的困难真是大极了。”“在目前，战争的机构和战争的情况之间已经发生了矛盾，我们必须克服这个矛盾”，这个矛盾就是“鱼大水小”的矛盾。① 毛泽东的这段论述，虽然是就陕甘宁边区精兵简政的必要性所讲，但其所阐述内容却与华北抗日根据地所面临的实际境况更为契合。前已述及，在多年抗战过程中，随着日军的疯狂“扫荡”与“蚕食”，华北抗日根据地不断缩小，人力、物力负担和困难不断增加。尤其是1942年日军“扫荡”之后更为明显。以晋察冀抗日根据地冀中区为例，1941年时，该区百姓全年负担每分地“八元到十元”，尚属勉强应付；可1942年日军“扫荡”后，该区负担“一般的每分［地］在四十元左右”，“较多的每分［地］由六十元到八十元”，“最多的每分［地］竟达到一百四十元到一百六十元”，“最少的每分［地］在二十元以上”，这种负担按照当时的收入水平而言，“是全年收获一大部或全部都拿了负担，还是不够，甚至亏一倍半至两倍之多”。对于群众负担的此种境况，冀中行署甚至以“真是负担奇重，民不聊生了”来加以叙述。②

① 《毛泽东选集》(第3卷)，人民出版社1991年版，第892、882页。

② 冀中行政公署：《关于人民负担问题》(1943年2月5日)，河北省档案馆藏，冀中行政公署档案，5/1/150/5。

在人民财富有限、负担奇重的情况下，要想切实减轻群众负担，就需要减少军政机关脱离生产人数，并将之限定在一定的供养比例之内。按照中央调研后的统一部署，负担比例被定为3%，其中军队2%，政府1%，即便超过也不能过大。① 规定如此，实际情况却有着较大差距。以华北抗日根据地领导机关最为集中的太行区为例，由于中共中央北方局、晋冀鲁豫边区党政机关及其直属单位、八路军总部及其直属机关、八路军129师等主力部队等均长期驻扎并取给于此，而且随着华北抗日根据地各项工作的深入开展，驻太行区各机关的组织机构不断扩大，脱离生产人员迅速增加，加之战争日益残酷，根据地面积逐渐缩小，庞大的组织机构越来越不能适应战争的要求，人民负担日益加重。据刘伯承记述：1941年底，“太行区的负担人口共150万，按照中共中央规定的脱产人员不超过人口的百分之三（其中军二政一）的比例，应负担3万军队、1.5万地方干部，而实际上全区军队现有4万、地方干部2万多”②。很显然，太行区脱产的军政人员大大超出了民力负担的正常比例，形成了较为严重的“鱼大水小”的局面。

所谓“头重脚轻”，主要是就抗日根据地的军政建设而言，即党、政、军各部门上层机构臃肿，下层机构空虚，进而言之就是在机构配置上，上层机关叠床架屋、骈枝铺张，而下层机关则人少事繁。在“头重脚轻”方面，华北抗日根据地亦有着较明显表现。还以晋冀鲁豫抗日根据地太行区为例，据刘伯承记述，在太行区机关中的众多脱产人员中，“以上层机关为多”，仅晋冀鲁豫边区政府机关脱产人员即达“540余人”，而下层机关则严重缺额。③ 正是由于下层机关的缺额，使得根据地的一些重要工作无法开展或开展不力。而有些地方为了完成上级交办任务，也就存在着一定程度上的敷衍了事现象。例如，在中央布置的调查研究工作中，有的地区“多是由‘主观愿望’出发，粗枝大叶的计划一下，搬下去执行，到了总结时，写几条空泛的‘优点’‘缺点’和‘经验教训’（实际是优缺点的总和），就算交代了事，真正从政策观点看问题、检查工作、调查研究材料的，为数甚少”④。甚至有些基层机关因人员缺乏，“见了上面发来的调查研究提纲、表格、纲目之类的东西就头痛起来，苦于无处下手，也不找下手地方和下手方法。不去

① 社论：《精兵简政当前工作的中心环节》，《解放日报》1942年8月23日，第1版。

② 中国人民解放军国防大学《刘伯承传》编写组：《刘伯承传》，当代中国出版社2007年版，第422—423页。

③ 中国人民解放军国防大学《刘伯承传》编写组：《刘伯承传》，第423页。

④ 社论：《调查研究不是“额外负担”》，《抗战日报》1941年12月9日，第1版。

一点一滴收集材料，为纸面上的问题吓住了。好些的，应付一下，凑几个数目字，讲些并无实际意义的话；再不然，就束之高阁，一年半载没有只字反映”①。以上情况，虽然与各执行机关的思想认识不够有关，但“脚轻”显然是脱不了关系的。

除去前述之外，在战时条件下，华北抗日根据地诸机关过于庞大也会影响移动速度，“为战斗环境所不容”②。比如，1941 年 11 月，山东抗日根据地鲁中区在日军疯狂“扫荡”下，某些直属部队由于“工作机关庞大笨重，遭受打击，损失颇多”；后方机关如工厂、医院等“过多，过于拥挤，且组织庞大，不易隐蔽”，故也有很大损失。③ 由此而言，只有紧缩自身，与战时变化了的情况相适应，才能更好地保持自身力量，渡过难关，准备将来的反攻。而紧缩自身的一个重要方面，就是做好紧缩编制和人员（尤其是上层机关编制和人员）的工作，亦即减少脱离生产的人员，并将所减人员合理安置到适合的岗位上去，以发挥其各自更大作用。由此，如何安置编余人员也就随之浮出。

（二）编余人员安置的基本原则

抗战时期，对编余人员进行有效安置，是精兵简政工作的重要一环，并直接影响到精兵简政的开展成效。故而，安置编余人员不能漫无目的、随意而为，而应该有一套原则来统一规制。在此认识下，华北各抗日根据地均在如何开展精兵简政方面做了积极谋划，并以“人尽其才，才尽其用”为宗旨，力求做到编余人员的合理安置。

一般而言，各地均首先从精简工作的执行者和编余人员两个层面开展思想动员，力求安置工作合理、平稳开展，尽量避免发生波动。山东抗日根据地的做法就是，在工作的执行者方面，命各部门务须认真慎重处理，力戒任何粗枝大叶、马虎了事的做法，避免给革命造成损失；在编余人员方面，努力使每一个编余人员都乐于接受新分配的工作，并积极投身到新的工作岗位上去。而要达到这双重效果，不仅需要“以政治的动员说服，求得每个干部和勤杂人员彻底了解缩编的意义，心悦诚服的到新的工作或学习岗位上去”④，且还应找到各种可能出现问题

① 社论：《调查研究不是“额外负担”》，《抗战日报》1941 年 12 月 9 日，第 1 版。

② 社论：《精兵简政当前工作的中心环节》，《解放日报》1942 年 8 月 23 日，第 1 版。

③ 《中共山东分局关于敌人对鲁中山区大“扫荡”的初步总结与指示》（1941 年 12 月 20 日），山东省档案馆、山东社会科学院历史研究所：《山东革命历史档案资料选编》（第 8 辑），第 10 页。

④ 《山东省战时工作推行委员会关于颁发精兵简政编制表的通知》（1942 年 1 月 15 日），山东省档案馆、山东社会科学院历史研究所：《山东革命历史档案资料选编》（第 8 辑），第 99 页。

的应对之策，因势利导，促其良性发展。

为了使安置工作更加有条不紊，有的抗日根据地除在思想上进行动员之外，还针对不同编余群体给出了不同的安置方向。山东抗日根据地在《关于贯彻精兵简政的决定》中即指出：对于编余人员须很好地安插，各负责机关应专门考虑和研究这一问题。对于编余干部，“应进行一个短期间的集体教育，以安定其情绪。负责同志要亲自与他们谈话，了解他们，替他们解答疑问，解决困难，然后安入最适当的位置，使能才尽其用，安心工作”；对于老弱编余人员，“政府要拿出一定的款项，要安插他们，使他们能有田可耕，有生意可作，或送走回家，要作到经过大家一定帮助后，自己能长期自力更生的生活下去”；对于年轻力壮的编余人员，“应尽量动员到主力里去，到战斗部队里去”。①

此外，为了表示对编余人员安置工作的高度重视，有的抗日根据地还专门成立编整委员会，并制定了较为详细的安置原则，以便于对编余人员进行统一安置。比如，太行抗日根据地就特地成立了专署与县府的编整委员会，并在安置过程中制定了三条原则：

首先，在开始安置之前，必须做好编余人员登记工作，并“给以三至五日之训练”。之后，按干部籍贯划分安置的具体负责机关，“凡本地干部须由县政府负责安置之，外地干部由专署负责安置之”。②

其次，从编余人员所处地域、所属系统、个人级别等方面，对如何具体调整工作做了详细规定。一是规定了调整干部的范围，既包括各地区、各系统之干部调整，还包括以前分配不当干部的调动。二是规定了调整干部时的依据原则，即“各地调整干部须依照边区政府之干部调整计划进行之”，“各专区、县须参照边区政府之干部调整计划制定各该专县、区内之干部调整计划”，具体调整干部时须依照三三制原则进行，并注意“干部之好坏调剂、强弱调剂及地方干部与外地干部之调剂”。三是规定了调整干部时的负责机关，干部级别不同，调整负责机关不同，“县科长以上之干部由边区政府调整，区长由专署调整，县政府科员及区助理员由县政府调整”，“各级干部调整由各级负责人商同上级政府之视导团进行之”。而且，“凡属各级调整范围内之干部，上级政府认为必要时得依照顾各地区、各系

① 《中共山东分局关于贯彻精兵简政的决定》（1942 年 9 月 9 日），山东省档案馆、山东社会科学院历史研究所：《山东革命历史档案资料选编》（第 9 辑），第 27—28 页。

② 晋冀鲁豫边区政府：《太行区各级政府简政编余人员安置及干部调整办法》（1942 年 3 月 9 日），山西省档案馆藏，晋冀鲁豫边区政府档案，A198/2/6/15。

统工作之原则调动之”；“凡属上级调整范围内之干部，上级政府所派之视导团须商同各级政府负责人进行之，视导团有最后决定权”。①

再者，制定了编余人员中何者优先留用的具体标准和原则。在编整中，必须优先留用在地方工作4年以上者，如无合适工作或不能胜任工作时，必须用一切办法安置之（如生产等），无生产能力者须呈请上级政府给以适当救济；敌占区人员亦须尽先留用，如无合适工作时，有家者可资送回家，使之开展敌占区工作，无家者有生产能力的帮助其租耕土地或介绍职业。②

二、编余人员安置路径及其波折

为了顺应抗战时局之变，特别是做好打持久战的准备，在简政工作时，怎样适当安置编余人员，以及有计划、有目的地提高编余人员尤其是编余干部的政治素质、军事素质，极为关键和重要。各级机关经过一段时间的摸索，在编余人员安置中，普遍采取了多元安置策略，大致有以下几种路径：

（一）加强下层、加强部队、调剂余缺

其一，加强下层。鉴于前述中共抗日根据地政权系统存在“头重脚轻”问题，当实行简政出现若干“多余”干部时，有相当一部分人呼吁应将其转入下层，加强下层工作领导③，应使到下层去“成为每个干部更光荣的事业”，如此方能“使我们的工作成为生根在群众中坚固的网”④，根据地才会更加巩固。为了使加强下层工作更好地引起重视，有的抗日根据地还专门发出《关于实施简政的指示信》，指示各专员、县长，对于“减掉的干部”，“应尽可能加强下级工作（财经、司法、公安、武装部门）”。⑤ 同时，为了达成理想上的安置编余人员与加强下层的双重

① 晋冀鲁豫边区政府：《太行区各级政府简政编余人员安置及干部调整办法》（1942年3月9日），山西省档案馆藏，晋冀鲁豫边区政府档案，A198/2/6/15。

② 晋冀鲁豫边区政府：《太行区各级政府简政编余人员安置及干部调整办法》（1942年3月9日），山西省档案馆藏，晋冀鲁豫边区政府档案，A198/2/6/15。

③ 《精兵简政》，《晋察冀日报》1942年1月13日，第3版。

④ 社论：《贯彻精兵简政》，《抗战日报》1942年9月15日，第1版。

⑤ 晋冀鲁豫边区政府：《简政中简编工作的总结》（1942年2月至7月底），山西省档案馆藏，晋冀鲁豫边区政府档案，A198/2/6/1。

目的，有的地区（如太行六分区）还积极响应中央号召确立了“一般干部降二级使用”的原则，号召各级干部“特别是知识分子干部，要眼睛向下，往下去锻炼”；并且，为了适应各地发展需要，号召下放干部服从分配，安心工作，并“在工作中改造自己”。①

然而，限于思想认识水平不高，编余人员尤其是干部降级走向下层并不顺利。比如，有人在反省材料中述称：在简政中，×部长决定将其下放到×西工作，他坚决不干，并说“我就不干，××能把我怎样，他能开除我的党籍？他没有这样大的胆，也没有这样的权力！”② 这种用威胁组织的手段来违抗组织决定的行为，虽然出于某个人对自身的反省，却是不少被降职下放人员内心的真实想法，故虽为简单一例，在当时却颇具典型性。对于此种抵制行为，有些地区也多有反省，并在执行中采取了一定变通。杨秀峰在太行区专员会议上所做的报告中就提出：为了加强下层，有时可以采用干部降级的做法，但不能确立降级使用的原则，而且加强下层时“要领取去年的经验教训，耐心地动员说服”，以图工作更具实效。③

需要说明的是，考虑到采取降级使用干部来加强下层会过多伤害干部情绪，有些地方对降级使用干部现象给予了及时预防和纠正。《新华日报》（华北版）社论《精兵简政》就明确提出：“切忌贬级使用，降低干部情绪，这是在‘精兵简政’中应该注意的。”④ 左权在《坚决执行精兵政策》中亦指出：“在精兵简政中，对于一切编余人员，必须依据精兵简政的基本精神进行恰当的处理，使每个人都安置在恰当的岗位上，不许贬级、降级使用干部，还要照顾全局。在进行这一工作中，各个领导机关和领导人员必须进行深入的、周到的动员与解释工作，耐心的、细致的组织工作，区别各个人员的具体情形，作出不同的、妥善的处理。”⑤ 山东省战时工作推行委员会在《关于实行精兵简政的决定》中也指出：在精兵简

---

① 太行六分区：《关于高干会“群众工作”的传达报告·实行一元化的斗争》（1943 年 3 月 10 日），河北省档案馆藏，太行六专署档案，106/1/1/1。

② 中央北方局：《思想反省选集》（中共北方局出版，1943 年 2 月），河北省档案馆藏，中央北方局档案，604/1/2/1。

③ 《杨主席在太行区专员会议上的报告：大步转变我们的领导与作风》，载《太行区专员会议记录》，边府秘书处印，1943 年 1 月，河北省档案馆藏，太行行署档案，92/1/10/1。

④ 《精兵简政》，《晋察冀日报》1942 年 1 月 13 日，第 3 版。

⑤ 左权：《坚决执行精兵政策》（1942 年 2 月），山西大学晋冀鲁豫边区史料研究组：《晋冀鲁豫边区史料选编》（第 2 辑），第 154 页。

政实施过程中，“必须从爱护干部、培养干部出发，切不可单纯从工作的要求着眼来降级使用干部，以致减低干部的情绪”①。

其二，加强部队。按照精兵简政期间军队精兵建设的总体要求，以及对日频繁作战中大量消耗减员的实际情况，必须坚决紧缩统率机关、充实战斗部队，这就为编余人员提供了一个重要的安置去向。但充实战斗部队，并非人数上的简单增多，而是战斗力的实际加强，这就需要对派赴战斗部队的编余人员设置一定的身体条件，即以身强力壮为基准，把各机关编余人员中符合条件者派到基层连队里去，以充实正规军，提高战斗力。当然，民兵、游击队也应根据这一原则来加强，以使地方武装更加充实。② 同时，在介绍编余人员之精壮者参加正规军或地方军时，务须以自愿为原则，不得强迫执行。③ 这也是中共在政策执行过程中力求人性化的一种表现。应该说，在当时人力维艰的情况下，此举不仅能有效解决部分编余人员的流向问题，还可加强中共武装力量，是十分必要的。但在实际执行中也存在着一定障碍，一是表现在有些身强力壮的编余人员“不愿当兵”，甚至有的为了表示强烈抵制还发表声明称，如果安置到部队连队里去，“就开小差”。④ 二是表现在有些机关把符合条件的身强力壮者塞在机关里，“不愿拿出来”，以求自己之“精”。对于此种倾向，各地均采取了一定措施，予以疏导、制止和纠正。左权即对之进行了严厉批判，并指出：“不照顾全局”是一种典型的短视行为，是本位主义思想在作怪，“是不对的”，应予矫正。⑤

其三，调剂余缺。所谓调剂余缺，系指党、政、民干部根据各自实际情形在各部门之间进行适当调剂。“某一干部，地区不适合、环境不适合、岗位不适合，而适宜于别的地区、别的环境、别的岗位，就应该很好的调动。”⑥ 而且，在调剂干部时尤须注意动员编余干部“到敌占区工作，到伪军、伪组织中去工作”，以便

① 《山东省战时工作推行委员会关于实行精兵简政的决定》（1942 年 2 月 7 日），山东省档案馆、山东社会科学院历史研究所：《山东革命历史档案资料选编》（第 8 辑），第 156 页。

② 社论：《贯彻精兵简政》，《抗战日报》1942 年 9 月 15 日，第 1 版。

③ 晋冀鲁豫边区政府：《太行区各级政府简政编余人员安置及干部调整办法》（1942 年 3 月 9 日），山西省档案馆藏，晋冀鲁豫边区政府档案，A198/2/6/15。

④ 《雁北政府精兵简政工作报告》（1943 年），山西省档案馆藏，雁北政府档案，A101/1/3/1。

⑤ 左权：《坚决执行精兵政策》（1942 年 2 月），山西大学晋冀鲁豫边区史料研究组：《晋冀鲁豫边区史料选编》（第 2 辑），第 155 页。

⑥ 社论：《贯彻精兵简政》，《抗战日报》1942 年 9 月 15 日，第 1 版。

积蓄力量，更好地展开对敌斗争，赢取更大胜利。[①] 同时，对于那些身处下层但能力很强，在群众中亦很有威信的干部，还应在调整中予以适当提拔。[②] 如此一来，既为编余干部提供了一条安置出路，可有效发挥其更大作用，满足其他地区之需，同时通过不同地区干部之间的调剂还可交流各自工作经验，协同促进工作共同发展。[③]

需要说明的是，在编余干部调剂中，亦存在一些阻碍。

第一，表现在机关团体中，主要是存在着错综复杂的“大本位与小本位”。概而言之，“一方面，表现在只怕自己部门人少；另一方面，希望其他部门好干部来调剂自己部门，强调自己工作的重要，不从全面着眼”[④]。这种情况，不仅发生在同级部门之间，即便是在上级部门调干部时，也有的“不给，打埋伏或给坏的”，“使党的工作受损失”。[⑤] 这是一种典型的只顾局部不顾全局、只顾自己不顾他人的本位主义，持此种想法者显然是把自己的局部利益当作了党的全部利益。对于此种情况，各地均采取了一定应对措施。北岳区四地委在《关于掌握干部调动补充等的补充指示》中即指出，在上级调剂干部时，所涉部门应予以配合，如果“本机关谁最熟，计划留下谁在机关长期坚持工作，可由县委说明，以使上级指名讲时给以照顾，以利工作坚持”，“但每个单位不能留的太多，大部要准备往外送”。[⑥]

第二，表现在调出干部上，有的本位主义也很严重。比如，有的干部家庭观念过强，不但不愿出境，且不愿出区境，甚至还有因工作调动而不愿继续工作要求回家的，如“平南、平北就有 30—40 人”，太行二专署 5 个县“有县级干部 30 人、区级干部 56 人脱离工作”，太岳“有区级干部 90 人在简政中回家了”。[⑦] 也正

---

① 太行六分区：《关于高干会“群众工作”的传达报告》（1943 年 3 月 10 日），河北省档案馆藏，太行六专署档案，106/1/1/1。

② 社论：《贯彻精兵简政》，《抗战日报》1942 年 9 月 15 日，第 1 版。

③ 左权：《坚决执行精兵政策》（1942 年 2 月），山西大学晋冀鲁豫边区史料研究组：《晋冀鲁豫边区史料选编》（第 2 辑），第 157 页。

④ 晋冀鲁豫边区政府：《简政中简编工作的总结》（1942 年 2 月至 7 月底），山西省档案馆藏，晋冀鲁豫边区政府档案，A198/2/6/1。

⑤ 中央北方局：《思想反省选集》（中共北方局印制，1943 年 2 月），河北省档案馆藏，中央北方局档案，604/1/2/1。

⑥ 北岳区四地委：《关于掌握干部调动补充等的补充指示》（1942 年 7 月 25 日），河北省档案馆藏，北岳区四地委档案，81/1/20/32。

⑦ 《晋冀鲁豫边区政府向边区临时参议会二次大会太行太岳会议的工作报告》（1942 年 9 月 20 日），河北省档案馆藏，晋冀鲁豫边区政府档案，576/1/11/1。

因存在某些阻碍，故有些地区在调剂干部时就充分考虑各种因素，并在必要时做出变通，以尽量照顾周全。如在冀晋区，“本地干部遇有因家庭困难而不便远离者，应尽量能调整任用分配到当地工作，以便照顾其家庭”，其他编余干部亦“经审查分别”后再做具体安置。①

（二）送往学习和培训

抽调一部分编余人员特别是干部送到学校中去学习和培训，是提高编余人员素质的一种重要方式。对于送学与受训的诸多事宜，各地多有明确规定。在送学上，《抗战日报》曾发表社论明确指出，各地应具体问题具体分析，要根据所送人员情况分别选送小学、中学、师范、民干校、政干校、党校、抗大分校等不同层级、不同类型的学校学习，以培养将来所需的多方面干部。② 同时，为了使符合条件的编余人员都能有所学，《晋察冀日报》呼吁各地多开办各种学校，并“号召大家乘此时机进校学习些技能，更加提高自己的能力，丰富自己的知识，作为将来建国的人才”③。在受训上，1943 年 7 月 18 日，晋冀鲁豫边区第十二行政督察专员公署在《为该县抽调干部赴冀南政治学校受训由》中指出：受训干部自带衣服、被褥，路费由政府按一定标准统一发给，饭票按 16 天供应，“到校后实报实销”；受训学员自离职之日起，“其原单位之一切供给均停止，自到校日起由学校照本供给，返回路费由学校发给”。同时，为了避免领粮款后即返回与拖延不去的情形出现，还规定了相应的应对办法，即“去领粮款中途而返或拖延不去者，县府应酌情追回全部或一部”粮款。④

抽调干部学习或受训，一般采取指定受训干部或分配指标的方式。就指派而言，主要有两种方式：一种是指派具体人。北岳区四地委在分配各县到区委党校学习的指标时就特意指派各县负责人，如指派行唐县“县委郭裴然同志到区党委党校学习”，并命其交代工作后“带领其他干部一同到区党委［党校］”报到。⑤ 1943 年 7 月 18 日，晋冀鲁豫边区第十二行政督察专员公署在给曲周县发布的抽调

---

① 冀晋区党委组织部：《关于缩编干部的处理意见》（1943 年 4 月 24 日），河北省档案馆藏，中共冀晋区党委档案，108/1/82/15。

② 社论：《贯彻精兵简政》，《抗战日报》1942 年 9 月 15 日，第 1 版。

③ 《精兵简政》，《晋察冀日报》1942 年 1 月 13 日，第 3 版。

④ 晋冀鲁豫边区第十二行政督察专员公署：《令：为该县抽调干部赴冀南政治学校受训由》（1943 年 7 月 18 日），河北省档案馆藏，晋冀鲁豫边区第十二行政督察专员公署档案，181/1/5/7。

⑤ 《中共北岳区四地委组织部通知》（1943 年 7 月 30 日），河北省档案馆藏，北岳区四地委档案，81/1/20/31。

干部赴冀南政治学校受训的指示中也明确指定调该县“七区长王祥轩或四区长李子本前去受训”，着令曲周县“根据实际工作情况决定其一”。① 另一种是指派某一级别的名额。北岳区四地委在给各县委组织部《关于抽调干部到党校学习的通知》中有这样一句话：“兹分配你县（10）名（内应抽调区委委员7名，其余为一般干部）来地委党校学习。”② 在10名指标中，明确规定了抽调区委委员7名，此明显是采取了指派某一级别名额的方式。

分配指标亦是抽调干部学习或受训的主要方式。比如，1943年7月30日，北岳区为了提高干部政策理论水平与适应当时形势和工作需要，决定分配给四地委“110名干部到区党委党校学习，另调区干部60名到部队工作”③。根据这一指示精神，北岳区四地委根据各县情况，制定了详细的指标分配方案，详见表1：

表1　北岳区四地委各县分配学习指标一览表④

县别	党校学习干部			部队干部	共计
	县委级	区委级	区一般干部		
曲阳	1	10		4	15
行唐	1	6	5	9	21
正定	1	4		9	14
灵寿	1	8	10	9	28
获鹿	1	4		9	14
井陉	1	4		4	9
建屏	2	10	10	9	31
平山	1	10	5	9	25
阜平	1	8	10	9	28

① 晋冀鲁豫边区第十二行政督察专员公署：《令：为该县抽调干部赴冀南政治学校受训由》（1943年7月18日），河北省档案馆藏，晋冀鲁豫边区第十二行政督察专员公署档案，181/1/5/7。

② 北岳区四地委：《关于抽调干部到党校学习的通知》（1943年12月22日），河北省档案馆藏，北岳区四地委档案，81/1/20/28。

③ 《中共北岳区四地委组织部通知》（1943年7月30日），河北省档案馆藏，北岳区四地委档案，81/1/20/31。

④ 本表来源于《中共北岳区四地委组织部通知》（1943年7月30日），河北省档案馆藏，北岳区四地委档案，81/1/20/31。

由表 1 可知，北岳区四地委为了贯彻北岳区指示精神，制定了明确的指标分配方案，为了便于落实，在党校学习干部的分配中甚至明确到县委级、区委级、区一般干部等各级名额。既然有县委级、区委级、区一般干部之分，那么是否所有符合级别要求条件的干部都可以送上级党校和部队呢？当然不是。无论是送党校学习，还是送部队工作，均须满足一定条件。就送党校学习的干部而言，县委级“须县委组、宣、城、社、民、武正副部长、正副县长及相当［于］县委级干部的分区科长、股长、地委干事”；区委级“须区级党、政、民各部门主要干部及［具备］相当条件的县级科股长、县委干事等”；区级一般干部指“区助理员、团体委员或县府科员等”。就送部队的干部而言，具体条件是“区级党、政、民、武一般干部，区小队长及武委会不脱离生产的大队干事”，同时还须“身体强壮、无暗疾”，且年龄在 18 岁以上 30 岁以下。① 当然，不仅北岳区如此，其他各地在送学与受训上亦有一定条件限定。比如，在送学上，有的规定，凡过去工作时间长而文化与科学知识较低的工农干部，以及其他可以深造又必须深造的人员，均可抽出送到学校去②；在受训上，有的规定，受训干部仅限于“区长级、县府科员级以上干部”等。③

在此需要说明的是，在具体的学习指标分配中，并非严格按照通知中规定的人数执行，而是略有超出。如北岳区分配给四地委到区委党校学习的指标是 110 名，而四地委执行时实际分配了 114 名；北岳区分配给四地委到部队工作的区干部指标是 60 名，而四地委在执行中实际分配了 71 名。④ 其实，发生此种现象，并非是违背上级旨意，而是为了更好地完成上级交办的任务。因为在当时人们大多不愿意去学习，也不愿意调离自己熟悉的岗位，所以多分配些指标是为了预防有人不愿意调动而无法完成上级分配任务的不得已而为之的方法。

那么，在学习问题上，为什么会出现抵制现象呢？概而言之，主要有两方面原因：一是学习者本人认识不到学习的重要性；二是各部门领导从自身工作考虑

① 《中共北岳区四地委组织部通知》（1943 年 7 月 30 日），河北省档案馆藏，北岳区四地委档案，81/1/20/31。

② 左权：《坚决执行精兵政策》（1942 年 2 月），山西大学晋冀鲁豫边区史料研究组：《晋冀鲁豫边区史料选编》（第 2 辑），第 155 页。

③ 晋冀鲁豫边区第十二行政督察专员公署：《令：为该县抽调干部赴冀南政治学校受训由》（1943 年 7 月 18 日），河北省档案馆藏，晋冀鲁豫边区第十二行政督察专员公署档案，181/1/5/7。

④ 四地委实际分配人数，系根据表 1 核算而得。

不愿意派强有力的人去学习。鉴于此等情况，有当时之负责人曾明确提出，在送干部学习深造问题上需要反对两种不良倾向：一是必须反对干部的保守，即“不愿拿出好干部去学习”的观点；二是必须彻底肃清被选送去学习的人员不愿参加学习，以为送学校就是“吃不开”的观点倾向，应使其认识到，“文化与科学知识的缺乏会极大限制自己的进步，今天有良好的学习机会，正是提高自己知识的好时机，应当趁此时机积极的虚心学习，求得自己迅速的进步”①。

然而，由于前述之认识在有些地方颇具普遍性，故而所涉各地虽然采取了一定教育措施，但仍然出现了一定问题，即每当上级领导发来抽调干部去学习的通知后，有很多部门或采取拖延不送或缺送的方式，或出于应付的态度派一些有问题或身体有疾病的干部前去充数。对于拖延不送或缺送的现象，各抽调机关只能是一次又一次地予以催促。比如，在抽调去华北局党校学习干部时，本定于1943年7月20日前命各县委组织部将所抽调人员全部送到北岳区四地委，可一直到7月23日仍有平山等地一直未送，即便是送来的也多未足额。② 鉴于此种情况，北岳区四地委只好发送催送通知，命各县“未送者速送，缺送者迅速全部送来”③，并强调指出，“送干部数字、时间、质量不要打折扣，特别要在最短几天内，把前送干部之尾数争取全部送齐，再不要拖下去”④。

不仅华北局党校抽调学习干部如此，北岳区党委党校与北岳区四地委党校抽调学习干部亦均不同程度地存在着类似问题，故北岳区四地委在发布催送干部到华北局党校的同一通知中，同时命令缺送北岳区党委党校及缺送四地委党校干部“抓紧全部送来”。⑤ 甚至直到1943年12月31日，“各县到地委党校学习的干部……除几个县送来一批外，各县均未送齐，有的甚至［仍然］未送”，北岳区四

① 左权：《坚决执行精兵政策》（1942年2月），山西大学晋冀鲁豫边区史料研究组：《晋冀鲁豫边区史料选编》（第2辑），第155页。

② 截至1943年7月23日，各县已来者计有：曲阳8名、阜平3名、井陉9名、获鹿10名、正定9名、建屏6名、灵寿12名、行唐1名。因未查到华北局党校给各县分配的学习指标，所以虽然从文件中探知各县存在缺送的现象但却无法计算各县缺额情况。详情参见北岳区四地委《关于送干部到华北局党校、北岳区党校学习的通知》（1943年7月23日），河北省档案馆藏，北岳区四地委档案，81/1/20/33。

③ 北岳区四地委：《关于送干部到华北局党校、北岳区党校学习的通知》（1943年7月23日），河北省档案馆藏，北岳区四地委档案，81/1/20/33。

④ 《中共北岳区四地委组织部通知》（1943年7月30日），河北省档案馆藏，北岳区四地委档案，81/1/20/31。

⑤ 北岳区四地委：《关于送干部到华北局党校、北岳区党校学习的通知》（1943年7月23日），河北省档案馆藏，北岳区四地委档案，81/1/20/33。

地委组织部只好又给各县委组织部发布通知，希望“各县马上动员抽调送来（按前通知数字），以便及时开课，防止影响整个学习”。[①] 对出于应付态度而派一些有问题或身体有病干部前去充数的情况，北岳区四地委亦发出指示，令“各地必须从爱护党军及一切为了战争胜利观点出发，保证送优秀干部”，并申明，所送干部务必“要合条件，否则一律退回，并受到批评”。[②]

（三）转为休养

转为休养，是对永久或暂时不能参加工作者的一种安置方式。1942 年 9 月 15 日，《抗战日报》刊发社论明确提出：“对于有伤病的编余人员，如不再适宜参加工作者，应送到一定的医疗机关进行休养。”[③] 那么，怎样的伤病者不适宜参加工作呢？对此，各地规定大致相同，如晋西北二专署规定的条件是“身患重病者”“女同志怀孕者”[④]；晋冀鲁豫抗日根据地规定的条件是“未退休之干部患病需要较长时间休养，或女干部在产期前后”[⑤]。对于休养的期限，一般为：患重病者，病愈为止；女干部怀孕者，产后为止。[⑥] 对于休养者休养的程序、方式、待遇、经费开支、组织关怀等问题，晋冀鲁豫抗日根据地规定较详，并专门制定了《区级以上非在职干部休养办法》[⑦] 函发各地遵行。具体内容有如下几点：一是须休养之干部应“由各级民教部门提出，由首长最后决定，但不得超［过］规定之名额”。二是在具体的休养方式与待遇上，凡因病住院或自找关系休养者，“除以在职干部之规定发给粮食、菜金津贴、服装鞋袜费外，住院者，得按医院规定发给医药费，自找关系休养者得由各级首长酌发一定数量之休养金、医药费，但不能超过一般公立医院收取菜费之数”；凡是地方干部之回家休养者，“得依其家庭情

① 北岳区四地委组织部：《关于动员伙夫、送干部到地委党校学习的通知》（1943 年 12 月 31 日），河北省档案馆藏，北岳区四地委档案，81/1/20/47。

② 《中共北岳区四地委组织部通知》（1943 年 7 月 30 日），河北省档案馆藏，北岳区四地委档案，81/1/20/31。

③ 社论：《贯彻精兵简政》，《抗战日报》1942 年 9 月 15 日，第 1 版。

④ 《二专区继续精简，五寨改进工作制度》，《抗战日报》1943 年 1 月 5 日，第 2 版。

⑤ 晋冀鲁豫边区政府：《通令：发区级以上非在职干部休养办法及名额费用分配》（1943 年 3 月 20 日），河北省档案馆藏，晋冀鲁豫边区政府档案，576/1/21/14。

⑥ 《二专区继续精简，五寨改进工作制度》，《抗战日报》1943 年 1 月 5 日，第 2 版。

⑦ 该办法所称之非在职干部系指“凡区级以上政权干部（各专管局干部同）因患病及女干部产期休养，因脱离工作时间较长，虽未退休但其名额已不在编制之内者”。参见晋冀鲁豫边区政府《通令：发区级以上非在职干部休养办法及名额费用分配》（1943 年 3 月 20 日），河北省档案馆藏，晋冀鲁豫边区政府档案，576/1/21/14。

形酌量补助之”。三是在经费开支上，非在职干部的医药及休养费“由分配区之非在职干部休养费项下开支，但不得超过规定数目”。四是在组织关怀上，休养期间，各级民教部门应经常与在休养期间的非在职干部联系，“多加关怀照顾，并适当解决其困难”。① 对于休养期结束后如何安置休养人员，有的地区也做了详细规定。如太行区的规定是，“应根据休养者的休养期限，按照不同程序安置工作”，“凡休养期在半年以内者，由专署批准负责介绍安置；超过半年以上者，得呈请边府批准，仍由专署负责介绍安置。各级专管局得分别呈请同级政府统一批核，而安置介绍仍由各级专管局自行负责”。②

除以上之外，对于休养期间因病住院的程序、休养期间的日常开销，各地亦均有所规定。在晋察冀抗日根据地，为了使各级脱离生产的政权工作人员疗病休养更加便利，晋察冀边区政府特地与晋察冀军区商定了政权工作人员住军区（或分区）医院之办法，并具体规定了因病住院的程序、住院期间的日常开销来源与标准、什么可以报销以及由何项下报销等内容。详情有如下几点：一是在住院程序上，“凡政权工作人员因疾病送往军区医院时，须持有县政府以上机关之介绍信”。二是在住院期间（按规定，休养期限最长不得超过一年），零用费、粮票、柴菜金及衣被等物由病员自带，为与军区规定取得一致起见，“今后住院病员每人每日粮食改为小米一斤四两，所增小米一两由病员所在机关预备粮项下开支”，柴菜金改为“轻病号每人每日二角五分”与“重病号三角”两种。“一角二分以外所增部分，有干部休养费者在干部休养费内报销，无干部休养费者从临时费内报销。”三是住院所用医药费由医院报销。③

然而，虽然在休养问题上制定了诸多规定，但仍然存在着需休养者多与财力供应休养有限的矛盾，甚至有的为了得到休养机会还通过自找关系的方式来实现。亦即虽然休养需要符合一定条件，但在政府财力有限的情况下，并非所有符合条件者都能得到休养。那么，如何解决需休养者多与财力供应有限的矛盾呢？当时采取的有效之法，就是在自身财力允许的情况下，追加休养指标，并采取分配名

① 晋冀鲁豫边区政府：《通令：发区级以上非在职干部休养办法及名额费用分配》（1943年3月20日），河北省档案馆藏，晋冀鲁豫边区政府档案，576/1/21/14。

② 《太行区区级以上非在职干部休养办法》（1943年3月），河北省档案馆藏，太行行署档案，92/1/147/11。

③ 晋察冀边区行政委员会：《令：令知脱离生产之政权工作人员住军区医院办法希遵照由》（1942年10月10日），河北省档案馆藏，晋察冀边区行政委员会档案，579/1/165/5。

额的方式。为了进一步满足非在职干部的休养需求，晋冀鲁豫边区政府即根据自身情况增拨了20个休养名额，并在社会卫生费项下挪出4000元经费作为新增20个休养名额日常开支之用。① 同时，为了避免对名额的争抢，晋冀鲁豫边区政府还制定了详细的休养名额及经费分配方案（见表2），并希望各地各单位一体遵行。

表2 晋冀鲁豫边区政府及各专署休养名额及经费分配情形一览表②

项别	边区政府	一专署	二专署	三专署	四专署	五专署	六专署	合计
休养名额	6	3	2	3	2	2	2	20
休养经费（元）	1200	600	400	600	400	400	400	4000

由此可见，分配休养名额，相比于前面的分配学习培训名额，有着很大不同。休养中之所以分配名额显然是“供不应求”，带有额满为止的意味；而在学习培训问题上则是“供大于求”，带有为了完成任务而强行分配的意味。这一方面折射出时人的内心波动与认识水平，另一方面也体现出战时条件下残酷环境对人们身心伤害之重之多。换言之，时人对于学习的重要性认识有待提高，而当身心受到伤害需要休养时却又面临着不能完全得到休养的困境。

（四）转入生产

转入生产，是编余人员安置的重要一途。对于战时条件下生产的重要性，《解放日报》社论有所评说：“经济建设乃是建设之根本，生产乃是经济建设之根本。其他各种建设，如政治建设、军事建设、文化建设，对于生产来说，都是帮助生产、便利生产、保护生产的。这些机构如果太庞大了，就会‘头重脚轻’。”③ 应该说，这一评述较为客观，也较为符合战时情况。由此视角而言，无论是着眼于安置编余人员，还是旨在解决“头重脚轻”弊端，均必须要有大批人员转入生产。

当然，转入生产人员也须以“适宜于转入生产”为基本前提。所谓适宜于转入生产，即没有其他更好去路，同时身体条件允许从事生产的，“应该很好地使他们转入生产”，而且转入生产的领域也有很多，如“或作农业，或作工人，或作商

① 晋冀鲁豫边区政府：《通令：发区级以上非在职干部休养办法及名额费用分配》（1943年3月20日），河北省档案馆藏，晋冀鲁豫边区政府档案，576/1/21/14。

② 本表系根据1943年3月20日晋冀鲁豫边区政府《通令：发区级以上非在职干部休养办法及名额费用分配》（河北省档案馆藏，晋冀鲁豫边区政府档案，576/1/21/14）中的资料整理而成。

③ 社论：《转入生产中去》，《解放日报》1942年10月21日，第1版。

人”等等。如果作农业没有土地，主管机关应介绍到当地政府设法调剂，或与他人伙种，或代为租地；如果作工，应该分别情形送到一定的工厂；如果作商人没有本钱，各机关可以设法小本低利借贷，使之能够去做生意；如果有的本地干部有家可回去，而又可以允其回家的，也应斟酌实际情形办理。这些转入生产或回家之人员，应该很好地予以帮助，发给其一定路费，且与之保持适当联系。① 晋冀鲁豫边区政府对于安置编余人员经营生产的方式就极为重视，并特别针对太行区规定了缺乏资金者的补救办法：即“在根据地内有家庭者有［优］先享受春耕贷款之权”；“太行区在边区建设公债项下拨五万元为工商贷款，以贷给外来编余人员经营工商业之用”，但为了保证普惠到更多的人就限定了贷款额度，即“每人不得超过一百元”。② 晋西北行署对精简中转入生产战线人员的生活亦极为关怀，为了切实保障转入生产战线人员的生活，晋西北行署特着令县政府切实注意，“对外籍人员，要帮助他们转入农业生产，负责解决土地、农具、种子等问题；对患病致使生活困难者，按抗属予以救济；今后并应切实教育区村干部、群众，尊重、关心和帮助转入生产人员”。在此政策下，“转入生产人员，一般生活都过得很好，外籍人员在冬学不能从事农业生产之际大部进行小商业经营”。③

不过，在编余人员转入生产的安置中也存在着一定程度的抵制现象，重要表现就是有些人挑肥拣瘦，不愿转入生产。此等现象的出现，一个重要根源就是自古传承下来的诸如“君子谋道不谋食”“劳心者治人，劳力者治于人”等贱视劳动的观念在作祟。正是受这种观念影响，“我们有些同志，对于政治工作、军事工作、文化工作非常重视，甚至在现在经济极度困难的情形之下，在我们的机构‘头重脚轻’得不可容忍必须精兵简政的时候……还有人要求脱离生产工作而去做这些工作”④。而当党和政府号召人们转入生产时，有些人表示不屑，对于转入生产的人员则表示轻视的态度，当自己被安置转入生产营业部门工作时，亦表现得极不乐意，认为“这不是我应有的工作，我应向军事家、政治家方向发展，这是

① 社论：《贯彻精兵简政》，《抗战日报》1942年9月15日，第1版。

② 《晋冀鲁豫精兵简政编余人员决定经营生产》，《晋察冀日报》1942年3月17日，第1版。

③ 《行署关怀退职人员，派专人调查其生活，令县府切实帮助其转入农业生产》，《抗战日报》1943年2月2日，第2版。

④ 社论：《转入生产中去》，《解放日报》1942年10月21日，第1版。

淹没了我的长处”①。亦有干部不顾编余安置工作的整体要求，过分强调个人旨趣，“不愿参加生产”②。

为了扭转这一观念，中共从思想疏导入手，及时在《解放日报》刊发社论《转入生产中去》指出，贱视生产的观念，实质上是剥削者意识的残余在作怪，“在这时候，应该进行深刻的思想教育，应该造成尊重体力劳动、尊重生产工作的社会舆论，应该给与那些尊重党与政府分配并乐意转入生产的同志以最大的光荣，因为他们与其他同志一样忠实执行党与政府的决定，因为他们没有剥削者的思想意识的残余”。同时，还要与这种剥削阶级意识的残余做斗争，从思想上排除阻碍，树立“生产的劳动，体力的劳动，对于我们共产主义者，是与脑力劳动同样可贵的”思想观念。③ 如此种种，既排除了转入生产的思想障碍，又推进了编余人员安置工作的良性开展。

（五）资送回家

资送回家，是编余人员安置的最后一途，意即给予编余者一定待遇，使其回家自谋生路。对于资送回家者，各地均有或笼统或具体的相关规定。山东抗日根据地的规定是：资送回家之“政民机关被裁减人员，应由所属团体或政府发给工作证书，并按其需要情况发给棉衣、鞋子（或折钱）及必要之安家费与路费，按其工作时间、劳绩病伤情况、路途远近确定数目”④。这一规定显然是制定了一个粗线条的大体框架，至于如何具体实施则由下属各地根据自身情况自主决定。与山东抗日根据地的笼统规定不同，晋冀鲁豫抗日根据地太行区则规定较详，不仅对于应资送回家者设定了年龄限制，即“凡年龄超过 50 岁或不满 15 岁者，须资送回家”；且还设定了地区限制，即“编余人员之在根据地者，应资送回家”。对于资送回家者所应给予的待遇也做了明确区分，即必须资送回家之人员，按路途远近给以费用、粮食（每日粮食斤半、菜金三角），如系穿军服者，并须给换便衣（以全套 30 元、半套 15 元为标准），军服须归公家，此项费用作为特别费报销

① 左权：《坚决执行精兵政策》（1942 年 2 月），山西大学晋冀鲁豫边区史料研究组：《晋冀鲁豫边区史料选编》（第 2 辑），第 152 页。

② 晋冀鲁豫边区政府：《简政中简编工作的总结》（1942 年 2 月至 7 月底），山西省档案馆藏，晋冀鲁豫边区政府档案，A198/2/6/1。

③ 社论：《转入生产中去》，《解放日报》1942 年 10 月 21 日，第 1 版。

④ 《山东省战时工作推行委员会关于处理精兵简政后被裁减人员的指示》（1942 年 10 月），山东省档案馆、山东社会科学院历史研究所：《山东革命历史档案资料选编》（第 9 辑），第 106 页。

(但须有单据或其他证明)。[①]

在资送回家问题上，尽管规定较详，也较有可操作性，但在具体实施中并非所有人都能理解，尤其是在编余干部中“愿意回家者”更是少数，即便是同意回家的也多有不甚理解者，甚至有的还带有很大情绪。在保德，有的干部曲解精兵简政说：“什么是精兵简政，就是要我们回家的。”有的带有怨气地说：“过去当干部把家养穷了，现在非回家不可。”[②] 在偏关，有依靠参加政府工作生活的干部，对于回家更是抵制，说：“现在把咱减下，连吃饭的地方也没有”，“做了几年工作没有发冬衣，正要发冬衣又打发回家”。[③] 当然，这种情况也因所属层级的不同而有所区别，且也有一些在安置回家时特别愉快的。对此，偏关县政府给予了总结，其中称：“愿意回家的是家资较好，不短‘斤六两’；不愿回家的是生活困苦，为了‘斤六两’。所以这类情形又是，大凡不愿工作的多系不受优待者，不愿回家的多系享受优待小米者。”[④] 这也就点出了问题的中心所在。其实，不仅晋西北地区如此，华北其他各抗日根据地亦如此。此种情况的出现与各地工作粗疏有着莫大关系，其中，晋冀鲁豫抗日根据地的总结颇有代表意义：“对编余人员没有尽到足够的说服教育，只是粗枝大叶的处理，特别对回家人员不能给以适当工作，建立其与当地抗日政府的联系，因此产生了回家人员对政府的不满。”[⑤] 正是基于此种反省，有的地区提出：对于“资送回家的干部，能担负工作者，须介绍其参加工作，并须有人经常与之联系，如写信、寄文件、下乡时亲往访问等，如在工作上表现积极，须用种种办法鼓励，如有违犯政策法令的行为，亦要经过很好地说服规劝，说服规劝后，尚不能改正者，应予以一定的处分”[⑥]。有的地区提出：对于资送回家的干部，如果其有生活上的困难，“应在领导中检查是否关心他们问题的

---

① 晋冀鲁豫边区政府：《太行区各级政府简政编余人员安置及干部调整办法》(1942 年 3 月 9 日)，山西省档案馆藏，晋冀鲁豫边区政府档案，A198/2/6/15。

② 晋西北二专署：《二专署 1943 年精简汇报材料》，山西省档案馆藏，晋西北二专署档案，A99/1/4/3。

③ 《晋西北二专区精兵简政初步总结报告》(1943 年 2 月)，山西省档案馆藏，晋西北二专署档案，A99/1/4/1。

④ 《偏关县政府关于精简工作的报告》(1943 年 2 月)，山西省档案馆藏，偏关县政府档案，A136/1/3/1。

⑤ 晋冀鲁豫边区政府：《简政中简编工作的总结》(1942 年 2 月至 7 月底)，山西省档案馆藏，晋冀鲁豫边区政府档案，A198/2/6/1。

⑥ 李一清：《简政后的领导问题》，《边区政报》第 4、5 期合刊，1942 年 3 月 15 日，河北省档案馆藏，晋冀鲁豫边区政府档案，576/1/5/1。

解决”①，避免推出后即完事大吉，造成不好影响。

三、编余人员安置的成效及不足

经过中共多途径并举，并历经艰辛努力，华北抗日根据地编余人员安置工作成效显著。这种成效，是中共在抗战大局下结合自身实际情况并顺应时变取得的，具体可从编余干部和编余什员两个层面来加以说明。

首先，编余干部的安置，在行署机关、专署及以下机关层面均取得了较好成效。其中，在行署机关层面，晋冀鲁豫抗日根据地在简政过程中将编余的 132 名行署干部全部做了有效安置。在安置各途径中，本署互调者 19 人、派往下级者 76 人、受训者 10 人、送学校学习者 4 人、回冀南者 4 人、回冀鲁边者 4 人、到部队者 5 人、休养者 7 人、回家者 3 人。② 晋西北抗日根据地对行署机关编余干部也做了有效安置。在 1943 年上半年简政中，晋西北行署有编余干部 51 人，其中处长 2 人、科长 9 人、科员 36 人（包括武装部干事 3 人）、技师 1 人、管理员 3 人，经过多方审慎考虑，他们被陆续安置在 10 个类别的岗位：县长 6 人、科长 4 人（有专署科长 1 人）、科员 6 人、区长 3 人、教员 2 人、剧团主任 1 人、学习 9 人、去军区 4 人、生产 12 人、其他 4 人。③ 在安置编余干部时，除了科长、科员为原设岗位，其他岗位均系新设。当然，在精简后，科长或科员岗位所安置的人员，亦有原本薄弱而后补足的情况，不一而足。

在专署及以下机关层面，晋西北二专区所属各地及机关将编余干部 394 人全部予以安置，在安置中主要分了 10 类，即到县工作、到区工作、到村工作、学习、生产、养病、到部队、民运、什务与其他。在具体分配中，到县工作者仅有专署 5 人；到区工作者总计有 23 人，分别是河曲 1 人、保德 2 人、岢岚 8 人、五

---

① 北岳区四地委：《目前全面巩固组织的方针与具体工作》（1942 年 12 月 10 日），河北省档案馆藏，北岳区四地委档案，81/1/1/4。

② 晋冀鲁豫边区政府：《简政中简编工作的总结（1942 年 2 月至 7 月底）》，山西省档案馆藏，晋冀鲁豫边区政府档案，A198/2/6/1。

③ 晋西北行署：《行署机关精兵简政总结》（1943 年 6 月 10 日），山西省档案馆藏，晋西北行署档案，A88/1/10/1。

寨3人、神池3人、专署6人；到村工作者总计124人，分别是河曲18人、保德25人、偏关31人、岢岚25人、五寨7人、神池16人、专署2人；送往学习者总计19人，分别是河曲1人、保德5人、偏关3人、五寨1人、神池3人、专署3人、贸易局3人；转入生产者总计178人，分别是河曲26人、保德8人、偏关5人、岢岚10人、五寨9人、神池12人、专署22人、贸易局86人；养病者总计14人，分别是河曲1人、保德4人、偏关2人、神池4人、专署3人；到部队者总计25人，分别是河曲3人、保德4人、偏关5人、五寨2人、神池9人、专署2人；转入民运者仅有保德2人；转入什务者2人，分别是保德1人、岢岚1人；其他类2人，为专署所安置。① 具体情况详见表3。

表3　晋西北二专区精简后编余干部安插情形一览表②

项别	到县工作	到区工作	学习	生产	养病	到部队	到村工作	民运	什务	其他	合计
河曲		1	1	26	1	3	18				50
保德		2	5	8	4	4	25	2	1		51
偏关			3	5	2	5	31				46
岢岚		8		10			25		1		44
五寨		3	1	9		2	7				22
神池		3	3	12	4	9	16				47
专署	5	6	3	22	3	2	2			2	45
贸易局			3	86							89
总计	5	23	19	178	14	25	124	2	2	2	394

其次，编余什员安置亦取得了较好成效。如晋西北二专区所属各地及机关将编余什员共494人全部予以安置，在安置中主要分了5类，即到村工作、学习、生产、养病、到部队。在具体分配中，到村工作者仅有岢岚11人；送往学习者共4人，分别是岢岚1人、五寨3人；转入生产者总计397人，分别是河曲63人、

① 《晋西北二专署精兵简政前后的各种统计表》（1943年2月），山西省档案馆藏，晋西北二专署档案，A99/1/4/4。

② 本表根据1943年2月《晋西北二专署精兵简政前后的各种统计表》（山西省档案馆藏，晋西北二专署档案，A99/1/4/4）改制而成。

保德70人、偏关44人、岢岚47人、五寨33人、神池71人、专署28人、贸易局41人；养病者无；到部队者总计82人，分别是岢岚2人、五寨40人、神池38人、专署2人①。具体情况详见表4。

表4 晋西北二专区精简后编余什员安插情形一览表②

项别	到村工作	学习	生产	养病	到部队	合计
河曲			63			63
保德			70			70
偏关			44			44
岢岚	11	1	47		2	61
五寨		3	33		40	76
神池			71		38	109
专署			28		2	30
贸易局			41			41
总计	11	4	397		82	494

由表3、表4观之，在晋西北二专区编余干部安置中，转入生产与到村工作分属安置途径的第一、二位，排在第三位的是到部队去；在编余什员的安置中，转入生产与到部队分属安置途径的第一、二位，以上也进一步凸显了生产之于抗战的重要性。

编余人员安置工作同时也存在着一定程度的不足。这里的不足，系从安置工作的系统总结而言，乃事后的反思，与前述之各安置路径中存在的波折有所不同。更明确一点讲，前述之波折主要着眼于编余人员这一受动方的抵制而言，或因与认识不到问题的根本性而不自觉执行有关，此处的不足主要是就抗日根据地政府这一施动方的工作中有所缺失而论。概而言之，这种不足主要是一切为了抗战，没有时间做过细的思想工作，而且战争环境残酷、战事频繁，所以未能有效引导

① 《晋西北二专署精兵简政前后的各种统计表》（1943年2月），山西省档案馆藏，晋西北二专署档案，A99/1/4/4。

② 本表根据1943年2月《晋西北二专署精兵简政前后的各种统计表》（山西省档案馆藏，晋西北二专署档案，A99/1/4/4）改制而成。

执行安置工作者积极从政治上、军事上认识安置编余人员的重要意义，致使有些人对安置工作不够理解，有的过于草率，有的安置不当，从而发生了一些本不该发生的问题。比如，有的县召开县府扩大干部联席会议商讨精兵简政及编余人员安置问题时，常有几个干部不参加，"对未参加县区扩大干部会议的干部"也不做个别传达；而且，即便是参加会议的干部回到各部门后传达亦不详细，对编余人员没有尽到足够的说服教育。① 在这种情况下，有些地方的编余人员，因未能给予适当安置，消极回家者有之，投敌者亦有之。如晋冀鲁豫抗日根据地二十专署"黄、孙两个编余干部介绍专署受训，而专署训练班未开办，亦未予以适当安置，结果消极回家者一人，投敌者一人"②。由此可见，正是由于抗日根据地政府工作的缺失，才使得编余人员感受不到党和政府对他们的后续关怀，从而情感受到伤害，产生悲观失望情绪，发生了消极回家甚至投敌等不良现象。诸如此类问题的存在，也就使得编余人员安置工作出现缺憾。

四、余论

通过以上论述，可以清晰地看到，在一切为了抗战的时代背景下，华北抗日根据地的编余人员安置，在顺应时局之变时，重点凸显了战时特色。而且，在华北抗日根据地的编余人员安置工作中，成效与不足是共同存在的，并呈现一个明确的主流和支流之分，成绩和缺点之分，矛盾和问题之分，实践与理想之分，但主流和支流在不同点、不同面上又往往呈现交叉现象。此外，就总体而言，编余人员安置原则较为科学，安置策略较为合理，实践效果较为明显，解决问题较为显著，这些方面都应给予充分肯定。在中华人民共和国成立之后，历届党和政府之所以仍然将精兵简政作为一项重要的政策，并时常运用于政权建设之中，也正是十分看重这一点。进而言之，抗战时期的精兵简政，堪称中共政府机构改革的先声和起点，它对于中华人民共和国成立后历次政府机构改革和政权建设均有诸

① 《霍县精兵简政总结报告》（1943年），山西省档案馆藏，霍县政府档案，A171/1/4/1。

② 晋冀鲁豫边区政府：《简政中简编工作的总结》（1942年2月至7月底），山西省档案馆藏，晋冀鲁豫边区政府档案，A198/2/6/1。

多有益的借鉴之处，实际上已成为当代中国特色政府机构改革的一个基本指导原则。特别是在21世纪以来，为了全面提高执政党执政能力，改变执政理念，实施依法治国，贯彻科学发展观，党和政府一直在努力探索一条符合中国国情、中国实际、中国社会发展目标的有中国特色的机构改革之路。中共十八大报告明确提出继续简政放权，再次显示这一问题已列入国家新的重大发展战略框架之下。

但是，这也带来了另外一个值得思考的问题，亦即简政之策是政权建设的"灵丹妙药"，并得到中共的一贯高度重视，那么，为什么从抗战时期到现在这么多年过去了还要三番五次重复实施？这是否意味着在简政之后又经常出现反弹呢？笔者认为，中华人民共和国成立后，中共的简政，的的确确存在一个十分耐人寻味的现象，即每次简政之后，反复现象非常严重——一旦精简下去之后，时隔不长，就会重新反弹，并再现臃肿，国家行政管理能力未达到预期目标。如此反反复复，也就使得中华人民共和国成立后的简政效果相比于抗战时期逊色了不少。由此来看，在未来的简政实践中，如何有效借鉴抗战时期的成功经验，在中国现代化强国实践之路上走出一条切实有效的中国特色机构改革之路，是一个需要我们认真思考和积极探索并不断创新、发展的重大课题。

（原刊于《抗日战争研究》2013年第4期）

日本对华经济战中被忽视的一面

——日本在华公债政策研究（1931—1945）

河北经贸大学人文学院　申玉山①

摘　要：在沦陷区发行公债，隐性劫掠中国资财，是日本侵华战争期间（1931—1945）实行对华经济战、以逞其“以战养战”战略企图的一个重要工具。日本在华公债政策随战局的变化而转移，大致经过了有限度发行——扩大发行——无限度滥发三个阶段。发行中，所有公债种类均有发行，表现出公债发行与伪币发行“有机”结合、发行的强制性和发行的欺诈性等特点。战时日本在华公债政策不仅给中国造成了难以估量的经济损失，而且给日后中国的经济发展埋下了严重隐患。

关键词：日本；侵华战争；公债政策；特点

在沦陷区发行公债，隐性劫掠中国资财，是日本第二次侵华战争期间实行对华经济战、以逞其“以战养战”战略企图的一个重要手段，给中国造成了难以估量的经济损失。但迄今为止，学界对日本在华的公债政策关注、研究不够，成果寥寥。② 本文拟就抗日战争时期日本在华公债政策③做进一步梳理，以期引起学界

① 论文合作者为戴建兵教授。

② 研究日伪公债的专文、专著，目前仅有戴建兵《一笔尚未清算的战债——抗战时期日本及其傀儡政权在中国发行公债之残留》，《民国档案》1998 年第 1 期；戴建兵《日本投降前后对中国经济的最后榨取和债务转移》，《抗日战争研究》2001 年第 1 期；戴建兵《抗日战争时期日本在台湾的公债政策研究》，《史学月刊》2002 年第 3 期；戴建兵、王晓岚《罪恶的战争之债——抗战时期日伪公债研究》，社会科学文献出版社 2005 年 9 月版。

③ 关于战时日本在台湾的公债政策，笔者已有专文论述，因此本文所述战时日本在华公债政策并不包括台湾在内。有关专文参见戴建兵《抗日战争时期日本在台湾的公债政策研究》，《史学月刊》2002 年第 3 期。

更多的关注。

一、日本在华推行公债政策的目的

发行公债，是战败前日本赖以支撑对外侵略战争的重要法宝。日本对于浩大战争经费的筹措，80%依赖公债。第二次侵华战争期间，日本不仅在本国内发行公债，压榨日本人民，而且在中国沦陷区大发公债，最大限度地榨取中国的资源和财富。其目的固然是为了筹措战费，更包含着不可告人的祸心。

第一，将庞大的军费转嫁给中国，实现用中国人的钱打中国人的阴谋。

“九・一八”事变后，日本发动侵华战争，其后随着战争不断扩大化、持久化，日本在华侵略军逐年增加，所耗军饷、给养及其他军需物资急剧膨胀，成为日本战时财政的一个巨大包袱。为缓解这一巨大财政压力，日本将发行、推销公债的范围扩大到在中国的占领区，企图以此隐性劫掠中国人民，实现用中国人的钱打中国人的阴谋。据 1939 年 3 月国民政府的调查报告称：“敌军在察、绥军饷亦系以敌公债掉换蒙钞发给”，“在伪满蒙及华北一带用此方法可销敌公债三分之一强”。[①] 1941 年日本发动太平洋战争后，军费急剧上升，蒙疆日本侵略军强迫伪蒙疆银行购买日本国债 1 亿元，占当年蒙疆银行贷出总额的 36.8%。[②] 1942 年 8 月，日本正金银行与汪伪中央储备银行订立存款契约，牢牢掌握了自由调拨中储券作为军用通货的实权，中储行完全成为侵华日军“军费及其它必要资金的调剂银行”，日军可任意向中储行借贷、透支和提取现金。[③] 1944 年，日本在东北的军队军费和华北、华中一样，由日本正金银行向伪满借用，以节省日军的临时军费预算。到 1945 年 7 月止，伪满中央银行共借给正金银行用于支付关东军的军费达 23 亿元。[④] 而国民党接收伪满中央银行时，该行尚有在日债权9 539 532 002.17元。[⑤]

---

① 魏道明抄送一年来伪蒙军政设施调查报告致财政部函，1939 年 3 月 2 日。中国第二历史档案馆编：《中华民国史档案资料汇编》第五辑第二编附录，江苏古籍出版社 1998 年 4 月版，第 4 页。

② 参见王龙耿《伪蒙疆时期（1937—1945）经济的殖民地化》，《内蒙古社会科学》1988 年第 2 期。

③ 张根福：《汪伪战时体制下的金融体制》，《山东大学学报》（哲社版）2003 年第 3 期，第 85 页。

④ 东北物资调节委员会研究组编：《东北经济小丛书》金融篇，中国文化服务社 1948 年版，第 144 页。

⑤ 吉林省金融研究所编：《伪满中央银行史料》，吉林人民出版社 1984 年 8 月版，第 374 页。

第二，开发、掠夺中国的国防战略资源，供应日本支撑和扩大侵略战争所需。

日本国小地窄，资源贫乏，无法满足和支撑持久化的对外侵略战争所必需的资源和物资，因此依靠疯狂掠夺被占领国的战略物资和资源，实现侵华日军军需物资的完全自给，“以战养战”成为日本发动侵华战争的既定国策。日本占领东北伊始，即强调“当前最急需的就是迅速开发这些产业资源”①。随着战争的扩大化、持久化，日本为了应付长期战争，实现侵华日军的“现地取给”，强化了“以战养战”方针，采取多种形式最大限度地“开发”掠取中国的物质资源。1941 年 1 月 25 日，日本制定“对华长期战争策略要领”，规定日军生活必需品及战略资源，要全部在中国沦陷区取得。1942 年 12 月 21 日，日本御前会议正式制定了《为完成大东亚战争对华处理根本方针》，规定：“当前对华经济施策，以增加获取完成战争所必需的物资为着眼点，以图重点开发取得占领区内紧急物资，并积极获取敌方物资。”② 而发行公债成为日本解决其投资基金问题的重要途径。在东北，日伪先后制定了《投资事业公债法》《兴业金融公债法》《满洲储蓄债券法》《产业振兴公债法》等法规，并依此发行五花八门的债券，募集产业开发资金。日本还实行将“带有国防的或公益的性质之重要事业，以公营或令特殊会社经营为原则”③，建立所谓国策会社，并给予发行社债的特权，投资开办各种公司、企业，对沦陷区经济进行统制和“开发”。如 1937 年 12 月成立的满洲重工业株式会社，战争期间共发行了 10 回公司债，其中仅第二回发行额即达 3 亿元。④ 1938 年 11 月，日本又在华北、华中沦陷区分别成立了华北开发株式会社、华中振兴公司两大国策会社，加紧对沦陷区的“开发”和掠夺。与此同时，日本银行也在华大发所谓“事业债”，给予大力配合。1939 年至 1945 年，仅日本兴业银行经营的“在华日本事业债”即达 23.5 亿元。⑤

第三，支撑伪政权财政，以达其“以华治华”、分而治之的企图。

日本在侵华战争中，对中国采取了“以华治华”、分而治之的策略，相继在东

---

① 中央档案馆、中国第二历史档案馆、吉林省社会科学院合编：《日本帝国主义侵华档案资料选编——东北经济掠夺》，中华书局 1991 年 4 月版，第 83 页。

② 复旦大学历史系日本史组编译：《日本帝国主义对外侵略史料选编》（1931—1945），上海人民出版社 1975 年版，第 420 页。

③ 《日本帝国主义侵华档案资料选编——东北经济掠夺》，第 43 页。

④ 《日本帝国主义侵华档案资料选编——东北经济掠夺》，第 160 页。

⑤ 《1937—1945 日本在中国沦陷区的经济掠夺》，第 350 页。

北、华北、东北占领区建立了傀儡政权。这些伪政权不但要担负日常行政开支、伪职员薪酬、沦陷区治安费、“扫荡”和“清乡”费等，还要为日本侵略军筹措军费和产业“开发”资金，仅仅依靠税收根本无法解决上述各项财政支出。因此，滥发钞票和公债成为其维持伪政权的救命稻草。主管汪伪财政的周佛海1942年10月1日的日记哀叹：“明年上半年国家支出，每月约需六千四百万，而收入只四千余万元，每月不足二千余万，除发行公债，实无他法。”① 汪伪自1942年开始发行公债，其金额每每高得惊人。如1942年的“民国三十一年安定金融公债”，发行总额为15亿元②；1945年3月公布的“民国三十四年内国公债”，总额定为200亿元，4月发行第一期50亿元，至8月又修订发行总额，其数额竟高达3000亿元！并规定第二期发行2200亿元！③ 由此可见，滥发公债是汪伪政权赖以维持的支柱。

显然，侵华战争期间日本在华的公债政策是服务于日本侵华的总体战略——经济上“以战养战”，政治上“以华治华”，是日本对华经济战的一个重要工具。

二、日本在华公债政策的演变

侵华战争期间，日本在中国的公债政策是依战局的发展而转移的。具体而言，大致可以分为三个阶段，即1931—1937年、1937—1941年和1942—1945年。

（一）1931—1937年

这一时期，中日战争尚处于局部战争阶段，日本帝国主义疯狂扩军备战，企图把中国东北建成为日本“以战养战”的战略基地和兵站基地，为发动全面侵华战争和太平洋战争做准备，并为此加紧在这一地区的“开发”建设。此一时期日本在华的公债政策亦着眼于此，发行额逐年上升，但总体规模不大。

---

① 蔡德金编注：《周佛海日记》，中国社会科学出版社1986年版，第749页。

② 汪伪国民政府公布1942年安定金融公债条例，1943年5月31日，《中华民国史档案资料汇编》第五辑第二编附录，第851页。

③ 汪伪公布民国三十四年内国公债条例暨增加发行总额有关文件（1945年3—8月），《中华民国史档案资料汇编》第五辑第二编附录，第859—860页。

日本早自1905年日俄战争后就已经在东北开始发行公债。① 1931年“九·一八”事变后，中国东北沦陷为日本的殖民地。日本视之为“帝国的生命线”，“日满经济不可分，两国经济一体化”，刻意将东北经营成为一个重要的军事供给和日本经济及物资的战略补给基地，加紧进行所谓的“满洲建设”。为此，日伪更加重视公债的筹资作用，将其国内的公债政策原封不动地移植到东北，逐步建立起“国债”、金融债、公司债、地方债的发行法规和体系，并逐渐使伪满政权成为公债发行主体。1932年至1936年伪满历年发行公债数字：1932年为35 000 000元，1933年为50 925 900元，1934年为13 599 350元，1935年为68 150 000元，1936年为90 000 000元。② 1936年12月，伪满还成立了“满洲兴业银行”，专门负责对东北的工矿事业投资，主要业务就是应募并承受“国债”、金融债、公司债，发行满洲兴业债券、满洲储蓄债券。

（二）1937—1941年

这一时期，日本发动全面侵华战争，中国华北（包括所谓“蒙疆”地区）、华中、华南地区相继沦陷，但日本并未能实现其“速决战”的战略目的。战争的扩大化、持久化迫使日本不得不做“长期战争”和“长期建设”的打算，进一步强化“以战养战”方针。与此相适应，日本在华公债政策也做出调整，发行额度及规模开始逐年增长，发行地也扩展到华北。

由于战争的长期化，东北作为日本战略物资供给基地和兵站基地的地位更加重要。伪满当局为了筹措更多资金加快战略资源的开发，扩大军工生产，以支持日本的侵略战争，逐年增加公债发行额度。1937至1941年，伪满历年公债发行额如下：1937年为150 500 000元，1938年为20 000 000元，1939年为306 000 000，1940年为737 490 000元，1941年为450 000 000元。③ 其中，仅“满洲兴业银行”这一时期通过发行债券、储蓄券吸收的资本就达11亿满元。④ 此外，日本在伪满还巧立名目，发行了很多变相的公债，如进行国民储蓄。从1939年起，伪满开展所谓“国民储蓄运动”，强制人民储蓄。1939年储蓄额为5亿元，1940年为8亿

---

① 杜恂诚：《日本在旧中国的投资》，上海社会科学出版社1986年10月版，第89、95页。

② 参见“伪满洲国公债发行偿还”表，《日本帝国主义侵华档案资料选编——东北经济掠夺》，第782页。

③ 参见“伪满洲国公债发行偿还”表，《日本帝国主义侵华档案资料选编——东北经济掠夺》，第782页。

④ 董长芝、马东玉：《民国财政史》，辽宁师范大学出版社1997年6月版，第453页。

元，1941年达11亿元。①

华北地域广阔，煤铁等战略资源藏量丰富，加之较贴近日本本土，对战时日本在政治、军事、经济上均具有重要的战略意义。因此，华北沦陷伊始，日本即将该地区作为仅次于东北的准后方来经营开发，视之为“日本帝国经济圈的一部分”，提出“在动员当地资金的同时，结合日满两国的资金、技术共同开发产业，以达到扩充日本生产力和安定民众生活之目的”。② 日本在华北采取了不同于伪满的财政和公债政策，组建华北开发株式会社统制“开发”华北经济，以掠夺华北战略资源，满足对日“满”供应；同时使用更为直接的掠夺方法——通货膨胀。公债在伪财政中所占比例很小。1942年前日本在这一地区的公债政策，一是推销日本国债。“七七”事变后，日本曾在华北大量推销其国债，仅1939年就曾在华北发行过七八次中国事变公债。③ 在伪蒙疆地区，“推行‘中国事变爱国公债’，发行‘福利奖券’（民国二十七年八月起在张垣发行，每月二百万元）……强迫储蓄（凡伪政府公务人员及人民款项，均须储存蒙疆或察南实业银行），及用敌国公债换取蒙疆现钞，再以之收买我各种生产原料，及购买土地、开办工厂等，同为敌目前‘财政确立’之重要政策”④。另据“伪蒙疆成纪七三五年度（1940年）第二号特别会计岁入岁出一览表”，列有“政府债特别会计”37 416 000元，“政府债整理基金特别会计”9 596 788元⑤，其中所谓“政府债”，即当是日本强行推销、伪蒙疆政府承购的日本国债。二是发行华北开发债券。华北开发债券由华北开发株式会发行，有日元券和伪联银券两种。1939年8月第一次发行日元券3000万元⑥，伪联银券第一次发行则迟至1941年。据日伪档案“华北株式开发会社概况”称：“策动开发公司之现地社债，以民国三十年联银负责发行之五百万元（年利七

---

① 史仲文等：《中国全史》第19卷《中国民国经济史》，人民出版社1994年4月版，第180页；戴建兵：《一笔尚未清算的战债——抗战时期日本及其傀儡政权在中国发行公债之残留》，《民国档案》1998年第1期，第93页。

② 居之芬主编：《日本对华北经济的掠夺和统制——华北沦陷区经济资料选编》，北京出版社1995年版8月版，第16页。

③ 戴建兵：《金钱与战争——抗战时期的货币》，广西师范大学出版社1995年12月版，第88页。

④ 重庆国民政府财政部秘书处录送蒙疆伪组织有关财政金融事项调查报告函，1939年10月7日，中国第二历史档案馆编：《中华民国史档案资料汇编》第五辑第二编附录，第697页。

⑤ 中国第二历史档案馆：《侵华日军在察绥晋北地区的经济掠夺（二）》，《民国档案》2000年第4期，第36页。

⑥ ［日］浅田乔二著，袁俞口译：《1937—1945日本在中国沦陷区的经济掠夺》，复旦大学出版社1997年11月版，第321页。

分，即百分之七）为始。”① 至1945年4月10日，日元券共发行55次，伪联银券共发行5次，合计55次，总金额达22.3亿元。② 华北开发株式会社就是靠发行公司债来供应在华北活动的日本企业的资金需要。

在华中，日本采取了既区别于东北又区别于华北的财政和公债政策。华中地区虽富甲天下，但因这一地区远离日本，且与正面战场犬牙交错，日军在该地区势力远不及东北和华北强大，因此，日本对华中没有像对待东北、华北那样投入较多资金和技术加以“开发”，而是更多地采取“杀鸡取卵”、竭泽而渔的残酷掠夺政策。表现在财政和公债政策上，战争前期和汪伪政权早期主要以形同废纸的军用票为征发工具，并辅以强行掠夺，因而很少发行公债。日本在华中的国策会社“华中振兴公司”虽然自1940年开始发行公司债券，但主要是由日本银行团承受，在日本国内招募。③

（三）1942—1945年

1941年12月日本发动太平洋战争，将战事扩大到东南亚地区。战线进一步拉长所需的大量的人力、物力和财力，使本来就已经极其困窘的日本战时经济濒临枯竭。日本更加残酷地对中国沦陷区进行经济掠夺，以支撑战争的巨大消耗。为了筹措到足够的资金，用以支付日军军费，加大、加快对沦陷区“开发”掠夺的力度，同时支撑摇摇欲坠的傀儡政权，日本在华的公债政策开始全面膨胀，无限度滥发。

在东北，伪满的一切经济活动都集中于战时紧急物资的扩大征集和对日支援上，公债发行额度直线上升。从1942年到1945年8月仅3年8个月时间里，就发行公债19.537 76亿元，其中包括伪满洲国垮台前几个月突击发行的3.8亿元，其数额几乎等于前十年发行额的总和。④ 至日本投降前，不计一些储蓄票和博彩性质的公债，伪满的公债发行总额达到了40.554 412 50亿元。⑤ 此外，1942年，伪满还制定了《国民储蓄会法》，进一步推行强制储蓄。这种储蓄首先在各城市进

---

① 华北株式开发会社概况（1944年），中国第二历史档案馆编：《中华民国史档案资料汇编》第五辑第二编附录，第1017—1018页。

② 《1937—1945日本在中国沦陷区的经济掠夺》，第322页。

③ 《1937—1945日本在中国沦陷区的经济掠夺》，第350页。

④ 参见“伪满洲国公债发行偿还”表，《日本帝国主义侵华档案资料选编——东北经济掠夺》，第782页。

⑤ 杨承厚：《伪满中央银行简史》，《中央银行月报》1948年7月。

行，又由城市扩大到农村，强行向城乡人民摊派储蓄数额。1944 年，伪满又强行摊派“必胜储蓄票”。储蓄额因此大增，1943 年达 16 亿元，1944 年达 30 亿元，1945 年达 60 亿元。①

在华北，这一时期发行的日伪公债主要有日本公债、华北伪政权发行的“华北食粮债券”、伪蒙疆政权发行的“公裕债券”等。其中，发行华北食粮债券始于 1943 年 7 月，是为加紧对华北的粮食掠夺，解决华北日军食粮问题，实现所谓“现地自活”。其中“小麦部分 5 亿元，其他部分另定”，全部由伪中国联合准备银行承受。② 1944 年 9 月又发行 3 亿元该债券，亦由伪中国联合准备银行全部承受。③“公裕债券”是为弥补伪蒙古自治政府财政亏空，开发掠夺蒙疆地区矿产而发行，共计两次。1945 年 1 月 14 日发行的为第一次，同年 2 月 1 日发行的为第二次。每次又分若干组。其中第一次至少发行了三组，券面金额 5 元、10 元、50 元不等。其发行总金额，限于档案文献资料的缺失，现无从查考。④ 战争后期，日本还将日本公债作为一种财产投放于伪银行，使其成为最有“保障”的资产进行运作。如，伪满洲中央银行曾向伪中国准备联合银行押透 10.861 亿元，而这些押透业务的抵押品全部是日本政府和伪满发行的国债，而日本政府的公债占大多数。⑤ 伪银行还常常以日本和伪政权公债为担保，对日本和伪政权属下的企业放款。如华北株式开发会社曾向伪中国准备联合银行大量借贷，并向该行支付债券。但实际上不再公开发行，是公开的赤裸裸的抢掠。现在记录在案的有 1943 年 8 月 23 日、1944 年 6 月 30 日、1945 年 3 月 26 日三次借款，总金额高达 5.865 亿元。⑥ 直至战后，伪中国联合准备银行总行尚存有华北开发株式会社债券

① 戴建兵、王晓岚：《罪恶的战争之债——抗战时期日伪公债研究》，社会科学文献出版社 2005 年 9 月版，第 83—84 页。

② 傅文龄主编：《日本横滨正金银行在华活动史料》，中国金融出版社 1992 年 10 月版，第 694 页。

③ 戴建兵、王晓岚：《罪恶的战争之债——抗战时期日伪公债研究》，第 116 页。

④ 参见郭爱《“公裕”债券浅谈》，《内蒙古金融钱币专刊》1991 年第 5 期；吕秀琴：《蒙古自治邦政府公裕债券发行考略》，《沧桑》1995 年第 5 期；康兴：《“公裕债券”的再发现与再补充》，《内蒙古金融钱币专刊》1997 年第 3、4 期。

⑤ 《中央银行审查平津两分行接收伪中国联合准备银行总行报告书》（节录），1946 年 8 月。中国第二历史档案馆编：《中华民国史档案资料汇编》第五辑第三编财政经济（二），江苏古籍出版社 1998 年 4 月版，第 397---398 页。

⑥ 居之芬主编：《日本对华北经济的掠夺和统制——华北沦陷区经济资料选编》，第 140—143 页。

90 215 000元，其他各种有价证券678 355 350元，均为敌伪债券。①

在华中，滥发公债成为汪伪政权解决财政危机的不二法宝，自1942年始直至1945年8月没有间断，且愈演愈烈。综合其种类，计有汪伪政权公债（9种）、汪伪政权地方公债（6种）及变相公债（3种）3类，计18种之多。公债发行额更是达到了匪夷所思的天文数字。其中，各种中央政权公债总计达2303亿元，各种地方政权公债总计达70.1亿元，两者合计，发行总额达2373.1亿元!② 这还不包括变相公债的发行金额。由于人民对汪伪政权的信任度尽失，造成伪公债出售困难，只能由伪中央储备银行承受。此外，“华中振兴公司”于1944年7月也发行了伪中储券的公司债券1亿元，由伪华兴商业银行等承募。③

从以上日本在华公债政策的演变，我们可以看到以下几点：第一，在“以战养战”方针的指导下，日伪公债发行的多寡完全依战争的需要而定；第二，日伪公债的发行集中于战争后期，是日本为挽回垂死的战争而发；第三，适应日本对中国分而治之的策略，并依据不同沦陷区对于日本的战略地位的轻重，战争前期日本在华的公债政策一度表现出区域的差异性。然而，无论日本在华的公债政策如何演变，都改变不了其最终战败的结局。

三、日伪公债的种类及特点

战后，作为对日索赔准备工作的一部分，南京国民政府曾对日伪战时发行的债券进行登记、汇总。根据财政部公债司截至1948年8月底关于敌伪在华发行债券尚欠数目的最终统计④，日伪在华（包括台湾）发行的债券名目多达95种。这些债券名目，概而言之，包括日本公债和伪政权公债两大类。其中“日本公债”又可分为两类：一是日本政府当时在日本发行，而后又在中国的沦陷区内进行强制推销的；二是日本的一些机构或民间组织、企业在中国发行的金融债、企业债。

① 《中央银行审查平津两分行接收伪中国联合准备银行总行报告书》（节录），1946年8月，《中华民国史档案资料汇编》第五辑第三编财政经济（二），第403页。

② 戴建兵、王晓岚：《罪恶的战争之债——抗战时期日伪公债研究》，第134—141页。

③ 《1937—1945日本在中国沦陷区的经济掠夺》，第350页。

④ 中国第二历史档案馆，财政部档案，三（2）300。

“伪政权公债”则系日本指使伪政权发行的公债。具体而言，则举凡国家债券、地方债券、金融债券、企业债券、有奖债券等。而这还并非战时日伪在华发行的所有债券。档案资料显示，至日本投降前，伪满共发行了公债 87 种，且不包括一些储蓄票和博彩性质的公债。① 仅再加上汪伪发行的各种公债就有 100 多种。此外，伪蒙疆政权发行的“公裕债券”，汪伪发行的变相公债，也没有列入上述统计。

日伪在华发行的债券虽然五花八门，但在发行过程中却有某些共同特点。

其一，公债发行与伪币发行“有机”结合。滥发钞票是伪政权供给日本军费和“开发”资金，弥补财政亏空的主要办法，而滥发的基础是以公债充为发行准备。具体而言，就是让伪银行先购买承受公债，然后再用这些公债作为准备发行纸币。这是日本在中国推行日本和伪政权公债的最主要的手法。伪满洲中央银行自 1937 年宣布日本公债可充作其现金准备，翌年又规定伪满国债也可以充为现金准备，且所占比例逐年提高，到 1944 年 11 月时干脆可以无限制地充为现金准备。再到后来其现金准备基本上都是公债了。② 1945 年国民党接收伪满洲中央银行时，该行的发行准备金只有占发行总额 29.3%的日本公债和贷金及 2.8%的伪满政府公债。③（按：至 1945 年 8 月，伪满洲中央银行的发行总额达 80.85 亿元④，依上述百分比折算，则日本公债和贷金为 23.689 亿元，伪满公债为 2.2638 亿元。）战争后期的汪伪政权更是将两者紧密“结合”的“典范”：先发债券，然后伪中央储备银行承受，再由该行将之充作发行准备，再变成钞票。战后，国民党接收伪中央储备银行时，其资产类全部有价证券共计账面余额为伪币239 414 498 839.03元及 100 日元，其中已经抵充发行准备的共有伪币230 011 486 222.23元⑤，所占比例高达 96%。可见，汪伪发行公债，实质上就是变相发行纸币，公债已经等同于纸币。由此，日伪公债的发行就成了沦陷区通货膨胀的巨大助推器。以汪伪统治下的上海为例，自 1941 年至 1945 年，物价指数竟然上涨了 8860.4 倍！⑥

其二，公债发行的强制性。公债发行根本不是自愿购买，而是以各种强制手法硬性推销。其办法一是强制储蓄银行等金融机关收买。如 1942 年 6 月，汪伪政

① 杨承厚：《伪满中央银行简史》，《中央银行月报》1948 年 7 月。

② 杨承厚：《伪满中央银行简史》，《中央银行月报》1948 年 7 月。

③ 周舜辛：《战后东北币制的整理》，《东北经济》第 1 卷第 1 期，1947 年 4 月。

④ 戴建兵：《金钱与战争——抗战时期的货币》，广西师范大学出版社 1995 年 12 月版，第 72 页。

⑤ 中国第二历史档案馆，中央银行档案，三（2）300。

⑥ 戴建兵：《金钱与战争——抗战时期的货币》，第 291 页。

权为限制和打击法币，下令限华商银行于两周内将所保存之旧法币提交储备银行，又同时规定该旧法币之半数以公债偿付，1/4 以现款，1/4 作储备银行之划头存款。① 又如 1943 年 5 月伪满洲中央银行公布“普通银行资金特定用途制度”，规定各私营银行、工企金融合作社等金融机关，须保持有相当于存款额 30%的公债。② 二是向社会强行摊派。1942 年伪满修改了《资金统制法》，规定买卖 3000 元以上的不动产时，需强制购买相当于贩卖价格 50%的公债；社团法人利润超过实交资本 10%时，令其接受相当于该项利润 30%的公债；政府及其机关发放津贴，或交付一定数量资金时，亦需附带一定数目的公债。③ 1943 年 5 月公布的“资金特定用途制度”进一步规定各公司企业都得保有纯益金一定比例的公债；对职工一律按收入额摊派相当比例的公债。三是实行“强制储蓄”，强迫沦陷区人民将钱存入伪银行，转而用来购买日伪公债，实际成为一种新的公债形式。如伪满自 1939 年发起的所谓“国民储蓄运动”。

其三，公债发行的欺诈性。日伪公债的偿还期限一般为 5 至 10 年，有些甚至长达二三十年，且许多采用抽签法分期偿还。如汪伪 1942 年发行的“安定金融公债”，期限长达 30 年。规定自发行之日起，每届 6 个月付息一次，并自第 11 年起才每 6 个月还本一次，用抽签法偿还总额的 1/60，至 1972 年 5 月止全部偿清。④ 由于日伪公债的发行多集中在战争后期，因此绝大多数未待偿还就因战争结束变成了废纸。如伪满发行了 40 多亿公债，至日本投降前，仅偿还本金1.435 63亿元；汪伪发行了 2373 多亿元公债，至日本投降前，仅还本 16.02 亿元。日伪还施展各种伎俩推销其公债。日伪公债多以高利率对购买者进行诱骗。其年利率一般为 4%至 7%，有的甚至高达两位数。如汪伪 1944 年 12 月 1 日发行的“上海临时救济库券”，年利率即高达 12%。⑤ 此外就是利用人们的投机心理，用抽签给奖、公债与彩票结合等方式欺骗购买者，以达到加速其公债发行、延期兑付或不付利息的目的。如伪满在战争后期所发储蓄类债券多采用抽签给奖的方式，而且奖金越来越

① 中国银行总行、中国第二历史档案馆合编：《中国银行行史资料汇编》上编，档案出版社 1991 年版，第 448 页。

② 戴建兵、王晓岚：《罪恶的战争之债——抗战时期日伪公债研究》，第 83 页。

③ 《日本帝国主义侵华档案资料选编——东北经济掠夺》，第 795—796 页。

④ 汪伪国民政府公布 1942 年安定金融公债条例，1943 年 5 月 31 日，《中华民国史档案资料汇编》第五辑第二编附录，第 851 页。

⑤ 戴建兵、王晓岚：《罪恶的战争之债——抗战时期日伪公债研究》，第 139 页。

高，受奖面值也越来越大。其中的“兴农合作社中央会有奖储蓄证书”（1943年开始发行）、“兴农储蓄债券”（1944年开始发行）等还规定抽奖不付息，期至还本。汪伪1943年发行的变相公债“中央储蓄会特别奖券”和“福利奖券”亦属此类。①

日伪公债的上述特点充分暴露了其经济掠夺的罪恶本质。它与日本帝国主义一度在华中、华南大肆强制推行的日本军票一样，都是其筹措侵华战争军费，劫掠中国人民财富及战略物资，“适应长期作战的需要”，实现“以战养战”的重要手段和工具。但二者又有所不同。首先，日本军票“是一种最直接、最便捷、最节省的掠夺手段”，其出笼伊始即是“一种强制流通的征用性、掠夺性的票券”，带有临时性的应急性质，即时的显性掠夺是其最大特点；而日本在华公债政策是构成日本侵华总体战略的重要组成部分，不仅在当时对中国人民的财富进行现实性的劫掠，而且旨在永久地从根本上削弱乃至摧毁中国对日抗战的经济实力，后患无穷，战略的隐性掠夺是其最大特点。其次，日本军票的印制发行随以所欲，“既没有正式的发行机构，又没有发行保证”，通过这种不值分文毫无发行保障的军票代替公开掠夺及明目张胆的“征用”，本质上与明火执仗的抢劫毫无二致。因此，日本军票出笼伊始便遭到中国人民的厌恶和抵制，加之军票的日渐膨胀势必影响到日本经济，日本侵略当局遂于战争后期停止发行并逐步收回军票，代之以更具欺骗性的中储券。② 日伪公债则不然，虽然其发行也具有明显的强制性特点，但始终有着明确或名义上的发行机构，且往往还有表面上的发行保障。如汪伪政权1942年12月发行的“1942年甲种、乙种粮食库券”就分别以“政府所购储之粮食”和“粮食管理委员会经营业务之财产”为保证；1942年5月发行的“民国三十一年上海特别市市公债”，“指定以全市田赋及保安经费之收入为还本付息基金”，“如遇某月份所收有不敷时，应另由市财政局在其他地方收入项下即行拨补足额”；1944年1月发行的“建设公债”则以“建设事业财产保担保，并以该事业之收益为支付本息基金”；1944年12月发行的“民国三十四年渤海省建设公债”指定“以全省所有各种税收为还本付息基金”；1945年3月发行的“民国三十四年内国公债”规定“偿付本息基金统由国库收入担保”等。③ 因而日伪公债较之日

① 戴建兵、王晓岚：《罪恶的战争之债——抗战时期日伪公债研究》，第58—62、84—86、142—143页。

② 杨天亮：《试析日本军票在华中的出笼》，上海纪念抗日战争胜利60周年研讨会论文集，2005年。

③ 中国第二档案馆编：《中华民国史档案资料汇编》第五辑第二编附录“日伪在沦陷区的统治”，第851—853、862、854、866、859页。

本军票具有更大的隐蔽性、迷惑性和欺骗性，而且愈演愈烈，成为日本军国主义筹措军费、支撑侵华战争的不可替代的重要支柱。

四、日伪公债给中国经济造成的损失

“战争不但是军事和政治的竞赛，而且还是经济的竞赛。”① 抗日战争既是中日两国在政治和军事上的一场决斗，也是两国经济实力的较量。中日之间的经济战自始至终贯穿于整个战争过程，其惨烈程度绝不亚于你死我活的政治、军事斗争，甚而更加残酷。侵华战争期间，日本对华经济战的总目标是“以战养战”，为达到这一目的，日本在侵华战争中不仅对中国的经济资源进行了赤裸裸的野蛮劫掠，而且利用经济手段和各种经济杠杆隐性地搜刮中国人民的资财，公债政策就是其最得力的工具之一。那么，日本侵华战争期间在中国到底发行了多少公债，究竟给中国造成了什么样的损失？

由于日本投降前曾大量焚毁档案文字材料，毁灭罪证，加之日本战败前布置了逃债——让伪银行出面收买日侨手中的小额债券，而大量的日伪公债则带回日本②，使得这一统计、研究工作变得极其困难。

战后国民政府财政部公债司关于敌伪在华发行债券尚欠数目的最终统计是：

中储券　229 376 045 890 元

中联券　238 444 050 元

伪满币　2 768 374 750 元

旧台币　157 643 226.5 元

日　币　2 596 607 337 元

如果将所有这些公债的币种按当时伪满券、伪中联券、旧台币与日元等值，而伪中储券 100 元折合日元 18 元计算，以上的统计（只是面额，没有计算债券的利息）约 471 亿日元。而这仅是日伪公债战后在中国的部分残留，因而只能反映日本在华公债政策的冰山一角。

---

① 毛泽东：《毛泽东选集》，第 3 卷，人民出版社 1991 年 6 月版，第 1024 页。

② 参见戴建兵《日本投降前后对中国经济的最后榨取和债务转移》，《抗日战争研究》2001 年第 1 期。

因为中国各沦陷区的伪中央银行是日伪公债的最主要的发行者和承受者，我们不妨以此为视角进一步考察日伪公债的发行情况。以下就是笔者根据有关档案文献资料及学者已有研究成果做出的统计：

日伪公债发行情况

	日本公债	伪性公债	备　注
伪满中央银行	23.689 亿元	40.5544125 亿元	1."日本公债"中包括贷金，为战后国民政府接收该行时的发行准备； 2."伪性公债"中不包括储蓄票及博彩性质公债。
伪中国联合准备银行	5.865 亿元	8.25 亿元	1."日本公债"只是"华北株式会社"1943—1945 年 3 次向伪联行借款并向该行支付的债券； 2."伪性公债"中包括伪联银券"华北开发债券"0.25 亿元(共发行 5 次，1941 年 500 万元、1944 年 2000 万元，其余 3 次未知)和"华北食粮债券"1943 年 5 亿元，1944 年 3 亿元，共 8 亿元。
伪蒙疆银行	1.2767712 亿元	1.372 亿元	此两项均为战后国民政府接收该行时的发行准备。
伪中央储备银行	3.652621 亿元	2373.1 亿元	"日本公债"为战后国民政府接收该行时，其资产类有价证券中的日本证券。 "伪性公债"中不包括汪伪发行的变相公债。
合计	34.4833922 亿元	2423.2764125 亿元	

资料来源：周舜辛《战后东北币制的整理》，《东北经济》第 1 卷第 1 期，1947 年 4 月；《日本帝国主义侵华档案资料选编——东北经济掠夺》，第 782 页；中国第二历史档案馆，中央银行档案，三（2）300；居之芬主编《日本对华北经济的掠夺和统制——华北沦陷区经济资料选编》，第 140—143 页，第 979 页；［日］浅田乔二著，袁俞口译《1937—1945 日本在中国沦陷区的经济掠夺》，第 322 页；华北株式开发会社概况（1944 年），中国第二历史档案馆编《中华民国史档案资料汇编》第五辑第二编附录，第 1017—1018 页；戴建兵、王晓岚《罪恶的战争之债——抗战时期日伪公债研究》，第 101 页。

以上"日本公债"的统计，如果加上抗日战争时期日本在台湾发行的将近 30

亿元的日本公债①，达 64 亿元之多。也就是说，日本战时在中国最少发行、推销了 64 亿元日本公债。再加上“伪性公债”，则日本及伪政权在战时发行的日伪公债最少也在 2487 亿以上！而这也远非战时日伪公债的准确统计，因为还有诸多方面没有包含在上述统计之列。如，日本投降前后日本为逃债而带回日本的日伪公债；流落在民间的日伪公债；战时日本在华诸多国策会社发行的企业债（包括“华中振兴公司”发行的 1 亿元的中储券债券，“华北开发株式会社”发行的其他 3 次伪联银券债券），等等。因此，对日伪公债更全面、精确的统计，还有待广大史学工作者更加广泛深入的资料挖掘和调查研究。

发行如此巨额的公债，对中国人民强取豪夺，无疑是日本帝国主义对中国人民欠下的又一笔不容抵赖与回避的巨额债务。抗日战争胜利后不久，国民政府就曾专门组织专家设立机构，对还没有兑付的日伪公债数目进行过调查，准备向日本索赔。但是由于历史原因与国际环境风云变幻，而未能实现。

需要指出的是，对日伪在华发行公债的数字无论做出如何精确的统计，也仅仅是表面上给中国造成的经济损失。因为日本通过在中国沦陷区发行公债，然后将筹集到的资金用于在中国沦陷区的“产业开发”，并因此掠走了多少资源，是无法计算的；而且更为重要的是，日本通过对沦陷区人民敲骨吸髓的搜刮，从根本上损害中国的国力与民力并间接破坏我抗战后方与敌后抗日根据地的经济，增强其在战争中的经济实力，扩充其战争资源，从而得以维持其战争经济，苟延残喘，延迟了中国人民抗日战争及世界反法西斯战争胜利的时间。由此而给中国带来了多么巨大的经济损失，更是无法估量。又因为公债是间接向后征抽税，巨额日伪公债的发行不仅在战时就引发了极其严重的通货膨胀，而且极大地影响了日后中国经济的发展，成为战后国民政府通货膨胀的起点。

（原刊于《抗日战争研究》2009 年第 2 期）

① 参见戴建兵《抗日战争时期日本在台湾的公债政策研究》，《史学月刊》2002 年第 3 期。

象征的革命与革命的象征：以华北解放区翻身运动中的仪式为中心

河北大学历史学院　杨　豪

提　要： 仪式在华北解放区翻身运动的实践中占有着重要的位置，因为中共革命也需要象征性因素来构建革命的社会文化场域。在翻身运动中，农民阶层社会地位的绝对提升和地主阶层社会地位的彻底下降是需要在这种新型的社会文化场域中进行的，华北解放区翻身运动的实现最终也是要表现为一种象征领域内的翻身。从革命看象征与从象征看革命是两种完全不同的历史面相，而同时关注这两个范畴正是深度理解中共革命的一种学术上的自觉，在华北解放区翻身运动中出现的浪费果实、惩罚地主等行为也并不能简单仅以所谓的“左”的行为而加以论之。在当代中国社会中，如何正确地认识与看待象征性因素也仍然是一个非常值得探讨的问题。

关键词： 象征；革命；仪式；翻身运动

作为中共革命实践进程中的重要一环，解放战争时期的翻身运动从多个维度上重塑了乡村社会的结构与面貌，而这种重塑的核心实质上则是一种权力实践与关系的根本性变动。权力变动的合法性与合理性的最终确立是不能离开具有象征特征的仪式的，从某种意义上来说权力的合法性与合理性首先就体现为乡村各阶层民众对于各种权力象征性因素的认同上。革命的权力实践当然也不能例外，华北解放区翻身运动的彻底实现最终就是要表现为象征领域内的一种“翻身”，而并不仅仅只是体现为一种物质意义上的翻身。借助翻身运动中的宏观制度和微观机制，具有象征特征的仪式也深深地根植在了华北解放区民众的日常生活之中，成为构建革命的社会文化场域的一个最重要因素。对于中共革命实践进程中的象征性因素，近年来的学术研究也有所涉及。[①] 然就笔者所知，目前学术界对于革命实践过程中象征与革命之间关系的研究仍然相对薄弱，有关华北解放区翻身运动中仪式的研究则更是甚少。有鉴于此，本文将在学术界以往研究成果的基础上，利用档案、汇编和报刊等资料，试图从仪式的维度上来深度描写与深层解析华北解放区翻身运动中的象征性因素及其在中共革命进程中作用，以期深化革命史和乡村史的研究，同时也为新兴的仪式史研究贡献一得之见。

一、华北解放区翻身运动中的仪式化运作缘由

具有象征特征的仪式在中共革命实践中占有着重要的位置，主要缘于仪式可以时刻形塑与构建着革命进程中的认同和情感，而且乡村社会也“最讲究仪式，如果仪式举行隆重，给它的印象就更深刻”[②]。在华北解放区的翻身运动中，共产党政权便通过借用新型革命仪式和改造传统仪式的方式，来对农民阶层进行增象征资本化，以推动其实现彻底的中心化，而对地主阶层则进行去象征资本化，以促使其实现绝对的边缘化。

可以说，象征资本的增和去是仪式具体实践过程中的重要表征之一，而这一点也正是由象征资本本身所具有的独特性所决定的。第一，象征资本是一种可塑性的资源，它的内涵和外延都是可以被塑造的，尽管有时候“它被完全扭曲，但它还能保持其内在能量——即动员、激发以及强制的力量”[③]。第二，象征资本是

① 这方面的主要代表性成果有：黄宗智《中国革命中的农村阶级斗争——从土改到“文革”时期的表达性现实与客观性现实》，黄宗智编《中国乡村研究》第二辑，商务印书馆 2004 年版，第 66—95 页；张小军《阳村土改中的阶级划分与象征资本》，黄宗智编《中国乡村研究》第二辑，商务印书馆 2004 年版，第 96—132 页；丸田孝志《国旗、领袖像：中共根据地的象征（1937 — 1949）》，南开大学中国社会史研究中心编：《中国社会历史评论》第十卷，天津古籍出版社 2009 年版，第 323—341 页；洪长泰《新文化史与中国政治》，（台北）一方出版有限公司 2003 年版，第 302—319 页；李军全《二十世纪三四十年代华北根据地春节文娱述评》，《中共党史研究》2011 年第 2 期；杨豪《传统的发明：翻身运动中的仪式与身体——以冀中解放区为中心》，《党史研究与教学》2013 年第 2 期；丸田孝志《太行、太岳根据地の追悼のセレモニーと土地改革期の民俗》，（东京）《近邻》2006 年 5 月第 49 号。

② 《榆社县赵庄村支部调查总结》（1947 年 5 月），山西省档案馆藏，A165-1-30-3，第 17 页。

③ ［美］杜赞奇著，王福明译：《文化、权力与国家——1900—1942 年的华北农村》，江苏人民出版社 1996 年版，第 13 页。

一种有效的价值表现形式。跟经济资本、文化资本等不同，象征资本具有很强的隐蔽性，尽管它在没有被认可之前可能是没有价值的，不过一旦被占有和转化，其潜在的价值就会被表现出来，这也正是传统乡村社会中地主阶层注重仪式的根本原因之所在。第三，象征资本又具有滞后性的特征，因为“当威望的基础消失时，威望不一定会消失，就这种情况来说，它的基础并不会轻易消失”①，也就是说只有实现了象征资本的转化，权力的基础才有可能会实现完全的转化，仅仅只是经济资本的转化并不足以使华北解放区的翻身运动实现彻底的完成。

地主阶层历来特别注重借用仪式的力量来对自身或者自家的象征资本进行增值与转化，同时也借助于仪式的作用来巩固其乡村领导权力的合法性。在中国传统乡村社会中，这些仪式主要包括“诸如公益活动、排解纠纷、兴修公共工程，有时还有组织团练和征税等许多事物”②，尤其是指祈雨、祭祀、庙会、请神等公共性活动。在这些公共活动中，地主阶层凭借着自身或者自家的某种优势在地方社会的公共场域中充分展示自己财富、学识和能力等，以便获取到与自身身份相符合的象征资本，进而实现个体或者个体家庭的象征资本的进一步增值和转化。此外，个体仪式也是仪式中的一类重要组成部分，主要包括婚嫁、丧葬、建屋等个体性活动。例如，在抗战前，太行区武乡的地主阶层下葬时就有一整套的个体仪式，“打发时，除请和尚外，还叫王八，请礼生，点主官，挂金字大牌，挽联挂账送的很多，纸扎能摆好搬离长，什么九妖十八洞等。迎供、迎牌、迎帐子，打的各种执事，真是热闹，吃饭是荤素两道，一杀猪就好几口。出丧时，联帐、纸扎能摆好几里长，虽是发丧，如同盛会。非穷小人家，一领破席猴鬼爬杆，死了，埋了拉到可比”③。这些烦琐而隆重的个体仪式看似是一种炫耀式的表演，但实质上却也是地主阶层在展示自身或者自家的地位与威望，实现象征资本占有与增值的一种重要渠道。与之相反，对于农民阶层而言，这些公共仪式与个体仪式却成了凸显其卑微地位的一面镜子，农民阶层要么无力进行这些仪式化的表演，要么在各种仪式的实践过程中逐渐丧失掉自己的“面子”。

地主阶层借助仪式的方式所实现的象征资本的占有和增值本身也是一种资本

① 周荣德：《中国社会的阶层与流动——一个社区中士绅身份的研究》，学林出版社 2000 年版，第 234 页。

② 张仲礼：《中国绅士——关于其在 19 世纪中国社会中作用的研究》，上海社会科学院出版社 1991 年版，第 54 页。

③ 《武乡群众意识调查材料》（1943 年 4 月 27 日），山西省档案馆藏，A181-1-45-2，第 28 页。

占有不均衡的表现，而且还对华北解放区翻身运动的实践造成了很大程度上的阻碍。在华北解放区，通过传统仪式的力量所生成与强化的命运、良心等“糊涂”观念是深入人心的。晋察冀区霍家村的“农民就认为地主有好地主坏地主之分，把地主的好过，看成人家会闹，会成家，还有把自己的穷看成是天生的命穷，没福气，往往把迷信和命运与地主阶级分开来看”①。涉县领底“赤贫郝兴昌说穷富天注定，斗垮了老财，咱们可就没地方要饭了，陵川神山头一老农说过去咱求人家，如今咱斗人家，良心下不来，疼过的肉，算了吧”②。热河区也有农民说“有钱人的日子是父一辈祖一辈辛苦赚来的，节省丢下的，不是抢来的骗来的”③。甚至是一些农民积极分子或者党员干部也都或多或少地存在着一些“糊涂”的观念与意识，徐水县詹庄村“共有二百四十户，其中二百一十户姓詹，只有很少几户外姓。九年来在日伪蒋长期的压迫和威胁下，干部中封建落后的家族观念是很深的，‘都是老家，一个爷爷的子孙’”④。平顺县七子沟村的农民积极分子也认为“村中没有地主，富农算地多的也只有三四十亩地，生活都很苦，对阶级认识极其模糊，认为都差不多，没有剥削压迫现象”⑤。

这些“糊涂”观念的存在造成了不少被斗争过的地主“在村里仍摆着‘大老爷’‘大老奶奶’的架子，一哼二哈的吓唬农民，造谣破坏”⑥，不少的农民也还是“老实巴交的，不会说话，见了地主，总觉得矮了半截”⑦。地主阶层长时间累积而形成的威望、见识等象征资本是具有很强惯性的，更是不会轻易地消失，而这些威望、见识等象征资本的占有和增值也正是地主阶层借助乡村社会中各种传统仪式的作用所积累与转化的，所以华北解放区上述“糊涂”观念和意识的存在其实质就是地主阶层仍旧拥有象征资本而农民阶层仍然缺乏象征资本的事实所造成的。

因此，如果不借用仪式的作用对农民阶层进行增象征资本化和对地主阶层进行去象征资本化的话，那么华北解放区的权力关系就不会得到根本性的重组，翻

---

① 王宗琪：《深入运动中的思想发动》，《晋察冀日报》1947年8月4日，第2版。

② 《发动落后农民太行取得经验》，《人民日报》1947年1月18日，第2版。

③ 《土地改革与群众运动》（1947年3月），中共河北党委党史研究室编：《热河解放区》上，中央党史出版社1994年版，第285页。

④ 《打掉家族观念的金箍咒》，《晋察冀日报》1947年2月3日，第2版。

⑤ 《平顺七子沟支部调查》，山西省档案馆藏，A191-1-14-4，第1页。

⑥ 王力：《沁源县复查的主要经验》，《人民日报》1947年8月2日，第2版。

⑦ 李新：《回望流年：李新回忆录续篇》，北京图书馆出版社1998年版，第21页。

身运动也就不会实现真正意义上的实践。为此，共产党政权便借用了仪式的力量来对华北解放区的翻身运动进行实践与强化，特别是对于新型革命仪式的借用表现得尤为突出。

二、华北解放区翻身运动中的公共仪式

在共产党政权所实践的新型公共仪式中，诉苦会、批斗会和庆祝性的公共活动则在其中占有着举足轻重的地位，这些会议式的公共仪式“可以使人们从人数产生一种安全感”①，进而使农民之间相互感染、相互模仿，以实现树立阶级意识、释放兴奋情绪、提升社会地位的剧场效应。

一般而言，在诉苦会召开之前，共产党政权往往会通过对话语、媒体等的主导，着力塑造“诉苦光荣”的舆论空间，以便于农民阶层在即将开始诉苦的舞台上找到“移情”和“比附”的参照物。同时，注意寻找和选拔诉苦骨干分子，并启发他们在诉苦的剧场中进行“点火”，即“以别人的或者自己的苦难，触动历史的创伤，引导你从一点想起，连贯整个的一生经历，启发你对地主阶级的仇恨，积极的起来斗争”②。乡村女性大都感情脆弱，容易激动，所以为了营造诉苦的仪式性氛围，同时也为了充分调动广大农民的情绪，华北解放区的很多村庄一般都是选取女性来作为剧场诉苦的骨干分子的。前期准备工作基本完成之后，诉苦仪式便如期开始。

在诉苦仪式中，共产党政权先通过剥削概念的引入与植入，使农民真正意识到“到底是谁养活谁”的问题，然后通过计算地主之所收与农民之所得之间的巨大差额，进而使农民认识到原来本应归自己所得的绝大部分土地收益竟然是被地主剥削了，自己以往所崇拜与尊敬的地主竟是个剥削者和吸血鬼，看来真是“坑不了穷人发不了家”。在太岳区的一次诉苦大会上，农民就质问地主，“你怎富的，你吃的是啥”，地主回答，“我是靠剥削大家富的，我吃的是白馍”。农民进一步质

---

① 《唐县县委关于诉苦运动的指示》，河北省档案馆藏，520-1-171-4，第6页。

② 《中共太行区党委关于土地改革运动的基本总结》(1947年6月25日)，河北省档案馆编：《河北省土地改革档案史料选编》，河北人民出版社1990年版，第231页。

问到，“白馍里包的是啥”，地主回答，“豆子”。这时农民大大激愤起来说，“不是，你吃的是我们穷人的血汗，馍里包的是我们父母妻子”。[①] 认同性危机的认识直接导致了合法性危机的出现，所以农民阶层在认识到地主阶层的“剥削者”和“吸血鬼”身份以后，便开始对地主阶层象征资本的合法化产生了怀疑，并意识到了自己的不幸遭遇原来都是由于地主的剥削所造成的。诉苦仪式的实践也在很大程度上强化了群体极化和群体思维的力量，农民阶层普遍地认清了地主阶层的罪恶，于是他们便“口口声声要冤冤相报，有的泣不成声，有的痛哭绝食，有的眼皮哭肿了，有的一人诉苦痛哭，大家为之泪下或伤心的低头不语，一片哭声，其凄凉惨苦之景况，使人不禁流下阶级同情之眼泪”[②]，然后“全体宣誓，齐心斗垮奸霸地主，‘翻身万岁，穷人坐天下万岁，毛主席共产党万岁’之吼声，震破大地静寂”[③]。

为了使诉苦仪式更加的形象化和真实化，华北解放区的很多村庄甚至还将诉苦会变成了公祭会，将诉苦地点选在了寺庙或者坟地，让“苦主身穿丧服，挂着死者灵牌”[④]，以烘托出“苦”的氛围。借助诉苦的仪式与氛围，农民阶层的阶级觉悟也逐渐形成了，他们认识到地主阶层正是他们各种“苦”的始作俑者，地主是“咱们（农民）的冤家对头，吃咱们的肉，喝咱们的血，欺压的咱们喘不过气来。他们吃租放利，欺街占道，把持会事”[⑤]，丑恶（如平北小孩把地主做骂人名词）便也逐渐成了地主阶层的代名词[⑥]，地主阶层以往所占有与积累的象征资本也就大大地流失了。在诉苦的过程中，共产党政权还塑造出了“劳动创造一切”“苦多就是功劳大”“苦就是理”等话语，使农民阶层逐渐意识到“世界是劳动人民创造的，谁劳动谁就是社会的主人”[⑦]，认识到原来自己才是社会一切财富的创造者，农民、穷苦、贫困等词语原来也都是光荣的体现，自己先赋性的农民身份

① 《诉苦中揭露富根》，《新华日报》（太岳版）1946 年 8 月 1 日，第 2 版。

② 冀南三地委：《复查中的诉苦问题》（1947 年 7 月），河北省档案馆藏，33-1-77-27，第 13 页。

③ 《温县新区二次掀开土改运动》，《晋察冀日报》1947 年 7 月 26 日，第 2 版。

④ 《宁南四区集训贫雇农中诉苦公祭悲愤复仇》，《人民日报》1947 年 9 月 18 日，第 2 版。

⑤ 《冀东区新农会临时委员会为实行土地法大纲告农民书》（1947 年 12 月 26 日），中共河北省委党史研究室编：《冀东土地制度改革》，中共党史出版社 1994 年版，第 168 页。

⑥ 《冀热察土改运动初步总结与今后任务》（1947 年 11 月 15 日），河北省档案馆编：《河北省土地改革档案史料选编》，河北人民出版社 1990 年版，第 289 页。

⑦ 《齐禹边地翻身农民热烈要求入党》，《人民日报》1947 年 6 月 5 日，第 2 版。

具有一种天生的优越性和神圣性，正是“一切权利归农民，农民就是社会的主人翁”[①]，农民阶层的象征资本获得了极大程度上的增加。

与此同时，诉苦仪式的结束也就意味着批斗仪式的开始。在华北解放区的批斗会上，各种仪式化的表演更具有明显的剧场式效果，直接面对面的批斗与羞辱使得地主阶层通过各类的传统仪式所获取而来的象征资本几乎损失殆尽。冀中区五公村批斗地主李大林时，农民“铁头的大姐李芹被扶到台上，斥骂李大林。当她倾诉其不幸时，人们静静地听着。由于他父亲犯下的罪孽以前几年所有的暴行，所以她一讲完，群众便包围并痛打不幸的李大林。大林被五花大绑，弯着腰游街，人们打他，扭他，侮辱他，逼他承认列举的罪行”[②]。太行区张庄批斗地主王来顺时，农民“从来媳妇从自己瘦弱的身上解下一根腰带，和她儿子一起，用腰带和拳头痛打王来顺。她们足足打了一顿饭工夫。从来媳妇一边打，一边喊‘你打了我六年，今天我要报这个仇。先前你一点不顾我们死活，你睁着两眼不认得我们，现在我也不认得你，现在轮到我了’。王来顺在她们面前畏缩成一团，拳头和皮带落在他的背上、脖子上，他哼哼着，后来便晕倒在地上”[③]。

批斗会上各种惩罚地主的行为都是在对地主阶层进行一种去象征资本化的实践，并借此以彻底颠覆其依靠传统乡村仪式所获取与积累到的权力结构的合理性与合法性。但是对于农民阶层而言，经过批斗仪式之后，他们则获取到了绝对意义上的象征资本，社会地位急速上升，“在这个农民翻身的园地里，随地听到农民评论着‘谁是贫农，谁是地主’，小孩子在一起玩的时候，嚷着‘咱们团结起来，斗争这个地主、国特’，老汉们高兴地念叨‘这回我死了也不屈了，仇报了’，随便一个群众会上，都是‘毛主席咱们的万岁’，过去被人看不起的带汗味儿的贫农们，当上了村代表、村主席”[④]，成了新社会的主人翁。

批斗会过后，华北解放区的很多村庄大都还会举行展示或者庆祝翻身的公共性活动，例如，吃伙饭、唱大戏、大游行等庆祝性的活动。冀中区农民翻身以后，“纷纷把翻身日子，定为翻身节，逢时庆祝，以示纪念，家家贴上新对联，和过年

---

① 《阳城村支部公开实验总结》，山西省档案馆藏，A184-1-60-4，第9页。

② ［美］弗里曼著，陶鹤山译：《中国乡村，社会主义国家》，社会科学文献出版2002年版，第153页。

③ ［美］韩丁著，韩倞等译：《翻身——中国一个村庄的革命纪实》，北京出版社1980年版，第157页。

④ 朱峥：《反右倾以来的怀柔土改运动》，《冀热察导报》1947年9月13日，第2版。

一样大部分村庄都开了庆祝翻身会。有的地方还演出戏，南柏泉演了万年穷翻身，赵庄农民自演实事贫女泪”①。太行区“白村群众欣喜若狂，召开了庆祝翻身胜利大会，演习扭秧歌，锣鼓喧天，相庆翻身，人人挂着个笑脸，并一致通过给毛主席写信”汇报翻身。② 冀鲁豫区翻身农民也为了庆祝翻身，集体吃齐心饭，“吃饭时，五十多岁的妇女小组长说，‘我有五年连初一也没吃过肉了，今天补个年吧’。一个贫农老头说‘今天吃这顿饭，我又想起往年的事了，在那时哪想到今天穷人会翻身呢’”③。冀晋区井陉“群众为了庆祝胜利，各村普遍召开了庆祝穷人翻身胜利大会。为了开得隆重，不少村搭起了排楼，张贴了红绿标语，升了党旗和各色彩旗，有的村还列出了烈抗千属光荣榜。有业余剧团的村庄还当场演出了节目，庆祝穷人翻身。大部分村庄在群众要求下，规定了翻身纪念日，每年到这一天都要组织庆祝”④。太岳区×村翻身后，“群众聚集集会场，识字班穿着五色灿烂的衣服在国乐队伴奏下，扭着秧歌舞，民兵队儿童团排列在两旁，在三响喜炮声中，全体群众按工农青妇团体，正对出发游行，高举着‘王家对河村庆祝翻身大会’的大旗为前导，敲打着十八面大小锣鼓，向黄家对河等村出发，每到一村，即鸣炮三响，并表演秧歌”⑤。

如果从生产的角度上进行考虑的话，那么上述这些村庄的庆祝性的活动确实是一种“浪费”，有些甚至是一种党员干部主导下的“浪费”，但是如果从仪式的角度上进行思考的话，那么这些庆祝性的活动就无疑是一种强化认同、激发情感与重塑记忆的公共仪式。这些具有象征特征的狂欢式的公共仪式化表演具有巩固翻身结果的作用，在激发农民阶层翻身的思想情绪与阶级共鸣方面也是其他任何宣传手段都无法比拟的。其实对此，华北解放区的领导层也是有一定认识的，冀热察区的领导干部就认为“庆祝大会、吃齐心饭是普遍的，经验证明是成功的，有人批评这是太浪费了，我们还不同意。这个会更加表示农民是一家人，这个会再来一次回忆，悲喜交加更有意义”⑥。

---

① 《农民狂烈庆翻身》，《晋察冀日报》1946年11月13日，第2版。

② 《榆社白村人人有地种狂欢集会庆祝翻身》，《新华日报》（太行版）1946年9月9日，第2版。

③ 《吃齐心饭想翻身事》，《冀鲁豫日报》1947年4月7日，第1版。

④ 《中共井陉县委土改总结》（1946年12月），中共井陉县委党史办公室编：《井陉党史资料——纪念井陉解放四十周年》，1987年4月，井陉县委党史办公室藏，第238页。

⑤ 《翻身农民欢欣鼓舞》，《人民日报》1946年9月30日，第2版。

⑥ 《刘杰同志关于察哈尔省土地改革的汇报》（1947年1月），河北省档案馆编：《河北省土地改革档案史料选编》，河北人民出版社1990年版，第145页。

三、华北解放区翻身运动中的个体仪式

如果说公共仪式更多的是在实践一种翻身运动的话，那么个体仪式则更多地表现为展示一种翻身运动的象征，即华北解放区的农民阶层通过修屋建房、婚丧嫁娶等活动对自身或者自家的象征资本进行着增值与转化。冀中区的翻身运动结束之后，“各村群众准备盖房的很多，深泽小直腰即有二户中农、五户贫农，大直腰东头即有十几户农民准备下砖坯木料，准备盖房”①。太行区翻了身的农民还在自家新建房屋的门口上贴上自己编写的新式对联——“旧社会住草房，新社会住楼房”②，门口的横批也变成了“劳动门第”，而不是书香门第，广大农民自己欢欣地呼喊着，“有了房子地，摆上桌子柜，头顶的足踏的都是自己的”③。冀南区翻身农民尚苏氏谈起翻身感激而又难过地说：“翻身前我与孩子在一间小草屋里当门面，高粱秆子绑的那门，理发、睡觉、做饭全在这间屋里，屎没有屎的地方，尿没有尿的地方，下雨天也得到邻家解手。翻身后，分给我宽阔的三间大门面，白石灰墙，玻璃门窗，后来又盖了四间配房，又分了一张桌子，三个椅子，就很像回事。”④ 翻身运动以后，由于修屋建房的农民过多，以至于华北解放区的砖瓦都供不应求了，在太岳区的尹庄村“过去全村只有五家砖瓦窑，因做出的砖瓦卖不出去而歇业了。现在增加到九座砖瓦窑，出货还供不上群众的需要”⑤。

在华北解放区，更有很多的农民利用翻身所得的果实进行了“时兴”式的仪式表演，以求获取到相应的象征资本或者实现象征资本的转化。太行区“榆林坪村王德云结婚时，宴请亲友邻居二百五十余人，请了两家鼓乐团吹打庆祝。穿戴铺盖也都用的是洋布西货。事后算账，花了冀钞六百二十多万，可折卖小米十石

① 《中共冀中区党委结束土改总结》（1949年3月10日），河北省档案馆编：《河北省土地改革档案史料选编》，河北人民出版社1990年版，第597页。

② 江涛：《翻身农民搬进新房》，《新华日报》（太行版）1947年9月11日，第4版。

③ 《中共太行区党委土地改革报告》（1947年6月15日），河北省档案馆编：《河北省土地改革档案史料选编》，河北人民出版社1990年版，第201页。

④ 《回忆过去比现在，永远跟着共产党》，《人民日报》1946年12月24日，第2版。

⑤ 《群众情绪高涨积极兴家立业》，《新华日报》（太岳版）1949年3月13日，第1版。

左右”①。冀鲁豫区翻身农民结婚时“用了五乘四人轿，有要戚送戚的把新娘抬来，礼堂是搭了一个台子，好像是在开纪念会，事前大发结婚启事，礼洋受了三万多，花销共五万多元”②。太岳区的翻身农民埋人时，“前后三天时间，动用了三个闾的群众帮忙，连实客看热闹的群众达七百人，请了十个道士、五个吹鼓手，坐法台招魂念经，行三鲁礼。他这次过事，磨了麦子八九石，杀了一头猪，打了十几斤酒，光西瓜就吃了三百多斤”③。冀南区一个翻身的农民说“我母亲一死，邻家都说俺娘活着没享什么福，如今翻身了，还不好好办吗？过去地主恶霸抖（威风的意思），我现在翻了身也抖抖，叫了一班和尚，十个鼓手，办了三天大事，村里，民兵、妇女队和全体干部，连上亲戚朋友共有二百八十余人参加，事后一算就花了十二万块钱还多”④。翻了身的农民阶层的“面子”“威风”及社会地位的展示与认同也是需要借助各种个体仪式的作用来实现的，这也折射出了象征资本在乡村社会中的持续性影响，而这些个体仪式化的表演同样也绝非生产意义上的“浪费”和“忘本”可以解释的。

但是此时，对于地主阶层而言，处于阶级结构末端的他们基本上已经丧失了借助个体仪式进行占有或者增值象征资本的机会了，被管制的他们只能无奈地坐视自身或者自家象征资本的逐渐流失，有时甚至还得在翻身农民的个体仪式表演过程中通过一系列的特殊方式来主动或者被动实践自身象征资本的流失。例如，在农民阶层结婚时，地主阶层普遍地由以前的管礼、记账、陪戚等工作变为了扫屋、烧饭等任务，农民阶层埋人时他们要抬水、抬棺材，农民阶层开会时他们还需要替农民阶层犁地、翻土。太岳区“毛家坡张家埋人，佃户常安喜被请去管账，佃户李金荣、卢洪山等去当礼宾。抬水、抬棺材的完全换成了村中从前的统治人物”⑤。太行区齐村群众开大会误时多，便决定“咱们每天开会误时间多，叫地主恶霸给咱们耕地，以赔偿误工损失”⑥。冀中区甚至“清算后还叫他们要饭吃，叫他们亲身体验下要饭之苦，还要给抗属挑挑粪，从各个方面把他们威风打垮”⑦。

---

① 《结婚不要过分浪费》，《新华日报》（太行版）1949年7月21日，第4版。

② 《应立即制止浪费现象》，《冀鲁豫日报》1946年9月13日，第2版。

③ 《办出殡浪费太大》，《新华日报》（太岳版）1948年9月17日，第1版。

④ 《成磁群众节约废除婚丧旧俗》，《人民日报》1947年12月13日，第2版。

⑤ 《毛家坡农民作主人》，《新华日报》（太岳版）1947年9月1日，第2版。

⑥ 《赔偿农民斗争误时齐村惩罚地主耕地》，《新华日报》（太行版）1947年11月9日，第2版。

⑦ 冀中十地委：《组织工作报告》（1947年5月15日），河北省档案馆藏，17-1-80-1，第21页。

乡村社会的象征领域内也在实践着一种“翻身运动”。

当然，新型革命仪式的实际效用也是不应该被过分高估的，它能够发挥作用也是需要特定的历史情境的，而且仪式实践过程中的乡村各阶层民众也是有其自身的理性与诉求的。由于仪式都是建立在情感与信仰的基础之上的，而中共革命在改造传统仪式的同时无疑也削弱了仪式实践所必须的基本情感与信仰，所以仪式基础的削弱也影响到了新型革命仪式的实际效用。此外，在利益逐渐递减的情况下，新型革命仪式的实际效用也会慢慢地失灵的。太岳区李家沟反复召开诉苦会之后，诉苦仪式的效用就大大地打了折扣，李家沟的农民对此也便说“有房有地有衣服有粮食，要啥有啥，说地主有的打死了，有的斗老啦，咱村是没有什么问题，因此经过群众大会，群众诉苦劲头不大，反说‘话说三遍清如水，再说一遍没人听’”①。新型革命仪式的现实遭遇也从一个侧面暗示出了中共革命实践在改造乡村传统过程中的实际效用。

结　语

综上所述，仪式在华北解放区翻身运动的实践中占有着重要的位置，因为仪式化表演符合乡村社会中的特定惯习，这是在从个体心理上降低翻身运动的社会成本，更是从社会心理上强化这种翻身运动的社会认同。中共革命其实也需要构建一种革命的社会文化场域以便于对所扶持的农民阶层进行象征资本的增值与转化，而仪式则正是革命的社会文化场域中最重要的一个构成因子，因为仪式既能为翻身的农民阶层创造特定的神圣性与合法性，同时也能打击地主阶层的权威，削弱进而毁灭地主阶层的象征资本。跟传统乡村社会中地主阶层对自身或者自家的象征资本进行增值与转化的方式一样，中共革命所主导的农民阶层翻身的彻底实现最终也是要在仪式的层面上进行的。从革命看象征与从象征看革命是两幅完全不同的历史面相，而同时关注这两个范畴也正是深度理解中共革命的一种学术上的自觉。在华北解放区翻身运动中出现的浪费果实、惩罚地主等行为通常大都是跟具有象征特征的仪式在乡村社会中的惯性影响有着密切联系的，并不能简单

① 《李村沟支部调查材料》（1947 年 3 月 15 日），山西省档案馆藏，A188-1-31-1，第 4 页。

地仅以所谓的“左”的行为而加以论之。这也提醒我们，在对中共革命进行研究时，不仅需要关注物质性因素在革命的动员与运行中的作用，而且也需要关注象征性因素在革命进程中的持续性影响，只有这样我们或许才能真正走近历史场景的深处。其实，在当代中国社会中，如何正确地认识与看待象征性因素也仍然是一个非常值得探讨的问题，而尊重象征性因素或许也应该是达到现代的一种别样途径。

（原刊于《江苏社会科学》2015年第3期）

"报"的逻辑在华北解放区参军动员中的多重呈现

中共中央党校党史教研部　齐小林

摘　要： 国共内战期间，数以百万计的农民参加中共军队，这是中共取得最终胜利的重要因素。以往的研究或者从阶级意识的角度，或者从农民理性的角度，解释农民的参军运动，也有学者强调中共基层组织在动员农民参军过程中起到的重要作用。[①] 这些研究将农民视为中共政策被动的响应者，忽略了影响农民参军的内在逻辑。事实上，在历史发生剧变的革命年代，农民的行为也绝非单纯地被革命激情或理性控制，中国社会发展演变过程中所形成的某些规范，依然约束着人们的行为。这些规范的表现形式因环境不同而有所变化。"报"即是这样一种规范。中文里"报"这个字有很广泛的意义，包括"报告""报答""报偿""报仇"以及"报应"。这些名词的中心意义是"反应"或"还报"，此观念是中国社会关系重要的基础。在中国这一原则的历史十分悠久，人们对他的存在高度感知，并且在社会制度中有着广泛的应用和巨大的影响。[②] 像人情一样，每一个受过中国文化熏陶的人，或在中国社会生活过的成年人，无不了解"报"的规范，并按其要求处理各种事务。[③] 在华北解放区农民参军运动中，"报"这一传统社会规范，

---

① 学界对于动员农民参军的研究主要有以下成果：王友明《论老解放区的参军动员——以山东解放区莒南县为个案的分析》，《军事历史研究》2005 年第 4 期；李里峰《土改与参军：理性选择视角的历史考察》，《福建论坛·人文社会科学版》2007 年第 11 期；张学强《淮海战役期间解放区的参军动员》，《中共党史研究》2009 年第 7 期。

② 杨联陞：《"报"作为中国社会关系基础的思想》，费正清主编《中国的思想与制度》，世界知识出版社 2008 年版，第 324 页。

③ 这里对"报"的评价，借用了金耀基对"人情"的评价。见金耀基《人际关系中人情之分析》，杨国枢《中国人的心理》，中国人民大学出版社 2012 年版，第 60 页。

不仅影响着中共政策的制定，也影响着农民对于参军的态度和村干部的动员。报的规范在动员农民参军中的不同层面都有所展现。本文力图对这一现象进行评析，深化我们对于传统规则与革命之间关系的认识。

关键词： 报；参军；中共；农民；村干部

吃米不忘种谷人：中共视野中的报与农民参军

交互报偿的原则在每一个社会中都是被接受的。在中国，报这项原则有由来久远的历史，中国古人不仅高度意识到报的存在，而且将其广泛地应用于社会制度上。作为一个志在改造社会的政党，中共始终关注着农民对其政策的反应，并将农民获得利益视为得到农民支持的重要基础。抗日战争期间，中共放弃了没收地主土地分给农民的激烈政策，但仍然推行“减租减息、交租交息”的政策，以求获取农民的支持，使农民报恩于己。每当中共面临困境时，给农民利益即成为其制定政策的重要指导思想。1940 年末至 1942 年初，华北抗日根据地战略形势恶化、灾荒不断、根据地缩小、农民生活日益贫困，中共兵员补充遇到严重困难。为顺利度过敌后抗战最艰苦的阶段，中共实施战略收缩①，在根据地内部，则反复强调深入贯彻“减租减息、交租交息”的土地政策，中共中央认为：

> 凡在比较普遍比较认真比较彻底的实行了减租减息，同时又保障交租交息的地方，当地群众参加抗日斗争与民主建设的积极性就比较高。……但是这一政策，在许多根据地内还没有普遍的认真的彻底的实行。……在这些地方，群众的积极性不能发扬，也就不能真正将群众组织起来，造成热烈抗日的基础。……当此抗战进入更艰苦的时期，要求各地更加发扬广大群众的抗日与生产的积极性，更加团结一切抗日阶层来坚持敌后的长期斗争。中央在详细研究各地经验之后，特将我党土地政策作一总结决定。务望各地同志加以研究，认真执行。②

---

① 杨奎松：《抗战时期中国共产党对日军事战略方针的演变》，《历史研究》1995 年第 4 期。

② 中央档案馆编：《中共中央文件选集》13，中共中央党校出版社 1991 年版，第 280、281 页。

由此可见，中共希望通过推行“减租减息、交租交息”政策，造成农民参军抗日的基础。抗日战争结束后各根据地推行的“查减”“清算”“复仇”，乃至解放战争时期的“土地改革”运动无不循此逻辑：“如果在一万万几千万人口的解放区内，解决了土地问题，即可使解放区人民长期支持斗争不觉疲倦。”①

中国的传统伦理是十分强调“施恩拒报”的，在忠恕之道中，这是施者的义务。中国的伦理还同时强调“受恩者”的义务，受者对于所受之恩惠，不能不报，这是最基本的道德。“滴水之恩当涌泉相报”“吃水不忘打井人”“吃米不忘种谷人”等俗语即教导人们不要忘记他人给的恩情。在这种情况下，人人皆可以放心为“施者”，因“施”之后人必“报”之。“施”之行为在“施者”主观意念中固不望报，但社会客观上则可产生“报”之回应。所以在社会关系中，人人都可以放心地做“施者”，因“施”之后，人必“报”之。② 由此可见，中共对于土地改革之后农民奋勇参军的乐观期待，很大程度上源于其对中国传统的报之逻辑的理解。

土地改革过程中的“诉苦”“忆苦思甜”，即是唤起农民报恩热情的重要方式。虽然吴毅最近的研究表明，作为政治规训的诉苦仅显效一时，其效用呈现出递减趋势，最终失灵。③ 但是从中共的角度讲，通过“诉苦”“忆苦思甜”等方式，将农民纳入报恩轨道的基本意图依然是清晰的。李里峰指出，诉苦的基本推演逻辑是：“穷人苦是因为富人恶；蒋介石和国民党是富人的代表，故要仇恨、愤怒和斗争；共产党是穷人的代表，帮助穷人翻身，故要爱戴、感激和支持。”④ 中共期望农民的感恩之心化作感恩之行，它所强调的是施恩之后农民报恩行为的必然性和绝对性。

良心是中国传统社会中最重要的道德规范，没良心是对人非常严重的指责。懂得报恩是有良心的体现，反之，忘恩负义、忘恩背义等即是没有良心的重要表现。华北解放区参军动员过程中中共带领农民普遍进行良心检讨，试图利用良心

---

① 《毛泽东、刘少奇关于土地政策发言要点》，中央档案馆编：《解放战争时期土地改革文件选辑》，中共中央党校出版社1981年版，第5页。

② 参考金耀基《人际关系中人情之分析（初探）》，杨联陞《中国文化中“报”“保”“包”之意义》，贵州人民出版社2009年版，第112—113页。

③ 吴毅、陈颀：《“说话”的可能性——对土改“诉苦”的再反思》，《社会学研究》2012年第6期。

④ 李里峰：《土改中的诉苦：一种民众动员技术的微观分析》，《南京大学学报》（人文社科版）2007年第5期。

这种传统的观念激发农民报恩心理，将农民行为纳入报答中共恩情的轨道。1944年12月，山东省战时行政委员会在拥军运动的指示中，强调要对干部、群众进行教育，组织群众进行良心检讨，使干部、群众充分认识到八路军是什么队伍，八路军是谁的队伍，使之体会到没有八路军主力，就没有根据地，就没有抗日民主政府，就没有饭吃、没有衣穿，就没有自由的人民。在反复召开良心检讨会的基础上，订立拥军公约，打下动员农民参军的基础。① 1944年11月，淮北苏皖边区冬学委员会要求冬学运动的指示中要求参军教育：

> 从现在我们根据地人民生活与大后方人民生活的对比中（或与邻近顽区人民生活对比），从现在根据地人民生活与过去人民生活的对比中，具体说明这些好处首先是共产党、新四军、八路军、民主政府所给予的，因此，要饮水思源，不要好了伤疤忘了痛，而应该时时刻刻对得起共产党、新四军、八路军、民主政府，把良心检讨一下。要对得起新四军、八路军，要保持既得的利益，第一就必须很好进行拥军优抗，第二重要的还必须积极参军，壮大人民自己的武装。②

这段文字当中所蕴含的“施恩——报恩”的逻辑是清楚而明了的。相对于中共政策语言，基层干部的表达更加直白和通俗。1947年山东解放区动员参军：

> 有些基层干部抓住群众分了土地和浮财的事实怯告（方言，即要挟的意思）群众：你小子要东西有劲，参军孬种了？你的身是怎么翻过来的，你忘本没良心？你不参军对得起共产党么？对得起某某人吗？现在毛主席和蒋介石在山头上摔跤了，我们上山扯蒋介石腿的。③

不管中共高层浓厚意识形态色彩的指示，还是根据地基础干部直白的动员，

---

① 《山东省战时行政委员会为准备反攻开展拥军运动的指示》（1944年12月28日），山东省档案馆、山东省社会科学院历史研究所编《山东革命历史档案资料选编》第13辑，第268页。

② 《淮北苏皖边区冬学委员会关于大规模开展今年冬学运动的指示》（1944年11月7日），豫皖苏鲁地区党史办公室、安徽省档案馆编《淮北抗日根据地史料选辑》第7辑，第249页。

③ 中共渤海一地委宣传部：《对去年大参军工作的初步检查（草稿）》（1948年8月8日），河北省档案馆，248-127-2。

其核心均是围绕着报这一中国社会关系的基础逻辑展开，它们反复强调的是农民对于中共必须给予回报，参军则是回报中共的最佳方式。在中共传统的党史撰述中，良心检讨的效果是明显而有效的。此种例子比比皆是。例如，河南焦作市李封区东王封村女翻身英雄张兰英，即利用个别良心检讨及摸心思的方法完成了动员农民参军的任务。村干部动员福来参军，均遭到了福来的拒绝。张兰英引导福来进行良心检讨：

“福来！现在家内有啥吃没有？翻了身没有？”

“现在已翻了身，我有十一亩地了，也有饭吃了。”

“谁叫你翻的身？”

“八路军毛主席叫我翻的身。”

“是呀！八路军领导叫你翻了身，你就应该去参加八路军，把那些没有翻身的人救出来。你哥不是叫汉奸打死吗？现在也应该去报仇呀！”

在张兰英说服下，福来很高兴地去参军了。①

由此可见，在参军动员中，中共和农民之间的对话，是围绕着中国传统社会报的逻辑展开的。不管是中共政策的制定者，抑或是从事具体工作的基层干部，都有意无意地注意到这一点。部分根据地的领导者认为，良心检讨、大家来凭良心，是以群众能够接受的方式方法去教育群众。1945 年在淮北主持工作的刘瑞龙指出：“这种方式有几个好处：不是教条主义的说教，不是喂鸭子，而是由群众自己教育自己。发动群众从回忆过去的切身体验，看看今天切身利益的过程中，体验到将来远大的前途，从而决定自己所要采取的行动。这里，话是由群众自己说的，事情是群众自己的经历，语言是群众妇孺皆知的语言，没有一句党八股，方式不是谁骂谁，谁教训谁，而是大家自己凭良心。”② 在以滴水之恩当涌泉相报为重要行为准则的社会里，我们很难想象农民没有因土地改革奋勇参军。以至于农民因感恩而积极参军参战支持中共革命的说法，依然根深蒂固地存在于我们的脑海里。

---

① 张建峰、任相生：《女翻身英雄张兰英》，中共山西省党史研究室、山西省档案馆编《太行革命根据地土地问题资料选编》，第 404 页。

② 刘瑞龙：《如何贯彻群众路线与克服非群众路线》（1945 年 1 月 20 日），《刘瑞龙淮北文集》，中共党史出版社 2005 年版，第 579 页。

然而，历史事实果真如此吗？如果历史事实果真如此，中共实在没有必要反复强调农民应该进行良心检讨。中共有自身的逻辑，农民也有着自身的逻辑，两者尽管同源，却未必完全相同，历史的复杂性或许正在于此。接下来我们可以看到，在面对参军和良心检讨的要求，农民更看重的是报之规范基本对等和公平的一面，进而影响到农民对于参加中共军队的态度。

酒换酒来茶换茶：农民对参军公平性的考量

在古代中国，报的观念不仅应用于普通人之间，亦应用于君臣关系。人们以市道概括君臣之间的关系："君臣相与，以市道接，君悬禄以待之；臣竭力以报之，逮臣有不测之功，则主加之以重赏，如主有超异之恩，则臣必以死复之。……夫臣不复君之恩，而尚营其私门，祸之原也，君不能报臣之功，而惮行赏者，亦乱之本也。"① 也就是说，君臣之间的施与报要维持基本的平衡，君臣之间才能相安无事。相对于精英文化通过经典著作的传承，乡间戏曲、故事、传说、俚语、民谚、宝卷是塑造农民政治意识的主要渠道，张鸣对这些资料的分析认为，在很多农民看来：

> 家国虽然并列，但较起真来，家的分量无疑还是要大些。……君臣关系几乎就是雇佣关系、交易关系，俗语"皇帝也不能白使人"，学成文武艺卖于帝王家说的也是这层意思。况且，在一般情况下，农民并不认为自己是"臣"，"食人之禄，忠人之事"，反过来，不食其禄就不必忠其事，更不必忠其人，俗话说"人不衣食，君臣道息"，正为此也。②

在现代国家尚未形成，民众臣民意识浓厚的情况下，这是一种正常现象。虽然中共力图在华北解放区塑造新型的与农民的关系，很多农民依然以臣民心态看

---

① 转引自杨联陞《报——中国社会关系的一个基础》，杨联陞：《中国文化中"报""保""包"之意义》，贵州人民出版社 2009 年版，第 75 页。

② 张鸣：《乡土心路八十年：中国近代化过程中农民意识的变迁》，上海三联书店 1997 年版，第 21 页。

待自己和中共政权。具体到参军问题，他们认为参军是制度、王法。1948年4月，在河间姚天宫村的参军动员中，农民“一般的是没有把参军任务当成是自己应尽的义务，认为是给专署扩的兵”①。在建屏县，参军“在群众中认为是一种制度，该谁去就得去，在干部则作为上级交代的任务来完成的”②。建平县有些农民认为这是“官家要兵，不得不去”③。1948年9月，宁城参军动员中，则有人说：“这是国法，人随王法草随风，国家要兵就得去。”④ 在这种观念下，很多农民自然会以市道观念衡量是否参军，充分考虑中共施恩与自己回报之间的对等和公平性问题。

在华北解放区动员农民参军的过程中，中共强调的是农民对中共报答、报恩的必然性。毫无疑问，报是中国农村社会最基本的社会准则，然而，面对中共的参军动员，多数农民认识到了报的必然性，但更强调的是报的公平性。公平性是指在施与报的过程中，施与报的基本对等，施与报的关系才能得以维系。杨联陞在《报——中国社会关系的一个基础》中曾经举例说明这一点，他说有的穷儒负担不起适当的回礼，所以谢绝所有宴饮的邀请，当然，他的社会关系也因此难以维系。⑤ 民间俗语“得人一牛，还人一马”“酒换酒来茶换茶”，既强调了报的必然性，也强调了报的基本对等。基本对等是施与报的关系得以长期维系的重要条件。普通民众间施与报的关系需要遵循基本对等的原则，国家政权与普通民众间施与报的关系同样也需要遵循基本对等的原则。⑥

在国共内战激烈进行期间，面对着中共的参军动员，农民不可能没有患得患失的计较。或者说，他们会衡量在土地改革中的获得与战争中可能的损失是否相对平等。农民参军之后可能会遭受到的损失主要包括以下几个方面：

（一）牺牲生命

绝大多数农民害怕死亡，信奉“好死不如赖活着”的理念。现代战争巨大的

---

① 冀中八地委：《归扩广播——河间五区姚天宫的参军工作从复杂困难中怎样搞起来的》（1948年4月27日），河北省档案馆，11-1-29-6。

② 建屏县收兵处：《关于扩军问题——调查研究材料之十二》（1948年8月），平山县档案馆，1-1-37。

③ 热辽地委：《大风暴总结：新惠县、建平县、北票县、朝阳县》（1948年6月1日），河北省档案馆，205-1-25-18。

④ 宁城县委：《关于扩军简介报告》（1948年9月8日），河北省档案馆，520-1-843-3。

⑤ 转引自杨联陞《报——中国社会关系的一个基础》，杨联陞：《中国文化中“报”“保”“包”之意义》，贵州人民出版社2009年版，第75页。

⑥ 参见赵旭东《权力与公正》，天津古籍出版社2003年版，第115—159页。

杀伤力使士兵伤亡率极高，目睹了战争残酷的农民对参军望而却步。中共内战期间，大量农民随军支前，对战争有了直观的感受，“从前方归来的担架、逃兵，他们一方面传播了胜利的消息，同时也散布一些恐怖的情绪，把飞机大炮的威力扩大到不可设想的地步”①。“美国有大炮，一仗打死好几百”，“中央军厉害，有美国帮助等”。② 部分农民看到身边的青年因参军伤亡，更使得其参军情绪低落。1947年4月，武训县扩军，由于“伤员的移住及个别战士的牺牲，大大刺激了群众，在群众思想上有些人种下了怕参军的、怕死的偏向”，影响了群众的参军情绪。③ 永年某村“1946年强压参军二十人，现在牺牲三个，有三四个荣誉军人，群众很泄劲”④。部分农民认为“当兵不牺牲也得残废”⑤。1948年4月，易县扩军，因“三区白山1947年扩军到现在已牺牲了四个，涞水战役和保北战役中的伤员太多”⑥，“看到现在打仗伤亡数大，农民害怕当兵”⑦。

各地关于战况的流言则加剧了农民的恐惧。1947年初冀南流传着“八路军在山东死了八十万”⑧ 的谣言，1948年初涞源县有人说：“天津附近中央军杀的八路军山堆一般，眼睁睁地看着刺刀挑的，八路军一个都跑不了……”⑨ 在信息传播不发达的华北乡村，这些流言的传播刺激着农民的神经，暗合了农民对战争残酷性的想象，使得农民对参军后的潜在危险更为担忧，“这样就对扩军起了直接性的坏影响”⑩。北岳区在1948年的兵役调查中发现，害怕战争中的巨大伤亡是青年农民参军的最大的思想障碍：“青壮年对参军的顾虑，最主要的是怕死，特别是解放战争以来，运动战攻坚战伤亡数较大，而又有不少的青壮年当中亲眼看到战争之

---

① 冀南七分区政治部：《参军通报（第一号）——参军动员中先搞通干部思想中的几个问题：临清参军动员大会上的材料》（1947年3月16日），河北省档案馆，45-1-8-6。

② 冀南五地委：《五地委扩军工作通报》（8月10日），河北省档案馆，39-1-19-14。

③ 冀南七分区参军委员会：《参军通报（第八号）——向明、旭涛：武训县在参军中怎样走群众运动》（1947年4月23日），河北省档案馆，45-1-8-4。

④ 冀南三地委：《通报（第七号）——永年参军情形》（1947年4月1日），河北省档案馆，33-1-82-11。

⑤ 《徐水县扩军工作报告》（1948年12月17日），河北省档案馆，520-1-245-4。

⑥ 易县县委《易县扩军总结》（1948年4月21日），河北省档案馆，520-1-240-20。

⑦ 北岳五地委：《五分区扩军工作简要总结》（1948年6月23日），河北省档案馆，84-1-12-8。

⑧ 《邯郸“七一”大会纪要》（1947年7月1日），河北省档案馆，520-1-94-7。

⑨ 中共涞源县委：《扩军工作总结》（1948年4月7日），河北省档案馆，520-1-255-8。

⑩ 冀南七分区政治部《参军通报（第一号）——参军动员中先搞通干部思想中的几个问题：临清参军动员大会上的材料》（1947年3月16日），河北省档案馆，45-1-8-6。

残酷，而感到害怕。”①

（二）家庭生产

家庭，在农民的精神世界居于极其重要的地位，让他们离开家参军是极困难，“地、牛、鸡、父母妻子是连心肉”②，他们“舍不得离开家中的父母、妻子和土地房屋”，所谓“千里去作官，不如种上二亩田”。③ 李新后来回忆道：“农民是安土重迁的，只愿过和平生活，要他外出打仗，颇不容易。”④ 青年男子参军对于其家庭而言是很大损失。很多青年参军后，其家庭的生产生活一般呈下降趋势。1942 年，张闻天在陕北调查时发现：“抗工属的生活均不及群众!”⑤ 1945 年，晋察冀军区政治部认为：“基本群众参加部队以后，几年当中，普遍家庭生活状况下降了，有的甚至讨乞在外，流落死亡。”⑥ 1946 年 5 月，在察哈尔省政府组织的拥政爱民座谈会上，战士反映：“抗属因无生产力把地荒芜的，没柴没水的更是比较普遍的现象。”⑦ 1948 年 5 月，北岳三分区后勤司令部对宛平几个村庄军工烈属的生活状况进行了统计，结果显示所有在村中的军干烈属生活均不能自给。⑧ 1949 年 3 月，华北人民政府民政部通报中认为，根据地内“烈军工属的生活还是比较困难，生产水平较之一般群众为低，而且呈现继续下降之势”⑨。

军属生产生活下降，不仅加剧战士的不满，也使后来者对于参军顾虑重重。1945 年 11 月，晋察冀中央局研究室认为：“抗战八年来，根据地中凡是家里有劳动力的，一般光景上升，抗干属一般下降，对扩兵有大影响。”⑩ 1946 年，冀南扩军：

几年来由于群众未充分发动起来，群众的阶级教育不够，以至今天优抗

---

① 北岳区党委：《几个兵役调查材料》（1948 年 10 月），河北省档案馆，69-1-112-1。

② 冀南七地委：《梦侠同志关于扩军工作报告提纲》（1945 年 5 月 21 日），河北省档案馆，4-1-32-1。

③ 冀中区党委党校：《党内各种农民思想意识之举例》（1948 年），河北省档案馆，3-1-103-11。

④ 李新：《流逝的岁月：李新回忆录》，山西人民出版社 2008 年版，第 208 页。

⑤ 张闻天：《张闻天晋陕调查文集》，中共党史出版社 1994 年版，第 359 页。

⑥ 晋察冀军区政治部：《关于巩固部队工作：解决自愿义务兵役问题》（1945 年 5 月），河北省档案馆，520-1-34-5。

⑦ 察哈尔省政府：《拥政爱民运动中三百个战士对政府优复工作的意见》（1946 年 5 月 19 日），河北省档案馆，225-1-24-9。

⑧ 三分区后勤司令部：《三分区关于战勤与兵役的简结》（1948 年 9 月），河北省档案馆，79-1-2-4。

⑨ 唐县《民政部关于优抚工作通报》（1949 年 3 月 8 日），唐县档案馆，卷 2。

⑩ 晋察冀中央局研究室：《日寇投降后冀晋冀察的农村情况》（1945 年 11 月 4 日），河北省档案馆，578-1-44-1。

> 工作不能成为群众的自愿的工作，不少村庄的优抗是被迫的，群众在优抗中的勉强与不满的表现是很多的，这样的优抗自然不能保持经常，在抗属方面一定也觉不到什么光荣。由于优抗工作不好，没有造成群众运动，于是就必然影响抗属对自己儿子丈夫参军的不满，这就造成战士的绊脚石，抗属拉腿就成为必然的事情，这就大大影响了部队的巩固，影响了其他群众的参军。①

1947年3月，罗瑞卿在晋察冀土地会议上复述一些贫农的言论："当兵去？人在人情在，我当兵去了家里没人管，我为什么当兵呢？"并认为，"这是农民心眼里的话"。② 北岳区在兵役调查中也承认："动员参军时，青壮年的最大考虑即家中生产与生活问题，因自己亲眼看到村中对军烈属照顾得不好，致使他的地产量低，生活困难"，因而不愿参军。③

（三）婚姻解体

青年农民参军之后，不仅家庭的生产生活下降，而且婚姻也将面临某些困难。首先是由于家庭生活下降，生活贫困，士兵妻子无依无靠，时有被迫逃荒、改嫁者。如前所述，青年参军后，抗属的生活一般呈下降趋势，"在生活困难情形下，抗属的生活有的又发生两种变化：一是造成对区村干部和本村不满，自己感觉受到欺负；一是受饥饿所迫，女人出嫁，老幼死亡"④。1946年9月，在冀中，"存在抗军婚姻问题，特别是改嫁问题，多是在'五一'以后发生的"，"天灾人祸"是其主要原因。⑤ 1947年12月，罗瑞卿在晋察冀土地会议上指出："地方上对贫苦军属的爱护照顾、帮助他们解决困难很不够，曾有不少的贫苦军属，因为生活无着而要饭吃，还有军属因为生活得不到照顾而改嫁的。使军人最关心最不满的，是有的坏干部诱逼军属改嫁；有的干部是为了贪财；甚至有不少的坏干部、坏党员，强奸、诱奸、骗奸军属，有的要挖人家的墙角，为了霸占人家的老婆，逼着

---

① 冀南三地委：《怎样在新形势下掀起扩军运动》（1946年），河北省档案馆，33-1-60-22。

② 罗瑞卿：《在整党与土改运动中关于军地团结、军队参加土改和军队整党诸问题》，《军政月刊》增刊，1947年12月27日。

③ 三分区后勤司令部：《三分区关于战勤与兵役的简结》（1948年9月），河北省档案馆，79-1-2-4。

④ 晋察冀军区政治部：《关于巩固部队工作：解决志愿义务兵役问题》（1945年5月），河北省档案馆，580-1-34-5。

⑤ 冀中行署：《关于处理革命军人婚姻问题中的几个具体问题的处理办法》（1946年12月10日），河北省档案馆，143-1-7-14。

男方去参军。强奸军属、挖人家墙角，实际上是起了破坏军队的作用。”①

“村干和抗属通奸或强奸，使战士感到老婆没有保障”②，而尚未参军的青年则因此在参军时犹豫不决。1946 年 9 月，武强四区董家庄一青年干部，去动员他时他说：“当兵是行，可是你保证我媳妇不和我离婚。”区长很好地答复和安抚了他，当即参军了。③ 同年，在冀南参军中，某些新战士提出：“男女混在一起有啥好处?”“发动妇女，男女光在一起，要出岔子吧!”“我不在家，妇女光闹腾，反正不放心!”调查者认为：“这就看出有老婆的新战士，因为乡村有的地方性乱，而害怕妇女活动起来出问题。”④ 1947 年 6 月，邯郸新兵团新参军的战士张彬说：参军时我才娶老婆几天，老婆小我不舍得搞，我走了别人给搞了，太冤；⑤ 甚至有些村干部也“怕走后村里流氓污辱他的老婆”，而不愿意参军。⑥ 1947 年 12 月，冀中十一地委认为：“个别坏份子强奸虐待抗属现象”，“对扩兵工作造成极大困难”。⑦

面对参军可能带来的损失，有些农民后悔减租减息，后悔分果实。1945 年抗日战争结束后，在莒南县，面对中共的参军动员，有农民说：“翻身分着二亩地就倒霉了。”有的说：“你早说减租减息后参军俺不减，这净紧着耳朵哈撒。”有的干脆说：“把分的亩数斗争果实给您吧，俺不去参军。”坏蛋则趁机造谣：“你看，分果实，行了。”⑧ 同样，在冀中，有些农民见扩军非常后悔分果实，说：“要知道叫参军，那时还不如不斗，不分果实。”⑨ 国共内战期间，冀东地区发生了一次小规模的反对中共参军动员的叛乱，这些青年人的口号是：“死在家门口，不能死在

---

① 罗瑞卿：《在整党与土改运动中关于军地团结、军队参加土改和军队整党诸问题》，《军政月刊》增刊，1947 年 12 月 27 日。

② 冀中军区政治部：《拥爱座谈会发言简要综合》，河北省档案馆，4-1-14-1。

③ 晋察冀十一专：《各县扩兵材料汇集》（1946 年 9 月 27 日），河北省档案馆，143-1-26-1。

④ 冀南十分区贺亦然：《二千八百二十三个问题是怎样解决的？——时事教育的群众路线》（1946 年），《军队政治工作历史资料》10，战士出版社 1982 年版，第 184 页。相关研究可以参见徐进《革命与性：晋察冀根据地村干部“男女关系”问题的由来》，《史学月刊》2011 年第 10 期。

⑤ 邯郸市《邯郸新兵团工作报告》（1947 年 6 月 15 日），河北省档案馆，520-1-86-4。

⑥ 《邯郸“七一”大会纪要》（1947 年 7 月 1 日），河北省档案馆，520-1-94-7。

⑦ 冀中十一地委：《号召大规模参军运动的指示——魏震同志十二月九日在县书及分区级干部扩大会议上的报告》，河北省档案馆，20-1-43-8。

⑧ 《一月来敌寇宣布投降以来三地委工作情况汇报》，临沂市档案馆，5-1-5。转引自王友明《解放区土地改革研究：1941—1948——以山东莒南县为个案》，上海社会科学院出版社 2006 年版，第 109、110 页。

⑨ 冀中十一地委：《关于参军运动的初步经验总结》（1947 年 1 月 21 日），河北省档案馆，20-1-43-6。

前线上，国民党好不了，共产党也得不了好”，“翻啥身了，金银都叫政府翻去了，咱们只分到点破票子”。①

面对中共参军动员，农民进退维谷的难堪心理可见一斑。一方面，受人滴水之恩当涌泉相报，是传统社会重要的社会规范，既然已经分到了土地和财产，从这个角度讲，农民认为自己应该参军；另一方面，很多农民实在不愿承受参军可能带来的巨大损失，参军意愿因此大打折扣。

1947 年 3 月，冀南参军委员会谈到了农民对于“翻身—参军”逻辑的抵触，以至于认为土地改革是中共为促使农民参军耍的手腕。参军动员中：

> 有些基层干部忽视“进行反蒋保田教育，启发群众参军的积极性和自觉性”，“而拘泥于机械的良心检讨、拥党拥军教育”，有的干部动员单纯说：“良心检讨、没有良心吗、饮水思源啊、共产党来翻了身得了地还不参军吗”，很易引起群众的反感，引起群众“土改是手腕，反正是为参军”的误解。故有的群众说：“同志！不用良心检讨啦，反正是叫俺参军。”有的青年说：“你不是说俺分了地，不参军就是没良心吗，俺情愿不要地，俺也不参军。”有的群众说：“这还不如不分地哩，分了二亩地把俺孩子分了去啦！”有的则将分得的文契送回。②

1947 年，任河县扩军时，有群众说“先反（翻）心，后翻身，翻了身，就参军”，冀中党委认为：“这几句话表面上看起来不错，实际上是含着群众不满之意。”③ 黄骅扩军，农民认为“八路军土改为了参军，咱可别反（翻）身了”，有人对自己的儿子说：“你可进步啊！可吃了斗争果实啦！你还哭，后悔也晚了吧。”④ 在山东莱西：“有的群众把土改看成是买兵的手段，分了地就得当兵，干部到村去工作也看成是要兵，形成不少青年不敢去开会，个别区群众要地不大

① 冀东十三地委：《严密注视敌特破坏扩军的阴谋，全党必须加强锄奸工作的紧急指示》（8 月 7 日），河北省档案馆，51-1-7-1。

② 冀南七分区参委会：《参军通报 4》（1947 年 3 月 29 日），河北省档案馆，28-1-42-1。

③ 冀中区党委：《冀中任河扩兵归队强迫命令举例》（1948 年），河北省档案馆，3-1-93-20。

④ 中共渤海一地委宣传部：《对去年大参军工作的初步检查》，河北省档案馆，248-1-27-2。

胆。”[①] 1948 年 9 月，宁城扩军，有人说：“八路军手腕高，分给你东西你就得去当兵。”“贫农强调家里离不开不去当兵，动员的紧了就给两个字的回答不去，或者就不见面了，如说‘你分了东西应该去’，他说‘我还退回去。’”[②] 1949 年 4 月，青县凤凰店开参军会时，拾起了块□：“写你开会，叫你分地分房，叫你参军，叫你到长江南打仗送死去等。”[③]

在土地改革中没有获得利益、受到冲击的中农对参军的态度更加消极，他们抵制参军。1948 年 3 月，冀中区党委在汇报中说：

> 因为在平分运动中对中农团结不够与提高成份的原故，故有的中农对扩兵观望，无极王庄扩兵动员到一个中农时，他说：“我不是翻身农民，不保田不保家，你们参加了我们再参加吧。”西中堡有一个中农说：“找我们干什么，怎么分果实不找我们呀?!”[④]

1948 年 4 月，在涞源扩军中，西龙□村六七个青年农民坚决不参军说：“斗了东西，你们吃肉，嚼到嘴里是香的，咽下嗓子是光的，当兵了，轮着我们咧，翻身你们翻了，我们保卫什么果实呢。”[⑤] 北岳区扩军中，有中农说：“贫农翻身了叫我们保卫什么胜利果实呢?”[⑥] 冀中扩军，“有些中农认为平分对贫雇农有好处，对自己没好处，去了冤”[⑦]。1948 年 9 月，宁城扩军中，有中农说：“我没分到东西我不去，分东西分地都是贫雇农先挑，保卫土地果实他们也应该先去”；斗错的中农则说：“我愿意还当富农，我不当中农了。”地主富农则说：“我们这行人也真不叫人啦，不知道公家怎么回事，真把我们看的嗅也嗅不得了，我们也没这个那个的，怎么啥也不让我们做，分了我还叫我去当兵，要叫我去当兵就把东西完全

① 《县委根据一区的参军工作情况对各区参军工作的指示》（1947 年 11 月 12 日），《莱西县党史资料》第 1 辑，第 145 页。

② 宁城县委：《关于扩军简洁报告》（1948 年 9 月 8 日），河北省档案馆，520-1-843-3。

③ 《第八专署参军工作汇报》（1949 年 4 月），河北省档案馆，13-1-15-10。

④ 冀中区党委：《归扩情况汇报》（1948 年 4 月），河北省档案馆，3-166-10。

⑤ 中共涞源县委：《扩军总结》（1948 年 4 月 7 日），河北省档案馆，520-1-255-8。

⑥ 北岳五地委：《五分区扩军工作简要总结》（1948 年 6 月 23 日），河北省档案馆，84-1-12-8。

⑦ 冀中八地委：《八地委对归扩工作在公议阶段发生的几个问题的指示》（1948 年 5 月 12 日），河北省档案馆，11-1-33-14。

给我退回来。”[①]

中共的土地改革以强力分配土地和社会财富，使很多农民感到震惊。[②] 但是，农民传统的经济伦理和财富观依然残存着，在很多农民看来，“财主”“东家”并非革命者眼中生活腐化的代名词，土地越多，财富越大，反而是道德高尚的证明。[③] 这些“财主”“东家”是很多农民的榜样。因为，在传统的社会经济体制下，只要努力经营，勤俭持家，并遇上好机会，贫困户有可能变富，雇农、佃农可以上升为自耕农、富农、地主。[④]“地主的地也是一滴血一滴汗挣来的，人家的肉吃在咱的肚子里是不对的。”[⑤] 正因为如此，很多中农认为自己通过劳动致富，如河间西柳洼中农贾修昌说：“我人多是吃我个人的饭长大的，我又没分果实，我才不去参军的。”[⑥] 由此可见，部分中农认为凭借自己的劳动也能够获得土地和财富，为什么去参军打仗呢？

报恩是中国传统社会重要的规范。然而，个人在社会关系中，他并非由社会文化机械性地规约的，反之，个人是有相当的自由度与自主性的。[⑦] 尤其是当个人面对政权的时候，社会规范的规约度更加空泛。参军则意味着个人利益的巨大牺牲，在个人利益与革命利益之间，很多往往更珍视个人利益，将其置于革命利益之上，因此不愿意自己的子女或者个人去参军，即所谓“群众当然愿意抗蒋，但一动员到自己的子弟就不愿意了，因这与他本身的直接利益是有矛盾的”[⑧]，于是形成了中共“虽有扩军要求，但群众只要求在家好好过日子”的局面。[⑨] 这是

---

① 宁城县委：《关于扩军简介报告》（1948 年 9 月 8 日），河北省档案馆，520-1-843-3。

② 郭于华、孙立平：《诉苦：一种农民国家观念形成的中介机制》，郭于华《倾听底层》，广西师范大学出版社 2011 年版。

③ ［美］韩丁著，韩倞等译：《翻身——中国一个村庄的革命纪实》，北京出版社 1980 年版，第 52 页。

④ 李金铮：《土地改革中的农民心态：以 1937—1949 年的华北乡村为中心》，《近代史研究》2006 年第 4 期。

⑤ 军校政治处：《冀中军区军政干部学校进行军地军民关系教育经验》（1947 年 6 月），《军队政治工作历时资料》10，第 740 页。

⑥ 冀中八地委：《归扩广播——从发动群众中带动落后的参军经验介绍》（1948 年 5 月 1 日），河北省档案馆，11-1-29-7。

⑦ 金耀基：《人际关系中人情之分析》（初探），杨联陞：《中国文化中“报”“保”“包”之意义》，贵州人民出版社 2009 年版，第 125 页。

⑧ 冀南三地委康建生：《关于参军工作给焦善民同志的信》（1947 年 4 月 4 日），河北省档案馆，33-1-143-10。

⑨ 渤海一地委宣传部：《打破当前群众的参军顾虑——初级干部学习材料之三》（1948 年 9 月），河北省档案馆，248-1-27-1。

两个相对独立主体彼此间利益不断互动的必然呈现出的现象。

虽然中共将土地改革和农民参军视为前后联系、自然承接的两件事情，但是，很多农民从自身利益考量，将中共的政治经济改革与参加中共军队看作是相对独立的两件事情。他们支持参与中共的政治经济改革，是因为中共的政治经济改革能给他们带来某些切实的利益，双方存在利益上的契合；但当中共的工作重点进入到动员农民参军的阶段，农民面临着是生死攸关的选择，围绕着是否参军的问题，双方利益发生了背离。因此，这两个阶段之间不存在以农民感恩为内容的转承。反而由于加入个人利益这个变量，很多农民脱离了中共的政策预设，将参军视为畏途。冀南区党委对这种现象有着非常深入而形象的分析：

> 经过两年来的自卫战争与一年来的翻身运动（虽然土改不彻底），群众的觉悟程度比以前是提高了：对地主阶级的仇恨一般是有了增长；对蒋介石的罪恶，应该打倒蒋介石也明亮了；对共产党与人民解放军的力量也看到，有决心跟着共产党走，有信心打倒蒋介石。也确有部分群众深明大义，在我们的号召下自愿参军；但一般群众还有他落后的一面，也就是说，他们知道应该打倒蒋介石，不打倒蒋介石将来就过不好，所以赞成扩军，但他们不愿自己参军，想叫别人参军去打蒋介石，而他在家里过安生日子，他离不开家，离不开老婆，离不开父母，父母妻子对自己的孩子或丈夫也是一样，别人参军他（她）赞成，他（她）的孩子参军他（她）的丈夫参军他（她）心疼。即使是翻身农民也不是说完全没有这种思想。这就是农民目前的利益和整个利益长远利益矛盾的问题。①

综上所述，我们可以看到中共在动员农民参军时强调报的必然性所面临的困境。在土地改革中受到剥夺的地主、富农，乃至部分受到冲击的中农，对参军则持消极抵抗的态度，其参军意愿自然不高。某些土地改革中的获益者认为“土改为了参军，是手腕”，在参军与保持原状之间，他们宁肯保持原状，也不愿意参军，因为在固有的社会经济体制下，他们仍然有可能通过缓慢的积累，完成经济地位和社会地位的上升，而不必冒失去生命和家庭的危险。多数农民看重的是参军带给自身以及家庭的损失，而不是翻身带给自己的利益。既然从理论预设上将

① 冀南区党委：《参军通报（第5号）》（1947年11月27日），河北省档案馆，25-1-44-2。

参军视为农民对中共政治经济改革的回报，那么农民可以选择回报，也可以拒绝回报。即使回报，也可以选择不同的方式进行回报；这完全取决于农民自身的判断，或者说觉悟的高低，然而正如冀南区党委所言："（农民中）先进群众还是少数，中间落后还是多数。"① 中共在动员农民参军的过程中反复强调良心检讨的原因也在于此。面对中共动员农民时反复强调感恩的逻辑，强调参军必然性，农民强调参军带来的巨大损失，以至于认为以参军回报中共政权是不对等的，或者说不值得，他们强调报偿互惠原则公平性的一面。

得罪谁一定要报复的：村民的报复行为

面对中共的参军动员，很多农民发现自己在道义上处于不利的地位，因为，谁都知道保家卫国的大道理，得地报恩也是人之常情。② 然而，参军对农民而言，的确意味着要遭受很多可预见和不可预见的损失，有些农民因此对中共的参军动员心怀不满。作为普通的农民，他们不可能从社会体制变革的高度审视自己所面临的进退维谷的处境。但是，他们的不满同样是真切而实在。在这种无可名状的难堪中，很多村民将不满投射到日常生活的场域。因此，很多从事参军动员工作的村干部，成为这些村民发泄不满的对象，受到村民的报复和打击。

有些村民对村干部的报复是即时性的，在参军动员的过程中双发即发生激烈冲突。1945 年 12 月，建屏县扩军：

> 白家庄我们动员了几个党员和群众，恰遇一个党员不愿去，回去时他家问他，他说："我这没办法我这是党决定的。"就这一下，那几个被动员的家属就不算了，于是有的就骂起区干部来了，据说当晚有一个家属找到区干部处就指着骂什么"区干部村干部我日你家那祖宗啦!"，我们区干部不敢反口，只是一片好话，他们两三个人把人家驾着，人家边骂边走才回去，第二天有

---

① 冀南区党委：《参军通报（第 5 号）》（1947 年 11 月 27 日），河北省档案馆，25-1-44-2。

② 李康：《西村十五年：从革命走向革命——1938—1952 冀东村庄基层组织机制变迁》（北京大学博士学位论文），1999 年，第 113 页。

的披上镢头非去掘支书的房子不行，吓的支书几天不敢回家。五区唐家沟村武委会干部，因为区干部在该村动员他，他几次要与区干部动武，不是别人拉住就打去了。六区上观音堂村长在这次动员中一下子把该村青年给拉到区里包围住区书，大哭不去当兵，威胁区书。①

1947年3月，清苑县扩军，村干部刘士荣动员刘士隐参军，刘士隐对自己的家人说：“这次扩兵是刘士荣逼我的，我要是死了，你们要给我报仇。”② 1948年12月，易县扩军：

群众打骂区村干部的共发生十二起：九区华昌村杜洛有公议其子后即拿刀子要找干部拼命，并到干部家去捣乱；刘岗、陈落银被公议后不满，用石头打村干部；一区易合庄侯落老婆为其子当兵打了治安员，三区建新村梁伯公议后干部到家中动员，家中五口人以五个斧头向干部抵抗，最后逃跑了；三区七里庄王振山弟兄四人，过去在部队开小差投敌后争取回来的，这次讨论上其弟后，即在大街上大骂干部，七区东岱岭沈洛鱼之子被公议后用棍子追打干部，送区后装病逃跑了；十区河西张洛海亦用刀子进行抵抗；六区李家庄新战士向村中过高要求东西，错认为自己当兵是干部的过，将村长给打了；五区慰都刘山新兵自己要逃跑，小队不让把小队也给打了；十区金坡郝洛音在过去反特时曾因有破坏事情被反为特务，家中弟兄四人，这次公议后用脚将治安员踢死，后又复活，并用猪挺丈抵抗。③

当然，在因参军问题村民和村干部的即时性冲突中，前者很难占据上风。与此不同，有些村民隐忍不发，默默等待报复村干部的最佳时机。土改整党为一些村民报复村干部提供了机会。正如有些干部事后所说：“作工作总有得罪人的地方，得罪谁一定要报复。”保德三区东庄一干部因扩兵的强迫行为，“被和他有私仇的妇女拿着木棍，只打三下，把下腿打断了。四区也曾发生过同样一件事”④。下面我们以灵寿县万里村支部书记冯志积自杀为例，说明村干部因动员参军等原

① 中共建屏县委：《关于十二月份补军工作的总结》（1945年12月），河北省档案馆，520-1-567-9。
② 中共清苑县委：《关于扩兵工作总结报告》（1947年4月），河北省档案馆，卷20。
③ 易县县委：《扩军工作总结报告》（1948年12月31日），河北省档案馆，520-1-240-19。
④ 《保德及其他地区土改工作报告》，《土改通讯》第1期，1947年12月5日。

因遭到报复的情况：

> 支书冯志积，1939年入党，工作积极负责，扩军等工作坚决的完成上级的任务，村中的群众对他即不满了，尤其是抗优退伍军。成立贫农团新农会后，代表中退伍军或烈属、抗日家属、逃亡战士占13个的7个，即占13的54%弱，农团和新农会的领导权，掌在退伍军、烈属、抗属、荣军、逃跑战士的手中，如干部的扩军和作风不好，有严重的报复性。
>
> 冯佳妮事变前参加国民党军队，事变后回村，因为与冯七妮的妹男女关系不好，要活埋佳妮，而佳妮自动参加八路军，部队上强奸妇女，被开除军籍回村。冯佳妮四弟冯吉庆参加八路军被打死，五弟梅子当八路军复原回来。冯佳妮从部队回村后与老积的儿子一块玩耍，佳妮用手玩小儿的□、生殖器。冯志积说他调戏女儿，两人吵嘴后，佳妮不服，将佳妮扣押两天，放出后佳妮常说大话，不服气老积，说要弄老积二百刀。冯志积和干部在他的身上收出刀后，将他送到县司法局扣押数月，结下了私仇。冯佳妮四弟吉庆牺牲后，他要领抚恤米，冯志积和干部说：他和他弟已分家，不应他领。对此不满说老积报复又结下了私仇。
>
> 为报复，冯佳妮弟兄三人阳历一月二日夜打冯志积，将牙床都打坏了，数日不能吃饭，身上也有受伤的地方。冯志积被打前退果实退出了九斗玉角、八斗谷子、三斗高果、六升小米、一个猪，退后生活即相当困难，被打伤后，不能劳动，有得加倍消耗，儿女又要吃的，感到生活无办法，打后受伤轻了，要求到新家去住，生活比较好办，贫农团没有答复问工作组老邢，答复是再支持几天吧，这样情况下离村又受到限制，党员们想要借给他点粮食又不敢，通过贫农团停了很长的时间没有解决，虽然打的伤口好了，因为各方面的困难加重了老积的悲观情绪。正月十九日，冯志积喝卤水自杀，仍没有得到生活的解决，提出要到区受训，贫民团看他的身体不行，又怕给吃的没有叫去。在这样的情况下，正月廿七日上吊自杀，从老积的自杀上看出工作组对老积受打后的说服。①

根据以上材料可知，导致冯志积自杀的原因主要有以下几点：第一，冯志积

① 《万里村的调查材料》（1948年5月10日），河北省档案馆，520-1-640-3。

由于工作负责，尤其在扩军中作风不好，得罪了群众；第二，退伍军人冯佳妮兄弟的殴打；第三，贫农团、新农会冷眼旁观，未及时阻止冯佳妮兄弟的报复行为，调查者甚至认为冯志积被打之夜回村是由贫农团叫回的，事情发生后，贫农团未对冯志积进行安慰照顾。冯志积固然有贪污多占的缺点，但导致冯志积自杀的主因，依然是退伍军人的报复心态及行为。整党中村民报复干部的原因异常复杂，黄道炫对土改中干部整改卓有成效的研究表明：“整党过程中，农村长期积累的一些复杂的宗族、私仇及干群矛盾在群众运动中显得错综复杂。”① 显然，由扩军引发的村民与村干部之间的矛盾是不能忽视的。

如果说村民和村干部即时性冲突，以及村民借土改整党之机报复村干部，具有公开性和利用体制变革的特征，那么，社会上流行的关于扩军损阴德的传闻则是村民对村干部隐晦的报复和诅咒。1947 年，邯郸县流传着“临洺关有鬼兵，光打扩军干部”的谣言。② 1948 年，渤海区则有“扩人家的军是缺阴”的说法。③“鬼兵”“缺阴”的说法，虽为无稽之谈，却反映了民众的某种心态。在信奉因果报应的乡村社会里，来世未知的报应更令人不寒而栗这，给扩军干部带来了巨大的恐慌和不安。如斯科特所说，在弱者幽暗的处境中，“充满了背后的议论、流言蜚语、言语攻击和匿名的暗中嘲讽，以及对公共仪式秩序的否认”④。

多扩了是拿老乡送礼：村干部规避报复的行为

作为中国传统社会关系的基础，“报”有“知恩图报”“滴水之恩，当涌泉相报”的含义；也有如“杀父之仇，不共戴天”“有仇不报非君子”“君子报仇十年不晚”的含义。“报”的规范从报正面诱导和反面制约两个方面维系着村庄共同体的存在。它要求邻里之间互助修睦：“在中国传统村落，大都存在各种形式的民间

① 黄道炫：《洗脸——1946 年至 1948 年农村土改中的干部整改》，《历史研究》2007 年第 4 期。

② 《邯郸“七一”大会纪要》（1947 年 7 月 1 日），河北省档案馆，520-1-94-7。

③ 渤海一地委宣传部：《打破当前群众的参军顾虑——初级干部学习材料之三》（1948 年 9 月 28 日），河北省档案馆，248-1-27-1。

④ ［美］詹姆斯·斯科特著，郑广怀、张敏、何江穗译：《弱者的武器》，译林出版社 2007 年版，第 31 页。

互助帮扶网络。这主要有基于邻里熟人关系而结成的换工网络，基于血缘人伦的帮扶网络，基于宗族责任的对弱势村民的救助体系。村庄内部的人要生存就必须结成各种紧密的关系。这其中既有利益互惠的原因，更有人伦情谊的纽带。”① 所以，村庄里的每个成员尽量在血缘地缘网络中建立与保持良好的人际关系，以维持正常生产生活。村民互惠关系的另一面是彼此间的睚眦必报，因此，多数农民在日常生活中总是小心翼翼的，尽量不去得罪他人，以免引起他人报复，给自己造成不便，否则即难以生存。从某种程度上讲，互助修睦对多数农民而言与其说是理想道德标准，毋宁说是生存准则。“报”的规范同样规约着村庄领袖的行为，村庄领袖未必是村庄利益的代言人和主动的维护者，但他们毕竟生活在血缘与地缘之中，即使是为自己利益考虑，他们也不能肆意侵犯村民利益。根据地的基层干部很难逃脱传统的乡村伦理对村庄领袖行为固有的期许和规范。

通过前面的研究可知，对农民而言，参军不仅意味着生产生活、家庭婚姻的损失，而且可能牺牲生命。村干部对此认识最为深刻。1945 年 8 月，阜平扩军，有些村干部表示：“动员什么也可以，要钱不成问题，要人就无法收拾。”② 1946 年 8 月，唐县动员新战士产生了不少问题，村干部都认为“动员活物南（难），动员死物易”③。藁城县有村干部说：“给人家一座金山，人家也不出来呀。”④ 1948 年 4 月，涞源县扩军，不少代表说：“这得要大活人哪，可真难办，这是要大老粗儿们的命呢!”⑤

生活经验、常识和习俗使绝大多数村干部清楚地知道，动员他人参军后，自己和自己的家人会遭到报复的可能性急剧增加。因此，害怕村民报复成为村干部在动员农民参军时很大的顾虑。1944 年，莒南县扩军，有干部“怕得罪人，认为扩军是孬事，不敢动。××区××××党员说：动员人家参军伤天理！××区××××支组高凤庄送六个青年参军时，大淌其眼泪，不敢作家属工作”⑥。1945 年 8 月，井陉县扩军，有些村干部“只靠区干部去动员，自己认为动员人家当兵不

① 刘伟：《难以产出的村落政治——对村民群体性活动的中观透视》，中国社会科学出版社 2009 年版，第 62 页。

② 阜平县委：《新兵动员工作总结》（1945 年 8 月 30 日），河北省档案馆，520-1-314-4。

③ 唐县县委：《新兵补充工作总结》（1946 年 8 月 20 日），河北省档案馆，520-1-278-7。

④ 晋察冀十一专：《各县扩兵材料汇集》（1946 年 9 月 27 日），河北省档案馆，143-1-26-1。

⑤ 中共涞源县委：《扩军工作总结》（1948 年 4 月 7 日），河北省档案馆，520-1-225-8。

⑥ 滨海区莒南县委：《关于拥军参军工作具体总结》（1944 年），河北省档案馆，245-1-18-1。

对，怕落意然（得罪人的意思）"①。1946年11月，冀中参军，"有的村级干部思想上尚未彻底觉悟，认为动员谁当兵是送人家到死地，怕得罪人，不积极号召与推动这一工作，群众运动就根本起不来"②。在南皮，有干部"怕得罪人，怕扩出兵去死了，抗属找自己"，对扩兵有所顾虑。③ 邯郸县扩军：

> 有卅多村群众军属与村干经过扩军后对立起来，村干觉着很伤心，对上级没落了人，在村得罪了乡亲，叫村干群众评功也不评，群众村干都不愿接近我们。军属有的结伙给村干找蹩扭，村干怕受打击，要求辞职。有的村干说，过去把地主得罪了，今年也把群众得罪了，感觉四面楚歌，走头无路。④

1949年4月，北岳区四地委社会部在情况报告中谈到，很多地方出现了标语。关于村干部的有："逼迫人民当兵的是仇人"；"坏干部是仇人，迟早和他们吧（把）账算"；"坏干部是仇人，咱们和他把账算"；"坏干部是仇人，强调咱们去当兵，如有一日天气晴了，咱们与他们把账算清"。⑤ 这时刻侵蚀着村干部动员农民参军的决心和意志。

如前所述，村民对村干部的报复不仅时时存在，而且在土改整党中迅速发酵。遭到报复的干部纷纷表示不满，对扩军工作态度消极。冀中干部反映："早先区里豁出死的挤，这时又闹这个。"有的说："咱这是擦屎棍，用着拿起来，不用就扔下。"也有的说："八路军就是拉屎叫狗。"有的说："这回长短不干了，到时种上点地，该出夫就出夫，该站岗就站岗，比什么不强啊。"平山有干部说："做工作什么结果也没有，作的工作是公家的，错处是自家的。"又有的说："作了工作是公家的，得罪人是自家的。"⑥ 1949年3月，清苑县扩军，"部分村干部在平分时曾因为扩了贫雇农的兵而受到打击，他们认为扩一个兵多一个仇人，对扩兵不起

① 井陉县委：《补军工作总结》（1945年9月30日），河北省档案馆，520-1-589-2。
② 冀中十一地委：《关于参军运动的初步经验介绍》（1947年1月21日），河北省档案馆，20-1-43-6。
③ 冀中区党委：《渤海区南皮县的参军运动经验介绍》（1946年11月），河北省档案馆，3-1-66-5。
④ 《邯郸"七一"大会纪要》（1947年7月1日），河北省档案馆，520-1-94-7。
⑤ 北岳区四地委社会部：《情况报告》（1949年1月16日），河北省档案馆，81-1-25-7。
⑥ 《关于西回舍支部的材料》（1949年），平山县档案馆，3-1-49。

劲”①。

某些在土改中涌现出来的新干部，目睹了旧干部党员的遭遇，对动员农民参军踌躇不前。1948 年 3 月，易县新干部“因见到旧干部有很多因扩军引起群众的不满，被搬石头的，提出许多意见，搬了他，因此看到扩军任务困难，自己缺乏办法，不敢强迫命令，他们的思想上不敢大胆负责，完不成任务，怕当石头”②。在冀中，“贫农团和新农会的干部也有怕搬石头的顾虑，有的认为过去旧干部扩兵强迫命令搬了石头。现在自己扩人家，也怕搬。肃宁×村代表和区干部说：叫我们扩兵，俺们无法，要不就抓球，要不就青壮年叫到区里你们挑”③。1948 年 12 月，完县扩军，村干部有诸多顾虑：

> 怕得罪人，怕跑了没办法，怕动员去了的战士家属给他们乱闹，大骂寻死等，怕以后还搬石头，怕区县不给他们撑腰，怕领导意见不一致，前面的干部同意，这样作后面的干部又不同意，有村干部说：“打破了脑袋用扇文（意思指他不怕报复），过了一时算一时，这里不能呆到别处去（意指只要能完成任务，就是别人报复的不能过了亦不怕）。”④

华北解放区内基层干部生活在固有的血缘地缘网络中，保持良好的社会关系是其日常生产生活得以顺利进行的基本条件。由于多数村民对于参军顾虑重重，扩军在村干部眼里成为得罪人的差事，整党中某些农民对基层党员干部的报复，强化了村干部此种意识。很多村干部因此在革命政权和村民之间左右为难：“不管吧，完不成任务；管吧，又怕成为强迫命令，以后要搬我们的石头。”⑤ 这使得很多村干部在动员农民参军的过程中畏首畏尾，由于害怕被报复，很多干部对参军动员采取敷衍的态度。1948 年 8 月，渤海一地委强调，有些村干部“对壮大主力不是认真负责的态度，而是推出门去不管，送到部队上领回收条来，就算完成我

---

① 清苑县委：《清苑县委关于参军归队工作的初步总结和今后意见》（1949 年 3 月 15 日），河北省档案馆，520-1-321-3。

② 易县县委：《易县扩军总结》（1948 年 4 月 21 日），河北省档案馆，520-1-240-20。

③ 冀中区党委：《归扩情况汇报》（1948 年 4 月），河北省档案馆，3-1-66-10。

④ 完县县委：《十一月份工作月报》（1948 年 12 月），河北省档案馆，520-1-262-20。

⑤ 平山县《全县第五次人民代表大会——平山县土改材料之三十》（1948 年），河北省档案馆，520-1-652-14。

的任务，所谓完成任务，乃是完成上级交给我们所做的公事”①。北岳区六地委则认为：“许多干部存在着单纯凑数而完成任务的思想很严重，所以在动员时既不管方式怎样又不管影响如何，只要能完成任务就可以。”② 建屏县部分区村干部以为：“送县后完成任务了就算完事大吉了，交了上人数，顶了差，再没他们责任了。”③ 1948 年 10 月，北岳区党委指出：“村干部对扩军是不负责任的，反正交到区里算完事，跑了也与我莫关系，总之把扩军应付过去就算了。”④ 1949 年 3 月，藁城有村干部认为：“自认几个就完成几个，反正不能多扩，认为多扩了是拿老乡送礼。”⑤ 总之，“有的村代表干部在工作态度上是应付并存有私情”⑥。村干部支应参军动员的方法是多种多样的：

（一）通知本村青年逃跑

为了避免得罪村民，维护村庄利益，部分村干部在得知扩军的消息后即暗地通知本村青年逃跑。1945 年 9 月，建屏县扩军，“有些个别村干部□□武委会副主任在开了武装动员大会以后，即通知其村青壮年逃跑”⑦。12 月扩军，四区下三家店村支组动员焦绩区开会回去，“就把他一个二兄弟和七八个青年给打发跑到山西了”⑧。1948 年 4 月，涞源六区东团堡，“好的都跑了，瘸瘸拐拐的该叫区干部挑了，拒绝了他们就又将一□叫挑，青壮年的，干部万不得已是不给动员的”⑨。1948 年 12 月，易县扩军，“十一区半壁店实业委员，区里宣布任务后即捎信家中跑了，南百泉村付连夜回村报信，青壮年都逃了；三区坟庄支书刘久文弟兄三人由区开会后即都跑了；石门上次扩军时自己开条子放跑了三个，这次又放跑了七个，表面上则说跑了没法，对领导上进行消极抵抗与破坏”⑩。在涞源县，“训练

① 中共渤海一地委宣传部：《对过去大参军工作的初步检查》（1948 年 8 月 8 日），河北省档案馆，248-1-27-2。

② 北岳六地委：《关于归队工作几个简要问题的总结》，河北省档案馆，87-1-6-14。

③ 建屏县收兵处：《收兵初步总结报告》（1948 年 8 月 1 日），河北省档案馆，1-1-37。

④ 北岳区党委：《几个兵役调查材料》（1948 年 10 月），河北省档案馆，69-1-112-1。

⑤ 藁城县《动员参军归队工作总结》（1949 年 3 月），河北省档案馆，13-1-15-6。

⑥ 冀中区八地委：《刘青山同志在县书联系会议上关于七、八、九三个月几个工作的总结报告》（1948 年 9 月 14 日），河北省档案馆，11-1-31-4。

⑦ 建屏县政府：《建屏县武装动员总结》（1945 年 9 月），平山县档案馆，2-1-3。

⑧ 中共建屏县委：《关于十二月份补军工作的总结》（1945 年 12 月），河北省档案馆，520-1-567-9。

⑨ 中共涞源县委：《扩军工作总结》（1948 年 4 月 7 日），河北省档案馆，520-1-255-8。

⑩ 易县县委：《扩军工作总结报告》（1948 年 12 月 31 日），河北省档案馆，520-1-240-19。

班内布置了扩军后，有的干部即给回捎信”①。

（二）只管动员的数量，不管动员的质量

1945年8月，井陉扩军，有村干部“明知有病硬要把它充数，腿拐脚痛、夜盲眼、内病、羊羔疯、不够尺寸的等”②。1946年12月，建屏扩军，“一区南古月选了2个残废，顺子沟送了1名缺胳膊1名拐腿，观音堂1名粗脖1名连疮腿，三区湾子村孔凤屯42岁了，剃光胡子充28岁。六区送来43名中20余名小孩。而该区的下庄、大坪、康庄等村有的向区送区县退回五六次的人顶数”③。在冀晋一分区部分县，“拉夫凑数不负责的现象极为严重，浑源送来130人只交20人，大同百余人只交几个人，广灵九十人只交二十余人，把几次洗刷回家不合格者又都动员来了”④。1947年8月，冀中十一分区扩军，“审查当中各样的残废都有：缺右手的腿拐的、手指不能打弯的、缺整个脚趾头的。各样病都有：一个眼的、有大疮不能走路的、傻子、摆头疯、疝气病等等，年岁不够尺寸的小孩”⑤。“宁城三区和十区把第一次洗刷回来的原封带去顶数，交兵时不合格退回的有七百来名：淋病、疥疮、眼疾、残废、梅毒、呕伤、抽风、气蛋、羊角风、折背风、连疮腿、倒食症、心口痛、粗脖子、年老的、小孩、体弱的、个小的、扎针的、害不能忌的、走不动道的等”⑥。1948年12月，建屏扩军，“二区西湾村把一个傻子送来当新兵，过去曾数次被退回，改名换性，这次又把他送来顶新兵，五区蛟龙潭庄把一个连疮腿，腿上的连疮小碗大，也送来凑数……”⑦“蔚县大窑口差一名，第一次，送来一个小孩，第二次送来一个不说话的，好像一个傻子”⑧。

在参军动员中送不合要求者参军，很多时候是村干部和村民之间心照不宣的合谋，有些村干部甚至和参军者达成“顶数后逃回村不予追究”的协议。1947年8月，正定合营村干部动员有病的两个战士说：“你们去吧，顶顶数，你不去，区中给咱村要的兵很多，交不够。”⑨ 1948年6月，完县有的村干部对新战士说：

---

① 中共涞源县委：《扩军工作总结报告》（1948年12月24日），河北省档案馆，520-1-259-1。
② 井陉县委：《补军工作总结》（1945年9月30日），河北省档案馆，520-1-589-2。
③ 中共建屏县委：《十二月补军工作总结报告》（1946年12月31日），河北省档案馆，520-1-567-1。
④ 冀晋一地委：《冬季扩军工作总结》（1947年3月16日），河北省档案馆，541-1-2-6。
⑤ 冀中十一地委：《归扩工作总结》（1947年8月16日），河北省档案馆，20-1-42-13。
⑥ 宁城县委：《关于扩军简洁报告》（1948年9月8日），河北省档案馆，520-1-843-3。
⑦ 中共建屏县委：《扩军工作初步总结》（1949年1月），平山县档案馆，1-1-37。
⑧ 蔚县县委：《蔚县十一区扩军工作总结》（1949年12月8日），河北省档案馆，520-1-336-6。
⑨ 冀中十一地委：《归扩工作总结》（1947年8月16日），河北省档案馆，20-1-42-13。

“不叫区里丢人，尽可能到县里别跑，到部队时再开小差。”① 1948 年 12 月，井陉一区代王庙村干部动员新兵时就这样说：“我们也知道你不够格，去验一下就回来了。”② 行唐县二区苑家庄村干说：“你们再给咱村顶一下吧，去了装身体强壮，说是新战士，以后非检查下来不行，如果检查不下来，你们跑回来村中掩护。”③

（三）为新战士逃跑提供便利

1946 年 7 月，阜平县扩军，六区“党员干部群众形成了三不去：第一杀了我的头也不去；第二找出好地 10 亩我也不去；第三是既不杀头又不出地，怎样也不去。因此有几个村子在没办法的情况下，你们去吧，到县上你们再跑吧”④。1948 年 12 月，井陉五区东正、西安香村干说：“你们别说是老战士，你们是当过兵的会跑，跑回来村里不管。”岳霍口东霍同及四区柏□、南贾树、燕头村干部对战士说：“你们顶了差以后跑回来，村里不管。”⑤ 正定三区柏棠村干部对参军战士说：“你们去吧，真正优待你们。到那里逃回来，我们也不管，如有人找我们就说不知道。”⑥

路条是根据地内的通行证，有些新战士入伍时，事先准备好路条以备将来逃亡之用，其中部分路条即出自区村干部之手。1947 年 6 月邯郸新兵团报告称：“给新战士开路条，差不多每村都有，路条并按着村干的戳。”⑦ 渤海一分区，“有些地区的干部，公开给新兵开通行证，告诉他到部队上应付一下公事，可以再跑回家去”⑧。1948 年 9 月，刘青山指出，“有的村代表干部给新战士开了路条，这就给逃跑者开开大门”⑨。1948 年 6 月，北岳五分区扩军，部队发现不少的空白条子和通行证，以备随时逃跑之用。详见下表。

---

① 北岳五地委：《五分区扩军工作简要总结》（1948 年 6 月 23 日），河北省档案馆，84-1-12-8。

② 井陉县委员会：《井陉扩军工作初步总结报告》（1948 年 12 月 21 日），河北省档案馆，520-1-589-1。

③ 《行唐县一九四八年民政工作总结》（1949 年 1 月 16 日），河北省档案馆，520-1-629-2。

④ 阜平县委：《补军工作总结》（1946 年 7 月 16 日），河北省档案馆，520-1-314-1。

⑤ 《行唐县一九四八年民政工作总结》（1949 年 1 月 16 日），河北省档案馆，520-1-629-2。

⑥ 北岳四地委：《四分区扩军运动的总结》（1949 年 1 月 4 日），河北省档案馆，81-1-18-9。

⑦ 邯郸市《邯郸新兵团工作报告》（1947 年 6 月 15 日），河北省档案馆，520-1-86-4。

⑧ 中共渤海一地委宣传部：《对过去大参军工作的初步检查》（1948 年 8 月 8 日），河北省档案馆，248-1-27-2。

⑨ 冀中区八地委：《刘青山同志在县书联系会议上关于七、八、九三个月几个工作的总结报告》（1948 年 9 月 14 日），河北省档案馆，11-1-31-4。

表 1　北岳五分区新兵坦白交出盖着机关团体戳子准备开小差用之空白条子统计

	完县																
戳记字样	司仓中队部	东于家庄农会	王各庄贫农团	保安大队部	西白司城农会	辛庄农会	南关农会	北街中队部	二区大队部	董家庄中队部农会	西安阳农会	四区大队部	北朝阳生产推进社	区联社	司仓村公所	北街农会	西夏淑中队部
数目	7	1	1	1	1	1	1	2	2	1	1	1	2	1	2	6	5
上写之名		于丙午	刘至	王文如		冯景明	张树民		郝树号	李秀亭	王振江	冯小福	杨俊	冀长兴	高登原	张张 双兵 尔立	杨志

戳记字样	定兴县西双屯农会	望都第四区区公所	三纵队裕民商店	中央局		旅四团二营部	戳子模糊的	共计
				招待科	供给科			
数目	1	2	2	1	2	1	1	49
上写之名	庞双儿	□玉章 王占林	郭玉琴		许良立			

注：1. 此表数字不完整，如唐县的由补训团直接寄给他们未统在内。2. 根据以上统计，新农会贫团所打的戳子占 28.5%强，由此可见村中组织亦有问题，值得调查。

资料来源：北岳五地委《五分区扩军工作简要总结》(1948 年 6 月 23 日)，河北省档案馆，84-1-12-8。

据表 1 可知，战士携带路条 28.5%强来自村政权，其余来自中队部、区公所、商店、中央局招待所、中央局供给科、营部等，说明村干部对参军动员的支应态度，来自其他部门的白条说明某些新战士为了逃避兵役，不惜利用一切关系，获得通行证明。此外，白条涉及定兴、完县两县，唐县的白条未登录，说明比较普遍存在给新战士开白条的现象。有两点需要说明：首先，这些白条或许由战士伪造；其次，大量的白条，“如不自动献交，是难以发觉的”①。因此，可以推出实际存在的白条应不止 49 张。

虽然村干部处在中共政权体系，但是从本质上讲，很多村干部依然生活在固有的血缘地缘的网络中，村干部不可能不考虑动员农民参军会给自己带来怎样的影响。村民因为被动员参军而报复村干部是普遍存在的社会现象，很多村干部对

① 冀南区党委贺亦然：《通报——新兵工作发展之一》，河北省档案馆，25-1-45-3。

此心知肚明，因此，他们希望将村民报复行为降至最低，于是对中共的参军动员采取应付的态度，暗地给本村青年传递即将动员参军的信息，用不符合要求的青年凑数，甚至鼓动新战士逃跑，为新战士的逃跑创造条件。由此可见，传统社会报的规则深刻地影响和制约着村干部在参军动员中的行为，降低了中共政权动员农民参军的效率。

难以尽述：报之逻辑呈现的复杂性

20 世纪是中国历史发生剧烈变动的时期，然而某些社会关系的基本规则没有发生根本性变化，依然规范着人的行为。中共以阶级划分和阶级斗争的理论为自己基本的指导思想，据此制定改造社会的政策措施，甚至希望锻造出全然按阶级理论行事的新人。在中共革命经典的表述中，农民大量地参军中共军队，是由于其阶级意识的觉醒。事实上，不管是从事动员工作的基层干部，还是被动员的普通农民，都不具备明确的阶级意识。与此相反，传统社会关系的基本规则对农民的影响，远比阶级意识、革命意识对农民的影响更为深远。在中共制定政策和动员农民参军的具体过程中，充分考虑到了“报”之规范对农民行为的制约，强调了农民报恩的必然性和绝对性。然而，个人并非机械地遵守报的规范，他选择的自由是很大的。农民与中共在同一逻辑的基础上看待参军问题，他们更看重的是参军的公平性。很多贫苦农民信奉通过缓慢积累获得土地的信条，虽然通过强制力量在短时间内获得土地，对于很多贫苦农民来讲并无不可，甚至乐见其成，但如果要为此付出生命的代价，他们即会退缩。所以，很多村民对于动员他参军的村干部心怀不满，伺机报复。村干部害怕农民的报复，在动员农民参军时采取敷衍的态度，用各种方法来降低或者规避村民报复对自己造成的不利影响。

然而，历史的魅力就在于我们穷尽笔墨也难以完全复原历史，更难以尽述历史的复杂性。有限的资料提醒我们，报这一逻辑在参军动员中有另一种值得注意的呈现。如果村干部能够在力所能及的范围内维护村民的切身利益，村民会心存感激。李康在冀东西村的调查中发现，1948 年扩军，西村青年在林志怂恿下从征兵处逃跑。林志被处以极刑，但是，颇有些村民反倒觉得林志替这些新兵的父母做了好事。另一方面，在西村人的回忆中，征兵屡屡成为争权夺利的借口、压制群众的整人工具和一走了之的避祸手段。1947 年底，西村的老干部被放出来后，新干部曾想让他们都去参军，而且永远也不要再回来，剪草除根。[①] 由此可见，害怕报复仅仅是报的逻辑在村干部动员村民参军过程中的一种呈现。与此共存的是，村干部将动员他人参军作为报复他人的重要手段，害怕报复和报复他人显然因事因人而异，两者有机而和谐地统一在村干部动员村民参军的过程中。由此我们也可以想见，在某些时候，掌握动员权力的村干部也可以将参军动员作为报答他人恩惠的手段。这是报的逻辑在村干部动员他人参军的过程中内容相反、本质相同的呈现。

凡此种种无不影响着中共动员农民参军的具体运作。此外，由报的规范引发出来的人情、面子等观念，也对中共动员农民参军产生了复杂的影响。然而，我们很难清晰地表述个中的复杂性。综而言之，当我们抛开意识形态的话语，深入到历史的细部，即会发现很多基本的规范没有发生改变，它们只不过是以不同的形式展现自己的存在。在中共革命的进程中，存在着剧变的一面，也存在着不变的一面。这种变与不变的相互纠缠，铸就了中共革命的复杂面相。

（原刊于《开放时代》2015 年第 6 期）

① 李康：《西村十五年：从革命走向革命——1938—1952 冀东村庄基层组织机制变迁》（北京大学博士学位论文），1999 年，第 113、114 页。

中国当代社会史资料建设的现状与反思

河北大学历史学院　郑清坡

摘　要： 近些年，中国当代社会史研究取得很大进展，但相关资料建设还很不充分。在搜集整理利用方面成效较显著的主要集中在档案、民间文献、口述史、社会调查等，虽然有了一定成果，但仍存在很多不足，资料搜集的范围和利用效果都不理想。这就需要在当前及今后大力加强中国当代社会史的资料建设工作。

关键词： 当代社会史；资料；反思

近 20 年来，当代中国史研究取得了很大进展，但一些研究领域仍有待拓展，当代社会史即为其一。相较其他研究领域而言，当代社会史研究明显滞后许多，相关资料的搜集与整理工作还不充分。而一项研究的拓展，资料的搜集和整理则为首要工作。史料是历史研究的基础，而新资料的挖掘或范围拓展则又是推动历史研究进步的重要条件。有鉴于此，本文即对中国当代社会史资料的搜集、整理现状做一评述。① 由于学界对中国当代社会史资料整理和利用的程度差异很大，相比较而言，利用最多的主要为档案、民间文献、口述史、社会调查，其整理的文献成果也相对多一些，因此，本文也首要对这些类别的资料进行评析，其他相关史料则由于篇幅所限，难以做翔实的评述。

---

① 有关当代社会史史料的介绍评述文章有：周一平《中共党史文献学》，华东师范大学出版社 2000 年版；高华《当代中国史史料的若干问题》，选自许纪霖、刘擎编《丽娃河畔论思想：华东师范大学思与文讲座演讲录》，华东师范大学出版社 2004 年版；张注洪《当代中国史研究中的文献史料问题》，《当代中国史研究》2006 年第 5 期；邓群刚《当代中国民间文献史料的搜集、整理与利用现状综述》，《中共党史研究》2011 年第 9 期等。但以往研究多在论述当代史史料时涉及社会史，或只侧重社会史资料中的某一类别方面。

一、资料搜集整理现状

（一）档案

档案①是史学研究的第一手资料，其对中国当代历史研究的重要性更是不言而喻。综观这些年有关中国当代社会史的论著，其多数依据的主体资料即是各类档案。可以说，在中国当代社会史研究中，利用率最高的则数档案。但各类档案的利用情况又存在极大差别，就当代社会史而言，有关的档案整理出版并不多，或者说高质量的档案资料汇编还极其缺乏。其中最引人注目的当属《中华人民共和国经济档案资料选编》，现已陆续出版三批，第一批（1949—1952 年）12 卷、第二批（1953—1957 年）9 卷、第三批（1958—1965 年）10 卷。该套丛书按新中国经济发展的各个历史时期顺序编排，按专题立卷设纲目，每套设有“总序”，书后附有部分资料索引；内容涉及我国经济工作中有关生产关系变革、生产力发展、经济管理体制演变以及生产、流通、分配、再生产等经济运行诸环节，且正文内容全部采用重要的原始档案资料，或全录，或节录，或摘录，而每一卷资料又都构成一个有机整体。该套丛书不仅较为全面地反映了中华人民共和国成立初期经济建设的正反两方面历史经验，更是中国当代史研究不可或缺的重要资料，当然亦是进行社会史研究的重要参考资料。

此外，一些地方档案馆也进行了部分档案的整理出版，如上海市档案馆编《吴蕴初企业史料》、石家庄档案局（馆）编《石家庄抗击非典档案史料汇集》、宁波市档案馆编《见证宁波辉煌·宁波改革开放三十年档案史料图集》、河北省档案馆编《河北土地改革档案史料选编》；天津市档案馆陆续编辑出版了《天津手工业的社会主义改造》《中国工商业的社会主义改造》（天津卷）、《解放初期天津城市经济宏观管理》《天津土地改革运动》等资料。其中，《吴蕴初企业史料·天厨味

① 有关档案的定义有很多，但对其是社会生活的原始记录的本质特性，档案学界认识是基本一致的。有学者根据中华人民共和国档案行业标准《档案工作基本术语》对档案的定义进一步表述为：“档案是社会组织或个人在社会实践活动中直接形成的具有清晰、确定的原始记录作用的固化信息。”（冯惠玲、张辑哲主编《档案学概论》，中国人民大学出版社 2001 年版，第 5 页）但这个概念过于宽泛，为了行文分类清晰，此处所指档案主要是国家档案馆所藏各类档案，民间收藏的公私档案则放到民间文献部分予以评析。

精厂卷》，反映了天厨味精厂从创建到发展，到迎接解放和接受社会主义工商业改造几个阶段的历史过程，收录了包括函电、合同、契约、会议记录、业务报告、账表等大量档案资料。[①]《河北土地改革档案史料选编》选用河北省档案馆藏1946年至1952年的档案史料，以省级文件为主，同时也收入一部分地市县级有代表性的文件，以工作总结、报告、指示为主。[②]

（二）民间文献

民间文献多产生、留存于田野、基层社会和普通民众的日常生活中，包括契约、文书、账簿、信函、日记、笔记等，主要反映底层社会的日常生活以及政治、经济、文化状况等内容。随着当代社会史研究的不断深入和拓展，民间文献的学术价值逐渐被学界认识，搜集和整理的队伍和范围也日益扩大。其中成就突出，最值得关注的则属山西大学、华东师范大学、复旦大学和南开大学。

山西大学中国社会史研究中心在山西各地已搜集到集体化时期100余个村的民间文献，是开展集体化时代中国农村社会研究不可多得的史料，已成为迄今规模最大的集体化时代民间文献中心。这批资料或以个人档案突出，或以村庄基层活动面貌突出，或以成册上级文件突出，或以较为完整的账册和各种经济活动分类统计数字呈现，年代跨度为1945年至1982年；地域包括村庄、公社以及灌区、工厂、百货公司、供销合作社等遍及山西全省50余处；内容涉及经济活动、政治运动、文化生活、宗教信仰、人际关系、社会救助、人口家庭等文本资料和实物。[③] 该中心已计划利用这批资料影印出版100册当代山西农村基层档案资料。

华东师范大学中国当代史研究中心则将搜集范围扩大到整个城乡，整理出版了《中国当代民间史料集刊》系列，已有《河北冀县门庄公社门庄大队档案》《师院图书馆会议记录》《物资局整风鸣放材料》《茶厂1957年整风大字报》《花岭大队表格》《一个村支书的工作笔记》等9种。收录了流散于社会的各种民间文献，包括日记、笔记、记录、信函、小报、表格、账册、课本等，主要反映了1949年以后社会底层的政治、经济、文化状况和日常生活、人际交往、家庭关系、个人

---

① 上海市档案馆编：《吴蕴初企业史料·天厨味精厂卷》，档案出版社1992年版。

② 河北省档案馆编：《河北土地改革档案史料选编》，河北人民出版社1990年版。

③ 行龙、马维强：《山西大学中国社会史研究中心“集体化时代农村基层档案”述略》，《中国乡村研究》第5辑，福建教育出版社2007年版。

境遇等，为读者提供记录社会基层历史变迁的原始资料。①

复旦大学则于2011年成立了国内高校首个专门以收集民间社会生活资料并在此基础上从事学术研究的“当代中国社会生活资料中心”，并根据各种不同类型的资料进行数据库建设，已建成运行了“中国田野调查——张乐天联民村数据库”。南开大学中国社会史研究中心张思则搜集了河北昌黎县、邯郸临漳县、山西晋城市阳城县3个村落的档案文书，以及河北邢台县前白岸公社党委书记乔钦起的工作笔记。这批文书档案内容极为详细、丰富、完整，而河北昌黎侯家营村的档案资料则又连接着20世纪上半期日本满铁对该村的调查，具有前后连贯衔接的特殊价值。此外，笔者亦搜集了相当数量的民间文献资料，包括河北定县一个村集体企业从20世纪50年代至90年代初发展历程的较为完整的档案，以及两种连续记载50年以上的私人日记等。

（三）口述史

口述史是中国当代史研究中除档案资料之外的另一重要史料，与当代民间文献相比，抢救口述史料更时不我待。现今，参与或目睹过新中国历史变迁的人物尚在，但如果不抓紧采集史料，随着时间流逝一些历史事件的当事人丧失记忆能力或逐渐去世，则会永远丧失机会。也正因如此，近年来越来越多包括历史学、社会学、人类学等众多学科的学者积极投入于此，做了大量口述访谈和整理工作，并取得了众多成果。而一些口述史研究机构的成立则又进一步推动了这一项工作的进展，比如复旦大学口述历史研究中心、温州大学口述历史研究所等。

目前就当代社会口述史研究对象而言，涉及颇广，包括土改、抗美援朝、反右运动、“大跃进”、根治海河运动、人民公社、“文革”、农村妇女、知青、赤脚医生、农业生产责任制等。如关于知青口述史业已取得众多成果，如梁丽芳《从红卫兵到作家：觉醒一代的声音》、刘中陆主编《青春方程式：五十个北京女知青的自述》等。这些书的体例、内容、风格各不相同，或着眼于女性，或侧重于作家，或着眼在那些成功人士身上。而刘小萌著《中国知青口述史》更重于所选人物的典型性，作者从当年官方树立的知青典型、知青中的民间领袖以及一些默默无闻的普通知青中，选取了家庭出身、文化背景、人生遭际、政治观念各不相同13人进行采访，从而得到了对那场运动各不相同的带有极其鲜明个人色彩的评价

---

① 华东师范大学中国当代史研究中心编：《中国当代民间史料集刊：河北冀县门庄公社门庄大队档案》，东方出版中心2009年版。

和感受。[①]

其他又如：孙丽萍主编《口述大寨史：150位大寨人说大寨》、吕国光主编《农民工口述史》、吕兆丰等主编《碧流琼沙：赤脚医生时期口述史》等。其中不乏佳作，如《口述大寨史：150位大寨人说大寨》重现了大寨村近60年的沧桑巨变，包括了大寨的政治、经济、文化以及村容村貌、乡风民俗等各方面。[②] 而最值得称道的是魏宏运、三谷孝主编的《二十世纪华北农村调查记录》，该书的一、二、三卷是1990—1995年"华北农村调查团"先后对当年满铁调查过的北京吴村店、沙井村，天津的冯家村，河北的寺北柴村及山东的后夏家寨村的考察访问记录，以一问一答的形式完整地保存下来。[③]

（四）社会调查统计资料

社会调查统计资料是别具一格且尤值得当代社会史学者所关注的重要史料。社会调查者可以是各政治派别、政府、学术团体、学校及个人，调查对象则包罗万象，可以涉及城市与农村社会的各个方面，具有社会性、针对性、真实性及典型性。他既保存了大量调查数据和原始资料，又凝聚了调查者对各种社会及政治、经济等问题的认识，是深入研究社会史不可多得的重要资料。

早在中华人民共和国成立初期国家有关部门以及一些科研机构即已编辑整理了大量调查资料汇编。如《工农业商品比价问题调查研究资料汇编（1930—1936年、1950—1955年）》《中国农业科学院畜牧研究所调查研究资料汇编》（第1集1958—1961年）、《1967年水稻病虫调查研究资料汇编》等。其中，《工农业商品比价问题调查研究资料汇编》是在商业部指示及领导下，以商业厅为主，结合统计局、粮食厅、工业厅、农产品采购厅、供销合作社、对外贸易局等有关部门，从省、专、市、县抽调了144名干部编制而成。全部资料包括全面抗战前（1930—1936）及中华人民共和国成立后（1950—1955）各年的工农业商品价格，以及依据这些价格计算出来的工业商品消费物价指数、农产品收购价格指数资料、工农业商品综合比价、单项商品比价（工农业商品比价、粮种比价、其他农产品与粮食的比价）等，是一部较系统的而在商品范围上又比较全面的历史价格资料，

---

① 刘小萌：《中国知青口述史》，中国社会科学出版社2004年版。

② 孙丽萍主编：《口述大寨史：150位大寨人说大寨》，南方日报出版社2008年版。

③ 魏宏运、三谷孝主编：《二十世纪华北农村调查记录》，社会科学文献出版社2012年版。

是研究中华人民共和国成立初期人们生活水平的重要参考资料。[①] 此外还有《各省、自治区、直辖市农民收入、消费调查研究资料汇编》（1985 年）、《中国城市家庭：五城市家庭调查双变量和三变量资料汇编》（1991 年）等。

而 21 世纪也有一批大型调查丛书汇编出版，如《中国少数民族现状与发展调查研究丛书》《中国少数民族社会历史调查资料丛刊》《中国民族经济村庄调查丛书》，以及由中国社会科学院组织协调的大型社会调查研究项目《中国国情丛书：百县市经济社会调查》《中国百县市经济社会跟踪调查》《中国百村调查丛书》等。除这些大型调查资料汇编外，还有一批直击当前社会民生热点问题的调查专著涌现，其内容涉及乞丐、女保镖、地下性工作者、的哥、消费黑幕等中国种种社会现象。这些调查著作并无大而不当的理论，而是从社会细微处入手，颇有价值。此外还有众多乡村社会研究者的乡村调查，如贺雪峰著《新乡土中国：转型期乡村社会调查笔记》是对当下中国乡村所做的调查，作者通过对生活细节的深入透视，如农村里的半熟人社会、农民的合作能力、制度下乡、村庄精英的谱系、农民负担机理、积极行政的功与过等，试图建立起关于中国当下农村的各个面向。[②]

除以上所说四类史料外，其他诸如各级各类文史资料、地方史志、纪实和回忆录、报纸和新闻稿件、文集文稿以及国外史料和史学史资料等，都是当代中国社会史研究不可忽视的史料，并且在整理与利用上都取得了不少成果。在此不再一一赘述。

二、不足与反思

因中国当代社会史的兴起只是近几年的事，起步晚，这也就造成了其在资料的搜集整理上远远落后于其他研究领域，迄今还未见到成系统、较具规模的中国

① 《工农业商品比价问题调查研究资料汇编》，内部资料，河北省工农业商品比价问题调查研究办公室编印，1956 年。

② 贺雪峰：《新乡土中国：转型期乡村社会调查笔记》，广西师范大学出版社 2003 年版。

当代社会史资料汇编出版发行。① 即便是从目前学界对中国当代社会史资料的搜集整理来看，也存在很多不足。

1. 从资料的搜集来看，更多偏重于档案，而对其他如民间文献、口述史及各类影音与实物资料的搜集整理工作还远远不够，且缺乏专业机构（如档案馆、图书馆、博物馆等）的介入。

多年来，人们对各级各类国家档案馆、机关、团体、企事业单位保管的档案表现出足够的重视，但对留存于民间的各类文献却关注不够，从而造成大量珍贵的民间文献流失、破坏和损毁。中华人民共和国成立后即经历了各种政治运动，加之此后各类部门的频繁变动，许多私人史料被抄没、毁坏或遗失，大量未公开发行的资料也不断被处理或销毁。近几年，笔者从废品回收小贩处购买了相当数量的各类文献资料，也多次到基层造纸厂园区废纸回收站搜寻。但一己之力也只是搜集到极其有限的少量资料，而绝大多数的各类档案文献资料就此化作纸浆。实际上，种类繁多的民间文献不仅是官藏档案的必要补充，更是完整真实记录中国社会全貌必不可少的资料来源。虽然近些年民间文献的重要价值已引起部分高校和科研机构及学者的重视，并开始积极从事此项工作，但总体上仍处于一种分散状态，彼此之间缺乏充分系统的交流合作；且目前能够较为系统地收集中国当代民间文献的只有少数几所高校，而具备良好收藏条件与专业收藏技术的档案馆、图书馆、博物馆等，却因认识及经费等原因未能发挥有效作用。

即便是档案的整理出版也乏善可陈，与史学研究所需存在很大差距，诸如《中华人民共和国经济档案资料选编》等成规模系统的档案整理工作还极少，虽然有部分档案馆在期刊、网站等刊发少量的专题馆藏档案，但却显得极其零散和不系统。而就民间文献的搜集来看，往往会因收藏单位或个人的喜好和关注点不同，文献的种类与范围也就会存在一定的局限。就搜集种类而言，现在还多偏重于口述史资料和农村基层档案文献。当代民间文献史料的一个显著特点是其存在形式的多样，除了传统的文本类型外，更有各类影像、录音、电子数据等新型文献资料，同样具有十分重要的学术价值。再就搜集的地域来看，现阶段当代民间文献的搜集仍多集中在华北、长江中下游地区，西北、西南、东北等地区的当代社会

① 由行龙、韩钢、张乐天分别承担的2012年度国家社科基金重大项目“当代中国农村基层档案资料搜集、整理与出版”已经在分区域进行资料的搜集整理工作，不久的将来即会出版相当数量的各类档案资料汇编。

史资料搜集整理工作尚显落后；且已有工作又较多集中于农村地区文献的搜集整理，对城市的关注还不够。同时，限于资金及专业人才的缺乏，民间文献的整理出版工作严重滞后，这对当代社会史资料建设产生了一定影响。

此外，口述史近些年越来越受到学者的青睐，但仍存在一些不足。一是目前很多学者所做口述史主要围绕自己的研究课题进行，以此做学术研究的扩充，这样所形成的零星的口述史虽也做了一些历史记录，但终究口述样本数量有限，尚不成规模，且其未能以“原生态”的形式呈现，影响到史料的原始性。二是从事者许多并未受过口述史学的正规训练，一定程度上影响了口述史资料的质量，很多采访者也只是临时接受简单的培训而已。三是从采访对象来看目前主要还是集中于名人和重大事件上，而对普通民众的访谈仍然较少。限于经费及保存场所等原因，其他诸如各类影音及实物资料的搜集就更是少之又少了。

2. 从资料利用效果来看，无论是官方档案还是民间文献利用效果都不理想。与古代史、近代史相比，当代史具有十分丰富翔实的档案资料，但其利用开发程度却又明显滞后。

首先，从档案的利用方式来看，其主要在固定时间固定地点直接提供案卷查阅，这既极大地限制了档案信息的利用，又需要利用者投入大量的时间、精力与费用。此外，从档案开放程度来看，当代社会史档案还尚未像古代与近代档案史料那样完全处于公开状态，特别是“文革”时期以及现行档案很多都属于“控”档，尚无法解读利用。虽然现在一些科研机构也在积极探索与档案馆合作整理档案资料，但仅就当代史这个庞大的档案矿藏而言，只是刚刚开掘了一个角落。此外，一些档案管理部门在档案升级过程中，也撰写了一些编研资料，但大部分还是停留在一般简单的汇编，给查找和利用带来一定的不便。

其次，从档案的利用程度来看，虽然官方档案为当代社会史研究广泛利用，但利用程度并不是很充分，很多宝贵档案仍藏之闺阁，就是研究较为集中的中华人民共和国成立初期几十年的案卷，虽然很多也被查阅利用，但就整体而言也只是冰山一角。如河北省档案馆保存着较为完整的中华人民共和国成立后河北省党政机关如工业、农业、商业等宝贵档案文献；商业厅主管下的中国畜产公司河北省公司（1949—1956）、河北省纺织品公司（1950—1967）、中国文化用品公司河北省公司（1955—1957）、中国土产公司河北省公司（1950—1953）、中国石化销售公司河北省石油公司（1950—1957）、中国交通电工器材公司河北省公司（1955—1957）、中国化工原料公司河北省公司（1954—1957）、中国五金机械公司河北省公司（1954—1957）、中国蔬菜食品杂货公司河北省公司（1955—1957）、河北省革命委员会商业局医药公司（1951—1957）、河北省五金交电化工公司（1954—1964）等中华人民共和国成立初期近二十家公司档案的卷宗，这些公司的变迁一定程度上反映了新中国经济体制的变革，同时也从侧面折射出当时社会生活的方方面面；又如卫生厅主管下的河北省防疫大队（1950—1968）档案，也反映了新中国卫生防疫体制的建立与逐步完善的过程；以及劳动局、人事局中有关移民、就业、工资改革等众多宝贵档案，都有待于开发利用。

最后，当代民间文献的利用也会受两个因素的影响：一是受“开发”的限制。现阶段对民间文献进行系统搜集整理的工作还仅限于个别高校和学者，还不能形成体系化的资料库，利用起来自然存在一定难度，显得有些支离破碎。此外由于收藏者多将自己搜集到的史料藏诸深山、不轻易示人，除极少数近水楼台者外，真正能够利用民间文献史料进行研究的学者或学生还寥寥无几。二是与古代、近代相比，当代史资料的搜集有其数量多、便于调查搜集的优势，但同时也由于受政治意识形态以及一些官方档案还未解密等因素的影响，解读较为困难，这在很大程度上也限制了当代民间文献史料的利用。无论是口述资料还是文本史料都面临着同样的问题，即解读困难。毋庸讳言，口述回忆史料因时过境迁，加之当事人的主观意向和记忆偏差，其真实性往往会受到人们的质疑；而文字文献的形成、留存，也难免会受到时政的影响，因而也会具有一定的片面性。这些因素就造成了如今民间文献利用上的尴尬之境。

另外，中国当代社会史资料的搜集整理往往集中于中华人民共和国成立的前三十年，而对近三十多年社会历史的资料搜集整理却明显不足。这首要受当代社会史研究的影响，从时间上来看，当代社会史研究主要集中在中华人民共和国成立初年至“文革”这几十年的时间段里，而改革开放后三十余年的历史相对研究的却很少，改革开放三十年社会问题更多的是为社会学等学科所关注。其次这也与当代档案史料的开发及开放程度不无关系。

基于中国当代社会史资料建设的现状及不足，笔者以为当前及今后的工作应有“轻重缓急”之分。首先应大力加强口述史工作，这是当务之急。毕竟随着时间的推移，历史活动的当事人将记忆衰退以致一批批故去，如不加以抢救性搜集，若干年后某些历史阶段或事件恐将无口述史可作。值得注意的是，我们不仅要关注主要人物或主要历史事件当事人的口述访谈，更要重视普通百姓对日常生活的讲述，这也是历史不可或缺的重要组成。其次要加强民间文献的搜集与整理，民间文献规模十分庞大，非某个人或某个机构能够胜任，这就需要档案馆、图书馆、博物馆等更有条件的专业机构加入，完善收藏种类，建立成体系的当代民间文献资料库。再次积极谋求档案馆与高校或科研机构的合作，进行有规模有系统的档案整理，各级国家档案馆的新中国各历史时期档案文献比较完整，内容也十分丰富，如能将不涉密的档案成规模系统的整理出版必是对当代社会史研究的重大推动。最后还要注重实地社会调查，当代社会史研究如果离开社会调查将是极大的欠缺。但社会调查不能仅仅停留在对各种文本、数据或访谈资料的搜集上，还应包括对社会的观察与体验，由此形成的调查笔记或报告也是社会史研究的主要内容。

史料为史学之基础，然真正脚踏实地做资料建设工作并非人人所愿，以为是为他人做嫁衣。殊不知中国当代社会史研究的长足发展必然从资料的搜集和整理开始。20世纪50年代“中国近代史资料丛刊”的出版为中国近代史学科的发展做出了重大贡献，极大地推动了中国近代史研究向前发展。因此，唯有先期进行资料建设这种学科基础工作，才能使中国当代社会史研究走上更加有序、良性发展的道路，从而使其成为一门更加成熟的学科。正是鉴于此，笔者所在研究团队近些年一直致力于当代社会史资料的搜集整理工作，并计划将整理好的资料陆续出版。可以预见，随着学界一批批当代社会史资料的整理出版发行，这一领域的研究者将告别以往手工作坊式的小生产分散化，转入基础性与研究性相衔接的系统性、规模化研究，使当代社会史研究开创出一个新局面，迈上更高台阶。

（原刊于《历史教学》2014年第4期）

集体化时期的水利“大会战”

——以根治海河为中心的考察

河北大学历史学院　吕志茹

摘　要：集体化时期的大型水利工程多采用“大会战”的方式，被视为中共战争年代“集中力量打歼灭战”军事原则的延伸。以根治海河为例，这是由该流域的自然条件和当时的生产力水平决定的，而人民公社制度和农民的生活状况确保了施工劳动力的组织。“大会战”的规模是空前的，由于调集劳动力多，治理效果比较明显，但因主要依靠强大的政权力量来推动，难以纳入制度化轨道，造成前紧后松、不按经济规律办事等一些明显的问题。

关键词：“大会战”；根治海河；组织方式；民工

集体化时期我国在水利建设上取得了突出成就，其组织方法与原则值得探究。1964年，水电部在总结“大跃进”期间水利工作经验的基础上，明确提出了水利建设中要贯彻毛泽东在战争年代提出的“集中力量打歼灭战”的战略思想，[①] 促成了“大会战”组织方式的采用。此时正值大规模根治海河的准备阶段。海河干流流经天津市区，总长只有73公里，但其上游却连接着众多河流，形成广阔的海河水系，是我国七大江河之一。1963年8月，海河流域爆发了特大洪水，给流域内人民群众的生命和财产造成了巨大损失。在毛泽东主席“一定要根治海河”的号召下，自1965年起，轰轰烈烈的根治海河运动正式展开，海河各水系得到逐一治理，至1980年，大规模治水运动方告结束。在根治海河运动中，河道工程都采用了“大会战”的组织方式，这是当时水利建设中的常用方法。目前，学术界无

① 《当代中国的水利事业》编辑部：《1958—1978年历次全国水利会议报告文件》，第267页。

论对集体化时期水利史的整体研究或对根治海河运动的专题研究中，均未对该项组织方式进行专门考察。[①] 本文拟对根治海河运动中采取的“大会战”的必要性和条件、“大会战”的实施状况及由此反映出的特征进行分析，以深化对集体化时期水利史的研究。

一、“大会战”的必要性和条件

海河流域东临渤海，西倚太行，南界黄河，北接蒙古高原，涵盖了北京、天津市的全部，河北省大部和山西、河南、山东、内蒙古等省、自治区的一部分。海河流域地势上西高东低，各河流多发源于山区，源短流急；到达平原后水流渐缓，泥沙沉积，河床淤高；而下游河道狭窄，入海口少且狭小，排泄不畅，容易形成水灾。气候上，由于所处纬度和地势的原因，造成春季多风少雨，但到了夏季，来自海上的暖湿气流受到西北部山区的急剧抬升，又容易形成极强的暴雨。这种特殊的地形和气候条件决定了流域内水旱灾害频发。中华人民共和国成立前历届政府对海河流域曾多次进行治理，但由于政治经济状况、技术条件等因素影响，治理上零零散散，始终未能根除灾害的发生。中华人民共和国成立后，由于党和国家对水利建设高度重视，一度加强了对该流域的治理，包括平原除涝和修建山区水库等工程，取得一定效果，但由于治理标准依然较低，仍未能从根本上解除水患的威胁。1963 年大水灾的惨痛教训使人们认识到，要想从根本上解决海河流域的灾害问题，必须在全面规划、综合治理上下工夫，即必须实施长期的综合治理规划，根治海河运动由此兴起。由于综合治理工程规模大，直接促成了“大会战”组织方式的采用。

首先，流域内河流众多，工程量大，要想尽快产生成效，必须进行综合规划、

① 对根治海河运动的研究除整体概述外，主要集中在成绩和经验的总结、民工管理模式和生产队角色的探讨上，主要研究成果有刘洪升：《论河北省根治海河运动的特点及经验教训》，《当代中国史研究》2007 年第 3 期；刘京华等：《河北省根治海河运动》，中共中央党史研究室第二研究部编：《社会主义时期党史专题文集（1949—1978）》第三辑，中共党史出版社 2008 年版；张学礼、杨博：《根治海河工程的历史经验与现实价值》，《前沿》2011 年第 8 期；吕志茹：《主体与后盾：根治海河运动中的生产队角色》，《中共党史研究》2013 年第 5 期。这些成果都涉及根治海河运动的组织方式，但均未做具体分析。

集中治理。海河流域由南运河、子牙河、大清河、永定河、北运河五大水系组成。上游支流繁多，达三百多条，河水逐渐向平原低洼地带集中，最后汇流至海河干流，经大沽口入海。海河各河流犹如一把巨型扇子斜铺在华北平原上，扇柄直指天津。在遇到较强降雨的时候，上游水流由于地形原因快速向下宣泄。而中下游泄水量小，上下游行洪能力相差几十倍甚至一二百倍①，根本无法满足排水要求，以至出现洪水越过河堤漫流的状况，不但中下游经常遭灾，天津市在历史上有多次被一淹数月的记录。要想彻底根除海河水患，必须采用多种措施解决下游排水压力。根据该流域的特点，时任国家主席刘少奇为海河治理确定了“上蓄、中疏、下排”的指导方针，为根治海河指出了正确的方向。② 上蓄是指在上游新建和续建水库，拦蓄洪水；中疏即疏通中游河道，增强行洪能力；下排指扩挖或增开入海尾闾，将洪水分流，绕开天津在其他地方入海。按照规划，工程分期实施，近期以排为主，即前十年将“工程重点放在中下游防洪河道和排沥骨干河道治理方面”③。中下游河道工程包括将河道展宽疏通、加高加固堤防或者平地开挖新河，由此可见，工程量是巨大的。此种工程不是当地有限劳动力在短期内能够解决的，因此治理工作的开展必须从组织和效果等各方面综合考虑。

从方便组织民工的角度，依靠沿河群众进行治理是最简单的组织方法，由各社队、各县、各地区负责自己范围内的河段。只是分散开工，各河道同时上马，不但上下游之间在工程规划、管理上难以做到统一标准，而且工程在短期内也无法发挥效益，这是有前车之鉴的。“过去水利建设中由于缺乏全面规划，不同程度地存在着战线长、摊子多、兵力分散等缺点，造成大量的‘半拉子’工程，甚至搞了些瞎工程。”④ 这是深刻的教训。水利工程季节性很强，就海河流域来说，它需要在夏季雨水集中时发挥作用，所以上级认识到：“大规模的防洪除涝工程，只有利用冬春季节修建，才能当年汛期生效，这是水利工程的特点。如果汛期不能生效，即使推迟时间很短，也等于推迟一年。因此，要打歼灭战，就要一鼓作气、一气呵成的战略部署。”⑤ 打歼灭战需要集中力量，必须采取大协作、大会战的组织方式，根据水害的轻重缓急依次治理，这样才能够做到速战速决，不留尾工，

① 政协天津市和平区委员会文史资料委员会：《天津和平文史资料选辑》第5辑，1995年，第195页。

② 刘洪升：《根治海河取得成就原因探析》，《农业考古》2010年第6期。

③ 当代中国丛书编辑委员会：《当代中国的河北》，中国社会科学出版社1990年版，第676页。

④ 河北省政协文史资料委员会编：《再现根治海河》，河北人民出版社2009年版，第21页。

⑤ 《河北省黑龙港地区排水工程总结》（1966年），河北省档案馆藏（以下简称冀档）1047-1-196-1。

使工程当年生效。因此，采用“大会战”的集中治理方法成为上级组织管理部门的共识。

其次，当时机械化水平低，主要靠人工，施工效率低，只能采取“人海战术”进行会战。中华人民共和国成立初期，我国工业落后，对于大型工程来说，尚无法提供足够的机械设备进行机械化施工。而且国家经济困难，也无力保证机械化施工所产生的各项消耗。因此在水利工程上，主要靠的依然是人的体力劳动，用较为简陋的铁锨、小车等工具来完成挖河筑堤的任务。即便如此，由于当时全国水利建设任务大，有的年份连胶轮车这样的简单工具都有供不应求之势，原因是原材料紧张①，这是由当时的生产力水平所决定的。人工劳动的效率是比较低的，据当时经常参加水利工程的民工回忆，一个民工平均一天挖、推五六立方米的土，多的能达到十立方米以上。如此数目对于庞大的工程量来说显然是微不足道的。按照根治海河期间的规划，“每疏浚开挖一条中下游骨干河道，大体土方量都在1亿立方米左右”②。也就是一个冬春的工程，每年的工程量基本相当。可以看出，只能增加民工的绝对数量，才能保证工程按期完成。海河“大会战”是当时技术、生产力水平所决定的。

以上两个因素决定了必须采取集中治理的方法，方能尽快使海河工程产生效益。而此时人民公社制度的确立及农民的生活状况则保证了海河“大会战”所需劳动力的调集。

首先，人民公社体制为劳动力的组织提供了保障。1962年，“三级所有，队为基础”的人民公社体制确立，生产队成为基本的核算单位。国家为根治海河确定的出工政策为：“生产队集体出工，义务劳动，国家管饭，不计工资。”③ 也就是说，根治海河所需劳动力，是各地生产队无偿提供的义务工，是没有劳动报酬的，连铁锨、小车等简单工具都由出工生产队自带，国家只负责工程所需材料的投入和粮食、工具等的些许补助。以河北省为例，每期工程任务确定后，先由省根治海河指挥部根据工程量确定总的出工人数，然后分配各地区出工名额，再通过地区—县—公社—生产大队—生产队逐级分配任务，最后把具体名额落实到生产队。这时生产队实行集体劳动，由生产队长负责所需民工的组织动员工作，经

① 《“关于今冬明春根治海河工程的安排”向国务院首长汇报记录》（1971年7月23日），天津市档案馆藏（以下简称津档）X166-Y-106-1。

② 河北省政协文史资料委员会编：《再现根治海河》，第416页。

③ 《根治海河几项具体政策问答》（1967），冀档1047-1-199-2。

相互协商，最后确定出工人员。生产队还需要给出工者记工分，所记分值与在队劳动社员相同或略高，这样便使出工者可以和在队劳动的社员一样参加生产队的年终分配，相当于由出工的生产队集体来承担治河民工的劳动报酬。当时根治海河不仅是一项生产任务，而且是作为一项政治任务来抓的，指定的出工人数是必须要保证的，即使动员工作出现困难，基层生产队也要想方设法保证出工名额。人民公社体制在劳动力的组织方面显示出明显的优势，确保了“大会战”所需民工的调集。

其次，农民生活困难也使得劳动力的组织更为便利。人民公社早期，农民的生活还是相当困难的，所分得的口粮数量一般难以满足生活需要。1966 年 4 月，周恩来总理到河北省大名县前桑圈大队调查，了解到这个大队“三年没有分配现金、人均口粮每日只五点七两”①。如此低的口粮水平是根本吃不饱饭的，很多家庭只能过着“糠菜半年粮”的生活。而根治海河早期提出了“国家管饭”的政策，这样，农民出工治河不但自己能够吃饱，还能为家中省下一个主要劳动力的口粮，以缓解家庭生活的困难，因此成为激励民工参加治河的主要动力。笔者采访当年根治海河的民工，绝大多数人表达了这一想法。有人说：“年轻的时候光去挑河了，为的嘛呢？没得吃啊，为了省口吃的，哪有的吃啊，分那么点粮食。出去一个小伙子呆上两三个月，省不少吃的。俺们一个小伙子顶家里好几个人吃，小孩吃不多，吃点就饱了，俺们吃少了能干活嘛，当时又没油水，一年不见一点油，分个三斤两斤的芝麻也卖了。”② 由此可以看出，由于当时农民生活困难，治河前期在民工动员上是比较容易的。

另外，由于“一定要根治海河”是毛主席提出的口号，再加上中华人民共和国成立后浓厚的政治氛围，为了更有效地动员民工和调动民工的积极性，党和政府采取了革命年代及中华人民共和国成立初期常用的宣传话语和宣传手段，提出“我们必须积极地宣传最高指示，认真地贯彻最高指示，坚决地执行最高指示，使广大社员群众认清为革命出工、为革命治河的道理”③。利用诉苦、今昔对比等历次群众运动惯用的动员方式激发民众参与治河的热情，为根治海河这样一项单纯

---

① 中共中央文献研究室编：《周恩来年谱（1949—1976）》（下卷），中央文献出版社 1997 年版，第 25 页。

② 笔者在河北省盐山县千童镇孙庄村采访尹玉章的记录（2012 年 8 月 20 日）。尹玉章，男，1939 年生，曾参与黑龙港、子牙新河和漳卫新河等多期工程。

③ 中共河北省根治海河指挥部政治部：《关于民工入场前的思想发动和组织工作意见》（1966 年 8 月 10 日），中共河北省委党史研究室编：《河北省根治海河运动》，中共党史出版社 2008 年版，第 283 页。

的水利活动涂抹上浓重的政治色彩。这样，一场轰轰烈烈的群众性治水运动得以有效组织起来。

二、“大会战”的实施概况

根治海河中的“大会战”分省内会战与省际会战。因河北省占据海河流域大部，其省内会战规模最大。该工程采取了有计划、按步骤分期治理的方式，初步安排用二十年的时间完成浩大的工程。河北省的施工安排原则是：“河库兼顾，集中力量打歼灭战，当年受益。”① 所谓的“集中力量”，几乎是指调集全省的力量。当时水库工程由工程所在地区安排劳动力，常年施工，所有海河上游所在地区都有施工任务。而河道工程规模大，采用了省内“大会战”的方式，出工专区包含了当时十个专区中的八个，除了路途遥远的张家口专区与承德专区没有出工外，其他专区全部参加了“大会战”。但在水库工程中张家口和承德两个专区都参加了施工，所以就根治海河的主要力量河北省来说，根治海河工程是全省人民共同参与的工程。在河道工程中，民工们多是远距离出工，经过长途跋涉，参加“大会战”，这样逐条河系集中治理，以确保当年工程当年受益。在施工时间的安排上，河道工程主要安排在冬春季节，这样做的优势为：一是容易调集劳动力。在农村，冬春两季是农闲季节，此时出工可以减少对当地农业生产所造成的影响；二是可以避开夏季的汛期。海河流域的雨季主要在 6 至 9 月份，多数年份降雨集中在 7、8 月份。如此安排，不至于使排水和施工互相干扰。

在海河“大会战”中，出河民工按军事化进行编制，一般以县为单位建民工团，以公社为单位建民工连，连之下设班，最初班以村为单位，后来为组织上便利，打破村的界限，以公社为单位实行混合编班。为迎合宣传的需要，工地上更是营造出一种浓厚的政治气氛，“进场先进校，开工先开课”，大学毛主席著作，突出政治，突出思想。工地上到处红旗招展，宣传标语、毛主席语录牌随处可见。各级部门还经常组织民工进行劳动竞赛、树立模范典型等，以最大程度调动民工

① 中共河北省委：《关于河北省在“三五”期间根治海河重点工程的报告》（1965 年 5 月 25 日），《河北省根治海河运动》，第 212 页。

的治河积极性。

海河“大会战”的规模是比较大的，现以河北省根治海河的第一个战役黑龙港除涝工程为例来进行说明。黑龙港流域地跨当时的邯郸、邢台、衡水、沧州、天津①五个专区，地域规模大，流域内河流众多，工程复杂。该地区在1963年大水灾和1964年的平原沥涝中损失严重，所以被划为最早治理的地域。当时河北省根据工程需要，确定由七个专区同时出工，除流域所涵盖的五个专区外，加上石家庄专区和保定专区，总出工人数达到49.5万。② 由于施工人员众多，工地上呈现出人山人海、热火朝天的劳动场面。黑龙港工程从1965年10月开工，1966年5月结束，这些来自不同地区的干部和群众，集中在黑龙港流域的九条骨干河道上，经过一个冬春的努力，完成了原规划需要两个五年计划才能完成的工程。“这样打的结果不仅当年见效，群众满意，而且可以节省民工进出场、搭工棚、排水的费用，可以用较少的投资，修建较多的工程。”③

黑龙港战役为海河“大会战”积累了经验，之后各年度，河北省都根据工程需要确定出工人数。在根治海河前期实施了一些规模较大的工程，除1965年冬至1966年春实施的黑龙港工程外，1966年冬至1967年春开挖子牙新河以分泄子牙河水，该河在天津市北大港新、老马棚口间入海；1967年冬至1968年春开挖滏阳新河与加固滹沱河北大堤，减轻滏阳河排水压力，并与子牙新河对接；1968年冬至1969年春扩挖独流减河，加固北大港围堤，以分泄大清河水，在天津南部大港区入海；1969年冬至1970年春治理大清河南北支，扩挖疏通原有河道；1970年冬至1971年春开挖永定新河和北京排污河，永定新河用于分泄永定河水，在天津北部北塘入海，北京排污河承泄龙凤河流域的沥水及北京市污水；1971年冬至1972年春分南、北两线施工，南部治理漳卫新河、北部继续治理北四河，漳卫新河是分泄漳河、卫河等海河南系河水在河北与山东交界处入海，北四河工程除已

---

① 关于河北省行政区划的说明：1949年8月1日，河北省人民政府成立，以保定市为省会。1958年2月11日，天津市划归河北省，河北省省会由保定市迁至天津市。根治海河开始时，天津市还是河北省省会，与周边区县组成天津专区。1966年4月，中央指示将河北省省会由天津市迁回保定市。1967年1月2日，天津市与河北省正式分开，仍改为中央直辖市。之后天津专署迁驻于安次县廊坊镇。自1967年11月至1968年8月，石家庄、天津、承德、张家口、邢台、沧州、衡水、邯郸、唐山、保定10个专区先后改称地区。1973年12月12日，天津地区更名为廊坊地区，将原天津地区所辖蓟县、宝坻、武清、静海、宁河五县划归天津市。

② 董一林、王克非：《根治海河十四年》，《文史精华》1994年第3期。

③ 《河北省黑龙港地区排水工程总结》（1966年），冀档1047-1-196-1。

完工的永定新河外，还包括北运河、潮白河与蓟运河的一些工程；1972 年冬至 1973 年春治理卫运河等。这些新挖与扩挖工程土方量巨大，均采用“大会战”方式组织，每季工程仅河北省就动员民工三十万人以上。

山东省对海河流域所属的徒骇河和马颊河的治理也采取了“大会战”方式，由两条河流经的山东北三区即德州、聊城和惠民（今滨州）三个地区出工，集中力量对不同河段进行了治理，在 1968 年由于“文化大革命”出工受到影响的情况下，泰安地区和昌潍地区也协助出了工。

在省内会战的基础上，在涉及省际边界的河流治理上，则采用了省际会战的方式。参加根治海河工程的主要有河北、山东、河南、北京、天津五省市。因天津市地处海河下游，工程量较大，且天津成为直辖市后辖区劳动力有限，大型工程“单独承担有困难”①，河北省和天津市的合作最多，其中较大的工程有：1968 年冬至 1969 年春扩挖独流减河工程、1970 年冬至 1971 年春开挖永定新河工程以及之后的治理潮白河、北运河、蓟运河工程，由河北省和天津市共同协作完成；同时期的北京排污河工程由河北省和北京市共同出工；1971 冬季开始治理的漳卫新河工程以及稍后的卫运河工程由河北省和山东省共同出工；1978 年冬开始的卫河工程则由河北省、河南省和山东省共同出工。

根治海河工程以 1973 年为界分为前后两个阶段。1973 年 11 月 17 日是毛泽东主席发出“一定要根治海河”号召十周年纪念日，参加根治海河的各省市都举行了大型的庆祝活动，对根治海河运动进行总结，对根治海河中涌现出来的先进集体与先进个人进行表彰，并掀起了一场大规模的宣传根治海河的热潮。至此，在国务院和水电部的直接领导下，根治海河骨干工程基本完成。之后，根治海河工程以续建、扩建等提高标准为主，与前期大型的集中工程相比，后期工程规模较小，分散，就特定项目来说，“大会战”的规模也在逐渐缩小。现以河北省 1979 年春季海河骨干河道工程及劳力安排为例来说明。

从下表可以看出，与根治海河前期相比，项目安排较多。1979 年春工安排三项工程，区别于根治海河工程前期集中的大型工程，劳力安排上以就近原则安排施工。虽然工程相对分散，就某一项具体工程会战规模较小，但总的出工人数并不少，仅河道工程来看，1979 年春即出工 31.5 万人，出工规模和根治海河工程前

---

① 《“关于今冬明春根治海河工程的安排”向国务院首长汇报记录》（1971 年 7 月 23 日），津档 X166-Y-106-1。

十年相当。

河北省 1979 年春季海河骨干河道工程及各地区劳力安排表　　单位：万人

	邯郸	邢台	衡水	沧州	保定	廊坊	石家庄	合计
扩挖老漳河	2.0	6.0						8.0
扩挖北排河				7.0	4.0	1.3		12.3
卫河干流治理	4.7		3.5				3.0	11.2
合计	6.7	6.0	3.5	7.0	4.0	1.3	3.0	31.5

资料来源:《一九七九年春季海河工程劳力安排表（1979 年 2 月 6 日）》，冀档 919-4-229-4。

海河“大会战”被视为中共战争年代军事原则的延伸，按照河北省的总结，运用毛主席关于“集中优势兵力，各个歼灭敌人”的战略思想主要体现在三个方面：“一是在布局上，一个河系一个河系地打歼灭战，打一片，成一片，吃掉一条线，改造一大片；二是在时间上打歼灭战，当年施工，当年受益，在进展不平衡时，工程后期组织互相支援协作，保证一个冬春完成，不跨汛期，即使需要两个战役完成的，每个战役也要有每个战役的效益；三是在工程上打歼灭战，竣工时达到‘六成’高标准，工完帐清，不留尾巴，不留‘后遗症’，做到国家、当地社队、施工县（团）三满意。”① 从河北省的治理看，确是依据这几个原则来安排实施工程的。从实施的效果看，根治海河前十年的工程对上述原则贯彻得比较好，后期工程由于管理不善等原因，有所懈怠，但这一原则适应了当时的实际，不失为一个成功的原则。

1980 年，在党中央的领导下，水利部门开始逐渐反思中华人民共和国成立后三十余年的水利建设成绩和存在的问题，并对水利政策进行调整。在该年度全国水利厅（局）长会议上，针对水利战线上基建战线过长，基本工作和管理跟不上的问题，“会议要求坚决缩短基建战线，搞好现有工程的续建和配套，积极举办社队力所能及的小型水利，大力加强工程管理工作，并逐步建成工程的管理体系，使水利工程发挥更大效益”②。由此，国家的水利建设重点发生变化，在此精神指

① 河北省根治海河指挥部：《依靠群众，发动群众，大打人民战争，认真落实毛主席“一定要根治海河”的伟大号召》（1971 年 11 月 17 日），冀档 1047-1-220-13。

② 《搞好续建配套充分发挥现有工程效益》，《人民日报》1980 年 10 月 6 日，第 1 版。

引下，海河“大会战”自1980年下半年不再组织。

“千军万马战海河”①，这是根治海河工程进行期间对海河工地劳动场面的形象描绘。自1965年秋至1980年春，以河北省为主的海河流域部分省市，在党中央的号召及各地根治海河指挥部门的直接领导下，每年都出动大量劳动力参加海河“大会战”，为海河治理做出巨大贡献。

三、“大会战”的成效与反思

根治海河工程中的“大会战”持续15年的时间，取得了突出成绩，“在防洪方面，海河五大水系都有了单独的入海尾闾，排洪入海能力由大规模治理前的4620秒立方扩大到2.468万秒立方，提高4.34倍；在除涝方面，通过扩建原有的排沥河道，新辟排水骨干河道及其配套工程，使海河流域排沥河道入海能力由大规模治理前的414秒立米增加到3180秒立米，扩大了6.68倍”②。改变了海河水系上大下小、尾闾不畅和经由天津市集中入海的局面，确保了流域内的度汛安全。

根治海河的设计标准是海河南系达到1963年大洪水的流量，海河北系达到1939年的洪水流量。由于气候等方面的原因，根治海河工程开始后，海河流域再也没有发生过1963年和1939年那样的大洪水，因此根治海河工程成为未经检验的工程。但工程未经检验，并不等于没有发挥作用，由于增开了大量的入海通道，能够减少水灾的破坏性影响是肯定的。以1977年为例，该年夏季河北省中南部降下大暴雨，据沧州地区统计，平均降雨量达728毫米，超过常年两倍多，有的公社降雨一千毫米以上，积水面积达九百多万亩，根治海河工程在排水方面发挥了重要作用。仅就南排河而言，通过这条河共泄水11亿立米，超过泄水量42%。如在扩挖前，这些水要到第二年2月底才能排出，而当年8月底基本排完。大秋有收成，小麦能适时播种。③ 可见，根治海河工程在排水减灾方面起到的作用还是

① 《治江治河的正确道路——关于根治海河发展农业生产的调查》，《河北日报》1973年11月18日，第2版。

② 当代中国丛书编辑委员会：《当代中国的河北》，第679页。

③ 《陈公甫同志在一九七七年全区根治海河秋工动员会议上的讲话》（1977年9月28日），盐山县档案馆藏：1977年长期3。

比较明显的。在1996年8月海河流域的洪涝灾害中，海河工程所起的作用也是很大的。多条入海尾闾的开辟基本解除了洪涝灾害对天津市的威胁，由此而体现了工程的价值。

另外，在根治海河的过程中，虽然主要以防洪为重点，但也适当考虑了抗旱与盐碱地改造的需要，兴建了一些必要的设施，如河道深槽的开挖、蓄水闸的修建等，可以在干旱时节相机灌溉，兴利除害，促进了农业的发展。总之，海河"大会战"的效果还是值得肯定的，它以中共战争年代所倡导的"集中力量打歼灭战"的军事原则为指导，适应了水利建设的特点，优势明显。

首先，按比例抽调农村劳动力，对各地的农业生产没有造成太大影响。人民公社时期，水利建设任务繁重，除了大型水利工程，还有当地的小型农田水利建设，大、小型工程相互配合，才能充分发挥水利建设的效益。因此，虽然根治海河工程选在冬春农闲季节，但各区、县、社、生产队本身仍有自己的水利建设任务，且农闲时间并非绝对，也有相当的农活需要打理。而海河"大会战"调集劳动力范围广泛，这样便可使劳动力分散开来。各地在抽调劳动力的数量上都遵循一定比例，河北省在安排黑龙港工程中曾规定，各地出工人数最多不超过当地男劳动力的15%。① 天津市每年的劳动力安排基本控制在男整劳力的10%以下。② 虽有个别地方由于违反上级规定因出工人数多而影响了生产，但毕竟是少数。就整体来看，基本保障了各地农业生产的正常进行。

其次，能使工程尽快产生效益。河北省在1970年之前对海河流域的治理中，基本采用了一个冬春集中完成一项工程的方式，便于工程尽快发挥作用。1966年黑龙港工程刚刚完成，"七月黑龙港地区一次降雨一百至二百毫米，与往年同样降雨量比较，约增产粮食三至五成，全流域四十一个县（市）的粮食产量，全部达到自给有余。这是历史上从来没有过的现象"③。以前沥涝严重的交河县，不但没有淹地，而且粮食总产量创出历史新高，平均亩产在三百斤以上。④ 这些成绩的取得，极大地鼓舞了沿河百姓的生产积极性。不但改变了当地的生产面貌，而且加深了民众对新中国的感情。之后，基本一年完成一项大型工程。在这些工程实

① 中共河北省委：《关于黑龙港工程开工情况的报告》（1965年11月5日），《河北省根治海河运动》，第258页。

② 《关于尽快落实今冬明春根治海河劳力安排的请示报告》（1972年12月21日），津档X166-C-299-1。

③ 《河北省黑龙港地区排水工程总结》（1966年），冀档1047-1-196-1。

④ 《河北省黑龙港地区排水工程总结》（1966年），冀档1047-1-196-1。

施的过程中，虽然也存在遗留少量尾工的情况，但绝大部分工程都能做到当年受益，整体效益是比较好的。

但是，我们也应该看到，海河“大会战”之所以能够进行，依靠的是强大的政权力量。集体化时期，由于国家具有强大的组织能力和社会动员能力，在水利建设方面的突出优势是显而易见的，但这种动员和治理方式却难以纳入常规化、制度化轨道，由此造成了一些明显的问题。

首先，海河“大会战”的施工成效主要取决于上级的重视程度，致使出现前紧后松的现象。海河“大会战”由于动用人员多，施工管理、后勤供应等任务都非常繁重，需要进行充分准备、周密部署，各级部门密切配合、团结协作。由于处于计划经济时期，需要统一调配各方力量，所以上级领导部门的重视程度直接影响“大会战”的效果。实践证明，根治海河运动前十年，因中央和地方重视程度比较高，海河流域有明确的整体规划，年度计划明确，准备工作充分。在上级的领导下，各部门密切配合，“水利局包工程，公安处包保卫，卫生局包医疗，司令部包政工，商业、粮食部门包供应、财务。各部门都有一名副局长级干部上河”①。海河治理工作得到了相关部门的大力支持，工作效率高，“大会战”的组织方式是比较成功的。但在之后的治理中，国家对根治海河的领导有所松懈，以至于河北省在1973年至1975年两次报送第二个十年规划而始终不见下文。致使1973年以后所实施的工程，因“缺乏一个完整的指导思想，没有一个整体安排”②，工程进度出现问题。如1978年冬开始的卫河工程，“由于河道工程没有完全确定下来，有的地区没有出工，冬春两期工程需要今年（1979年）春季一并完成”③。1979年春沧州地区治理北排河工程也是两期工程一期完，这是根治海河前期从未有过的现象。而且“有的不是因为客观的需要进行水利建设，而是为了施工队伍不散摊而安排工程项目，这样工程的目的性就不会很明确，效益也含混，甚至带有一定的盲目性。所以一年的工程完成后，不知第二年应该做什么，有的在施工队伍进场以后，由于项目还未定下来，而再行退场的，甚至几进几出，劳

① 张永录：《关于一些基层干部和群众对根治海河的意见和反映》（1975年3月31日），冀档1047-1-294-7。

② 《十五年根治海河的初步总结》（1980年），冀档1047-1-754-7。

③ 河北省革命委员会：《关于认真搞好今春根治海河工程的通知》（1979年2月5日），冀档919-4-229-4。

民伤财”①。1973年后，河北省每年都要就工程安排计划临时去京汇报，没有一个长期的、稳定的规划，出工任务难以提前确定、变动频繁，对劳动力的安排，生产、生活物资的调运都影响甚大，造成很大的浪费。各部门也出现相互扯皮现象。在高度集权的政治体制下，下级需要得到上级的明确指示，这样工作才能有的放矢，而上级的含混态度使下级无所适从。而“一定要根治海河”是毛主席的号召，无人敢轻易喊停，上级态度和规划又不明确，拖沓浪费自然成为必然现象。

其次，海河“大会战”是以超经济的行政力量推动的，忽视民众的正当利益，难以长期进行。所谓超经济的力量，即不按正常的经济规律，而是利用政治强力来完成。根治海河是在国家的组织下，依托人民公社体制，在农村集体和农民付出很大代价的条件下取得的。海河“大会战”能够继续下去，基于国家政权对基层社会的高度控制，是用行政手段直接抽调劳动力，且不管受益与否。“大会战”中调用的农村劳动力大部分是流域范围内的，但也少量调用了流域外的劳动力，如当时河北省秦皇岛属于唐山地区，虽与海河流域相去甚远，也需要根据上级的安排协助出工，山东省在海河治理中调派泰安和昌潍地区的劳动力也属类似情况。因海河流域地域广泛，即使流域范围内的出工社队也并非都受益，有些地方离骨干河流距离较远，无法直接感受到根治海河的效益。但在当时的情况下，强调“共产主义大协作”，所有受益地区和不受益地区都必须按照上级的指示出工。这样，在国家的强势动员下，每年都有数十万的民工聚集到特定河道无偿参加劳动，进行“大会战”。在治理过程中，不仅要“自力更生、勤俭治水”，而且坚决不允许“物质刺激”，要求民众讲贡献、讲思想、讲觉悟。借助于强大的动员机制和组织宣传能力，虽然可以在短期内迅速激发起民众的生产热情，但时间久了，失灵在所难免。根治海河后期“出工难”现象便是最好的诠释。而且，农业集体化不仅为新的水利建设提供了实际上免费的劳动力②，由于国家补助偏低，出工农村还为此贴补了大量的粮食和款项。据估算，“除对建筑物的投资完全由国家负担外，根治海河工程有一半的开支是农村付出的”③。农村集体为海河治理付出很大代价。由于农村负担重，农业的发展受到影响，根治海河后期农民的消极抵抗使出工越来越困难，再加上组织管理的低效，海河“大会战”逐渐难以为继。而此

① 《十五年根治海河的初步总结》(1980年)，冀档1047-1-754-7。

② ［美］黄宗智：《长江三角洲小农家庭与乡村发展》，中华书局2000年版，第235页。

③ 吕志茹：《主体与后盾：根治海河运动中的生产队角色》，《中共党史研究》2013年第5期。

时农村改革正如火如荼地进行，“大会战”所依靠的人民公社体制正在面临变革，此种组织方式的结束是必然的结果。

根治海河工程大部分是在“文化大革命”时期完成的，是带有鲜明政治色彩的群众性治水运动。在国家的领导、集体的支持和农民的高强度劳动下，完成了前代无法完成的大量工程，海河流域已初步形成比较完善的防洪体系。海河“大会战”虽然存在一定问题，但在当时国家经济困难、机械化水平低且水害频繁的情况下，可以说是最有效的治理方式，这一点是毋庸置疑的。

（原刊于《党史研究与教学》2014年第3期）

“男女平等”的异化与误读

——以集体化时期太行山区妇女参加社会生产为例

河北大学历史学院　刘　洁

摘　要：新中国成立初期，为了早日实现工业化和妇女解放的目标，亟须发动广大农村妇女参与社会化大生产，但基层社队在发动妇女参加社会生产的过程中，忽视了男女客观存在的生理差异和没有倡导男子分担家务劳动，从而造成了“男女平等”的异化与误读，使妇女在“男女都一样”和“男女不一样”的尴尬境地中，遭遇了前所未有的痛苦和挣扎。中共及时调整了妇女政策，实现了“男女平等”的回归。

关键词：男女平等；集体化时期；妇女；社会生产

迄今为止，学术界关于集体化时期乡村妇女参与社会化大生产的研究已有很多，大致可分为两种意见，一种认为在中国共产党的带领下，中国乡村妇女积极参与社会化生产，在为社会主义建设做出贡献的同时，也使妇女自身走出家庭，走上社会，对摆脱传统文化的束缚和提高妇女的社会政治经济地位起到了非常大的作用，很大程度上实现了男女平等；另一种意见认为乡村妇女参与社会化大生产以后，由于传统的思想和习俗不可能在短时期内改变，妇女在参与社会生产的同时，男子却没有分担家务劳动，由此妇女担起了社会劳动和家庭劳动的双重重担，参与社会化大生产使妇女获得了解放但未获得与男子一样的平等地位。也有学者对“妇女解放而不平等”的原因做出分析，认为出现“妇女解放而不平等”的根源在于妇女解放过程中国家权力的越位和女权的缺位。[①] 笔者同意以上意见，

① 张志永：《女权的缺位：大跃进时期华北农村男女平等的悖论》，《江苏社会科学》2011 年第 1 期。

但认为造成这种结果的原因不仅仅在于女权的缺位，还与当时的时代大潮密切相关。本文拟在总结前人研究成果基础上，以太行山区妇女参加社会化大生产为例，考察社会主义大潮下“男女平等”怎样被异化为“男女都一样”和“男女不一样”，以及被异化后的“男女平等”背后乡村妇女所面临的困境和挣扎，并揭示乡村妇女对这种被异化的“男女平等”观念的质疑和抱怨，最后党和政府对异化的“男女平等”做出了纠正和弥补，实现了“男女平等”的回归。

所谓太行山区，是指以纵贯南北的太行山脉为主线，地处河北省与山西省交界处的广大地区，包括地处太行山深处和太行山脚下的广大乡村地区。之所以把这一区域作为研究领域，是因为该地区交通不便，信息闭塞，经济文化落后，传统意识根深蒂固，但恰恰是这个地区是妇女参加社会化生产最广泛的地区，男女“同工同酬”政策也是发源于此①，另外全国劳动模范申纪兰、郭凤莲都是从太行山区走出的女英雄。本文资料主要来源于河北省档案馆、山西省档案馆、山西省长治市档案馆以及河北阜平、顺平、平山、赞皇等县级档案馆。笔者还对太行山区部分农村进行田野调查，收集口述史资料，着重“女性话语”和“民间话语”，尤其是当事人的感受与理解，力图再现真实的历史。

一、“妇女是一种伟大的人力资源”：社会主义大潮下“男女平等”的提出

男女平等，是欧洲文艺复兴时期的开明人士为消除社会对妇女的歧视而提出的一种思想，这一思想主张让妇女实现由于文化、体制、行为和态度方面的歧视而被剥夺的权利。男女平等的思想，唤醒了妇女的人权意识，成为世界各地妇女解放运动的口号和旗帜。

妇女解放，一般指妇女超出家庭的局限参与社会活动，获得社会人格，实现男女的人的尊严和价值的平等。② 因此，妇女解放包括社会解放和性别解放两部

---

① 李金铮、刘洁：《劳力·平等·性别：集体化时期太行山区的男女“同工同酬”》，《中共党史研究》2012年第7期。

② 1975年于墨西哥城召开的“国际妇女世界会议”所发表的《关于妇女的平等地位和她们对发展与和平的贡献的宣言》（即《墨西哥宣言》）对男女平等的界定为：男女的人的尊严和价值的平等以及男女权利、机会和资任的平等。参见姜键、姜兰《妇女解放问题的现代诠释》，《社会科学战线》2001年第5期。

分，社会解放指妇女普遍地参与社会化生产，性别解放即指男女平等。

中国的妇女解放运动兴起于19世纪末20世纪初，是从兴女学、废缠足开始的，但这一时期的妇女解放运动仅对生活在大城市的知识分子女性影响较大，对生活在偏远山区的乡村妇女影响甚微。大规模的妇女解放运动始于1937年全面抗战爆发后，在中国共产党的领导下，根据地广大底层妇女开始走出家门，参与社会生产，在为根据地经济建设的同时，也提高了自身的社会经济地位。

中国的妇女解放运动与西方国家的女权运动有着一致的地方，同样都是为了争取妇女参与社会化大生产的权利和实现男女平等的目标；但同时这两者之间又有着很大的不同。首先，中国的妇女解放运动不是一项独立的运动，她一直就与中国的民族解放运动联系在一起，也即目标不仅仅是为了解放妇女，同时还承担着阶级革命的责任。所以一开始就被上升到国家、民族解放的高度，这在很大程度上决定了19世纪末以来中国妇女解放运动的基本走向，对此问题，学术界已有诸多研究，一般认为中国的妇女解放运动依附于中国的民族解放大业，在这其中妇女没有发出自己的声音。第二，中国妇女解放运动中，作为主体的妇女只是一个有待被唤醒的群体，因此在运动中缺乏女性主体意识。

这种状况一直持续到中华人民共和国成立后。鉴于当时国际、国内环境，新中国面临的首要任务是早日实现国家工业化。在国家工业化过程中，党和政府开始逐步实行社会主义三大改造。为了实现经济的迅速发展，早日实现工业化，就需要动员一切能利用的劳力、物力、财力参与到国民经济建设中去。妇女，占中国人口的半数，作为“潜在的劳动力”“伟大的人力资源”当然也受到政府的高度关注。毛泽东指出：“中国的妇女是一种伟大的人力资源。必须发掘这种资源，为了建设一个伟大的社会主义国家而奋斗。”①

在党和政府的倡导下，各基层（村、县）单位很快行动起来，开始发动妇女更普遍地参与到社会生产中。太行山区也不例外，太行山区在解放前是革命老区，有一定的革命基础，在根据地时期太行山区妇女们在中共的发动下就已经开始参加社会劳动，但从总体看，妇女参与生产的人数和参与生产的范围还占比较小的比例，从事的也是一些简单的农业劳动。

但随着农村中合作化的逐步升级，无论是国家层面还是基层各社队都开始出

① 曹冠群：《进一步解放妇女劳动力，为多快好省地建设社会主义服务》，《人民日报》1958年6月2日第2版。

现劳动力不足的情形。毛泽东在《中国农村的社会主义高潮》一书中指出了在合作化以后劳力不足的必然趋势。他说："对于很多地方说来，生产的规模大了，经营的部门多了，劳动的范围向自然界的广度和深度扩张了，工作做得精致了，劳动力就会感到不足。这种情形，现在还只是在开始，将来会一年一年地发展起来。农业机械化以后也将是这样。"正如毛泽东估计的那样，从 1955 年起，太行山区各县、社队出现了劳动力不足的局面。

1955 年春，阜平县南五农业生产合作社通过计算发现，如果不发动妇女参加生产，男劳力每人平均 3.7 亩土地，同时也不能抽出男劳力进行农田水利建设和有利于农业增产的其他建设。① 这就必须进一步发动妇女参加农业生产以解决困难。

高级社后，劳力短缺的情况更加凸显。昔阳县大寨新胜社，1957 年春天，社领导在组、队会议上进行了算账，如果不发动妇女，就完不成生产计划。② 山西省潞安县五星社，据统计全社仅农业工即需88 752个，再加上新拓土地和增产任务，需工很多。只靠男劳力是不可能完成这一计划的，因此必须发挥妇女劳力的作用。③

1958 年 5 月"大跃进"运动开始后，中共开始采取劳动密集型战略，这就使劳动力需求急转直上，劳动力不足的情形更加明显，人民公社"大规模的农田基本建设和先进的农业技术措施，要求投入更多的劳动力，工业的发展也要求从农业生产战线上转移一部分劳动力"④。据不完全统计，1958 年，河北省农业人口数为 3299.2 万人⑤，抽到钢铁战线上的劳力曾达到 400 多万人，各种运输车辆达 11 万多辆，派去专门修建水库的劳力也有六七十万人。⑥ 1958 年，邢台县人民公社化后"以钢为纲"的工业建设的发展，需要投入两万多名劳力，另外还需要七千

---

① 阜平县妇联会：《关于三区平阳铁岭村南五农业生产合作社发动妇女参加生产的报告》（1955 年 4 月 22 日），阜平县档案馆藏，档案号：3-1-3。

② 昔阳县妇联会：《大寨新胜社妇女参加生产推向了高潮》（1957 年 8 月 23 日），昔阳县档案馆藏，档案号：16-1-23。

③ 山西省妇联长治专区分会：《潞安县南贾村五星社在妇女中加强社会主义思想教育的报告》（1957 年 6 月 15 日），长治市档案馆藏，档案号：8-1-18。

④ 中华人民共和国国家农业委员会办公厅编：《农业集体化重要文件汇编》（下册），中共中央党校出版社 1981 年版，第 540 页。

⑤ 河北省地方志编纂委员会编：《河北省志·人口志》，河北人民出版社 1991 年版，第 48 页。

⑥ 《河北省农村人民公社大放光芒》，《新华半月刊》1959 年第 17 期。

多名劳力经常为钢铁搞运输，再加上国家建设的外调工人和长期修公路搞水利的劳力，共需抽调劳力五万人，约占全县原有的11万名男女劳力的一半。①

随着各行各业的大干快上，男劳力的使用迅速达到极限，因此，发动妇女劳动力成为弥补劳动力缺口的唯一现实选择。

而这一动因，又与中共解放妇女的目标结合在一起，恩格斯说：“妇女解放的第一个先决条件，就是一切女性重新回到公共的劳动中去。”② 这样，国家工业化和妇女解放的目标就取得了一致，那就是动员妇女参与社会化大生产。只有先实现妇女的社会解放，才能进一步提到性别解放。

对于性别解放，也即男女平等，党和政府也有一个界定，1954年宪法明确规定：中华人民共和国妇女在政治的、经济的、文化的、社会的和家庭的生活各方面享有同男子平等的权利。有学者指出：宪法中这个规定，男女两性“享有平等的权利”是男女平等的本质内容，也揭示出男女两性的平等应体现在“政治的、经济的、文化的、社会的、家庭生活等各方面”。但这种解释可能导致人们做出错误推断：我国的法律已经给了男女同等的权利，所以，男女平等已在我国实行了。③

由于长期以来女性一直是一个弱势群体，在妇女解放运动中没有发出自己的声音，也由于对“男女平等”认识偏差，所以无论是妇女解放的实施者还是妇女自身都把与男子看齐当作是实现“男女平等”的目标，这也就导致在妇女参加社会生产过程中，逐渐变得“男性化”，也导致了“男女平等”的异化。

二、“男女都一样”与“男女不一样”

传统社会中，人们奉行“男主外女主内”的劳动分工模式，但在国家工业化和妇女解放的目标取得一致后，势必要改变乡村妇女原来的生活习惯和思维方式，

---

① 社论：《公社劳动分工大调整——邢台县统筹安排分工分业保证工业农业同时并举红旗社二十几种职业以女代男把强劳力送到第一线》，《人民日报》1958年12月15日，第1版。

② 恩格斯：《家庭、私有制和国家的起源》，《马克思恩格斯选集》，第四卷，人民出版社1972年版，第70页。

③ 李晓静、王云兰：《男女平等概念新说》，《南昌大学学报》2005年第3期。

这就必须要借助于政策、法律和各种具体的社会制度安排，运用行政力量来全面执行。因此可以说，这种形式下的妇女解放是“国家在场”下的妇女解放，跟妇女自身追求的“男女平等”“妇女解放”存在一定的距离。

（一）男女都一样

首先，在妇女参加生产的过程中，一些基层社队把男女权利上的平等误读为形式上的绝对平等，而把妇女参加社会生产作为男女平等的首要表现形式。

1. 利用“大鸣大放”的方式强迫妇女参加劳动。

“大跃进”时期，劳力缺乏达到极致。为了尽快地发动妇女参加生产，太行山区的一些社队开始运用大字报等通报批评形式强制妇女参加生产。如柏乡县南阳农业社，在批评肖云风的大字报上写着：“肖云风不做活，东家串西家坐。脏不干重不干，吃救济你当先。”① 顺平县太行山区的妇女对“大跃进”时期这段经历仍然记忆深刻，程××说：“‘大跃进’时候拿懒婆、拿懒汉，你（如果）不去，队长堵着你的门嚷，谁敢不去呀。”② 另外阜平县东下关乡栗元蒲分会③、邢台县东旺乡王快村④都通过这种“大鸣大放”的方式强迫妇女进行劳动。一些村干部和男队员说：“要想男女平等，就得男女干一样的活儿。”⑤

1958 年，“大跃进”的群众运动在全国各地逐步展开。在“大跃进”形势下，“妇女什么都能干，什么都干得好”“人人都生产，户户无闲人”等口号激励着广大妇女大规模地投入到社会生产中，形成了新中国成立以来妇女第一次全方位参与社会劳动的高潮。1957 年冬到 1958 年春，妇女出勤一般占妇女劳动力的 90％以上，许多地区已达 100％。⑥

这种“大鸣大放”的方式虽然使妇女与男子一样参与到社会生产中，但她们

---

① 河北省妇联会：《生产大跃进中的妇女政治思想工作》（1958 年），河北省档案馆藏，档案号：899-1-101。

② 2011 年 8 月 8 日，笔者在河北省顺平县白云乡白西庄村对农村妇女程××（生于 1937 年）的访谈笔录。

③ 阜平县妇联会：《关于我县广大妇女参加工农业生产的报告》（1958 年 11 月 20 日），阜平县档案馆藏，档案号：3-1-9。

④ 河北省妇女联合会：《邢台东旺乡王快村妇女在生产大跃进的政治思想教育工作》（1958 年 5 月 22 日），河北省档案馆藏，档案号：899-1-102。

⑤ 河北省妇联会：《关于农村妇女劳动保护工作向全国妇联妇婴福利部的情况简报》（1957 年），河北省档案馆藏，档案号：899-2-97。

⑥ 通讯：《要敢想、敢说、敢做、敢负责，七省妇女工作座谈会号召妇联干部力争上游》，《人民日报》1958 年 4 月 19 日第 4 版。

当中不少人是被迫的，而不是自愿的，势必会给妇女的心理造成一定的伤害。

2. 在妇女参加生产劳动中倡导“男女都一样”。

除了强迫妇女下地参加生产以外，有些社队在生产中忽视男女生理的差别，一味地倡导“男女都一样”，使妇女过度劳动受到身体伤害。

“大跃进”时期，太行山区的广大农村妇女们积极参加到“夺高产”运动中，承担了劈山引水、修筑大坝、开渠、修建水库、深翻土地、积肥等繁重的劳动任务。

1958 年 6 月，山西省榆次县东阳乡 94 名妇女（最小 16 岁，最大 47 岁）被调往七八十里远的田家湾修水库一月之久。出发那天，除部分体弱或是小脚行走不便的妇女坐马车外，其余均步行前往，限一上午时间到达目的地。当天下午就赶赴工地，投入“大兵团作战”。妇女们置身于“军事化行动”的环境中，在“一天等于二十年”“一人要顶两人干，妇女要赛过男子汉”的口号声中拼命地劳动。有的带病上工地，受伤不下场，“例假”期间照样干。常常是一天要整整干十个小时，收工后步行到八里外的小峪口村住宿。要村的毕××、东阳的董××等，因不习惯水土，不适应气候而感冒和肚痛。东阳妇女韩××拉土时被平车撞倒，扭伤了腰和腿。①

“大跃进”时期的顺平县妇女也承受着与体力严重不相符的劳作：

李××说：（“大跃进”时期）什么都赶上了，窑上挖大坑，搬重物，累死了。耪地，割谷，什么活都干。……这辈子太累。那时不去地里不行，队长管着，“大跃进”时不去地里连饭都不让吃。②

李××2 说：“大跃进”那时候男人去挖水库，女的干地里活，特别累。吃的也不好，一点劲儿都没有。③

王××：“大跃进”时男的修水库，女的在家干活，男人是整劳力、女的是半劳力，整劳力三亩地、半劳力一亩半地，我们家分了四亩半地让我自己耪，四亩

① 榆次市妇女联合会：《榆次妇女运动史》（内部资料），第 44 页。

② 2011 年 8 月 2 日，笔者在河北省顺平县河口乡源头村采访农村妇女李××（1933 年生）的访谈笔录。

③ 2011 年 8 月 3 日，笔者在河北省顺平县河口乡东河口村采访农村妇女李××2（1937 年生）的访谈笔录。

半，把我都累火龙儿（中暑）了。①

“文革”时期出现了一些“铁姑娘”群体，这种忽略性别差异的去性别化劳动达到极致。

社会上对“铁姑娘”的印象大致有以下两个：

a. 铁姑娘苦做苦干“苦”形象

“铁姑娘有铁肩膀，铁手铁足铁了心，正好修地球”，妇女们日复一日，年复一年地干超重量的粗活。石灰使妇女的皮肤溃烂，石头磨烂妇女的手。煤灰使妇女洗澡用刷子蘸肥皂也刷不干净自己的脸。挑、装卸、冲洗、抬、人拉肩扛，填补工资的不足，供养中华儿女，报酬是那样的少！②

b. 铁姑娘是一群没有女人味、男性化的女人

“短发、圆脸、宽肩、粗腰、黑肤、大嗓门，常常扛着步枪或者铁锹生气勃勃，比如出现在众多媒体上的突击队‘铁姑娘’”，“她们争相使自己的皮肤晒黑，争相使自己的肩膀变宽，争相穿上肥大而破旧的男式棉袄等等，一个个形如铁塔”。③

这是社会上对“铁姑娘”的一般认识，“铁姑娘”们的英雄事迹在当时的一些报纸、档案中也随处可见。

或许有人会说，文献记载中“铁姑娘”的事例是为了配合当时的大背景被宣扬和拔高后的“铁姑娘”形象，但山西社科院历史所的学者们对大寨“铁姑娘队”所做的口述调查或许能让我们更真实地接近“铁姑娘”，能更深一层地理解当时的“男女都一样”。

贾存兰：大部分（跟男社员）在一起，反正锄、刨、挽都在一起，锄地的时候，一大片地，这边是男的，那边是女的，男的锄到头，你也得锄到头。④

牛桂兰：反正有时候是比男社员也不次呢，他们拔两行行距，我们也能拔两行，他们深刨，过垄眼，反正是不次，跟他们比上走，甚至还要超过他们，看看

① 2011年8月3日，笔者在河北省顺平县河口乡东河口村采访农村妇女王××（1938年生）的访谈笔录。

② 萧悟了：《铁姑娘——红装和武装》，摘自《激情时尚——70年代中国人的艺术与生活》，山东画报出版社2002年版。

③ 《铁姑娘》，韩少功：《暗示》，人民文学出版社2002年版，第29—30页。

④ 贾存兰：女，1950年2月生于大寨村，初中文化，中共党员，原“铁姑娘队”队员、村妇女主任。孙丽萍：《口述大寨史》，第29页。

质量也不次，不是来他们处处不难为我们?①

贾存兰：三战狼窝掌的时候，下的雪有九寸多一尺来厚，拿大扫帚把坝上的雪扫干净，然后再干。石块都让雪盖住了，男社员没有停工，我们姑娘照样不停工。天可冷了，手都崩开了裂缝。②

中共宣扬“男女都一样”的本义是为了鼓励妇女们参加社会生产，鼓舞妇女的干劲，努力争取男女平等。但到了“文革”期间，毛泽东的那句“时代不同了，男女都一样，男同志能办到的事情女同志也能办得到”被提升为“最高指示”，成为那个时代对男女平等的最高诠释。③

（二）男女不一样

在参与社会生产过程中，妇女要争取男女平等就要与男子干一样的活儿，实现了“男女都一样”，但在家务劳动方面，却又存在严重的“男女不一样”。

从有家庭以来，女性就是家务劳动的主要承担者。在中国古代的甲骨文中，妇女的“妇”字就是女人手持扫把的形象，代表着进行家务劳动的女人。20世纪50年代妇女从家庭走出，开始参加集体农业劳动，在农业生产中发挥了重要的作用，撑起了半边天，但是相应的社会和男人却没有承担起家务劳动的责任。农村妇女只能一肩挑起了两副重担——社会生产和家务劳动。

井陉县贵泉村农业社的调查表明，家务劳动一般包括做鞋、做布袜子、拆洗棉衣、拆洗被褥、做单衣、补补丁、捻线、推碾子磨面、摘菜、晒菜、补洋袜子、做饭、照看孩子等。这些活在家务劳动中占的比重较大。如鞋袜，一般要8天左右才能做成一对；一双鞋底就纳两天；拆洗旧被褥一般要5天，缝缝补补颇费功夫；补补丁，更是妇女的一件重活。一些壮、老年妇女，都是穿着补丁堆补丁的

---

① 牛桂兰：女，1947年生于山西省昔阳县大寨村，高小文化，原大寨“铁姑娘队”队员。孙丽萍：《口述大寨史》，第113—114页。

② 贾存兰：女，1950年2月生于大寨村，初中文化，中共党员，原“铁姑娘队”队员、村妇女主任。孙丽萍：《口述大寨史》，第29页。

③ “妇女能顶半边天”出处不详（《人民日报》等权威报刊，也从未做正式语录引用过）；而“时代不同了，男女都一样。男同志能办到的事情，女同志也能办得到”，本是1964年6月，毛泽东和刘少奇在十三陵水库游泳，毛看到几个女青年从身后游上来后发出的感慨。《人民日报》首次披露，也只是作为“毛主席畅游十三陵水库”报道中的一件轶事（人民日报，1965），正式引用这段语录是《人民日报》在1970年3月8日以此为通栏标题报道了劳动妇女们的先进事迹。此后，这个语录便频繁地被引用，有时甚至是铺天盖地而来，不仅被赋予妇女不甘落后、要与男子一比高低的含义，而且成为20世纪60、70年代对男女平等的最高诠释。

衣裳。在妇女中流传着这样一句话："绣花剪样不算巧，补衣补袜难死人。"妇女××孩补一条裤子整整用了两天，裤子上没有一块整布。其他如采菜、晒菜、洗菜、洗衣、喂猪等，也是妇女家务劳动没完没了的活计。①

顺平县太行山区的妇女在谈起那段时间的经历时，唏嘘连声。

1. 笔者：那时下地、做家务、看孩子觉得紧张吗？

李××3：怎么不紧张，家里那么多活，一打钟就得上工，迟到了就扣分。②

2. 笔者：缝衣服什么时候做？

李××：那会儿都是把黑夜当白天，推碾子、打水、做衣服、纺棉花、织布，点着煤油灯，整晚上的做活。③

李××2：那时晚上打夜作（熬夜）做鞋，孩子得弄个兜在胸前兜着做针线活，或者等孩子睡着了做活。④

李××4：那时都是晚上给孩子做衣服、洗衣服，点个煤油灯。做棉衣服的时候不知道熬到什么时候。早上还得到地里干活，还得推碾子和织布。妇女们的活很多，地里回来还得赶紧喂猪，小孩不干了，还得哄小孩，再做饭。你不去地里还没吃的。⑤

3. 笔者：丈夫帮着你做家务吗？

李××3：不帮着，地里回来就呼噜会儿，歇会儿。一样的干活，妇女干活回来做饭、喂猪、刷家伙，人家就呼噜会儿，做熟了就说"吃饭吧"，人家就吃去了。(笑)⑥

4. 笔者：那时你有妇女解放、地位提高的感觉吗？

---

① 河北省妇联会：《井陉县贵泉村农业社的妇女参加生产的情况》（1957年），河北省档案馆藏，档案号：899-2-98。

② 2011年8月8日，笔者在河北省顺平县白云乡白西庄村采访农村妇女李××3（生于1929年）的访谈笔录。

③ 2011年8月2日，笔者在河北省顺平县河口乡源头村采访农村妇女李××2（生于1933年）的访谈笔录。

④ 2011年8月3日，笔者在河北省顺平县河口乡东河口村采访农村妇女李××5（1938年生）的访谈笔录。

⑤ 2011年8月3日，笔者在河北省顺平县河口乡东河口村采访农村妇女李××4（生于1931年）的访谈笔录。

⑥ 2011年8月3日，笔者在河北省顺平县河口乡东河口村采访农村妇女李××3（生于1938年）的访谈笔录。

李××3：我觉不出来解放，稀里糊涂地瞎混呗。[①]

边××：那时去地里干活是男女平等，因为都去干活。但回来（回家）就不行了，男的下工都回来躺着去了，女的就得做饭。男的家里也有活，但不如女的多。[②]

冀××：解放了（笑）？解放你得干活多点，什么活都得干。[③]

李××5：解放什么呀？感觉不出来，你去半天给你半天的分，去一天给你一天的分，早上不去还得少给你点分，人家耪一个垄你耪一个垄、人家挑一担水你挑一担水，一点不少挑，分（工分）还比人家少，那叫什么妇女提高呀。[④]

李××2：高什么呀！地位不高。人多，两个人挣工分，养活一大家子，不去地里还不让吃饭。[⑤]

在昔阳县大寨村妇女们也有同样的感受。

冯素梅[⑥]：那时候你30多岁，都有了孩子了吧？要管家，还要干地里的活儿。

贾田环：有孩子了，那会儿白天动弹，黑夜做针线，黑夜不加班了还要给孩子们洗刷、缝衣服，那会儿连缝纫机也没有。孩子的衣服，自己的鞋都是自己做的。这会儿什么也不能了，胳膊疼腿也疼。

贾田环：白日黑夜地干。[⑦]

冯：咱们“铁姑娘队”干活的时候要争着跟男的一样，事实上心里角色还是女性角色。还是觉得现在应该带带孩子，照顾照顾家里。

---

① 2011年8月8日，笔者在河北省顺平县白云乡白西庄村采访农村妇女李××3（生于1929年）的访谈笔录。

② 2011年8月3日，笔者在河北省顺平县河口乡东河口村采访农村妇女边××（生于1927年）的访谈笔录。

③ 2011年8月2日，笔者在河北省顺平县河口乡源头村采访农村妇女冀××（生于1939年）的访谈笔录。

④ 2011年8月3日，笔者在河北省顺平县河口乡东河口村采访农村妇女李××5（生于1938年）的访谈笔录。

⑤ 2011年8月2日，笔者在河北省顺平县河口乡源头村采访农村妇女李××2（生于1933年）的访谈笔录。

⑥ 冯素梅：女，采访者，现为山西省社科院历史研究所副研究员。

⑦ 贾田环：女，1935年生于山西省昔阳县大寨村。贾满栋：女，1954年生于山西省昔阳县大寨村。引自孙丽萍《口述大寨史》，第41页。

贾存兰：嗯，其实妇女劳动比男的负担更重，家里外边都得做。①

从这些普通劳动妇女的叙述中，我们可以感觉到，妇女仅仅是在参与社会生产上获得了与男子平等的权利，也即承担起了参加社会生产的责任，但男子却没有相应地尽到平等的分担家务劳动的义务，这就给妇女造成了双重负担，使她们苦不堪言。她们对当时意识形态中宣扬的“妇女解放”记忆并不是太深刻，而对集体劳动中的“累”却是感受最深的。

三、不能承受之重：被异化的“男女平等”的背后

性别差异的客观存在是不以人的意志为转移的。从生理解剖学的角度看：女人体力上自然弱于男人；与繁衍人类后代相关的月经、怀孕分娩、哺乳育儿、流产等生命活动也只由女人承担。中医学指出：“人们在劳动的时候，体内会发生一系列的生理变化，适当的劳动，可以使肌肉发达，身体健壮，工作效率提高，寿命延长。而不适当的劳动将会给人的身体带来损害。”体力劳动是与男女生理密切相关的，所以这种违背客观规律的“男女都一样”在体力劳动中是不能成立的，用这种有缺陷的妇女解放理论去指导实践，必然会造成对女性解放价值尺度的严重偏离。

在“大跃进”时期，盲目地要求农村有劳动能力的妇女全出勤，不论城市或农村，将一些本来应该留在家庭中以操持家务为主的妇女也发动出来了，偏重于强调“妇女什么都能干，什么都能干得好”。特别在冬季开展热火朝天的积肥运动中，有很多地方提出了“泥坑是战场，轻伤不下火线，为了完成任务一律不许请假”的口号。有的妇女带着月经、怀着孩子也照样和男子跳河、受冷，干到半夜。而在夏天，又由于天热，农活拥挤，各地为了抢荒，又开展了投荒突击月。提出：“早下地，晚回家，中午不休息”，在这种情况下，只重视发动妇女参加生产，而忽视了对妇女生理特点的照顾，所以很多地区在支配妇女劳力时，对孕妇、经期、体弱的妇女在分配农活时不加以照顾，不适当地分给她们体力不能达到的农活，

① 贾存兰：女，1950年2月生于大寨村，初中文化，中共党员，原“铁姑娘”队成员、村妇女主任。孙丽萍：《口述大寨史》，第109页。

如打井、开渠、拉车、抬土，强调怀孩子的妇女也得下地等。忽视给予她们安排家务的时间，使妇女过于操劳，损害身体健康。致使患月经失调、子宫脱垂、浮肿等病的人数大大增加，有的甚至失去生育能力。①

1961年，根据河北省卫生厅的调查，"全省闭经人数约有200万人（注：发病数字不要向基层传达），一般占青壮年妇女的20%，特别严重的地区达到50%—70%；患子宫脱垂的全省约有10万多人。而且有些地方这种病情仍在继续发展。……"②

在太行山区，妇女在参加农业生产过程中也存在着同样的状况。

表1 妇女病发病率（太行山区）

地区	调查人数（成年妇女）	发病人数	占调查数%	其中					
				子宫脱垂		闭经		其他妇女病	
				人数	%	人数	%	人数	%
涉县西城公社龙虎生产队	464(劳)	5	1.05	5	1.05				
平山城关、北贾壁	109	13	11.9	4	3.7			9	8.2
邢台县南王穹生产队	137	9	6.56	2	1.45	7	5.1		
平山县城关公社新安生产队	114	7	6.1	3	2.1	4	5		
内邱西张南站	328	152	46.4						

资料来源：河北省妇联会《据重点调查推算全省子宫脱垂的发病情况》（1961.4—10.20），河北省档案馆藏，档案号：899-2-186。

上表中数字是河北省妇联统计的。从表中数字看，各县妇女均有不同程度的妇女发病，妇女病发病率最高的县是内邱西张南站，发病率高达46.4%。

另外，从太行山区其他县的统计看，妇女产生月经不调、闭经、子宫脱垂等疾病的人数也不在少数。

① 河北省妇女联合会：《关于保护农村妇女儿童健康的情况及问题》（1958），河北省档案馆藏，档案号：899-2-97。

② 河北省委：《关于抓紧防治妇女闭经、子宫脱垂的指示》（1961），河北省档案馆藏，档案号：855-19-862。

河北省阜平县统计，东城铺公社委家峪大队共有闭经的3个，月经不调的6个，子宫脱垂的4个。[①] 城关公社城关生产队共472户16岁以上的妇女479人，子宫脱垂11个，闭经80个。[②] 山西省昔阳县井沟生产大队第三队，因营生没计划，派活不合理，全队妇女闭经就有9个，月经不调5个，子宫突出1个，疾病妇女占到全队20个整半劳力的62%。[③] 井沟妇联主任李小妮，1958年春季带着妇女散粮，不顾一切，带头杀冲锋，结果病得一年不能参加劳动。[④] 后龙风塘大队，据1957年至1961年的统计情况，所有育龄妇女的怀孕和小孩成活情况呈逐年下降的趋势，到1961年育龄妇女70个，怀孕妇女仅5个，占生育妇女的7%。老年妇女王金棠反映说："现在妇女说劳动好，为社劳动是好，不过就是不生育，再过几年往后看过去，人口要少一半。我有四个小媳妇，就有三个没孩子，当汉汉。"李金华反映说："现在的女人，真正成了男人，一不生育，二不过月经，我有二个媳妇，也没有给我生下个孙孙。"[⑤]

妇女病发病的原因是多种因素造成的，但过度劳累是其中最重要的原因。正如1961年河北省委曾指出："发生这种疾病的原因是多方面的。例如，劳逸结合得不好；有些妇女缺乏卫生知识，不知道怎样预防疾病，有些人还有封建思想，患了妇女病不愿讲；由于两年来的灾害影响，有些人营养缺乏，体质下降等等。但是最根本的原因，是由于有些领导同志，对妇女的特殊保护工作重视不足，没有认真贯彻执行关于保护妇女劳动力的政策和规定，存在着严重的官僚主义、主观主义。在安排劳动和工作时，对妇女生理特点照顾不够，要求男女'一律化'，开展同等要求的劳动竞赛，或进行激烈的体育活动，让妇女担负过重的力不能及的劳动和工作。在安排生活时，对妇女的疾病不够关心。……"[⑥]

---

① 阜平县妇联会：《东城铺公社委家峪大队妇联会通过发动组织妇联工作推向高潮》（1961年），阜平县档案馆藏，档案号：3-1-26。

② 阜平县妇联会：《关于在城关公社生产队进行妇女劳动保护重点情况向县委和专妇联的报告》，阜平县档案馆藏，档案号：3-1-29。

③ 昔阳县妇联会：《关于对妇女劳力保护的几点意见》（1961年6月25日），昔阳县档案馆藏，档案号：16-1-31。

④ 昔阳县妇联会：《关于对妇女劳力保护的几点意见》（1961年6月25日），昔阳县档案馆藏，档案号：16-1-31。

⑤ 昔阳县妇联会：《关于对妇女劳力保护的几点意见》（1961年6月25日），昔阳县档案馆藏，档案号：16-1-31。

⑥ 河北省委：《关于抓紧防治妇女闭经、子宫脱垂的指示》（1961年3月21日），河北省档案馆藏，档案号：855-19-862。

除了妇女病，当时妇女们所受的其他苦痛也让妇女们铭记于心。笔者在顺平县太行山区做调查时，妇女们道出了她们心中那段不曾与人说起的往事：

冀××说：冬天去满城（修水库），去一冬天。妇女们搬大土坷拉（土块儿）。下了雪冻了冰都得搬，冻得不行。……还有想家的。白天干活，晚上哭。妇女们不是事多吗，去上厕所不方便，有的被尿都给憋坏了，去远的地方上厕所时间长了也不行，回来还得让你干活多点或者站着。在近的地方也不行啊，都是大空地，哪有地方解手（上厕所）呀？①

“文革”时期，由于过分强调“男女都一样”，并以男性为标准，鼓励女性去做“男同志能办到的事”，表面上似乎是要抬高和解放妇女，将她提到男人的水平，结果却压抑了女性主体意识，剥夺了女性权益。尤其可悲的是，这种对女性权益的忽略与剥夺竟然得到了广大妇女的普遍认同。一些“铁姑娘战斗队”等组织应运而生，妇女们“不爱红装爱武装”，与男子比体力、比雷厉风行，像男人一样抡十八磅锤头开山劈石，承受炼钢炉前的高温火花以及野外工作的风餐露宿等。这也给“铁姑娘”们的身体和心理留下了永恒的烙印。

冯素梅：这个关节已经变了形了，左手大拇指、右手大拇指也都变形了。到了冬天手还有反应？

牛桂兰：那会儿冬天（手冻的）白天是疼上一天，赶黑夜暖过来是发痒了，脚也是冻下那伤，冻疙瘩，也是发痒。②

四、“真实自我”：男女平等的回归

在妇女参加生产的过程中，由于过于强调男女责任和义务的平等，没有充分注意到男女客观存在的生理差异，给妇女的身体造成了很大的损害，在群众中造成很不好的影响，这也直接影响了妇女参加生产的积极性。

如有的社员说：“高级社好是好，就是参加劳动挣的工分还不够吃药的钱，咱

① 2011年8月2日，笔者在河北省顺平县河口乡源头村采访农村妇女冀××（生于1939年）的访谈笔录。

② 牛桂兰，女，1947年生于大寨村，原大寨“铁姑娘队”队员。孙丽萍：《口述大寨史》，第113页。

宁愿挨点饿，也不愿去送命。”[①] 昔阳县东冶头公社各生产大队，高级社后觉得妇女的技术不行，总是让妇女做重体力劳动、笨营生（担粪、刨地、担土等）。如栽山药时，总是让妇女去担水，男社员去插秧。特别是妇女在月经期间也照常参加各种劳动，因此造成了80个妇女只有50个来参加生产，使经常参加生产的妇女说：“现在的人，偷懒的偷懒，装病的装病，按住这老实人死不放咱，一个月不放一天假，不给家务活留点时间。如果你要有事，就非装病不可。”[②]

这种状况在“大跃进”期间就引起了中共的注意，因此在20世纪60年代初期就开始制定一些保护妇女劳动力的政策。

1959年，李德全[③]发表《关心妇女健康　保持旺盛干劲》的讲话，提出：“各地医务人员要关心和注意保护妇女健康……懂得注意保护身体健康和安全生产的道理。同时还应协助公社和生产大队，改善劳动条件，协助推行‘三调三不调’，‘经期孕期挂牌’的办法。”[④] 到1961年7月，中央转发了全国妇联的《关于农村妇女劳动保护政策》的报告，提出：（1）要在农业生产中，要实现男女分工合作，合理安排妇女劳动力；（2）因地制宜做好“四期”（经期、孕期、产期、哺乳期）保护工作；（3）应继续防治妇女病，并巩固治疗效果；（4）建议公社党委及生产大队支部定期检查妇女劳动保护执行的情况。[⑤]

中央转发了妇联的这一报告后，各省、县基层单位也相继采取措施保护妇女劳动力。

山西省长治地区的妇联组织协助劳保、卫生等有关单位制定了若干劳动保护制度与具体办法，并进行了调查研究，总结经验，通报推广和及时地发现与解决问题，并在劳动过程中执行了三调三不调和经孕期挂牌制。在怀孕期间每天劳动时间看情况自定。并减免一定的基本劳动日，对产妇普遍地做到产后100天不分

① 河北省妇女联合会：《关于保护农村妇女儿童健康的情况及问题》（1957年），河北省档案馆藏，档案号：899-2-97。

② 昔阳县妇联会：《认真执行同工同酬，加强妇女劳动保护》（1961年6月29日），昔阳县档案馆藏，档案号：16-2-46。

③ 李德全：中国妇女运动领导人，著名爱国人士冯玉祥先生夫人，时任中华人民共和国中央人民政府第一任卫生部部长。

④ 李德全：《关心妇女健康保持旺盛干劲》，《中国妇女运动文献资料汇编》（第二册），中国妇女出版社1988年版，第383页。

⑤ 《中央转发全国妇联党组关于农村妇女劳动保护政策和农村托儿组织问题的两个报告》，《中国妇女运动文献资料汇编》（第二册），中国妇女出版社1988年版，第409—411页。

配生产任务，适当减免基本劳动日，还给予口粮补助，调剂部分细粮和蔬菜类等。在保护妇女劳力的同时，各级妇联还配合卫生部门采取了土洋结合、集中治疗、巡回治疗等办法，对妇女闭经、子宫脱垂、子宫出血、月经不调等疾病进行了普查、普治，一般效果良好，妇女疾病大大下降。如晋中区曾在五月份有4万名妇女患闭经、子宫脱垂等疾病，占妇女劳力50%，经治疗后，十月份已下降到2万多人，比五月份下降55%。在劳逸结合方面，不少生产队认真进行了妇女休假制度，并采用轮休发牌制等办法，保证女社员有劳有逸。①

在各级党和政府的努力下，妇女们的身体得到了保护，发病妇女也得到了很好的治疗，妇女们参与生产的积极性也得到了极大的提高，不仅实现了社会解放而且一定程度上实现了真正意义上的男女平等。

但在“文革”时期，由于当时“左”的路线的影响，这种去性别化的“男女都一样”又被发挥到极致，并一直持续到“文革”结束。

结　语

中国共产党自成立之日起，就把男女平等、妇女解放列为无产阶级革命的历史使命之一，并把妇女的解放与无产阶级革命联系在一起。中共认为妇女解放的目标与阶级革命的目标是一致的，在完成社会主义大业以后，妇女也就自然而然地解放了。从阶级分析角度看，中国的妇女解放与民族解放和阶级解放确实存在一致的一面，但毕竟，妇女解放不等于阶级解放，从性别分析的角度看，妇女解放与民族解放的任务和目标又不可能是一致的。

“时代不同了，男女都一样”是集体化时代的时尚话语。但泯灭性别差别的男女平等无视男女间生理和心理的差异，打着“男女都一样”“男人能干的事女人都能干的”的旗号，在把农村妇女引领出家门的同时，又使她们的“解放”走入新的误区。由于片面追求与民族利益的一致性和整个阶级的解放，从而忽视妇女本身的感受，给走向解放的妇女增加了新的困难和障碍。妇女参与社会劳动，在社

① 山西省妇女联合会文件：《关于几个问题的报告》（1961年12月21日），山西长治市档案馆藏，档案号：8-1-31。

会变革中发出女性自我的声音，彻底结束女人无历史的状态，这在中国女性解放史上是一个巨大的飞跃。但如果什么都要达到和男人一样，无论智力还是体力上的，这就导致了女性的“异化”：首先，妇女在违背自然本性学做男人的过程中丢失了自己的女性身份，给自身的身体健康造成了很大的损害；其次，妇女走上社会，从本质上是失落于家庭中的人向人类社会生活的回归，是女性增强主体自我意识和发展创造力的基本途径。但她们对男性价值标准的追随却又不自觉地延续了历代女性的悲剧命运：依附男人，压抑自我。

事实上，男女不平等不只是单方面的，男性和女性碰到的难题是一个问题的两极。有学者认为，与女性被弱化相反，男性是被父权文化极大地强化了，因此也是受害者。① 在现代社会中，男性由体能优势所带来的社会地位上的优势日渐丧失，却依然扮演着力不从心的“超人”角色，并由此陷入了困境。现代社会，越来越多的男性开始走进厨房干起家务，可是过去的角色期望仍箍在他们身上，角色的剧烈冲突和压力使男性严重超载。因此，打破性别不平等不是单方面的要求，男女完全有可能合作，共同打破“男强女弱”的观念枷锁，不仅解放女性，同时也使男性解脱。

（原刊于《党史研究与教学》2014 年第 1 期）

① 叶晓楠：《男女平等　任重道远》，《人民日报（海外版）》，2004 年 1 月 5 日。

我国零售业上市公司的成长性评价①

重庆工商大学长江上游经济研究中心/经济学院　曾庆均

摘　要：在对48家零售业上市公司进行统计性分析基础上，运用因子分析法对零售业上市公司成长性进行实证分析，从盈利能力、负债能力、运营能力、发展能力四个方面评价零售上市公司的经营业绩，提出促进我国零售业上市公司持续成长的对策建议。

关键词：零售业；上市公司；成长性

一、我国零售业上市公司的统计分析

（一）零售上市公司的选取

本文研究对象是我国零售业上市公司，零售业上市公司是一个涉及范围很广泛的概念，根据中国证监会发布的《上市公司行业分类指引》将零售业分为：食品、饮料、烟草零售业；纺织品、服装、鞋帽零售业；日用百货零售业；日用杂品零售业；五金、交电、化工零售业；药品及医疗器械零售业；图书报刊零售业；其他零售业。为全面了解零售上市公司经营状况，所有在2000年底以前上市，且在2001—2010年期间仍以零售为主的上市公司均属于样本范围。以证监会行业分类标准为依据，到2010年底，深沪两市零售板块上市公司共有65家，其中深市

① 国家社会科学基金项目（08XJY022）“城乡统筹背景下我国商贸流通产业发展研究——兼论城乡商贸统筹试点区的发展”的阶段性成果。

17 家，沪市 40 家，中小板 7 家，创业板 1 家。为便于数据收集，选择表 7 所列 48 家企业，其中，综合零售业公司 24 家，专营日用百货零售公司 24 家，药品及医疗器械零售业公司 3 家，其他 1 家，批发和零售贸易公司 1 家。

（二）零售业上市公司的统计分析

1. 地域分布

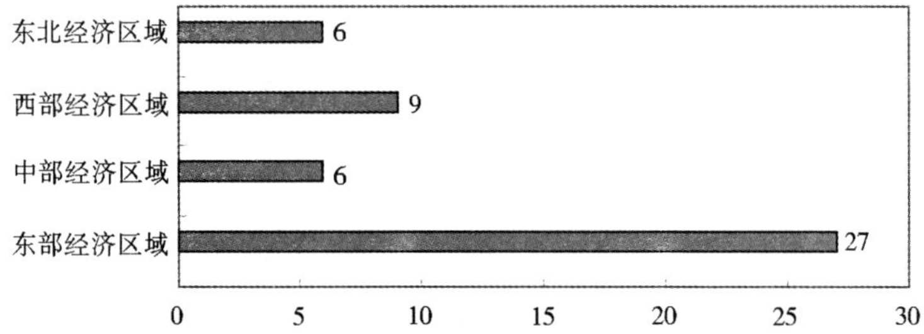

图 1　2010 年我国零售业上市公司地域分布情况

从图 1 可知，东部经济区域上市公司最多，共 27 家，占全国比重的 56.3%；西部经济区域排列第二，共 9 家；中部和东北经济区域各有 6 家上市公司，各占样本总数的 12.5%。零售行业发展与区域经济发达程度和人均消费密切相关，北京、上海、广州等一线发达城市，具有交通便利经济发达等优势，其商贸流通能力和居民消费能力是其他地区无法比拟的。在零售业上市公司中，有 7 家位于上海，占总数的 14.6%；浙江有 6 家，北京有 5 家；前三名的城市一共拥有 18 家零售上市公司，占总数的 37.5%。但是，经济发展较快的江苏省拥有的零售上市公司只有 2 家，是因为样本选取是从 2001 年至 2010 年持续在市的公司，一些成长较好的新上市公司，如苏宁电器、步步高等未作为样本保留。

2. 规模分布

表 1　2010 年我国零售业上市公司规模分布

资产(亿元)	＜10	10—30	30—50	50—100	＞100
公司数	6	22	6	10	4
比例%	12.5%	45.8%	12.5%	22.8%	8.3%

如表1所示，我国零售上市公司总资产规模在10亿元以下的有6家；在10亿—30亿元规模的公司有22家，占总数的45.8%；在30亿—50亿元规模的公司有6家。总体来说，我国零售业上市公司的资产规模多处于10亿—30亿元，与平均资产规模39.82亿元还有差距。资产规模在100亿元以上的公司共有4家，即百联股份、豫园商城、大商股份、友谊股份。

3. 所有权结构

2010年零售业上市的48家公司中，46家是公司控股，2家是基金公司控股，没有国家控股的情况，一般法人控股的公司占到了95.8%。如表2所示，2010年我国零售业上市公司前5大股东所占比例高于50%的有10家，低于10%的有一家，其他33家全部集中在10%—50%之间。从股权集中度可以看出，公司所有权正向股权相对分散的结构发展，股东对于适度的股权分散有助于公司持续性发展达成了共识。

表2 2010年我国零售业上市公司股权集中度分布

股权集中度	前5大股东持股比例<10%	10%≤前5大股东持股比例≤50%	前5大股东持股比例≥50%
公司数	1	35	12

4. 连锁经营情况及并购行为

零售上市公司规模逐年扩大，主要原因是企业不断进行横向纵向扩张。2010年，48家样本公司中，87%的公司在各经营类别不同程度地开展了连锁经营，而2005年未开展连锁经营的公司比例是39%。连锁经营是零售业经营发展趋势。

5. 盈利能力

盈利能力是指企业获取利润的能力，净资产收益率是反应盈利水平的重要指标之一。图2给出了2010年48家零售上市公司的净资产收益率分布图，可以看出上市公司的盈利能力在同行业中所处的地位以及差异水平。48家样本中，净资产收益率最高的公司接近30%，超过15%的公司有7家，2家公司净资产收益率为负，表示当年未盈利且收益率均超过了－30%。由此说明我国上市公司之间的盈利水平差异很大。

图2　2010年48家零售上市公司净资产收益率

数据来源：由各公司年报整理得到。

平均资产收益率是将所有样本2001年度到2010年度的净利润总额与对应年度资产总额的比值。从图3看出，该指标10年均值为2.89%，最高值在2007年为4.02%，最低值在2001年为2.37%。2008年受全球性金融危机影响，平均资产收益率在2007年达到最高点后于2008年急转下降，回落幅度达23.4%，2009年略有好转。零售业上市公司整体资产收益率水平偏低。

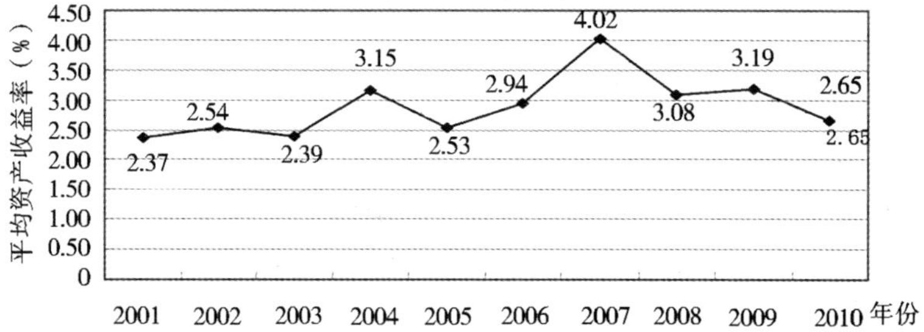

图3　2001—2010年48家公司平均资产收益率分布图

数据来源：由各公司年报整理得到。

6. 资本结构

资本结构反映的是企业债务与股权的比例关系。本文用资产负债率反映我国零售上市公司的资本结构状况。图4所示，零售业上市公司的资产负债率总体偏高，平均资产负债率58.4%，超过平均值的公司有36家，占样本总数的75%，其中深国商（000056）的资产负债率高达99.44%，说明公司在扩大规模方面不是通过股权融资的办法进行融资，更多的是通过借贷方式筹集，这对企业的资本结构来说是一个较危险的信号。

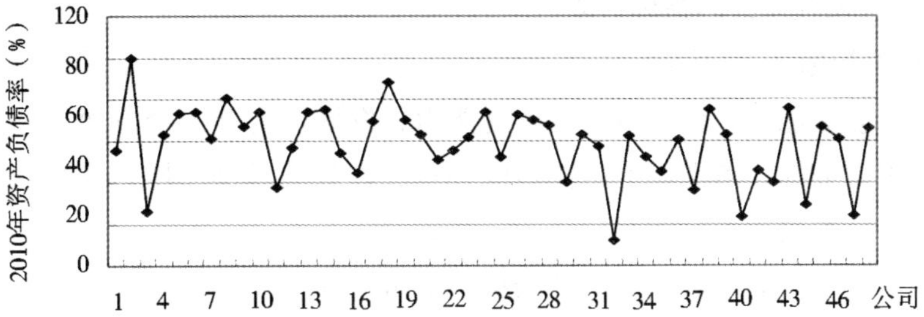

图 4　48 家公司 2010 年资产负债率

数据来源：由各公司年报整理得到。

二、我国零售业上市公司成长性评价的实证分析

（一）指标体系的建立

影响企业成长性因素分为外部和内部因素，而财务状况是至关重要的内部因素。如何从大量的财务指标中选择具有代表性的指标，来客观地反映企业财务状况、评价零售业上市公司的成长性？本文评价零售业上市公司成长性指标体系包括上市公司发展状况的统计性指标以及盈利能力、运营能力、偿债能力、发展能力指标。本文选取因子分析法对零售业上市公司的成长性进行实证分析。利用因子分析法分析财务指标的相关程度，在此基础上用具有代表性的综合指标代替原有指标综合反映企业的成长性。本文设计的零售上市公司成长性评价模型为：

$$G_{n1}=P_{nu}\times a_{u1}+L_{nm}\times b_{m1}+O_{nK}\times c_{k1}+D_{nj}\times d_{j1}$$

其中：

列向量 G（growth）代表零售上市公司的成长性；

矩阵 P（profit）代表零售上市公司的盈利能力；

矩阵 L（liablity）代表零售上市公司的偿债能力；

矩阵 O（operation）代表零售上市公司的运营能力；

矩阵 D（develop）代表零售上市公司的发展能力。

列向量 a_{u1}、b_{m1}、c_{k1}、d_{j1}代表各个评价要素矩阵在评价零售上市公司成长性的权重向量。

（二）成长性评价的指标选取

1. 评价指标

本文从盈利能力、偿债能力、运营能力、发展能力等四个方面来评价零售上市公司的经营业绩，考虑到上市公司的特点和评价的易操作性，选取以下 9 项指标构成因子分析法的指标体系：

反映零售上市公司盈利能力的指标。上市公司盈利能力越强，其成长性就越好。反映上市公司盈利水平的财务指标主要包括主营业务利润率、净资产收益率、销售利润率、每股销售额等指标。本文采用每股收益和净资产收益率来表示企业的盈利能力。每股收益又称每股税后利润，它反映一定时期内上市公司的盈利能力。净资产收益率又称权益收益率，它反映的是股东权益的收益水平，弥补了每股税后利润指标的不足。该指标值越高，说明投资带来的收益率越高，因而是评价上市公司盈利能力的核心指标。

$$每股收益\ X_1=\frac{扣除非经常性损益后的净利润}{流通在外的普通股股数}\times 100\%$$

$$净资产收益率\ X_2=\frac{净利润}{平均净资产}\times 100\%$$

反映零售上市公司偿债能力的指标。偿债能力是企业偿还到期债务的承受能力和保证程度。反映上市公司偿债能力的指标主要有流动比率、速动比率、现金流动负债、资产负债率等。本文采用流动比率、资产负债率两个指标。流动比率表示企业每一元流动负债有多少流动资产作为偿还的保证，反映企业用可在短期内转变为现金的流动资产偿还到期的流动负债的能力。资产负债率用来衡量企业利用债权人提供资金进行经营活动的能力，反映债权人发放贷款的安全程度。

$$流动比率\ X_3=\frac{流动资产}{流动负债}\times 100\%$$

$$资产负债率\ X_4=\frac{负债总额}{资产总额}\times 100\%$$

反映零售上市公司运营能力的指标。运营能力反映上市公司的经营状况及经营管理水平。其主要指标有应收账款周转率、存货周转率、流动资产周转率、总资产周转率等。本文采用总资产周转率和应收账款周转率表示企业的运营能力。

总资产周转率体现经营期间所有资产从投入到产出流转的速度，反映企业在一定时期内的实际产出质量以及对每单位资产实现的补偿。应收账款周转率是一定期间内企业应收账款转为现金的平均次数，表示企业从获得应收账款的权利到收回款项变成现金所需时间，是评价流动性大小的一个重要指标。

$$总资产周转率\ X_5=\frac{主营业务收入}{平均资产总额}\times100\%$$

$$应收账款周转率\ X_6=\frac{营业收入}{平均应收账款余额}\times100\%$$

反映零售上市公司发展能力的指标。本文采用总资产增长率、净利润增长率、主营业务收入增长率表示企业的成长发展能力。总资产增长率反映本期资产规模的增长情况，发展性高的企业一般能保持资产的稳定增长。净利润增长率是公司成长性的基本特征，净利润增幅大，表明企业市场竞争力强。主营业务收入增长率表明企业产品的市场需求性，具有成长性的公司多数是主营业务突出的公司。

$$总资产增长率\ X_7=\frac{本年度资产总额增加额}{上年度资产总额}\times100\%$$

$$净利润增长率\ X_8=\frac{本年度净利润增长额}{上年度净利润}\times100\%$$

$$主营业务收入增长率\ X_9=\frac{本年度主营业务收入增长额}{上年度主营业务收入}\times100\%$$

2. 数据的收集及整理

首先，本文将经过筛选的 48 家零售上市公司 2006 年末至 2010 年末主要财务指标的平均值做了一个混合样本，样本空间达到 432 个，同时建立这 48 家企业连续 5 年的每股收益、净资产收益率、流动比率、资产负债率、总资产周转率、应收账款周转率、总资产增长率、净利润增长率和主营业务收入增长率的数据库，次级样本空间数达 2160 个。所用数据一部分来自中国上市公司资讯网（www.cnlist.com），另一部分来自各上市公司年报，各上市公司年报来自中国银河证券、网易财经网站（www.money.163.com）以及新浪财经网站（http://finance.sina.com.cn）。其次，针对总资产增长率、净利润增长率、主营业务收入增长率三个指标的计算，以总资产增长率为例，方法为：每年的总资产增长率＝（本年度总资产－上年度总资产）/上年度总资产，2006 年到 2010 年期间，有 4 个增长率，取其算术平均作为最终的总资产增长率。其余类推。再次，其他指标的处理是将 5 年数据作平均化处理而得。

3. 数据的预处理

统计分析需要比较广泛的统计指标，当各指标间水平相差很大时，如果直接用原始指标值进行分析就会突出数值较高指标在综合分析中的作用，相对削弱数值水平较低指标的作用，从而使各指标以不相等的权重参加运算分析。于是将数据进行标准化处理，标准化后的数据符合标准（0，1）正态分布。计算公式如下：

$$Z_i=\frac{x_i-\overline{x}}{s}$$

其中，x_i 为变量的第 i 个观测值，$\overline{x}$ 为变量 x 的平均数，s 为标准差。

（三）成长性评价的实证分析过程

1. Bartlett 球形检验

KMO 统计量的取值在 0 和 1 之间，KMO 值越接近于 0 表明原始变量相关性越弱，越接近于 1 表明原始变量相关性越强，通常认为的 KMO 度量标准是：0.8 以上表示比较适合，0.7 表示一般，0.6 表示不太适合，0.5 以下表示极不适合。表 3 给出了 KMO 和 Bartlett 检验结果，Bartlett 球度检验的概率 P 值为 0.000，小于显著性水平 0.05，即通过了显著性检验。只是 KMO 值偏低，只有 0.613，可能与样本数量有一定关系，尚可接受。

表 3　相关系数矩阵及相关显著性检验

KMO 检验统计量		.613
Bartlett's 球形检验	卡方检验值	115.105
	差异性显著检验值	.000

2. 初始因子的提取

借助 SPSS 软件计算出 R 的特征根和贡献率（表 4）、旋转后的因子载荷阵（表 5）以及因子得分系数矩阵（表 6）。表 4 的前 4 个因子特征值大于 1，累计方差贡献率达 74.172%，因子提取的效果尚可接受。

表 4 特征根与方差贡献表

因子	初始特征值		载荷的平方和		旋转载荷的平方和	
	方差贡献率%	累积贡献率%	方差贡献率%	累积贡献率%	方差贡献率%	累积贡献率%
1	28.364	28.364	28.364	28.364	24.971	24.971
2	22.711	51.075	22.711	51.075	20.820	45.792
3	11.822	62.897	11.822	62.897	16.751	62.543
4	11.275	74.172	11.275	74.172	11.629	74.172
5	8.711	82.883				
6	6.132	89.015				
7	5.301	94.316				
8	3.678	97.994				
9	2.006	100.000				

表 5 旋转后的因子载荷阵

	因子 1	因子 2	因子 3	因子 4
净资产收益率 x2	.937	.083	.053	−.007
总资产增长率 x7	.824	.132	−.146	.028
每股收益 x1	.777	.101	.314	−.079
主营业务收入增长率 x9	.112	.829	−.043	.044
净利润增长率 x8	.235	.742	.100	.136
流动比率 x3	−.052	.625	−.516	−.237
总资产周转率 x5	.012	.209	−.180	.774
资产负债率 x4	.117	−.402	.712	.160
应收账款周转率 x6	−.044	.079	−.026	.951

从表 5 中可以看出，公因子 1 与净资产收益率、总资产增长率、每股收益率有 0.65 以上的载荷系数，这些指标主要反映了公司的获利能力和成长能力，而这两项又是反映公司成长性的关键因素之一，因此可以将该因子命名为获利因子 F_1。公因子 2 与主营业务收入增长率和净利润增长率有较大的载荷，将其命名为成长因子 F_2。公因子 3 与资产负债率有最大的载荷，而资产负债率反映了企业的

长期偿债能力，因此将其命名为长期偿债因子 F_3。公因子 4 与总资产周转率和应收账款周转率有较大载荷，因此将它们命名为运营能力 F_4。

3. 成长性判定和综合得分

表 6　因子得分系数矩阵

	因子 1	因子 2	因子 3	因子 4
每股收益 x1	.324	.005	.145	−.077
净资产收益率 x2	.444	−.079	−.078	.003
流动比率 x3	−.048	.288	−.249	−.203
资产负债率 x4	.018	−.126	.431	.126
总资产周转率 x5	−.137	.270	.620	−.196
应收账款周转率 x6	−.019	.061	−.030	.912
总资产增长率 x7	.409	−.070	−.201	.043
净利润增长率 x8	−.007	.438	.177	.138
主营业务收入增长率 x9	−.061	.481	.108	.055

根据表中因子得分系数和原始变量的标准化值可以计算每个观测值的各因子得分。旋转后的因子得分表达式可以写成：

$$F_1=0.324x_1+0.444x_2-0.048x_3+0.018x_4-0.137x_5-0.019x_6+0.409x_7-0.07x_8-0.061x_9$$

$$F_2=0.005x_1-0.079x_2+0.288x_3-0.126x_4+0.270x_5+0.061x_6-0.070x_7+0.438x_8+0.481x_9$$

$$F_3=0.145x_1-0.078x_2-0.249x_3+0.431x_4+0.620x_5-0.030x_6+0.201x_7+0.177x_8+0.108x_9$$

$$F_4=-0.077x_1+0.003x_2-0.203x_3+0.126x_4-0.196x_5+0.912x_6+0.043x_7-0.138x_8+0.055x_9$$

再根据各因子得分，利用各公因子对应的方差贡献率为权数进行加权平均计算，建立上市公司成长性综合评价模型表达式如下：

$$F=\frac{28.364\%F_1+22.711\%F_2+11.822\%F_3+11.275\%F_4}{74.172\%}$$

根据以上公式计算我国零售上市公司成长性综合得分，并排序，如表 7。

表 7　成长性综合得分及排名

代码	名称	获利因子	排名	发展因子	排名	偿债因子	排名	运营因子	排名	综合排名	排名
000026	飞亚达 A	−0.052	28	0.755	5	−0.594	38	−0.211	31	0.084	21
000056	深国商	−1.215	46	−1.127	46	−0.088	27	0.198	6	−0.794	46
000416	民生投资	−0.715	43	0.455	10	−2.460	48	−1.179	48	−0.705	45
000417	合肥百货	0.229	14	0.349	12	−0.834	41	−0.488	42	−0.013	23
000419	通程控股	−0.117	32	−0.162	26	0.107	19	0.129	10	−0.058	27
000501	鄂武商 A	0.498	11	−0.292	31	0.506	11	0.072	16	0.193	16
000516	开元控股	0.206	16	−0.248	28	0.143	18	0.579	2	0.114	19
000560	昆百大 A	3.652	1	−0.703	39	0.057	21	0.198	5	1.221	2
000564	西安民生	−0.345	39	0.507	8	−0.255	30	6.398	1	0.956	3
000679	大连友谊	0.705	6	−0.048	22	0.195	16	0.088	14	0.299	13
000715	中兴商业	−0.183	34	−0.197	27	−0.263	31	−0.403	39	−0.233	34
000759	武汉中百	0.119	22	0.069	17	0.821	7	−0.155	27	0.174	18
000785	武汉中商	−0.086	31	−0.792	45	0.350	12	0.037	18	−0.214	33
000892	天音控股	0.227	15	0.533	6	1.200	4	−0.297	35	0.396	8
000882	华联股份	−0.171	33	0.308	13	−0.474	37	0.179	7	−0.019	25
000987	广州友谊	0.968	3	0.350	11	−0.317	33	−0.596	46	0.336	11
600056	中国医药	0.679	7	0.821	4	0.150	17	−0.309	37	0.488	6
600280	南京中商	−0.921	45	1.231	3	4.422	1	−0.948	47	0.585	5
600306	商业城	−0.765	44	−0.744	41	0.017	22	0.005	19	−0.517	43
600628	新世界	0.184	18	−0.744	40	−0.048	26	0.149	9	−0.142	32
600631	百联股份	0.157	19	−0.634	38	−0.024	24	0.073	15	−0.127	30
600655	豫园商城	0.786	5	0.250	15	−0.028	25	−0.239	33	0.336	10
600682	南京新百	0.147	20	−1.130	47	−0.356	34	−0.035	22	−0.352	39
600683	京投银泰	−0.016	27	0.461	9	0.006	23	0.434	4	0.202	15
600693	东百集团	0.316	13	−0.470	36	0.071	20	−0.011	20	−0.013	24
600694	大商股份	0.124	21	−0.034	20	1.037	5	−0.162	28	0.178	17
600697	欧亚集团	0.529	10	0.001	19	0.671	9	0.160	8	0.334	12
600712	南宁百货	0.605	8	−0.790	44	0.198	15	0.109	11	0.038	22
600723	西单商场	−0.632	42	−0.250	29	−0.710	39	−0.308	36	−0.478	42

续表

代码	名称	获利因子	排名	发展因子	排名	偿债因子	排名	运营因子	排名	综合排名	排名
600729	重庆百货	0.595	9	0.018	18	1.310	2	−0.379	38	0.384	9
600738	兰州民百	−0.056	29	−0.767	42	−0.408	35	0.092	13	−0.308	37
600736	通策医疗	−0.406	41	5.436	1	−1.277	46	−0.131	26	1.286	1
600778	友好集团	−0.063	30	−0.458	35	−0.420	36	−0.035	21	−0.237	35
600785	新华百货	0.869	4	−0.039	21	0.324	14	−0.494	43	0.297	14
600814	杭州解百	0.067	24	−0.351	33	−0.105	28	−0.187	30	−0.127	29
600821	津劝业	−1.949	47	−0.450	34	−0.266	32	−0.235	32	−0.961	47
600824	益民集团	−0.007	25	−0.330	32	−0.750	40	−0.109	25	−0.240	36
600827	友谊股份	0.204	17	−0.287	30	0.793	8	−0.095	24	0.102	20
600828	成商集团	0.103	23	−0.788	43	0.324	13	0.104	12	−0.135	31
600830	香溢融通	−0.249	36	0.134	16	−1.222	45	−0.449	41	−0.317	38
600833	第一医药	−0.314	38	0.258	14	−0.163	29	−0.291	34	−0.111	28
600838	上海九百	−0.251	37	−1.338	48	−1.074	44	0.060	17	−0.667	44
600856	长百集团	−4.355	48	−0.583	37	1.029	6	−0.048	23	−1.687	48
600857	工大首创	−0.381	40	−0.145	25	−1.007	43	−0.531	44	−0.431	40
600858	银座股份	0.445	12	1.598	2	1.258	3	0.439	3	0.926	4
600859	王府井	1.074	2	−0.059	23	0.586	10	−0.177	29	0.459	7
600861	北京城乡	−0.229	35	−0.103	24	−1.592	47	−0.593	45	−0.463	41
600865	百大集团	−0.010	26	0.529	7	−0.838	42	−0.407	40	−0.037	26

（四）评价结果分析及启示

1. 评价结果的分析

第一，经过正交旋转后的因子载荷矩阵，公因子 F_1 在净资产收益率、总资产增长率和每股收益上有较大的载荷；公因子 F_2 在主营业务收入增长率和净利润增长率上有较大载荷；公因子 F_3 在资产负债率上有较大载荷；公因子 F_4 在总资产周转率和应收账款周转率上有较大载荷。

第二，由计算得出成长性综合得分及排名，获利因子 F_1 排名前十位企业为：昆百大 A、王府井、广州友谊、新华百货、豫园商城、大连友谊、中国医药、南宁百货、重庆百货、工大首创。除中国医药是经营药品及医疗器械零售外，其他均是日用品零售，注册地分布在云南、北京、广州、宁夏、上海等城市，带动当地消费增长。

第三，发展因子 F_2 排名前十位的企业为：通策医疗、银座股份、南京中商、中国医药、飞亚达 A、天音股份、百大集团、西安民生、京投银泰、民生投资。其中通策医疗和中国医药经营药品及医疗器械方面的企业，其成长性相对于其他经营日用品零售的企业来说较好，可见零售药品及医疗器械是未来中国零售业的发展趋势之一，有较大的发展空间。另外，前十大成长性较好的企业分布在浙江、山东、江苏、广东等东部地区，这与当地良好的消费水平以及投资环境是分不开的。

第四，负债因子 F_3 排名前十位的企业为：南京中商、重庆百货、银座股份、天音股份、大商股份、长百集团、武汉中百、友谊股份、欧亚集团、王府井。企业股东常常采用举债经营的方式，以有限的资本取得对企业的控制权，如果企业不举债或负债比例很小，说明企业畏缩不前，对前途信心不足。

第五，运营因子 F_4 排名前十位的企业为：西安民生、开元控股、银座股份、京投银泰、昆百大 A、深国商、华联股份、欧亚集团、新世界、通程控股。运营能力强的公司善于抓住市场中的盈利机会，实现跳跃式发展。

第六，成长性综合排名前十位的企业为：通策医疗、昆百大 A、西安民生、银座股份、南京中商、中国医药、王府井、天音控股、重庆百货、豫园商城。

2. 评价结果的启示

在被选进的解释变量中，获利因子对公司成长的解释度最大，其次是成长因子，即获利能力强的零售上市公司的成长能力也相对较强，可以推导出我国零售公司的强弱差距将会扩大，强者更强，弱智更弱。成长因子中有很大一部分的负载是由净资产增长率引起的，而净资产增长率同时也是公司盈利能力的重要表征之一。所以本文主要从获利能力、长期偿债能力、运营能力三方面入手，就如何提高我国零售业上市公司成长性进行探讨。

三、促进我国零售业上市公司持续成长的对策建议

（一）推进经营创新，提高净资产收益率

提高净资产收益率的途径很多，从经营管理模式方面来看，有以下几种途径

可以提高竞争力继而提升企业的盈利能力。其一，发展具有竞争力的连锁经营模式。在经营方式上达到统一标准，门店规模和数量上达到国际公认的门店营业面积500平方米以上、门店数量14家以上，实现规模效益；在连锁经营网点布局上考虑利用现有的场所和设施，降低不必要的选址费用，对于新建小区内连锁超市的布局，应充分结合小区建设规划进行，避免选址不当或设施不完善造成的二次建设的成本。其二，加大普通员工的培训力度，加强高管人员的激励政策。其三，连锁零售企业与大型房地产开发企业联手，共同开拓市场，可以节省巨大投资，通过资源互补获得规模经济，助推企业盈利能力提升。

（二）研究公司财务基本面信息，寻求资产负债切合点

无论从投资者的角度还是从高层管理者的角度，对零售上市企业近几年的中期、年度财务报表进行深度分析、逐年对比，对于挖掘对公司成长性起关键作用的数据有很好效果。研究零售业上市公司对外发布的金融信息公告，发现其投资方向多为收购兼并、租赁场地、购销商品或劳务、资产出售等，密切关注财务信息中的投资与收益汇报预算，以保障较高的投资回报率。租赁场地和购销商品或劳务的资金需求比较旺盛，加快资产的周转水平成为推动公司快速成长的基础，另外，合适的资产负债率使企业资产再盈利能力与债务融资成本有效结合，高资产负债率使企业支付压力增大，低资产负债率使企业运作停滞不前，因此，关注公司财务信息，合理进行投融资的企业才能获得较高收益。

（三）建立共赢的供应链体系，改善运营资本周转期

有效的方法是建立共赢的供应链体系，从根本上精简流程，大幅度减少运营成本，从而提高企业利润率。英国经济学家马丁·克里斯多夫指出："真正的竞争不是企业与企业之间的竞争，而是供应链与供应链之间的竞争。"建立合作的"共赢关系"不仅可以降低供应链上所有企业的库存水平，降低成本，也可以通过供应链的整合提高企业的竞争能力。从微观技术层面，在保证企业销售信誉的情况下，尽可能缩短存货周转率，减少企业资金占用量，提高资金利用率；尽可能延长应付账款的支付，但应当掌握其中的度，太长容易导致增加未来债务的压力。

参考文献：

1. 李定珍，唐红涛，杨璠. 我国上市零售企业成长性评价实证研究——基于因子分析法 [J]. 财贸经济. 2007（11）：77—81

2. 惠恩才. 关于上市公司成长性分析 [J]. 财经问题研究. 1998（4）：49—51

3. 朱和平，王韬. 创业板上市公司成长性的实证分析 [J]. 华中科技大学学报. 2004 (10)：82—85

4. 汤青. 中国上市公司盈利能力影响因素实证分析 [J]. 山东财政学院学报. 2005 (2)：56—59

（原刊于《西部论坛》2012 年第 4 期，人大复印资料《贸易经济》2012 年 11 期转载）